사회복지법연구

공익법총서 5

사회복지법연구

법무법인(유한) 태평양
재단법인 동천　공동편집

景仁文化社

발간사

　　오늘날 우리사회 구성원들의 삶의 질에 가장 직결되는 분야는 바로 사회복지영역입니다. 인구 및 가족구조의 변화, 노동시장의 변화, 빈부격차와 불평등의 심화 등으로 개인과 가정의 영역으로 여겨져 왔던 문제들이 이제는 사회의 주된 현안이자 국가의 핵심 과제가 되었습니다. 사회복지의 수요가 양적으로 증가하면서 사회복지서비스도 대거 신설되었고 관련 서비스를 공급하는 주체들이 다양해지면서, 사회복지 분야의 체계와 법제도도 변화를 요구받고 있습니다.

　　이러한 시대와 환경의 변화에 따라 사회복지 각 영역에서 발생하는 다양한 법적 쟁점들을 살펴보고 앞으로의 발전 방향을 모색하기 위해, 법무법인(유한) 태평양과 재단법인 동천은 공익법총서 제5권 「사회복지법 연구」를 재단법인 동천이 설립된 지 10주년이 되는 2019년 6월에 맞추어 10주년 기념호로 발간하게 되었습니다.

　　법무법인(유한) 태평양과 재단법인 동천은 다양한 분야의 공익활동과 그에 관련된 법제도를 심도 있게 검토하기 위하여, 2015년 제1권 「공익법인 연구」를 발간한 이래, 제2권 「장애인법 연구」, 제3권 「이주민법 연구」, 그리고 작년에는 제4권 「사회경제법 연구」를 발간하였습니다. 체계적인 공익활동의 밑거름이 되고자 기획된 공익법총서는 2016년에는 「공익법인 연구」가 대한민국학술원 우수학술도서로 선정되고, 2018년에는 「이주민법 연구」가 세종도서 학술 부문에 선정되는 성과를 거두기도 하였습니다.

　　이번에 발간하는　제5권 「사회복지법 연구」는 광범위한 사회복지 관련 법제도 전반에 대한 소개를 넘어 각 영역에 있어 최근 변화에 대응하여 첨예하게 논의되고 있는 쟁점을 집중 연구하였습니다. 사회복지법제를 아우르는 의미로 통상 '사회보장법'이 사용되지만, 사회보장 기본법상의 사회보험, 공공부조, 사회서비스라는 기존의 범주에서 더 나아가 새롭게 대두되고 있는 다양한 사회복지 이슈에 대해서도 깊이 있는 연구를 함으로써 사회복지제도가 나아가야 할 방향을 제시해 보고자 이번 공익법총서를 「사회복지법 연구」라고 명명하였습니다. 이와 같은 취지에서 국민건강보험의 보장성, 기초생활보장제도의 근로연계 복지, 아동학대, 장애인 활동지원 및 노인 장기요양서비스, 성년후견, 주거복지 등에 초점을 맞추었고, 거시적으로는 사회복지법제의 발전방향, 사회보장수급권의 권리구제절차, 헌법과 사회복지 등 기존의 패러다임 으로 해결이 어려운 법제도에 대한 변화의 필요성을 조망하였습니다.

또한, 집필과정에서 "사회복지 법인·시설·전달체계 발전방향"이란 주제로 세미나를 개최하여, 이를 통해 그동안 심도 있게 다뤄지지 못 했던 사회복지 전달체계와 사회복지법인 및 사회복지시설과 관련된 법률의 방향성을 점검하고, 현장의 목소리를 반영할 수 있게 됨으로 써, 제5권의 연구가 더욱 깊이 있게 되었으리라 생각합니다.

이 책에 실린 연구가 토대가 되어, 사회복지 관련 법제도에 대한 논의가 더욱 활발해지고, 우리사회의 변화에 발맞춰 관련 법제도가 발전해 나가기를 기대합니다. 법무법인(유한) 태평양과 재단법인 동천은 앞으로도 사회복지 관련 법제도의 발전에 지속적으로 관심을 가지고 우리사회 모든 구성원의 삶의 질이 보장되어 함께 행복한 사회가 되도록 꾸준히 노력하겠습니다.

마지막으로 소중한 논문을 집필해 주신 필자들과 편집위원들께 깊은 감사를 드립니다.

2019. 6.

재단법인 동천
이사장 차한성

차 례

영유아기 아동학대의 예방 및 조기 발견에 관한 고찰 | 장혜영
- 제도 개선을 위한 제안을 중심으로 -

장애인 활동지원 제도와
노인 장기요양보험 제도 사이 사각지대 | 김재왕

성년후견과 사회복지 | 박은수·배광열

사회보장법의 현황과 과제

전광석*

I. 머리말

'사회보장법의 현황과 과제'를 서술하는 작업은 여러 가지 이유에서 부담이 있다. 첫째, 사회보장법은 현재 개인의 생활위험과 사회적 상황을 적시에, 그리고 충실히 인식하고 적합하게 규율하여야한다. 따라서 사회보장법의 과제를 서술하기 위해서는 사회보장법과 사회문제의 규범적 및 사실적 현황을 먼저 이해할 수 있어야 한다. 그런데 사회보장법의 개념과 범위가 명확하지 않고 불확정적이며, 사회보장의 현실에 관한 한 접근이 -특히 법학자에게는- 제한적이라는 점에서 부담이 크다. 둘째, 오늘날 우리 사회에서 사회보장은 개인생활 및 정치적 정당성에 영향을 미치는 중요한 요소가 되었다. 2012년 대통령 선거에서 복지문제가 전통적으로 선거를 지배했던 안보 및 경제 의제를 압도한 경험, 최근 최저임금, 그리고 공무원연금 및 국민연금 개혁논의가 유례없이 사회적 주목을 받았던 것이 좋은 예이다. 이에 사회보장 및 사회보장법에 관한 정책적 및 규범적 담론들은 모두 어느 정도 구체적이어야 한다. 이때 비로소 담

---

* 연세대학교 법학전문대학원 교수

론은 정치권 및 시민사회와 같은 차원에서 의사소통을 할 수 있고, 또 유용성이 있다. 이는 사회보장의 이상과 기대가 있었을 뿐 사회 보장의 현실이 존재하지 않았으며, 따라서 의사소통의 접점이 존재 하지 않았던 1960년대 이후 1980년대 중후반과 큰 차이이다.[1] 셋째, 사회보장법의 현황과 과제에 대한 서술은 위에서 언급했듯이 한편 으로는 구체적이어야 하지만, 다른 한편 법체계와 원리가 서술의 기 준이 되어야 한다. 이때 비로소 정치적 및 정책적 논의와 규범적 기 준이 기능을 분담하고 보충하는 관계에서 사회보장법의 전체 구상 이 완결성을 더해갈 수 있기 때문이다. 그런데 사회보장법의 논의가 아직 이와 같은 수준에 이르지 못하고 있고, 그 결과 제도의 기능과 기능분담을 지도할 기준이 명확하지도 않다. 예컨대 사회정의, 사회 적 연대, 소득재분배, 보충성의 원칙, 복지와 평등 등의 이념은 사회 보장법에서 체계적 위상과 기능방법에 대한 세분화된 논의구조를 확보하지 못하고 정치적 및 정책적 편의에 맡겨져 좀처럼 설득력 있는 좌표가 되지 못하고 있다.[2]

이와 같은 이론 및 체계의 공백, 그리고 그 결과 정치 및 정책적 공론이 부유(浮游)하는 상황에서 사회보장법의 현황에 대한 서술은 부분적·자의적일 수 있고, 또 과제에 대한 서술이 근시안적인 평가 와 제안에 그칠 수 있다. 이 경우 서술의 학문적 가치와 정책적 유 용성이 모두 줄어든다. 이 글은 사회보장법의 현황과 과제를 위와

---

1) (적어도 규범적인 측면에서) 사회보장의 이상이 현실에 대한 이해에 기반하 지 않았기 때문에 나타났던 어려움에 대해서는 손준규, 사회보장·사회개발 론, 집문당 (1983), 144.
    1995년 제정된 사회보장기본법의 제정에서 나타났던 같은 문제에 대해서 는 전광석, "사회정책과 사회보장; 사회보장기본법과 개별사회보장법의 관계를 중심으로", 사회보장법학 제1권 제1호 (2012. 10.), 47.
2) 소득재분배 이념의 제한적 유용성에 대해서는 헌법재판소 2000. 6. 29. 선고 99헌마289 결정, 2001. 8. 30. 선고 2000헌마668 결정, 2003. 10. 30. 선고 2000 헌마801 결정, 보충성의 원칙에 대해서는 아래 주17 참조.

같은 서술의 부담을 인식하고, 문제를 구조적으로 이해하는 데 중점을 두고 살펴보려고 한다. 개별 사회보장법 및 제도의 현황과 과제에 대한 구체적인 서술은 이 책의 집필에 참여하는 다른 필자에 의하여 다루어질 것이다.

II. 사회문제의 자연적 성격과 제도적 성격,
가변성과 복잡성

1. 사회문제와 사회문제의 재생산-상황과 문제

1960년대 초반 사회보장이 아직 좁은 범위의 정치권에서 의제가 되기 시작한 이후 대체로 1990년대 말까지 우리 사회에서 사회문제, 그리고 사회보장의 구조는 단순했다. 1960년대 초반 우리 사회의 빈곤은 깊었고, 빈곤은 인류의 기본적인 사회문제였다. 따라서 빈곤문제에 대한 정책적 관심은 자연스러웠고, 제도적으로 공공부조의 도입은 당위적이었다. 그럼에도 불구하고 아래에서 살펴보듯이 빈곤문제에 대한 관심과 정책은 오랫동안 지체되었다. 사회보험은 사회보장을 위한 대표적·상징적인 제도로서 이해되었다.[3] 특히 의료보험을 통하여 의료를 사회화하는 시도는 일찍이 주목을 받았다. 그러나 1963년 제정된 의료보험법에 의한 임의보험은 정책적 의미와 효과가 거의 없었다.[4] 이에 1976년 의료보험법이 제정되었다. 1976년

---

3) 1963년 사회보장에 관한 법률 제2조; 사회보장은 "사회보험에 의한 제급여와 무상으로 행하는 공적 부조를 말한다."
4) 이에 대해서는 이두호 외, 국민의료보장론, 나남 (1992), 276; 차흥봉, "한국의료보험정책의 형성 및 변화에 관한 이론적 고찰, 비교사회복지", 한림대

은 아직 우리 사회에서 성장과 분배의 이념 및 정책 대립에서 뚜렷하게 전자에 비중이 두어졌던 시기였다. 그 결과 의료보험은 국가의 발전전략과 자본에 부담을 주지 않는 방법으로 구상되었다. 이에 의료보험은 상당 부분 비급여진료를 예정하였고, 진료비용을 가입자 본인이 부분적으로 부담하도록 하였다.5) 또 초기에 보험료 부담능력이 있는 소득근로자를 중심으로 제도를 설계하였으며, 그 결과 한정된 국민에게 부분적으로 의료보장이 이루어졌다. 이는 사회보장이 사회문제를 충실히 보호하지 못하는 제도적 흠결로 인하여 사회적 위험이 그대로 혹은 부분적으로 남아있게 된다는 새로운 문제와 의식을 낳았다.

그러나 질병과 같은 가장 기본적인 생활위험을 보호하는 의료보험이 일부 근로자에 한하여 적용되는 제도적 불평등은 오래 유지될 수 없었다. 수직적 범주가 불명확한 복지의 이념에 비해서 기본적으로 수평적 비교의 기준인 평등의 이념은 일반 국민의 의식에 예민하게 작용하고, 그만큼 헌법 및 정치적 정당성에 강력한 영향을 미치기 때문이다. 이와 같은 의료보험의 경험은 다른 사회적 위험에 파급되었다. 예컨대 고령사회가 깊어지고 가족의 부양기능이 약화되었기 때문에 '자연적으로' 발생하는 노령의 위험은 그것이 사회화되지 않은 '제도적' 원인이 작용하여 개인의 정상적인 생활이 유지될 수 없다는 의식으로 발전하였다. 이로써 일반적인 사회문제가 복

제1집 (1991), 59; 황병주, "1970년대 의료보험정책의 변화와 복지담론", 의사학 제20권 제2호 (2011), 36.

5) 1976년 의료보험법의 기본구상에 대해서는 전광석, "1976년 의료보험법; 낮은 수준의 보편적 평등의 기원", 사회보장법학 제7권 제2호 (2018), 79. 이밖에 이후 낮은 수준의 복지(작은 복지국가)가 형성·유지되는 복지정치의 역동성에 대해서는 우명숙, "한국 복지국가의 이론화와 점진적 변화 이론의 기여; 한국의 작은 복지국가 경로의 이해", 한국사회정책 제18집 제4호 (2011. 4.), 153.

지문제로 전환되었다. 이에 의료보험은 1980년대 말 세계에서 유례 없이 빠른 속도로 근로자 이외에 지역주민으로 가입범위를 확대하였다. 1988년 시행된 국민연금법도 이와 같은 경로를 따랐으며, 1990년대 중반 및 후반 전체 소득근로자로 가입범위를 확대하였다. 이와 같은 발전은 이후 개인의 생활유형에 구조적인 변화를 가져왔다. 전통적인 사회적 위험뿐 아니라 정상적인 생활을 저해하는 모든 상황에 국가가 개입하고 지원한다는 국민적 기대가 형성되었다. 국민의 복지에 대한 기대가 커지고, 복지의 사각지대에 대한 인식이 예민해질수록 복지와 평등이 상호작용하는 경향을 보였다. 즉 복지가(평등의 이념에 기대어) 보편화되고, 평등이(복지의 이념에 기대어) 상향화하리라는 기대가 형성되고, 또 정치화되었다.

그러나 사회문제의 범위가 넓어지면서 정치적 및 헌법적, 그리고 현실적인 이유에서 사회보장이 복지와 평등의 변증법적 작용에 의하여 진화하는 데에는 한계가 있다. 이에 평등의 이념을 어느 정도 희생하고 선별적으로 복지를 확대하는 문제, 혹은 낮은 수준의 복지의 평등을 위하여 공적 복지의 목표와 과제를 변형 및 분산하는 문제가 지속적으로 제기되었다.

2. 불안정성과 불균형성

가. 일반론

사회문제가 제도적으로 재생산되는 구조에는 안전성과 형평성이 상실되는 문제가 뒤따랐다. 사회문제가 제도적 성격을 띠어가면서 사회보장의 기능에는 다양한 변수가 작용하게 되었기 때문이다. 예컨대 연금보험은 수급자 개인의 권리를 보장하면서, 동시에 수급자 전체, 그리고 미래 세대의 노후소득을 보장하는 과제를 균형 있게 실현하여야 한다. 후자의 관점이 비중을 가질수록 수급자 개인의 생활을 보장하는 제도능력은 낮아지게 된다. 예컨대 장기적인 재정안정을 위하여 국민연금의 수준을 낮추는 개정을 하면서 현재 가입자 및 수급자에 대한 보장능력은 떨어진다. 정도의 차이는 있지만 공무원연금법도 같은 경로를 밟고 있다.6) 오늘날 국민의 복지기대에 비추어보면 이와 같은 문제가 그대로 방치될 수는 없다. 이에 2008년 기초노령연금이 도입되었다(2014년 '기초연금'으로 개칭). 그러나 최근 국민연금 개혁논의에서 볼 수 있듯이 국민연금은 여전히 불안정하고, 기초연금은 체계적인 위상과 제도 내용을 확립하지 못하고 있다. 나아가서 국민연금과 기초연금이 각각 정치적 논리에 따라 변화하는 경우 이와 같은 변화가 각각의 기능에 미치는 영향은 명확하지 않으며, 이는 제도적 불안정을 더욱 깊게 하였다.

사회보장 전체의 관점에서 보면 형평성이 상실되는 위험도 있다. 1970년대 중반 이후에서 1990년대 후반까지의 시기에 의료보험과 국민연금이 시행·확대되면서 빈곤문제와 공공부조에 대한 관심이 지체된 경험이 대표적인 예이다. 이는 위에서 언급한 바 있는 1960년대 초반 사회보험과 함께 공공부조에 두어졌던 관심과 비교하면 뚜렷하게 나타난다. 1961년 생활보호법이 제정·시행되었다. 그러나 생활보호법은 수급자의 범위, 급여의 종류 및 내용에 있어서 빈곤을 보편적으로 보호할 수 없었다. 그리고 이러한 상황, 즉 빈곤이 보편적으로 보호될 수 없는 상황은 1999년 국민기초생활보장법이 제정될 때까지 무려 40년간 지속되었다. 국민기초생활보장법이 제정되면서 이와 같은 편향성의 문제는 어느 정도 극복되었다. 그러나 다음과 같은 외재적 및 내재적 이유로 인하여 불안정성과 편향성은 여전히 남아 있다. 노인빈곤, 근로빈곤 등 특수한 성격을 갖는 문제

---

6) 이에 대해서는 전광석, "공무원연금법의 체계와 체계전환-입법사적 관점에서", 연세대 법학연구 제28권 제1호 (2018. 12.), 156.

가 우선적으로 정치적 주목을 받게 되면서 일반적인 빈곤문제에 대한 관심은 분산되었다. 또 최저생활보장에 집중하면서 국민기초생활보장법의 궁극적인 목표, 즉 스스로 최저생활을 위하여 필요한 조건을 보장하여 자립을 지원하는 목표는 소홀히 되었다. 2014년 또한번 근본적으로 개정된 국민기초생활보장법에 대한 평가는 앞으로 남아 있는 과제이다.

나. 두 가지 예

사회보장의 제도적 불균형은 다음과 같은 두 가지 예에서도 발견된다. 첫째, 세대 간 형평성의 문제이다. 노인의 소득상실은 일찍이 사회문제로서 주목을 받았다. 이에 비해서 아동의 문제는 오랫동안 관심에서 멀어져 있었으며, 오늘날에도 주로 저출산의 극복 혹은 여성의 자녀양육으로 인한 경력단절 등과 관련하여 논의되고 있으며, '아동의 최상의 이익을 위'한다는(아동복지법 제15조 제1항) 관점은 중심에 있지 못하고 있다. 둘째, 위에서 언급했듯이 노인문제가 소득보장을 중심으로 의제화되면서 노인의 전반적인 생활상황이 균형 있게 사회문제로 인식되지 못했거나, 적어도 안정적으로 제도화되지 못하고 있다.

3. 가변성과 복잡성

1990년대 이후, 특히 1997년 우리나라에서 외환위기, 2007년 전 세계에 영향을 미친 재정위기를 겪으면서 사회문제는 이전 시기와 비교하여 깊어지거나 혹은 새로운 양상을 띠었으며, 또 복잡한 구조를 형성하였다.[7] 새로운 사회문제(new social risks)를 낳은 배경은 다음과 같은 두 가지였다.

산업화 시대에 우리에게 익숙했던 고용형태가 이 시기에 근본적으로 변화하였다. 기존에 경제성장의 시기에 보편적인 고용형태, 즉 종신고용, 전일제고용, 정규직고용의 비중은 점점 낮아졌으며, 이에 비해서 기간제 및 시간제 고용, 비정규직고용이 널리 퍼져갔다. 서비스산업이 팽창하고, 구조적으로 변화하였으며, 자본이 이동성과 독자성을 강화하는 시대가 배경에 있었다. 이러한 구조에서 전통적으로 사회보험을 조직적·재정적으로 뒷받침했던 자본의 노동에 대한 배려와 책임이 약화되었다. 자본이 노동 없이, 혹은 고정적이고 정형적인 고용관계에 구속을 받지 않고 수익을 창출할 수 있게 되었기 때문이다. 예컨대 주로 서비스업에서 널리 퍼지고 있는 특수형태근로는 종속고용과 자영노동 중 어디에 해당하는지 명확하지 않았다.[8] 이와 같은 문제를 합리적으로 제도화·사회화하는 과제는 1차적으로 노동법의 부담이었지만 국민 생활이 복지체계에 편입되는 정도가 깊어질수록 이는 동시에 사회보장법의 과제였다.[9] 비중을 더해가는 이들 근로형태를 외면하는 경우 사회보험은 사회보장의 중심으로 더 이상 기능할 수 없다. 복지의 기대가 보편화된 시대에 이는 다른 사회보장제도에 부담이 될 수 있고, 그 결과 해당 제도가 본래 주어진 과제에 충실할 수 없는 문제가 생길 수 있었다. 예컨대 비정규직근로자의 낮은 임금으로 인하여 발생하는 생활위험을 단순구조를 갖는 기존의 공공부조법이 모두 감당할 수는 없다.

---

7) 1997년과 2007년 각각의 상황 및 상황의 비교에 대해서는 전광석, 2007년 이후 사회보장법; 상황과 과제, 류지태교수 추모논문집, 박영사 (2018), 453.

8) 특수형태근로의 유형에 따른 고용과 자영의 분류, 이에 상응하는 사회보험에 의한 보호의 가능성과 한계에 대해서는 서정희·백승호, "제4차 산업혁명 시대의 사회보장 개혁; 플랫폼 노동에서의 사용종속관계와 기본소득", 법과 사회 제56호 (2017. 12.), 124.

9) 새로운 고용구조에서 노동법의 사회보장기능에 대해서 도재형, "노동법의 위기와 회생, 그리고 과제", 인권과 정의 (2016. 6.), 72.

기본소득(basic income)이 대안으로 논의되기 시작했으나 그 이념적 정당성과 제도의 다양성을 둘러싼 논의는 초기 단계에 있으며, 아직 현실적인 대안이라고 볼 수는 없다.10)

고용형태의 변화로 인하여 사회문제의 구조는 복잡해졌다. 고용은 불안정하고, 안정된 고용으로의 이동은 차단되었다(노동의 분절). 소득은 불안정하고 또 낮았다. 이에 사회문제는 기존의 제도를 중심으로 보면 여러 단계로 세분화되었다. 첫째, 고용관계에 진입할 수 없거나 불안정한 비정규직에 머무는 문제이다. 둘째, 고용관계에 진입한 후에도 소득이 더 이상 생활의 경제적 기반이 될 수 없는 문제이다. 셋째, 이 두 요소가 모두 작용하여 사회보험에 포섭되지 못하거나 포섭되는 경우에도 급여수준이 낮기 때문에 사회보험이 충실히 기능할 수 없는 문제이다. '근로빈곤'은 이를 상징하는 용어이자 현상이었다. 이는 일반적인 현상이었지만 특히 여성근로자가 비정규직노동과 경력단절을 겪는 비중이 높았다. 저출산의 주요 원인도 여기에 있었다.

저출산과 고령사회가 깊어지면서 현세대의 생활을 보장하기 위하여 미래 세대가 짊어져야 하는 부담은 커지는 반면 미래 세대의 사회보장에 대한 기대는 불안정해졌다. 고령사회의 미래 현실은 국민연금의 급여수준을 낮추고, 또 개혁논의를 계속 하는 배경이었다. 저출산의 현상과 경향에는 다양한 요소가 작용하며, 정책의 효용성에 한계가 있다는 것이 지금까지의 경험이었다. 이는 우리 사회에서 일종의 문화현상의 성격을 띠기도 하였다. 이에 비해서 고령사회는 노인의 생활에 직접적으로 영향을 미치는 현재의 문제이다. 고령사회 역시 다양한 국면에서 복잡한 문제를 발생시켰다. 고령사회에서 노인의 기대수명이 길어졌지만 국민연금을 통하여 장기적으로 소득

---

10) 아래 주 35 참조.

을 보장하는 가능성은 제한적이다. 기초연금은 체계가 명확하지 않고 불안정하며, 국민기초생활보장은 노인빈곤의 증가에 역부족이었다. 예컨대 국민기초생활보장에 의한 수급자와 실제 수급대상자는 3배 정도의 차이를 보였다. 이에 노인이 고용관계에 오래 머물러 있거나 혹은 새로이 진입할 수 있도록 하여야 한다. 이는 노인이 고용을 기반으로 사회보험관계를 유지하고(건강보험의 경우) 현재의 생활위험을, 그리고(국민연금의 경우) 미래의 소득을 보충하는 효과가 있다. 또 노인의 고용은 사회적 연결망을 유지하여 노인의 사회적 소외를 예방하는데 적지 않은 기여를 한다. 다만 일반적으로 노인소득은 낮을 것이며, 이는 노인빈곤의 문제로 남는다. 이와 같은 상황에서 공적 사회보장과 자본의 책임을 분담하는 문제는 새로운 결정을 필요로 한다.

III. 사회보장, 사회보장법

사회보장법은 위와 같은 사회문제, 사회문제의 가변성과 복잡성을 고려하여 적시에 적합하게 형성되어야 한다. 이때 사회보장법은 이중적인 부담을 가지며, 이는 동시에 사회보장법의 과제이다. 사회보장법은 현재 개인의 생활 혹은 사회적 문제를 보호 혹은 지원하여야 하며, 이와 같은 목적은 개별적인 법률에서 형성되는 권리의무관계를 통하여 실현되어야 한다. 이 점에서 사회보장법은 규범질서를 제시하고, 이에 기초하여 개인의 의사와 능력에 따라 법률관계를 자율적으로 형성하는 구조를 갖는 민법 등 시민법질서와 차이가 있다. 사회보장법에서 입법의 흠결 혹은 사회문제의 변화를 적시에 개선 혹은 인식하지 못하는 문제는 지속적으로 나타나며, 이 경우 구

조적 혹은 모수(母數)적 개정이 필요하다. 이와 같은 특수성으로 인
하여 사회보장법에서는 전통적인 법해석론, 그리고 규범과 규범현
실의 정합성을 점검하는 법정책론이 혼재한다. 학문적으로 보면 특
히 사회과학과의 관계에서 사회보장의 규범이 현실을 선도하여야
할 뿐 아니라(변화하는) 현실을 기준으로 규범이 지속적으로 검증되
어야 한다. 이때 비로소 상호 이해 및 관점의 보충을 통하여 한편으
로 사회과학에서 소모적인 논쟁이 피해질 수 있고, 다른 한편으로
규범은 현실성을 유지할 수 있다. 다만 이때 사회보장법이 규범적
타당성과 설득력을 갖기 위해서는 단기적·정치적 관점과는 독립하
여 적용되고 기능할 수 있는 체계와 원칙을 보유하여야 한다. 이 점
에서 보면 복지국가는 이와 같은 규범과 현실의 상호 정합성을 검
증하는 과정이며 잠정적인 성취물이다.[11]

   사회보장의 목적을 법률관계를 형성하여 실현하는 데에는 한계
가 있다. 사회보장이 개인의 개별적인 생활을 구체적으로 보호하는
과제를 갖는 경우 다양한 인적 집단과 생활영역을 대상으로 분산된
규율이 필요하고, 대인적 서비스(personal service)의 형태를 띠는 경
우에는 이념과 제도, 그리고 제도와 현실의 정합성을 파악하는데 어
려움이 있다. 예컨대 급여의 종류와 내용 및 수준이 미리 예측될 수
없으며 입법목적은 대인적 접촉과정에서 이루어지는 개별적인 결
정, 그리고 구체적인 상황에 따른 재량적 판단에 의하여 비로소 실
현된다. 사회복지서비스 및 공공부조의 개혁에는 정치적 주목을 받
기 어렵다는 이유 외에 이와 같은 제도적 및 현실적 문제가 장애로
작용한다. 사회보험에서도 건강보험 및 노인장기요양이 이에 해당

---

11) 복지국가의 역사성과 유동성에 대해서는 Michael Stolleis, Die unvollendete
Gerechtigkeit. Das Projekt Sozialstaat und seine Zukunf', Franz Steiner Verlag
(2005), 54; Hans F. Zacher, "Der Sozialstaat als Prozess", Abhandlungen zum
Sozialrecht, C.F.Müller (1993), 73.

하며, 특히 노인장기요양은 여러 단계에서 다원적인 주체에 의한 결정을 거치면서 제도목적이 실현된다.[12] 이 경우 사회보장법은 실체법적으로는 대인적 서비스의 종류와 내용에 관한 기준 규정을 두고, 서비스가 전달되는 조직체계 및 절차법적 기준을 제시하여 합목적성을 확보하여야 한다.

IV. 헌법 - 구체적 한계와 추상적 기여

1. 구체적 한계

사회보장을 선도하는 과제와 관련하여 사회보장법이 아직 체계와 원칙을 정립하지 못하고 있는 어려움이 헌법에 의하여 어느 정도 극복될 수 있을까 하는 기대를 할 수 있다. 1995년 사회보장기본법을 제정하고, 또 2012년 이를 대폭 개정하는 목적이 여기에 있었으나 헌법과 사회보장법, 그리고 사회정책에 관한 구조적 분석과 이해가 결여되어 있었기 때문에 사회보장기본법이 이러한 역할을 하지는 못하고 있다.[13] 실제 사회보장법의 형성과 기능에 있어서 상위법인 헌법의 역할은 구체적으로는 제한적이다. 국가와 사회의 장기적인 가치질서인 헌법이 사회보장의 현황을 파악 및 이해하는 기반 위에서 제정된 것은 아니며, 따라서 인간다운 생활을 보장하는 과제는 기본적으로 입법적 및 행정적 판단과 결정에 위임되어 있다. 그렇기 때문에 사회보장법과 사회보장의 개선에 관한 구체적인 법률

---

12) 이 점에 대해서는 전광석, "한국의 노인장기요양 관련 법제도의 현황과 과제", 사회보장법학 제2권 제1호 (2013. 4.), 110.
13) 위 주 1 참조.

관계가 문제되었을 때 헌법재판에 대한 기대와 현실은 큰 차이가 있다.14)

2. 자유, 평등, 복지

그러나 추상적인 차원에서 보면 헌법은 사회보장법의 현황을 이해하고, 또 과제를 설정하는데 중요한 기여를 한다. 실체법적 목표와 실현방법과 관련하여 보면 개인에게 자율적인 결정의 공간을 보장하는 자유권적 기본권과는 달리 인간다운 생활을 할 권리는 실제 모든 국민에게 추상적으로(사회보험의 경우) 혹은 구체적으로(공공부조의 경우) 실현될 수 있어야 한다. 이와 같은 헌법의 요청은 특히 모든 국민에게 인간다운 최저생활을 구체적으로 보장하는 과제에 있어서 이중적으로 기준점을 제시한다. 첫째, 1차적으로는 모든 국민이 자신의 능력과 의지 및 결정에 의하여 스스로 인간다운 생활을 실현하는 조건을 보장하여야 한다. 이때 개인은 자율적인 결정에 의하여 생활을 형성하고, 자유와 복지의 이념이 조화롭게 실현될 수 있다. 평등의 논리에 따르면 기회의 평등을 보장하여 안정적인 기반 위에서 자유의 이념을 심화시킬 수 있다15). 이와 같은 논리는 가족에게도 적용된다. 헌법은 가족 그 자체 그리고 구성원의 자율성을 보장하고, 또 자율적으로 기능할 수 있도록 보호·지원한다. 가족에서 직접적으로 구성원의 기능분담을 통하여 물질적 및 비물질적 자원이 분배되며, 최소 단위에서 사회교육이 이루어지고, 무엇보다도 정서적 안정을 위한 가장 중요한 매체가 되기 때문이다. 둘째, 1차

---

14) 이 점에 대해서는 전광석, "사회적 기본권 이론의 형성과 전개-인간다운 생활을 할 권리를 중심으로", 헌법논총 제29집 (2018. 12.), 200.

15) 기회의 평등의 이와 같은 기능에 대해서는 전광석, "사회적 불평등의 구조, 평등의 이념과 규범", 연세대 법학연구 제28권 제3호 (2018. 9.), 19.

적인 방법에 의하여 인간다운 생활을 보장할 수 없는 경우에 국가
는 최저생활을 보장하는 최종적인 과제를 갖는다. 이때 인간의 존
엄, 헌법의 인간상에 관한 사회적 관련성은 최저생활보장의 이해에
결정적인 기여를 할 수 있다. 이에 따라 개인이 사회적 인격체로서
기능할 수 있도록 물질적인 최저생활뿐 아니라 사회적·경제적 및
문화적 생활과 참여의 기회를 보장하는 방법과 내용이 형성되어야
한다. 이는 헌법과 헌법재판이 신뢰를 유지하기 위한 가장 기본적인
조건이다16).

3. 국가기능의 분화와 과제의 확대

인간다운 생활을 보장하는 방법과 관련하여 개인 및 가족의 기능
을 주목하는 시각이 이로써 국가의 과제가 축소된다는 의미를 갖는
것은 결코 아니다. 작은 조직단위에서 과제가 실현될 수 없을 때 비
로소 이를 큰 단위, 즉 국가의 과제로 하고 이때 비로소 국가개입이
정당성을 갖는다는 이른바 보충성의 원칙은 헌법에서 도출되는 것
도 아니고, 또 국가기능을 지도하는 원칙이 될 수도 없다.17) 개인 및
가족이 자율적인 결정에 의하여 생활을 형성하는 가능성은 그(최소
한의) 조건이 보장되었을 때 비로소 실현될 수 있다. 따라서 국가는
개인과 가족 그 자체, 그리고 개인과 가족이 편입되는 전체 사회구

---

16) 이에 충실하지 못했던 결정의 예로는 헌법재판소 1997. 5. 29. 선고 94헌마
   33 결정, 헌법재판소 2004. 10. 28. 선고 2002헌마328 결정.
17) 보충성의 원칙에 헌법적 효력을 부여하는 시도에 대해서는 전훈, "양극화
   해소대책과 보충성원칙", 공법연구 제35집 제1호 (2006. 12.), 625; 정극원,
   "헌법상 보충성의 원칙", 헌법학연구 제12권 제3호 (2006. 6.), 190; 홍성방,
   "헌법상 보충성의 원칙", 공법연구 제36집 제1호 (2007. 6.), 615; 홍완식, "헌
   법과 사회보장법에 있어서의 보충성의 원리", 공법연구 제28집 제4호 제2권
   (2000. 6.), 184.

조에서 상황 및 상황의 변화를 파악하고 필요에 따라서 제도적 및 개별적으로 지원하는 과제를 갖기 때문이다.

V. 사회보장법의 체계, 부분 체계의 기능분담

1. 사회보험의 기능과 기능변화

가. 낮은 수준의 보편적 복지

19세기 후반 독일에서 시행된 사회보험은 처음에는 노동자의 최저생활을 보장하는 목적을 가졌지만 점차 수급자에게 기존의 생활수준을 보장하는 제도로 진화하여 왔다. 특히 1957년 독일의 연금보험개혁(Rentenreform)은 연금보험의 기능에 구조적인 변화를 가져왔다. 즉 연금수급자가 연금을 통하여 기존의 소득수준을 어느 정도 유지할 수 있어야 했으며, 이때 연금수준은 현재 소득근로자를 기준으로 형성되었다. 이는 연금수급자가 독일 경제의 성장에 따른 수혜자로 참여하게 되었다는 의미를 가졌다.[18]

1970년대 후반, 그리고 1980년대 후반 우리가 도입한 의료보험과 연금보험의 구상은 근본적으로 달랐다. 위에서 언급한 바와 같이 의료보험은 진료비용을 부분적으로 보장하는데 그쳤다.[19] 연금보험의

---

18) 독일 연금법의 기원과 발전, 그리고 현재적 상황에 대해서는 Hans Günther Hockerts, "Abschied von der dynamischen Rente-Über den Einzug der Demografie und der Finanzindustrie in der Politik der Alterssicherung", Ulrich Becker/Hans Günther Hockerts/Klaus Tenfelde, Sozialstaat Deutschalnds. Geschichte und Gegenwart, Diez (2010), 257.

19) 위 주 5 참조.

경우 납입하는 보험료에 비해서 높은 수준의 급여를 예정하였지만 (저부담 고급여), 그렇다고 가입자의 기존의 소득수준을 보장하는 목표를 갖지는 않았다. 보험료 산정기준인 소득이 제한적이었고, 또 보험료율이 낮았기 때문이다. 국민연금은 1998년과 2007년 연금수 준을 낮추는 개정을 하면서 노후생활의 기반이 될 수 없다는 점은 더욱 뚜렷해졌다. 1990년대 이후, 특히 1997년 외환위기와 2007년 세계적인 재정위기의 상황에서 사회보장법은 구조적인 변화가 필요 했다.[20] 고용관계에서 비정규직근로, 그리고 단시간 혹은 초단시간 근로의 비중이 높아졌고, 또 이들은 취업과 실업을 반복하는 특성을 가졌다. 질병을 단기적으로 보장하는 건강보험에 비해서 장기적인 위험을 사전에 배려하는 국민연금, 그리고 개인의 예측 능력이 제한 적인 고용보험에서 이들의 가입률은 낮았다. 이 점은 사각지대의 문 제로 시대의 의제가 되었고, 전 국민을 위한 기초보장으로 기대되었 던 사회보험은 일반적으로 지적되는 재정위기 외에 제도의 위기를 맞게 되었다.[21]

사회보험이 새로운 사회문제에 대해서 준비가 되어 있지 않았고, 이는 사회보험의 기능에 이중적으로 어려움을 주었다. 첫째, 기존에 사회보험은 소득이 생활의 기반인 근로자를 가입대상으로 하였고, 이들에게 생활위험이 발생했을 때 기존 소득의 일부에 해당하는 급 여를 지급하여 생활을 보장하는 목표를 가졌다. 그런데 새로운 고용 유형에 해당하는 근로자는 소득이 낮고 취업과 실업이 반복되는 경 향이 있기 때문에 전통적인 사회보험의 목적이 실현될 수 있는 집 단이 아니다. 이는 사각지대의 규범적 문제이며, 동시에 사회보험 의 체계에 내재해 있는 본질적인 문제였다. 둘째, 이들을 사회보험

---

20) 위 주 7 참조.
21) 사회보험에서 이에 관한 다양한 현황 및 문제에 대해서는 이호근, "비정규 노동과 복지", 인간과 복지 (2011. 6).

의 가입대상으로 하는 때에도 사용자와 근로자 모두 보험료의 부담
이 제한적이기 때문에 현실적으로 가입을 기피하는 문제가 발생하
였다. 또 다음과 같은 문제도 있었다. 이들의 소득이 낮기 때문에 소
득에 비례하여 산정되는 급여수준 역시 낮으며, 이는 심지어 기초생
활보장급여의 수준에도 미치지 못할 수 있다. 그런데 보험급여는 가
입자가 보험료를 납부하여 형성되는 반면, 기초생활보장급여는 국
가의 일방적인 급여임에도 불구하고 전자가 후자에 비해서 수준이
낮은 것은 사회보험의 본질에 반하며, 또 헌법적으로 보면 특히 평
등권을 침해하는 문제를 제기하였다. 그러나 사실 이는 설명이 어려
운 문제는 아니었다. 사회보험급여에 대해서는 개인이 구체적인 권
리를 가지며, 자산조사 등의 요건이 적용되지 않는다는 점에서 기초생
활보장급여에 비해서는 뚜렷한 장점이 있기 때문이다. 다만 이 경우
사회보험의 기능은 수정(축소)되어야 하며, 수정(축소)된 사회보험이
남긴 공백을 메우는 방법론에 대해서는 새로운 사고가 필요했다.

나. 새로운 사회적 연대

위에서 서술했듯이 우리 사회보험은 보험능력이 있는 소득근로
자를 가입대상으로 하여 출발했지만 빠른 시기에 가입대상은 거의
전체 국민으로 확대되었다. 이로써 사회보험에서 사회적 연대는 동
질성 있는 집단의 생활을 보장하기 위한 좁은 범위로 이해되지는
않았다.22) 오히려 우리 사회보험에서 사회적 연대는 전체 소득근로
자를 대상으로 하는 넓은 범위를 포섭한다. 이때 사회적 연대의 실

---

22) 이 경우 가입대상의 확대는 헌법적 문제로 발전한다. 1970년대 가입대상을
    확대하면서 독일에서 제기되었던 문제이다. 이에 대해서는 Josef Isensee,
    "Sozialversicherungsfreiheit bei geringfügiger Beschäftigung", Zeitschrift für
    Rechtspolitik (1982), 140; Michael Kloepfer, "Sozialversicherungsbeiträge und
    Gruppensolidarität", Vierteljahresschrift für Sozialrecht (1974), 156.

체는 사회적 보호의 필요성이다.[23] 그런데 사회적 보호의 필요성의
개념은 추상적·개방적이며, 따라서 그 범주는 확정될 수 없기 때문
에 결국 이에 대한 판단은 입법에 위임될 수밖에 없다. 이와 같은
새로운 사회문제와 규범상황에서 사회보험의 가입자격과 관련하여
소득근로자의 속성이 중요하며, 극단적인 경우를 제외하고는 근로
시간 및 소득 수준은 더 이상 가입자의 범위를 결정하는 기준이 될
수는 없다.[24]

　　이와 같은 사회적 연대에 대한 이해방법은 고용형태의 변화, 노
동시장의 유연화, 그리고 사회보장의 기능변화에 적응하는 긍정적
효과가 있다. 첫째, 이로써 사회보험은 점점 비중을 더해가는 비정
규직근로자를 포섭하여 사회보장의 중심제도로 유지될 수 있다. 사
회보험이 사회보장의 중심을 이루는 경우 뚜렷한 장점이 있다. 사회
보험급여는 국회에서 결정되는 법률관계에서 형성되고, 또 개인은
이에 대한 구체적 권리를 갖기 때문에 그만큼 정치적 및 규범적으
로 안정성이 있기 때문이다. 둘째, 물론 위에서 서술한 바와 같이 우
리 사회보험에서 급여가 가입자의 기존의 생활을 유지하는 기능은
처음부터 제한적이었으며, 국민연금의 경우 두 차례의 개정을 통하
여 급여 수준은 더욱 낮아졌다. 소득보장을 재편하는 데 있어서 국
민연금의 보험료를 인상하여 가입자의 능력에 비례하여 급여를 충
실히 하는(그리고 기초연금을 보편적으로 적용하는) 방안은 정치적

---

23) 이에 비해서 헌법재판소는 소득재분배를 사회적 연대의 실체로 보았으나
　　이는 타당한 논리는 아니었다. 위 주 2 참조.
24) 이와 같은 구상을 실현한 대표적인 국가는 네덜란드이다. 네덜란드에서 보
　　편적 사회보험의 구상과 제도발전에 대해서는 이승윤·남재욱, "네덜란드
　　근로시간 유연화와 사회보장제도에 대한 사례연구", 사회보장연구 제34권
　　제2호 (2018. 9.), 125. 이밖에 Jelle Visser/Anton Hemerijck, "Die pragmatische
　　Anpassung des niederländischen Sozialstaats", Stephan Leibfried/Uwe Wagschal,
　　Der deutsche Sozialstaat, Campus (2000), 452.

관철가능성이 낮을 뿐 아니라 오늘날 고용형태에 비추어 보면 적합하지도 않다.25) 그렇다고 하더라도 모든 소득근로자가 낮은 수준이지만 안정적으로 보험급여에 대한 청구권을 갖는 경우 사회보험이 남긴 보장의 공백을 메우는 다른 사회보장제도의 부담은 그만큼 덜어진다. 이는 특히 오늘날 사회보장이 교육, 고용 등 다른 국가과제와 밀접한 관련성을 갖고 상호 기능을 보충하며, 그만큼 사회보장의 과제범위가 확대되어 가고 있는 상황에서 뚜렷한 장점이 있다. 위에서 언급한 바와 같이 사회보험이 정치적 및 규범적으로 안정성이 있기 때문에 사회보험 이외에 직접적 혹은 간접적으로 사회보장의 기능을 수행하는 제도가 안정적인 기점(基點) 위에서 형성될 수 있기 때문이다.

다. 사회적 연대의 차별화

위에서 서술한 바와 같은 사회적 연대의 변화는 사회보장에서 영역에 따라서는 구조적으로, 그리고 연대의 밀도에 있어서 어느 정도 차별적으로 이해되어야 한다. 건강보험과 산재보험, 그리고 최저생활보장의 예를 들어보자.

질병은 현재의 개인생활에 직접 영향을 미치며, 건강보장은 모든 국민의 자유를 실현하기 위한 기본적인 조건이다. 따라서 건강보험에 있어서는 모든 국민을 포괄하여 연대의 인적 범위가 넓어야 하며, 또 개인의 질병을 현재 적합하게, 그리고 균등하게 보호하여야 하기 때문에 제도 간의 기능분담이 제한적이다. 이 점이 기본적으로 추상적인 보호를 내용으로 하는 소득보장과 차이가 있다. 우리나라에서 건강보험이 이와 같은 과제를 실현하는데 장애요소는 두 가지

---

25) 아래 주 42 참조.

이다. 첫째, 건강보험의 재정은 가입자의 보험료에 의하여 충당되며, 따라서 건강보험보장률을 높이기 위해서는 가입자가 보험료의 인상을 받아들여야 한다. 건강보험은 현재 발생한 질병을 치료하기 위한 급여를 제공하기 때문에 적어도 상대적으로 국민연금에 비해서는 이와 같은 정책의 국민적 수용 가능성은 높으며, 보험료 저항은 낮을 것으로 예상된다. 실제 건강보험에서 보험료율은 매년 소폭 인상되어 왔다. 이는 1988년 도입 당시 보험료율 9%를 현재에도 그대로 유지하고 있으며, 보험료 인상에 대한 저항이 강력한 국민연금과 비교된다. 둘째, 우리나라 건강보험은 위에서 언급했듯이 부분적인 보장을 목표로 출발하였고, 이와 같은 보장의 공백은 상당 부분을 민간보험이 담당하고 있다[26]. 이와 같은 구조에서 건강보험보장률을 높이는 정책에 대해서는 이중적으로 저항이 있을 수 있다. 한편으로는 민간보험의 영업공간이 줄어들 수 있으며, 다른 한편 높은 소득자가 납부하여야 할 보험료가 상대적으로 과중할 수 있다. 그러나 이와 같은 저항은 극복하지 못할 장애는 아니다. 건강보험이 이미 국민보험의 성격을 갖게 되었고, 따라서 보험료와 조세의 기능적 차이가 점차 약화되었기 때문에 높은 소득자의 저항은 생각만큼 크지 않을 수 있다. 민간보험과의 관계 또한 비급여대상인 질병 및 진료를 점차 줄이는 방법을 채택하는 경우 민간보험의 불이익은 감내할 만한 것으로 예상된다. 이 경우 경험적으로 이미 보편화되어 있는 진료방법을 법정급여에 포함시키는 방법으로 건강보험보장률을 높여가야 할 것이다.

산재보험이 사회보험에서 차지하는 특별한 위상에 비추어 보면

---

26) 건강보장에서 민간보험의 과도한 비중에 대해서는 이진석, "보건의료정책의 역사적 변화와 전망", 김병섭 외, 우리나라 복지국가의 역사적 변화와 전망, 서울대 출판문화원 (2015. 8.), 195; 허순임, "한국 민간 의료보험의 발달과 의료보장정책에 대한 함의", 한국사회정책 제20집 제1호 (2013. 12.), 200.

산재보험에서 사회적 연대 역시 특수한 성격을 갖는다. 사회보험은 자본과 노동의 상호 의존관계, 이에 따르는 자본의 노동에 대한 배려와 책임에 기초하여 고안되었고, 기능하여 왔다. 즉 자본과 노동, 노동과 노동의 추상적 연대가 일반적인 사회보험의 기반이었다. 이에 비해서 산재보험은 자본과 노동의 이익관계를 제도적으로 조정하는 성격이 강했으며, 그만큼 연대의 기반은 구체적이다. 산재보험은 노동자의 업무상의 재해로 인한 생활위험을 보장하는 대신 이에 대한 사용자의 책임을 면제하는 구상이었다. 이와 같이(건강보험 및 국민연금과는 달리) 산재보험에서는 사용자의 구체적인 이익이 실현되기 때문에 산재보험의 재원은 사용자가 전액 부담하는 재정방식이 채택되었다. 또 산재보험에는 객관적으로는 업무상의 재해보상을 둘러싼 노사분쟁을 예방하는 기능이 있다. 산재보험이 사회보장의 구도에 편입되면서 산재보험은 사회적 성격을 강화하여 왔다[27]. 재해보상 외에 산재 예방을 위한 조치, 그리고 업무상의 재해를 입은 근로자가 업무에 복귀할 수 있도록 재활조치를 보충하였다. 이와 같은 과제의 확대가 사회적 연대의 범주를 벗어난 것은 아니다. 다만 이때 산재보험은 다음과 같은 두 가지 긴장관계를 겪게 되었다. 첫째, 산재보험이 사회보장의 기능을 강화하면서 형평성의 관점이 부분적으로 도입되었다. 예컨대 보상금액의 산정에 있어서 최고보상기준금액과 최저보상기준금액이 적용되었다. 이는 산재보험에서 보상의 이념이 부분적으로 후퇴하는 결과가 되었으며 그 가능성과 한계에 관한 논의가 필요하게 되었다.[28] 둘째, 산재보험은 위에서 언급했듯이 오늘날 고용형태의 변화를 충실히 반영하는 또 다

---

27) 우리 산재보험의 이와 같은 전개에 대해서는 김상호, "산재보험 예방요율제도 도입방안", 사회보장연구 제26권 제2호 (2010. 12.), 124; 전광석, "산업재해보상보험법과 헌법재판-사용자 보상책임의 규범구조와 사회보장의 기능", 헌법학연구 제24권 제1호 (2018. 10.), 33.

28) 헌법적 평가에 대해서는 헌법재판소 2004. 11. 25. 선고 2002헌바52 결정.

른 과제를 갖게 되었다. 고용관계에의 종속성을 엄격히 해석하는 경우 종속고용과 자영의 경제지점에 있는 특수형태근로에서 업무상의 재해가 보호될 수 없다.[29] 이에 사업자에 대한 종속성을 완화하여 사용자의 이익에 기여하는 행위를 업무행위로 인정할 필요가 있게 되었다.

사회적 연대는 그 밀도에 있어서도 차별적 이해가 필요하다. 사회보험에서는 사회적 연대의 범위와 밀도는 상대적이며, 그만큼 정책적 및 입법적 판단의 여지가 넓다.[30] 그동안 소득보장을 위한 사회보험에서 연대의 수평적 범위가 넓어지는 반면 연대의 밀도는 낮아져 왔다고 평가할 수 있다. 이에 비해서 최저생활보장에 관해서는 사회적 연대의 수평적 범위 및 수직적 밀도에 대한 재검토가 필요하다. 모든 국민이 사회적 연대에 의하여 최저생활을 절대적으로 보장받을 수 있어야 하기 때문이다. 이를 선도하는 헌법의 기능에 대해서는 위에서 언급한 바 있으며, 이 점은 아래에서 다시 다루기로 한다.

---

29) 이와 같은 문제의 제기와 평가에 대해서는 오종은, "산재보험 사각지대 해소를 위한 연구; 퀵서비스 종사자를 중심으로", 사회보장연구 제27권 제4호 (2011. 2.), 11; 정희선, "업무상의 재해로 사망한 일용근로자에 대한 산업재해보상보험의 문제점", 사회보장법연구 제2권 제2호 (2013. 6.), 155; 조연민, "산업재해보상보험법상 특수형태근로종사자 특례제도에 대한 비판적 검토-판례의 경향과 입법안을 중심으로", 사회보장법연구 제5권 제2호 (2016. 12.), 241.
30) 이 점에 대해서는 예컨대 장승혁, "사회보험법과 사회연대 원리", 사회보장법학 제6권 제1호 (2017. 6.), 18.

2. 다층적 및 다원적 체계와 기능분담

가. 국가의 일반과제와 사회보장의 과제

오늘날 사회보장의 기능영역이 확대되면서 일반적인 국가과제와의 관계에 대해서 새로운 사고가 필요하다. 일반적인 국가작용은 모든 국민에게 개방되어 있다는 점에서 평등의 이념에 친화적이다. 모든 국민이 동일한 이해관계를 갖는다는 점에서 보면 탈정치화의 정책수단이 될 수 있다. 또 이와 같은 평등한 복지의 기반은 한편으로는 낮은 수준의 평등한 복지를 지향하는 사회보험을 보충하고, 다른 한편 개별적인 상황을 구체적으로 보호 혹은 지원하는 다양한 사회보장의 안정적 기점(基點)이 된다는 점에서 사회보장의 특수한 과제에 부담을 줄여주는 효과가 있다. 교육과 고용에 관한 국가의 일반적인 국가작용은 사회보장, 특히 소득보장을 위한 제도가 장기적 혹은 단기적으로 기능을 효율화하거나 혹은 이들 제도의 부담을 경감하는 효과를 갖는다.

이와 같은 구조에서 예컨대 공중보건이 보편적이고 충실하게 시행되는 경우 건강보험의 부담은 덜어진다. 자녀양육지원을 통하여 세대 간 인구균형을 유지하여 사회보장의 안정적 기반이 될 수 있고, 또 여성의 소득활동을 지원하고 경력단절을 방지하여 고용에 의한 사회보장의 실현에 기여할 수 있다. 이와 같은 일반적인 과제의 관점에서 보면 자녀양육지원은 부모의 소득의 다과(多寡)가 아니라 자녀양육 자체를 기준으로 하여야 한다. 이 점에서 부모의 소득을 기준으로 아동수당의 지급 여부를 결정할 것인가에 대한 논쟁은 소모적이었다.[31] 기초연금의 논의구조는 이와는 차이가 있다. 기본소

---

31) 무상급식과 관련된 문제 상황에 대해서는 예컨대 윤홍식, "보편주의 복지를 둘러싼 논쟁의 한계, 성과, 전망; 무상급식에서 4.11 총선까지", 사회보장연

득(basic income)은 더 큰 차이가 있다.[32] 다만 이와 같은 일반적인 국가작용이 갖는 특성은 정책적 효과에도 불구하고 정치적 추동력이 떨어질 수 있다. 이는 개별적인 법률관계에서 형성되는 것이 아니며, 개인 또는 집단의 이익에 귀속되어 권리의무에 직접적인 영향을 미치지도 않기 때문이다. 이와 같은 관점에서 보면 예컨대 국민건강증진법에 의하여 국민건강증진기금이 건강보험재정을 지원하도록 한 것은 기금의 정치적 정당성을 강화하는 효과는 있었겠지만 정책적으로 올바른 선택은 아니었다.

나. 사회보장의 독자성, 사회보장의 체계와 구조

(1) 사회보장의 독자성

일반적인 국가작용이 모든 국민에게 접근이 보장되고, 따라서 평등의 이념에 친화적이지만 그 결과 모든 국민의 평등이 실현되는 것은 아니다. 다음과 같은 흠결이 남는다. 첫째, 평등의 규범과 정책에 의하여 평등의 결과가 실현되는 것은 아니다. 평등의 이념이 보편성을 지향하지만 평등정책은 규범적 및 현실적으로 어느 정도는 선택적이다. 보편적 평등은 자유의 이념과 규범적으로 긴장관계에 있으며, 또 평등정책이 모든 생활영역을 포괄하는 것은 현실적으로 불가능하기 때문이다. 사실적 혹은 적극적 평등실현조치가 역평등의 논리를 극복하여야 하는 것이 전자에 해당하는 예이다.[33] 국가의 수익적 조치가 일시에 전체 국민을 포괄할 수 없기 때문에 평등이

구 제28권 제4호 (2012. 12), 94.

32) 아래 주 35 참조.

33) 헌법재판소 2003. 7. 24. 선고 2001헌바96 결정, 헌법재판소 2014. 8. 28. 선고 2013헌마553 결정. 이에 대해서는 예컨대 김지영, "미국 헌법상 성소수자 권리보호와 성적 지향에 대한 평등심사", 헌법재판소 헌법재판연구원 (2016), 38; 이재희, "혼인의 헌법적 보장", 헌법재판소 헌법재판연구원 (2017).

점진적으로 실현되는 과정에서 과도기적으로 불평등이 나타나는 것
이 후자의 예에 해당한다.34) 둘째, 사회보장에 있어서 중요한 평가
기준은 인간다운(최저)생활의 실현 여부이다. 그러나 일반적인 국가
작용의 목적이 여기에 있지는 않다. 일반적인 국가작용에 사회보장
의 과제를 포괄적으로 부과하고, 그 결과 경제질서와 사회질서, 그
리고 분배와 재분배를 통합하여 운영하는 사회주의의 실험은 실패
로 끝났다. 국가작용이 지향하는 평등한 기회의 보장이 흠결을 보일
때, 그리고 평등이 낮은 수준에서 실현되기 때문에 인간다운 생활이
실현될 수 없을 때 사회보장은 독자적인 목적을 정립하여 다층적
및 다원적으로 이를 실현하는 과제를 갖는다.

　이와 같은 국가의 일반적인 작용과 사회보장의 기능분담의 관점
에서 보면 기본소득(basic income)의 논의는 아직 성숙되어 있지 않
다. 현상적으로는 기본소득의 개념과 정책방향이 모호하다.35) 보다
근본적으로는 기본연금이 국가의 일반작용의 범주에 속하는가 아니
면 사회보장의 이념을 지향하는가의 쟁점이 정리되지 않고 있다. 후
자의 이해에 따르는 경우에도 기존 사회보장의 이념 및 제도와 접
점이 명확하지 않으며, 따라서 기능적 위상과 기능관계에 대한 담론
은 먼 길을 남겨놓고 있다.

---

34) 헌법재판소 1991. 2. 11. 선고 90헌가27 결정, 헌법재판소 2005. 9. 29. 선고
　　 2004헌바53 결정, 헌법재판소 2005. 10. 27. 선고 2003헌바50등 결정, 헌법재
　　 판소 2007. 3. 29. 선고 2004헌마207 결정.
35) 기본소득의 도입에 우호적인 논문으로는 백승호·이승윤, "기본소득 논쟁
　　 제대로 하기", 한국사회정책 제25권 제3호 (2018. 9.), 37; 백승호·서정희, 위
　　 주 8, 40. 이밖에 기본소득과 헌법의 정합성에 대해서는 노호창, "기본소득
　　 의 헌법적 근거에 관한 모색적 연구", 헌법논총 제28집 (2017. 12.), 111; 홍
　　 석한, "기본소득의 헌법적 정당성에 관한 시론적 고찰", 공법학연구 제18권
　　 제3호 (2017. 8.), 190.

(2) 기능의 보완

사회보장과 관련하여 일반적인 국가작용의 기능과 한계는 고용
문제에서 뚜렷하게 나타난다. 고용은 개인에게 가장 중요한 생활의
경제적 기초이며, 동시에 사회보험의 법률관계가 형성되는 기반이
다. 고용관계에서 안정적으로 소득이 보장되는 경우 개인은 현재 인
간다운 생활을 할 수 있을 뿐 아니라 소득의 일부를 사회보험에 적
립하여 퇴직 후 혹은 노후에 생활을 배려할 수 있다. 우리 헌법에서
노동의 기회와 근로조건의 보장(헌법 제32조), 그리고 소득분배의
경제적 목표(헌법 제119조 제2항)는 비전형적인 고용형태가 일반화
되는 시대에 다시 조명되고, 또 새로운 의미를 가져야 했다.36)

노동시장을 분석하고, 직업훈련 및 취업알선 등의 활동을 통하여
노동의 공급과 수요를 적시에 적합하게 조종하는 일반적인 국가작
용과 더불어 고용보험이 소극적인 소득보장 외에 적극적인 노동시
장정책에 집중하여야 한다. 고용보험은 오랫동안 본래의 이념과 목
적과는 달리 소득보장에 편향되었으며, 적극적 노동시장정책을 위
한 조치는 지체되어 왔다. 이는 소득보장을 위한 제도가 발달하지
못했기 때문에 피할 수 없었던 한계였다.37) 그러나 오늘날 고용과
소득, 그리고 복지가 선순환하지 못하는 상황에서 순환의 출발점에
대한 정지(整地)작업에 우선적인 과제가 두어져야 한다. 특히 자녀
양육으로 인한 경력의 단절 및 소득불안정에 직접 관련되어 있는

---

36) 이 점에 대해서는 김진곤, "노동복지의 헌법적 기초로서 노동기본권-근로의
　　권리와 노동 3권을 중심으로", 헌법학연구 제18권 제3호 (2012. 9.), 62; 차진
　　아, "헌법상 근로권의 실질화를 위한 전제와 대안의 모색-고용 없는 성장의
　　현실 인식과 그에 대한 대안 모색을 중심으로", 이화여대 법학논집 제14권
　　제4호 (2010. 8.), 115.
37) 초기 고용보험의 이와 같은 문제에 대해서는 방하남, "한국 고용보험제도의
　　현황과 발전과제", 한국사회정책 제4권 제1호 (1997. 6.), 271; 안학순, "한국
　　고용보험제도의 적극적 노동시장정책에서 소득보장 기능 강화로의 전환과
　　정에 관한 연구", 연세사회복지연구 제5권 (1998. 2.), 135.

여성노동에 대한 지원은 필수적이다. 기간제, 시간제 및 비정규직근로 등 새로운 고용형태가 피할 수 없는 현상이라는 점을 고려하면 불안정한 고용 그 자체가 어느 정도는 현재 경제적 생활 및 사회보험의 기반이 될 수 있어야 한다.[38] 이 점에서 최저임금제도의 확대 및 현실화는 필수적인 정책방향이다. 이는 위에서 언급했듯이 사회보험의 법률관계를 유지시켜 사회보장의 기반이 되는 효과가 있다.

(3) 근로빈곤

오늘날 변화하는 사회구조에서 사회보장의 방법은 생산적 복지, 사회투자국가(social investment state) 등의 용어로 표현되었다. 이는 개인이 국가의 복지조치에 의존하지 않고 자신의 능력으로 생활을 형성하는 조건 및 가능성을 보장하는 데 주력하여야 한다는 공통점이 있다.[39] 이 점은 사회보험에서는 소극적·적극적으로 작용한다. 소극적인 측면에서 보면 사회보험이 더 이상 개인에게 적절한 생활을 보장할 수 없지만 적극적으로 보면 모든 소득근로자에게 기초생활을 보장하여 그러한 기반 위에서 고용관계를 형성하고, 또 자율적인 결정에 의하여 사전에 생활을 배려할 수 있어야 한다. 복지관련제도와 공공부조에도 마찬가지의 과제를 부과한다. 기초생활보장은 개인에게 스스로의 능력으로 최저생활을 형성하는 조건을 보장하고, 궁극적으로는 기초생활보장수급자를 벗어나서(탈수급) 자율적

---

38) 위 주 24 참조.
39) 사회투자국가의 구상과 기능적 한계에 대해서는 김영순, "사회투자국가가 우리의 대안인가?-최근 한국의 사회투자국가 논의와 그 문제점", 경제와 사회 제74호 (2007. 5.), 84; 양재진, "사회투자국가가 우리의 대안이다. 사회투자국가 비판론에 대한 반비판", 경제와 사회 제75호 (2007. 9.), 319. 이밖에 생산적 복지의 개념과 내용에 대해서는 남찬섭, "경제위기 이후 복지개혁의 성격-구상, 귀결, 복지국가 체제에의 함의", 한국 복지국가의 성격 논쟁 I, 인간과 복지 (2002. 8.), 149.

인 결정에 의하여 빈곤을 극복하고(탈빈곤), 생활을 형성할 수 있어
야 한다. 사실 이와 같은 이념이 새로운 것은 아니다. 다만 국민기초
생활보장법은 이념을 실현할 정책수단을 갖추고 있지 못했고, 또 이
미 제정 당시에 변화하는 상황을 충실히 인식하지도 못했다. 기초생
활보장과 복지관련제도에서 적극적 사회보장의 과제는 다음과 같이
정리될 수 있다.

　고용의 불안정이 깊어지면서 고용 및 노동이 생활의 적절한 기반
이 될 수 없게 되었다. 이는 근로빈곤으로 의제화되었다. 고용보험
과 국민기초생활보장제도는 모두 근로빈곤의 특성에 비추어 기능에
한계가 있다. 고용보험은 사회보험으로서 가입자격이 한정되어 있
고, 급여기간이 제한적이다. 따라서 가입자격이 없거나, 급여기간이
종료된 경우 더 이상 지원할 수 없다. 국민기초생활보장법은 최저생
활을 보장하는 이념에 치우쳐 있어 취업을 지원하고, 또 근로를 유
인하는 목적에 집중할 수 없었다. 또 국민기초생활보장제도가 근로
빈곤에 집중하는 경우 최저생활보장의 일반과제가 소홀히 될 우려
도 있다. 이에 직업훈련과 취업알선에 중점을 두고 이와 연계하여
최저소득을 보장하는 방법론적 보완이 필요하다. 이미 오래 전부터
'실업부조법' 혹은 '빈곤예방 및 저소득층 자립지원법' 등의 형태로
입법논의가 있었으나 이제 더 이상 미룰 수 없는 과제가 되었다.[40)]
이는 방법론적으로는 공공부조와 복지관련서비스를, 그리고 제도적
으로는 고용보험법상 고용안정 및 직업능력개발사업과 국민기초생
활보장법의 자활급여를 통합하는 결과가 될 것이다.[41)]

---

40) 이에 대한 제안으로는 양승광, "미취업 청년의 노동권 보장에 관한 연구",
　　박사학위청구논문, 성균관대학교 법학전문대학원 (2018), 186. 이밖에 노대
　　명, "한국 공공부조제도의 패러다임 전환 필요성에 대한 고찰", 한국사회정
　　책 제18집 제1호 (2011. 8.), 102; 이병희, "한국형 실업부조 도입의 쟁점과
　　과제", 한국사회정책 제20집 제1호 (2013. 6.), 123.
41) 2003년 독일에서 제정된 구직자에 대한 기초보장 (Grundsicherung für

이와 같은 새로운 방법론이 실효성을 갖기 위해서는 여러 조건을 충족하여야 한다. 첫째, 고용보험과 국민기초생활보장제도의 경험에서 드러났듯이 직업훈련과 취업알선을 위한 조직과 프로그램이 활성화되어야 한다는 것은 가장 기본적인 조건이다. 둘째, 수급자가 알선된 노동을 수행하고 유지할 수 있는 조치가 필요하다. 한편으로는 수급자의 적성과 능력에 적합한 직업을 알선하고, 또 이를 수행하는 의무를 부과하여야 한다. 예컨대 구직자기초보장(Grundsicherung für Arbeitsuchende)을 규율하고 있는 독일 사회법전(SGB) 제2권은 상징적으로 구직을 위한 지원(Fördern)에 앞서 구직자의 의무(Fordern)를 강조하고 있다(법 제1,2조). 다른 한편 노동으로 취득하는 소득과 기초생활보장급여가 기본적인 생활을 형성하는 기반이 될 수 있도록 하여야 한다. 이때 소득의 일부를 과세 및 기초생활보장의 소득인정액에서 공제하여 계속 노동을 유인하여야 한다.

(4) 노후소득보장과 노인빈곤

고령사회에서 노인문제는 질병과 건강보장, 소득보장, 개인적 활동 및 사회참여를 위한 지원, 고용 지원 등 다양한 국면으로 구성된다. 이들 국면은 노인의 생활에 상호 긍정적 혹은 부정적 영향을 미치는 관계에 있다. 방법론적으로 추상적인 소득보장은 뚜렷한 장점이 있다. 이는 노후생활을 자율적으로 형성하는 기반이 되기 때문이다. 이 점에서 위에서 서술한 바와 같이 소득보장의 중심은 사회보험인 국민연금이어야 한다. 다만 국민연금은 노후에 충실한 소득보장의 기반이 더 이상 될 수는 없으며, 또 보장의 공백을 메우기 위하여 보험료율과 급여수준을 높이는 안이 제시되었지만 이는 실현

Arbeitsuchende)이 이러한 입법례에 해당한다. 이에 대해서는 전광석, 독일 사회보장법과 사회정책, 박영사 (2008), 212; Sabine Knickrehm/Karen Krauss, "Sozialhilferecht", Ruland/Becker/Axer, Sozialrechtshandbuch, Nomos (2018), 1189.

가능성이 높지 않다. 보험료율의 인상에 대한 국민적 저항이 있으며, 국민연금 자체에 대한 신뢰가 크지 않기 때문이다. 국민연금과 기초연금의 관계는 기초연금이 도입되었던 2007년 당시부터 논란이 있었다. 국민연금을 소득보장의 축으로 하고, 기초연금과 국민기초생활보장급여가 이를 보완하는 과제가 제기된 셈이다.

　기초연금은 사회보험과 공공부조의 이원론에서는 설명할 수 없는 특수한 위상을 갖는다. 기초연금은 기원적으로는 2007년 국민연금의 급여수준을 낮추면서 이를 보완하기 위하여 도입되었기 때문에 국민연금과 기능적으로 연계되도록 구상하였다. 다른 한편 기초연금의 보다 근본적인 목적은 노인빈곤을 보호하는 데 있으며, 이에 소득인정액을 기준으로 수급자를 선정하는 공공부조의 요소가 있다. 그러나 기초연금에는 외부적 및 내부적 체계가 모두 결여되어 있다. 우선, 내부적 체계가 혼란스럽다. 국민연금과 연계되어 있을 뿐 공무원연금 등 다른 공적 연금과의 관계는 분명하지 않다. 다른 공적 연금수급자는 기초연금의 수급자가 될 수 없기 때문이다. 이로써 기초연금은 노인빈곤 그 자체와의 관련성은 부분적이다. 국민연금 등 공적 연금의 수급 여부를 기초연금의 수급자 선정기준에 반영하는 것 자체의 타당성도 의문이다. 국민연금은 추상적으로 노후소득을 보장하는 제도이며, 따라서 노인빈곤의 구체적 상황과 관련성을 갖지는 않기 때문이다. 다음, 외부적 체계 역시 명확하지 않다. 기초연금은 수급자의 범위를 법률에서 직접 정하고 있다. 즉 기초연금수급자는 65세 이상의 노인 중 70%가 되도록 한다. 그러나 이를 뒷받침할 근거를 찾기 어렵다. 이 규정이 타당성을 갖기 위해서는 국민연금에 의한 보장률이 매우 낮고, 또 국민기초생활보장사업이 최저생활을 보장할 수 없기 때문에 노인빈곤이 이와 같은 규모에 이른다는 전제가 성립되어야 하기 때문이다. 결국 이와 같이 내부적 및 외부적 체계를 결여하며, 따라서 기능성과 안정성이 상실되어 있

는 기초연금이 노후소득보장의 중심이 될 수는 없다.42)

VI. 정리, 그리고 새로운 과제

오늘날 개인의 생활과 사회적 상황은 다양하고 복잡해졌다. 이는 사회보장에 편입되어 지원과 보호의 대상이 되지만 오히려 제도가 의도하지 않은 새로운 사회문제를 발생시키기도 하였다. 그만큼 개인 생활 및 사회적 상황의 다양성과 복잡성은 더욱 심화되었다. 1차적인 과제는 일반적인 국가작용과 사회보장, 그리고 사회보험과 그밖의 사회보장제도가 상호 기능적 협력을 하면서 개인생활의 기반을 안정적으로 형성하여야 한다. 이는 복지와 기회의 평등을 보장하고, 이에 기초하여 개인의 자유의 공간을 확보하는 효과가 있다. 2차적으로 여러 인적 집단의 특성을 고려하여 다양한 생활영역에서 지원이 이루어지고, 이 과정에서도 기회의 평등, 그리고 최종적으로는 결과의 평등을 지향하여야 한다. 1차적인 과제와 2차적인 과제는 사회보장의 구조와 관련된 구분이며, 결코 정책의 우선순위 혹은 보충성의 원칙을 내포하고 있는 것은 아니다. 그만큼 두 과제는 지속적으로 서로 기능 대체 및 보완관계를 점검하여야 한다.

사회보장이 기능과 지속가능성을 유지하기 위해서는 거시적 및 미시적 차원에서 균형있는 공론과 담론이 필요하다. 거시적 차원에

---

42) 이와 같은 방안, 그리고 반대로 기초연금과 기본소득을 보충하는 방안 등 여러 제안에 대해서는 김원섭 외, "우리나라 공적 연금의 보편적 중층보장 체계로의 재구축 방안에 관한 연구", 사회보장연구 제32권 제4호 (2016. 11.), 1. 이밖에 이에 관한 비교정책연구로는 유호선, "다층노후소득보장제도의 유형화 및 유형별 특성의 분석-유럽연합 국가들을 중심으로", 사회보장연구 제29권 제4호 (2013. 11.), 169.

서는 사회보장이 국가의 일반적인 과제에 편입되어 있지만 동시에
독자적인 정책의 성격을 유지하고 있다는 점에서 전자와 후자는 협
력 및 긴장관계에 있다는 인식이 필요하다. 헌법적으로 말하면(평
등)민주주의는(복지)기본권의 정치적 기반이지만 동시에 기본권에
의하여 민주주의가 비로소 실현될 수 있다는 것이다. 사회보장의 당
사자가 자신의 의견과 이익을 자율적으로 결정하는 가능성, 민주주
의의 의사결정구조에 자신의 이익과 의견을 투입·관철하는 관계, 사
회보장의 독자성과 국가정책의 보편성을 조정하는 문제 등이 기본
적인 구도로 나타날 것이다. 미시적인 차원에서는 사회보장 법률관
계의 당사자가 자신의 재정적 기여, 사회적 및 개인적 상황 등에 기
초하여 제도운영에 참여하여 제도를 투명하게 하고, 또 이로써 제도
의 정당성과 기능을 높일 수 있어야 한다. 이와 같은 사회보장의(거
시적 및 미시적) 거버넌스에 대한 문제 제기가 없었던 것은 아니
다.43) 그러나 아직 문제의 제기가 체계적이지 못했고, 따라서 진지
한 담론에 이르지 못했다는 점에서 우리 사회보장법 및 사회보장의
새로운 과제이다.

---

43) 1990년 일반정치에서 참여의식이 제고되면서 사회보장에서 참여의 제도화
시도와 과제에 대해서는 조흥식, "사회복지와 참여민주주의", 참여사회연구
소 (편), 참여민주주의와 한국 사회, 창작과 비평사 (1997. 12.), 293. 이밖에
최근 국민건강보험 및 국민연금기금운용과 관련된 문제에 대해서는 권오
탁, "「국민건강보험법」상 의사결정구조의 문제와 개선방안", 사회보장법학
제5권 제1호 (2016. 7.), 5; 원승연, "독립성 및 책임성 제고를 위한 국민연금
기금 지배구조 개선방안", 사회보장연구 제34권 제1호 (2018), 168; 원종현·
주은선, "국민연금기금 운용정책 비판과 대안을 위한 모색", 한국사회정책
제18집 제1호 (2011. 11.), 175; 은민수, "국민연금 기금의 동원전략; 국민연
금 기금운용 지배구조 및 기업지배구조의 변화 가능성", 한국사회정책 제18
집 제3호 (2011. 7.), 91.

참고문헌

김지영, 미국 헌법상 성소수자 권리보호와 성적 지향에 대한 평등심사, 헌법 재판소 헌법재판연구원 (2016)

김진곤, "노동복지의 헌법적 기초로서 노동기본권-근로의 권리와 노동 3권 을 중심으로", 헌법학연구 제18권 제3호 (2012. 9.)

백승호·이승윤, "기본소득 논쟁 제대로 하기", 한국사회정책 제25권 제3호 (2018. 9.)

손준규, 사회보장·사회개발론, 집문당 (1983)

유호선, "다층노후소득보장제도의 유형화 및 유형별 특성의 분석-유럽연합 국가들을 중심으로", 사회보장연구 제29권 제4호 (2013. 11.)

이두호 외, 국민의료보장론, 나남 (1992)

이재희, 혼인의 헌법적 보장, 헌법재판소 헌법재판연구원 (2017)

이진석, "보건의료정책의 역사적 변화와 전망", 서울대 출판문화원, (2015. 8.)

이호근, 비정규노동과 복지, 인간과 복지 (2011)

김영순, "사회투자국가가 우리의 대안인가?-최근 한국의 사회투자국가 논의 와 그 문제점", 경제와 사회 제74호 (2007. 6.)

김원섭 외, "우리나라 공적 연금의 보편적 중층보장체계로의 재구축 방안에 관한 연구", 사회보장연구 제32권 제4호 (2016. 11.)

남찬섭, "경제위기 이후 복지개혁의 성격-구상, 귀결, 복지국가 체제에의 함 의", 한국 복지국가의 성격 논쟁 I, 인간과 복지 (2010. 9.)

노대명, "한국 공공부조제도의 패러다임 전환 필요성에 대한 고찰", 한국사 회정책 제18집 제1호 (2011. 8.)

도재형, "노동법의 위기와 회생, 그리고 과제", 인권과 정의 (2016. 6.)

방하남, "한국 고용보험제도의 현황과 발전과제", 한국사회정책 제4권 제1호 (1997. 6.)

안학순, "한국 고용보험제도의 적극적 노동시장정책에서 소득보장 기능 강화로의 전환과정에 관한 연구", 연세사회복지연구 제5권 (1998. 2.)

양승광, "미취업 청년의 노동권 보장에 관한 연구", 박사학위논문, 성균관대학교 법학전문대학원 (2018)

양재진, "사회투자국가가 우리의 대안이다. 사회투자국가 비판론에 대한 반비판", 경제와 사회 제75호 (2007. 9.)

우명숙, "한국의 복지제도 발전에서 산재보험 도입의 의의", 한국사회학 제41집 제3호 (2007. 6.)

이병희, "한국형 실업부조 도입의 쟁점과 과제", 한국사회정책 제20집 제1호 (2013. 6.)

김병섭 외, "우리나라 복지국가의 역사적 변화와 전망", 서울대 출판문화원 (2015. 8.)

장승혁, "사회보험법과 사회연대 원리", 사회보장법학 제6권 제1호 (2017. 6.)

전광석, "공무원연금법의 체계와 체계전환-입법사적 관점에서", 법학연구, 연세대 법학연구원 제28권 제1호 (2018. 3.)

전광석, "1976년 의료보험법; 낮은 수준의 보편적 평등의 기원", 사회보장법학 제7권 제2호 (2018. 12.)

전광석, "사회적 기본권 이론의 형성과 전개-인간다운 생활을 할 권리를 중심으로", 헌법논총 제29집 (2018. 12.)

전광석, "사회적 불평등의 구조, 평등의 이념과 규범", 연세대학교 법학연구, 제28권 제3호 (2018. 9.)

차진아, "헌법상 근로권의 실질화를 위한 전제와 대안의 모색-고용없는 성장의 현실 인식과 그에 대한 대안 모색을 중심으로, 법학논집 제14권 제4호 (2010. 8.)

차흥봉, "한국 의료보험정책의 형성 및 변화에 관한 이론적 고찰", 비교사회

복지 제1집 (1991)

허순임, "한국 민간 의료보험의 발달과 의료보장정책에 대한 함의", 한국사
　　회정책 제20집 제1호 (2013. 12.)

황병주, "1970년대 의료보험정책의 변화와 복지담론", 의사학 제20권 제2호
　　(2011. 12.)

국민기초생활보장법상 조건부수급제도에 대한 법적 고찰

박영아*, 전가영**, 서채완***, 권영실****

Ⅰ. 서론

B는 버스운전기사였다. 2005년 그는 대동맥이 부풀어 오르는 흉복부대동맥류 진단을 받았다. 인공혈관교체 수술을 받아야 할 정도로 심각한 상태였다. 2008년 그는 다시 수술을 받아야 했다. 대동맥의 다른 곳이 또 부풀어 올랐기 때문이다. 두 차례의 대수술을 받은 B는 이후 다시 체력이 회복되지 않았다. 조금만 경사진 곳도 금방 숨이 찼다. 그래서 원래 직장으로 복귀할 수 없었고, 다른 직장도 생각하기 어려웠다. 사무직은 처음부터 취업문이 열려 있지 않았다. 막대한 수술비와 소득원 상실로 가계가 급격히 기운 B는 결국 기초생활수급자가 되었다. 이후 10년 가까이 근로능력이 없다는 평가를 받아 일반수급자로 지냈다. 그러나 근로능력평가가 국민연금공단에 위탁된 후 받은 첫 근로능력평가에서 갑자기 '근로능력 있음' 평가를 받았다. B는 자신이 왜 근로능력 있다는 평가를 받았는지 알 수 없었지만 고용센터에 가서 취업지원 프로그램에 참여해야 한다는 조건을 거부할 수 없었다. 따르지 않으면 급여가 중지될 수 있다는 안내를 받았기 때문이다. B는 고용센터의 취업지원 프로그램에 성실하게 참여했다. 그리고 아파트 지하주차장 환경미화원으로 취업했다. 그러나 취업 후 B는 감기와 부종이 끊이지 않았고 급기야 취업한 지 몇 개월 안 되어 직장에서 쓰러졌다. 3개월 후 B는 수술받은 인공혈관 주변 감염으로 병원 중환자실에서 사망하였다.

 * 공익인권법재단 공감 변호사

 ** 사단법인 선 변호사

 *** 민변 공익인권변론센터 변호사

**** 재단법인 동천 변호사

2000년 국민기초생활보장법의 시행으로 근로능력자는 자활사업에 참여하는 조건으로 기초생활수급을 받을 수 있게 되었다. 그 동안 공적부조에서 배제되어 왔던 인구가 정책대상으로 들어오게 된 점에서 큰 의미가 있었지만 최저생활을 보장하기 위한 급여에 조건을 부과하는 것은 인간다운 생활을 보장하겠다는 취지에 역행하고 특정 행동을 강제함으로써 자기결정권을 침해한다는 비판이 제기되어 왔다. 이하에서 국민기초생활보장법에 따른 조건부수급제도의 운영과정에서 나타난 문제점을 살펴본 후 워크페어 또는 근로연계복지로 정당화되고 있는 조건부수급제도를 헌법적 관점에서 평가해 보고자 한다.

II. 국민기초생활보장법상의 조건부수급제도

1. 조건부수급제도의 연혁

근로능력 존부를 중심으로 최저생활에 필요한 급여를 연계하여 자활사업의 참여를 조건으로 제시하는 조건부수급제도는 1999년 구 국민기초생활보장법(제정 1999. 9. 7. 법률 제6024호)이 처음 제정되었을 당시부터 도입되었다. 당시 제정된 국민기초생활보장법은 자활을 조성하는 것을 목적으로 하면서(제1조), 세분화된 자활급여(제15조) 및 최저생활보장을 위한 급여와 연계하여 근로능력이 있는 수급자에게 자활에 필요한 사업에 참가할 것을 조건으로 생계급여를 지급할 수 있음을 제시하였다(제9조 제5항). 이로써 기존의 생활보호법에서는 생계보호의 대상에서 배제되던 근로빈곤층이 최저생활 보장 대상에 포섭되는 정책적 개선이 이뤄졌고, 자활후견기관과 자활공동체에 대한 규정도 마련되었으나(제16조 및 제18조), 이를 실현하는 데 필요한 구체적이고 실질적인 기반은 마련되지 못한 채 도입되었다고 평가 받는다.[1]

이후 2007년 법 개정을 통해 자활급여가 차상위자까지 확대되었고 중앙자활센터와 지역자활센터 및 자활기관협의체 등에 이르기까지 조직 정비가 이루어졌다.[2] 2012년에는 시·도 단위 광역자활센터를 지정할 수 있는 법적 근거가 마련되었고, 취업·창업을 위한 자활촉진프로그램 개발 및 지원을 추가하는 등의 제도 개선이 이루어졌다.[3] 이후 2014년 개별급여체계로의 전환이 논의되던 중 더욱 적극적으로 복지정책을 근로와 연계하는 방향으로 나아가게 되었다.

2. 관련 법령

현행 국민기초생활보장법은 수급자가 생활의 유지·향상을 위하여 그의 소득, 재산, 근로능력 등을 활용하여 최대한 노력하는 것을 전제로 이를 보충·발전시키는 것을 기본원칙으로 하면서(제3조), 근로능력이 있는 수급자에게 자활에 필요한 사업에 참가할 것을 조건으로 생계급여를 지급하되, 보장기관은 자활지원계획을 고려하여 조건을 제시하도록 하고 있다(제9조 제5항). 근로능력이 있는 수급자는 만18세 이상 64세 이하의 수급자이며, 중증장애인이나 질병, 부상 또는 후유증으로 인해 근로능력평가에서 근로능력이 없다고 판정된 사람 등은 제외된다(동법 시행령 제7조). 근로능력이 있는

---

1) 전광석, "최저생활보장의 규범적 기초 - 헌법 및 관련 법제의 형성과 과제를 중심으로", 저스티스 통권 제156호 (2016. 10.), 76-78.
2) 구 국민기초생활보장법 (2006. 12. 28. 법률 제8641호로 개정되기 전의 것) 제7조 제3항, 제15조의2, 제16조 및 제17조.
3) 구 국민기초생활보장법 (2012. 2. 1. 법률 제12933호로 개정되기 전의 것) 제15조의3.

수급자 중 일정한 사정에 따라 자활사업에 참가하기가 곤란한 사람은 조건 부과를 유예 받을 수 있으나(동법 시행령 제8조), 그 외 조건부수급자가 조건을 이행하지 않는 경우 조건부수급자는 조건을 이행할 때까지 생계급여의 전부 또는 일부를 지급하지 아니할 수 있도록 하고 있다(동법 제30조 제2항).

조건부수급자에 대한 규정을 더 구체적으로 살펴보면, 우선 근로능력평가는 국민연금공단에 의뢰하여 실시하고 있고, 근로능력 평가의 기준, 방법 및 절차 등에 관한 사항은 보건복지부 고시 제2016-89호 "근로능력평가의 기준 등에 관한 고시"에서 정하고 있으며, 국민연금공단의 근로능력 판정에 이의가 있는 경우 통지를 받은 날부터 60일 이내에 시장·군수·구청장에게 재판정을 신청할 수 있다(동법 시행령 제7조 및 시행규칙 제6조의2).

지방자치단체장은 조건부수급자에게 자활지원계획에 따라 참가할 자활사업을 제시하게 되는데, 이 중 근로능력, 자활욕구 및 가구여건 등이 취업에 적합한 사람은 취업대상자로 분류하여 직업안정기관의 장이 지정하는 자활사업에 참가할 것을 생계급여의 조건으로 제시하고 있다. 직업안정기관의 장은 개인별 취업지원계획에 따라 취업대상자가 참가할 자활사업을 지정하여 이를 취업대상자 및 시장·군수·구청장에게 통지하고, 취업대상자의 조건 이행 여부에 대한 의견 등을 포함한 자활사업 참가 결과를 3개월마다 통지하고, 만약 취업대상자가 조건 이행을 중도에 포기하거나 거부하는 경우에는 지체 없이 통지하도록 하고 있다(동법 시행령 제11조). 조건부수급자가 자활사업에 참가한 경우 3개월마다 생계급여의 지급 여부 및 급여액을 결정하여야 하며, 이때 직업안정기관의 장과 자활사업 실시기관 장의 의견을 들어야 하고, 필요한 경우 조건부수급자와 상담을 실시할 수 있다(동법 시행령 제15조 제1항 및 시행규칙 제7조 제1항). 만약 조건부수급자가 조건을 미이행하여 생계급여의 지급을 중지하는 경우, 중지기간, 중지 급여액 및 급여의 재개에 관한 사항을 당사자에게 통지하여야 하며(시행령 제15조 제2항), 생계급여의 중지기간은 지급 중지를 결정한 날이 속하는 달의 다음 달부터 3개월이고, 생계급여의 지급 중지결정을 받은 조건부수급자가 당초 제시된 조건을 이행하는 경우에는 조건을 이행한 다음 달부터 생계급여가 다시 지급된다(시행규칙 제7조 제5항).

3. 운영체계

18세 이상 64세 이하의 수급자는 원칙적으로 근로능력이 있는 것으로 보고 자활에 필요한 사업에 참가할 것을 조건으로 생계급여가 지급된다. 그 중에서 근로능력이 없다는 판정을 받고자 하는 사람은 근로능력평가용 진단서(최근 2개월 이내 발급)와 진료기록부 사본(최근 2개월분)을 제출하여 근로능력에 대한 평가를 요청할 수 있고, 이때 국민연금공단에서는 제출된 서류를 바탕으로 의학적 평가 및 활동능력평가를 진행한다.[4]

의학적 평가는 국민연금공단 심사전문 직원 및 자문위원이 서류를 기반으로 평가 단계를 결정(1~4단계)하는 절차이고, 활동능력평가는 담당자가 평가대상자에 대한 면담 또는 실태조사 등을 통해 활동능력 평가기준에 따라 항목별로 점수를 부여(0~4점)하는 절차이다.[5] 근로능력 없음 판정을 받기 위해서는 의학적 평가 결과 3~4단계에 해당하거나 활동능력 간이평가 3점 이하여야 한다. 그 외 의학적 평가 2단계의 경우 활동능력평가 44점 이하, 의학적 평가 1단계의 경우 활동능력평가 36점 이하인 경우에도 근로능력 없음 판정

---

4) 보건복지부 고시 제2016-89호, "근로능력평가의 기준 등에 관한 고시", 자립지원과 (2016. 6. 10.), 제4조, 제7조.
5) 위 고시, 제8조, 제10조.

대상이 된다.6) 근로능력판정 결과에 이의가 있는 사람은 통지를 받은 날부터 60일 이내에 시·군·구에 재판정 신청을 할 수 있다. 7)

근로능력 평가를 거쳐 자활사업 대상자가 되면 우선 자활역량평가를 받게 되고, 평가에 따른 근로 능력 정도에 따라 적합한 자활프로그램에 배치된다. 자활역량평가 결과가 80점 이상인 사람은 집중취업지원 대상으로 고용센터로 넘어가 고용노동부가 운영하는 취업성공패키지 사업에 참여하게 된다. 80점 미만인 사람은 보건복지부 자활사업에서 관리되고 근로능력에 따라 시장진입형, 인턴·도우미형, 사회서비스형, 근로유지형 자활사업에 배치된다.8)

자활사업 실시기관은 매월 자활사업 참여자에 대한 사업 참여 결과를 보건복지부로 통지한다. 자활사업 대상자가 자활지원계획 수립 상담에 불응하거나 자활사업 실시기관 상담에 불응하는 경우, 정당한 사유가 없거나 자활사업 실시기관에 사전 통보 없이 조건불이행 기준에 해당되는 경우에는9) '조건불이행'으로 보아 제재조치가 진행된다. 우선 실시기관은 조건불이행으로 생계급여가 중지될 수 있음을 서면으로 안내하고 그럼에도 개선되지 않은 채 사전안내가 1년에 3회 이상 반복될 경우 실시기관은 시·군·구에 이를 보고한다. 해당 시·군·구는 보고내용을 바탕으로 사실관계를 조사하여 생계급여 중지 여부를 결정한다.10)

한편, 취업성공패키지 사업은 총 1년간 진행되고 참여자에게 '진단·의욕제고(1단계) → 직업능력개발(2단계) → 취업알선(3단계)'로

---

6) 위 고시, 제11조

7) 위, 제14조

8) 보건복지부 지침, "2019 자활사업안내 (I)", 자립지원과 (2019.02.12.), 32.

9) 조건이행기준 위반, 2일이상 연속 불참이 3회이상 반복, 월 조건부과일수의 1/3이상 불참, 불성실한 참여태도 (상습적 결근·지각·조퇴, 음주, 근무지이탈, 사업방해, 정당한 지시 불이행, 폭력·폭행 등)

10) 보건복지부 지침, "2019 자활사업안내 (I)", 자립지원과 (2019.02.12.), 40-43.

단계별 취업지원 프로그램과 구직촉진을 위한 수당을 지원한다.[11] 취업성공패키지로 넘어가면 1단계로 취업활동계획(IAP)를 수립하게 되는데, 조건부수급자의 경우 그 이전에 진단회의를 실시하고 취업 의욕 및 능력이 높아 취업이 가능하다고 판단되는 자에 한해 취업 성공패키지 단계별 서비스를 진행한다. 진단회의 결과 개인·가구여 건 등으로 인한 취업장애요인이 단기적으로 해소가 불가능하다고 판단되면 다시 자치단체로 이관되어 자활근로 사업에 참여하게 된 다.[12] 취업지원 중단 사유로는 직업심리검사에 불성실하게 임하는 경우, 개인별 취업지원계획 수립에 비협조적인 경우, 세부 취업지원 프로그램에 정당한 이유 없이 불참하였거나 중도탈락한 경우, 취업 알선을 정당한 이유 없이 3회 이상 거부하는 등 적극적인 구직의사 를 보이지 않는 경우 등이 있다.[13]

4. 현행 제도의 문제점

가. 근로능력평가의 문제점

(1) 근로능력 정의와 정책목표의 부재

국민기초생활보장법은 근로능력에 대한 정의규정이 없다. 제3조 제1항은 급여의 기본원칙을 밝히며 이 법에 따른 급여는 "소득, 재 산, 근로능력 등을 활용하여 최대한 노력하는 것을 전제로" 함을 규 정하고 있고, 제9조 제5항은 "근로능력 있는 수급자"에게 자활에 필

---

11) 고용노동부, "2019 취업성공 패키지 업무매뉴얼", 고용서비스정책관실 (2019), 3.
12) 고용노동부, "2019 취업성공 패키지 업무매뉴얼", 고용서비스정책관실 (2019), 181-182.
13) 고용노동부, "2019 취업성공 패키지 업무매뉴얼", 고용서비스정책관실 (2019), 166-170.

요한 사업에 참가할 것을 조건으로 하여 생계급여를 실시할 수 있다고 규정하고 있으며, 제30조는 조건불이행의 경우 이행시까지 생계급여 전부 또는 일부를 중단할 수 있음을 규정하고 있다. 그 외에도 근로능력을 언급하는 여러 규정들이 있지만, 근로능력을 정의하거나 정의를 위임하는 규정은 없다.

국민기초생활보장법 시행령 제7조는 근로능력 있는 수급자의 연령 범위(18세 이상 64세 이하)를 규정하고 있으나, 위 연령에 해당하면서 중증장애인이 아닌 사람의 근로능력 유무를 판단하는 기준과 평가방법은 다시 보건복지부장관이 정하도록 위임하고 있다.

이처럼 법에서 근로능력 있는 경우 최저생활에 필요한 급여를 조건부로 지급하도록 하고, 조건불이행시 삭감할 수 있도록 하면서도 정작 근로능력의 정의는 전적으로 행정기관에 맡겨 놓고 있다. 이는 정책대상에 대한 상(狀)이 부재하였으며 정책목표 또한 명확하지 않았음을 의미한다. 이와 관련 근로빈곤층을 새로이 보호의 대상에 포섭하면서 최저생활보장과 자활이 이념적 긴장관계에 있었다는 지적이 있다. 즉 자활의 이념을 실현하기 위해서는 자활소득이 최저생계비를 초과하는 경우에도 어느 정도 생계급여를 계속 지원하는 등의 방법으로 근로를 유인하는 요소들이 필수적인데, 최저생활보장의 이념에서 보면 과잉보장에 해당할 수 있었다는 것이다.[14] 실제로도 일반노동시장에서의 소득을 공제하는 경우에 과잉수급이 발생한다는 우려가 지나치게 강조되어,[15] 비취업대상자인 학생, 장애인과 노인 등이 얻은 소득의 30%를 공제하도록 하는데 그치고 있다.[16] 이에 대해 "근로유인을 통한 탈빈곤보다는 강제근로를 통한 최저생활

---

14) 전광석, 위의 글, 72.
15) 전광석, 위의 글, 77.
16) 국민기초생활보장법 시행령 제5조의 2; 보건복지부, "2019 국민기초생활보장사업안내", 기초생활보장과 (2019), 102.

보장의 이념이 우세"하고[17] "직접적 고용창출과 사회적 일자리 정
책을 추진함으로써 조건부과의 부정적 측면을 희석시킬 수 있었지
만, 자신을 규정하고 있는 조건부과규정이나 보충급여방식 등으로
부터 벗어나지 못했다는 비판을 피하기 어려울 것"이라며, "신자유
주의적 실험을 감행할 뻔뻔함이 없었던 반면에, 마찬가지로 사회연
대적 실험을 강행할 역량 또한 없었음을 의미하는 것"[18]이라고 평
가되고 있다. 즉 "자활의 목표를 실현하기 위한 이념적 의지도, 이념
을 실현하기 위하여 필요한 프로그램 및 조직적 기반도 마련되어
있지 않았"다는 것이다.[19]

명확한 정책목표와 철학이 없는 조건부과는 결국 "일하지 않는
자 먹지도 말라"는 이념으로 수렴된다. 자본주의 사회에서 '일'은 결
국 '돈벌이'를 의미하기 때문에 "일하지 않는 자 먹지도 말라"는 격
언은 "돈을 못 버는 자 먹지도 말라"는 것으로 축소된다.[20] 이처럼
사회권과 사회보장제도를 근로에 대한 반대급부로 간주하는 것은
사회적 기본권을 계약적 권리로 약화시킬 뿐만 아니라, 복지수급자
에 대한 부정적 인식을 강화[21]하며 근로능력자에 대한 진입장벽으
로 작용하여 '자활'이라는 과제로부터 멀어지는 문제가 있다.

(2) 제한적 정보에 근거한 근로능력 평가

2012년 11월말 정부는 국민기초생활보장법 시행령을 개정하여
그동안 의사의 의학적 평가와 보장기관인 시·군·구 활동능력평가를
종합하는 방식으로 이루어진 근로능력평가를 국민연금공단에 위탁

---

17) 전광석, 위의 글, 77.
18) 노대명, "한국 자활사업의 평가와 전망", 동향과 전망 (2002), 67.
19) 전광석, 위의 글, 76.
20) 문준혁, "헌법상 근로의 의무에 대한 비판적 검토", 노동법연구 제44호
    (2018. 3.), 234.
21) 문준혁, 위의 글, 241.

할 수 있도록 하였다. 당시 보건복지부의 보도자료에 따르면 "의료 기관간 편차 및 담당 공무원의 전문성 부족 등으로 근로능력평가의 신뢰성에 대한 문제가 제기되어 왔다"며 "근로능력판정의 객관성, 형평성 및 전문성 등"을 확보하기 위해 국민연금공단에 근로능력평 가 업무를 위탁하기로 했다는 것이다.22)

그러나 근로능력평가의 국민연금공단 위탁에 대해 시행 직후부 터 보건복지부가 발표한 목적과 달리 객관성, 형평성 및 전문성을 담보하기 어렵다는 우려가 제기되었다. 즉 국민연금공단 내 간호사 자격이 있는 심사직원들이 의사가 발급한 근로능력평가용 진단서를 기초로 근로능력여부를 판단하는데 간호사자격이 있다 하더라도 환 자를 보지도 않은 사람의 판단이 환자를 직접 본 의사보다 정확하 고 객관적이라고 볼만한 근거가 없기 때문이다. 오히려 재정지출을 줄이려는 방향으로 평가가 이루어질 것이라는 예상이 있었는데23), 실제로도 '근로능력 있음' 판정률은 2012년 5.6%에서 국민연금공단 위탁 후 첫해인 2013년 15.2%, 그리고 2014년에는 14.2%로 세 배 가 까이 급증하였다.24) 정확한 의학적 평가를 위해 의료인 등으로 구성 된 자문위원회의 자문을 받을 수 있게 했지만, 해당 회의에 의사가 참석한다 하더라도 역시 환자를 직접 진단하지 않은 한계가 있고, 연간 20만 건의 평가를 2분에 한 건 꼴로 결정하였다는 보고25)가 있 는 등 자문이 형식적으로 이루어지고 있다고 볼만한 정황이 있다.

---

22) 보건복지부 보도자료, "기초수급자 근로능력평가 국민연금공단 위탁 시행", 자립지원과 (2012.11.29.).
23) 라포르시안, "의사는 진단만, 평가는 간호사?... 이상한 '근로능력평가'", http://www.rapportian.com/news/articleView.html?idxno=9161 (2019. 3. 31. 확인)
24) SBS뉴스, "못 움직이는데" 일해라 "... 엄격한 근로능력평가", https://news.sbs.co. kr/news/endPage.do?news_id=N1002986096&plink=ORI&cooper=DAUM (2019. 3. 31. 확인)
25) KBS뉴스, "어느 청소부의 죽음", http://news.kbs.co.kr/news/view.do?ref=D&ncd =3009736, (2019. 3. 31. 확인)

시·군·구에서 근로능력평가를 할 때 지난 병력에 대한 정보가 있었던 것과 달리, 위에서 본 바와 같이 국민연금공단의 근로능력평가는 통상 최근 2개월 이내의 진료기록부와 의사가 발급한 근로능력평가용 진단서만을 근거로 한 서면심사가 기본이다.[26] 근로능력평가의 기준 등에 관한 고시 제7조 제2항에 따르면 공단은 근로능력평가를 위하여 검사결과 등의 자료가 보완이 필요한 경우에는 시장·군수·구청장에게 보완을 요청할 수 있고, 같은 고시 제8조 제2항에 따르면 제출된 서류를 통하여 정확한 의학적 평가가 어려운 경우에는 공단이 정한 자문위원으로 하여금 진단을 하게 할 수 있다.

그런데 국민연금공단에 정보공개 청구하여 받은 자료에 따르면 자료보완 요청 건수는 2014년 4,518건에서 2018년 33,993건으로 늘어났지만 직접진단은 2015년 5건, 2016년 1건, 2017년 2건에 그치고 있다.[27] 평가가 근로능력평가용 진단서 기재대로 이루어지고 있다면 직접 진단의 필요성이 상대적으로 적다고 할 것이나, 근로능력평가를 국민연금공단에 위탁한 의의가 상당부분 줄어드는 문제가 남는다. 그러나 평가가 근로능력평가용 진단서 기재와 다른 내용으로 이루어지고 있다면 이처럼 낮은 비율의 직접진단은 문제의 소지가 있다.

[표 1] 국민연금공단 자료보완 요청 및 직접진단 현황

연도	자료보완 요청	직접진단
2014	4,518	0
2015	16,730	5
2016	27,611	1

---

26) 보건복지부 지침, "2019 자활사업안내 (I)", 자립지원과 (2019.02.12.), 13. 위 조건부수급자 B 사례의 경우 B의 사망 이후에야 근로능력평가를 한 국민연금공단이 B의 인공혈관교체수술 이력을 알지 못했음이 밝혀졌다.
27) 국민연금공단 2019. 3. 5.자 정보공개결정서 붙임 "자료보완 요청 및 직접진단 현황"

2017	32,957	2
2018	33,993	0

출처: 국민연금공단

(3) 투명성 결여 및 이의신청 등 절차적 권리 미보장

국민연금공단으로부터 근로능력평가결과를 통보받은 시장·군수·구청장은 통보 받은 내용을 토대로 근로능력판정을 실시하며, 판정결과는 구두 또는 서면으로 평가대상자에게 통지한다.[28] 판정결과에 불복하려는 경우 재판정 신청을 할 수 있다.[29] 재판정 신청을 하려면 기제출된 서류 외에 "주장하는 내용을 입증하는" 진료기록부 사본 등 추가서류를 제출하도록 하고 있다.[30] 여기서 문제는 근로능력판정의 결과를 통보할 때 근로능력 "있음" 또는 "없음"만을 통보하고, 그 이유와 근거를 통보하지 않아, 수급권자가 어떤 내용을 주장해야 하는지 알 수 없다는 데 있다.[31]

이와 관련 국민연금공단은 글 모두에 소개한 사례의 조건부수급자 B에 대한 근로능력평가의 근거를 묻는 정보공개청구에 대해 "기초수급자의 근로능력에 대한 평가를 수행하는 공단의 업무 특성을 고려할 때 구체적인 근로능력판정과정, 활동능력평가 점수 및 판정근거에 관한 정보는 공공기관의 정보공개에 관한 법률 제9조 제1항 제5호의 비공개대상 정보인 근로능력 유·무 판정을 위한 의사결정과정에 있는 사항에 준하는 사항으로서 공개될 경우 원활하고 공정한 업무수행에 현저하게 지장을 초래할 수 있어 비공개 결정" 한 바

---

28) 보건복지부 고시 제2016-89호, "근로능력평가의 기준 등에 관한 고시", (2016. 6. 10.), 제11조.
29) 위 고시 제14조.
30) 보건복지부, "2016 근로능력판정사업 안내", 자립지원과 (2016), 74.
31) 보건복지부, "2016 근로능력판정사업 안내", 자립지원과 (2016), 74.

있다. 국민연금공단의 비공개 대상정보 세부기준에 따르면 진행이 종료된 정보라 하더라도 "그 공개로 인하여 향후 해당 업무의 공정한 수행에 명백한 지장을 줄 수 있는 근로능력평가 일체의 내역(의학적 평가단계 및 의학적 평가소견, 활동능력평가 항목별 점수 및 평가의견 등)"은 비공개 대상정보라는 것이다.[32]

그러나 판정의 사유와 근거를 밝히지 않을 경우 재판정 신청 등 불복에 상당한 지장이 생길 수밖에 없다. 행정절차법 제21조 제1항이 당사자에게 의무를 부과하거나 권익을 제한하는 처분을 하는 경우 "처분하려는 원인이 되는 사실과 처분의 내용 및 법적 근거"를 밝히도록 하는 이유다. 따라서 근로능력판정의 사유와 근거를 밝히지 않는 것은 당사자의 불복을 막음으로써 재판정신청권을 부여한 취지에 반하고 오히려 업무의 공정한 수행에 지장을 줄 우려가 있다.

나. 조건부과의 문제점

자활제도가 활성화되지 못했던 이유 중 하나는 여전히 낮은 선정기준과 보장수준으로 대표되는 잔여주의로 인해 실제로 수급자가 되어 제도의 보호범위 안으로 진입할 수 있었던 사람들 대다수가 이미 소득원을 상실한지 오래된 노인 등 근로능력이 없거나 그 경계선에 있는 사람들로서 자활능력이 현저히 떨어지는 사람들이었기 때문인 것으로 보인다.[33] 이와 같은 상황은 아래에서 보는 바와 같이 2014년부터 2017년까지 조건부수급자들의 자활을 독려한다며 모든 조건부수급자들을 자활능력과 상관없이 고용센터의 취업지원사

---

32) 국민연금공단의 보건복지위원회 소속 의원에 대한 질의회신 자료.
33) 위에서 지적한 것처럼 "일하지 않는 자 먹지도 말라"는 관념이 명확한 정책목표를 대체함으로써 상대적으로 자활역량이 높은 사람들에 대한 진입장벽으로 작용한 측면도 있다고 본다.

업으로 일괄 배치토록 한 방침의 시행 당시에도 드러난 바 있다.

(1) 근로빈곤층 취업우선 지원사업

보건복지부는 2013년 9월부터 "일을 통한 빈곤탈출 지원"이라는 기치 하에 53개 시·군·구에서 근로능력 있는 빈곤층을 고용센터에 우선 의뢰토록 하는 정책을 시범 실시하다가, 2014년 5월부터 실시 지역을 고용센터가 설치된 전체 126개 시·군·구로 확대하였다.[34]

위 사업 시행 전까지 근로능력 있음 판정을 받은 수급자는 자활 역량평가를 거쳐 수립된 자활지원계획에 따라 보건복지부 또는 고용노동부에서 운영하는 자활사업에 배치되었는데, 고용노동부 운영 자활사업은 자활역량평가 점수가 가장 높은 사람들이 대상이었다. '근로빈곤층 취업 우선지원 사업'은 자활역량평가와 자활지원계획 수립을 생략하고 모든 조건부수급자를 자활역량과 상관없이 일반 노동시장 취업을 목적으로 하는 취업성공패키지사업에 우선 일괄배치한 후, 탈락하여 지방자치단체에 재의뢰된 사람들에 대해서만 자활지원계획 수립 및 보건복지부 자활사업 배치를 내용으로 하고 있었다.

국민기초생활보장법 제28조는 시장·군수·구청장으로 하여금 수급자 가구별로 자활지원계획을 수립하도록 하고 있고, 같은 법 제9조는 조건부과시 같은 법 제28조에 따른 자활지원계획을 의무적으로 고려토록 하고 있다. 따라서 자활지원계획 수립절차를 생략한 '근로빈곤층 취업우선 지원사업'은 국민기초생활보장법에 정면으로 위반되는 내용이었다. 나아가 보건복지부가 발간한 지침인 '자활사업안내'의 내용과도 배치되고 있었다. 시행 초기 시범사업이었다 하

---

34) 보건복지부, "복지부, 고용부 힘모아 취업 지원하니 희망의 끈 잡는 근로빈곤층 늘었다", http://www.korea.kr/policy/pressReleaseView.do?newsId=155962058&call_from=extlink (2019. 4. 1. 확인)

더라도 적어도 전국 확대 실시 시점에 법률규정과 자체 지침조차 개정하지 않고 시행하였다는 것은 명확한 정책이념과 목표의 부재로 최소한의 원칙조차 매우 쉽게 폐기되는 단면을 보여준 것이라 할 수 있다.

'근로빈곤층 취업우선 지원사업' 시행 결과 일반 노동시장 취업을 목적으로 한 고용센터 자활사업 참여자의 월평균 자활역량평가 점수는 '근로빈곤층 취업우선 지원사업' 시행 전인 2012. 9.까지 71.5점이었던 것이 해당 사업 시행 후인 2015. 1.~4.에는 40.5점으로 급격히 하락하였다.[35] 이에 대해 조건부수급자의 "전원 취업성공패키지 우선 배치는 근로능력미약자의 대규모 재배치라는 복지행정의 비효율성 문제는 차치하고라도 가난한 사람에 대한 국가제도의 폭력이라고 해도 과언이 아니다"라는 지적이 있을 정도다.[36]

'근로빈곤층 취업우선 지원사업'은 이후 2018. 2.부터 사실상 폐기되었다.[37] 가장 큰 이유는 위의 지적과 같이 모든 조건부수급자들이 고용센터로 우선 의뢰된 결과, 고용센터 취업지원사업에 자활역량이 현저히 떨어지는 참가자의 수가 급격히 늘어나 상당한 행정력 낭비를 초래하였기 때문인 것으로 추정된다.

(2) 조건부과와 조건불이행

조건부수급자가 제시받은 조건을 이행하지 않을 경우에는 국민기초생활보장법 제30조에 따라 생계급여의 전부 또는 일부에 대한 지급을 중단할 수 있다. 보건복지부 자활사업의 경우 조건이행 및

---

35) 이문국, "자활사업 제도 변화에 따른 조건부수급자의 참여 변화 실태와 정책적 대응방안", 사회서비스연구 제6권 1호 (2016. 6.), 104.

36) 이문국, 위의 글, 103.

37) 서울시, "2018 근로빈곤층 취업우선지원사업 운영지침 통보 안내", https://opengov. seoul.go.kr/sanction/14642239 (2019. 3. 27. 확인).

불이행 기준이 비교적 단순명료하게 규정되어 있다.[38] 그러나 고용
노동부 자활사업(취업성공패키지) 참여자의 경우 조건불이행 기준,
절차와 결정주체가 불명확한 문제가 있다.

조건부수급자가 고용노동부 자활사업으로 배치된 경우의 조건불
이행 판단기준, 주체 및 절차를 묻는 정보공개 청구에 대해 보건복
지부는 "조건부수급자의 취업성공패키지 참여자 조건불이행 등에
관련된 내용으로 고용노동부 고용지원실업급여과에서 답변할 내용
으로 판단"된다고 하며 고용노동부로 이송하였다.[39] 반면 같은 정보
공개청구에 대해 고용노동부는 고용센터에서 사전단계 '의뢰취소'
하거나 취업성공패키지 1~3단계 취업지원을 '중단'한 경우 자치단
체에서 최종적으로 조건불이행 여부를 판단한다고 회신하였다. 즉
의뢰취소 또는 중단사유가 발생하면 고용센터 담당자는 내부전산망
에 해당 조건부수급자에 대해 '의뢰취소' 또는 '중단'처리를 하는데,
이 때 사회보장시스템에 자활이행상태가 '불이행'으로 확인되며, 지
방자치단체는 자활사업 지침에 의거 조건불이행 처리한다는 것이다.

조건부수급자에 대한 생계급여 삭감 또는 중단 결정을 하는 시
장·군수·구청장이 국민기초생활보장법상 조건불이행 여부 판단주체
가 될 수밖에 없다는 점에서 고용노동부의 답변이 정확하다고 본다.
문제는 기초생활보장제도를 총괄하는 보건복지부가 고용노동부 자
활사업으로 의뢰된 조건부수급자의 조건불이행 판단은 고용노동부
소관사항이라고 보는 데 있다. 고용노동부가 '의뢰취소'나 '취업지
원 중단'을 결정하기로 하는 사유는 조건부수급자 뿐만 아니라 모든
참가자에게 적용되고, 따라서 곧바로 국민기초생활보장법에 따른 조
건불이행으로 연결된다고 단정할 수 없다는 점에서 더욱 그러하다.

「2019 취업성공 패키지 업무매뉴얼」은 고용센터 입장에서 더 이

---

38) 보건복지부 지침, "2019 자활사업안내 (I)", 자립지원과 (2019.02.12.), 40-41
39) 보건복지부의 2019. 3. 5.자 정보공개 청구서 기관이송 통지서

상의 취업지원이 무의미한 사유들을 망라하고 있다. 그 중 불성실참
여 등 조건불이행으로 볼만한 경우도 있지만 고용센터에 의한 취업
지원 중단과 조건불이행으로 인한 생계급여 중지 또는 삭감은 서로
다른 체계 하에서 이루어지는 조치이므로 취업지원이 중단되었다고
해서 바로 조건불이행으로 간주하는 것은 적절하지 못한 것으로 보
인다. 특히 제5호[40])의 "취업알선을 정당한 이유 없이 3회 이상 거부
하는 등 적극적인 구직의사를 보이지 않을 경우"에 해당한다 하여
취업지원이 중단 되었다 해서 별도 판단 없이 생계급여 중지 또는
삭감사유로 삼을 경우 본인의 건강상태, 여건 등 상황에 맞지 않은
취업 강요와 의사에 반하는 강제근로로 이어질 우려가 있다.

다. 조건부과 방식의 문제

　전술한 바와 같이, 조건부수급자는 자활역량평가 결과에 따라 자
신의 유형에 맞는 사업에 배치된다. 이때 참여자의 자활능력이 향상
될 수 있도록 근로능력 정도·자활욕구·자활의지·지역여건 등을 고
려하여 특성에 맞는 조건을 부과하는 것이 원칙이다. 구체적으로 자
활근로사업은 「간병·집수리·청소·폐자원재활용·음식물재활용」 5대
전국표준화사업을 중점으로 하되, 정부재정사업[41])의 자활사업 연계
활성화 및 영농·도시락·세차·환경정비 등 지역실정에 특화된 사업
을 추진하고 있다.[42]) 자활근로 유형에 따른 주요 사업분야는 아래
표와 같다.

---

40) 고용노동부, "2019 취업성공 패키지 업무매뉴얼", 고용서비스정책관실 (2019),
　　168.
41) 정부양곡배송사업, 영양플러스, 장애통합교육보조원, 사회취약계층 주택개
　　보수사업, 저소득 에너지효율개선사업 등
42) 보건복지부 지침, "2019 자활사업안내 (I)", 자립지원과 (2019. 02. 12.), 58.

<표 2> 자활근로 유형에 따른 사업 분야

유형	내용	주요 사업 분야
시장진입형	매출액이 총 사업비의 30% 이상 발생하고, 일정기간 내에 자활기업 창업을 통한 시장진입을 지향하는 사업단 사업	건물청소 사업단, 영농사업단, 축산사업단 등
인턴·도우미형	지자체, 지역자활센터, 사회복지시설 및 일반기업체 등에서 자활사업대상자가 자활인턴사원으로 근로를 하면서 기술·경력을 쌓은 후 취업을 통한 자활을 도모하는 취업유도형 사업	복지도우미, 자활도우미, 사회복지시설 도우미 등
사회서비스형	사회적으로 유용한 일자리 제공으로 참여자의 자활능력 개발과 의지를 고취하여 향후시장진입을 준비하는 사업	무료간병서비스, 장애인 통합보조교육 및 농촌형 지역자활센터의 정부양곡배송, 무료집수리, 무료빨래방 등
근로유지형	현재의 근로능력 및 자활의지를 유지하면서 향후 상위 자활사업 참여를 준비하는 형태의 사업	노인·장애인 등에 대한 가사도우미, 지역환경정비, 공공시설물관리 보조 등

* 출처 보건복지부 지침, "2019 자활사업안내 (1)", 자립지원과 (2019.02.12.), 81-93 재구성.

근로능력이 가장 높은 수급자들이 참여하는 사회서비스형 자활근로의 경우 다른 유형에 비해 사업 분야가 다양한 편이다. 그러나 근로능력이 미약한 유형으로 갈수록 사업분야는 급격히 줄어든다. 특히 근로유지형의 경우에는 다른 유형에 비해 참여자수가 더 많은 편이지만(생계급여 기준)[43] 사업분야는 환경정비, 봉투접기, 스티커

43) 보건복지부, "통계로 보는 사회보장", 사회보장총괄과 (2018.02.28.) 206.
월별·수급자격별 자활근로 유형별 자활근로사업 참여자수 (2017)

수급자격	자활근로유형	1월	2월	3월	4월	5월	6월	7월	8월	9월	10월	11월	12월
생계급여	시장진입형	1,810	1,795	1,853	1,903	1,788	1,552	1,578	1,478	1,491	1,544	1,503	1,268
	인턴도우미형	1,181	1,220	1,194	1,160	1,168	1,094	1,033	1,049	1,075	1,073	1,102	977

부착 등으로 매우 한정적이다. 그나마도 일자리 자체가 많지 않아 지자체별 참여 인원수가 줄어드는 실정이다.[44] 이렇게 일자리의 종류가 제한적인 상황에서 '참여자의 특성을 고려한 조건 부과 원칙'은 지켜질리 만무하다. 개인의 특성과 선호는 전혀 고려하지 않은 채 미리 준비된 제한적인 일자리에 배치되다 보니 참여자의 만족도 역시 낮을 수밖에 없다.

참여자가 자활지원계획을 변경하는 것도 쉽지 않다. 자활사업 부적응자라 하더라도 기본적으로 3개월 이상 기존에 배정된 프로그램에 참여를 유지하는 것이 원칙이다. 3개월 이상 참여한 후에도 부적응 등으로 자활사업실시기관에서 조건부과 변경 요청을 하는 경우, 자활고용지원팀은 참여자, 읍·면·동 및 실시기관의 의견을 참고하여 자활지원계획을 변경할 수 있다.[45] 여러 담당자의 재량적 판단을 거치고 나서야 자활지원계획 변경이 가능하고, 이마저도 변경이 확실히 보장되는 것이 아니라는 점에서 참여자들 스스로 자활근로를 '강제된 노동'으로 인식할 여지가 있다.

라. 자활근로의 저임금 문제

자활근로 인건비는 <표1>에서 보듯 그 유형에 따라 차등적으로 형성되어 있다. 가장 낮은 단계인 근로유지형의 인건비는 다른 유형의 자활근로 사업에 비해 절반정도의 수준으로 낮게 형성되어 있고, 시장진입형의 경우에도 상대적으로 높은 인건비가 책정되어 있을

| 사회
서비스형 | 3,755 | 3,987 | 3,987 | 4,058 | 3,950 | 3,469 | 3,500 | 3,520 | 3,497 | 3,536 | 3,529 | 3,018 |
| 근로
유지형 | 4,299 | 4,399 | 4,401 | 4,373 | 4,327 | 4,032 | 3,948 | 3,932 | 3,960 | 3,935 | 4,115 | 3,934 |

44) 비마이너, "'질 낮은 일자리' 강요하는 자활사업, 이대로 괜찮은가?", http://beminor.com/detail.php?number=11653 (2017. 12. 6. 18:05).

45) 보건복지부 지침, "2019 자활사업안내 (I)", 자립지원과 (2019. 02. 12.), 36.

뿐 최저임금을 한참 밑도는 수준이다. 구체적으로 보면 2019년 근로 유지형의 자활근로 인건비는 1일 5시간을 일하는 조건으로 일급 23,970원에 실비가 4,000원 추가 지급되어 총 27,970원이고, 이를 월 소득으로 보면 623,220원이다. 즉 시간당 5,594원의 급여를 받는 셈 인데 이는 2019년 최저임금의 64%(2019년 최저임금 8,350원)에 불과 하다. 시장진입형의 경우에도 시간당 임금으로 환산할 경우 최저임 금보다 적은 6,680원이다.

근로기준법상 '근로자'는 최저임금법의 적용을 받아 법적으로 최 저임금액 이상의 급여를 보장받는다. 자활근로 참여자가 최저임금 법의 적용을 받는 근로기준법상 '근로자'인지 여부에 대해서는 그간 정부의 행정해석에 변화가 있었다. 2006년까지 노동부는 자활근로 참여자 중 차상위계층의 경우 근로기준법 및 노조법에 따른 근로자 로 인정된다는 취지의 행정해석을 해왔다. 그러던 중 서울시 마포구 청장이 자활근로 참여자의 근로자성에 대해 법제처에 법령해석을 요청하였고, 법제처가 법령해석심의위원회를 거쳐 조건부 수급자는 물론 차상위계층도 근로기준법상 근로자로 볼 수 없다는 판단을 하 자(법제처 법령해석지원팀-868, 2006. 5. 26.), 2007. 5. 노동부는 법제 처의 해석과 배치되는 기존의 행정해석을 일괄 폐지한다는 내용의 변경지침[46]을 내렸다. 이에 자활근로 참여자는 최저임금을 보장받지 못하게 되었을 뿐만 아니라 퇴직금, 고용보험, 산업재해보상보험 등 '근로자'임을 전제로 하는 각종 제도의 테두리에서 제외되었다.

법제처 법령해석에서는 조건부수급자의 근로자성을 부정하는 근 거로 크게 '노무지휘권'이 없다는 점, 자활급여가 '임금'에 해당하지 않는다는 점을 들고 있다. 하지만 조건부 수급자의 경우에도 일정한 채용 절차가 있고 실시기관은 참여자가 각종 복무규율을 위반한 경

---

46) 노동부 지침, "자활근로사업 참여자중 「차상위계층의 근로자성 여부」에 관 한 변경 지침", 근로기준국 (2007. 5.).

우 조건불이행으로 사실상 해고와 같은 인사상 불이익조치를 취할 수 있으므로 자활급여 실시기관에 노무지휘권이 없다고 보기 어렵다.[47] 한편 자활급여는 조건부 수급자의 통장으로 일정일에 입금이 되고 시·군·구에서는 생계비에 미달하는 차액만큼을 추후에 지급하고 있는데, 이를 보면 임금에 대한 법제처의 위와 같은 해석은 조건부 수급자가 받는 근로의 대가로서의 임금성격인 급여와 수급자로서 시·군·구로부터 추가로 지급받는 생계보조금 성격의 생계급여를 구분하지 않아 생긴 잘못된 판단이다.[48] 즉 조건부 수급자도 자활사업에 참여하여 근로를 제공하는 대가로서 정해진 자활급여와 각종 수당을 수령하는 것이고 그것이 근로의 대가로 임금성을 갖는다는 것은 동일한 것이다.[49]

자활 참여자들이 현재 자활사업에서 가장 큰 문제점이자 개선되어야 할 사항으로 꼽는 것이 바로 낮은 급여수준이다.[50] 빈곤층의 자립·자활이라는 자활사업 본연의 목적 달성을 위해서는 급여 수준을 현실화 하는 것이 급선무이고, 그 시작은 조건부수급자의 근로자성을 인정하는 것이다. 13년 전 법제처 해석에서 벗어나 다시 한 번 조건부수급자에 대한 근로자성 판단이 필요한 시점이다.

마. 보장기관 확인소득 부과 문제

기초생활수급자격을 얻기 위해서는 크게 부양의무자 기준과 소

---

47) 권두섭, "자활참여자의 노동자성에 관한 법리적 해석", 자활참여자의 노동자성 인정에 관한 증언대회 및 토론회, 민주노총 전국공공서비스노동조합·민주노동당 (2007. 7. 24. 발표)
48) 권두섭, 위의 글.
49) 권두섭, 위의 글.
50) 김윤영, 이동현, 정성철, 황성철, "기초생활보장제도 자활사업 참여자 인터뷰 조사 – 자활사업 문제점과 개선방안", 빈곤사회연대·홈리스행동·한국도시연구소 (2018), 21.

득인정액 기준을 충족하여야 한다. 즉 부양의무자가 없거나, 부양의무자가 있어도 부양능력이 없거나, 부양을 받을 수 없는 사람으로서 소득인정액이 급여종류별 선정 기준 이하인 사람이 수급자로 선정되는 것이다. 이때 소득인정액이란 보장가구의 경제적 능력을 확인하기 위한 것으로서 실제 소득에서 지출요인을 감하여 산정하는 '소득평가액'과 재산의 일정 비율을 월 소득으로 환산하여 산정하는 '재산의 소득환산액'을 합산한 금액이다. 소득평가액만을 놓고 보자면 실제 소득(임금, 이자, 용돈 등)이 적거나 소득에 비해 지출요인이 클 경우 수급자격 취득 가능성이 높아진다. 바로 이 소득평가액 산정 과정에서 보장기관 확인소득 문제가 등장한다.

국민기초생활보장법 시행령 제5조 제2항에 따르면 보장기관은 수급자 또는 수급권자의 소득 관련 자료가 불명확하거나 최저임금액 등을 고려할 때 소득관련 자료의 신뢰성이 없다고 보장기관이 인정하는 경우에 개별가구의 생활실태 등을 조사하여 확인한 소득을 소득산정에 더할 수 있다. 이를 이른바 '보장기관 확인소득'이라 한다. 국민기초생활보장사업안내에서는 조건부수급자 중 조건불이행자에 대해 사실조사를 거쳐 보장기관 확인소득을 부여할 수 있도록 안내하고 있다.[51]

시행령상 보장기관 확인소득 규정이 생기게 된 과정을 보면, 과거 보건복지부는 법률상 근거가 전혀 없음에도 불구하고 국민기초생활보장사업안내에 근거하여 '추정소득'이라는 명목으로 지금의 보장기관 확인소득에 해당하는 소득을 부과해 왔다. 이에 대해 2014

---

51) 보건복지부 정책보고서, "2019 국민기초생활보장사업안내", 기초생활보장과 (2019.01.03.), 125. 조건부수급자 중 조건불이행자는 소득활동을 함에도 불구하고 소득을 은닉 또는 미신고한 채 소득활동을 유지하기 위해 조건을 불이행 할 수 있으므로 반드시 주거 및 생활실태 등에 대한 사실조사를 실시하고 추가 소득 또는 은닉소득이 있다고 확인된 경우에 보장기관 확인소득 산정

년 서울행정법원은 관할 구청이 근로능력자인 아들에게 추정소득이
있다고 간주하고 해당 가구에 대해 급여감액처분을 한 사안에서 법
령상 근거가 없는 추정소득 부과처분은 헌법 제37조 제2항 법률유
보 원칙에 반하는 것으로서 위법하고 그 하자가 중대·명백하여 당
연무효에 해당한다고 판결하였고,[52] 이에 2015. 4. 보건복지부는 시
행령을 개정하여 보장기관 확인소득 조항을 신설하였다.

　여전히 문제가 되는 것은 수급자 또는 수급권자의 생존권에 직결
되는 보장기관 확인소득 규정이 법률이 아닌 시행령에 그 근거를
두고 있다는 점이다. 헌법에서는 국민의 모든 자유와 권리는 법률로
써 제한할 수 있도록 하고(제37조 제2항, 법률유보원칙), 대통령은
법률에서 구체적으로 범위를 정하여 위임한 사항에 한하여 위임입
법을 발할 수 있다고 규정하며 위임입법의 근거와 한계를 명시하고
있다(제75조). 즉 위임명령의 내용은 수권법률이 수권한 규율대상과
목적의 범위 안에서 정해야 하는 것이다. 이에 대해 헌법재판소는
법령에 의해 국민의 기본권을 제한하는 경우 법률에서 직접 하위법
령에 규정할 내용 및 범위의 기본사항에 관하여 구체적이고 명확하
게 규정하여야 하며, 누구라도 당해 법률 자체로부터 하위법령에 규
정될 내용의 대강을 예측할 수 있어야 하고,[53] 특히 국민의 기본권
을 직접적으로 제한하거나 침해할 소지가 있는 법규에서는 구체성·
명확성의 요구가 강화된다고 판단하고 있다.[54]

　헌법과 위 헌법재판소 판단을 기초로 보장기관 확인소득 규정(국
민기초생활보장법 제6조의3)을 살펴보면, 여전히 법률유보의 원칙
에 위배된다는 결론에 이르게 된다. 법 제6조의3 제1항에서 개별가
구 실제소득 산정에 포함되는 소득의 종류로 '근로소득, 사업소득,

---

52) 서울행정법원 2014. 2. 20. 선고 2013구합51800 판결, 대법원 확정.
53) 헌법재판소 2000. 3. 30. 선고 98헌가8 전원재판부 결정 등.
54) 헌법재판소 1997. 10. 30.자 96헌바92, 97헌바25-32 전원재판부 결정 등.

재산소득, 이전소득'만을 한정하고 있는 이유는 수급자 및 수급자의 소득산정은 수급자격을 가르는 중요한 문제로 생존권과 직결되기 때문에 구체적이고 명확해야하기 때문이다. 보다시피 법률상 보장 기관이 위 4가지 종류의 소득 이외에 보장기관 확인소득을 산정할 수 있는 여지는 전혀 없다. 또한 제3항은 법 체계상 제1항에서 한정 적으로 규정한 소득에 한하여 그 산정 범위와 기준을 대통령령에 위임하는 것으로 해석함이 타당한 것이지, 법률상 소득의 종류를 넘 어서는 새로운 소득을 규정하고 그 기준을 마련하라는 의미가 아니 다. 결국 시행령상 보장기관 확인소득 규정은 모법의 위임범위를 벗 어난 법률의 근거가 없는 것으로 헌법에서 규정하는 법률유보원칙 에 반함이 명백하다.

뿐만 아니라 국민기초생활보장법 제30조 제2항에서는 조건부수 급자가 조건을 불이행 하는 경우 보장기관은 수급자 본인의 생계급 여만을 중지할 수 있도록 규정하고 있다. 그러나 시행령과 지침은 여기에서 더 나아가 조건불이행자에게 보장기관 확인소득을 부과하 여 수급자격 자체를 박탈할 수 있게 하였다.[55] 이는 조건불이행자에 대한 불이익의 범위를 시행령에서 큰 폭으로 확장하는 것으로 위임 의 범위를 일탈하는 위법에 해당한다. 전술한 바와 같이 보장기관 확인소득은 수급자 및 수급권자의 생존권과 직결되는 중요한 문제 인 만큼 반드시 법률상 근거를 마련해야 하고, 법률의 제한을 초과 하는 하위법령은 법률의 취지에 따라 개정되어야 한다.

---

55) 보장기관 확인소득이 부과될 경우 그만큼 해당 가구의 소득이 높아지고, 이 에 따라 소득인정액도 높아지므로 수급자 또는 수급권자는 급여액이 낮아 지거나 최악의 경우 수급자격이 박탈될 수 있다.

III. 해외의 유사 제도

1. 독일

가. HartzIV 개혁의 도입

독일은 2004년까지 실업자를 대상으로 3가지 형태의 급여시스템, 즉 실업보험급여(Arbeitslosengeld), 실업부조(Arbeitslosenhilfe), 그리고 사회부조(Sozialhilfe)를 운영하였다. 그때까지 독일은 OECD 국가 중에서 유일하게 종전 임금과 연계하여 무기한 지급되는 실업부조 시스템을 가진 국가였으며, 장기 실업자에 대한 순 소득대체율이 OECD 국가 가운데 가장 높은 나라였다고 한다.[56]

당시 실업보험급여는 32개월까지 월 최고 4,250유로까지 받을 수 있었다[마지막 순소득의 60%(부양 자녀가 있으면 67%)][57]. 실업보험 수급기간이 끝난 후 자산소득에 따라 무기한 지급되며 세금으로 재원조달되는 실업부조도 최근 임금의 50%[순임금의 53%(부양자녀가 있는 경우 57%)][58]에 달하였다. 2000년대 초까지 독일은 55-64세 연령대의 취업률이 40%에 불과했다. 조기은퇴자가 많았기 때문이다.[59]

2003년 초 사회민주당 정부의 독일 게르하르드 슈뢰더(Gerhard Schroeder) 수상은 노동시장에 관한 일련의 개혁조치를 발표했다. 이

---

56) 유진성, 독일 근로연계 복지제도의 특징과 시사점, 한국경제연구원
57) 유진성, 위의 글, 24.
58) 유진성, 위의 글, 24.
59) Ellen Ehmke and Fabian Lindner, Labour market measures in Germany 2008-13: The crisis and beyond, International Labour Office, Research Department- Geneva: ILO, (2015), 10.

개혁조치는 그 고안자의 이름을 따서 통상 'Hartz' 개혁이라 불린다. 당시 실업률이 9.5%에 달하였고, 20명 중 1명은 1년 이상 장기 실업 상태였으며 경제성장이 멈추어 있는 등 독일의 경제적 상황이 좋지 않았다. 나아가 재정적자는 GDP의 4%를 육박하여 대책이 필요하다 는 인식이 팽배한 상황이었다.[60]

'Hartz' 개혁 중 'Hartz IV'라 불리는 개혁은 2005년부터 시행되었 는데, 실업자에게 급여에 대한 접근을 제한하거나 급여를 낮춤으로 써 구직을 하도록 강제하는 제도의 도입이 핵심이었다.[61] 우선 실업 보험급여("실업급여I")의 지급기간은 32개월에서 12개월로 단축되었 다. 실업부조는 실업자 및 실업자의 가족에 대한 기초보장("실업급 여II")[62]의 형태로 사회부조에 통합됨으로써 결과적으로 급여의 수 준이 낮추어졌다.[63] 한편, 종전 실업부조의 요건을 갖추지 못하여 사회부조를 받고 있던 장기실업자들은 직업센터(Jobcenter)에서 주관 하는 실업급여II로 이관됨으로써 많은 경우 경제적 상황이 개선되는 효과가 있었다고 한다.[64]

'Hartz' 개혁 전까지 실업자가 받아들여야 하는 적당한 일자리의 개념이 이전의 일자리와 비교하여 임금이 적거나 직종의 질이 더 낮은 경우에는 해당 일자리를 받아들이지 않아도 무방할 정도로 관 대하게 정의되었다.[65] 그러나 'Hartz IV' 이후 도입된 실업급여II의 수급자는 취업할 수 있으면 취업해야 하는 강화된 구직의무가 부과 되었다.[66]

---

60) Christian Odendahl, "The Hartz myth A closer look at Germany's labour market reforms", Centre for European Reform (2017), 3.
61) Christian Odendahl, 위의 글, 6.
62) 박귀천, "독일의 실업급여 및 실업부조 제도", 복지동향, http://www.peoplepower21. org/Welfare/1599025 (2019. 5. 9. 확인).
63) Christian Odendahl, 위의 글, 6.
64) 박귀천, 위의 글; Christian Odendahl, 위의 글, 6.
65) 유진성, 위의 글, 22.

급여의 축소와 구직의무 강화로 인해 'Hartz IV'는 시행 15년째인 현재까지 독일에서 많은 논란의 대상이 되고 있으며, 실업급여II에 따른 기준급여(Regelsatz)가 산출되는 방식으로 최저생활이 보장됨을 확인할 수 없다는 이유로 위헌적이라는 독일연방헌법재판소의 2010. 2. 9.자 결정[BVerfG, Urteil des Ersten Senats vom 09. Februar 2010 - 1 BvL 1/09 - Rn.(1-220)]이 나오게 된 것도 위와 같은 배경과 무관하지 않아 보인다.

나. 실업급여II의 수급요건 및 급여수준

15세 이상 67세 미만의 사람으로서 취업능력(Erwerbsfähigkeit)이 있고, 부조가 필요하며, 일상적인 주거지가 독일에 있는 사람은 실업급여II를 받을 수 있다.[67] 일반 노동시장의 통상적 조건 하에서 질병이나 장애로 인해 장래 예상 가능한 기간(최장 6개월) 최소 1일 3시간 이상 취업이 불가능한 경우가 아니면 취업능력이 있다고 본다.[68] 부조가 필요하다는 것은 충분한 소득이나 자산을 갖지 못한 경우를 말하는데, 구직자 본인뿐만 아니라 생활공동체 내에서 동거하고 있는 가족들의 수입과 자산도 고려하여 결정한다.[69] 외국인은 체류자격이 없거나 오로지 구직을 위해 체류하는 경우 등의 일정한 경우에 해당하지 않으면 수급자격이 있다.[70] 실업급여II는 기준급여(Regelsatz)[양식, 의복, 개인 건강관리, 교통, 가구, 전기(난방 제외) 및 주변에 대한 관계 형성과 문화생활 참여를 포함하여 일상생활상 필요한 품목 포함], 임산부, 장애인, 만성질환으로 인해 추가로 필요

---

66) Christian Odendahl, 위의 글, 6.
67) SGBII §7
68) SGBII §8
69) 박귀천, 위의 글; SGBII §9
70) SGBII §7

한 품목, 적절한 선의 주거비 및 난방비용이 지원된다.[71]

다. 실업급여Ⅱ에 따른 수급자의 의무와 제재

실업급여Ⅱ의 수급자는 노동청(Agentur für Arbeit - 실제 집행기관은 보장기관(시·군·구)과 공동으로 설립하는 직업센터)과 통합합의서(Eingliederungsvereinbarung)를 체결한다.[72] 통합합의서는 노동청과 수급권자가 함께 노동편입에 필요한 개인적 특징, 직업능력과 적합성을 확인하는 과정을 거친 다음(역량분석) 실직상태에서 벗어나기 위해 달성하려는 목표와 그에 따른 양자의 의무를 설정하는 것을 목적으로 한다. 유효기간은 6개월이며 특별한 사정이 있는 경우에만 취소할 수 있다. 수급권자가 통합합의서 체결을 거부하는 경우 직업센터에 의해 행정처분으로 대체될 수 있다.[73] 수급권자는 행정처분에 대해 이의제기 또는 사회법원에 소제기를 할 수 있다.

수급자가 면담일정 등을 준수하지 않거나, 통합합의서 또는 이를 대체하는 행정처분에 따른 의무를 이행하지 않거나, 적절한(zumutbar) 일자리 취업 또는 교육 참여를 거부하거나, 노동 편입을 위한 적절한 조치를 개시하지 않거나 중단하는 등의 경우 의무위반을 이유로 제재를 받을 수 있다.[74] 제재는 위반의 양태와 횟수에 따라 급여를 10%, 30%, 60%, 100% 단계적으로 삭감하는 방식으로 부과된다.[75] 급여삭감이 기준급여의 30%를 초과하는 경우 직업센터는 신청에

---

71) HARTZIV.ORG, "Hartz IV Regelsatz", https://www.hartziv.org/regelbedarf.html (2019. 5. 1. 확인)

72) SGBII §15

73) HARTZIV.ORG, "Eingliederungsvereinbarung bei Hartz IV Bezug" https://www.hartziv.org/eingliederungsvereinbarung-hartz-iv-ev-nach-15-sgb-ii.html (2019. 3. 27. 확인)

74) SGBII §31

75) SGBII §31a Abs.1 S.3

의해 식료품쿠폰과 같은 적절한 수준의 보완적 현물급여를 제공할
수 있는데, 수급권자가 미성년 아이와 생계를 같이 하는 경우에는
위 현물급여를 제공하여야 한다.

　이와 관련, SGBII §10에 따르면 일이 수급자의 육체적, 정신적 또
는 지적 역량에 적합하지 않거나, 자녀의 양육을 위협하거나, 가족
의 돌봄과 양립이 불가능한 등의 중요한 사유가 있는 경우 해당 일
은 수급자에게 적절하지 않다고 본다. 일이 수급자가 예전에 종사한
직종이나 마친 교육과 부합하지 않거나, 수급자의 교육수준에 비해
가치가 떨어진다고 평가되거나, 직장 소재지가 수급자의 종전 직장
이나 교육을 받은 장소에 비해 멀리 떨어져 있거나, 노동조건이 종
전의 일자리에 비해 불리하거나, 탈수급으로 이어지지 않는 일자리
를 그만두어야 한다는 이유만으로 적절하지 않다고 보지 않는다.

　한편, 2015. 5. 26. 고타 사회법원(Sozialgericht Gotha)은 수급자가
의무를 위반하는 경우 급여를 삭감하는 제재의 위헌성 심사를 제청
하여 현재 연방헌법재판소에 계류 중이다.[76]

2. 영국

　신자유주의의 흐름에 따라 많은 서구 복지국가에서 조건부 수급
을 복지개혁의 요소로 도입하였고, 그 중에서도 영국은 이러한 정책
변화의 선두에 서 있다고 평가된다.[77] 영국은 1997년 복지급여청구
자의 취업과 탈수급을 지원하기 위한 뉴딜(New Deal) 정책을 통해

---

76) Sozialgericht Gotha - Beschluss vom 26.05.2015 - Az.: S 15 AS 5157/14. 수급
　　자가 판매직으로 일하고 싶다는 이유로 물류·창고직 일자리에 취업을 하지
　　않아 직업센터가 제재를 가한 사안이다.
77) 김경환, "영국 복지의 조건부 경향과 과제", 한국보건사회연구원 국제사회
　　보장리뷰 제7호 (2018), 115.

구직수당 신청자들에게 구직활동 의무를 부과하였다. 2002년에는 고용센터플러스(Jobcentre Plus)라는 복지급여와 고용서비스의 통합 기관을 도입하면서 구직을 중점으로 상담하도록 재조직하였고, 2008년 복지개혁을 통해 한부모와 장애인에게도 구직의무를 확대하여 실업부조(JSA)의 대상이 되도록 하였다.[78]

2011년에는 복지개혁법안에 따라 새로운 민간위탁 고용서비스인 일자리 프로그램(Work programme)을 도입하였다. 일자리 프로그램은 가장 핵심적인 근로연계복지 프로그램으로 서비스 공급자인 민간기관과의 성과관리계약을 통해 수급자들을 장기간 고용할 경우 인센티브를 제공하고, 수급자들에게는 더욱 엄격한 구직의무의 조건을 강제하였으며, 엄벌적인 제재 수단을 마련하였다. 기존에 청년, 장기실업자, 한부모, 장애인 등 수급자의 특성에 따라 다양하게 마련되었던 20여개의 프로그램은 일자리 프로그램으로 편입되고 단일화되어, 구직수당(Jobseekers' allowance), 고용 및 지원수당(Employment and support allowance), 소득보조 및 노동능력상실급여(Income support and incapacity benefits) 수급자는 전부 일자리 프로그램에 포섭되었다.

노동능력판정 등에 따라 수급자의 일부는 자발적 의사에 따라 프로그램에 참여하게 되지만, 의무적 참여 대상은 급여 청구 후 9-12개월 사이에 일자리 프로그램으로 의뢰되어 각 급여의 전제조건으로 노동을 제공할 의무를 지게 되었다. 노동시장 진입가능성이 높은 대상자에 대해서는 더 엄격한 구직활동의무를 부과하고, 엄벌적인 제재 수단을 도입하여 최장 3년까지 복지급여 수급권의 일체를 박탈하는 것도 가능하였다.[79] 일자리 프로그램의 주된 목적은 고용서비

---

78) GOV.UK,. Work Programme provider guidance, https://www.gov.uk/government/ publications/work-programme-dwp-provider-guidance (2019. 3. 27. 확인).

79) 김병인, "영국 고용서비스 시장화에 관한 고찰: 커미셔닝전략 (Commissioning Strategy)과 워크프로그램 (Work Programme)을 중심으로", 비판사회정책 제 46호 (2015. 2.), 103.

스의 공급을 민간에 이양하여 정부의 복지예산지출을 절감하면서 장기실업자들이 일자리를 구할 수 있도록 하는 데 있었으나, 전달체계의 시장화를 전제로 하는 민관협력 방식에 의해 비영리기관은 주변화 되었고 그 결과 특히 장애인 등 노동시장에서 불리한 취약계층의 경우 성과가 낮았으며, 한부모 참여자들에 대한 무리한 구직활동 요구 및 미참여에 대한 제재조치가 부적절하다는 평가를 받았다.[80] 이후 2015년 영국 정부는 일자리 프로그램의 일자리 참여 강제(Mandatory Work Activity)와 지역 일자리 배치(Community Work Placement)가 예산효율성이 낮다는 지적에 따라 지속하지 않기로 하였다가,[81] 2017년도부터는 축소하여 이미 진행 중인 참여자 외 신규 참여자를 받지 않고 있다.

3. 프랑스

사회적 미니멈(Minima Sociaux)은 프랑스의 대표적인 사회부조제도로서, 자산소득이 일정 수준 이하의 사람을 대상으로 최저생활보장 차원에서 지급되는 비기여적 성격을 띤 사회적 급여를 총칭하여 일컫는 용어이다.[82] 한국의 생계급여와 유사하다고 볼 수 있는 사회적 미니멈은 집단의 특성에 따라 제도가 구분되어 있고, 각 급여마다 적용대상자, 선정기준, 급여액이 다르다. 구체적으로 근로연령층을 대상으로 하는 활동연대수당(RSA), 특별연대수당(ASS), 임시대

---

80) 김수영, "영국 보수자민연정의 민관협력 고용서비스에 대한 비판: 워크프로그램 (Work Programme)을 중심으로", 한국사회복지행정학 14권 제4호 (2012), 97-102.

81) HM Treasury, "Spending Review and Autumn Statement 2015", Department for Work and Pensions (2015. 11.), 89.

82) 심창학, "프랑스 사회적 미니멈(Minima sociaux)의 구조 및 급여 체계 – 유럽 공공 부조 제도의 한 연구", 한국사회복지학 59 (3) (2007.8), 75.

기수당(ATA), 성인장애수당(AAH), 장애보충수당(ASI) 등이 있다.[83]

그 중 활동연대수당(RSA)은 기존의 최소통합수당(RMI)[84]과 편부모수당(API)를 대체하기 위해 2009년 6월 1일 최초 도입된 제도로서 실직빈곤층의 취업연계를 조건으로 근로인센티브를 제공하는 취업지원제도이며 이는 현재 프랑스 근로연계복지제도의 대표라고 말할 수 있다.[85] 활동연대수당(RSA)의 가장 중요한 의의는 취업여부에 관계없이 신청자 가구의 자산이 일정수준 이하이면 수급자격이 부여되었다는 점이다.[86]이 제도의 특징은 근로빈곤층이 근로소득과 복지급여를 함께 받을 수 있게 설계했다는 것으로 근로소득이 있어 복지급여를 받지 못한 취업빈곤층들이 일정 금액을 수급하게 된 것이다.[87]

수급자는 크게 두 유형으로 구분된다. 기본형(RSA-socle)은 근로소득이 전혀 없거나 있어도 500유로 미만인 자를 대상으로 하고, 취업형(RSA-activité)은 500유로 이상의 근로소득이 있으나 최저생활을 유지하기에는 불충분한 경우가 해당된다.[88] 실제 급여는 취업여부 및 정도에 따라 1) 급여만을 받는 집단, 2) 급여와 근로소득공제를 함께 받는 집단, 3) 근로소득 공제만을 받는 집단으로 나뉜다.[89] 활동연대수당 수급에 기한제한은 없다. 다만, 근로소득이 늘어날수

---

83) 주프랑스대사관, "프랑스의 사회보장제도 현황 및 개혁동향", (2017. 4. 5.), 20.
84) RMI는 소득이 전혀 없고 다른 사회부조제도의 도움을 받을 수 없는 25세 이상 또는 한 아이 (태아 포함)이상을 부양하는 자를 대상으로 한 사회부조 제도로서 1988년 도입되었으나 근로의욕을 저하한다는 비판으로 인해 활동 연대수당 (RSA)로 대체되었음
85) 류만희, 노대명, 김송이, "국가별 근로연계복지재도 비교연구" [2012년도 연구용역보고서], 국회예산정책처 (2012. 11.), 6.
86) 임완섭 외 공저, "각국 공공부조제도 비교연구-프랑스편" (연구보고서), 한국보건사회연구원 (2015.12), 127.
87) 류만희, 노대명, 김송이, 위의 글, 36.
88) 임완섭 외, 위의 글, 127.
89) 류만희, 노대명, 김송이, 위의 글, 36.

록 수급액이 줄어드는데 최저임금 수준을 초과하면 급여가 중지
된다.[90]

IV. 조건부수급제도의 헌법적 평가

1. 조건부수급제도의 헌법적 의의

가. 헌법과 공공부조제도

현행 헌법 제10조[91]의 인간으로서의 존엄과 가치, 제34조 제1
항[92]의 인간다운 생활을 할 권리 및 제34조 제2항[93]의 국가의 사회
보장, 사회복지 증진 의무 규정은 오늘날 한 개인이 사회적, 경제적
위험으로부터의 최저생활의 보장을 권리로서 보장받을 수 있는 규
범적 기초가 된다. 위 헌법 규정에 기초하여 마련된 공공부조제도[94]

---

90) 임완섭 외, 위의 글, 127.
91) 헌법 제10조 모든 국민은 인간으로서의 존엄과 가치를 가지며, 행복을 추구
할 권리를 가진다. 국가는 개인이 가지는 불가침의 기본적 인권을 확인하고
이를 보장할 의무를 진다.
92) 대한민국 헌법 제34조 ①모든 국민은 인간다운 생활을 할 권리를 가진다.
93) 대한민국 헌법 제34조 ②국가는 사회보장·사회복지의 증진에 노력할 의무
를 진다.
94) 우리나라의 공공부조법제는 일반적으로 국민기초생활보장법과 의료급여법
으로 이루어져 있는 것으로 평가할 수 있다 (전광석, 한국사회보장법론 (제
11판), 집현재 (2016), 85 참조). 한편 국민기초생활보장법과 의료급여법과의
관계에 관련하여, 국민기초생활보장법이 기본적으로 수급요건과 의료급여
를 포함한 급여의 종류를 규정하고 있다. 의료급여법은 국민기초생활보장
법이 규정하고 있는 급여 중 의료급여 부분만을 별도의 입법으로서 구체화
하여 규율하는 법률이다 (보다 상세한 내용은 손윤석, "공공부조법제의 수
급요건에 대한 검토", 법제논단 (2013), 93-94 참조).

는 빈곤이라는 사회적, 구조적 위험에 처해 있는 사람을 대상으로 최저생활 보장의 실현에 핵심적인 부분을 이루고 있다.[95]

나. 보충성의 원칙과 조건부수급제도

(1) 공공부조제도의 세 원칙과 보충성의 원칙

공공부조제도는 모든 사람에게 인간다운 생활을 보장하는 것이 국가의 책임이라는 점을 전제한다. 그리고 공공부조제도의 수급요건 및 급여의 수준과 내용에 관한 사항은 일반적으로 보편성의 원칙, 보충성의 원칙, 개별성의 원칙 등 일정한 원칙에 따라 형성되는 것으로 이해된다.[96] 공공부조제도의 세 가지 원칙 중 보편성 및 개별성의 원칙은 인간다운 생활을 할 권리 보장에서 헌법 상 평등권을 보장하는 원리로 이해될 수 있다. 보편성의 원칙은 누구에게나 평등한 보호가 제공된다는 원리를, 개별성의 원칙은 누구에게나 필요한 보호가 유효하고 적절하게 제공된다는 원리를 의미한다.[97]

보충성의 원칙의 의미와 헌법적 근거는 그 개념을 어느 관점에서 이해하느냐에 따라 달리 평가될 수 있다. 보충성의 원칙은 일반적으로 국가공동체 내에서 개인이나 더 작은 단체가 자신의 힘으로 자신의 과제를 완수할 수 없는 경우에만 더 큰 단체가 그 과제의 수행에 착수해야 한다는 것을 내용으로 하는 원리를 의미한다.[98] 국가의 개입과 보조의 근거로서, 공공부조제도 내에서는 수급요건과 직접

---

95) 손윤석, 위의 글, 91.
96) 홍석한, "국민기초생활 보장법상 보충성 원칙의 적용에 대한 고찰", 경상대학교 법학연구소 법학연구 제26권 제3호 (2018).
97) 박석돈, "기초생활보장법상 급여의 보편성과 개별성", 한국복지행정학회 복지행정논청 제13권 제2호 (2003), 115-120.
98) 홍성방, "헌법상 보충성의 원리", 사단법인 한국공법학회 공법연구 제36집 제1호 (2007), 604.

적으로 관련된 원칙으로 이해된다.99)

보충성의 원칙의 의미는 형식적, 소극적 관점에서 국가가 담당해야 할 역할은 이차적이고 보충적인 것에 불과하다는 원리로 이해된다.100) 그리고 다수의 학자들이 위와 같은 보충성의 원칙의 이해를 바탕으로 보충성의 원칙은 자본주의적 시장경제질서101)나 헌법 제32조 제2항102)의 근로의 의무로부터 도출되는 원리로 파악한다.103) 즉 보충성의 원칙을 국가의 개입을 최소화하려는 조치라는 소극적 의미로 이해하는 것이다.104) 그리고 이 경우 보충성의 원칙은 근로능력의 유무 등을 수급요건으로 설정하는 것을, 즉 국가의 개입을 최소화하는 것을 정당화하는 원칙으로 파악한다.

하지만 위와 같은 소극적 의미의 보충성의 원칙을 공공부조제도의 영역에 무비판적으로 적용하는 경우, 수급자의 기본권 침해 가능성이 높아 질 수밖에 없다. 국가의 개입의 최소화만을 추구하는 경우, 국가가 수급자의 인간다운 생활 보장을 위해 반드시 개입해야 할 영역에 대해 개입을 포기하는 결과로 나아갈 수 있기 때문이다.

(2) 보충성의 원칙의 적극적 내용과 조건부수급제도

보충성 원칙은 적극적인 의미에서 개인의 자율성 보호, 즉 인격

---

99) 홍석한, 앞의 글, 180.
100) 가령 정극원, "헌법상 보충성의 원리", 헌법학연구 제12권 제3호, 한국헌법학회 (2006).
101) 김종수, "국민기초생활보장법상 수급요건에 관한 검토", 서울대학교 사회보장법 연구회 사회보장법연구 제2호 (2012), 7.
102) 대한민국 헌법 제32조 ② 모든 국민은 근로의 의무를 진다. 국가는 근로의 의무의 내용과 조건을 민주주의원칙에 따라 법률로 정한다.
103) 김종수, 앞의 글, 7; 홍석한 앞의 글, 167.
104) 유사한 취지로 사회보장 영역에서 헌법 제33조 제2항 근로의 의무를 법적 의무로 파악하는 한수웅, 헌법학(제7판), 법문사 (2017), 1098; 허영, 한국헌법론(전정 13판), 박영사 (2017), 656; 성낙인, 헌법학(제17판), 법문사 (2017), 1522.

의 자유로운 발현을 위해 국가가 적극적인 도움을 제공한다는 의미
로서 상대적인 개념이다.105) 즉 보충성의 원칙은 부적절한 사회의
간섭으로부터 개인을 보호함(소극적 의미)과 동시에 개인의 능력을
넘어서는 부담은 사회가 그것을 보완해야 한다는(적극적 의미) 의미
를 가진다.106) 즉 보충성의 원칙은 공공부조제도에서 사회적, 구조
적 약자의 인간다운 생활을 보장하기 위한 국가의 적극적 개입을
요청하는 적극적 의미도 갖는 것이다. 그리고 이러한 적극적 의미의
보충성의 원칙은 앞서 공공부조제도의 규범적 근거가 되는 헌법 제
10조 및 헌법 제34조 제1항 등으로부터 도출되는 원리로 이해할 수
있다.107)

공공부조제도에서 보충성의 원칙은 국민기초생활 보장법에서 소
득인정액기준, 부양의무자 기준, 그리고 조건부수급제도로 구체화된
다.108) 그러나 조건부수급제도가 헌법으로부터 도출되는 보충성의
원칙에 부합하는지 여부는 국가의 개입을 최소화하려는 보충성 원
칙의 소극적 내용뿐만 아니라 국가의 개입을 요청하는 적극적 내용
에 부합하는지를 검토해야 한다.109)

국내에서는 조건부수급제도가 보충성의 원칙에 부합하는지에 대
한 면밀한 검토보다 보충성 원칙의 소극적 내용만을 급여의 원칙으
로 관철하거나, 세계 여러 국가에서 도입한 근로연계복지정책에 해
당한다는 이유로 조건부수급제도의 정당성을 인정하는 입장을 취하
고 있다. 이러한 입장의 문제점은 이하에서 상세히 살펴본다.

---

105) 안봉근, "국민기초생활보장법상 보충성원리에 관한 연구", 한국사회복지
    학회 한국사회복지학 제61권 제3호 (2009), 11.
106) A. Beckel, Art. Subsidiaritätsprinzip, Katholisches Soziallexikon, 1964, Sp. 1202ff.
    (1202) 참조, 홍성방, 앞의 글, 606에서 재인용.
107) 유사한 취지로 보충성의 원리가 헌법 제34조 제1항 및 제5항에서 도출될
    수 있다는 안봉근, 앞의 글, 17.
108) 홍석한, 앞의 글, 164.
109) 유사한 취지로, 안봉근, 앞의 글, 21.

2. 근로연계복지정책과 조건부수급제도

국내에서는 조건부수급제도를 근로연계복지정책을 대표하는 제도로 인식하고 있다.110) 여기서 근로연계복지정책이란 '복지수급자에게 근로에 대한 참여를 의무화하는 정책'을 의미하는 좁은 의미의 근로연계복지정책을 의미한다.111) 이러한 근로연계복지정책의 확산은 미국으로부터 시작되었는데, 1990년대 이후에는 신자유주의의 확산, 적극적 노동시장정책의 확산, 공공부조 수급자의 증가 및 실업문제해결에서의 미국의 상대적 성공 등이 요인이 되어 서구유럽 국가들에게까지 확대되었다.112)

한국 또한 1990년대 말부터 위와 같은 서구국가들의 복지정책패러다임 전환 기조에 맞추어 '생산적 복지', '참여복지', '능동적 복지', '맞춤형 복지' 등의 형태로 근로연계복지정책을 적극적으로 수용하였다. 그리고 오늘날 근로연계복지정책은 어느새 한국사회의 주류 복지철학으로 자리를 잡은 것으로 보인다.113) 한국 정부는 근로연계복지정책의 정당성에 관한 비판적 성찰 없이, 해당 정책의 도입은 세계적 추세114)에 따르는 것이자, 급여의 기본원칙115)이라며

110) 노대명·강신욱·김재진·황덕순·전지현, "근로빈곤층 근로연계 소득보장제도 개선방향", 한국보건사회연구원 (2016), 5.
111) 황덕순·이바르 뢰드멜·히터 트릭키, "근로연계 복지 정책의 국제비교", 한국노동연구원 연구정책세미나 (2002), 5.
112) 황덕순·이바르 뢰드멜·히터 트릭키, 위의 글, 5-6.
113) 유사한 취지로 백미연, "근로연계복지 (Workfare)와 정의논쟁". 민주주의와 인권 제14권 제2호 (2014), 78-79.
114) 한국법제연구원, "국민기초생활 보장법 해설", 법제처 (2011), 56.에서는 자활급여는 세계적 추세인 근로연계복지 또는 생산적 복지라는 차원에서 더욱 주목받고 있다고 설명한다.
115) 보건복지부 지침, "2019 국민기초생활보장사업안내", 기초생활보장과 (2019. 01. 03.), 217.에서는 조건부 생계급여 지급이 급여의 기본원칙 중 '자립지원의 원칙'에 해당한다고 설명한다.

그 정당성을 쉽게 인정한다

근로연계복지정책이 세계의 여러 국가에서 제도화되어 운영되고 있는 것은 사실이다. 하지만 세계의 여러 국가가 근로연계복지정책을 수용한 것은 해당 정책이 그 자체로 정당하거나 필수불가결하기 때문이라 볼 수 없다. 각 국가가 근로연계복지정책을 제도로서 도입할 당시 겪고 있었던 사회적, 경제적 상황과, 운영하고 있던 복지제도의 모습이 상이했기 때문이다.116) 그리고 앞에서 살펴보았듯이, 각 국가의 구체적인 제도의 형태와 운용 방식도 다르다.

무엇보다 각 나라가 근로연계복지정책의 도입으로 다양한 문제점을 겪고 있다는 사실에 주목할 필요가 있다. 가령 독일의 경우 근로연계복지제도 도입으로 인한 저임금근로와 불안정한 근로의 확대로 인한 고용불안정과 복지수준의 하락이 문제되고 있다.117) 프랑스에서는 노동의 이행을 의무화 하는 것이 소외계층에게 사실상 큰 부담으로 작용하고, 그 결과 이들이 지원받기를 포기하게 된다며, 최저생계보장의 한계를 극복하기 위한 기본소득 보장의 논의가 이어지고 있다.118) 영국 또한 근로연계복지의 효과성에 관한 논란과 비판이 지속적으로 제기되고 있다.119) 이러한 상황을 간과한 채, 근

---

116) 황덕순·이바르 뢰드멜·히터 트릭키, 위의 글, 7-11. 황덕순·이바르 뢰드멜·히터 트릭키는 미국과 유럽에서 근로연계 복지정책이 등장하고 확산된 원인은 넓은 의미에서 복지국가의 위기에 대한 대응이라는 점을 제외한다면 동일한 차원에서 설명되기 어렵다고 설명한다

117) 김영미, "독일의 하르츠 개혁에 따른 근로연계복지에 관한 법제연구", 한국법제연구원 비교법제연구 (2013) 13-20-①, 86-87. 본 글은 특히 "미니잡에 종사하는 근로자 비율이 남성에 비해 여성이 훨씬 높게 나타남으로써 저임금 노동에 의한 여성빈곤이라는 양면성을 드러낸다."라고 설명한다

118) 최인숙, "기본소득제 실현가능성: 프랑스 사례", 한국연구재단 통합유럽연구 제10권 제1호 (2019), 156 ; 매일경제, "프랑스 기본소득 논쟁 재점화…8개 자치단체장 "시범도입 추진", 매일경제 뉴스 https://www.mk.co.kr/news/world/view/2017/11/783917/ (2017. 11. 27. 05:00) 등 참조.

119) 김경환, "영국 복지의 조건부 경향과 과제", 한국보건사회연구원 국제사회

로연계복지정책의 도입을 세계적 추세라 평가하는 것은 타당하지 않다.

　근로능력이 있는 수급자에게 근로 또는 자활사업에 참여할 것을 의무화하는 것과 의무를 불이행하는 경우 생계급여를 삭감, 박탈하는 방식의 강력한 제재를 부과하는 것이 급여지급의 기본원칙에 부합하는 정부의 해석 또한 타당하지 않다. 앞서 살펴보았듯이 공공부조의 보충성의 원칙은 소극적 내용과 적극적 내용을 가지는 상대적인 개념인데, 정부의 해석은 보충성의 원칙의 적극적 내용은 도외시한 채 소극적 내용만을 관철하는 것[120] 또는 공공부조의 보충성 원칙을 지나치게 확장한 것[121]으로 보인다.

　근로연계복지정책은 그 자체로 정당성을 가지는 정책이 아니다. 근로연계복지정책은 본질적으로 노동력의 '재상품화'를 지향하여 복지와 노동의 결합을 시도하는 정책인데, 노동의 강제성, 최저생활의 보장 침해 등의 문제점을 발생시키기 때문에, 그 정당성의 여부에 대해 치열한 논쟁이 있어 왔다.[122] 그럼에도 불구하고 한국 정부는 앞서 살펴본 바와 같이 조건부수급제도가 세계 여러 국가에서 살펴볼 수 있는 근로연계복지정책에 해당한다는 이유만으로 그 정당성을 막연하게 인정하고 있다. 즉 근로연계복지정책은 한국사회에 무혈 입성하여 제도화된 것이라 보아도 과언이 아니다.[123]

　보장리뷰 제7호 (2018), 118-119.
120) 안봉근, 앞의 글, 22.
121) 홍석한, 앞의 글, 164.
122) 김수영, "사회복지와 노동시장의 연계가 초래한 근로연계복지의 딜레마", 한국사회복지학회 한국사회복지학 제64권 제3호 (2012), 204.
123) 유사한 취지로 백미연, 앞의 글 108.

3. 조건부수급제도에 의한 수급자의 기본권 제한

극빈과 인권에 관한 유엔 특별보고관의 2011년 보고서는 사회보장에 관한 엄격한 요구사항과 조건의 부과는 수급자의 자율성을 훼손하는 등 인권을 제약하는 것이라는 점을 선언했다.124) 따라서 근로연계복지정책 그 자체로 정당한지, 보충성 원칙에 부합하는지 여부에 관한 논쟁을 차치하더라도 근로능력의 유무가 수급조건이 되는 이상 수급자의 기본권 제약은 발생한다는 점에 주목해야 한다. 즉 조건부수급제도 정당성은 해당 제도가 근로연계복지정책에 해당하는지 여부가 아닌 해당 제도가 수급자의 기본권을 침해하는지 여부로 검토되어야 하는 것이다.

생계급여는 빈곤에 처한 수급자에게 생계유지에 가장 기본적으로 필요한 금품의 지급을 의미하기 때문에 최종적인 사회적 안전망의 역할을 한다.125) 즉 생계급여는 공공부조의 최저생활 보장의 원칙을 실현하기 위한 핵심 급여의 역할을 하는 것이다. 조건부수급제도는 위와 같이 최저생활 보장을 위한 핵심급여의 성격을 가진 생계급여에 대해 근로 및 자활사업에 참여하라는 조건을 직접 부과하고, 그 조건을 불이행하는 경우 수급자의 수급자격을 박탈하거나 생계급여의 일부 또는 전부를 삭감한다. 이는 수급자가 보장받는 헌법상 관련 기본권의 중대하고 직접적인 제한으로 볼 수밖에 없다.

조건부수급제도에 의해 수급자는 다양한 기본권을 제한 받는다. 조건부수급제도에 의해 수급자의 생계급여가 일부 또는 전부 삭감

---

124) United Nations General Assembly, "Report of the Special Rappoteur on extreme poverty and human rights", United Nations General Assembly sixty sixth session (A/66/265) (2011), para 49-51.
125) 김서기, "최종적인 사회안전망으로서의 공공부조수급권에 관한 소고", 홍익대학교 법학연구소 홍익법학 제17권 제3호 (2016), 120.

된다거나, 수급자격이 박탈되는 것은 기본적으로 헌법 제34조 제1항에 따라 수급자에게 보장되는 인간다운 생활을 할 권리를 제한하는 것이다. 이는 또한 빈곤의 위험을 수급자 개인에게 부담하도록 하고, 수급자가 한 명의 인간으로서 보편적으로 보장받아야 할 최저수준의 생활조차 제한할 수 있다는 점에서 헌법 제10조에 따라 수급자가 가지는 인간의 존엄성 침해로까지 평가될 수 있다.

더불어 위 조건의 부과는 수급자가 스스로 근로 또는 자활사업의 참여 여부를 선택할 수 없게 한다는 점에서 수급자의 자율성을 손상시키므로 헌법 제10조에 따른 수급자의 자기결정권 제한에도 해당한다. 그리고 조건의 부과로 인해 수급자 본인은 스스로 빈곤과 근로능력 없음을 증명하도록 하는 부담을 가지게 되는데, 이는 헌법 제10조에 따른 수급자의 인격권 제한에도 해당할 수 있다.[126)]

특히 수급자에 대한 근로 또는 자활사업 참여 강제는 ILO 협약 등 국제인권규범이 금지하는 강제노동금지원칙에 위배될 우려도 있으며, 헌법 제15조에 따른 수급자의 직업선택의 자유 제한으로도 평가할 수 있다.

이처럼 조건부수급제도는 수급자의 생계급여를 수급할 권리에 대한 삭감 등 직접적 제한 또는 그 권리의 행사에 대한 조건 부과를 통해 수급자가 헌법에 의해 보장받는 인간다운 생활을 할 권리, 인간의 존엄성, 인격권, 직업선택의 자유 등 기본권을 제한한다. 이하에서 항을 나누어 위와 같은 수급자의 기본권 제한을 기본권 침해로까지 볼 수 있는지를 구체적으로 살펴본다.

---

126) United Nations General Assembly, 앞의 글, para 51-52 참조.

4. 수급자의 기본권 침해 여부에 관한 검토

가. 실질적 심사의 필요성

이상에서 살펴본 조건부수급제도에 의한 수급자의 다양한 기본권의 제한은 수급자의 생계급여를 수급할 권리에 대한 삭감 등의 직접적인 제한 또는 그 권리의 행사에 대한 조건 부과로 인하여 발생한다. 수급자의 생계급여를 수급할 권리가 인간다운 생활을 할 권리로부터 도출되는 공공부조수급권에 해당한다는 점에서,[127) 조건부수급제도로 발생하는 수급자의 기본권 제한의 구조는 강학상 사회적 기본권 제한으로 이해할 수 있다.

이처럼 조건부수급제도에 의한 수급자의 기본권 제한의 구조를 사회적 기본권에 대한 제한으로 이해하는 경우, 기본권의 침해 여부에 관한 사법적 심사는 실질적으로 이루어지지 않을 우려가 있다. 헌법재판소가 1994년 생계보호기준 위헌확인 사건에서 사회적 기본권 침해 여부에 대한 심사가 기본적으로 입법재량의 일탈여부를 기준으로 이루어진다고 설시 했는데,[128) 이후 헌법재판소가 대부분의 사회적 기본권에 대한 심사에서 입법자의 입법재량을 폭넓게 인정하는 완화된 기준을 적용하고 있기 때문이다.[129) 즉 사회적 기본권 관한 사안에서 발생하는 기본권의 제한에 대한 실질적 심사가 한국에서 제대로 이루어지지 않고 있는 것이다.

사회적 기본권 침해 여부에 대한 심사가 형식적으로 이루어지고

---

127) 정관영, "공법소송에서 공공부조수급권의 보장 -비례의 원칙을 중심으로-", 법조협회 법조 제63권 제9호 (2014), 160.
128) 헌법재판소 1997. 5. 29. 선고 94헌마33 결정.
129) 지성수, "헌법재판소의 사회적 기본권에 대한 심사방법과 심사기준", 헌법재판소 헌법논총 제24권 (2013), 231.

있는 이유는 사회권을 자유권에 비해 차등하다고 보는 구분론이 사법부나 학계의 주류철학으로 자리매김하고 있기 때문으로 보인다.[130) 하지만 사회권은 자유권이 현실화 될 수 있는 조건이 되는 기본적 인권으로 인간의 존엄과 불가분적 관계를 이룬다는 점에서[131) 결코 그 중요성을 간과할 수 없다. 같은 맥락에서 국제사회에서는 이미 1993년 비엔나 세계인권선언 및 행동강령[132)을 통해 모든 인권은 보편성, 불가분성, 상호의존성, 상호관련성을 갖는다는 점을 선언한바 있다.

이처럼 모든 인권이 동등하고, 하나의 권리의 실현이 전체적 또는 부분적으로 다른 권리의 실현에 의존한다는 인권의 불가분성 내지 상호의존성 원칙은 현대적 사회권의 개념의 기초가 된다.[133) 즉 자유권과 사회권의 구분론은 현대적 의미에서 타당성을 가질 수 없고, 양자의 동등한 가치 우선성을 인정하는 것이 전제되어야 하는 것이다.

위와 같은 관점에서 조건부수급제도의 기본권 침해여부에 대한 심사는 입법재량의 일탈여부라는 형식적이고 완화된 기준에 의해 심사되어서는 안 된다. 조건부수급제도의 기본권 침해여부 심사에 대해 입법자의 재량이 폭넓다는 측면만을 강조하는 경우, 입법자가 관련 입법의무를 소홀이 하더라도 이를 강제할 방법이 없게 될 것이고,[134) 이로 인한 피해는 수급자 개인이 감당해낼 수밖에 없기 때

---

130) 유사한 취지로 박찬운, "국제인권법에서 바라본 사회권의 법적 성격: 사회권에서의 국가의 의무를 중심으로", 대한변호사협회 인권과 정의 제364호 (2016), 111.

131) 홍성방, "독일기본법과 사회적 기본권", 서강대학교 법학연구소 서강법학 제11권 제2호 (2009), 47-48.

132) World Conference on Human Rights, Vienna Declaration and Programme of Action, UN Doc. A/CONF.157/23, 12 July 1993.

133) 손정인, 김창엽, "인권의 불가분성, 상호의존성, 상호연관성-건강권을 중심으로", 보건과 사회과학, 제43집 (2016), 141.

문이다.

위와 같은 문제의식 아래, 학계에서는 최근 사회적 기본권의 침해여부에 대한 실질적 심사를 위한 심사기준에 관한 논의가 활발하게 이루어지고 있다. 실효성 있는 과소금지원칙의 심사가 필요하다는 견해,[135] 생계급여수급권의 재산권적 성격을 강화하여 자유 과잉금지원칙에 준하는 기준이 적용되어야 한다는 견해[136] 등 다양한 주장이 제기되고 있으며, 국제인권규범의 관점에서 본질내용침해금지로 구체화 되는 최소핵심의무 심사,[137] 사회권의 구체적 내용에 대한 의도적 역행조치를 침해로 판단하는 퇴보조치금지 기준[138] 등의 도입도 논의되고 있다.

특히 외국의 사법부의 사례를 살펴보면, 사회적 기본권의 침해여부에 대한 실질적 심사를 위한 입법자의 재량을 통제하는 심사기준도 찾아볼 수 있다. 독일연방헌법재판소의 경우 입법자가 구체적인 사회보장급부를 결정하는 경우 그 목적, 방법, 조사의 타당성 등을 실질적으로 사법부가 심사한다는 내용의 이른바 '절차통제'의 심사기준을 수립하고 있다.[139] 미국 연방대법원은 입법자료에 대한 신뢰성을 검토하는 심사기준을 형성하고 있으며,[140] 스위스 연방대법원은 인간다운 생활을 위한 최소조건에 관한 권리를 실현하는 데 있어서 재정정책적 기초판단은 필요하지 않는다는 해석 아래 사회적

---

134) 지성수, 앞의 글, 278.
135) 정관영, 앞의 글, 170.
136) 김서기, 앞의 글, 135.
137) 최규환, "인간다운 생활을 할 권리의 심사기준", 헌법재판소 헌법재판연구원 (2019), 124-131.
138) 최규한, 위의 글, 133-134.
139) 정영훈, "사회적 기본권 침해 여부의 심사기준에 관한 검토", 헌법재판소 헌법재판연구원 (2016), 63.
140) 정문식, "미국 연방대법원 사법심사기준으로서 입법관련 자료에 대한 신뢰성 판단", 한양대학교 법학연구소 법학논총 제35권 제1호 (2018), 18.

기본권의 침해여부를 심사하고 있다.[141]

　이상에서 살펴보았듯이 현대적 의미의 사회권은 자유권과 동등한 가치를 지니는 인권으로 평가된다. 따라서 사회적 기본권의 침해여부를 입법재량의 일탈여부를 기준으로 판단하는 국내 사법부의 형식적이고 완화된 심사는 타당하다고 볼 수 없다. 학계의 논의와 외국 사법부의 사례에서 살펴볼 수 있듯이, 사회적 기본권의 침해여부에 대한 사법부의 실질적 심사는 다양한 방식으로 가능하다. 이와 같은 관점에서 이하에서는 항을 나누어 조건부수급제도에 의한 관련 기본권의 제한이 침해에 해당할 수 있는지 여부를 구체적으로 검토한다.

나. 인간다운 생활을 할 권리 등의 침해 여부

　헌법은 제34조 제1항에서 인간다운 생활을 할 권리를 보장하고 있고, 공공부조의 영역으로 수급자에게 보장되는 다양한 급여를 수급할 수 있는 권리는 인간다운 생활을 할 권리를 구체화한 것으로 볼 수 있다. 따라서 생계급여의 일부 또는 전부를 삭감하거나 수급자의 생계급여 수급자격을 박탈하는 것은 수급자 개인에게 생계급여를 지급받을 수 없도록 하는 조치라는 점에서 인간다운 생활을 할 권리를 직접적으로 제한하는 공권력행사에 해당한다는 점에 대해서는 의문의 여지가 없다.

　조건부수급제도에 따라 수급자의 생계급여의 일부 또는 전부를 삭감하거나 수급자격을 박탈하는 것이 인간다운 생활을 할 권리의 침해에 해당하는지 여부는 수급자 생계급여의 박탈이 어떠한 의미를 가지는지를 고찰하는 경우 명백해진다. 국민기초생활 보장법이 규정하는 생계급여는 최저생활보장에 관한 다른 가능한 모든 수단

---

141) 정영훈, 앞의 글, 77.

이 기능하지 않을 때 지급되는 사회적 안전망 역할을 하는 급여로
서 개인의 생존을 좌우하는 급여이다.142) 따라서 생계급여의 일부
또는 전부의 삭감은 수급자 개인의 생계에 직접적인 영향을 미칠
수밖에 없고, 수급자 개인의 생존에 중대한 위협을 초래한다. 1인가
구가 아닌 가구별로 지급되는 생계급여의 전달체계를 고려하면, 생
계급여의 일부 또는 전부의 삭감은 수급을 받는 가구 구성원들의
생존 또한 위협하는 것이라 할 수 있다.143) 따라서 조건부수급제도
에 따라 수급자의 생계급여의 일부 또는 전부를 삭감하거나 수급자
격을 박탈하는 것은 수급자가 헌법에 따라 보장받는 최저생활보장
조차 제한하는 경우로서, 인간다운 생활을 할 권리를 침해하는 것이
라 볼 여지가 충분하다.

　　나아가 헌법 제10조 제1문은 "모든 국민은 인간으로서의 존엄과
가치를 가지며, 행복을 추구할 권리를 가진다."라고 규정함으로써
모든 인간이 존엄하다는 점을 당위명제로 선언하고 있다. 그리고 위
인간의 존엄성은 주관적 권리로서 구체적인 기본권에 해당한다.144)
헌법재판소도 이미 다수의 사례145)에서 헌법 제10조 제1문이 선언
하고 있는 인간의 존엄성 침해를 확인한바 있다.

　　인간의 존엄성 침해와 관련하여 고문, 세뇌, 인신매매, 노예제 등
다양한 경우가 사례유형으로서 제시되는데, 독일 학계의 관련 논의
를 살펴보면 생존을 위한 최소한도의 경제적 조건마저 빼앗거나 보
장하지 않는 경우도 위 사례유형에 포섭된다.146) 그리고 독일의 판

---

142) 홍석한, 앞의 글, 180.
143) 홍석한, 위의 글, 180.
144) 김하열, "교정시설 내의 과밀수용과 인간의 존엄성", 법조협회 최신판례분
　　석 제66권 제3호 (2017), 622.
145) 헌법재판소 2003. 12. 18. 선고 2001헌마163 결정 (장기간 계구사용 사건);
　　헌법재판소 2011. 8. 30. 선고 2006헌마788 결정 (일본군 '위안부' 배상청구
　　권 분쟁 관련 부작위 사건); 헌법재판소 2016. 12. 29. 선고 2013헌마142 결
　　정 (교정시설 내의 과밀수용 사건) 등.

례 또한 인간의 생존에 필요한 기본적 전제가 유지되도록 하는 문제를 인간의 존엄의 문제로 접근한 바 있다.[147] 즉 최저생활의 침해를 인간의 존엄성 침해의 문제로 보고 있는 것이다. 이와 같은 관점에서 조건부수급제도에 따라 수급자의 생계급여의 일부 또는 전부를 삭감하거나 수급자격을 박탈하는 것은 인간의 존엄성 침해라고 평가할 여지도 충분하다.

한편 조건부수급제도에 따라 수급자에게 근로 또는 자활사업의 참여를 의무화하는 것 또한 마찬가지로 인간다운 생활을 할 권리 및 인간의 존엄성 침해로 평가될 여지가 있다. 앞서 살펴본 바와 같이 수급자의 근로능력평가는 근로능력의 명확한 정의가 부재하고 있다는 점, 제한된 정보에 근거하여 이루어진다는 점, 이의신청권이 실질적으로 보장되지 않는다는 점에서 수급자의 생계급여의 수급을 부당하게 가로막는 조건의 부과로 평가할 여지가 충분하기 때문이다.[148]

한편 앞서 상세하게 살펴보았듯 현행 자활사업의 경우, 근로능력이 미약할수록 수급자가 참여할 수 있는 사업의 유형이 한정되고, 자활사업의 참여하는 수급자가 지급받는 급여수준이 열악하다는 문제로 인해 논란이 되고 있다. 이처럼 수급자의 욕구에 부합하지 못하는 자활사업의 참여를 수급자에게 요구하고, 이를 거부할 수 없도록 하는 것은 결국 원치 않는 근로를 강제하는 것으로서 수급자의

---

146) H. Dreier (Hrsg.), Grundgesetz-Kommentar, Bd. Ⅰ, Mohr Siebeck, 1996, Art.1. 참조, 최규환, "인간존엄의 형량가능성", 헌법재판소 헌법재판연구원 (2017), 12.에서 재인용.

147) BVerfGE 45, 187, 228; BVerfGE 72, 105, 115f.

148) 김윤영·김윤민·정성철, 공공부조의 신청 및 이용과정에서 나타나는 '빈곤의 형벌화' 조치 연구, 빈곤사회연대·한국도시연구소 (2019), 26-35. 근로능력 평가과정을 거친 수급자 역시 근로능력평가제도 등이 부당하게 운용되고 있음을 증언하고 있다.

자기결정권을 침해하는 것으로 볼 여지가 충분하다. 이는 또한 강제
노동의 금지원칙에 위배되는 것이자 수급자의 직업선택의 자유를
침해하는 문제로도 볼 수 있는데, 상세한 검토는 이하에서 항을 나
누어 살펴본다.

다. 강제노동금지원칙의 위배

헌법은 '강제노역을 받지 아니할 권리'를 보장하면서, '법률이나
적법한 절차에 의하지 아니하고는'이란 법률유보형식을 취하고 있
다(제12조 제1항).[149] 국민기초생활보장법 제9조 제5항 및 제30조
제2항에 따라 근로능력이 있는 수급자가 자활 사업에 참가하는 조
건을 이행할 때까지 수급자 본인의 생계급여의 전부 또는 일부를
지급하지 아니할 수 있도록 한 조건부수급제도는 사실상 수급자에
게 노동을 강요하는 것으로 헌법상 강제노역금지원칙에 위배될 여
지가 있다.

먼저 강제노역이 무엇을 의미하는지 살펴보면, 시민적 및 정치적
권리에 관한 국제규약(1990. 6. 13. 조약 1007호, 이하 '자유권규약')
제8조 제3항에서 법원의 재판에 의한 형의 선고 등의 경우를 제외
하고 어느 누구도 강제노동을 하도록 요구되지 아니한다는 취지로
규정하고 있다. 여기서 강제노동이라 함은 본인의 의사에 반하여 부
과되는 노동을 의미한다고 할 수 있는데, 헌법재판소는 범죄에 대한
처벌로써 노역을 정당하게 부과하는 경우와 같이 법률과 적법한 절
차에 의한 경우를 제외하고는 본인의 의사에 반하는 노역은 과할
수 없다는 의미라고 보았다.[150] 또한 이는 우리 헌법 제12조 제1항

---

149) 헌법 제12조 제1항 누구든지 법률에 의하지 아니하고는 체포·구속·압수·
    수색 또는 심문을 받지 아니하며, 법률과 적법한 절차에 의하지 아니하고
    는 처벌·보안처분 또는 강제노역을 받지 아니한다.

후문과 같은 취지라고 할 수 있으므로 강제노역금지에 관한 자유권 규약과 우리 헌법은 실질적으로 동일한 내용을 규정하고 있다고 판단하였다. 자유권규약 제8조 제3항에서는 강제노동에 법원의 합법적 명령에 의한 작업 또는 역무, 법률에 의해 양심적 병역거부자에게 요구되는 역무, 긴급사태 또는 재난시에 요구되는 역무, 시민으로서 통상적인 의무를 구성하는 작업 또는 역무는 포함되지 않는다고 규정하고 있으며, 강제근로에 관한 ILO의 협약인 1930년에 채택된 강제근로협약(제29호)은 '강제근로'를 처벌의 위협 하에서 강요받거나 자발적으로 제공하는 것이 아닌 모든 노동이나 서비스를 의미한다고(제2조 제1항) 하면서도, 형사처벌의 대상이나 의무 군복무, 시민적 의무를 수행하는 공무, 교도소 내 강제노동, 비상시의 강제노동, 소규모 공동체에서 의무로 부과된 업무는 강제노동에 해당하지 않는다고 규정한다(제2조 제2항).

한편, 영국에서 제기된 Reilly and Wilson v. The Secretary of State for Work and Pensions 사건에서는 2011년 구직수당법 시행령(Jobseeker's Allowance Regulations)에 따른 수급조건이 강제노동에 해당하는지가 주요 쟁점 중 하나로 다퉈졌다.[151] 구직수당법 시행령은 장기실업자에 대한 구직수당 수급조건으로 공동체 활동 프로그램(Community Action Programme)이나 직종별 직업훈련 제도(Sector-Based Work Scheme)에 참여할 것을 요구하고, 이를 위반할 경우에는 6개월 간

---

150) 헌법재판소 1998. 7. 16. 선고 97헌바23 전원재판부 결정은 구 형법 제314조 위헌소원 사건에서 폭행·협박 등을 수반하지 아니한 파업 등의 쟁위행위도 업무방해죄로 처벌할 수 있다는 대법원의 판례 해석에 대하여, 이는 근로3권의 내재적 한계를 넘어선 행위 (헌법의 보호영역 밖에 있는 행위)를 규제하는 것일 뿐 정당한 권리행사까지 처벌하는 것이 아니므로 본인의 의사에 반하는 노역을 강요하는 것은 아니라고 판시하였다.

151) Reilly and Wilson v. The Secretary of State for Work and Pensions [2013] UKSC 68.

수당지급을 제한하였다. 각 프로그램에 참여한 원고들은 자신의 의사나 경력과 무관한 직종에서 무급으로 일할 수밖에 없었다. 이에 원고들은 구직수당법 시행령이 구직수당을 상실할 위험 속에서 자신의 전공이나 기술과 상관없이 무급노동을 요구하고 있으므로 유럽 인권협약 제4조 강제근로 금지 원칙에 위반된다며 소송을 제기하였다.[152] 대법원은 최종적으로 위 시행령이 모법의 위임범위를 벗어났고 운영과정에서 당사자들에게 제대로 안내가 통지되지 않았으므로 이들에 대한 수당제한은 부당하다고 보면서도, 구직수당 수급조건이 강제노동 금지 원칙에 위반되는 것은 아니라고 판단하였다. 법원은 강제근로의 핵심적인 징표는 '착취' 여부이며, 강제근로에 해당하기 위해서는 그 노무의 성격이 강제적, 비자발적, 억압적이며 부정의하고 회피불가능한 고역과 불필요한 고통, 그리고 괴로운 것이어야 한다고 판단하면서, 구직수당 수급조건은 실업급여의 목적 달성을 위한 것일 뿐 그 자체로 강제노동금지 원칙의 위반은 아니라고 판단하였다. 다만 이러한 일자리 프로그램이 당사자들의 자발적인 진로의 개발 및 구직 노력을 방해하였다는 점과 이들에게 대안적인 진로를 위한 의미있는 경험을 전혀 제공하지 않았다는 점은 인정하였다.[153]

위와 같이 헌법재판소의 결정 및 자유권규약, ILO 협약, 외국 사례 등에 비추어 보면, 우리나라의 국민기초생활보장법을 근거로 한 조건부수급제도는 그 본질이 착취에 있는 것이 아니며 근로능력이 있는 자에게 동기부여의 성격을 가진다는 점, 강제수단으로 처벌을 사용하는 것은 아니라는 점, 자활의 원칙이 사회적 시민권의 자격요

---

152) 문준혁, "헌법상 근로의 의무에 대한 비판적 검토", 노동법연구 제44호 (2018. 3.), 238-240.
153) 이정희, "영국연계복지 정책의 비판적 검토", 국제노동브리프, 2013년 4월 호, 한국노동연구원 (2013), 67-68.

건으로 요구됨에 따라 사회보장수급권과 결부된 조건부 노동의무는 통상적인 시민적 의무로 이해할 수 있다는 점 등에서 강제노동에 해당한다고 보기 어렵다고 볼 수 있다. 그럼에도 근로의무의 조건부 과가 강제노동금지에 반하는지에 대해 소송을 통해 문제제기 하는 사례는 지속적으로 이뤄지고 있다.[154]

라. 직업선택의 자유 침해 여부

헌법은 "모든 국민은 직업선택의 자유를 가진다(제15조)"라고 규정함으로써 개인이 국가의 간섭이나 방해를 받지 않고 원하는 직업을 자유롭게 결정할 직업선택의 자유를 보장하고 있다. 여기서의 직업의 자유는 직업을 가지지 않을 자유도 보장하는바, 조건부수급은 조건을 이행하지 않을 경우 제재를 부과함으로써 소극적 직업의 자유, 즉 직업을 가지지 않을 자유를 제한한다. 이는 헌법 제32조 제2항의 근로의무의 해석과 관련하여 생계급여 수급에 대한 조건으로 근로의무를 법적으로 강제할 수 있는지에 대한 논의로 이어진다. 헌법 제32조 제2항은 "모든 국민은 근로의 의무를 진다. 국가는 근로의 의무의 내용과 조건을 민주주의원칙에 따라 법률로 정한다"고 규정하고 있다. 헌법상 근로의무의 성격에 대해 단순한 윤리적 내지 도덕적인 의무로 해석하는 견해는 논외로 하고, 법적인 의무로 해석하는 견해에 따르면 근로의 의무는 소극적 직업의 자유에 반하게

---

154) 영국에서 제기된 사건 이외에도 Dermine, Elise. "Activation Policies for the Unemployed and the International Human Rights Case Law on the Prohibition of Forced Labour", Journal europeen des droits de l'homme, Vol. 5, no.13, (2014) 746-776. 각주6에서는 네덜란드에서 제기된 Rechtbank Arnhem, Uitspraak LJNBF 7284, 8 October 2008 (No. AWB 07/5115)와 Centrale Raad van Beroep, 8 February 2010 (No. 08/5996 WWB - 08/5998 WWB, 09/2408 WWB, 09/5858 WWB, 09/5859 WWB, 09/5861 WWB) 사건을 소개하고 있다.

될 여지가 있다. 이러한 입장을 취하는 견해에 따르면 근로의 의무를 소극적 직업선택의 자유를 전면적으로 배제하는 것으로 해석하지 않고, 직업선택의 자유, 강제노역의 금지 등 헌법 원칙에 위배되지 않는 범위 내에서 법률로 근로의 의무를 강제할 수 있다고 보거나155), 조건부수급과 관련된 규정인 국민기초생활보장법 제9조 제5항 및 제30조 제2항을 헌법상 기본의무인 근로의 의무를 구체적인 내용과 조건을 민주주의원칙에 따라 형성한 조항으로 보고, 근로의 능력이 있으면서도 일하고자 하지 않는 자에 대하여 국가가 공공부조를 제공하는 조건 하에 근로를 강제할 수 있는 것으로 제한하여 해석한다.156) 헌법 제37조 제2항에 따라 의무유보의 형태로 예외적인 경우 직업의 자유에 관한 기본권 제한이 인정될 수 있다고 해석하는 견해도 있다.157)

근로연계복지의 정책 기조에 따라 공공부조에 대한 조건으로 법률에 의해 근로의무를 부과하는 것이 허용 가능한지, 즉 사회보장제도의 기능을 유지하기 위한 공익적 목적을 위해 직업을 가질 것인지를 결정할 소극적 직업의 자유가 유보가능한지는 신중한 검토를 요한다.158) 이는 직업의 자유 및 인간다운 생활을 할 권리를 침해할 가능성이 높기 때문이다. 다만, 조건부수급자 중 조건부과유예자로 개별가구 또는 개인의 여건 등으로 자활사업에 참가하기 곤란한 자, 대학생, 기타 자활사업에 참여할 것을 조건으로 생계급여를 지급하는 것이 곤란하다고 보건복지부장관이 정하는 자 등 조건이행이 불가능한 특별한 사유를 인정받을 수 있는 대상자를 포괄적으로 예외

---

155) 김철수, 헌법학신론(제21전정신판), 박영사 (2016), 1222.
156) 한수웅, "국민의 기본의무", 저스티스 제119호 (2010, 10), 78.
157) 이준일·서보건·홍일선, "헌법상 기본의무에 관한 연구", 헌법재판소 (2012), 122.
158) 이하 자세한 내용은 문준혁, "헌법상 근로의 의무에 대한 비판적 검토", 노동법연구 제44호 (2018. 3.), 231-234 참조.

를 설정하였기에 침해최소성을 충족하여, 헌법적 통제에 의하더라도 기본권의 제한이 과하지 않은 근로연계복지는 예외적으로 허용된다고 평가될 것으로 보인다. 그러나 사회적 기본권의 주체임에도 근로를 하여야만 어떠한 자격이 주어진다는 관점은 사회보장수급권의 권리적 성격과 맞지 않기에, 근로연계복지 담론에 대한 가장 근본적인 비판은 권리성에 기반한 급여를 조건이행 여부에 따른 계약형 급여로 바꿔 사회권을 침식하였다는 점에 있다.159)

개헌 논의 과정에서도 헌법상 '근로의 의무'를 삭제해야 한다는 주장이 제기 되었다. 강제근로금지 원칙에 반할 소지도 있고, 모든 국민이 노동할 수 있도록 일자리를 제공할 국가의 의무를 국민의 헌법상 의무로 강제하는 것이 바람직하지 않으며, 고용보험법상 실업급여의 지급을 거절하는 사유로 남용될 여지가 있다는 견해이다.160) 또한 최근 기본소득에 대한 논의가 이뤄지면서 헌법상 근로의 의무와 조건부 급여에 대한 재검토가 이뤄지고 있다. 기본소득의 필요성을 강조하는 입장에서는 근로의 의무를 통해 근로연계복지가 합헌적으로 해석되기 때문에 조건 없는 기본소득을 도입하기 위해서는 헌법상 근로의 의무를 삭제해야 한다고 주장한다.161)

한편 근로연계복지와 적극적 근로 활성화(activation) 정책방향에 대하여 '자유롭게 선택한 일에 대한 권리'(the rights to freely chosen work)의 침해 가능성도 제기된다.162) 경제적, 사회적 및 문화적 권리

---

159) 김병인, "근로조건부 강화와 근로연계복지, 그 성격과 전망", 반빈곤프리즘 제2015-2호 (2015. 6.), 4.

160) 김선수, "노동권 강화를 위한 개헌안", 노동헌법개헌 국회토론회 자료집 (2017. 11), 국회노동포럼 헌법33조 위원회, 23.

161) 금민, "기본소득과 평등선거권을 보장하는 헌법개정이 필요하다", 시대 제53호 (2017. 11.), 31.

162) 대표적으로 Determine, E., & Dumont, D. "Activation Policies for the Unemployed, the Right to Work and the Duty to Work", Brucelles: P.I.E.- Peter Lang (2014) 참조.

에 관한 국제규약(이하 사회권규약) 제6조 제1항에서는 모든 사람이 자유로이 선택하거나 수락하는 노동에 의하여 생계를 영위할 권리를 포함하는 근로의 권리를 인정하고 있고, 사회권규약 일반논평 18호에서는 근로권의 정의에 "어떠한 방식으로든 고용을 하거나 고용에 종사할 것을 강요받지 아니함을 의미하는 노동의 수락 또는 선택을 자유로이 결정할 모든 인간의 권리가 포함된다"고 설명하고 있다(제6문단). 나아가 근로권에서 특정된 노동은 "양호한 노동"이어야 하며, 이는 "인간의 기본적 권리뿐 아니라 작업 안전과 보수조건에 있어서의 근로자의 권리를 존중"하고, 소득을 제공하며, "고용의 행사에 있어서의 근로자의 신체적 및 정신적 완전성에 대한 존중을 포함"한다고 설명한다(제7문단). 헌법도 제15조에서 직업선택의 자유를 보장하고 있고, 이 규정에 의하여 보장되는 자유에는 선택한 직업에 종사하면서 그 활동의 내용·태양 등에 관하여도 원칙적으로 자유로이 결정할 수 있는 직업활동의 자유도 포함된다고 해석된다. 따라서 제한된 근로여건 하에서 근로를 조건으로 한 수급 지급이 강제노동에는 해당하지 않을 수 있어도, 자유롭게 일을 결정할 자유를 침해했다고 볼 여지가 있다.

앞서 살펴본 바와 같이 자활근로의 경우 근로능력이 미약한 유형일수록 사업분야는 제한적이어서, 선택할 수 있는 일자리의 폭이 제한되어 있다. 이로 인해 개인의 특성 등을 고려하지 못한 배치가 이루어질 수밖에 없다는 측면에서 참여자들의 자유로운 직업활동의 자유는 제한될 수 밖에 없다. 직업의 의미가 인간다운 생존의 물질적 기반일 뿐만 아니라 인간의 자아실현 수단이라는 측면에서, 조건부수급 제도가 사실상 제시된 어느 일자리라도 받아들여야 할 의무를 지우는 방식으로 운영되어 자아실현과 개성신장의 기회를 제공하지 못한다는 비판이 가능하다. 개인의 특성에 맞는 자원지원계획에 따라 업무능력향상이나 새로운 기술을 배울 수 있는 훈련의 기회를 제공하지 못한다는 문제점도 있다.

이와 관련하여 최근 국민기초생활보장법 시행령 제8조 제2항의 자활사업에 참가하기 곤란한 사람에 '대학원에 재학 중인 사람'을 포함시키고 있지 않아 로스쿨에 진학하고자 하는 개인의 여건을 고려하지 않았다는 이유로 국민기초생활보장법 위헌확인 사건이 제기되었다.[163] 청구인은 해당 규정이 조건부과 유예사유를 두지 않아 불완전 불충분함을 다투면서, 자신의 직업선택의 자유가 제한된다고도 주장하였다. 헌법재판소는 시행령조항은 청구인이 일정한 직업 내지 직종을 자유롭게 선택하는 것을 직접적으로 제한하고 있지 않고, 설령 청구인이 특정한 직업 내지 직종을 선택하는 데 있어 지장을 받는다고 하더라도, 이는 이 사건 시행령조항으로 인한 간접적·사실상의 효과에 불과할 뿐이라며 이에 관하여서는 판단하지 않았다. 그러나 대학원에 재학 중이라는 사유가 현행법상 조건부과 유예 대상자에 해당하지 않더라도, 수급자의 개별적 사정을 고려하여 학업과 병행이 가능하고 전공과 무관하지 않은 자활사업에 참여할 수 있는 방편이 전혀 마련되어 있지 않은 현행 제도는 자유롭게 선택한 노동을 통해 스스로의 인격을 발현할 수 있는 권리는 전혀 보장하지 못한다는 측면에서 비판적으로 검토되어야 한다.

V. 결론

이상에서는 기초생활보장법에 따른 조건부수급제도의 도입 경위, 내용, 발생하고 있는 문제점을 상세하게 살펴보았다. 더불어 조건부

---

163) 헌법재판소 2017. 11. 30. 선고 2016헌마448 결정 국민기초생활보장법 제15조 위헌확인 사건.

수급제도의 헌법적 평가에 앞서 독일, 프랑스, 영국에서 운영되고 있는 각 근로연계복지제도도 살펴봄으로써 조건부수급제도와 유사한 제도가 여러 국가에서도 운영되고 있다는 사실을 확인했다.

하지만 본고는 근로연계복지정책은 그 자체로서 정당성을 가지는 정책이 아니라는 점, 해당 정책으로 발생하는 여러가지 문제점이 여러 국가에서 발생하고 논쟁이 되고 있다는 점을 고려했을 때, 조건부수급제도의 정당성은 수급자의 기본권 제한의 관점에서 면밀하게 검토되어야 한다고 본다. 이러한 관점 아래 조건부수급제도에 의해 제한되는 수급자의 기본권의 침해여부를 검토했고, 현행 조건부수급제도에 의해 수급자의 인간다운 생활을 할 권리, 인격권, 자기결정권, 인간의 존엄성, 직업선택의 자유 등 기본권이 침해될 여지가 충분하다는 결론을 도출했다.

도입부에서 살펴본 조건부수급자 B의 죽음은 조건부수급제도의 민낯을 보여준다. 조건부수급자 B는 자신의 의사와는 달리 근로를 할 수밖에 없었다. B는 납득할 수 없는 근로능력판정과 생계급여 삭감으로 인해 적합하지 않은 일자리로 내몰렸다. B의 고통과 부당함의 호소는 외면되었고, 그의 죽음에 대해 국가는 침묵으로 일관하고 있다. 그리고 국가의 철저한 외면 아래 수많은 수급자들은 지금도 존엄한 삶과 생존을 위협받고 있다.

나아가 조건부수급제도가 무비판적으로 수용한 근로연계복지정책 이념의 정당성에 관한 심도 있는 고찰도 필요하다. 이른바 "일하지 않는 자, 먹지도 말라"라는 근로연계복지정책의 신자유주의적 시각이, 개인의 의지와는 상관없이 빈곤에 처할 수 있는 현대 사회에서 유효한 복지철학으로 기능할 수 있는지 고민이 필요하다. 알베르 카뮈는 "노동을 하지 않으면 삶은 부패한다. 그러나 영혼 없는 노동을 하면 삶은 질식되어 죽어간다(Sans travail, toute vie pourrit. Mais sous un travail sans âme, la vieétouffe et meurt.)" 라고 말했다. 한국사회에서 조건부수급제도의 근원이 되는 근로연계복지정책의 이념이 결국 수급자의 존엄한 삶을 질식시키고 파괴하고 있지는 않은지에 관한 고민과 성찰이 하루빨리 진행되기를 기대한다.

참고문헌

고용노동부, "2019 취업성공 패키지 업무매뉴얼", 고용서비스정책관실 (2019).

권두섭, "자활참여자의 노동자성에 관한 법리적 해석", 자활참여자의 노동
자성 인정에 관한 증언대회 및 토론회, 민주노총 전국공공서비스노
동조합·민주노동당 (2007. 7. 24. 발표).

김병인, "영국 고용서비스 시장화에 관한 고찰: 커미셔닝전략 (Commissioning
Strategy)과 워크프로그램 (Work Programme)을 중심으로", 비판사회
정책 제46호 (2015. 2.).

김수영, "영국 보수자민연정의 민관협력 고용서비스에 대한 비판: 워크프로
그램 (Work Programme)을 중심으로", 한국사회복지행정학 14권 제4
호 (2012).

김윤영, 이동현, 정성철, 황성철, "기초생활보장제도 자활사업 참여자 인터
뷰 조사 - 자활사업 문제점과 개선방안", 빈곤사회연대·홈리스행동·
한국도시연구소 (2018).

김경환, "영국 복지의 조건부 경향과 과제", 한국보건사회연구원 국제사회
보장리뷰 제7호 (2018).

김서기, "최종적인 사회안전망으로서의 공공부조수급권에 관한 소고", 홍익
대학교 법학연구소 홍익법학 제17권 제3호 (2016).

김영미, "독일의 하르츠 개혁에 따른 근로연계복지에 관한 법제연구", 한국
법제연구원 비교법제연구 제자료 (2013).

김수영, "사회복지와 노동시장의 연계가 초래한 근로연계복지의 딜레마",
한국사회복지학회 한국사회복지학 제64권 제3호 (2012).

김종수, "국민기초생활보장법상 수급요건에 관한 검토", 서울대학교 사회보
장법 연구회 사회보장법연구 제2호 (2012).

김하열, "교정시설 내의 과밀수용과 인간의 존엄성", 법조협회 최신판례분석 제66권 제3호 (2017).

노대명·강신욱·김재진·황덕순·전지현, "근로빈곤층 근로연계 소득보장제도 개선방향", 한국보건사회연구원 (2016).

노동부, "자활근로사업 참여자중 「차상위계층의 근로자성 여부」에 관한 변경 지침", 근로기준국 (2007)

류만희, "국가별 근로복지제도 비교연구"[연구용역보고서], 국회예산정책처 (2012).

문준혁, "헌법상 근로의 의무에 대한 비판적 검토", 노동법연구 제44호 (2018).

박귀천, "독일의 실업급여 및 실업부조 제도", 복지동향 제200호 (2015).

박석돈, "기초생활보장법상 급여의 보편성과 개별성", 한국복지행정학회 복지행정논청 제13권 제2호 (2003).

백미연, "근로연계복지 (Workfare)와 정의논쟁". 민주주의와 인권 제14권 제2호 (2014).

보건복지부, "통계로 보는 사회보장", 사회보장총괄과 (2018.02.28.).

보건복지부 지침, "2019 국민기초생활보장사업안내", 기초생활보장과 (2019.01. 03.).

보건복지부 지침, "2019 자활사업안내 (I)", 자립지원과 (2019.02.12.).

보건복지부, "2016 근로능력판정사업 안내", 자립지원과 (2016).

박찬운, "국제인권법에서 바라본 사회권의 법적 성격: 사회권에서의 국가의 의무를 중심으로", 대한변호사협회 인권과 정의 제364호 (2016).

성낙인, 헌법학(제17판), 법문사 (2017).

손윤석, "공공부조법제의 수급요건에 대한 검토", 법제논단 (2013).

손정인, 김창엽, "인권의 불가분성, 상호의존성, 상호연관성·건강권을 중심으로", 보건과 사회과학, 제43집 (2016).

심창학, "프랑스 사회적 미니멈 (Minima sociaux)의 구조 및 급여 체계 - 유럽 공공 부조 제도의 한 연구", 한국사회복지학 59 (3), (2007).

안봉근, "국민기초생활보장법상 보충성원리에 관한 연구", 한국사회복지학회 한국사회복지학 제61권 제3호 (2009).

유진성, "독일 근로연계 복지제도의 특징과 시사점", 한국경제연구원 (2014).

이문국, "자활사업 제도 변화에 따른 조건부수급자의 참여 변화 실태와 정책적 대응방안", 사회서비스연구 제6권 1호 (2016).

이정희, "영국연계복지 정책의 비판적 검토", 국제노동브리프, 2013년 4월호, 한국노동연구원 (2013).

이준일·서보건·홍일선, "헌법상 기본의무에 관한 연구", 헌법재판소 (2012).

임완섭 외 공저, "각국 공공부조제도 비교연구-프랑스편" (연구보고서), 한국보건사회연구원 (2015).

전광석, "최저생활보장의 규범적 기초", 저스티스 통권 제156호 (2016).

전광석, 한국사회보장법론(제11판), 집현재 (2016).

정관영, "공법소송에서 공공부조수급권의 보장-비례의 원칙을 중심으로-", 법조협회 법조 제63권 제9호 (2014).

정극원, "헌법상 보충성의 원리", 헌법학연구 제12권 제3호, 한국헌법학회 (2006).

정영훈, "사회적 기본권 침해 여부의 심사기준에 관한 검토", 헌법재판소 헌법재판연구원 (2016)

정문식, "미국 연방대법원 사법심사기준으로서 입법관련 자료에 대한 신뢰성 판단", 한양대학교 법학연구소 법학논총 제35권 제1호 (2018)

지성수, "헌법재판소의 사회적 기본권에 대한 심사방법과 심사기준", 헌법재판소 헌법논총 제24권 (2013).

최규환, "인간다운 생활을 할 권리의 심사기준", 헌법재판소 헌법재판연구원 (2019).

최인숙, "기본소득제 실현가능성: 프랑스 사례", 한국연구재단 통합유럽연구 제10권 제1호 (2019).

한국법제연구원, "국민기초생활 보장법 해설", 법제처 (2011).

홍석한, "국민기초생활 보장법상 보충성 원칙의 적용에 대한 고찰", 경상대
　　학교 법학연구소 법학연구 제26권 제3호 (2018).

홍성방, "헌법상 보충성의 원리", 사단법인 한국공법학회 공법연구 제36집
　　제1호 (2007).

한수웅, "국민의 기본의무", 저스티스 제119호 (2010).

한수웅, 헌법학(제7판), 법문사 (2017).

허영, 한국헌법론(전정 13판), 박영사 (2017).

황덕순·이바르 뢰드멜·히터 트릭키, "근로연계 복지 정책의 국제비교", 한국
　　노동연구원 연구정책세미나 (2002)

홍성방, "독일기본법과 사회적 기본권", 서강대학교 법학연구소 서강법학
　　제11권 제2호 (2009)

Christian Odendahl, "The Hartz myth A closer look at Germany's labour market
　　reforms", Centre for European Reform (2017)

Determine, E., & Dumont, D. "Activation Policies for the Unemployed, the Right
　　to Work and the Duty to Work", Brucelles: P.I.E.- Peter Lang (2014)

Ellen Ehmke and Fabian Lindner, Labour market measures in Germany 2008-13:
　　The crisis and beyond, International Labour Office, Research Department.
　　- Geneva: ILO (2015)

HM Treasury, "Spending Review and Autumn Statement 2015", Department for
　　Work and Pensions (2015)

United Nations General Assembly, "Report of the Special Rappoteur on extreme
　　poverty and human rights", United Nations General Assembly sixty sixth
　　session (A/66/265) (2011)

World Conference on Human Rights, Vienna Declaration and Programme of
　　Action, UN Doc. A/CONF.157/23, 12 July 1993.

국민건강보험의 보장성에 관한 법적 고찰

박성민*

I. 서론

우리나라의 1948년 제헌 국회에서 당시 사회부 장관은 가난한 사람이나 부유한 사람이나 모두 사회보험 제도를 통해 치료를 받을 수 있도록 하겠다고 발언하였다.[1] 그 후 15년이 지나서 의료보험법 (1963. 12. 16. 제정, 1964. 3. 17. 시행)이 제정되었다. 당시 의료보험법은 사회보험의 특징적 요소인 강제가입 대신 임의가입을 채택하였고 질병의 사회화는 유예되었다.[2] 부산청십자의료보험조합과 같은 민간 의료보험조합이 조직되어 조합원들에게 어느 정도의 의료보장을 제공하기도 하였으나 이를 통해 모든 국민에 대한 의료보장을 달성하기에는 한계가 있었다.[3] 그러던 중 1977년 개정 의료보험법의 시행을 통해 국가 주도의 의료보험 제도가 실시되었다. 그리고

* HnL 법률사무소, 변호사, 법학박사

1) 대한민국국회, 제헌국회속기록 제2권 (1948. 9. 9.-1948.12.13., 제61호-제128호), 선인문화사 (1999. 5.), 502, 503.
2) 전광석, "1963년 사회보장 3법에 관한 연구", 저스티스 통권 제164호 (2018. 2.), 215.
3) 청십자통감 - 1968~1989 스무해의 발자취, 부산청십자의료보험조합 (1989); 박성민, 청십자통감 서평, 사회보장법연구 제7권 제2호 (2018).

그로부터 12년 만인 1989년 모든 국민에 대하여 적용되는 의료보험 제도가 시행됨으로써 우리나라는 다른 국가들에 비하여 매우 짧은 기간 내에 모든 국민에 대하여 의료보장을 하기에 이른다.[4)

이렇게 단기간 내에 모든 국민에게 적용되는 의료보험 제도를 갖춘 것은 국내외에서 높이 평가되고 있지만 그 보장성이 낮아서 이를 높여야 한다는 지적 역시 오랫동안 제기되었다.[5) 세계보건기구(World Health Organization)에서 정의한 보편적 의료보장(Universal Health Coverage)의 세 가지 축[6) 중에 인구 축에서의 보편성을 달성하였으나 나머지 두 개의 축인 의료(services, which services are covered?)와 본인부담 비율(direct costs, proportion of the costs covered)의 보편성은 아직 미완인 상태였고 현재도 그러하다. 정부는 국민건강보험의 보장성을 강화하기 위하여 꾸준히 급여범위를 확대하는 등 노력을 해왔다.[7) 그러나 국민건강보험의 보장률은 제자리걸음을 하고 있다. 그 이유로는 비급여 의료비[8) 등 의료비 증가[9)가 주요 원

---

4) 보건복지부, "2011 발전경험모듈화사업: 전 국민 건강보험제도 운영과 시사점", 한국보건사회연구원 (2012. 5.), 78.

5) 마크 브리넷(류정 역), 완벽한 보건의료제도를 찾아서(In Search of the Perfect Health System), 청년의사 (2016), 60; 이규식, 건강보험의 새로운 패러다임 모색, 사회보장연구 제18권 제2호, 한국사회보장학회 (2002. 12.), 234; 부르스 제이 프리드, 로라 엠 게이도스(지역보건연구회 역), 세계 각국의 보건의료체계, 계축문화사 (2002), 110.

6) World Health Organization, Tracking Universal Health Coverage (2015), 8.

7) 최병호, "국민건강보험의 재정위기 원인분석과 평가", 사회보장연구 제18권 제1호, 한국사회보장학회 (2002. 6.), 45; 김상우, "건강보험 보장성 강화 정책 평가", 국회예산정책처 (2016).

8) 김남순, 박은자, 전진아, 황도경, 이수형, 이희영, 지선미, 박종헌, 최지희, 박금령, 김대은, 송은솔, 차미란, 이정아, "의료이용 합리화를 위한 실태분석과 개선방안", 연구보고서 (2015.01), 한국보건사회연구원 (2015), 44; 김대환, "비급여 진료비의 문제점과 바람직한 관리방안", 비급여 진료비의 문제점과 바람직한 관리방안 모색을 위한 국회 정책토론회 토론문 (2012), 44; 강길원, "비급여 진료비 문제의 원인과 해결 방향", NECA report (2016. 5. 25.)

인으로 꼽힌다.[10] 국민건강보험의 보험료를 지금보다 더 높게 인상하지 못하거나 그렇게 하지 않는 것 역시 주요 원인일 것이다.[11] 보건복지부는 2017. 8. 9. 건강보험 보장성 강화대책을 발표하였고[12] 그것을 이행하기 위한 노력을 하고 있다.

국민건강보험의 보장성을 '적절한' 또는 '필요한' 수준까지 강화할 수 있다면 바람직하다는 점에 대하여 이견을 찾기 어렵다. 그러나 현실에서 구체적으로 국민건강보험의 보장성을 얼마나 어떻게 강화해야 하는지에 관하여는 사람마다 가치관이나 자신이 처한 상황 등에 따라 각기 다른 의견을 가질 수 있다.[13] 현실에 존재하는 사람은 무지의 장막(the veil of ignorance) 뒤에 있지 않다. 국민건강보험의 보장성은 기본적으로 의학적 필요성과 비용·효과에 관한 경제적 분석에 기초하여 이해관계자들과 사회구성원들의 의견을 취합 및 조정하고 우리나라에서 요청되는(또는 수인 가능한) 사회연대의 수준 등에 따라 정책적으로 또는 정치적으로 결정할 문제이다.[14] 그

---

9) OECD, "Value for money in health spending", "OECD Health Policy Studies" (2010), 26., 118.

10) 김상우, "건강보험 보장성 강화 정책 평가", 국회예산정책처 (2016), 60.

11) 최기춘, 이현복, "국민건강보험과 민간의료보험의 역할 정립을 위한 쟁점", 보건복지포럼 (2017. 6.), 41.

12) 이는 소위 문재인 케어라고 불리기도 하는데 그 구체적인 내용에 관하여는 보건복지부 보도자료, "모든 의학적 비급여(미용, 성형 등 제외) 건강보험이 보장한다!" 보험급여과 (2017. 8. 9.); 김계현, 김한나, "정부 건강보험 보장성 확대방안의 쟁점과 과제", 법과정책 (2018) 참조.

13) 자유지상주의와 엄격한 평등주의, '오해된 롤즈의 자유주의'와 롤즈의 자유주의의 의료정의론에 관한 분석과 설명으로 박상혁, "정의로운 의료체계에 대한 연구 - John Rawls의 자유주의와 Norman Daniels의 자유주의 의료정의론을 중심으로", 대한의사협회 의료정책연구소 연구보고서, (2008. 6.); 목광수, "역량 중심 접근법에 입각한 의료 정의론 연구: 노만 대니얼즈의 논의를 넘어서", 사회와 철학 제27집, (2014. 4.); 우맹식, "의료정의론 논의가 도덕과 교육과정에 갖는 함의", 도덕윤리과교육 제61호, (2018. 11.).

14) 다만, 현재까지 우리나라의 의료보장 쟁책의 의사결정은 경제개발 시기 공

렇다면 국민건강보험의 보장성을 얼마나 어떻게 강화해야 하는지에
관한 법적 논의가 가능할까? 아니 필요할까? 본 연구는 이런 의문에
서 시작하여 의료 자원 배분의 정의(正義)에 관한 논의를 의료보장
에 대한 국민의 법적 권리의 구체적인 내용으로 연결 짓는 헌법 해
석론이 가능할지 검토하였다. 그리고 국민건강보험의 보장성 확대
를 위한 입법 수단에 관하여 살펴보았다.

II. 의료 이용을 보장받을 국민의 권리

의료보장이란 질병의 사전 예방이나 건강 증진을 위한 일련의 활
동을 포괄하는 개념으로[15] 모든 국민이 건강 상태를 회복 또는 유
지하기 위하여 필요한 의료 서비스나 재화를 보장받는 것을 궁극적
인 목적으로 한다.[16] 본 연구에서는, 경제적 수준이나 사회적 지위
등과 무관하게 국민이라면 누구나 마땅히 이용할 수 있어야 하는
의료 서비스나 재화가 있다는 전제하에서, 국민이 그러한 의료 서비
스나 재화를 이용하지 못하는 상황에 처했을 때 그것이 헌법이나
법률을 위반하여 위법(違法)하다고 판단될 수 있을 때 그것이 의료
보장에 대한 국민의 권리라고 본다. 만약 그렇지 않다면 돈이 없거
나 사회적 지위가 높지 않은 국민이 그 의료 서비스나 재화를 이용

무원의 역량과 재량에 의존하여 제도를 고속성장시켰던 발전 모델에 머무
르고 있고 공무원이 정치 영역으로부터 독립적인 지위에 있지 않은 한계를
드러내고 있다고 하며, 의사결정의 제도화 수준이 낮고 공무원의 재량이 과
도하여 전문적 지식과 과학적 근거로 뒷받침되어야 할 결정까지 정치적 국
면에 종속돼버리는 문제 등으로 이어지고 있다는 지적으로는 윤희숙, "한국
의료보장 부문의 발전과 도전", 한국사회보장학회 (2014. 1.).

15) 유승흠, 박은철, "의료보장론", 신광출판사 (2009), 23.
16) 윤희숙, "한국 의료보장 부문의 발전과 도전", 한국사회보장학회 (2014. 1) 39.

하지 못하는 것이 심정적으로 안타깝거나 유감이라고 인식하고[17] 이를 개선할 필요가 있다는 의견을 개진할 수는 있지만,[18] 그러한 상황이 헌법이나 법률에 위배된 것이라고는 판단할 수 없고, 그러므로 별도의 입법이 있기 전에는 법적으로 구제받을 수도 없다.

이하에서는 우리나라 헌법이 사회계약의 산물이라는 입장에서 의료 자원 배분의 정의(正義)에 관한 논의가 우리 헌법 해석 시 고려될 수 있는지 검토한다. 그리고 그 검토 결과를 바탕으로 의료의 공급과 관련하여 사회적 기본권 보장 및 평등권 보장에 관한 헌법 해석론을 제시한다.

1. 의료 자원 배분의 정의(正義)와 사회계약론

헌법은 인간이 사회계약(social contract)에 의하여 만든 공동체에서 다시 국가를 창설할 때 공동체와 그 구성원 그리고 이들과 국가 사이에 일정한 관계를 설정하는 기본적인 내용을 정하는 근본적 법규범으로 기능한다.[19] 그러므로 헌법을 해석할 때 그 국가 구성원들의 사회계약의 내용이 무엇인지 관념하고 탐구할 필요가 있다.

존 롤즈는 루소, 칸트의 사회계약 이론을 추상화하여 자유롭고 합리적인 사람들이 무지의 베일(the veil of ignorance) 속의 평등한

---

17) Paul J. Feldstein, "Health Care Economics (Seventh Edition)", DELMAR CENGAGE Learning (2012), 43면에서는 사회 구성원들이 가난한 사람들이 필요한 의료를 이용하지 못하고 고통 가운데 있는 상황을 보기를 원치 않을 때 누군가 그들이 의료를 이용할 수 있게 도와주면 다른 사회 구성원이 외부효과를 누리게 된다고 설명한다.

18) 박지용, "보건의료에 대한 헌법적 기초로서 개념적 및 역사적 접근", 헌법학연구 제19권 제4호 (2013. 12), 534면에서는 현행 건강보험의 보장성 강화를 주장하는 것은 헌법의 규범력을 제고하는 의미를 가진다고 한다.

19) 정종섭, 헌법학원론 제4판, 박영사 (2009), 39.

최초의 입장에서 그들이 속할 국가의 기본 조건으로 받아들일 사회
적 이익 분배의 원칙을 제시하여 사회계약 이후의 모든 합의를 규
율하는 원칙으로 삼고자 하였고, 그 원칙으로 평등한 자유와 공정한
기회의 균등의 원칙 등을 제시하였다.[20] 모든 국민이 자유를 누리도
록 하고 사회적, 경제적 불평등을 허용하되 기회의 공정한 균등이
보장되어야 한다는 존 롤즈의 사회계약론은 이현령비현령(耳懸鈴鼻
懸鈴)으로 해석될 수도 있다.[21] 그러나 그것은 존 롤즈의 정의론이
중립성과 합리적 다원주의를 담고 있기 때문일 뿐, 그 이론이 무차
별적인 중립성을 인정하거나 모든 형태의 다원주의를 정당화하는
것은 아니다.[22] 무지의 장막 뒤에서의 논의를 관념하는 존 롤즈의
정의론은 국가를 구성할 때 맺은 사회계약의 내용을 탐구함에 있어
효과적인 이론이라고 생각한다.

　노먼 다니엘스는 존 롤즈의 정의론을 의료와 건강의 영역으로 확
대하여 의료 자원 배분의 정의론을 정립한 것으로 평가받는다.[23] 존

---

20) 존 롤즈 (황경식 역), "정의론 A THEORY OF JUSTICE", 이학사 (2003), 45,
　　46, 49, 400.
21) Robert Paul Wolff, "Understanding Rawls : a reconstruction and critique of A
　　theory of justice", Princeton University Press (1977), 195, 198, 201면에서는 존
　　롤즈의 정의론은 미국의 기존 자본주의 현상을 유지하고 정당화하는 이론
　　에 불과하다고 비판하는데, Varun Gauri, "Economics and the Right to Basic
　　Services", the World Bank Legal Review, Law, Equity, and Development Volume
　　2, the World Bank (2006), 331면에서는 존 롤즈의 정의론에 의하면 모든 사
　　람은 기본적 재화에 해당하는 의료를 이용할 권리를 갖는다고 한다.
22) Kwangsu Mok, "John Rawl's Public Reason and Health Care Justice", Biomedical
　　Law & Ethics 7 (1) (2013. 6.)., 59, 60, 78.
23) Thomas C. Shevory, Marshall University, "Applying Rawls to Medical Cases: An
　　Investigation into the Usages of Analytical Philosophy, Journal of Health Politics,
　　Policy and Law" (1986), 751; Anne Donchin, "Reviewed Work: Just Health Care.
　　by Norman Daniels", Noûs Vol. 23, No. 5 (1989. 12.), 697; Ian Henneberger,
　　"Healthcare and Justice: A Moral Obligation?", Philosophy Honors Papers, Digital
　　Commons @ Connecticut College (2011), 17; O. Rauprich, "Gesundheitsgerechtigkeit

롤즈도 건강에 이상이 생겨서 자연적인 능력에 차이가 생김으로써 정상적인 사회 구성원으로서 최소한의 필요한 능력을 갖추지 못하게 된 경우, 그 사회구성원에게 의료를 공급하여 정상적인 활동을 할 수 있게 회복시켜야 하며 그에 필요한 비용과 정부의 지출 등을 고려하여 균형을 이룰 수 있는 법제도가 마련되어야 한다고 하면서, 자신의 이러한 생각은 기본적으로 노먼 다니엘스의 견해에 따른 것이라고 밝혀 노먼 다니엘스가 자신의 이론을 의료의 정의론으로 발전시켰음을 인정하였다.24) 우리나라에서도 의료 자원 배분의 정의(正義)에 관한 논의는 노먼 다니엘스의 이론을 중심으로 이루어졌다.25)

노먼 다니엘스는 적절한 의료의 이용이 행복 등에 기여한다는 점이 아니라 공정한 기회의 균등을 보장하는데 필수적이라는 점에 착안하였다.26) 공정한 기회의 균등은 개인이 사회적으로 정상적인 기능을 유지할 수 있을 때 가능하다.27) 소박한 식사를 할 수 있다면 고가의 스테이크를 먹을 수 없어도 기회의 공정한 균등이 박탈되지

- Zur Theorie von Norman Daniels", Bundesgesundheitsblatt - Gesundheitsforschung - Gesundheitsschutz (2009), 521; Elizabeth H. Coogan, "Rawls and Health Care, Honors Theses Student Research", Digital Commons @ Colby (2007), 34; Buchanan Allen, "Justice and Health Care", Oxford University Press, USA (2009), 4, 27.

24) John Rawls, "Political Liberalism", Columbia University Press (1993), 184.

25) 박상혁, "정의로운 의료체계에 대한 연구 - John Rawls의 자유주의와 Norman Daniels의 자유주의 의료정의론을 중심으로", 대한의사협회 의료정책연구소 연구보고서, (2008. 6.); 목광수, "역량 중심 접근법에 입각한 의료 정의론 연구: 노만 대니얼즈의 논의를 넘어서", 사회와 철학 제27집, (2014. 4.); 우맹식, "의료정의론 논의가 도덕과 교육과정에 갖는 함의", 도덕윤리과교육 제61호, (2018. 11.).

26) Ian Henneberger, "Healthcare and Justice: A Moral Obligation?", Philosophy Honors Papers, Digital Commons @ Connecticut College, (2011), 13.

27) Norman Daniels, "Equity of Access to Health Care: Some Conceptual and Ethical Issues", The Milbank Memorial Fund Quarterly, Health and Society Vol. 60 No. 1, (1982), 71, 72.

는 않지만 신장이 제 기능을 못하는 환자가 혈액투석을 받지 못하면 기회의 공정한 균등이 보장될 수 없다. 사회 구성원이 자신의 삶의 계획을 세우고 무언가를 실행함으로써 기회의 공정한 균등을 보장받기 위해서는 건강 유지, 회복에 필요한 의료를 이용할 수 있어야 한다. 노먼 다니엘스는 의료가 다른 서비스나 재화와 달리 정의와 도덕적 의미에서 이와 같은 특별한 점이 있다고 논증함으로써 국가나 사회가 기회의 공정한 균등에 필요한 의료를 보편적으로 공급해야 할 책임이 있다는 결론을 도출하였다.28) 그리고 그렇게 보장해야할 의료는 기회의 공정한 균등의 원리에 구속되는 공정한 심의 과정에 의하여 결정되어야 한다고 주장하였다.29)

　본 연구는 노먼 다니엘스의 이론에 따라 국가나 사회가 기회의 공정한 균등에 필요한 의료를 공급해야 할 책임을 부담하고 국민은 누구나 그러한 의료를 이용할 수 있어야 함이 우리 공동체와 국가를 형성할 때 맺어진 사회계약의 내용이라고 관념한다. 그리고 존 롤즈의 사회계약론에 따라 이러한 사회계약은 무지의 장막 뒤가 아닌 현실에서의 모든 합의를 규율하는 원칙이 되어야 한다고 본다. 그렇다면 비록 우리 헌법에서 명시적으로 국민의 의료를 이용할 권리를 규정하고 있지 않다고 하더라도 해석상 모든 국민은 기회의 공정한 균등에 필요한 의료를 보장받을 권리를 갖는다.

---

28) Norman Daniels, "Just Health Care", CAMBRIDGE UNIVERSITY PRESS, (1985), 17, 33, 39, 56 58.

29) Norman Daniels, James Sabin, "Limits to Health Care: Fair Procedures, Democratic Deliberation, and the Legitimacy Problem for Insurers, Philosophy and Public Affairs Vol 26. Issue 4.", (1997. 10.), 321, 322.

2. 사회적 기본권과 의료 이용을 보장받을 권리

가. 사회적 기본권으로서의 의료 이용을 보장받을 권리

헌법재판소[30]나 대법원[31]은 그 구체적인 의미를 설시하지는 않지만 '건강권'이라는 용어를 사용하고 있다. 건강권은 헌법 제10조(인간의 존엄과 가치 및 생명권), 헌법 제35조 제1항(건강한 환경에서 생활할 권리), 헌법 제34조 제1항(인간다운 생활을 할 권리), 헌법 제36조 제3항(국가의 보건의무)[32] 등에 근거한 기본권으로서, 자유권적 기본권의 성질('국가로부터 건강을 침해당하지 않을 권리')과

---

30) 헌법재판소 2004. 1. 29. 선고 2001헌바30 결정 ('국민의 건강권'), 헌법재판소 2004. 8. 26. 선고 2003헌마457 결정 ('헌법이 보장하는 건강권과 생명권'), 헌법재판소 2005. 2. 24. 선고 2003헌마31 결정 ('수용자의 건강권'), 헌법재판소 2008. 4. 24. 선고 2005헌마373 결정 ('환자의 건강권과 진료받을 권리'), 헌법재판소 2008. 12. 26. 선고 2008헌마419 결정 ('미국산 쇠고기 소비자들의 건강권'), 헌법재판소 2009. 20. 29. 선고 2008헌마635 결정 ('청소년의 건강권'), 헌법재판소 2010. 7. 29. 선고 2006헌바75 결정 ('국민의 표현의 자유와 보건·건강권'), 헌법재판소 2014. 3. 27. 선고 2011헌마577 결정 ('환자인 청구인들의 행복추구권 및 건강권'), 헌법재판소 2014. 9. 25. 선고 2013헌바162 결정 ('국민의 생명권과 건강권'), 헌법재판소 2016. 2. 25. 선고 2013헌바260 결정 ('장애인의 생명 및 건강권'), 헌법재판소 2018. 6. 28. 선고 2016헌가8 결정 ('국민의 건강권').

31) 대법원 2002. 5. 10. 선고 2000도2807 판결 ('환자의 생명권 및 건강권'), 대법원 2015. 11. 19. 선고 2015두295 전원합의체 판결 ('근로자의 건강권').

32) 헌법재판소는 헌법 제36조 제3항에 관하여 '보건권'이라는 용어를 사용하고 있다. 가령, 헌법재판소는 '헌법은 "모든 국민은 보건에 관하여 국가의 보호를 받는다"라고 규정하고 있는바 (제36조 제3항), 이를 '보건에 관한 권리' 또는 '보건권'으로 부르고, 국가에 대하여 건강한 생활을 침해하지 않도록 요구할 수 있을 뿐만 아니라 보건을 유지하도록 국가에 대하여 적극적으로 요구할 수 있는 권리로 이해한다 하더라도 치과전문의제도를 시행하고 있지 않기 때문에 청구인을 포함한 국민의 보건권이 현재 침해당하고 있다고 보기는 어렵다'고 설시한 바 있다.

사회권적 기본권의 성질('국가에 대하여 국민의 건강증진을 위하여 적극적인 배려를 하도록 요구할 수 있는 권리')을 갖는다.[33] 본 연구의 주제인 국민건강보험의 보장성과 의료 이용을 보장받을 국민의 권리는 사회적 기본권으로서의 건강권에 해당한다.

나. 일반적인 사회적 기본권의 사법심사

사회적 기본권은 그 실현이 기본적으로 정치과정에 유보되어 있다.[34] 사회적 기본권은 입법과정이나 정책결정과정에서 사회적 기본권에 규정된 국가목표의 무조건적인 최우선적 배려가 아니라 단지 적절한 고려를 요청하는 것으로, 이러한 의미에서 사회적 기본권은 국가의 모든 의사결정과정에서 사회적 기본권이 담고 있는 국가목표를 고려하여야 할 국가의 의무를 의미하기 때문이다.[35] 그러나 헌법에서 사회적 기본권을 보장하고 있는 이상 권리성 자체를 부정할 수는 없으며,[36] 중요한 것은 그 보호의 정도이다. 개별 사회적 기본권의 구체적 내용을 규명하고 헌법상 사회적 기본권의 보장 취지를 실질적으로 담보할 수 있는 사법심사 내지 위헌심사기준 모색이 필요하다.[37]

---

33) 김주경, "건강권의 헌법학적 내용과 그 실현", 법학연구 제23권 제4호, 연세대학교 법학연구원 (2013. 2), 93, 103.
34) 전광석, "사회적 기본권의 논의 구조", 유럽헌법연구 제14호 (2013. 12.), 187.
35) 헌법재판소 2002. 12. 18. 선고 2002헌마52 결정 참조.
36) 헌법재판소 1995. 7. 21. 선고 93헌가14 결정 참조.
37) 김복기, "사회적 기본권의 법적 성격", 사회보장법연구 제3권 제1호, 서울대 사회보장법연구회 (2014. 6.), 132, 134. 이 글에서는 사회적 기본권의 법적 성격에 관하여 권리성을 부인하는 프로그램 규정설 (입법방침 규정설), 객관적 규범설, 권리성을 인정하는 추상적 권리설, 구체적 권리설, 원칙모델에 따른 권리설을 설명하고, 현행 헌법상 사회적 기본권이 명문으로 규정되어 있고 헌법소원 제도가 인정되어 사회적 기본권에 관한 입법부작위 위헌확인과 권리구제가 가능하므로 사회적 기본권의 구체적 권리성을 부정할

　헌법재판소는 사회적 기본권의 근간이라고 할 수 있는 '인간다운 생활을 할 권리'에 관하여, 인간다운 생활을 할 권리로부터 인간의 존엄에 상응하는 "최소한의 물질적인 생활"의 유지에 필요한 급부를 요구할 수 있는 구체적인 권리가 상황에 따라서는 직접 도출될 수 있다고 할 수는 있어도, 동 기본권이 직접 그 이상의 급부를 내용으로 하는 구체적인 권리를 발생케 한다고는 볼 수 없고, 이러한 구체적인 권리는 국가가 재정형편 등 여러 가지 상황들을 종합적으로 감안하여 법률을 통하여 구체화할 때에 비로소 인정되는 법률적 차원의 권리라는 입장이다.38)

　그리고 '인간다운 생활을 할 권리'에 관한 헌법 규정은 모든 국가기관을 기속하지만 그 기속의 의미는 동일하지 아니한데, 입법부나 행정부에 대하여는 국민소득, 국가의 재정능력과 정책 등을 고려하여 가능한 범위 안에서 최대한으로 모든 국민이 물질적인 최저생활을 넘어서 인간의 존엄성에 맞는 건강하고 문화적인 생활을 누릴 수 있도록 하여야 한다는 행위의 지침, 즉 행위규범으로서 작용하지만, 헌법재판에 있어서는 다른 국가기관, 즉 입법부나 행정부가 국민으로 하여금 인간다운 생활을 영위하도록 하기 위하여 객관적으로 필요한 최소한의 조치를 취할 의무를 다하였는지를 기준으로 국가기관의 행위의 합헌성을 심사하여야 한다는 통제규범으로 작용하는 것이라고 판시하고 있다.39)

　수는 없다고 한다. 그리고 사회적 기본권에 대한 구체적 권리성 인정의 실천적 함의 또는 과제는 '권리'로서의 사회적 기본권의 구체적 내용이나 보호영역을 규명하는 데에 있다고 한다.

38) 헌법재판소 1998. 2. 27. 선고 97헌가10 결정, 헌법재판소 1995. 7. 21. 선고 93헌가14 결정 등.

39) 헌법재판소 1997. 5. 29. 선고 94헌마33 결정, 헌법재판소 1999. 12. 23. 선고 98헌바33 결정, 헌법재판소 2001. 4. 26. 선고 2000헌마390 결정, 헌법재판소 2004. 10. 28. 선고 2002헌마328 결정 등.

 이렇듯 헌법재판소는 '인간다운 생활을 할 권리'에 대한 사법심사를 할 때 원칙적으로 국가가 국민의 '인간다운 생활'을 보장함에 객관적으로 필요한 최소한의 조치를 하였는가를 기준으로 하고 있고 대부분의 사회적 기본권에 대한 위헌성 심사는 위와 같은 기준 하에서 이루어진다.40) 그런데 헌법재판소는 입법과정이나 정책결정 과정에서 '단지 적절한 고려'를 하기만 하면 '필요한 최소한의 조치'를 한 것으로 인정한다.41) 그리고 국가가 입법을 전혀 하지 아니하였다거나 그 내용이 현저히 불합리하여 헌법상 용인될 수 있는 재량의 범위를 명백히 일탈한 경우에 한하여 '인간다운 생활을 할 권리'를 보장한 헌법에 위반된다고 판단한다.42) 그래서 원칙적으로 사회적 기본권으로부터 사법적으로 관철할 수 있는 개인의 주관적 권리가 나오지는 않는다고 이해되기도 한다.43) 그리고 헌법재판소가 인간다운 최저생활에 관한 권리를 구체적인 기본권으로 인정함으로써 헌법적 기대를 저버리지 않았지만 실현의 방법론적 다원성이라는 실체법적으로는 내용 없는 논리를 제시하여 구체적인 청구권성을 다시 부인하는 결과가 되었고 그 결과 인간다운 최저생활에 대한 헌법재판에 의한 통제는 불가능하다는 문제를 남겼다는 지적이 제기되기도 한다.44)

---

40) 지성수, "헌법재판소의 사회적 기본권에 대한 심사방법과 심사기준", 헌법논총 제24집 (2013), 273.
41) 헌법재판소 2002. 12. 18. 선고 2002헌마52 결정.
42) 헌법재판소 1997. 5. 29. 선고 94헌마33 결정.
43) 한수웅, "사회복지의 헌법적 기초로서 사회적 기본권", 헌법학연구 제18권 제4호 (2012), 67, 68.
44) 전광석, "사회적 기본권과 헌법재판", 헌법논총 19집 (2008), 750.

다. 의료 이용을 보장받을 권리의 사법심사

본 연구는 앞서 살핀 의료 자원 배분의 정의(正義)에 관한 사회계약을 근거로 헌법상 의료 이용을 보장받을 권리는 다른 사회적 기본권보다 사법의 개입이 보다 적극적으로 허용된다고 본다. 왜냐하면 의료 이용을 보장받을 권리의 사법심사에 있어서 「'인간다운 생활'을 보장함에 객관적으로 필요한 최소한의 조치」나 「입법과정이나 정책결정과정에서의 적절한 고려」, 「헌법상 용인될 수 있는 재량의 범위를 명백히 일탈하였는지 여부」는 기회의 공정한 균등을 위하여 필요한 의료를 이용할 수 있는지의 기준에 따라 판단하여야 하기 때문이다.

가령, 백혈병이나 맹장염 환자에게 기회의 공정한 균등을 위해 필요한 의료 이용이 보장되지 않는다면, 설령 감기나 간암 환자에 대하여 충분한 의료 이용을 보장하고 있다고 하더라도 그것이 「'인간다운 생활'을 보장함에 객관적으로 필요한 최소한의 조치」를 다하였다거나, 「입법과정이나 정책결정과정에서의 적절한 고려」를 했다거나, 「헌법상 용인될 수 있는 재량의 범위를 명백히 일탈하지 않았다」고 할 수 없다.

물론 기회의 공정한 균등을 위해 필요한 의료가 필요한 모든 의료를 의미하지는 않고 현실적인 사정을 고려하여 제한될 수밖에 없다.45) '기회의 공정한 균등을 위해 필요한 의료'라는 기준 자체만으로는 많은 의료 서비스와 재화 중에서 어떤 것을 우선시하여 보장해야 하는지 결정할 수 없는 것도 사실이다.46) 구체적으로 어떤 의

---

45) Norman Daniels, "Is There a Right to Health Care and, If So, What Does It Encompass?", A Companion to Bioethics, Second Edition (edited by Helga Kuhse, Peter Singer) (2010), 370.

46) Norman Daniels, Just Health - Meeting Health Needs Fairly, CAMBRIDGE UNIVERSITY PRESS (2008), 25-26, 103-104.

료를 보장해야 하는지는 공정한 심의 과정을 통해 결정될 문제이고[47] 사법기관이 그 구체적인 의료의 목록을 정할 수 있는 전문성이나 권한을 갖고 있는 것은 아니다. 그러나 사법기관은 구체적인 사건에서 「'인간다운 생활'을 보장함에 객관적으로 필요한 최소한의 의료보장」 유무나, 「기회의 공정한 균등을 위해 필요한 의료보장을 위하여 입법과정이나 정책결정과정에서의 적절한 고려」가 이루어지고 있는지 판단할 수 있다. 그리고 그 최소한의 의료보장이나 적절한 고려가 이행되지 않았을 때 그것이 「헌법상 용인될 수 있는 재량의 범위를 명백히 일탈하였다」고 판단할 수 있다. 이것은 앞서 살핀바와 같이 존 롤즈의 사회계약론과 노먼 다니엘스의 의료 정의론에 따라 우리 헌법이 기초한 사회계약에 기회의 공정한 균등을 위해 필요한 의료보장이 포함되어 있다는 입장에서 도출된다.

3. 평등권과 의료 이용을 평등하게 보장받을 권리

가. 사회적 기본권의 위헌성 심사와 평등권의 사법심사

사회적 기본권의 위헌성 심사에 대한 현재까지의 판례에 따르면 정치적 영향력이 작은 사회적 약자의 사회적 기본권 구제가 어려우므로 사회적 기본권에 대한 다른 심사 방법의 필요가 제기된다.[48] 사회적 기본권 심사기준으로서 평등원칙이 적용될 수 있다는 견해도 있다.[49] 헌법재판소는 사회적 기본권 심사기준으로 평등원칙을

---

47) Norman Daniels, James E. Sabin, Setting Limits Fairly Second Edition, OXFORD UNIVERSITY PRESS (2008), 45.
48) 지성수, "헌법재판소의 사회적 기본권에 대한 심사방법과 심사기준", 헌법논총 제24집 (2013), 279.
49) 정극원, "헌법재판에서의 사회적 기본권의 심사기준과 그 적용", 세계헌법연구 제17권 2호 (2011. 8), 170.

직접 적용하지는 않지만 그 심사 시 평등권 침해 여부를 함께 심사
하기도 한다. 예를 들어, 혈우병 환자의 출생 시기에 따라 약제의 요
양급여를 달리하는 경우,50) 월남전에 참전하여 고엽제후유증 환자
로 등록신청을 하지 않고 사망한 경우 그 유족의 유족등록신청자격
을 부인한 경우,51) 공무로 인한 질병 또는 부상임에도 퇴직 이후에
폐질상태가 확정된 군인에 대해서는 일반 공무원과 달리 상이연금
지급에 관한 규정을 두지 않은 경우52) 평등권 침해 또는 평등원칙
위반이 인정되었다.

공권력의 행사가 본질적으로 같은 것을 다르게, 다른 것을 같게
취급하였는데 이러한 차별취급이 헌법적으로 정당화되지 않을 때
평등권 침해가 인정된다.53) 평등권 심사는 의료보장 등 혜택을 입는
집단과 그렇지 못한 집단 사이의 유사성 정도를 판단하는 것으로
합리성 여부를 판단할 수 있어서 사회적 기본권에 비하여 사법기관
이 비교적 수월하게 위헌성 심사를 할 수 있다.54)

다만, 본질적으로 같지 않은 것을 다르게 취급하는 경우에는 차
별 자체가 존재한다고 할 수 없어서 평등권 침해가 문제되지 않는
다.55) 또한 국가가 종전의 상황을 개선함에 있어서 그 개선의 효과
가 일부의 사람에게만 미치고 동일한 상황 하에 있는 다른 사람에
게는 미치지 않아 그들 사이에 일견 차별이 생기게 된다고 하더라

---

50) 헌법재판소 2012. 6. 27. 선고 2010헌마716 결정.
51) 헌법재판소 2001. 6. 28. 선고 99헌마516 결정.
52) 헌법재판소 2010. 6. 24. 선고 2008헌바128 결정.
53) 헌법재판소 2006. 1. 7. 선고 2005헌마1214 결정, 헌법재판소 2010. 4. 29. 선
고 2008헌마622 결정.
54) 지성수, "헌법재판소의 사회적 기본권에 대한 심사방법과 심사기준", 헌법
논총 제24집 (2013), 282, 203. 사회적 기본권의 위헌성 문제를 수혜를 받게
되는 자와 그렇지 못한 자 사이의 합리적 차별의 문제로 심사하게 되면 평
등 심사에서 요구하는 자의성 심사로 위헌성을 판단할 수 있다고 한다.
55) 헌법재판소 2013. 9. 26. 선고 2012헌마365 결정.

도 그것만으로는 평등의 원칙을 위반한 것이라고는 할 수 없다.56) 헌법이 규정한 평등의 원칙은 국가가 언제 어디에서 어떤 계층을 대상으로 하여 기본권에 관한 상황이나 제도의 개선을 시작할 것인지를 선택하는 것을 방해하지 않는다.57)

그래서 국민건강보험의 보장성이나 의료보장에 관하여 평등권 침해가 인정되기는 어렵다고 생각할 수 있다. 의료보장을 받는 환자와 받지 못하는 환자는 그 질병의 종류나 정도, 성별, 나이 등이 다르므로 본질적으로 같지 않다고 볼 여지가 있다. 또한 국가가 보장성을 강화해나감에 있어 그 효과가 일부 사람에게만 미치더라도 그것만으로는 평등 원칙 위반이라고 하기 어려울 것이다. 그러나 혈우병 약제의 요양급여 기준에 관한 헌법재판소의 위헌 결정을 보면 국민건강보험의 보장성이나 의료보장에 관하여 평등권 침해가 인정될 수 있고 이를 통해 의료보장을 확대할 가능성이 있음58)을 알 수 있다.

---

56) 헌법재판소 1991. 2. 11. 선고 90헌가27 결정. 위 결정은 특히 제도의 개선에 과다한 재원이 소요되는 경우에 그러하다고 설시하고 있다.

57) 헌법재판소 1990. 6. 25. 선고 89헌마107 결정. 헌법상 평등의 원칙은 개인의 기본권 신장이나 제도의 개혁에 있어 법적 가치의 상향적 실현을 보편화하기 위한 것이지, 불균등의 제거만을 목적으로 한 나머지 하향적 균등까지 수용하고자 하는 것은 결코 아니라고 한다.

58) 전광석, "사회적 기본권의 헌법적 실현구조", 세계헌법연구 제12권 1호 (2005), 280. 에서는 '국가의 사회적 배려조치는 필연적으로 불평등의 원인이 되며, 이러한 불평등은 절대적 차원의 사회적 배려 욕구를 자극한다. 이로써 사회적 기본권은 정태적인 내용을 갖기보다는 동태적인 형성과정 속에서 그 이념이 형성된다.'고 하면서, '장애인평등은 평등을 목표로 하지만 필연적으로 새로운 불평등의 규범적 기초가 되며, 따라서 끊임없이 새로운 평등을 요청하는 규범적 근거가 될 것이다.'라고 서술하고 있는데 이것은 의료보장에도 적용될 수 있을 것이다.

나. 혈우병 약제 요양급여 기준에 관한 헌법재판소의 위헌 결정
    - 헌법재판소 2012. 6. 27. 선고 2010헌마716 결정

헌법재판소는 혈우병 환자의 출생 시기에 따라 유전자재조합제제에 대한 요양급여 여부를 달리하는 보건복지부 고시에 대해서 해당 약제에 대한 의료보장을 받을 수 있는지 여부의 기준이 되는 환자의 출생 시기는 그 부모가 언제 혼인하여 임신, 출산을 하였는지와 같은 우연한 사정에 의한 것일 뿐, 이러한 차이로 요양급여의 필요성이 달라진다고 할 수 없어서 불합리한 차별이라고 판단한 바 있다.[59]

(1) 사안의 설명과 청구인 및 보건복지부장관의 주장

보건복지부는 국민건강보험법령의 위임에 따라 고시로 「요양급여의 적용기준 및 방법에 관한 세부사항」(2010. 1. 29. 보건복지가족부고시)을 제정하여 A형 혈우병 치료제에 대하여 요양급여를 실시하면서 유전자재조합제제에 대하여는 그 대상환자를 ① 처음 혈우병 약제를 투여받는 환자, ② 면역능이 저하되어 감염의 위험성이 큰 HIV 양성 환자, ③ 1983. 1. 1. 이후에 출생한 환자로 한정하고 있었다. 그 결과 1983. 1. 1. 이전에 출생한 A형 혈우병 환자인 청구인들은 모두 유전자재조합제제의 요양급여 대상환자 기준에 해당하지 않아 혈액제제에 대하여만 요양급여의 적용을 받고 있었다. 이에 청구인들이 1983. 1. 1. 이후 출생한 A형 혈우병 환자에 한하여 유전자재조합제제에 대한 요양급여를 인정한 위 고시로 인하여 평등권 등이 침해된다는 이유로 2010. 11. 24. 헌법소원심판을 청구하였다.

이에 대하여, 당시 보건복지부장관은 환자의 나이에 따라 유전자재조합제제에 대한 요양급여 대상환자의 범위를 제한한 것은 합리

---

59) 헌법재판소 2012. 6. 27. 선고 2010헌마716 결정.

적인 이유가 있는 차별이라고 주장하였다. 한정된 보험재정으로 국민건강보험제도를 운영하기 위해서는 보험급여의 범위를 적절하게 제한할 필요가 있는 점, 혈액제제는 유전자재조합제제에 비하여 저가일 뿐만 아니라 효능 및 안전성 면에서 떨어지지 아니하여 대체가능한 점, 보건복지부가 유전자재조합제제의 급여범위를 점차 확대하여 가고 있는 점, 나이에 따른 제한이 폐지되면 거의 모든 환자가 고가의 유전자재조합제제를 사용하려고 하여 보험재정이 악화될 우려가 높고 그러면 현재 급여를 받고 있는 환자도 보험급여의 적용을 받지 못하게 될 수 있는 점 등을 고려하여야 한다는 것이었다.

혈우병은 발적 또는 경미한 외상에 의해서도 쉽게 출혈하며, 출혈 후 지혈이 잘 되지 않는 질환인데 A형 혈우병은 그 중 제8혈액응고인자가 결핍되거나 부족한 질환이다. 이 헌법재판소 결정에 의하면 2010년 말 한국혈우재단에 등록된 혈우병 및 기타 응고질환 환자는 2,047명이고 그 중 A형 혈우병 환자가 1,522명이며, A형 혈우병 환자 중 1983. 1. 1. 이전에 태어난 사람은 약 42% 정도에 해당한다고 한다. A형 혈우병 환자에 대한 치료방법으로는 사람의 혈장에서 분리한 혈액응고인자가 농축된 혈액제제(혈장분획제제)와 혈액응고인자를 유전자재조합 방식으로 인공적으로 제조, 생산한 유전자재조합제제를 투여하는 방법이 이용된다.

혈액제제와 유전자재조합제제의 효능의 우열은 판별하기 어려우나 혈액을 원료로 하는 혈액제제에는 HIV(인간면역결핍 바이러스), HBV(B형 간염 바이러스), HCV(C형 간염 바이러스), HAV(A형 간염 바이러스), Polio(소아마비 바이러스) 등 바이러스 감염가능성을 완전히 배제할 수 없는데 반하여 유전자재조합제제에는 제조공정상 바이러스 감염가능성이 존재하지 않는다. 보건복지부는 국민건강보험의 보험재정을 고려하여 A형 혈우병 환자에 대한 유전자재조합제제의 급여범위를 순차적으로 확대하여 가고 있었다. 즉, 2003. 4. 1.

고시를 개정하여 ① 처음 혈우병 약제를 투여받는 환자, ② 면역능이 저하되어 감염의 위험성이 큰 HIV 양성 환자를 유전자재조합제제의 급여범위에 포함시켰고, 그 후 2004. 7. 1. '만 16세 이하(1988. 1. 1. 이후 출생)의 소아환자'를 대상환자에 추가로 포함시켰으며, 2007. 7. 1. 나이 제한 방식에 의한 대상환자의 범위를 '1983. 1. 1. 이후에 출생한 환자'로 확대하였다.

(2) 헌법재판소의 판단

헌법재판소는 제도의 단계적 개선을 추진하는 경우 언제 어디에서 어떤 계층을 대상으로 하여 제도 개선을 시작할 것인지 선택하는 것에 대하여 입법자에게 형성의 자유가 인정된다는 기존 법리를 설시하면서, 이 사건에서 1983. 1. 1. 이전 출생한 환자들과 그 이후 출생한 환자들 사이의 차별은 제도의 단계적 개선 과정에서 나타난 차별로서 입법자에게 상당한 입법형성의 자유가 인정되는 영역임을 인정하였다. 그러나 국가가 제도의 단계적 개선을 추진하는 경우라도 수혜자 한정의 기준을 설정할 때에는 능력이 허용하는 범위 내에서 합리적인 기준에 따를 것이 요구된다고 하면서 입법자의 기준 설정에 합리적인 이유가 있는지 여부를 심사하였다.

헌법재판소는 이 사건에서 나이에 따라 급여제한을 둔 이유가 1) 혈액제제가 유전자재조합제제에 비하여 효능 및 안전성 면에서 떨어지지 아니하여 대체가능하고(혈액제제와 유전자재조합제제의 대체가능성), 2) 아울러 나이에 따른 제한을 폐지하면 혈액제제에 대한 막연한 불안감 때문에 거의 모든 환자가 혈액제제보다 더 비싼 유전자재조합제제를 사용하려고 함으로써 지나치게 많은 요양급여가 일시에 지출되고 보험재정이 악화되어 1983. 1. 1. 이후에 출생한 환자들 또한 보험급여의 적용을 받지 못할 우려(보험재정의 악화가능성)가 있다는 데 있다고 보았다.

이것은 보건복지부장관의 주장을 통해 분석 및 정리한 것으로 보인다. 위 두 가지 사항은 국민건강보험에서 보험급여를 하지 않는 의료 서비스나 재화 대부분에 적용되는 대표적인 의료보장 제한 이유이다.60) 현실적으로는 그 중에서도 보험재정의 악화가능성이 가장 중요한 또는 실질적인 의료보장 제한 이유인 경우가 많다.61)

헌법재판소는 위와 같이 차별취급의 이유를 분석한 후 그것이 합리적인지 검토하였다. 먼저 1) 혈액제제와 유전자재조합제제의 대체가능성에 관하여는 효능에 있어 우열을 판별하기 어려우나 안전성 면에서 아직까지는 유전자재조합제제가 더 안전하다고 볼 수 있으므로 혈액제제와 유전자재조합제제가 완전히 대체가능하다고 보기는 어렵다고 판단하였다. 그리고 2) 보험재정의 악화가능성에 관하여는 2010. 11. 10. 이후에는 유전자재조합제제와 혈액제제의 가격이 요양급여 관련 보험비용에 있어서 별다른 차이가 없어지게 되었고, 비록 일부 유전자재조합제제가 여전히 고가이기는 하지만 환자별로 적응성이 있는 치료제가 다를 수 있고 투여할 약제의 선택은 원칙

---

60) 국민건강보험법 제41조 제3항 및 제4항의 위임을 받은 보건복지부령인 「국민건강보험 요양급여의 기준에 관한 규칙」 제1조의2에서는 "요양급여 대상의 여부 결정에 관한 원칙"이라는 제목하에 '보건복지부장관은 의학적 타당성, 의료적 중대성, 치료효과성, 비용효과성, 환자의 비용부담 정도 및 사회적 편익 등을 고려하여 요양급여대상의 여부를 결정해야 한다.'라고 규정하고 있다. 여기서 비용효과성은 동일 또는 유사한 의료와의 장단점, 비용 비교 등을 포함하는 개념이다 (「국민건강보험 요양급여의 기준에 관한 규칙」 제10조 제2항 제1호 다목 등 참조). 이것은 다른 저렴한 의료의 대체가능성을 중요한 고려 요소로 한다. 그리고 환자의 비용부담 정도 및 사회적 편익에는 보험재정의 악화가능성이 중요하게 고려된다.

61) 헌법재판소 2007. 8. 30. 선고 2006헌마417 결정에서는 진단의 검사종목을 제한하는 「건강보험요양급여행위 및 그 상대가치점수」 (보건복지부 고시)의 입법목적은, 법이 요양급여의 기준을 법정하도록 규정한 것과 마찬가지로, 불필요한 요양급여를 방지하고 요양급여와 비용의 합리성을 확보하여 한정된 건강보험재정으로 최대한의 건강보험 혜택을 부여하고자 하는 것이라고 설시하였다.

적으로 의사의 판단 하에 이루어지는 것이기 때문에 나이 제한이 철폐되더라도 모든 환자가 고가의 유전자재조합제제를 사용하게 될 것이라고 보기 어렵다고 판단하였다. 나아가, 나이 제한이 철폐되어 A형 혈우병 환자들이 값비싼 유전자재조합제제를 사용하게 된다 하더라도 혈액제제보다 더 비싼 유전자재조합제제를 사용하는 환자들에 대해서는 그 차액을 부담시키는 방법 등으로 전체적인 보험재정의 건전성을 유지하는 입법형성도 가능하므로 나이 제한의 철폐가 반드시 보험재정의 악화를 의미한다고 볼 수 없다고 판시하였다. 따라서 환자의 출생 시기를 기준으로 차별취급을 하는 이 사건 고시는 합리적 이유가 없으므로 청구인들의 평등권을 침해한다고 판단하였다.

(3) 의료보장에 대한 사법심사에 관한 시사점

헌법재판소의 위 결정은 국민건강보험의 보장성을 정하는 급여기준에 대하여 평등권 심사가 가능하며 실제로 평등권 침해 판단을 할 수 있음을 보여준다. 위 결정이 의료보장에 대한 사법심사에 관하여 시사하는 바로는 첫째, 비록 헌법재판소가 스스로는 국민건강보험의 급여기준을 정하는데 필요한 전문성이나 근거 자료를 보유하고 있지 않지만 구체적인 사건에서 청구인과 보건복지부장관의 의견을 제출받는 등으로 차별취급의 이유를 파악하고 그 합리성을 분석 및 판단할 수 있다는 점이다. 둘째, 사법기관은 행정부에 비하여 사실인정이나 충돌되는 이해관계 및 가치의 형량에 있어 전문성이 있고 이를 문서(결정문이나 판결문)로 작성하여 공개한다는 점이다. 이것은 '정책적 결정이다'라고 일갈(一喝)하고 그 결정의 구체적인 근거나 그 결정과 다른 의견이 받아들여지지 못한 구체적인 이유를 공개하지 않는 경우가 많은 행정부의 업무방식과 다르다. 셋째, 헌법재판소가 고가의 유전자재조합제제에 대하여는 환자들의 본인부담금을 높이는 방식으로 전체적인 보험재정의 건전성을 유지하는 입법형성도 가능하다는 대안을 제시한 점이다. 사법기관은 입법형성 권한이 없다. 그리고 사법기관이 제시한 구체적인 대안이 입법자나 행정청을 구속하는 것은 아니다. 하지만 사법기관은 평등권 등 기본권 침해나 평등원칙 등 헌법상 원리 위반 문제가 있는 입법이나 공권력 행사에 대하여 헌법에 위반되지 않는/또는 헌법 위반의 소지를 줄이는 대안을 제시할 수 있다. 그것은 입법자나 행정청에게 입법형성에 있어서 지침이나 참고가 될 수 있다.

다. 의료 이용을 평등하게 보장받을 권리의 사법심사

본 연구는 사회적 기본권으로서의 의료 이용을 보장받을 권리의 사법심사와 마찬가지로 평등권 심사에서도 의료 자원 배분의 정의(正義)에 관한 사회계약을 근거로 사법의 개입이 보다 적극적으로 이루어져야 한다는 의견을 제시한다. 질병의 종류나 정도, 성별, 나이 등에 따라 차별적으로 의료보장을 할 때 그것이 합리적인 차별로 헌법적으로 정당화되는지 여부를 심사할 때는 기회의 공정한 균등을 위하여 필요한 의료를 이용할 수 있는지의 기준에 따라 판단하여야 한다.

(1) 비교집단 설정

이에 대하여 예상되는 반론은 질병의 종류나 정도, 성별, 나이 등에 따라 의료보장에 차별을 두는 것은 본질적으로 같지 않은 것을 다르게 취급하는 경우라서 차별 자체가 존재한다고 할 수 없다는 것이다. 관점에 따라서는 1983. 1. 1. 이전에 출생한 혈우병 환자와 1983. 1. 1. 이후에 출생한 혈우병 환자는 본질적으로 같다고 볼 수도, 다르다고 볼 수도 있다. 그리고 관점에 따라서는 환자의 5년간 생존율을 2% 증가시키는 항암제에 대하여 보험급여를 받는 노인 환자와 뼈의 제대로 된 성장을 촉진하는 약제에 대하여 보험급여를 받지 못하는 어린이 환자가 본질적으로 같다고 볼 수도, 다르다고 볼 수도 있다.

　모든 환자는 건강 상태가 손상되어 있다는 점, '아프다'는 점에서 본질적으로 같다. 백혈병이나 맹장염 환자도 아프고 감기나 간암 환자도 아프다. 그러나 그 아픔의 정도나 그 아픔이 삶에 미치는 영향 등에 있어 차이가 있다. 그것이 본질적인 차이라면 이를 다르게 취급하는 것은 차별이 아니다. 그러나 그것이 본질적인 차이가 아니라면 이를 다르게 취급하는 것은 차별이다.

　구체적으로 무엇이 본질적인가 또는 비본질적인가의 기준은 비교가 행해지는 관점에 달려 있다.62) 서로 비교될 수 있는 사실관계가 모든 관점에서 완전히 동일한 것이 아니라 단지 일정 요소에 있어서만 동일한 경우에 비교되는 두 사실관계를 법적으로 동일하게 볼 것인지 아니면 다른 것으로 볼 것인지를 판단하기 위하여는 어떠한 요소가 결정적인 기준이 되는가가 문제된다. 이에 관하여 헌법재판소의 입장이 일관되지 않다는 분석도 있으나,63) 두 개의 사실관계가 본질적으로 동일한가의 판단은 일반적으로 당해 법률조항의 의미와 목적에 달려 있다.64)

　국민건강보험법은 국민의 질병·부상에 대한 예방·진단·치료·재활과 출산·사망 등 건강증진에 대하여 보험급여를 실시함으로써 국민보건 향상과 사회보장 증진에 이바지함을 목적으로 한다(국민건

---

62) 손상식, "평등권의 침해 여부에 대한 심사기준", 헌법재판소·헌법재판연구원 (2013), 69.

63) 홍강훈, "평등권 심사에 있어서 비교집단의 동일성 판단에 관한 연구", 공법연구 제42집 제4호, 사단법인 한국공법학회 (2014. 6.), 181, 182.

64) 헌법재판소 1996. 12. 26. 선고 96헌가18 결정, 헌법재판소 2001. 11. 29. 선고 99헌마494 결정.

강보험법 제1조). 그리고 사회보장기본법은 사회보장은 모든 국민이 다양한 사회적 위험으로부터 벗어나 행복하고 인간다운 생활을 향유할 수 있도록 자립을 지원하며, 사회참여·자아실현에 필요한 제도와 여건을 조성하여 사회통합과 행복한 복지사회를 실현하는 것을 기본 이념으로 한다고 규정하고 있다(사회보장기본법 제2조). 이러한 법률의 목적은 의료 자원 배분의 정의(正義)에 관한 사회계약이 사회 구성원의 기회의 공정한 균등을 위하여 필요한 의료 이용 보장을 요청한 것에 따른 것이라고 생각한다.

보험급여가 되거나 되지 않는 의료의 이용에 있어서 질병의 종류나 정도, 성별, 나이 등의 차이가 기회의 공정한 균등이라는 관점에서 볼 때 본질적으로 같은 환자들은 비교집단으로 설정될 수 있다. 가령, 앞서 살핀 헌법재판소 2012. 6. 27. 선고 2010헌마716 결정의 사안과 같이 A형 혈우병 환자 중 1983. 1. 1. 이후에 출생한 환자와 그 이전에 출생한 환자는 유전자재조합제제 사용에 있어서 본질적으로 같다고 할 수 있다. 그러나 해당 의료의 이용에 있어서 질병의 종류나 정도, 성별, 나이 등의 차이가 너무나 커서 기회의 공정한 균등 보장에 있어서 같은 의미를 갖는다고 볼 수 없는 경우에는 비교집단으로 설정되기 어려울 것이다. 설명의 편의를 위한 사례로 일상생활에 별 영향을 주지 않는 질병과 치료를 받지 않으면 일상적인 활동을 하기 매우 어려운 질병에 있어 증상을 완화시켜 주는 의료를 생각해볼 수 있다. 그리고 남성과 여성에 있어서 자궁 내에 있는 태아에게 영향을 줄 수 있는 질병 치료나 예방을 위한 의료나 어린이와 노인에게 있어서 성장 발육에 영향을 줄 수 있는 질병 치료를 위한 의료의 경우도 그 비교집단이 본질적으로 다르다고 볼 수 있다. 이런 경우에는 본질적으로 같다고 볼 수 있는 비교집단을 찾아야 할 것이다.

(2) 합리적인 이유가 있는 차별인지 여부

어떤 환자에게 다른 환자와 달리 어떤 의료를 보험급여하지 않을 때 그것이 합리적인 이유가 있는 차별인지 여부는 입법자나 행정부가 그 의료를 보험급여하지 않기로 결정한 근거를 먼저 살피고 그 근거가 합리적인지 여부를 심사하여야 할 것이다. 이때 해당 의료의 보험급여 제외 결정을 한 입법자나 행정부는 그 근거를 설명할 수 있어야 한다.

기회의 공정한 균등을 위하여 필요한 의료 이용 보장이 사회계약의 내용을 이룬다는 본 연구의 입장을 취하지 않더라도, 의료보장에 관한 헌법 규정은 입법부나 행정부에 대하여 여러 가지 요소를 고려하여 가능한 범위에서 최대한으로 의료보장을 해야 한다는 행위규범으로서 작용할 것이다.65) 그 행위규범에 따라야 할 입법부나 행정부가 어떤 의료에 대하여 보험급여를 하지 않기로 결정했다면 왜 그 의료를 보장하지 않는지 설명하여야 한다. 법의 정당화 및 지향은 반드시 지켜야할 의무를 충실히 이행함을 추구하는 의무의 도덕 영역과 인간이 열망하는 탁월함을 성취하는 열망의 도덕 영역에 있는데 법의 내적 도덕성(the inner morality of law)은 대체로 열망의 도덕임66)을 감안하더라도 그러하다.

그러므로 어떤 의료에 대하여 보험급여를 하지 않는 것이 합리적인 차별인지 여부를 판단하는 기준은 입법부나 행정부가 그 의료에 대하여 보험급여를 하지 않는 근거로 제시하는 사정들에 따라 달라질 수 있다. 하지만 앞서 살핀 헌법재판소 2012. 6. 27. 선고 2010헌

---

65) 헌법재판소 1997. 5. 29. 선고 94헌마33 결정, 헌법재판소 1999. 12. 23. 선고 98헌바33 결정, 헌법재판소 2001. 4. 26. 선고 2000헌마390 결정, 헌법재판소 2004. 10. 28. 선고 2002헌마328 결정 등. 이는 '인간다운 생활을 할 권리'에 대한 판시이지만 의료보장에도 마찬가지로 적용될 수 있을 것이다.
66) 론 풀러 (박은정 역), 법의 도덕성, 서울대학교출판문화원 (2015), 31, 74, 240.

마716 결정의 판단 과정에 비추어 보건대 대체로 의학적 필요성, 보험급여가 되는 다른 의료 서비스나 재화의 대체 가능성, 보험재정의 악화 가능성을 기준으로 차별의 합리성을 심사하는 경우가 많을 것으로 보인다. 해당 의료가 어떤 환자에게 의학적으로 필요하고 해당 의료 대신에 이용할 수 있는 보험급여가 되는 다른 의료 서비스나 재화가 없음에도 불구하고 그리고 현실적으로 그 의료에 대하여 보험급여를 하였을 때 보험재정의 약화 가능성이 없거나 다른 합리적인 대안을 통해 그 가능성을 충분히 낮출 수 있다면 해당 의료에 대하여 보험급여를 하지 않는 것이 합리적인 차별이라고 보기 어려울 것이다.

4. 소결

본 연구는 국가나 사회가 기회의 공정한 균등에 필요한 의료를 공급해야 할 책임을 부담하고 국민은 누구나 그러한 의료를 이용할 수 있어야 함이 우리 공동체와 국가를 형성할 때 맺어진 사회계약의 내용을 이룬다고 생각한다. 그렇다면 비록 우리 헌법에서 명시적으로 국민의 의료를 이용할 권리를 규정하고 있지 않다고 하더라도 해석상 모든 국민은 기회의 공정한 균등에 필요한 의료를 보장받을 권리를 갖는다. 이것은 단순히 듣기 좋은 선언적 의미만이 있는 것이 아니다. 사회계약이 국가 형성 원리라는 입장에서 위와 같은 해석은 의료 이용을 보장받을 권리에 관한 사회적 기본권이나 평등권 심사 법리에 적용된다.

이러한 해석론을 통하여 사법기관은 의료보장의 영역에서 실질적으로 아무런 발언권이 없고 입법자와 행정청에서 정해놓은 규정의 문구 해석만 하는 지위가 아니라 국가가 해야 할 최소한의 의료보장과 국가가 해야 할 적절한 고려 수준을 제시할 수 있다. 그리고 방론으로라도 입법자나 행정청에 대하여 의료보장에 대한 방향성이나 지침을 제공할 수도 있다. 이를 위해서는 사회 정의를 탐구하고 그 실현을 도모하는 방법을 연구하는 학문인 법학 분야에서 의료보장에 대한 구체적인 논의가 더욱 활발해져야 할 것이다.

III. 국민건강보험의 보장성 확대를 위한 입법 수단

앞에서는 해석론으로서 헌법상 사회적 기본권과 평등권 침해 여부를 심사하는 기준을 통해 의료보장을 받을 국민의 권리를 보장할 수 있을지 살폈다. 이는 본 연구가 관념한 사회계약에 따른 최소한의 기본적 보장이다. 국가는 최소한의 기본적 보장 의무를 이행하여야 하고 가능하다면 그 이상의 보다 나은 보장을 제공하여야 할 것이다. 보다 나은 보장의 구체적인 모습은 헌법 해석에서 도출될 수 없다.[67] 이하에서는 의료보장에 대한 우리나라 법제의 기본 입장이 국민건강보험을 통해 모든 국민에게 의료보장을 달성하려는 것임을 살핀다. 그리고 이를 위해서는 우선적으로 국민건강보험 재정 확보와 의료 이용의 효율성 제고가 필요하며 그것이 여의치 않아서 국민건강보험만으로 모든 국민에게 충분한 의료보장이 어려울 경우 실손의료보험을 직간접적으로 규제함으로써 의료보장 수단을 활용할 수 있다는 의견을 제시한다.

---

67) 전광석, "헌법의 규범력과 사회보장법: 기본구조", 한림법학 FORUM 제9권 (2000), 39. 에서는 헌법은 헌법의 이념 및 제도적 요청에 명백히 반하는 공권력 행사에 대해서 비난을 가하는 법적 근거가 될 수는 있어도, 헌법이 가장 효율적이고 이상적인 정책을 도출하는 근거가 될 수는 없고, 이는 어디까지나 헌법의 이념과 제도적 요청에 충실하여야 하는 과제를 가지고 있는 정치과정에 위임되어 있다고 한다.

1. 의료보장에 대한 우리나라 법제의 기본 입장

모든 국가는 의료보장을 추구하지만 나라마다 의료보장을 달성하기 위한 체계가 다르다. 미국은 민간의료보험 중심의 사보험 체계를 기본으로 하고 정부에서 노인이나 저소득층에 대하여 지원을 한다.[68] 영국은 제2차 세계대전 후 작성된 베버리지 보고서[69]의 계획에 따라 국가가 직접 국가보건서비스(NHS, National Health Service)를 통하여 의료를 공급한다.[70] 독일은 1883년 세계 최초로 공적의료보험제도를 만들어[71] 오랫동안 운영해오면서 정부를 중심으로 하면서도 다수의 보험자와 의료공급자 조합이 서로 경쟁하는 체계에서 의료보장이 이루어진다.[72] 호주는 영국의 국가보건서비스(NHS)에 해당하는 메디케어에서 의료를 공급하면서도 실손의료보험을 규제하여 의료보장의 수단으로 활용한다.[73]

---

68) Leiyu Shi Douglas A. Singh, "Essentials of the U.S. Health Care System Forth Edition", JONES & BARTLETT LEARNING (2015).

69) 박능후, "基礎保障制度의 歷史的 展開過程과 含意", 보건사회연구 20 (2) (2000. 12.) 베버리지 보고서는 제2차 세계대전 이후 국가 재건 프로그램으로서 작성된 것으로 빈곤을 극복하는데 초점을 두고 있으며, 국가가 모든 국민에게 일상생활에 필요한 최소한의 기초보장을 하는 것을 해결책으로 제시하였다.

70) Bernhard A Koch (ed), "Medical Liability in Europe - A Comprison of Selected Jurisdictions", Tort and Insurance Law Vol 29, De Gruyter (2011).

71) Gerhard A. Ritter (전광석 역), "사회복지의 기원", 교육과학사 (1992), 22.

72) Michael E. Porter, Clemens Guth, "Redefining German Health Care", Springer (2012).

73) Lucinda Glover, "The Australian Health Care System", 2015 International Profiles of Health Care systems (2015); Isaac AO Odeyemi, John Nixon, "The role and uptake of private health insurance in different health care system: are there lessons for developing countries?", Clinicoeconomics and Outcomes, Dovepress (2013); Davinia S. E. Seah, Timothy Z. Cheng, Matthew H. R. Anstey, "The hidden cost of private health insurance in Australia", Australian Health Reveiw

국민건강보험법은 모든 국민에 대하여 보험급여를 실시함으로써 국민 보건 향상과 사회보장 증진에 이바지하는 것을 목적으로 한다. 우리나라는 모든 국민이 강제로 국민건강보험제도에 편입되어 경제적 능력에 따라 보험료를 지불하여야 한다.[74] 이것은 영국, 독일, 호주 등에서 공통적으로 취하고 있는 방식이다. 한편, 우리나라는 의료기관이나 약국 등 모든 요양기관이 원하든 원하지 않든 당연히 국민건강보험의 요양기관으로 지정되도록 하는 특이한 제도[75]를 가지고 있다.[76] 국민건강보험법은 국민건강보험의 보험자가 국가가 아닌 별개의 법인인 국민건강보험공단이라고 정하고 있지만[77] 건강보험사업은 보건복지부장관이 맡아 주관하도록 하고 있다.[78] 국가가 아닌 보험자가 존재하지만 단일 보험자이고 정부가 보험사업을 주관하므로 실질적으로는 영국의 국가보건서비스(NHS)에 가까워 보인다. 우리 정부는 전 국민에 대한 국민건강보험 적용을 위해 노력하여 이를 달성하였고 그 후에는 국민건강보험의 보장성 강화를 위해 꾸준히 노력하고 있다. 비록 최근에 실손의료보험에 가입한 국민이 전 국민의 60%가 넘을 정도로 많아졌지만 적어도 아직까지는 실손의료보험에서 보험급여가 되는 의료비 수준이 높다고 보기는 어렵다.[79] 보건복지부의 2017. 8. 9. 건강보험 보장성 강화대책은 의

(2013).

74) 헌법재판소 2000. 6. 29. 선고 99헌마289 결정, 헌법재판소 2001. 8. 30. 선고 2000헌마668 결정, 헌법재판소 2003. 10. 30. 선고 2000헌마801 결정, 헌법재판소 2013. 7. 25. 선고 2010헌바51 결정.

75) 최계영, "국민건강보험의 행정법적 쟁점", 서울대학교 법학 제55권 제2호 (2014. 6.), 47.

76) 헌법재판소 2002. 10. 31. 선고 99헌바76, 200헌마505 (병합) 결정, 헌법재판소 2014. 4. 24. 선고 2012헌마865 결정.

77) 국민건강보험법 제13조.

78) 국민건강보험법 제2조.

79) 정형선, "2013년 국민의료비 및 국민보건계정", 보건복지부 연구 보고서, 연세대학교 의료·복지연구소, 한국보건사회연구원 (2015), IV, viii 28면에서는

학적으로 필요한 비급여를 모두 급여화하는 것을 목표로 하는데 이
것은 다소 거칠게 말해서 필요한 모든 의료를 보장하는 국민건강보
험을 추구하는 것이다. 살피건대 국민건강보험을 통해 모든 국민에
대하여 충분한 의료보장을 달성하려는 것이 우리나라 법제의 기본
입장인 것으로 보인다.

2. 국민건강보험 재정 확보와 의료 이용의 효율성 제고

국민건강보험을 통해 모든 국민에 대하여 충분한 의료보장을 달
성하기 위해 생각해볼 수 있는 방안으로는 공공의료기관의 확충 및
공공의료서비스 확대가 있다.[80] 헌법재판소 결정에서도 그러한 취
지의 설시가 있다.[81] 한편, 공공의료를 확대하지 않더라도 국민건강
보험의 보험급여 범위를 넓히고 의료수가를 충분히 지급하면 사적
주체인 의료기관 등을 통해서도 모든 국민에 대하여 충분한 의료보

우리나라 2013년 경상의료비 중 정부재원 (11.1%)과 사회보장기금재원
(44.8%)을 합한 공공재원이 55.9%이고 민간재원은 44.1%인데 민간재원 중
가계직접부담재원은 369%이고 실손의료보험재원은 6.5%, 기타가 0.7%라고
한다. 일반적으로 알려져 있는 실손의료보험 규모에 비하여 실손의료보험
재원 비율이 작은 이유는 일반적으로 알려진 실손의료보험 규모에는 정액
보험과 저축성 보험이 포함되기 때문이라고 한다. 김종명, 건강보험과 실손
의료보험의 새로운 관계 정립 필요성, 의료정책포럼 Vol. 15 No. 1, 2017에
서는 실손의료보험이 그 규모에 비하여 실제로 보험가입자의 의료비 부담
을 덜어주는 정도가 크지 않다고 평가하고 있다.

80) 박지용, "빈곤과 건강보험법", 사회보장법학 제2권 제1호 (2013. 4.), 95.

81) 헌법재판소 2002. 10. 31. 선고 99헌바76 결정에서는 보다 근본적으로는 강
제지정제가 의료인의 기본권을 포괄적으로 제한하는 제도라는 점을 깊게
인식하여 장기적 안목에서 공공의료기관을 확충하거나 보험급여율을 높이
는 등의 다양한 방법을 통하여 민간의료기관이 의료보험체계에 자발적으로
참여할 수 있는 환경이 조성될 수 있도록 관계 당국은 노력을 기울여야 할
것이라고 판시하고 있다.

장이 가능하다. 보건복지부의 2017. 8. 9. 건강보험 보장성 강화대책
은 그러한 체계를 전제하고 있는 것으로 보인다. 어떻게 하든지 간
에 그것을 이행하기 위해서는 돈이 필요하다. 그리고 이를 국민건강
보험 제도를 통해 실현하려면 보험료율[82]을 인상해야 한다.[83] 그리
고 필요하다면 국민건강보험의 보험료를 세법상 세금과 같이 운영
하거나[84] 보험료가 아니라 의료보장세로 징수하는 제도 개선[85]을
하는 것도 고려해볼 수 있다.

또한 국민건강보험을 통해 모든 국민에 대하여 충분한 의료보장
을 달성하기 위해서는 확보된 재정을 효율적으로 사용해야 한다. 의
료의 가치는 투입된 의료 서비스나 재화의 양이 아니라 의료를 이
용한 환자가 얻는 가치에 있다.[86] 어떤 의료의 비용 대비 가치(value
for money)가 대체 가능한 의료에 비하여 더 크다면 그것은 더 비용
효과적이라고 평가할 수 있다.[87] 어떠한 환자에 대하여 비용효과적

---

82) 현행 국민건강보험법 제73조 및 동법 시행령 제44조에서는 직장가입자의
   보험료율을 1만분의 646, 즉, 6.46%로 정하고 있다. 산술적, 평면적으로 비
   교하기는 어렵지만, 독일의 경우 보험료율이 14.5% 정도이다 (§ 241 SGV V,
   Allgemeiner Beitragssatz). 현행 국민건강보험법 제73조에서는 직장가입자의
   보험료율은 1천분의 80의 범위에서 심의위원회의 의결을 거쳐 대통령령으
   로 정한다고 규정하고 있으므로 보험료율을 8%보다 높게 설정하려면 법률
   을 개정해야 한다.
83) 차진아, "국민건강보험의 헌법상 의미와 실현구조", 고려법학 제57호 (2010.
   6.), 271.
84) 국민건강보험의 보험료를 세법상 세금과 같이 운영할 경우 세수를 확보하
   면서도 효율과 공평의 이념을 실현하려는 세법상 논의를 적용하여 보험료
   를 책정하거나 징수할 수 있을 것이다. 세법상 효율과 공평의 이념을 법률
   적 개념으로 연결짓는 설명으로는 이창희, 세법강의, 박영사 (2013), 32-43.
85) 입법자로서는 국민건강보험이 사회보험이므로 그 재원도 '보험료'이어야만
   한다는 도그마에 구속될 이유는 없다고 생각한다. 만약 보험료를 세금과 같
   이 운영하거나 의료보장세로 변경한다면, 현재 국민건강보험 제도에 있는
   보험료 상한제는 없어져도 무방할 것이며, 소득세나 재산세를 산정하는 방
   법을 차용하거나 준용하여 보험료를 산정할 수도 있을 것이다.
86) OECD, Value for money in health spending, OECD Health Policy Studies (2010).

이지 않은 의료와 그것을 대체할 수 있는 비용효과적인 의료가 있을 경우 비용효과적인 의료가 이용되어야 의료 이용의 효율성이 제고된다. 우리나라 국민건강보험은 의료 이용의 효율성 제고를 위하여 급여 항목과 비급여 항목을 두고[88] 건강보험심사평가원이라는 전문기관에서 요양급여비용을 심사하여[89] 요양기관이 제공한 요양급여가 사회경제적으로 타당하고 효율적으로 이루어지는지 그리고 급여 항목에 따라 이루어지는지 판단한다.[90] 비교법적으로 유사한 제도를 찾기 어렵고 논란이 많은 유상의 임의 비급여 불허용 제도[91] 역시 그 긍정적인 측면을 본다면 의료 이용의 효율성 제고를 위한 제도라고 할 수 있다.[92]

---

87) Jan Abel Olsen, Principles in Health Economics and Policy second edition, OXFORD (2017).

88) 대법원 2013. 9. 12. 선고 2012두24627 판결, 대법원 2013. 1. 24. 선고 2008두8338, 2008두8345 (병합) 판결 참조.

89) 이재형, "진료비 심사 및 의료기관평가", 건강보장론 (문옥륜 외), 신광출판사 (2009), 339.

90) 김운묵, "건강보험 진료비심사의 법적 근거와 효력", 의료법학 제8권 제1호 (2007. 6.), 137-166.

91) 이동진, "건강보험과 의료과오책임법: 두 기준 사이의 긴장·갈등과 그 조정", 서울대학교 법학 제55권 제2호 (2014. 6.), 13. 보건복지부와 법원은 국민건강보험법령에서 정한 급여나 비급여에 해당하지 않는 임의 비급여를 원칙적으로 허용하지 않는다. 즉, 임의 비급여 의료에 대하여 의료공급자가 국민건강보험공단에 요양급여비용을 청구할 수 없고, 의료공급자가 의료수요자로부터 금전적인 대가를 받으면 국민건강보험공단이 그 대가를 환수하여 의료수요자에게 지급하도록 하여, 의료공급자가 임의 비급여에 대한 대가를 지급받는 것을 허용하지 않는다.

92) 유상의 임의 비급여 불허용 제도에 찬성하는 견해로는 대법원 2012. 6. 18. 선고 2010두27639 전원합의체 판결, 헌법재판소 2007. 8. 30. 선고 2006헌마417 결정의 보건복지부장관의 의견; 정철, "건강보험상 임의비급여 허용의 문제점", 법학논총 24(1), 국민대학교 법학연구소 (2011. 8.); 최호영, "건강보험체계와 임의비급여", 사회보장법연구, (2012. 12.); 조서연, "임의비급여 사례에 대한 고찰", 법률신문 제4057호 (2012. 8.). 반면, 이에 반대하는 견해로는 대법원 2012. 6. 18. 선고 2010두27639 전원합의체 판결의 대법관 전수안

의료공급자가 진단이나 진료 등에 대한 질적 및 양적 결정에 있어서 우선적이고 지배적일 수밖에 없는 구조에서 불필요한 보험재정 누수가 발생할 위험을 배제할 수 없다.[93] 그러나 의료 이용의 효율성 제고는 정부의 사회보장적 관점과 의료계의 사적 자치적 관점을 모두 고려하여 사적 자치와 의료보장이 실제적으로 조화를 이루도록 하는[94] 어려운 문제이다. 이에 관한 학제 간 연구와 구체적인 사례에 대한 분석 및 논의의 축적이 필요하다.

3. 의료보장을 위한 실손의료보험 규제

국민건강보험으로 의료보험이 통합[95]된 후인 2000년 대 초에 국민건강보험의 재정 부담을 감소시키고 환자의 선택권 제고를 위하여 민간의료보험을 활성화하거나 허용하여 국민건강보험을 보충하는 역할을 하도록 해야 한다는 의견이 많이 제기되었다.[96] 이에 대

의 반대의견, 헌법재판소 2007. 8. 30. 선고 2006헌마417 결정의 재판관 조대현의 보충의견; 박지용, "건강보험에 있어 임의비급여 규제에 대한 헌법적 평가", 법학연구 제21권 제3호, 경상대학교 법학연구소 (2013. 7.); 이동진, "건강보험과 의료과오책임법: 두 기준 사이의 긴장·갈등과 그 조정", 서울대학교 법학 제55권 제2호 (2014. 6.).

93) 전광석, "건강보험에서 부정청구에 대한 통제", 연세 공공거버넌스와 법 제1권 제1호 (2010. 02.).

94) 이상돈, "국민건강보험법상 상대가치점수 직권 조정의 합법성에 대한 법이론적 분석", 고려법학 제65호 (2012. 6.).

95) 1980년부터 시작된 의료보험 통합 논의와 국민건강보험법이 2000. 1. 1. 시행되면서 의료보험이 단일한 국민건강보험으로 통합된 과정에 관하여는 명순구, "역사와 해설 국민건강보험법", 건강보험심사평가원 (2011), 116-132.

96) 이상돈, "의료체계와 법 - 의료보험, 의약분업, 의료분쟁해결의 법철학적 성찰", 고려대학교 출판부 (2000), 78, 79, 82; 김미숙, 원종욱, 서문희, 강병구, 김교성, 임유경, "고령화사회의 사회경제적 문제와 정책대응방안: OECD국가의 경험을 중심으로", 한국보건사회연구원 (2003. 12.), 241; 이만우, 노상환, "선진국의 사회보장 재정지원 방식 비교 및 최근 개혁동향", 고려대학

하여는 민간의료보험의 도입이나 활성화가 아니라 국민건강보험의 보장성을 강화하는데 집중해야 한다는 유력한 견해도 제시되었다.[97] 당시 논의들을 살펴보면 국민건강보험의 보장성을 강화하는 것이 바람직하지만 현실적으로 보험재정을 마련하는 것이 어렵기 때문에 차선책으로서 민간의료보험을 도입하거나 활성화해야 한다는 의견이 많았다. 국민건강보험의 보장성을 강화하기 위해서는 보험료율을 인상하여야 하는데 이것은 현실정치에서 실현될 수 없다고 인식되었다.[98]

본 연구는 전술한 바와 같이 의료보장에 대한 우리나라 법제의 기본 입장은 국민건강보험을 통해 모든 국민에 대하여 충분한 의료보장을 달성하려는 것이라고 생각한다. 그러므로 국민건강보험의 보험료를 인상해서 재정을 확보함으로써 이를 실현하는 것이 최선이라고 본다. 그러나 그것이 여의치 않는다면 차선책으로서 실손의료보험이 직간접적으로 의료보장 역할을 하도록 할 필요가 있다.[99]

교 경제연구소 (2003. 9.), 87; 김원중, "민간의료보험 도입 필요성과 과제", 대한병원협회지 (2004), 73; 허호영, 김용아, 송인숙, "맥킨지 비전 한국 의료개혁 2010", 조선일보사 (2003), 181; 이주선, 권순만, "의료서비스 산업의 문제점과 정책대안", Issue Paper 22, 한국경제연구원 (2006), 68, 69.

97) 이진석, "민간의료보험이 아니라 공적 의료보장체계의 강화가 필요하다", 월간 복지동향 (2000. 7.) 국민건강보험이 민간의료보험에 비하여 부담한 비용에 비하여 혜택이 더 많고, 민간의료보험이 활성화되면 사회적 연대가 파괴되며, 이는 미국의 의료보험의 폐혜를 보아도 확인할 수 있다는 등의 이유로 국민건강보험의 보장성 강화라는 최선을 추구해야 한다고 주장하였다.

98) 전광석, "독일건강보험의 기본모형과 개혁논의", 한국의료법학회지 (2004), 57. 그래서 이 글에서는 기초보장을 보충하는 민간보험을 적극적으로 활용하는 것이 현실적인 방법이라고 한다.

99) 실손의료보험회사에 대한 보험료 또는 보험 가입 거절 등 규제와 국민들에 대한 보험 가입 의무 부과 등을 통하여 공적인 의료보장을 강화하려는 오바마케어에 관하여는 Barack Obama, "United States Health Care Reform - Progress to Date and Next Steps", the Journal of the American Medical Association (2016.).

이를 위해서는 실손의료보험상품을 기본적 의료 보장을 위한 기본형 상품과 의료수요자의 선택권 제고를 위한 추가형 상품으로 분리하는 방안, 실손의료보험이 적극적으로 기본적 의료 보장 역할을 해야 한다면 위험 인수 규제를 도입하는 방안, 의료 이용의 효율성 제고를 위하여 국민건강보험의 본인부담금에 대한 실손의료보험 보험금 지급을 규제하는 방안, 실손의료보험회사와 의료공급자 사이의 법률관계를 활용하는 방안, 의료수요자 유인 조절을 위한 실손의료보험의 보험료 할인이나 할증 방안 등을 고려해볼 수 있다.[100)]

IV. 결론

우리나라에 국민건강보험은 물론 의료보험이라는 개념 자체가 낯설었던 1968. 5. 13. 부산청십자의료보험조합이 창립되었다. 부산청십자의료보험조합은 창립 후 10년 동안 계속 적자 상태였지만 1981년에는 조합원 수가 3만 명, 지정 진료기관 수가 38개로 1988년에는 조합원 수가 23만 명, 지정 진료기관 수가 486개로 상당한 규모의 의료보험으로 성장하였다. 그리고 1989년 전국민 의료보험 시대가 열리면서 스스로 해산하였다. 부산청십자의료보험조합의 표어는 「건강할 때 이웃돕고 병났을 때 도움받자.」였다.

본 연구는 아픈 사람이 필요한 의료를 이용할 수 있도록 함으로써 모든 사회구성원이 기회의 공정한 균등을 보장받는 것이 우리 공동체와 국가의 사회계약의 내용에 포함된다고 보고 그에 따라 의료를 이용할 권리로서의 헌법상 사회적 기본권과 평등권 심사 기준에 관한 해석론을 시도하였다. 그리고 국민건강보험을 통하여 모든

---

100) 박성민, 실손의료보험 연구, 경인문화사 (2019), 181면 이하 참조.

국민이 필요한 의료를 보장받는 것이 우리나라 법제의 기본 입장이라고 보고 국민건강보험의 재정 확보를 위해 보험료를 인상하고 의료 이용의 효율성을 제공하는 것이 그 입법 수단이라고 주장하였다. 그리고 만약 국민건강보험의 재정 확보가 어렵다면 차선책으로서 실손의료보험이 의료보장 역할을 할 수 있도록 규제할 필요가 있다는 의견을 밝혔다. 우리 사회가 건강할 때 이웃돕고 병났을 때 도움받는 사회가 되고 우리나라가 그런 국가가 되는 데에 본 연구가 조그만 도움이라도 되길 바란다.

참고문헌

강길원, "비급여 진료비 문제의 원인과 해결 방향", NECA report (2016. 5. 25.)

김계현, 김한나, "정부 건강보험 보장성 확대방안의 쟁점과 과제", 법과정책 (2018)

김남순, 박은자, 전진아, 황도경, 이수형, 이희영, 지선미, 박종헌, 최지희, 박금령, 김대은, 송은솔, 차미란, 이정아, "의료이용 합리화를 위한 실태분석과 개선방안", 연구보고서 2015-01, 한국보건사회연구원 (2015. 01)

김대환, "비급여 진료비의 문제점과 바람직한 관리방안", 비급여 진료비의 문제점과 바람직한 관리방안 모색을 위한 국회 정책토론회 토론문 (2012)

김미숙, 원종욱, 서문희, 강병구, 김교성, 임유경, "고령화사회의 사회경제적 문제와 정책대응방안,: OECD 국가의 경험을 중심으로", 한국보건사회연구원 (2003. 12.)

김복기, "사회적 기본권의 법적 성격", 사회보장법연구 제3권 제1호 (2014. 6.)

김상우, "건강보험 보장성 강화 정책 평가", 국회예산정책처 (2016)

김운묵, "건강보험 진료비심사의 법적 근거와 효력", 의료법학 제8권 제1호 (2007. 6.)

김원중, "민간의료보험 도입 필요성과 과제", 대한병원협회지 (2004)

김주경, "건강권의 헌법학적 내용과 그 실현", 법학연구 제23권 제4호, 연세대학교 법학연구원 (2013. 2.)

대한민국국회, "제헌국회속기록 제2권 (1948. 9. 9.-1948.12.13., 제61호-제128호)", 선인문화사 (1999. 5.)

론 풀러 (박은정 역), 법의 도덕성, 서울대학교출판문화원 (2015)

마크 브릿넬 (류정 역), "완벽한 보건의료제도를 찾아서 (In Search of the Perfect Health System)", 청년의사 (2016)

목광수, "역량 중심 접근법에 입각한 의료 정의론 연구: 노만 대니얼즈의 논
　　　의를 넘어서", 사회와 철학 제27집 (2014. 4.)

박능후, "基礎保障制度의 歷史的 展開過程과 含意", 보건사회연구 20 (2)
　　　(2000. 12.)

박상혁, "정의로운 의료체계에 대한 연구 - John Rawls의 자유주의와 Norman
　　　Daniels의 자유주의 의료정의론을 중심으로", 대한의사협회 의료정
　　　책연구소 연구보고서 (2008. 6.)

박성민, 실손의료보험 연구, 경인문화사 (2019)

박성민, "청십자통감 서평", 사회보장법연구 제7권 제2호 (2018. 12.)

박지용, "건강보험에 있어 임의비급여 규제에 대한 헌법적 평가", 법학연구
　　　제21권 제3호, 경상대학교 법학연구소 (2013. 7.)

박지용, "보건의료에 대한 헌법적 기초로서 개념적 및 역사적 접근", 헌법학
　　　연구 제19권 제4호 (2013. 12.)

박지용, "빈곤과 건강보험법", 사회보장법학 제2권 제1호 (2013. 4.)

보건복지부, "2011 발전경험모듈화사업: 전 국민 건강보험제도 운영과 시사
　　　점", 한국보건사회연구원 (2012. 5.)

부르스 제이 프리드, 로라 엠 게이도스 (지역보건연구회 역), 세계 각국의 보
　　　건의료체계, 계축문화사 (2002)

손상식, "평등권의 침해 여부에 대한 심사기준", 헌법재판소·헌법재판연구
　　　원 (2013)

우맹식, "의료정의론 논의가 도덕과 교육과정에 갖는 함의", 도덕윤리과교
　　　육 제61호 (2018. 11.)

유승흠, 박은철, 의료보장론, 신광출판사 (2009)

윤희숙, "한국 의료보장 부문의 발전과 도전", 한국사회보장학회 (2014. 1.)

이규식, "건강보험의 새로운 패러다임 모색, 사회보장연구 제18권 제2호
　　　(2002. 12.)

이동진, "건강보험과 의료과오책임법: 두 기준 사이의 긴장·갈등과 그 조정",

서울대학교 법학 제55권 제2호 (2014. 6.)

이만우, 노상환, "선진국의 사회보장 재정지원 방식 비교 및 최근 개혁동향", 고려대학교 경제연구소 (2003. 9.)

이상돈, "국민건강보험법상 상대가치점수 직권 조정의 합법성에 대한 법이론적 분석", 고려법학 제65호 (2012. 6.)

이상돈, "의료체계와 법 - 의료보험, 의약분업, 의료분쟁해결의 법철학적 성찰", 고려대학교 출판부 (2000)

이재형, "진료비 심사 및 의료기관평가", 건강보장론 (문옥륜 외), 신광출판사 (2009)

이주선, 권순만, "의료서비스 산업의 문제점과 정책대안", Issue Paper 22, 한국경제연구원 (2006)

이진석, "민간의료보험이 아니라 공적 의료보장체계의 강화가 필요하다", 월간 복지동향 (2000. 7.)

이창희, 세법강의, 박영사 (2013)

전광석, "건강보험에서 부정청구에 대한 통제", 연세 공공거버넌스와 법 제1권 제1호 (2010. 2.)

전광석, "독일건강보험의 기본모형과 개혁논의", 한국의료법학회지 (2004)

전광석, "사회적 기본권과 헌법재판", 헌법논총 19집 (2008)

전광석, "사회적 기본권의 논의구조", 유럽헌법연구 제14호 (2013. 12.)

전광석, "사회적 기본권의 헌법적 실현구조", 세계헌법연구 제12권 1호 (2006)

전광석, "헌법의 규범력과 사회보장법: 기본구조", 한림법학 FORUM 제9권 (2000)

전광석, "1963년 사회보장 3법에 관한 연구", 저스티스 통권 제164호 (2018. 2.)

정종섭, 헌법학원론 제4판, 박영사 (2009)

정극원, "헌법재판에서의 사회적 기본권의 심사기준과 그 적용", 세계헌법연구 제17권 2호 (2011. 8.)

정철, "건강보험상 임의비급여 허용의 문제점", 법학논총 24 (1), 국민대학교 법학연구소 (2011. 8.)

정형선, "2013년 국민의료비 및 국민보건계정", 보건복지부 연구 보고서, 연세대학교 의료·복지연구소, 한국보건사회연구원 (2015)

조서연, "임의비급여 사례에 대한 고찰", 법률신문 제4057호 (2012. 8.)

존 롤즈 (황경식 역), 정의론 A THEORY OF JUSTICE, 이학사 (2003)

지성수, "헌법재판소의 사회적 기본권에 대한 심사방법과 심사기준", 헌법논총 제24집 (2013).

차진아, "국민건강보험의 헌법상 의미와 실현구조", 고려법학 제57호, 고려대학교 법학연구원 (2010. 6.)

"청십자통감 - 1968~1989 스무해의 발자취", 부산청십자의료보험조합 (1989)

최계영, "국민건강보험의 행정법적 쟁점", 서울대학교 법학 제55권 제2호 (2014. 6.)

최기춘, 이현복, "국민건강보험과 민간의료보험의 역할 정립을 위한 쟁점", 보건복지포럼 (2017. 6.)

최병호, "국민건강보험의 재정위기 원인분석과 평가", 사회보장연구 제18권 제1호 (2002. 6.)

최호영, "건강보험체계와 임의비급여", 사회보장법연구 (2012. 12.)

한수웅, "사회복지의 헌법적 기초로서 사회적 기본권", 헌법학연구 제18권 제4호 (2012)

허호영, 김용아, 송인숙, "맥킨지 비전 한국 의료개혁 2010", 조선일보사 (2003)

홍강훈, "평등권 심사에 있어서 비교집단의 동일성 판단에 관한 연구", 공법연구 제42집 제4호, 사단법인 한국공법학회 (2014. 6.)

Gehard A. Ritter (전광석 역), 사회복지의 기원, 교육과학사 (1992)

Anne Donchin, "Reviewed Work: Just Health Care. by Norman Daniels", Noûs Vol. 23, No. 5 (1989. 12.)

Bernhard A Koch (ed), "Medical Liability in Europe - A Comprison of Selected

Jurisdictions", Tort and Insurance Law Vol 29, De Gruyter (2011)

Buchanan Allen, "Justice and Health Care", Oxford University Press, USA (2009)

Elizabeth H. Coogan, "Rawls and Health Care, Honors Theses Student Research", Digital Commons @ Colby (2007)

Davinia S. E. Seah, Timothy Z. Cheng, Matthew H. R. Anstey, "The hidden cost of private health insurance in Australia", Australian Health Reveiw (2013)

Ian Henneberger, "Healthcare and Justice: A Moral Obligation?", Philosophy Honors Papers, Digital Commons @ Connecticut College (2011)

Isaac AO Odeyemi, John Nixon, "The role and uptake of private health insurance in different health care system: are there lessons for developing countries?", Clinicoeconomics and Outcomes, Dovepress (2013)

John Rawls, "Political Liberalism", Columbia University Press (1993)

Kwangsu Mok, "John Rawl's Public Reason and Health Care Justice", Biomedical Law & Ethics 7 (1) (2013. 6.)

Leiyu Shi Douglas A. Singh, "Essentials of the U.S. Health Care System Forth Edition", JONES & BARTLETT LEARNING (2015)

Michael E. Porter, Clemens Guth, "Redefining German Health Care", Springer (2012)

Lucinda Glover, "The Australian Health Care System", 2015 International Profiles of Health Care systems (2015)

Norman Daniels, "Equity of Access to Health Care: Some Conceptual and Ethical Issues", The Milbank Memorial Fund Quarterly, Health and Society Vol. 60 No. 1 (1982)

Norman Daniels, "Is There a Right to Health Care and, If So, What Does It Encompass?", A Companion to Bioethics, Second Edition (edited by Helga Kuhse, Peter Singer) (2010)

Norman Daniels, James E. Sabin, "Setting Limits Fairly Second Edition",

OXFORD UNIVERSITY PRESS (2008)

Norman Daniels, James Sabin, "Limits to Health Care: Fair Procedures, Democratic Deliberation, and the Legitimacy Problem for Insurers, Philosophy and Public Affairs Vol 26. Issue 4." (1997. 10.)

Norman Daniels, "Just Health Care", CAMBRIDGE UNIVERSITY PRESS (1985)

Norman Daniels, "Just Health - Meeting Health Needs Fairly", CAMBRIDGE UNIVERSITY PRESS (2008)

OECD, "Value for money in health spending", "OECD Health Policy Studies" (2010)

O. Rauprich, "Gesundheitsgerechtigkeit - Zur Theorie von Norman Daniels", Bundesgesundheitsblatt - Gesundheitsforschung - Gesundheitsschutz (2009)

Paul J. Feldstein, "Health Care Economics (Seventh Edition)", DELMAR CENGAGE Learning (2012)

Robert Paul Wolff, "Understanding Rawls : a reconstruction and critique of A theory of justice", Princeton University Press (1977)

Thomas C. Shevory, Marshall University, "Applying Rawls to Medical Cases: An Investigation into the Usages of Analytical Philosophy, Journal of Health Politics, Policy and Law" (1986)

Varun Gauri, "Economics and the Right to Basic Services", the World Bank Legal Review, Law, Equity, and Development Volume 2, the World Bank (2006)

World Health Organization, "Tracking Universal Health Coverage" (2015)

영유아기 아동학대의 예방 및
조기 발견에 관한 고찰
- 제도 개선을 위한 제안을 중심으로 -

장혜영*

Ⅰ. 서론

친부와 계모가 6세 남아를 수개월간 화장실에 감금 및 폭행, 방치하여 살해한 일명 '원영이 사건',[1] 친부와 동거녀가 5세 여아를 폭행하고 병원 치료를 받게 하지 않아 사망에 이르게 한 일명 '준희양 사건'[2] 등 중대한 아동학대 사건이 발생할 때마다 우리는 분노한다. 그 분노는 아직 우리 사회에서 아동이 얼마나 취약한 존재인지, 그래서 부모를 포함한 타인의 사랑과 보호가 아동의 생명과 안위에 얼마나 절대적인지에 대한 새삼스러운 각성으로 이어지고, 이러한

* 의정부지방검찰청 고양지청 검사
1) 수원지방법원 평택지원 2016. 8. 10. 선고 2016고합26 살인 등 판결. 1심에서 친부에 대해서 징역 15년, 계모에 대해서 징역 20년을 각 선고하였으나, 2심에서는 친부에 대해서 징역 17년, 계모에 대해서 징역 27년을 각 선고하였고, 대법원에서 그대로 확정되었다.
2) 전주지방법원 2018. 6. 29. 선고 2018고합11 아동학대범죄의처벌등에관한특례법위반 (아동학대치사) 등 판결. 1, 2심에서 각 친부에 대해서 징역 20년, 계모에 대해서 징역 10년을 선고하였고, 현재 대법원 계속 중이다.

각성은 통계로 뒷받침된다.

2017년 전국 아동보호전문기관에서 아동학대로 판단한 아동학대 사례는 총 22,367건으로, 학대행위자는 부모가 76.8%, 발생장소는 가정이 80.4%로 가장 많았다. 피해아동의 나이는 13~15세가 22.9%, 10~12세가 20.9%, 7~9세가 17.6%, 6세 미만은 25.2%로 나타났다. 총 아동학대사례 중 아동이 사망한 사례는 46건으로, 사망아동의 나이는 1세 미만이 15건, 1세 4건, 2세 4건, 3세 8건, 4세 3건, 5세 및 7세가 각 4건으로 사망아동의 약 82%가 7세 미만의 아동으로 나타났고, 발생장소는 가정이 76.1%였다.3) 위 통계에서 눈에 띄는 점 중 하나는 아동학대사례 중 피해자가 사망한 경우 피해아동의 나이가 평균적인 피해아동의 나이보다 훨씬 어리다는 점이다. 즉 전체 아동학대 피해자 중 6세 미만은 25.2%에 불과한 반면, 아동이 사망한 경우 피해아동의 82%가 6세 미만이다.

이러한 특성은 2016년 및 2015년 통계에서도 확인된다. 2016년의 경우 총 아동학대사례는 18,700건으로, 학대행위자는 부모가 80.5%, 발생장소는 가정이 82.4%였다. 피해아동의 나이는 13~15세가 22.5%, 10~12세가 20.6%, 7~9세가 19.2%, 6세 미만은 21.5%였다. 아동사망사례는 50건으로, 사망아동의 나이는 1세 미만이 14건, 2세 7건, 3세 3건, 4세 및 6세 각 4건, 13세 3건으로 사망아동의 64%가 7세 미만의 아동으로 나타났고, 발생장소는 가정이 68%였다.4) 2015년의 경우 총 아동학대사례는 11,715건으로, 학대행위자는 부모가 79.8%, 발생장소는 가정이 82.3%였다. 피해아동의 나이는 13~15세가 22.2%, 10~12세가 19.5%, 7~9세가 18.1%, 6세 미만은 28.5%였다. 아동사망

---

3) 보건복지부 및 중앙아동보호전문기관, "2017 전국아동학대 현황보고서", 보건복지부 아동관리과 (2018. 11.)
4) 보건복지부 및 중앙아동보호전문기관, "2016 전국아동학대 현황보고서", 보건복지부 아동권리과 (2017. 11.), 106.

사례는 19건으로, 1세 미만 7건, 1세 2건, 2세 4건, 6세 1건, 7세 1건, 16세 1건으로 사망아동의 약 73%가 7세 미만으로 나타났고, 발생장소는 가정이 68.4%였다.[5]

위 통계에서 확인된 일견 모순된 현상, 즉 총 아동학대사례를 기준으로 할 경우 7세 미만의 '더 어린' 아동들이 피해자가 될 가능성은 채 30%가 되지 않는 반면, 아동학대사례 중 가장 중하다고 할 수 있는 사망 사례의 경우 그 가능성이 2~3배 이상 급증하는 현상은 우선 아동의 나이가 어릴수록 더 중한 학대를 입을 위험성이 높은 반면, 학대 사실이 외부에 노출될 가능성은 낮다는 점을 시사한다. 이는 아동의 나이가 어릴수록 신체적, 언어적 능력이 제한되고, 부모에 절대적으로 의존할 수밖에 없는 특성에서 기인한다고 할 것이다. 총 아동학대사례의 피해자들 중 대부분이 초등학생 이상인 것은 초등학생 이상의 아동은 7세 미만의 아동에 비하여 신체적, 언어적 능력이 발달한 데다 학교 등 가정 외의 장소에도 속해 있는 경우가 많아 교사 등 부모 외 타인에 의하여 발견될 가능성이 높기 때문일 것이다. 또한, 사망이 그 특성상 의료기관 이용, 매장 등으로 결국 외부에 노출될 가능성이 높다는 점을 고려하면, 사망까지 이르지 아니한 상해 등 신체적 학대나 정서적 학대는 외부에 발견될 가능성이 낮음을 시사한다. 결국 7세 미만의 아동들에 대한 학대사례 중 일부는 이미 존재하고, 그 결과가 더 중할 수 있음에도, 통계에 포함되지 않는다는 의미에서 암장되어 있다고 할 수 있다. 따라서 '더 어린' 아동에 대한 학대 사실을 빨리 발견하여 사망 등 더 중한 결과를 방지할 필요가 있다는 것이, 마지막 시사점이다.

위와 같은 시사점을 바탕으로 이 글에서는 '더 어린' 아동에 대한 학대를 일찍 발견하기 위하여 국가와 사회의 적극적인 개입이 필요

---

5) 보건복지부 및 중앙아동보호전문기관, "2015 전국아동학대 현황보고서", 보건복지부 아동권리과 (2016. 09.), 29.

하다는 점을 논의하고, 그 근거로 헌법과 아동복지법 등 관계 법률을 검토하기로 한다. 논의의 전제로 '더 어린' 아동을 영유아로 정의하고, 영유아의 특성 및 현행법과 판례에서 인정하는 아동학대의 의의를 간단히 살펴보기로 한다. 영유아에 대한 아동학대의 예방 및 조기 발견을 위한 현행 제도로 2018. 3.경부터 시행 중인 보건복지부의 'e아동행복지원시스템'을 살펴보고, 나아가 출생신고 제도의 개선 및 영유아 건강검진을 활용하여 의료인의 신고율을 높이는 방안을 제안하고자 한다. 이와 함께 부모 등 보호자에게 영유아 건강검진을 받을 의무를 부과하고 강제할 수 있는 방법에 대해서도 검토하고자 한다.

II. 영유아기 아동학대의 의의, 특성 및 예방 필요성

1. 영유아 및 아동학대의 의의

아동복지법은 아동을 18세 미만인 사람[6]으로 정의하고, 영유아보육법은 영유아를 6세 미만의 취학 전 아동으로 정의[7]하고 있다. 발달 단계에 따라 영아는 신체적 성장이 두드러지는 생후 2년까지로, 유아는 언어 및 논리적 사고능력, 정서, 사회화 등이 발달하는 2세부터 초등학교 취학 전까지로 세분할 수 있다. 영유아는 외부의 위험으로부터 벗어날 힘이 없고 노동능력도 없어 유약하고 의존적

---

6) 아동복지법 제3조 (정의) 이 법에서 사용하는 용어의 뜻은 다음과 같다.
   1. "아동"이란 18세 미만인 사람을 말한다.
7) 영유아보육법 제2조 (정의) 이 법에서 사용하는 용어의 뜻은 다음과 같다.
   1. "영유아"란 6세 미만의 취학 전 아동을 말한다.

이고, 독립적 생활이 거의 불가능하므로 누군가의 보호가 절대적이고, 대개의 경우 부모의 보호와 양육을 통해 성장하며, 생애 초기의 경험이 이후의 삶에 깊은 영향을 미치는 등 고유한 발달 특성이 있다.[8]

아동학대에 대해서는 아동복지법이 총칙 규정[9]에서 '보호자를 포함한 성인이 아동의 건강 또는 복지를 해치거나 정상적 발달을 저해할 수 있는 신체적·정신적·성적 폭력이나 가혹행위를 하는 것과 아동의 보호자가 아동을 유기하거나 방임하는 것'이라고 정의한 후, '금지행위'라는 제목 아래 신체적 학대행위, 정서적 학대행위 등 구체적인 학대행위의 유형을 규정[10]하고 있다. 이 글에서는 영유아

---

8) 정한별, "영유아 보육의 국가책임에 관한 헌법적 연구", 석사학위 논문, 서울대학교 (2016), 15-19.
9) 아동복지법 제3조 (정의) 이 법에서 사용하는 용어의 뜻은 다음과 같다.
   7. "아동학대"란 보호자를 포함한 성인이 아동의 건강 또는 복지를 해치거나 정상적 발달을 저해할 수 있는 신체적·정신적·성적 폭력이나 가혹행위를 하는 것과 아동의 보호자가 아동을 유기하거나 방임하는 것을 말한다.
10) 아동복지법 제17조 (금지행위) 누구든지 다음 각 호의 어느 하나에 해당하는 행위를 하여서는 아니 된다.
    1. 아동을 매매하는 행위
    2. 아동에게 음란한 행위를 시키거나 이를 매개하는 행위 또는 아동에게 성적 수치심을 주는 성희롱 등의 성적 학대행위
    3. 아동의 신체에 손상을 주거나 신체의 건강 및 발달을 해치는 신체적 학대행위
    4. 삭제 <2014. 1. 28.>
    5. 아동의 정신건강 및 발달에 해를 끼치는 정서적 학대행위
    6. 자신의 보호·감독을 받는 아동을 유기하거나 의식주를 포함한 기본적 보호·양육·치료 및 교육을 소홀히 하는 방임행위
    7. 장애를 가진 아동을 공중에 관람시키는 행위
    8. 아동에게 구걸을 시키거나 아동을 이용하여 구걸하는 행위
    9. 공중의 오락 또는 흥행을 목적으로 아동의 건강 또는 안전에 유해한 곡예를 시키는 행위 또는 이를 위하여 아동을 제3자에게 인도하는 행위
    10. 정당한 권한을 가진 알선기관 외의 자가 아동의 양육을 알선하고 금품을 취득하거나 금품을 요구 또는 약속하는 행위
    11. 아동을 위하여 증여 또는 급여된 금품을 그 목적 외의 용도로 사용하는

인 아동에 대한 학대를 영유아기 아동학대로 지칭한다.

2. 영유아기 아동학대의 특성

아동복지법은 아동학대에 관하여 아동의 나이 별로 따로 규율하고 있지 않으나, 실제로 발생하는 아동학대의 구체적인 유형은 아동의 나이에 따라 다소 차이가 있다. 2017년 중앙아동보호전문기관이 아동학대사례를 아동의 연령과 아동학대의 4가지 유형(신체학대, 정서학대, 성학대, 방임)에 따라 분류한 결과에 의하면, 6세 이하의 아동에서는 방임의 비율이 가장 높게 나타났고, 7~9세 아동에서는 가장 비율이 낮은 성학대를 제외한 나머지 세 유형의 학대가 비슷한 비율로 나타났고, 10~12세 아동에서는 가장 비율이 낮은 방임을 제외한 나머지 세 유형의 학대가 비슷한 비율로 나타났고, 13~17세 아동에서는 성학대의 비율이 가장 높고, 신체학대 및 정서학대의 비율은 비슷하고, 방임의 비율이 가장 낮은 순서로 나타났다.[11] 영유아 중에서도 영아에 대한 방임 및 유기가 유아보다 더 많고, 영아의 경우 매매 및 불법입양도 포함되어 있는[12] 등 차이가 있다. 한편, 아동학대 피해아동을 대상으로 그 후유증을 분석한 결과 아동학대 후유증 가운데 신체발달지연, 언어문제, 영양결핍, 대소변문제(청소년기에서는 제외) 등을 포함한 발달 문제의 발생비율이 가장 높은 계층

행위
11) 보건복지부 및 중앙아동보호전문기관, "2017 전국아동학대 현황보고서", 보건복지부 아동관리과 (2018. 11.), 131-132.
12) 전영숙, 윤정실, 유진, "영유아 학대특성 및 피해자 보호지원방안", 육아정책연구소 (2016), 35-36. 이 책에서는 연구방법 중 하나로, 서울중앙지방검찰청 등 12개 검찰청에서 보관 중인 2011년 내지 2015년 사이에 확정된 아동복지법위반 또는 아동학대범죄의처벌등에관한특례법위반 사건 기록 186건을 대상으로 분석하였다고 밝히고 있다.

은 방임을 경험한 집단으로 나타났다.[13]

3. 영유아기 아동학대의 예방 필요성

영유아뿐만 아니라 모든 아동에 있어서 학대 경험은 자존감을 떨어뜨리고 정체성 혼미와 스트레스 대처 능력의 결함을 가져오며, 우울증과 함께 낮은 학업 성취도를 유발하며, 높은 자살 충동을 갖게 하는 등 개인의 성격이나 사회적 기능, 대인관계 등에 부정적인 영향을 준다.[14] 학대는 그 자체만으로 치명적인 심리학적 문제를 일으킴[15]은 물론, 특히 방임을 경험한 아동은 자신의 책임이 있는 상황에서 죄책감을 느끼는 경향이 낮으며 자신을 분리시키거나 무관심하고 비난의 원인을 타인에게로 돌리는 경향이 높은 것으로 나타났다.[16] 게다가 장기적으로 교육의 부재, 정신건강 문제, 사회적 고립 등으로 인해 실직이나 생산성 저하를 불러 일으켜 개인의 경제적 안정 및 사회의 경제 발전을 저해하고, 범죄 유발 등으로 인해 사회 병리적 현상을 발생시키는 등 아동학대는 한 개인의 문제로 끝나는 것이 아니라 사회적 문제로 발전할 수 있다는데 그 심각성이 있다.[17]

위와 같은 아동학대의 폐해를 고려할 때 아동학대를 예방해야 한다는 것은 너무나 당연하게 느껴진다. 특히, 영유아기 아동학대 중 방임의 비율이 높은 이유는 보호자에게 절대적으로 의존할 수밖에

---

13) 강지영, 장화정, "아동학대 세부특성에 따른 피해아동의 하위집단 분류와 문제행동 비교", 한국아동복지학 제62호 (2018), 22.
14) 정해숙, 이은주, "영유아부모의 아동학대와 대처방안인식에 관한 연구", 아동보호연구 창간호 (2016), 71.
15) 황은수, "아동의 학대경험이 우울과 불안에 영향을 미치는 자기인식정서의 매개효과", 석사학위 논문, 숙명여자대학교 (2006), 15.
16) 황은수, 앞의 글, 50.
17) 김수정, 정익중, "아동학대가 우울, 불안과 공격성에 미치는 지속 효과와 최신 효과에 대한 종단 연구", 한국아동복지학 제43호 (2013), 2.

없는 영유아의 특성에 의한 것으로, 방임의 후유증인 발달 문제는 이를 치료 내지 개선하기 쉽지 않고 그 결과가 평생 또는 장기간 지속될 수 있어 아동 본인 및 그 가족에게 중대한 영향을 미친다는 점에서, 영유아기 아동학대를 조기 발견하여 더 심각한 학대 및 그로 인한 후유증을 예방할 필요가 있다. 그리고 아직 의사표시 및 행위능력이 부족하여 외부에 피해사실을 알리거나 도움을 구하기 어려운 영유아의 또 다른 특성을 고려하면, 그 방법의 측면에서, 공적인 절차나 제도를 통해 적극적으로 찾아낼 필요[18]가 다른 연령기에 비하여 더욱 크다고 할 것이다.

III. 영유아기 아동학대 예방 및 조기 발견을 위한 국가의 책임

1. 이론적 근거

오랫동안 아동학대가 사회적으로 주목받지 못하고 이에 대한 사법기관 등 국가의 개입이 부족했던 이유 중 하나는 아동이 부모의 소유물이라는 인식, 부모가 아동을 어떤 방식으로 훈육하느냐는 부모의 소관, 즉 가정사에 불과하다는 인식[19]이었다. 이처럼 아동학대에 관한 국가의 역할과 책임은 국가와 아동·가족 문제의 관계에 대하여 어떤 관점을 취하느냐에 따라 그 범위와 정도가 달라질 것인데, 이와 관련하여 자유방임주의(laissez-faire)는 아동 문제에 관한 국

---

18) 김은정, "아동학대 현황과 예방정책", 보건복지포럼 233권 (2016), 39.
19) 이세원, "한국 아동학대범죄에 대한 사법적 판단과 지향에 대한 연구", 박사학위 논문, 서울대학교 (2017), 1.

가의 개입은 최소한에 그쳐야 한다는 관점, 국가후견주의(paternalism)는 아동의 보호를 위해 국가의 개입을 확대해야 한다는 관점, 출생 가족중심주의(birth family perspective)는 아동 양육에 있어 부모의 권리와 권한을 강화하고 가족을 지원하는 지방 정부의 권한을 늘려야 한다는 관점, 아동의 권리 및 해방 주의(children's rights and child liberation)는 아동을 독립적인 주체로 보면서 아동 고유의 견해를 중시하고 국가는 부모의 부당한 억압에서 아동을 자유롭게 해주어야 한다는 관점이다.[20]

아동의 양육이 전적으로 부모의 권한이라는 인식 또는 이에 대한 국가의 개입은 최소한에 그쳐야 한다는 견해는 동의하기 어렵다. 말하자면, '아이를 키우는 데는 한 부족이 필요하다(It takes a tribe to raise a human)'.[21] 그러나 자유방임주의를 제외하더라도, 위 관점들 중 어느 하나만으로는 아동 문제에 대한 국가의 역할을 제대로 설명할 수 없으므로, 서로 충돌하는 것 같은 관점들 사이에 균형[22]을 찾을 필요가 있다. 자신의 가치관과 신념에 따라 아동을 양육할 부모의 권리[23] 또한 중요한 가치이며, 국가는 아동의 보호를 위해 부모와 협력하고 가정이 좀 더 원활하게 유지되도록 지원할 의무가 있는 한편, 아동의 안위를 해치는 부모의 부당한 행위에 대해서는 이를 제지하여 아동을 보호할 책임이 있고, 이러한 과정에서 아동은 단순히 보호의 객체가 아니라 권리의 주체로 인식되어야 할 것이다.

---

20) Lorraine M. Fox Harding, "The Children Act 1989 in context: Four perspectives in Child Care Law and Policy (II)", The Journal of Social Welfare & Family Law volume 13 (1991), 299.

21) Yuval Noah Harari, Sapiens - A brief history of humankind, Penguin Random House (2015), 11.

22) Lorraine M. Fox Harding, 앞의 글, 300.

23) 헌법재판소 2011. 12. 29. 선고 2010헌마293 결정. '부모는 자녀의 교육에 관하여 전반적인 계획을 세우고 자신의 인생관·사회관·교육관에 따라 자녀의 교육을 자유롭게 형성할 권리, 즉 자녀교육권을 가진다.'

2. 법적 근거

헌법은 모든 국민이 인간으로서의 존엄과 가치 및 행복추구권을 갖고, 국가는 이를 보장할 의무를 진다24)고 선언하고 있다. 또한 모든 국민은 인간다운 생활을 할 권리를 가지고, 국가는 사회보장·사회복지의 증진에 노력할 의무 및 노인과 청소년의 복지향상을 위한 정책을 실시할 의무를 진다25)고도 규정하고 있다. 헌법재판소 또한 '우리 헌법이 제34조 제4항26) 및 제32조 제5항27)에서 국가의 아동·청소년 보호 의무를 개별적으로 규정하고 있으므로, 국가는 아동·청소년의 건전한 성장을 위한 정책을 개발하고 실시하여야 한다'고 판시28)하였다.

이에 따라 아동복지법은 아동의 안전·건강 및 복지 증진을 위하여 아동과 그 보호자 및 가정을 지원하기 위한 정책을 수립·시행하여야 하는 국가와 지방자치단체의 의무29)를 다시 한 번 선언하고, 아동학대의 예방과 방지 의무30)를 따로 규정하면서, 특히 유치원의

---

24) 헌법 제10조 모든 국민은 인간으로서의 존엄과 가치를 가지며, 행복을 추구할 권리를 가진다. 국가는 개인이 가지는 불가침의 기본적 인권을 확인하고 이를 보장할 의무를 진다.

25) 헌법 제34조 ① 모든 국민은 인간다운 생활을 할 권리를 가진다.
② 국가는 사회보장·사회복지의 증진에 노력할 의무를 진다.
④ 국가는 노인과 청소년의 복지향상을 위한 정책을 실시할 의무를 진다.

26) 헌법 제34조 ④ 국가는 노인과 청소년의 복지향상을 위한 정책을 실시할 의무를 진다.

27) 헌법 제32조 ⑤ 연소자의 근로는 특별한 보호를 받는다.

28) 헌법재판소 2004. 5. 27. 선고 2003헌가1 등 결정.

29) 아동복지법 제4조 (국가와 지방자치단체의 책무) ① 국가와 지방자치단체는 아동의 안전·건강 및 복지 증진을 위하여 아동과 그 보호자 및 가정을 지원하기 위한 정책을 수립·시행하여야 한다.

30) 아동복지법 제22조 (아동학대의 예방과 방지 의무) ① 국가와 지방자치단체는 아동학대의 예방과 방지를 위하여 다음 각 호의 조치를 취하여야 한다.
1. 아동학대의 예방과 방지를 위한 각종 정책의 수립 및 시행

유아 및 초·중등교육법에 따른 학교의 학생에 대한 아동학대의 조기 발견과 신속한 조치 의무를 명시하고 있다.[31) 위 조항은 그 보호 대상으로 유치원에 다니지 않는 영유아를 포함시키지는 않았으나, '아동학대의 조기 발견과 신속한 조치'의 중요성을 강조하는 점에서 그 의의를 찾을 수 있다.

3. 소결

앞서 살펴본 국가와 아동 문제의 관계에 관한 여러 관점들의 균형, 헌법과 아동복지법의 규정을 종합하면, 영유아의 양육 문제에 국가가 적극 개입하는 것은 부모에 대하여 올바른 양육방법을 제시하고 양육에 필요한 최소한의 비용이나 물품을 지원함으로써 가족을 보호함과 동시에 아동학대를 예방하고, 이미 발생한 학대에 대해서는 빨리 발견할 수 있는 장치를 제도화함으로써 더 심각한 학대를 방지하고, 이를 통해 궁극적으로 영유아가 올바른 인격의 주체로서 성장할 수 있도록 하기 위해 꼭 필요한 국가의 책임이자 의무라

---

2. 아동학대의 예방과 방지를 위한 연구·교육·홍보 및 아동학대 실태조사
3. 아동학대에 관한 신고체제의 구축·운영
4. 피해아동의 보호와 치료 및 피해아동의 가정에 대한 지원
5. 그 밖에 대통령령으로 정하는 아동학대의 예방과 방지를 위한 사항
31) 아동복지법 제22조의2 (학생등에 대한 학대 예방 및 지원 등) ① 국가와 지방자치단체는 「유아교육법」에 따른 유치원의 유아 및 「초·중등교육법」에 따른 학교의 학생 (이하 이 조에서 "학생등"이라 한다)에 대한 아동학대의 조기 발견 체계 및 제45조에 따른 지역아동보호전문기관 (이하 "지역아동보호전문기관"이라 한다) 등 관련 기관과의 연계 체계를 구축하고, 학대피해 학생등이 유치원 또는 학교에 안정적으로 적응할 수 있도록 지원하여야 한다. ② 교육부장관은 아동학대의 조기 발견과 신속한 보호조치를 위하여 대통령령으로 정하는 바에 따라 장기결석 학생등의 정보 등을 보건복지부장관과 공유하여야 한다.

고 할 것이다.

Ⅳ. 영유아기 아동학대 예방 및 조기 발견을 위한 현행 제도의 검토 및 제안

1. 현행 보건복지부의 'e아동행복지원시스템' 검토

보건복지부는 2018. 3. 19. 빅데이터를 활용하여 보호가 필요한 아동을 신속하게 찾아 필요한 복지서비스를 연계하는 'e아동행복지원시스템'을 개통하였다. 'e아동행복지원시스템'은 장기결석 여부, 영유아 건강검진·예방접종 실시여부, 병원기록 등의 정보를 모아 일정 수준 이상의 요건을 충족하면 보호 필요 아동으로 추정하여 각 읍면동으로 자동 통지하는 시스템으로, 위 정보를 받은 읍면동 공무원은 해당 아동의 가정에 직접 방문하여 양육환경을 확인하고, 복지서비스가 필요할 경우 '드림스타트'등 서비스 제공기관에, 아동학대가 의심되는 경우 경찰이나 아동보호전문기관에 연계한다.[32]'드림스타트'(구 '희망스타트')는 아동복지법 제37조[33]에 근거하여 임산

---

32) 보건복지부 보도자료, "아이가 보내는 위기신호, 빅데이터로 찾는다", 아동권리과 (2018. 3. 19.), 2.
33) 아동복지법 제37조 (취약계층 아동에 대한 통합서비스지원) ① 국가와 지방자치단체는 아동의 건강한 성장과 발달을 도모하기 위하여 대통령령으로 정하는 바에 따라 아동의 성장 및 복지 여건이 취약한 가정을 선정하여 그 가정의 지원대상아동과 가족을 대상으로 보건, 복지, 보호, 교육, 치료 등을 종합적으로 지원하는 통합서비스를 실시한다.
② 제1항에 따른 통합서비스지원의 대상 선정, 통합서비스의 내용 및 수행기관·수행인력 등에 필요한 사항은 대통령령으로 정한다.
③ 보건복지부장관은 통합서비스지원사업의 운영지원에 관한 업무를 법인,

부, 12세 이하(초등학생) 아동 및 가족을 대상으로 하여 취약계층 아동에게 맞춤형 통합서비스를 제공하여 아동의 건강한 성장과 발달을 도모하고 공평한 출발기회를 보장함으로써 건강하고 행복한 사회구성원으로 성장할 수 있도록 지원하는 사업으로, 2007.경부터 시행되고 있다.[34] 'e아동행복지원시스템'은 전국 개통에 앞서 2017. 9.경부터 2018. 2.경까지 2차에 걸쳐 수도권 소재 66개 시군구(974개 읍면동)에서 시범사업을 진행하였는바, 총 13,407명이 위기 아동으로 예측되었고 그 중 620명에 대해서는 복지서비스를 연계하고, 6명은 아동학대가 의심되어 아동보호전문기관 등에 조사를 의뢰하였다.[35]

'e아동행복지원시스템'은 기본적인 취지가 아동에 대한 사회보장 또는 사회복지 제도이고, 시행된 지 아직 1년도 되지 않아 위 시스템의 성공 여부, 특히 아동학대의 발견 및 사후 조치에 있어서의 효과를 평가하기는 어려우나, 위 시스템이 사람의 신고에 의존하지 않고 건강검진·예방접종 내역 등 기존의 사회보장 관련 정보를 이용하여 아동학대를 추정할 수 있는 장치를 마련했다는 점에서, 특히 외부에 노출되기 어려운 영유아기 아동학대의 예방 및 조기 발견에 의미가 있다고 할 것이다.

단체 등에 위탁할 수 있다.
34) 보건복지부 지침, "2018 드림스타트 사업안내", 아동권리과 (2017), 16, 19.
35) 앞의 보건복지부 보도자료, 6.

2. 출생신고 제도의 개선 제안

<사례 1> A는 병원에서 아이를 출산한지 3일 후 아이만 병원에 둔 채 도주하였고, 이후 수사기관에 아동복지법위반 (아동유기·방임)으로 입건되어 기소될 때까지 아이의 출생신고를 하지 않고, 아이의 부가 누구인지도 진술하지 않았다. 아이는 아동보호시설에서 보호되고 있으나 출생신고가 되지 않아 입양도 될 수 없는 상태이다.[36)]

가. 현행 출생신고 제도의 문제점 및 대안으로서 의료기관의 출생통보제 검토

국가가 아동학대를 발견하기 위해서는 우선 아동의 존재를 알고 있어야 한다. 국가가 그 존재를 알지 못하는 아동은 사망하더라도 사망했다는 사실조차 인식될 수 없기 때문이다. 국가가 아동의 존재를 알게 되는 처음이자 가장 중요한 방법은 출생신고인바, 가족관계의 등록 등에 관한 법률(이하 가족관계등록법)은 자녀의 부 또는 모가 출생 후 1개월 이내에 하는 것을 원칙으로 하고, 후순위 신고의무자로 동거 친족 및 분만에 관여한 의사 등을 규정하고, 위 각 신고의무자들이 신고기간 내 신고를 하지 않아 자녀의 복리가 위태롭게 될 우려가 있는 경우 검사 또는 지방자치단체장이 신고할 수 있게[37)] 하였다. 병원 등 공공시설에서 출생하였으나 부모가 신고할 수

---

36) 2019. 4. 3. 현재 의정부지방법원 고양지원 2019고단226 아동복지법위반 (아동유기·방임)으로 재판계속 중.

37) 가족관계등록법 44조 (출생신고의 기재사항) ① 출생의 신고는 출생 후 1개월 이내에 하여야 한다.

제46조 (신고의무자) ① 혼인 중 출생자의 출생의 신고는 부 또는 모가 하여

없는 경우에는 그 시설의 장 또는 관리인에게 신고의무38)가 있다. 부모를 비롯한 신고의무자가 정당한 사유 없이 신고기간 내 신고를 하지 않을 경우 5만원 이하의 과태료가 부과된다.39)

그러나 출생신고를 부모 등 개인의 신고에 맡겨두는 것은 필연적으로 <사례>와 같은 고의적인 미신고를 초래할 수밖에 없고, 출생신고가 되지 않은 아동은 예방접종, 의무교육 등 국민으로서의 권리를 전혀 보장받지 못하고 방치될 수밖에 없다. 이러한 상태가 아동의 생명 또는 안위에 중대한 위해가 됨은 더 언급할 필요도 없는바, 국가가 영유아의 출생 사실을 인식하는 것은 아동학대를 예방 및 발견하기 위한 사전 조치일 뿐만 아니라, 그 자체로 이미 발생한 방임 내지 유기에 의한 아동학대 사실을 인지하게 되는 것이다.

현행 출생신고 제도의 문제점을 보완하기 위해 가족관계등록법의 일부개정법률안이 다수 발의되었는바, 출생신고 시 혼인 중혼인 외 출생 구별을 폐지하고 부 또는 모가 신고할 수 있도록 출생신고 의무 대상자를 확대하는 한편, 현행법상 신고 의무자인 의사, 조산

야 한다.

② 혼인 외 출생자의 신고는 모가 하여야 한다.

③ 제1항 및 제2항에 따라 신고를 하여야 할 사람이 신고를 할 수 없는 경우에는 다음 각 호의 어느 하나에 해당하는 사람이 각 호의 순위에 따라 신고를 하여야 한다.

1. 동거하는 친족

2. 분만에 관여한 의사·조산사 또는 그 밖의 사람

④ 신고의무자가 제44조제1항에 따른 기간 내에 신고를 하지 아니하여 자녀의 복리가 위태롭게 될 우려가 있는 경우에는 검사 또는 지방자치단체의 장이 출생의 신고를 할 수 있다.

38) 가족관계등록법 제50조 (공공시설에서의 출생) 병원, 교도소, 그 밖의 시설에서 출생이 있었을 경우에 부모가 신고할 수 없는 때에는 당해 시설의 장 또는 관리인이 신고를 하여야 한다.

39) 가족관계등록법 제122조 (과태료) 이 법에 따른 신고의 의무가 있는 사람이 정당한 사유 없이 기간 내에 하여야 할 신고 또는 신청을 하지 아니한 때에는 5만원 이하의 과태료를 부과한다.

사 등이 작성한 출생증명서를 지방자치단체의 장에게 송부하도록
하는 내용 등에 대해 구체적이고 명확한 절차 규정을 명시하는 동
시에 출생신고 의무 위반 시 부과되는 과태료를 상향하자는 안(의안
번호 2018307, 2019. 1. 24. 이찬열 의원 등 10일 발의),⁴⁰⁾ 분만에 관
여한 의사·조산사 등에게 출생 후 14일 이내에 건강보험심사평가원
에 출생사실을 통보하도록 의무화하고, 이를 위반할 경우 과태료를
부과할 수 있도록 하며, 출생신고 기간 내에 신고를 이행하지 않은
경우 출생신고를 할 것을 최고하거나 지방자치단체가 직접 출생신
고를 할 수 있도록 하는 안(의안번호 2008435, 2017. 8. 8. 권미혁 의
원 등 17인 발의),⁴¹⁾ 아동이 출생한 의료기관에 출생증명서 송부의

---

40) 제46조제1항 중 "혼인 중 출생자"를 "출생자"로 하고, 같은 조 제2항을 삭
제하며, 같은 조 제3항 및 제4항을 각각 제2항 및 제3항으로 하고, 같은 조
제2항 (종전의 제3항) 각 호 외의 부분 중 "제1항 및 제2항에 따라 신고를
하여야 할 사람이"를 "제1항에 따라 부 또는 모가"로 한다.
제46조의2를 다음과 같이 신설한다.
제46조의2 (출생증명서의 송부 등) ① 의사·조산사나 그 밖에 분만에 관여한
사람은 다음 각 호의 사항을 포함한 출생증명서를 작성하여 30일 이내에
출생지를 관할하는 시·읍·면의 장에게 송부하여야 한다.
1. 자녀의 성별
2. 출생의 연월일시 및 장소
3. 부모 (부를 알 수 없는 경우에는 모)의 성명·주민등록번호, 주소 (부 또는
모가 외국인인 경우에는 그 성명·출생연월일·국적)
② 출생증명서를 송부 받은 시·읍·면의 장은 이를 바탕으로 출생신고의무자
가 제44조제1항에 따른 기간 내에 출생신고를 하였는지 여부를 확인하고,
출생신고를 하지 않은 경우 30일 이내에 신고할 것을 최고하여야 한다.
③ 제1항에 따른 출생증명서의 송부는 대법원규칙으로 정하는 바에 따라 전
산정보처리조직을 이용하여 전자문서로 할 수 있다. 이 경우 출생증명서의
정보가 전산정보처리조직에 저장된 때에 접수된 것으로 본다.
④ 출생증명서의 양식, 송부, 접수 및 처리절차에 관한 사항은 대법원규칙으
로 정한다.
41) 제44조의3부터 제44조의5까지를 각각 다음과 같이 신설한다.
제44조의3 (출생의 통보) ① 분만에 관여한 의사·조산사 또는 그 밖의 사람

무를 부여하는 안(의안번호 2007630, 함진규 의원 등 10일 발의)[42] 등이 있다. 위 개정법률안 중 다수는 의료기관에 대하여 아동의 출생사실을 행정기관에 통보하도록 하는바, 이는 부모 등에 의한 출생신고가 이루어지기 전에 신속하게 아동의 출생에 관여한 의료기관

은 출생 후 14일 이내에 「국민건강보험법」 제62조에 따른 건강보험심사평가원 (이하 이 조에서 "심사평가원"이라 한다)에 출생통보서 (의사·조산사의 경우 출생증명서, 의사·조산사 외에 분만에 관여한 사람의 경우 출생사실을 증명하는 서면을 말한다. 이하 같다)를 제출하여야 한다.

② 심사평가원은 제1항에 따른 출생통보서를 제출받은 때에는 이를 출생지를 관할하는 시·읍·면의 장에게 송부하여야 한다.

③ 제1항 및 제2항에 따른 출생통보서의 제출 및 송부는 전산정보처리조직을 이용하여 전자문서로 할 수 있고, 그 밖에 출생통보서의 제출, 송부 등에 관하여 필요한 사항은 대법원규칙으로 정한다.

제44조의4 (출생신고의 확인) 제44조에 따라 출생신고를 받은 시·읍·면의 장은 이를 제44조의3제2항에 따라 송부받은 출생통보서와 대조하여 확인하여야 한다.

제44조의5 (출생신고 미신고 조사 등) 제44조의3제2항에 따라 출생통보서를 송부받은 시·읍·면의 장은 이를 바탕으로 출생신고의무자가 제44조제1항에 따른 기간 내에 출생신고를 하였는지 여부를 확인하고, 기간 내에 출생신고를 하지 아니한 경우에는 신고할 것을 최고하거나 제46조제4항에 따른 절차를 이행하여야 한다.

42) 제46조의2를 다음과 같이 신설한다.

제46조의2 (출생증명서의 송부) ① 의사·조산사나 그 밖에 분만에 관여한 사람은 다음 각 호의 사항을 포함한 출생증명서를 작성하여 출생 후 30일 이내에 출생지를 관할하는 시·읍·면의 장에게 송부하여야 한다.

1. 자녀의 성별

2. 출생의 연월일시 및 장소

3. 부모 (부를 알 수 없는 경우는 모)의 성명·주민등록번호, 주소 (부 또는 모가 외국인인 때에는 그 성명·출생연월일·국적)

② 출생증명서를 송부받은 시·읍·면의 장은 이를 바탕으로 출생신고의무자가 제44조제1항에 따른 기간 내에 출생신고를 하였는지 여부를 확인하고, 출생신고를 하지 않은 경우 30일 이내에 신고할 것을 최고하여야 한다.

③ 출생증명서의 양식, 송부, 접수 및 처리 절차에 관한 사항은 대법원규칙으로 정한다.

에 의하여 출생 사실이 통보되도록 하는 제도를 도입하자는 견해43)
와 일맥상통한다고 할 것이다.

의료기관에 의한 출생통보는 다수의 아동이 병원에서 태어나는
현실을 고려할 때 출생에 관한 정보를 가장 먼저, 많이 보유하고 있
는 의료기관으로 하여금 국가에 아동의 출생사실이 신속히 통보하
게 함으로써 출생신고의 누락 내지 지연을 방지44)할 수 있다는 점
에서 의의가 있으나, 여전히 부모의 출생신고를 요구한다는 점에서
현행 출생신고의 본질적인 문제를 해소하기는 어렵다. 의료기관에
서 아동의 출생을 통보하더라도 신고의무자가 출생신고를 하지 않
는다면 결국은 그 출생은 신고 행위 없이 등록되어야 하기 때문이
다. 아동이 국가라는 공동체 안에 태어난 이상 국가는 그 구성원의
존재를 확인할 의무가 있다. 국가는 국민의 보편적 인권을 확인하고
이를 보장할 의무,45) 사회보장을 증진하고 청소년의 복지향상을 위
한 정책을 실시할 의무46)를 부담하는바, 국가가 그 의무이행의 상대
방이자 권리의 주체가 누락될 위험성을 인지하고도 만연히 이를 개
인의 신고에 맡기는 행위는 그 자체로 국민, 특히 영유아를 보호할
의무를 제대로 이행하지 않는 것이다. 또한 아동은 부모의 소유물이
아니고, 아동의 존재가 공식적으로 확인되어야 할 이익은 부모의 개
인정보 또는 사생활의 비밀에 의하여 제한될 수 없으므로, 부모가
아동의 존재를 국가에 알리는 것을 신고 여부를 통하여 선택하게
하는 것은 타당하지 않다. 이와 관련하여, 출생 사실이 알려지는 것

---

43) 송효진, "출생신고제도의 개선방안 −의료기관 연계 출생통보제도의 도입
    을 중심으로−", 가족법연구 제31권 2호 (2017), 192.
44) 송효진, 앞의 글, 189.
45) 헌법 제10조 모든 국민은 인간으로서의 존엄과 가치를 가지며, 행복을 추구
    할 권리를 가진다. 국가는 개인이 가지는 불가침의 기본적 인권을 확인하고
    이를 보장할 의무를 진다.
46) 제34조 ②국가는 사회보장·사회복지의 증진에 노력할 의무를 진다.
    ④국가는 노인과 청소년의 복지향상을 위한 정책을 실시할 의무를 진다

을 꺼리는 부모에 의하여 병원이 아닌 곳에서 위험한 방법으로 출산을 하거나 낙태를 하는 경우가 많아질 것이라는 우려가 있을 수 있으나, 아래 나.항에서 검토하는 바와 같이 의료기관 뿐만 아니라 공동체의 모든 구성원으로 하여금 아동의 등록의무자인 국가에 대하여 아동의 출생 또는 존재 사실을 알리게 할 경우 굳이 병원이 아닌 곳에서 출산할 유인이 증가하지는 않을 것이다. 그리고 낙태는 아직 태어나지 않은 태아에 대한 여성의 자기결정권 관점에서 접근해야 할 문제로, 이미 출생하여 독립적인 주체가 된 아동의 등록 문제와는 구별해야 할 필요가 있다.

한편, 유엔아동권리협약(Convention on the Rights of the Child)은 '아동은 출생 후 즉시 등록되어야 하고, 출생시부터 이름과 국적을 가질 권리를 갖고, 국가는 자국법과 국제법에 따라서 위 권리가 실행되도록 보장해야 한다'라고 규정[47]하고 있고, 우리나라는 1991년 위 협약을 비준[48]하여 위 협약은 국내법과 같은 효력을 갖게 되었다.[49] 위 협약의 규정은 모든 아동이 자신이 태어난 국가 내에서 부모의 체류자격이나 사회적 지위에 관계없이 공적 기관에 의해 출생이 등록되는 '보편적 출생등록'[50]의 이념을 구현한 것으로 볼 수 있

---

47) Convention on the Rights of the Child Article 7 1. The child shall be registered immediately after birth and shall have the right from birth to a name, the right to acquire a nationality and as far as possible, the right to know and be cared for by his or her parents.

2. States Parties shall ensure the implementation of these rights in accordance with their national law and their obligations under the relevant international instruments in this field, in particular where the child would otherwise be stateless.

https://www.ohchr.org/EN/ProfessionalInterest/Pages/CRC.aspx (2019. 2. 24. 확인)

48) 정진경, "UN 아동권리협약의 국내법적 및 실천적 수용성 : 아동복지법과 아동복지시설을 중심으로", 아동과 권리 제14권 제2호 (2010), 222.

49) 헌법 제6조 ①헌법에 의하여 체결·공포된 조약과 일반적으로 승인된 국제법규는 국내법과 같은 효력을 가진다.

50) 주민지, 김연수, 김은애, "'보편적 출생등록' 개념의 국내 정책의제화 과정

는바, 현행 출생신고 제도는 이에 부합한다고 보기 어렵다.

나. 국가에 의한 출생등록 제도의 도입 제안

현행 출생신고 제도의 문제점을 개선하고, 유엔아동권리협약의 이념에 부합하기 위해서는 국가가 등록의무자로서 직권으로 출생한 아동을 등록해야 할 것이다. 구체적으로 국가는 의료기관, 아동보호시설, 기타 아동의 출생 또는 존재 사실을 알고 있거나 아동을 발견 내지 보호하고 있는 모든 단체 및 개인으로부터 이를 통보받아 국가의 책임으로 등록해야 할 것이다. 아동의 부모가 위 개인에 포함됨은 물론이나, 이 경우 아동을 등록해야 할 의무자는 국가라는 점에서 현행 출생신고 제도와 차이가 있다. 즉 부모가 아동의 출생 사실을 알리지 않더라도 국가는 의료기관 등 다른 주체로부터 통보받은 정보를 토대로 아동을 등록해야 한다. 부모, 의료기관 등이 국가에 대하여 자신이 알고 있는 아동의 출생 또는 존재에 관한 정보를 제공하는 것은 등록의무자인 국가가 새로운 공동체 구성원인 아동을 보호할 의무를 이행함에 협조할 의무로, 공동체 구성원이 다른 공동체 구성원에 대하여 갖는 기초적, 사회적 의무라고 할 것이다. 이에 대해서는 특히 의료기관의 부담을 가중시킨다는 비판이 있을 수 있으나, 의료기관이 이미 가지고 있는 아동의 출생에 관한 정보를 국가에 통보하는 데 추가되는 행정적 부담이, 아동이 국가에 등록됨으로써 국가의 보호를 받을 수 있는 기초가 마련되는 이익에 비하여 크다고 할 수 없고, 이미 국민건강보험, 가족관계등록 등 개인정보에 관한 국가의 시스템이 갖춰진 이상 이를 활용하거나 보완하는 것이 기술적으로 어렵지 않을 것이다. 그에 소요되는 비용 등

에서의 시사점: 미혼모의 사례를 중심으로", 사회보장연구 제34권 제3호 (2018), 130.

은 등록의무자인 국가와 분담하는 등 구체적인 정책 수준에서 논의
할 수 있을 것이다.

3. 영유아 건강검진제도의 활용 제안

> <사례 2> 의사 B는 보호자가 '계단에서 넘어져서 다쳤다'라면서
> 데려온 5세 아동을 진찰하면서 멍이 든 신체 부위, 골절의 각도 등에
> 비추어 넘어져서 생긴 상처가 아니라 구타에 의한 상처로 판단한 후
> 수사기관에 이를 진술하였고, 그 후 수사 결과 아동의 친모의 동거남
> 이 아동을 학대한 사실이 확인되어 위 동거남은 아동복지법위반 (상
> 습아동학대)죄로 구속 기소되어 징역 5년을 선고받았다.[51]

가. 의료인의 아동학대 신고율 제고

아동학대범죄의처벌등에관한특례법(이하 아동학대처벌법)은 아
동학대 신고의무자를 규정하고 있다.[52] 아동의 생활 반경에서 접할

---

51) 의정부지방법원 고양지원 2019. 2. 14. 선고 2018고단3103 아동복지법위반
(상습아동학대) 판결.
52) 제10조 (아동학대범죄 신고의무와 절차) ② 다음 각 호의 어느 하나에 해당
하는 사람이 직무를 수행하면서 아동학대범죄를 알게 된 경우나 그 의심이
있는 경우에는 아동보호전문기관 또는 수사기관에 즉시 신고하여야 한다.
<개정 2016. 5. 29.>
1. 가정위탁지원센터의 장과 그 종사자
2. 아동복지시설의 장과 그 종사자 (아동보호전문기관의 장과 그 종사자는
제외한다)
3. 「아동복지법」 제13조에 따른 아동복지전담공무원
4. 「가정폭력방지 및 피해자보호 등에 관한 법률」 제5조에 따른 가정폭력
관련 상담소 및 같은 법 제7조의2에 따른 가정폭력피해자 보호시설의 장

수 있는 다양한 직업군이 신고의무자로 규정되어 있으나, 그 중에서

과 그 종사자

5. 「건강가정기본법」 제35조에 따른 건강가정지원센터의 장과 그 종사자
6. 「다문화가족지원법」 제12조에 따른 다문화가족지원센터의 장과 그 종사자
7. 「사회복지사업법」 제14조에 따른 사회복지 전담공무원 및 같은 법 제34 조에 따른 사회복지시설의 장과 그 종사자
8. 「성매매방지 및 피해자보호 등에 관한 법률」 제5조에 따른 지원시설 및 같은 법 제10조에 따른 성매매피해상담소의 장과 그 종사자
9. 「성폭력방지 및 피해자보호 등에 관한 법률」 제10조에 따른 성폭력피해 상담소, 같은 법 제12조에 따른 성폭력피해자보호시설의 장과 그 종사자 및 같은 법 제18조에 따른 성폭력피해자통합지원센터의 장과 그 종사자
10. 「소방기본법」 제34조에 따른 구급대의 대원
11. 「응급의료에 관한 법률」 제2조제7호에 따른 응급의료기관등에 종사하는 응급구조사
12. 「영유아보육법」 제7조에 따른 육아종합지원센터의 장과 그 종사자 및 제10조에 따른 어린이집의 원장 등 보육교직원
13. 「유아교육법」 제20조에 따른 교직원 및 같은 법 제23조에 따른 강사 등
14. 삭제 <2016. 5. 29.>
15. 「의료법」 제3조제1항에 따른 의료기관의 장과 그 의료기관에 종사하는 의료인 및 의료기사
16. 「장애인복지법」 제58조에 따른 장애인복지시설의 장과 그 종사자로서 시설에서 장애아동에 대한 상담·치료·훈련 또는 요양 업무를 수행하는 사람
17. 「정신건강증진 및 정신질환자 복지서비스 지원에 관한 법률」 제3조제3 호에 따른 정신건강복지센터, 같은 조 제5호에 따른 정신의료기관, 같은 조 제6호에 따른 정신요양시설 및 같은 조 제7호에 따른 정신재활시설 의 장과 그 종사자
18. 「청소년기본법」 제3조제6호에 따른 청소년시설 및 같은 조 제8호에 따 른 청소년단체의 장과 그 종사자
19. 「청소년 보호법」 제35조에 따른 청소년 보호·재활센터의 장과 그 종사자
20. 「초·중등교육법」 제19조에 따른 교직원, 같은 법 제19조의2에 따른 전문 상담교사 및 같은 법 제22조에 따른 산학겸임교사 등
21. 「한부모가족지원법」 제19조에 따른 한부모가족복지시설의 장과 그 종 사자
22. 「학원의 설립·운영 및 과외교습에 관한 법률」 제6조에 따른 학원의 운영 자·강사·직원 및 같은 법 제14조에 따른 교습소의 교습자·직원

도 모든 아동이 출생 직후부터 가장 많이 만나는 사람은 단연 의료
인이라 할 것이다. 아동을 포함해 모든 사람은 질병과 부상에서 완
전히 자유로울 수 없는 데다, 영유아 건강검진이 국가건강검진의 하
나53)로 시행되고 있기 때문이다. 영유아 건강검진은 영유아의 정상
적인 성장 및 발달을 지켜주고, 이상 소견이 있을 때에는 성장 및
발달 이상을 조기 발견하여 건강한 성장을 지원할 목적으로, 생후 4
개월부터 시작하여 생후 71개월까지 총 7회에 걸쳐 신체 계측, 진찰
및 발달 평가와 건강교육으로 구성되어 있다.54) 또한 12세 이하 아
동에 대하여 감염병의 예방 및 관리에 관한 법률에 의한 필수예방
접종55) 비용을 지원하는 어린이 국가예방접종 지원사업56)에 따라,

---

23. 「아이돌봄 지원법」 제2조제4호에 따른 아이돌보미
24. 「아동복지법」 제37조에 따른 취약계층 아동에 대한 통합서비스지원 수
    행인력
25. 「입양특례법」 제20조에 따른 입양기관의 장과 그 종사자
53) 건강검진기본법 제3조 (정의) 3. "국가건강검진"이란 제11조 및 제12조에 따
    라 국가와 지방자치단체가 시행하는 건강검진으로 다음 각 목과 같다.
    가. 「모자보건법」에 따른 영유아에 대한 건강검진
    나. 「영유아보육법」에 따른 영유아에 대한 건강검진
    다. 「학교보건법」에 따른 초·중·고등학교 학생의 건강검사
    라. 「청소년복지지원법」에 따른 청소년 건강진단
    마. 「국민건강보험법」에 따른 건강검진
    바. 「산업안전보건법」에 따른 일반건강진단
    사. 「의료급여법」에 따른 건강검진
    아. 「암관리법」에 따른 암검진
    자. 「노인복지법」에 따른 건강진단
    차. 그 밖에 보건복지부령으로 정하는 건강검진
54) 신손문, 최병민, 최지은, "현행 영유아건강검진의 문제점 분석 및 개선 방안
    연구", 단국대학교 산학협력단 (2017), 11.
55) 감염병의예방및관리에관한법률 제24조 (필수예방접종) ① 특별자치도지사
    또는 시장·군수·구청장은 다음 각 호의 질병에 대하여 관할 보건소를 통하
    여 필수예방접종 (이하 "필수예방접종"이라 한다)을 실시하여야 한다.
    1. 디프테리아
    2. 폴리오

모든 아동은 출생 직후 접종하는 B형간염 접종을 시작으로 만 12세까지[57] 필수예방접종을 위해 특정한 시기에 의료기관을 방문하게 된다.

위와 같이 출생 직후부터, 필수예방접종 및 영유아 건강검진을 위하여 일정한 간격으로, 또는 질병 및 부상 때문에 부정기적으로, 아동을 만나 아동의 영양 및 발달 상태, 신체의 완전성 등을 직접 확인할 수 있는 의료인은 영유아기 아동학대를 발견함에 있어 매우 중요한 역할을 할 수 있다. 그럼에도 의료인에 의한 아동학대 신고는 미미한 수준으로, 2015년 의료인에 의한 아동학대 신고는 전체 신고의 0.8%에 그쳤다.[58] 실제로 아동학대 사망사건에 개입한 적이

---

    3. 백일해
    4. 홍역
    5. 파상풍
    6. 결핵
    7. B형간염
    8. 유행성이하선염
    9. 풍진
    10. 수두
    11. 일본뇌염
    12. b형헤모필루스인플루엔자
    13. 폐렴구균
    14. 인플루엔자
    15. A형간염
    16. 사람유두종바이러스 감염증
    17. 그 밖에 보건복지부장관이 감염병의 예방을 위하여 필요하다고 인정하여 지정하는 감염병
56) 질병관리본부 지침, "2018년도 국가예방접종사업 관리지침", 예방접종관리과 (2018. 12.), 5.
57) "표준예방접종일정표(2019)", 질병관리본부, https://nip.cdc.go.kr/irgd/index.html (2019. 2. 25. 확인)
58) 배승민, 이선구, "아동학대의 조기발견을 위한 제도적 개선 방안 : 「아동학대범죄의 처벌 등에 대한 특례법」이 정한 의료인에 의한 신고를 중심으로", 의료법학 제18권 제1호 (2017), 154.

있는 병원 학대피해아동보호팀의 의사 및 의료사회복지사들은 병원
에서 아동학대 신고의무자 교육을 강화하면서 학대의심 신고 건수
가 증가하고, 개인의 부담이 아닌 팀 대응으로 학대 사실을 끝까지
규명할 수 있었다는 점을 성과59)로 꼽은 반면, 신고의무자로서의 역
할에 대한 인지 및 신고와 관련한 구체적 지식의 부족, 신고할 경우
아동의 보호자와 대립적인 관계가 되는 것의 부담, 학대에 대한 증
거 확보 및 신고 시점 파악의 어려움, 사후관리의 미흡 등을 어려
움60)으로 인식하였다.

　　아동학대에 관한 현행 법체계에서 아동학대를 발견하는 가장 주
요한 경로는 신고이므로, 아동학대 발견율을 높이기 위해서는 신고
율을 높일 필요가 있다. 아동학대처벌법이 아동학대 신고의무자를
규정하면서 정당한 사유 없이 신고의무를 이행하지 않는 사람에게
과태료를 부과61)함으로써 이를 강제하는 것 또한 신고율을 높이기
위한 방법 중 하나다. 그러나 모든 신고의무자를 상대로 추상적으로
그 의무 이행을 강제하는 것보다 아동을 만날 기회가 많고, 학대사
실을 판단할 지식과 경험이 있는 신고의무자가 신고하기 편한 환경
을 조성하는 것이 보다 효율적일 수 있다. 의료인의 신고율을 높이
기 위해서는 먼저 신고의무에 관한 교육을 활성화하여야 한다.62) 신
고한 의료인에 대한 보호 장치 및 신고 이후의 행정적인 절차를 도
와주거나 지원해주는 정책을 마련하고 이를 홍보하는 등 신고에 대
한 부담을 덜어주는 조치도 필요하다. 이 때 보호자의 접근성을 고

---

59) 김경희, 이희연, 정익중, 김지혜, 김세원, "병원 학대피해아동보호팀의 아동
　　학대 사망사건 개입경험 연구", 한국사회복지학 제65권 제4호 (2013), 75-76.
60) 김경희, 이희연, 정익중, 김지혜, 김세원, 앞의 글, 76-79.
61) 아동학대처벌법 제63조 (과태료) ① 다음 각 호의 어느 하나에 해당하는 사
　　람에게는 500만원 이하의 과태료를 부과한다.
　　2. 정당한 사유 없이 제10조제2항에 따른 신고를 하지 아니한 사람
62) 배승민, 이선구, 앞의 글, 156.

려하여, 대학병원 등 큰 병원뿐만 아니라 동네의 작은 병원 및 약국에서도 위와 같은 교육 및 홍보가 실시되어야 할 것이다. 교육의 내용과 관련해서는 특히, 확실한 증거가 없더라도 학대의 의심이 드는 경우에는 적극적으로 신고해야 한다는 점을 강조할 필요가 있다. '증거'의 존부 및 증명력에 대한 판단은 사법기관의 역할이고, 신고의무자의 신고는 수사의 단서일 뿐 그 자체로 증거가 될 수 없음에도, 신고의무자가 증거의 유무를 고민하면 결국 신고를 못하게 될 가능성이 높기 때문이다. 또한 신고가 결국 아동학대가 아니라고 판명될 경우에도 이로 인하여 아동의 환경에 대한 주의 깊은 관찰이 이루어지게 되고, 이를 통해 아동학대가 예방될 수 있으므로, 신고가 그 자체로 의미 있는 행위라는 점이 강조될 필요가 있다. 의료인이 증거가 없다는 이유로 신고를 망설이는 것은, 사실은 신고를 하였으나 아동의 보호자가 아무런 처벌을 받지 않을 경우 보호자로부터 항의를 받게 될 것을 우려하는 것으로 보인다. 이 또한 신고에 대한 부담이므로, 병원 또는 의사협회 등 직역단체에서 아동학대 신고로 인한 의료인에 대한 손해배상청구, 고소 등에 대처하는 인력 내지 예산을 배정하는 등 신고자 개인의 부담을 완화하는 대책을 마련하고, 필요한 경우 국가에서 지원할 수도 있을 것이다.

나. 보호자에 대한 영유아 건강검진 의무화

앞서 논의한 영유아 건강검진제도를 활용하여 의료인의 신고율을 높이는 방안은 보호자가 영유아 건강검진을 받기 위해 의료기관에 영유아를 데리고 갈 것을 전제한다. 그러나 영유아를 학대하는 보호자는 학대 사실을 외부에 들키지 않기 위해 영유아를 의료기관에 데려가지 않으려고 할 가능성이 높다. 만약 모든 보호자에게 의무적으로 영유아 건강검진을 받게 한다면, 의료인의 신고율 및 아동학대 발견율 또한 높아질 수 있을 것이다. 이를 강제하는 수단으로, 영유아 건강검진을 받지 않은 보호자에게 과태료를 부과하는 방안을 고려할 수 있다. 영유아보육법이 어린이집 원장에게 영유아에 대한 건강진단 실시의무를 부과하고 이를 이행하지 않는 경우 과태료를 부과하는 것[63]에 대응하여, 보호자에게 영유아의 건강한 성장을 위해 영유아 건강검진을 받도록 강제하는 것도 부당하지 않을 것이다. 영유아 건강검진을 포함하여 출생 직후부터 기본적 사항에 대한 건강검사 등을 의무화하고, 정기적인 영아종합발달검사 등을 의무화하여 불이행하는 경우 과태료를 부과하는 방안의 도입을 고려할 수 있다는 견해[64] 또한 위와 같은 문제의식에 근거한 것으로 보인다.

한편, 영유아 건강검진 대상자의 보호자를 상대로 한 설문조사 결과 검진을 받지 못한 37.2% 중 보호자가 시간이 없어서 받지 못한 경우가 37.8%, 검진 시기를 잘 몰라서 못 받은 경우가 27.1%, 예약이 안 되어서 못 한 경우가 19.8%로 나타났는바[65], 학대사실 발각을 회피하려는 등 비도덕적 이유가 아닌 사정으로 영유아 건강검진을 받지 못하는 보호자가 적지 않은 현실을 고려할 때 영유아 건강검진을 받지 않았다고 과태료까지 부과하는 것은 가혹하고, 실효성 또한 크지 않을 것이라는 의문이 들기도 한다.

그러나 현행 출생신고 제도에서도 신고를 하지 않는 신고의무자

---

63) 영유아보육법 제56조 (과태료) ② 다음 각 호의 어느 하나에 해당하는 자에게는 300만원 이하의 과태료를 부과한다.
  3. 제31조에 따른 건강진단 또는 응급조치 등을 이행하지 아니한 자
  제31조 (건강관리 및 응급조치) ① 어린이집의 원장은 영유아와 보육교직원에 대하여 정기적으로 건강진단을 실시하고, 영유아의 건강진단 실시여부를 제29조의2에 따른 어린이집 생활기록부에 기록하여 관리하는 등 건강관리를 하여야 한다. 다만, 보호자가 별도로 건강검진을 실시하고 그 검진결과 통보서를 제출한 영유아에 대해서는 건강진단을 생략할 수 있다.
64) 정한별, 앞의 논문, 120-121.
65) 신손문, 최병민, 최지은, 앞의 책, 91.

에게 과태료를 부과함으로써'출생신고는 당연히 해야 하는 것'이라는 인식을 일반화한 것처럼, 과태료 부과가'영유아 건강검진은 당연히 해야 하는 것'이라는 메시지를 전파하고 정착시키는 데 도움이 될 수 있을 것이다. 또한 직장 때문에 시간이 없다거나 검진 시기를 모른다는 것은 여전히 보호자의 사정으로, 영유아의 건강한 성장을 위한 생후 4개월부터 71개월까지 총 7회에 불과한 건강검진을 받지 않을 정당한 사유라고 보기도 어렵다. 더욱이 영유아 건강검진은 사회보장66) 제도의 하나로, 영유아를 의료기관에 데려가는 행위는 영유아 및 보호자의 사회보장수급권을 행사하는 것으로, 그 과정에서 보호자의 자유가 다소 제한된다고 하더라도, 그로 인해 보장되는 영유아의 이익 및 영유아가 건강하게 성장할 수 있는 사회공동체의 기반을 마련한다는 공익이 더 크다고 할 것이다. 이러한 법익 형량의 관점은 도로교통법이 자동차 운전자에게 좌석안전띠를 매어야 할 의무를 부과하면서 이를 위반할 경우 20만원 이하의 벌금이나 구류 또는 과료에 처하거나 통고처분을 할 수 있게 규정67)하고, 헌

---

66) 사회보장기본법 제3조 (정의) 이 법에서 사용하는 용어의 뜻은 다음과 같다.
   1. "사회보장"이란 출산, 양육, 실업, 노령, 장애, 질병, 빈곤 및 사망 등의 사회적 위험으로부터 모든 국민을 보호하고 국민 삶의 질을 향상시키는 데 필요한 소득·서비스를 보장하는 사회보험, 공공부조, 사회서비스를 말한다.

67) 도로교통법 제50조 (특정 운전자의 준수사항) ① 자동차 (이륜자동차는 제외한다)의 운전자는 자동차를 운전할 때에는 좌석안전띠를 매어야 하며, 모든 좌석의 동승자에게도 좌석안전띠 (영유아인 경우에는 유아보호용 장구를 장착한 후의 좌석안전띠를 말한다. 이하 이 조 및 제160조제2항제2호에서 같다)를 매도록 하여야 한다. 다만, 질병 등으로 인하여 좌석안전띠를 매는 것이 곤란하거나 행정안전부령으로 정하는 사유가 있는 경우에는 그러하지 아니하다.
   제156조 (벌칙) 다음 각 호의 어느 하나에 해당하는 사람은 20만원 이하의 벌금이나 구류 또는 과료 (科料)에 처한다.
   6. 제50조 제1항 및 제3항을 위반하여 좌석안전띠를 매지 아니하거나 인명보호 장구를 착용하지 아니한 운전자
   제162조 (통칙) ① 이 장에서 "범칙행위"란 제156조 각 호 또는 제157조 각

법재판소가'자동차 운전자에게 좌석안전띠를 매도록 하고, 이를 위반했을 때 범칙금을 납부하도록 통고하는 것이 일반적 행동자유권, 사생활의 비밀과 자유 및 양심의 자유를 침해하는 것이 아니다'라고 판시[68]한 데서도 찾아볼 수 있다.

호의 죄에 해당하는 위반행위를 말하며, 그 구체적인 범위는 대통령령으로 정한다.

제163조 (통고처분) ① 경찰서장이나 제주특별자치도지사 (제주특별자치도 지사의 경우에는 제6조제1항·제2항, 제61조제2항에 따라 준용되는 제15조 제3항, 제39조제6항, 제60조, 제62조, 제64조부터 제66조까지, 제73조제2항 제2호부터 제4호까지 및 제95조제1항의 위반행위는 제외한다)는 범칙자로 인정하는 사람에 대하여는 이유를 분명하게 밝힌 범칙금 납부통고서로 범칙금을 낼 것을 통고할 수 있다. 다만, 다음 각 호의 어느 하나에 해당하는 사람에 대하여는 그러하지 아니하다.

1. 성명이나 주소가 확실하지 아니한 사람
2. 달아날 우려가 있는 사람
3. 범칙금 납부통고서 받기를 거부한 사람

68) 헌법재판소 2003. 10. 30. 선고 2002헌마518 결정. "1. 자동차 운전자에게 좌석안전띠를 매도록 하고 이를 위반했을 때 범칙금을 납부하도록 통고하는 것은, 교통사고로부터 국민의 생명 또는 신체에 대한 위험과 장애를 방지·제거하고 사회적 부담을 줄여 교통질서를 유지하고 사회공동체의 상호이익을 보호하는 공공복리를 위한 것으로 그 입법목적이 정당하고, 운전자의 불이익은 약간의 답답함이라는 경미한 부담이고 좌석안전띠 미착용으로 부담하는 범칙금이 소액인데 비하여 좌석안전띠 착용으로 달성하려는 공익은 동승자를 비롯한 국민의 생명과 신체를 보호하고 교통사고로 인한 사회적인 비용을 줄여 사회공동체의 이익을 증진하는 것이므로 달성하고자 하는 공익이 침해되는 청구인의 좌석안전띠를 매지 않을 자유라는 사익보다 크며, 제도의 연혁과 현황을 종합하여 볼 때 청구인의 일반적 행동자유권을 비례의 원칙에 위반되게 과도하게 침해하는 것이 아니다. 2.일 반 교통에 사용되고 있는 도로는 국가와 지방자치단체가 그 관리책임을 맡고 있는 영역이며, 수많은 다른 운전자 및 보행자 등의 법익 또는 공동체의 이익과 관련된 영역으로, 그 위에서 자동차를 운전하는 행위는 더 이상 개인적인 내밀한 영역에서의 행위가 아니며, 자동차를 도로에서 운전하는 중에 좌석안전띠를 착용할 것인가 여부의 생활관계가 개인의 전체적 인격과 생존에 관계되는 '사생활의 기본조건'이라거나 자기결정의 핵심적 영역 또는 인격적 핵심과 관련된다고 보기 어려워 더 이상 사생활영역의 문제가 아니므로, 운

V. 결론

영유아기 아동학대가 대부분 부모 등 보호자에 의하여, 가정 내에서 발생한다는 사실 및 영유아의 특성을 고려할 때, 영유아기 아동학대의 예방 및 조기 발견을 위해서 사회와 국가의 적절한 개입이 반드시 필요하다.

영유아가 절대적으로 보호자의 보호를 필요로 한다고 하여 보호자에 종속된 객체라 할 수 없고, 사회와 국가는 새로운 구성원인 영유아를 독립된 인격 주체로서 그 권리를 보장하고 보호할 의무를 진다. 그 의무는 영유아가 출생한 순간부터 시작되므로, 국가는 부모의 신고를 기다리지 않고 영유아의 출생을 등록하여 그가 공동체의 새로운 구성원, 즉 국민임을 확인해줄 의무가 있다. 이 때 보호자를 비롯하여 의료기관 등 사회의 다른 구성원은 자신이 알고 있는 영유아의 출생 또는 존재 사실을 국가에 알려주어 국가로 하여금 영유아의 등록의무를 이행할 수 있도록 협조하여야 한다. 국가에 의한 출생등록 제도는 유엔아동권리협약이 선언하는 아동의 권리에 부합하고, '공식적으로' 존재하지 않는 아동의 경우를 감소시킴으로써 그 자체로 방임 또는 유기에 의한 아동학대를 방지함은 물론, 다른 유형의 아동학대를 예방하고 조기에 발견할 수 있는 기초를 마련할 수 있다.

한편, 영유아 건강검진 및 필수예방접종 등 국가가 시행하는 사

전할 때 운전자가 좌석안전띠를 착용할 의무는 청구인의 사생활의 비밀과 자유를 침해하는 것이라 할 수 없다. 3. 제재를 받지 않기 위하여 어쩔 수 없이 좌석안전띠를 매었다 하여 청구인이 내면적으로 구축한 인간양심이 왜곡·굴절되고 청구인의 인격적인 존재가치가 허물어진다고 할 수는 없어 양심의 자유의 보호영역에 속하지 아니하므로, 운전 중 운전자가 좌석안전띠를 착용할 의무는 청구인의 양심의 자유를 침해하는 것이라 할 수 없다."

회보장 제도를 통해 정기적으로 영유아를 관찰할 수 있는 의료인은 아동학대의 발견 및 예방에 있어서 중요한 역할을 할 수 있다. 아동학대 신고의 필요성 및 구체적인 방법에 관한 교육을 활성화하고, 신고의 부담을 완화할 수 있는 신고자 보호 내지 지원 대책을 마련하고, 의료인 개인이 아니라 의료기관 또는 의료계 전체가 아동학대에 대응한다는 인식을 제고한다면, 의료인의 신고율이 높아지고, 이에 따라 아동학대 발견율도 높아질 것이다.

위와 같이 영유아기 아동학대를 예방하고 일찍 발견하기 위한 국가와 사회의 노력에 대응하여, 영유아의 보호자는 영유아가 공동체의 구성원으로 건강하게 성장하고 있는지 여부를 국가와 사회가 확인할 수 있도록 협조할 의무가 있고, 영유아 건강검진을 받는 것은 이러한 의무의 하나라고 할 것이다. 영유아 건강검진을 받지 않는 보호자에 대하여 과태료를 부과하는 것은 이러한 의무를 강제하는 수단의 하나로 고려될 수 있을 것이다.

결국, '아이를 키우는 데는 한 부족이 필요하다'.

참고문헌

강지영, 장화정, "아동학대 세부특성에 따른 피해아동의 하위집단 분류와 문제행동 비교", 한국아동복지학 제62호 (2018).

김경희, 이희연, 정익중, 김지혜, 김세원, "병원 학대피해아동보호팀의 아동학대 사망사건 개입경험 연구", 한국사회복지학 제65권 제4호 (2013).

김수정, 정익중, "아동학대가 우울,불안과 공격성에 미치는 지속 효과와 최신 효과에 대한 종단 연구", 한국아동복지학 제43호 (2013).

김은정, "아동학대 현황과 예방정책", 보건복지포럼 233권 (2016).

배승민, 이선구, "아동학대의 조기발견을 위한 제도적 개선 방안 : 「아동학대범죄의 처벌 등에 대한 특례법」이 정한 의료인에 의한 신고를 중심으로", 의료법학 제18권 제1호 (2017).

보건복지부 지침, "2018 드림스타트 사업안내", 아동권리과 (2017).

보건복지부 및 중앙아동보호전문기관, "2017 전국아동학대 현황보고서", 보건복지부 아동관리과 (2018. 11.).

보건복지부 및 중앙아동보호전문기관, "2016 전국아동학대 현황보고서", 보건복지부 아동관리과 (2017. 11.).

보건복지부 및 중앙아동보호전문기관, "2015 전국아동학대 현황보고서", 보건복지부 아동관리과 (2016. 09.).

보건복지부 보도자료, "아이가 보내는 위기신호, 빅데이터로 찾는다", 아동권리과 (2018. 3. 19.).

송효진, "출생신고제도의 개선방안 –의료기관 연계 출생통보제도의 도입을 중심으로–", 가족법연구 제31권 2호 (2017).

신손문, 최병민, 최지은, "현행 영유아건강검진의 문제점 분석 및 개선 방안 연구", 단국대학교 산학협력단 (2017).

이세원, "한국 아동학대범죄에 대한 사법적 판단과 지향에 대한 연구", 박사학위 논문, 서울대학교 (2017).

전영숙, 윤정실, 유진, "영유아 학대특성 및 피해자 보호지원방안 ", 육아정책연구소 (2016).

정진경, "UN 아동권리협약의 국내법적 및 실천적 수용성 : 아동복지법과 아동복지시설을 중심으로", 아동과 권리 제14권 제2호 (2010).

정한별, "영유아 보육의 국가책임에 관한 헌법적 연구", 석사학위 논문, 서울대학교 (2016).

정해숙, 이은주, "영유아부모의 아동학대와 대처방안인식에 관한 연구", 아동보호연구 창간호 (2016).

주민지, 김연수, 김은애, "'보편적 출생등록' 개념의 국내 정책의제화 과정에서의 시사점: 미혼모의 사례를 중심으로", 사회보장연구 제34권 제3호 (2018).

질병관리본부 지침, "2018년도 국가예방접종사업 관리지침", 예방접종관리과 (2018. 12.).

황은수, "아동의 학대경험이 우울과 불안에 영향을 미치는 자기인식정서의 매개효과", 석사학위 논문, 숙명여자대학교 (2006).

Lorraine M. Fox Harding, "The Children Act 1989 in context: Four perspectives in Child Care Law and Policy (II)", The Journal of Social Welfare & Family Law volume 13 (1991).

Yuval Noah Harari, Sapiens - A brief history of humankind, Penguin Random House (2015).

법제처 국가법령정보센터 (http://law.go.kr/)

헌법재판소 (https://www.ccourt.go.kr/cckhome/kor/main/index.do)

형사사법포탈 (http://ptl.kics.go.kr, 단 판결문 및 결정문 검색 기능은 외부에서 접속할 수 없음)

국회 의안정보시스템 (http://likms.assembly.go.kr/bill/main.do)

유엔 (https://www.ohchr.org/EN/pages/home.aspx)

질병관리본부 예방접종도우미 (https://nip.cdc.go.kr/irgd/index.html)

장애인 활동지원 제도와 노인 장기요양보험 제도 사이 사각지대

김재왕*

I. 서론

장애인 활동지원 제도란 신체적·정신적 장애로 인하여 일상생활을 하는 데 어려움을 겪는 중증장애인을 대상으로 활동지원급여를 제공함으로써 장애인의 자립생활, 사회참여, 인권을 높이는 장애인 복지 서비스이다. 장애인 활동지원 제도는 「장애인활동 지원에 관한 법률」(이하 '장애인활동지원법')에 기초해 2011년 10월부터 장애인이 가정 및 사회생활을 주체적으로 영위하는데 필요한 활동보조, 방문간호, 방문목욕, 기타 서비스 등을 제공하고 있다.

노인 장기요양보험 제도는 고령이나 노인성 질병 등으로 목욕이나 집안일 등 일상생활을 혼자서 수행하기 어려운 이들에게 신체활동·가사 지원 등의 서비스를 제공하여 노후 생활의 안정과 그 가족의 부담을 덜어주는 사회보험 제도이다.[1] 노인 장기요양보험 제도는 2017. 4. 17. 제정된 「노인장기요양보험법」에 따라 2008. 7. 1.부

---

* 공익인권변호사모임 희망을만드는법 변호사
1) 보건복지부, "2018년 노인보건복지 사업안내" (2018), 294.

터 재가급여, 시설급여, 특별현물급여 등을 제공하고 있다.

장애인 활동지원 제도와 노인 장기요양보험 제도는 모두 장애인 활동지원사나 요양보호사가 장애인이나 노인의 일상생활을 지원한 다는 데에 유사점이 있다. 장애인 활동지원 제도는 활동보조, 방문 간호, 방문목욕 등을 제공하고, 노인 장기요양보험 제도의 재가급여 는 가정을 방문하여 신체 활동, 가사 활동, 간호 등의 서비스를 제공 한다. 한편 두 제도는 운영 재원이 다르고, 구체적인 급여에서도 차 이가 있으며 수급자가 중복되지 않도록 신청자격을 구분하고 있다. 그런데 그 구분으로 인하여 장애인 활동지원 제도를 이용하기를 원 하는 장애인이 장애인 활동지원 제도를 이용하지 못하고 노인 장기 요양보험 제도로 전환되는 등의 문제가 있다.

이 글에서는 장애인 활동지원 제도와 노인 장기요양보험 제도의 내용을 살펴보고 비교하여 두 제도의 사각지대로 장애인 활동지원 제도를 이용할 수 없는 장애인의 문제를 알아보고자 한다. 그리고 그 문제를 해결하는 방안을 고민하고자 한다.

II. 장애인 활동지원 제도 및 노인 장기요양보험 제도의 입법 과정

1. 노인 장기요양보험 시범 사업

노인 장기요양보험 제도는 2001. 8. 15. 대통령 경축사에서 노인 요양 보장 제도 도입을 제시하면서 태동하였다. 2002년 대통령 공약 사항에 포함되면서, 2003년 3월부터 2004년 2월까지 '공적노인요양 보장추진기획단'이 설치·운영되었고, 2004년 3월 '공적노인요양보장

제도실행위원회'가 구성되어 운영되었다.[2]

노인 장기요양보험 제도는 2005년 7월 처음 시범 사업으로 시행되었다. 보건복지부는 2005년 7월부터 2006년 3월까지 대상 지역으로 대도시 지역에 경기 수원시, 광주 남구를, 중·소도시 지역에 강원 강릉시, 경북 안동시를, 농·어촌지역에 충남 부여군, 제주 북제주군을 선정하고, 위 지역의 기초생활수급 노인 약 1,500명을 대상으로 노인 요양 보장 제도 제1차 시범 사업을 하였다.[3] 이어 2006년 4월부터 2007년 3월까지 대상 지역으로 부산 북구와 전남 완도군을 추가하고, 대상자도 기초생활 수급 노인 2,200명에서 65세 이상 중등증 일반 노인 5,200명으로 확대하여 제2차 시범 사업을 시행하였다.[4]

2007년 5월부터는 대상 지역을 대구 남구와 인천 부평구, 전북 익산시, 충북 청주시, 경남 하동군 등 13개 지역으로 확대하여 제3차 시범 사업을 시행하였다.[5]

---

2) 국민건강보험공단, "국민건강보험공단 장기요양보험 > 제도소개 > 노인장기요양보험이란? > 추진경과", http://www.longtermcare.or.kr/npbs/e/b/102/npeb102 m01.web?menuId=npe0000000040&zoomSize= (2019. 4. 23. 확인).

3) 보건복지부, "알림 > 보도자료 내용보기 - '노인' 검색결과 "노인요양보장제도 제1차 시범 사업지역 선정"", http://www.mohw.go.kr/react/al/sal0301vw.jsp? PAR_MENU_ID=04&MENU_ID=0403&page=29&CONT_SEQ=33220&SEARCH KEY=TITLE&SEARCHVALUE=%EB%85%B8%EC%9D%B8 (2005. 4. 21.).
보건복지부 보도자료, "노인요양보장제도 제1차 시범사업지역 선정", 노인요양보장과 (2005. 04. 21), 1.

4) 보건복지부, "알림 > 보도자료 내용보기 - '노인' 검색결과 '06.4월부터 노인수발보험제도 2차 시범 사업 실시", http://www.mohw.go.kr/react/al/sal0301vw. jsp?PAR_MENU_ID=04&MENU_ID=0403&page=27&CONT_SEQ=37309& SEARCHKEY=TITLE&SEARCHVALUE=%EB%85%B8%EC%9D%B8 (2006. 3. 30.); 보건복지부 보도자료, "06.4월부터 노인수발보험제도 2차 시범사업 실시", 노인요양제도팀 (2006. 03. 30), 1.

5) 보건복지부, "알림 > 보도자료 내용보기 - '노인' 검색결과 "노인장기요양보험 3차 시범 사업 지역 선정"", http://www.mohw.go.kr/react/al/sal0301vw.jsp? PAR_MENU_ID=04&MENU_ID=0403&page=23&CONT_SEQ=40637&SEARCH

2. 장애인 활동지원 서비스 시행

장애인 활동지원 제도는 2007. 4. 11. 개정된 「장애인복지법」 제55
조6)에 따라 2007년 4월 '장애인 활동보조 서비스'로 최초 시행되었
다. 2008년 2월 보건복지부 '장애인 정책발전 5개년 계획'에 반영되
어 장애인장기요양보장추진단이 설치, 운영되었다. 2009년 7월부터
7개월 동안 활동보조, 방문간호, 방문목욕을 1차 시범 사업으로 시
행하였다. 이후 2010년 6월 '장애인 활동지원 제도'로 이름을 변경
하고, 관리 운영 기관은 국민연금공단을 선정하였다. 2010년 9월부
터 7개월 동안 활동보조, 방문간호, 방문목욕, 주간보호 급여를 제공
하는 2차 시범 사업을 시행하였다. 시범 사업은 2007년 「노인장기요
양보험법」이 국회를 통과할 때 노인 장기요양보험 제도에서 장애인
이 제외됨에 따라 장애인을 위한 요양 서비스 지원의 필요성이 논
의되면서 기존의 활동보조 지원 사업을 바탕으로 방문간호, 방문목
욕 등 노인 요양에 비슷한 서비스를 추가로 도입하고자 모의 적용
한 것이다.7)

KEY=TITLE&SEARCHVALUE=%EB%85%B8%EC%9D%B8 (2007. 3. 16.); 보
건복지부 보도자료, "노인장기요양보험 3차 시범사업 지역 선정", 노인요양
제도팀 (2007. 03. 16), 1.

6) 구 장애인복지법 (2007. 4. 11. 법률 제8367호로 개정되고, 2011. 1. 4. 법률
제10426호로 개정되기 전의 것) 제55조 (활동보조인 등 서비스 지원) ①국가
와 지방자치단체는 중증장애인이 일상생활 또는 사회생활을 원활히 할 수
있도록 그 활동에 필요한 활동보조인의 파견 등 활동보조서비스를 지원할
수 있다.
② 국가 및 지방자치단체는 임신 등으로 인하여 이동이 불편한 여성장애인
에게 임신 및 출산과 관련한 진료 등을 위하여 경제적 부담능력 등을 감안
하여 활동보조인의 파견 등 활동보조서비스를 지원할 수 있다.
③ 제1항 및 제2항의 규정에 따른 활동보조인의 파견 등 서비스 지원의 기
준 및 방법 등에 관하여 필요한 사항은 대통령령으로 정한다.

7) 김용하, "국가기록원>기록정보 콘텐츠>국정분야별 주제콘텐츠>국정분야별

3. 노인 장기요양보험 제도 시행

노인 장기요양보험 제도는 2010. 4. 27. 법률 제8403호로 제정된 「노인장기요양보험법」에 따라 2008. 7. 1.부터 시행되었다. 우리나라 인구의 고령화가 세계에서 유례가 없을 정도로 빠르게 진행됨에 따라 치매·중풍 등 일상생활이 어려운 노인들의 수도 날로 증가하고 있었다. 그러나 핵가족화, 여성의 사회참여 증가 등으로 장기요양이 필요한 노인을 가정에서 돌보는 것이 어렵고 그 가정의 비용 부담이 과중하여 노인 장기요양 문제는 우리 사회가 시급히 해결해야 할 심각한 사회적 문제로 대두되었다. 노인 장기요양보험 제도는 사회적 연대원리에 따라 노인의 노후생활 안정을 도모하고 그 가족의 부양부담을 덜어줌으로써 국민의 삶의 질을 향상하고자 도입되었다.[8]

4. 장애인 활동지원 대책에 대한 부대 결의

「노인장기요양보험법」을 제정할 당시인 2007년경, 노인 장기요양 신청자격에 관하여 현행법에 포함된 '65세 이상인 자' 및 '65세 미만인 자 중 노인성 질병을 가진 자' 이외에도 '독립적으로 일상생활 수행이 어려운 65세 미만의 비노인성 질병을 가진 장애인'을 포함할 것인가에 대한 논의가 있었다. 당시 정부안은 65세 이상 노인을 위

목록> 사회복지 > 장애인복지> 장애인경제적지원> 장애인활동지원", 국가기록원, http://www.archives.go.kr/next/search/listSubjectDescription.do?id=009238&pageFlag= (2014. 11. 13.)

8) 법제처, "「노인장기요양보험법」 전체 제정·개정이유", 국가법령정보센터, http://www.law.go.kr/LSW/lsRvsRsnListP.do?lsId=010436&chrClsCd=010202&lsRvsGubun=all (2019. 4. 23. 확인).

주로 하여 65세 미만인 자 중에서도 노인성 질환자를 대상으로 포함하는 반면, 정형근 의원안, 안명옥 의원안 및 장향숙 의원안은 각각 정부안의 대상 범위에 장애인을 추가로 포함하고 있고, 김춘진 의원안과 현애자 의원안은 전 국민을 대상으로 삼고 있었다.

그러나 당시 ①국민의 보험료 부담 증가,9) ②장애인에 대한 서비스 제공 시설의 부족 등의 사정을 고려할 필요가 있고, ③'65세 이상인 자 및 65세 미만인 자 중 노인성 질병을 가진 자'의 경우에는 일상생활 보조 위주의 서비스가 필요한 데 비하여 '65세 미만의 비노인성 질병을 가진 장애인'의 경우에는 사회참여 등을 통한 자립 지원에 중점을 둔 서비스가 필요하다는 정책적 판단에 따라 '65세 미만의 비노인성 질병을 가진 장애인'은 장기요양보험 급여 대상에서 제외하기로 하였다.

다만, 「노인장기요양보험법」을 제정하면서, 당시 중증장애인이 일상생활을 영위하기 어려운 현실적 여건 및 각종 장애인 시책이 장애인의 요구 수준보다 미흡하다는 점 등을 종합적으로 고려하여, 향후 '65세 미만의 비노인성 질병을 가진 장애인에게 장기요양보험 급여에 상응하는' 복지 서비스를 제공할 필요성이 있으며, '장애인의 특성에 적합하도록' 활동보조인 지원 등 각종 복지 서비스를 제공하도록 하고, 2010. 6. 30.경까지 「노인장기요양보험법」에 따른 장기요양급여의 종류와 내용에 상응한 급여가 장애인의 특성에 적합하게 지원되고 있는지를 검토한 후 장기요양보험의 신청자격에 장애인을 포함할 것인지를 담은 장애인복지대책을 국회에 보고하도록 하는 부대 결의가 의결되었다.10)

---

9) 장기요양보험의 보험료는 「국민건강보험법」의 건강보험료와 함께 징수된다 (「노인장기요양보험법」 제8조 제2항 참조).
10) 보건복지위원회 위원장 발의, "노인장기요양보험법안", 176322, (2007. 3. 30.) [원안 가결]

5. 장애인활동지원법 제정

2011. 1. 4. 법률 제10426호로 장애인활동지원법이 제정되었다. 이 법의 주요한 제정 이유는 신체적·정신적 장애 등으로 혼자서 일상생활과 사회생활을 하기 어려운 장애인에게 활동지원 서비스(예를 들어, 활동보조, 방문목욕, 방문간호)의 서비스를 제공하여 장애인의 자립생활과 사회참여를 지원할 뿐만 아니라 장애인의 가족 혹은 주위 사람들의 장애인 보호와 관련된 심리적·경제적·사회적인 부담을 줄이며 궁극적으로는 장애인 당사자의 삶의 질을 향상하려는 것이다.[11)]

장애인활동지원법은 시행되기 전인 2011. 3. 30., 법률 제10518호로 일부 개정되었다. 개정법은 장애인 활동지원급여의 종류 가운데 주간보호를 기존 제도와의 관계 등 논란이 많은 점을 고려하여 삭제하였다.[12)] 장애인활동지원법은 2011. 10. 5. 시행되었고, 그에 맞추어 장애인 활동지원 제도가 시행되었다.

---

11) 서원선·김종인·정도선·유시영, "장애인활동지원제도 개선방안에 관한 연구", 국가인권위원회 (2014), 19.
12) 법제처, "「장애인활동 지원에 관한 법률」 전체 제정·개정이유", 국가법령정보센터, http://www.law.go.kr/LSW/lsRvsRsnListP.do?lsId=011330&chrClsCd= 010202&lsRvsGubun=all (2019. 4. 23. 확인).

Ⅲ. 장애인 활동지원 제도 및 노인 장기요양보험 제도의 내용

1. 장애인 활동지원 제도

가. 활동지원급여의 신청자격 (장애인활동지원법 제5조)

활동지원급여를 신청할 수 있는 사람은 혼자서 일상생활과 사회생활을 하기 어려운 중증장애인으로 대통령령으로 정하는 장애 정도 이상이며, 「노인장기요양보험법」 제2조 제1호[13])에 따른 "노인등"이 아닌 사람으로서 대통령령으로 정하는 연령(6세)[14]) 이상인 사람이다. 다만, 이 법에 따른 수급자였다가 65세 이후에 「노인장기요양보험법」에 따른 장기요양급여를 받지 못하게 된 사람으로서 보건복지부 장관이 정하는 기준에 해당하는 사람은 신청자격을 갖는다.

이 때 「국민기초생활 보장법」 제32조에 따른 보장시설에 입소한 경우, 「의료법」 제3조에 따른 의료기관에 입원한 경우, 「형의 집행 및 수용자의 처우에 관한 법률」 또는 「치료감호법」에 따른 교정시설 또는 치료감호시설에 수용된 경우와 그 밖에 다른 법령에 따라 활동지원급여와 비슷한 급여를 받고 있다고 보건복지부 장관이 인정하는 경우는 활동지원급여 대상자에서 제외된다.[15])

---

13) 「노인장기요양보험법」 제2조 (정의) 이 법에서 사용하는 용어의 정의는 다음과 같다.
　　1. "노인등"이란 65세 이상의 노인 또는 65세 미만의 자로서 치매·뇌혈관성 질환 등 대통령령으로 정하는 노인성 질병을 가진 자를 말한다.
14) 장애인활동지원법 시행령 제4조 (활동지원급여의 신청자격) ② 법 제5조제2호 본문에서 "대통령령으로 정하는 연령 이상인 사람"이란 6세 이상인 사람을 말한다.
15) 장애인활동지원법 제5조 제3호, 같은 법 시행령 제4조 제3항 참조

대통령령으로 정하는 장애 정도 이상인 사람은 장애인활동지원법이 제정되었을 때는 「장애인복지법」 제32조에 따라 등록한 장애인 중 같은 법 시행령 제2조에 따른 장애등급이 제1급인 사람이었다. 하지만 그 범위가 지나치게 협소하다는 비판에 따라 두 차례에 걸쳐 제2급,[16) 제3급[17)의 장애인으로 확대되었다.

한편, 2019. 7. 1.부터 장애등급제가 개편될 예정이다. 개편 사항을 반영하기 위하여 활동지원급여 신청자격을 중증장애인에서 장애인으로 확대하고, 활동지원급여 신청 조사를 「장애인복지법」 제32조의4에 따른 서비스 지원 종합조사로 대체하여 실시한다. 이런 내용으로 장애인활동지원법이 2017. 12. 19. 법률 제15273호로 개정되었고, 2019. 7. 1.부터 시행된다.

나. 장애인활동지원 수급자격심의위원회의 설치 및 심의 (장애인 활동지원법 제8조, 제9조 및 제11조)

특별자치도·시·군·구에 장애인단체 대표와 의료인 등으로 구성된 장애인 활동지원 수급자격심의위원회를 둘 수 있고, 해당 위원회에서 수급자격 심의 기준에 따라 수급자를 판정한다. 심의가 완료된 경우에는 지체 없이 수급자 선정 여부 및 활동지원 등급 등이 포함된 활동지원 수급자격 결정통지서를 신청인에게 송부한다.

다. 장애인 활동지원급여의 종류 (장애인활동지원법 제16조)

장애인 활동지원급여의 종류는 수급자의 가정 등을 방문하여 지

---

16) 구 장애인활동 지원에 관한 법률 시행령 (2015. 02. 26. 대통령령 제26121호로 개정되기 전의 것)
17) 구 장애인활동 지원에 관한 법률 시행령 (2019. 03. 19. 대통령령 제29626호로 개정되기 전의 것)

원하는 활동보조, 방문목욕, 방문간호 및 그 밖의 활동지원급여로 구분한다. 활동보조는 활동지원인력인 활동지원사[18]가 수급자의 가정 등을 방문하여 신체활동, 가사활동 및 이동보조 등을 지원하는 활동지원급여이고, 방문목욕은 활동지원인력인 요양보호사가 목욕설비를 갖춘 장비를 이용하여 수급자의 가정 등을 방문하여 목욕을 제공하는 활동지원급여이다. 방문간호는 활동지원인력인 간호사 등이 의사, 한의사 또는 치과의사의 지시서에 따라 수급자의 가정 등을 방문하여 간호, 진료의 보조, 요양에 관한 상담 또는 구강위생 등을 제공하는 활동지원급여이고, 그 밖의 활동지원급여로 야간보호 등이 있다.

라. 장애인 활동지원기관의 지정 등 (장애인활동지원법 제20조, 제22조 및 제24조)

장애인 활동지원기관을 설치·운영하려는 자는 활동지원급여를 제공하는 데에 필요한 시설 및 인력 등을 갖추어 특별자치시장·특별자치도지사·시장·군수·구청장으로부터 지정을 받는다. 장애인활동지원기관은 타당한 사유 없이 활동지원급여의 제공을 거부할 수

---

18) 장애인활동지원법 제27조는 일정한 자격요건을 갖추고 활동지원기관을 통해 수급자의 가정 등을 방문하여 장애인의 신체활동 등을 지원하는 인력을 활동보조인으로 규정하였었다. 이러한 활동보조인은 장애인에게 장애인활동지원법에 따른 활동보조를 수행함으로써 장애인의 자립생활을 지원하고 그 가족의 부담을 경감하는 데 중요한 역할을 담당하는데도 그 명칭으로 인하여 직업에 대한 자존감과 업무에 대한 적극성이 결여되고 있다는 지적이 제기되었다. 이에 2018. 12. 11. 법률 제15906호로 장애인활동지원법이 개정되면서, 활동보조인에 대한 사회적 인식을 제고하고 활동보조인의 직업적 자존감을 높임으로써 장애인에게 보다 나은 활동보조가 제공될 수 있도록 활동보조인의 명칭을 활동지원사로 변경하였다. 개정법은 2019. 7. 1.부터 시행되나, 이 글에서는 개정법의 취지를 살려 활동보조인을 대신하여 활동지원사를 사용하였다.

없고, 장애인활동지원기관이 법령을 위반한 경우에는 지정권자는 그 지정을 취소할 수 있다.

마. 장애인활동지원인력의 자격 등 (장애인활동지원법 제26조부터 제30조까지)

수급자의 신체활동 및 가사활동 등을 보조하는 활동지원사 등의 장애인활동지원인력은 특별시장·광역시장·특별자치시장·도지사 또는 특별자치도지사가 지정·운영하는 교육기관에서 교육 과정을 수료하거나 일정 자격 등을 갖추어야 한다. 정신질환자 및 성범죄자 등은 장애인 활동지원인력이 될 수 없고, 결격사유에 해당하거나 부정한 방법으로 장애인 활동지원인력이 된 경우 등에는 그 자격을 상실할 수 있다.

바. 활동지원급여 비용의 본인 부담금 (장애인활동지원법 제33조)

수급자는 해당 활동지원급여 비용의 100분의 15 한도에서 대통령령으로 정하는 소득 및 재산 등의 생활 수준에 따라 본인 부담금을 차등 부담한다. 의료급여 수급자 등은 정액의 본인 부담금을 부담하고, 국민기초생활보장 수급자는 이를 부담하지 아니한다.

사. 비용의 부담 (장애인활동지원법 제39조)

국가와 지방자치단체는 이 법에 따른 활동지원 사업에 필요한 비용을 부담한다. 지방자치단체가 부담하는 금액은 보건복지부령으로 정하는 바에 따라 특별시·광역시·도 또는 특별자치도·시·군·구가 분담한다.

아. 장애인 활동지원 제도 절차

다음은 장애인 활동지원 제도의 개괄적인 절차로, 2018년 장애인 활동지원 사업안내[19]와 국민연금공단(이하 이 항에서 공단이라고 한다) 장애인활동지원 웹사이트[20]의 제도 소개를 참고하였다. 장애인 활동지원급여를 받기까지의 과정을 살펴보면 장애인 활동지원급여를 받고자 하는 장애인은 주소지 읍·면·동에 사회복지서비스 및 급여제공(변경) 신청서를 제출하여 장애인 활동지원급여를 신청한다. 읍·면·동은 장애등급 심사 대상 여부를 확인하고, 대상자면 신청인에게 안내하며, 공단에 장애등급 심사를 의뢰한다.

읍·면·동으로부터 신청서를 받은 특별자치시·특별자치도·시·군·구에서는 공단에 자격 심의를 의뢰하고, 공단은 해당 장애인을 방문하여 인정조사표를 작성한다. 인정조사 영역은 일상생활 동작, 수단적 일상생활 수행능력, 장애 특성, 사회 환경 등이다. 공단은 조사원이 신청자 가정을 방문하여 작성한 활동지원 인정조사표 및 특기사항 등 심의 자료를 수급자격심의위원회에 제출한다.

공단은 수급자격심의위원회 심의가 끝나면 활동지원 등급, 월 한도액, 유효기간, 수급자격심의위원회 의견 등 심의 결과 및 표준급여이용계획서를 특별자치시·특별자치도·시·군·구로 전송한다. 이를 받은 특별자치시·특별자치도·시·군·구는 대상자에게 이를 알리고 대상자는 장애인 활동지원기관을 찾아가 활동지원급여를 요청한다. 장애인 활동지원기관은 활동지원사를 관리하며, 대상자에게 장애인

---

19) 보건복지부, "2018년 장애인활동지원 사업안내" (2018), 8-83
20) 국민연금공단, "장애인이 행복한 나라 따뜻한 대한민국", http://www.ableservice. or.kr (2019. 4. 23. 확인).

활동지원급여를 제공한다.

2. 노인 장기요양보험 제도

가. 장기요양급여에 관한 국가 정책 방향 (「노인장기요양보험법」 제5조)

국가는 장기요양 기본계획을 수립·시행함에 있어서 노인뿐만 아니라 장애인 등 일상생활을 혼자서 수행하기 어려운 모든 국민이 장기요양급여, 신체 활동 지원 서비스 등을 받을 수 있도록 노력하고 나아가 이들의 생활 안정과 자립을 지원할 수 있는 시책을 세워야 한다.

나. 장기요양보험료의 산정·징수 등 (「노인장기요양보험법」 제7조부터 제9조까지)

노인 장기요양보험의 가입자는 국민건강보험의 가입자로 하고, 장기요양보험료는 국민건강보험료액에 장기요양보험료율을 곱하여 산정한다. 국민건강보험공단은 장기요양보험료를 국민건강보험료와 구분하여 통합 징수하되, 장기요양보험료와 국민건강보험료를 각각의 독립 회계로 관리하여야 한다.

다. 장기요양인정의 신청자격 (「노인장기요양보험법」 제12조)

장기요양인정을 신청할 수 있는 자는 장기요양보험 가입자 또는 그 피부양자, 「의료급여법」에 따른 수급권자 중 65세 이상의 노인 또는 65세 미만의 자로서 치매·뇌혈관성질환 등 대통령령으로 정하는 노인성 질병을 가진 자이다.

라. 장기요양급여의 종류 (「노인장기요양보험법」 제23조부터 제 26조까지)

장기요양급여의 종류를 재가급여, 시설급여 및 특별현금급여로 구분한다. 재가급여는 장기요양요원이 수급자의 가정 등을 방문하여 제공하는 장기요양급여이고, 시설급여는 장기요양기관에 장기간 입소한 수급자에게 신체 활동 지원 및 심신 기능의 유지·향상을 위한 교육·훈련 등을 제공하는 장기요양급여이며, 특별현금급여는 수급자에게 특별한 사유가 있는 경우에 현금 등을 지급하는 장기요양급여이다.

장기요양급여는 "노인등"이 가족과 함께 생활하면서 가정에서 장기요양을 받는 재가급여를 우선으로 제공하여야 한다.[21] 재가급여는 방문요양, 방문목욕, 방문간호, 주·야간보호, 단기보호, 기타재가급여로 구분한다. 방문요양은 장기요양요원이 수급자의 가정 등을 방문하여 신체 활동 및 가사 활동 등을 지원하는 장기요양급여이고, 방문목욕은 장기요양요원이 목욕설비를 갖춘 장비를 이용하여 수급자의 가정 등을 방문하여 목욕을 제공하는 장기요양급여이며, 방문간호는 장기요양요원인 간호사 등이 의사, 한의사 또는 치과의사의 지시서에 따라 수급자의 가정 등을 방문하여 간호, 진료의 보조, 요양에 관한 상담 또는 구강위생 등을 제공하는 장기요양급여이다. 주·야간보호는 수급자를 하루 중 일정한 시간 동안 장기요양기관에 보호하여 신체 활동 지원 및 심신 기능의 유지·향상을 위한 교육·훈련 등을 제공하는 장기요양급여이고, 단기보호는 수급자를 보건복지부령으로 정하는 범위 안에서 일정 기간 장기요양기관에

---

21) 「노인장기요양보험법」 제3조 제3항 참조.

보호하여 신체 활동 지원 및 심신 기능의 유지·향상을 위한 교육·훈련 등을 제공하는 장기요양급여이다. 기타재가급여는 수급자의 일상생활·신체 활동 지원 및 인지 기능의 유지·향상에 필요한 용구를 제공하거나 가정을 방문하여 재활에 관한 지원 등을 제공하는 장기요양급여로서 대통령령으로 정하는 것인데, 주로 복지 용구의 구매를 지원하거나 대여하는 방식으로 제공되고 있다.[22]

특별현금급여는 가족요양비, 특례요양비, 요양병원간병비로 나눈다. 가족요양비는 수급자가 도서·벽지와 같이 장기요양기관이 현저히 부족한 지역에 거주하는 등 「노인장기요양보험법」 제24조에서 정한 일정한 사유가 있어서 장기요양요원이 아닌 가족으로부터 방문요양에 상당한 돌봄을 받을 때 지급하는 가족 장기요양급여이다.

특례요양비는 장기요양기관이 아닌 시설에 입소하여 시설에서 재가급여를 받을 때 지급하는 특례 장기요양급여이고, 요양병원간병비는 요양병원에 입원하여 간병비를 지출하였을 때 지급하는 요양병원 장기요양급여이다. 특별현금급여는 일정한 범위에서 수급자에게 현금을 지급하는 급여이며, 특별현금급여 수급계좌의 예금에 관한 채권은 압류할 수 없다.

마. 장기요양기관의 지정 등 (「노인장기요양보험법」 제31조부터 제37조까지)

장기요양기관을 설치·운영하고자 하는 자는 장기요양에 필요한 시설 및 인력을 갖추어 특별자치시장·특별자치도지사·시장·군수·구청장으로부터 지정을 받는다. 장기요양기관이 시설이나 인력을 변경하거나 휴·폐업하는 경우에는 지정권자에게 신고하여야 하며, 장

---

22) 「노인장기요양보험법」 시행령 제9조, 「복지용구 급여범위 및 급여기준 등에 관한 고시」 참조.

기요양기관이 관련 법령을 위반한 경우에는 지정권자는 그 지정을 취소할 수 있다.

재가급여 중 어느 하나 이상에 해당하는 장기요양급여를 시행하고자 하는 자는 시설 및 인력을 갖추어 재가 장기요양기관을 설치하고 특별자치시장·특별자치도지사·시장·군수·구청장에게 이를 신고하여야 한다. 재가장기요양기관의 설치를 신고한 재가 장기요양기관은 장기요양기관으로 본다.

한편, 재가 장기요양기관의 진입 요건이 완화되어 있어 장기요양기관의 난립 및 장기요양서비스의 질 저하 문제가 발생하였다.23) 이에 2018. 12. 11. 법률 제15881호로 개정된 「노인장기요양보험법」은, 재가 장기요양기관 설치 신고 시 장기요양기관으로 지정된 것으로 간주하였던 규정을 삭제하고, 지정권자는 장기요양기관을 설치·운영하려는 자의 장기요양급여 제공 이력 등을 고려하여 적정 수의 장기요양기관을 지정하도록 함으로써 지정의 실효성을 강화하고자 하였다. 개정법은 2019. 12. 12. 시행될 예정이다.

바. 장기요양급여 비용의 본인 일부 부담 (「노인장기요양보험법」 제40조)

수급자는 재가 장기요양급여 비용의 100분의 15, 시설 장기요양급여 비용의 100분의 20을 부담하되, 국민기초생활보장 수급권자는 이를 부담하지 아니하고, 의료급여수급권자 등은 본인 일부 부담금을 60%의 범위에서 보건복지부 장관이 정하는 바에 따라 차등하여 감경한다.24)

---

23) 2018. 12. 11. 법률 제15881호로 개정된 「노인장기요양보험법」 개정 이유 참조 (법제처, "「노인장기요양보험법」 전체 제정·개정이유", 앞의 사이트).
24) 「노인장기요양보험법」이 2018. 3. 27. 법률 제15537호로 개정되면서 본인 일부 부담금을 50% 감경하던 것에서 감경 폭을 확대하였다.

사. 장기요양위원회 설치 등 (「노인장기요양보험법」 제45조부터
제47조까지)

보건복지부 장관 소속하에 장기요양위원회를 두고, 근로자 단체,
사용자 단체, 시민 단체, 노인 단체, 농어업인 단체, 자영자 단체와
장기요양기관 또는 의료계 등의 대표자 등을 중심으로 16인 이상 22
인 이하의 위원으로 구성한다. 위원회는 장기요양보험료율 등을 심
의한다.

아. 관리운영기관 (「노인장기요양보험법」 제48조 및 제49조)

국민건강보험공단은 장기요양보험 가입자 및 그 피부양자와 의
료급여 수급권자의 자격 관리, 장기요양보험료의 부과·징수, 장기요
양인정 신청인에 대한 조사, 장기요양등급판정위원회의 운영 및 장
기요양등급 판정 등의 업무를 관장한다.

자. 장기요양등급판정위원회의 설치 등 (「노인장기요양보험법」
제52조 및 제53조)

장기요양인정 및 장기요양등급 판정 등을 심의하기 위하여 국민
건강보험공단에 장기요양등급판정위원회를 둔다. 장기요양등급판정
위원회의 위원은 15인으로 구성하고, 위원 중에서 특별자치시장·특
별자치도지사·시장·군수·구청장이 추천한 위원은 7인, 의사 또는 한
의사가 1인 이상 각각 포함된다.

차. 국가와 지방자치단체의 부담 (「노인장기요양보험법」 제58조)

국가는 매년 예산의 범위 안에서 해당 연도 장기요양보험료 예상 수입액의 100분의 20에 상당하는 금액을 국고에서 국민건강보험공단에 지원하고, 국가와 지방자치단체는 의료급여 수급권자의 장기요양급여 비용, 의사 소견서 발급 비용, 방문간호 지시서 발급 비용 중 국민건강보험공단이 부담하는 비용 및 관리 운영비의 전액을 대통령령으로 정하는 바에 따라 부담한다.

카. 노인 장기요양보험 제도 절차

다음은 노인 장기요양보험 제도의 개괄적인 절차로, 2018년 노인 보건복지 사업안내[25]와 국민건강보험공단(이하 이 항에서 공단이라고 한다) 웹사이트의 노인 장기요양보험 제도 소개[26]를 참고하였다. 노인 장기요양급여를 받기까지의 과정을 살펴보면 노인 장기요양급여를 받고자 하는 노인은 공단 지사 노인 장기요양보험 운영 센터에 장기요양인정신청서를 제출한다. 신청서를 받은 공단은 직원이 신청인을 방문하여 인정조사를 한다. 인정조사 내용은 기본적 일상생활 활동(ADL), 수단적 일상생활 활동(IADL), 인지 기능, 행동 변화, 간호 처치, 재활 영역 각 항목에 대한 신청인의 기능 상태와 질병 및 증상, 환경 상태, 서비스 욕구 등 12개 영역 90개 항목이고, 이 가운데 52개 항목이 장기요양인정 점수 산정에 이용된다. 인정조사 후 공단이 안내한 의사소견서 발급의뢰서에 따라 정해진 기한 내에 반드시 의사 소견서를 제출하여야 한다.

등급판정위원회는 방문조사 결과, 의사 소견서, 특기 사항 등을

---

25) 보건복지부, "2018년 노인보건복지 사업안내" (2018), 294.
26) 보건복지부, "2018년 노인보건복지 사업안내" (2018), 294.

기초로 신청인의 기능 상태 및 장기요양이 필요한 정도 등을 등급 판정 기준에 따라 심의 및 판정하고, 장기요양이 인정된 경우 장기요양인정서와 표준장기요양이용계획서를 작성하여 신청인에게 송부한다. 장기요양인정서는 '수급자에게 주는 증서'로 장기요양등급, 급여 종류 및 내용, 장기요양인정 유효기간 등이 적혀 있다. 표준장기요양이용계획서는 수급자가 장기요양급여를 원활히 이용할 수 있도록 발급하는 이용 계획서로 장기요양기관과 급여 계약 체결 시 장기요양인정서와 함께 제시한다. 수급자는 장기요양인정서에 적힌 '장기요양등급', '장기요양인정 유효기간'과 '급여 종류 및 내용'에 따라 적절한 장기요양기관을 선택하여 급여 계약 체결 후 장기요양급여를 이용할 수 있다.

IV. 장애인 활동지원 제도와 노인 장기요양보험 제도 비교

1. 제도 목적

장애인 활동지원 제도는 신체적·정신적 장애 등의 사유로 혼자서 일상생활과 사회생활을 하기 어려운 장애인에게 활동지원급여를 제공하여 장애인의 자립생활을 지원하고 그 가족의 부담을 줄임으로써 장애인의 삶의 질을 높이는 것을 목적으로 한다.[27] 노인 장기요양보험 제도는 고령이나 노인성 질병 등의 사유로 일상생활을 혼자서 수행하기 어려운 "노인등"에게 신체 활동 또는 가사 활동 지원

---

27) 장애인활동지원법 제1조 참조.

등의 장기요양급여를 제공하여 노후의 건강 증진 및 생활 안정을
도모하고 그 가족의 부담을 덜어줌으로써 국민의 삶의 질을 향상하
도록 함을 목적으로 한다.[28] 장애인 활동지원 제도와 노인 장기요양
보험 제도는 모두 그 가족의 부담을 줄이는 데에 목적이 있다는 점
에서 유사하지만, 장애인 활동지원 제도는 장애인의 자립생활 지원
에 노인 장기요양보험 제도는 노후의 건강 증진 및 생활 안정을 목
적으로 하는 데에 차이가 있다.

2. 신청자격

장애인 활동지원 제도와 노인 장기요양보험 제도를 신청하는 사
람은 구분된다. 장애인활동지원법이 「노인장기요양보험법」의 "노인
등"을 신청자격에서 제외하고 있기 때문이다.[29] 「노인장기요양보험
법」의 "노인등"이란 65세 이상의 노인 또는 65세 미만의 자로서 치
매·뇌혈관성질환 등 대통령령으로 정하는 노인성 질병을 가진 자를
말한다.[30] 「노인장기요양보험법」의 "노인등"으로서 장기요양보험
가입자 또는 그 피부양자, 「의료급여법」에 따른 수급권자는 장기요
양인정을 신청할 수 있다.
장애인 활동지원급여를 신청할 수 있는 사람은 혼자서 일상생활
과 사회생활을 하기 어려운 3급 이상의 중증장애인으로 6세 이상 65
세 미만인 사람이다. 다만, 이 법에 따른 수급자였다가 65세 이후에
「노인장기요양보험법」에 따른 장기요양급여를 받지 못하게 된 사람
으로서 보건복지부 장관이 정하는 기준에 해당하는 사람은 신청자
격을 갖는다.

---

28) 「노인장기요양보험법」 제1조 참조.
29) 장애인활동지원법 제5조 제2호 참조.
30) 「노인장기요양보험법」 제2조 제2호 참조.

3. 지원 대상 선정 방법과 기준

장애인 활동지원 제도와 노인 장기요양보험 제도 모두 신청인을 방문조사하여 지원 수준을 심사한다. 장애인 활동지원 제도의 인정 조사 항목은 표 1과 같다.[31)

〈표 1〉 장애인 활동지원 제도의 인정조사 영역과 항목

영역	조사 항목	
일상생활 동작영역	옷 갈아입기, 목욕하기, 식사하기, 잠자리에서 자세 바꾸기, 옮겨 앉기, 걷기, 화장실 사용하기	
수단적 일상생활 수행능력 영역	15세 이상	전화 사용하기, 물건 사기, 식사 준비, 집안일, 빨래하기, 약 챙겨 먹기, 금전 관리, 대중교통수단 이용하기
	6세 이상 15세 미만	전화 사용하기, 물건 사기, 약 챙겨 먹기, 금전 관리, 대중교통수단 이용하기, 본인 물건 관리하기
장애 특성 고려영역	휠체어사용, 청각 기능, 시각 기능, 인지 기능, 정신 기능 중 1항목	
사회환경 고려영역	사회 활동 참여, 위험 상황 대처 능력, 장애인 보조 기구 사용 능력, 단어나 문장을 보고 이해하기	

노인 장기요양보험 제도는 신청인을 방문조사하여 5개 영역 52개 항목을 바탕으로 등급을 판정한다. 세부 항목은 아래 <표 2>와 같다.[32)

---

31) 보건복지부, 2018년 "장애인활동지원 사업안내" (2018), 30-32.

32) 국민건강보험공단, "국민건강보험공단 장기요양보험 > 제도소개 > 장기요양인정 및 이용절차 > 인정절차", http://www.longtermcare.or.kr/npbs/e/b/201/npeb201m01.web?q=C1010765189E0115DABC04D845EFD9A827118EC26B1BC0; G9DJ2vtslIucKFDCWcD%2Bzd7UXNqyKhO23Jur2HuM2cso%2B6Hdz7i4dQBz3S Qp9awiA3nsdqgohup982FTshv%2B/w%3D%3D;K75bdP0FkW4JgFl5kgXCiDmZ% 2B/Q%3D&charset=UTF-8 (2019. 4. 23. 확인).

〈표 2〉 노인 장기요양보험 제도의 방문조사 항목

영역		항목
신체 기능 (12항목)		옷 벗고 입기, 세수하기, 양치질하기, 식사하기, 목욕하기, 체위 변경하기, 일어나 앉기, 옮겨 앉기, 방 밖으로 나오기, 화장실 사용하기, 대변 조절하기, 소변 조절하기
인지 기능 (7항목)		단기 기억 장애, 지시 불인지, 날짜 불인지, 상황 판단력 감퇴, 장소 불인지, 의사소통·전달 장애, 나이·생년월일 불인지
행동 변화 (14항목)		망상, 서성거림·안절부절 못함, 물건 망가트리기, 환청·환각, 길을 잃음, 돈·물건 감추기, 슬픈 상태·울기도 함, 폭언·위협 행동, 부적절한 옷 입기, 불규칙 수면·주야 혼돈, 밖으로 나가려 함, 대·소변 불결 행위, 도움에 저항, 의미가 없거나 부적절한 행동
간호 처치 (9항목)		기관지 절개관 간호, 경관 영양, 도뇨 관리, 흡인, 욕창 간호, 장루 간호, 산소 요법, 압성 통증 간호, 투석 간호
재활 (10항목)	운동 장애 (4항목)	우측 상지, 우측 하지, 좌측 상지, 좌측 하지
	관절 제한 (6항목)	어깨 관절, 팔꿈치 관절, 손목 및 수지 관절, 고관절, 무릎 관절, 발목 관절

장애인 활동지원 제도와 노인 장기요양보험 제도는 그 목적에 따라 대상 선정 기준에도 차이를 보인다. 장애인 활동지원 제도는 사회 활동 참여 등 신청인의 자립생활 욕구와 집안일, 대중교통수단 이용하기 등 자립생활 능력을 조사한다. 이에 반하여 노인 장기요양 보험 제도는 신청인의 신체 기능이나 인지 기능, 간호 처치가 필요한 사항 등을 조사하고 있다.

장애인 활동지원 제도는 인정점수에 따라 모두 4등급으로 판정하는데, 인정점수가 380점~470점은 1등급, 320점~379점은 2등급, 260점~319점은 3등급, 220점~259점은 4등급이다. 노인 장기요양보험 제도는 인정점수에 따라 등급을 판정하되, 노인이 치매인 경우는 별도의 기준을 두고 지원하고 있다. 등급 판정 기준은 표 3과 같다.[33]

---

33) 국민건강보험공단, 국민건강보험공단, 위 사이트 (2019. 4. 23. 확인).

〈표 3〉 노인 장기요양보험 제도 등급 판정 기준

장기요양등급	심신의 기능 상태
1등급	심신의 기능 상태 장애로 일상생활에서 전적으로 다른 사람의 도움이 필요한 자로서 장기요양인정 점수가 95점 이상인자
2등급	심신의 기능 상태 장애로 일상생활에서 상당 부분 다른 사람의 도움이 필요한 자로서 장기요양인정 점수가 75점 이상 95점 미만인 자
3등급	심신의 기능 상태 장애로 일상생활에서 부분적으로 다른 사람의 도움이 필요한 자로서 장기요양인정 점수가 60점 이상 75점 미만인 자
4등급	심신의 기능 상태 장애로 일상생활에서 일정 부분 다른 사람의 도움이 필요한 자로서 장기요양인정 점수가 51점 이상 60점 미만인 자
5등급	치매환자로서 (「노인장기요양보험법」 시행령 제2조에 따른 노인성 질병으로 한정) 장기요양인정 점수가 45점 이상 51점 미만인 자
인지지원등급	치매환자로서 (「노인장기요양보험법」 시행령 제2조에 따른 노인성 질병으로 한정) 장기요양인정 점수가 45점 미만인 자

4. 급여 내용

장애인 활동지원급여의 종류는 수급자의 가정 등을 방문하여 지원하는 활동보조, 방문목욕, 방문간호 및 그 밖의 활동지원급여로 야간보호 등이 있다. 노인 장기요양급여의 종류는 재가급여, 시설급여 및 특별현금급여로 구분한다. 재가급여는 방문요양, 방문목욕, 방문간호, 주·야간보호, 단기보호, 기타재가급여로 복지 용구 지원이 있다. 특별현금급여는 가족요양비, 특례요양비, 요양병원간병비로 나눈다.

장애인 활동지원급여의 활동보조, 방문목욕, 방문간호 및 야간보호는 노인 장기요양보험 급여 재가급여의 방문요양, 방문목욕, 방문간호 및 야간보호에 각각 대응한다. 급여 이름에서 볼 수 있듯이 이들 급여는 그 성격이 상당히 유사하다. 노인 장기요양보험급여는 장애인 활동지원급여에 없는 시설급여, 현금급여(가족요양비, 특례요양비, 요양병원간병비)가 있다.

　　장애인 활동지원급여에 시설급여가 없는 이유는 장애인 활동지원 제도가 장애인의 자립생활 지원을 목적으로 하기 때문이다. 시설 생활은 집단생활이기 때문에 필연적으로 장애인의 자기결정권이나 사생활의 자유 등을 침해할 수 있다. 노인 장기요양보험급여의 현금급여에서 특례요양비와 요양병원간병비는 시설이나 병원 생활을 전제하기 때문에 같은 이유에서 장애인 활동지원급여에 없는 것으로 보인다.

5. 급여량

　　2019년 1월을 기준으로 활동지원등급별 기본급여의 월 한도액은, 1등급 1,530,000원(118시간), 2등급 1,219,000원(94시간), 3등급 921,000원(71시간), 4등급 610,000원(47시간)이다.[34] 여기에 개인의 사회생활이나 주변 조력자의 상태 등 생활환경을 고려하여 추가급여가 제공된다. 추가급여는 독거 또는 취약 가구[35]인 경우에 최중증[36] 3,539,000원(273시간), 최중증이 아닌 활동지원 1등급 1,037,000원(80시간), 그 밖의 등급 260,000원(20시간)이다. 그 밖에 출산 1,037,000원(80시간), 자립 준비 260,000원(20시간), 학교 생활 130,000원(10시간), 직장 생활 519,000원(40시간), 보호자 일시 부재 260,000원(20시간), 최중증 가족의 직장·학교 생활 947,000원(72시간)

---

34) 괄호 안의 시간은 시간당 수가 12,960원으로 계산한 결과이다.
35) 수급자를 제외한 가구구성원이 1~3급 장애인, 18세 이하 또는 65세 이상인 가족만으로 구성된 경우
36) 인정 점수 440점 이상

이 제공된다. 최중중 독거·취약 가구인 경우는 기본급여와 추가급여를 더해 모두 5,069,000원(391시간)이 제공된다.[37)

활동보조 수가는 시간당 12,960원인데, 심야·공휴일에는 150%로 계산하여 시간당 19,440원을 적용한다. 방문목욕은 1회(60분 이상) 65,410원, 차량을 이용할 경우는 72,540원이다. 방문간호는 30분 미만 35,230원, 30분에서 60분에 44,190원, 60분 이상 53,170원이 적용된다.[38)

노인 장기요양보험의 인정등급별 재가급여 월 한도액은, 1등급 1,456,400(108시간), 2등급 1,294,600원(96시간), 3등급 1,240,700원(92시간), 4등급 1,142,400원(84.7시간), 5등급 980,800원(72.7시간), 인지지원등급 551,800원이다.[39) 시설급여는 노인요양시설을 이용할 경우, 1등급 1일 69,150원(30일 기준 2,074,500원), 2등급 1일 64,170원(30일 기준 1,925,100원) 3~5등급 59,170원(30일 기준 1,775,100원)이다.[40)

재가급여 가운데 방문요양 수가는 30분 단위로 시간에 따라 다르게 적용되는데, 평시 4시간 기준 53,940원이다. 야간에는 20% 심야·공휴일에는 30%가 가산된다. 방문요양의 평시 시간당 수가는 약 13,485원으로 장애인 활동지원 제도의 활동보조 수가 12,960원보다 높게 책정되어 있다. 방문목욕 수가는 방문목욕 차량을 이용하지 않

37) 국민연금공단, "활동지원급여 > 활동지원급여 이용절차 안내 > 제도소개 > 장애인활동지원", http://www.ableservice.or.kr/PageControl.action (2019. 4. 23. 확인)
38) 국민연금공단, 위 사이트.
39) 시간은 4시간 방문요양 수가 53,940원을 적용하여 계산한 결과이다. 인지지원등급은 주·야간보호, 단기보호급여 및 기타재가급여만을 이용할 수 있어서 시간을 계산하지 아니하였다.
40) 국민건강보험공단, "국민건강보험공단 장기요양보험 > 제도소개 > 급여기준 및 수가 > 월 한도액 및 급여비용", http://www.longtermcare.or.kr/npbs/e/b/502/npeb502m01.web?menuId=npe0000000380&zoomSize= (2019. 4. 23. 확인)

으면 40,840원, 방문목욕 차량을 이용한 가정 내 목욕의 경우 65,410
원, 방문목욕 차량을 이용한 차량 내 목욕의 경우 72,540원이 적용된
다. 방문간호 수가는 장애인 활동지원 제도의 방문간호 수가와 같
다. 주·야간보호 수가는 등급과 이용 시간에 따라 달리 적용되는데,
12시간 이상에 45,980원에서 67,120원이 적용된다.[41] 이 밖에 현금급
여로 지급되는 가족요양비, 특례요양비, 요양병원간병비가 있는데,
섬 지역, 천재지변, 감염병 환자, 정신장애인, 대인기피자 등 요양기
관에서 받기 어렵다고 장관이 인정하는 자에게 15만원의 가족요양
비가 지급된다.[42]

장애인 활동지원 제도의 기본급여와 노인 장기요양보험 제도의
재가급여 월 한도액은 1등급 1,530,000원(118시간)과 1,456,200원(108
시간)으로 비슷하다. 하지만 최대 급여량은 장애인 활동지원 제도는
추가급여를 더하여 5,069,000원(391시간)이 되는 데 반해, 노인 장기
요양보험 제도는 추가급여가 없어 1,456,200원(108시간)이다.

6. 본인 부담

장애인 활동지원 제도나 노인 장기요양보험 제도 모두 본인 부담
이 있는데, 소득 수준 및 급여량에 따라 다르게 산정된다. 장애인 활
동지원 제도는 활동지원급여의 일부를 본인이 부담하는 방식이고,
노인 장기요양보험 제도는 사회보험 원리에 따라 보험금을 내는 방
식이다.

장애인 활동지원 제도는, 기본급여에 대한 본인 부담금으로 소득
수준에 따라 월 한도액의 6~15% 부과하는데, 「국민연금법」 제51조
제1항 제1호에 따른 금액의 100분의 5에 해당하는 금액을 넘을 수

---

41) 국민건강보험공단, 위 사이트
42) 「장기요양급여 제공기준 및 급여비용 산정방법 등에 관한 고시」 제79조 참조

없다. 추가급여에 대한 본인 부담금은 소득 수준에 따라 월 한도액의 2~5%를 부과한다.[43] 노인 장기요양보험 제도의 본인 부담률은 재가급여의 경우 15%, 시설급여의 경우 20%이다.

장애인 활동지원 제도와 노인 장기요양보험 제도 모두 기초생활수급 대상자에게는 본인 부담을 부과하지 않고 있다. 장애인 활동지원 제도는 차상위 계층에게 본인 부담금으로 20,000원을 정액 부과하고,[44] 노인 장기요양보험 제도는 중위소득 50% 이하 계층에게 의료급여를 감경하고 있다.[45]

V. 장애인 활동지원 제도와 노인 장기요양보험 제도 사이 사각지대

1. 지원 대상의 구분

앞에서 살펴본 것처럼 장애인 활동지원 제도와 노인 장기요양보험 제도는 목적, 지원 대상 선정 방법과 기준, 급여 내용의 다양성과 급여량, 재원 조달 방식 등에서 서로 다르게 설계된 제도이다.[46] 장애인 활동지원 제도와 노인 장기요양보험 제도는 장애인활동지원법이 65세 이상의 노인 또는 65세 미만의 자로서 노인성 질병을 가진 사람, 그리고 활동지원급여와 비슷한 다른 급여를 받는 사람에 대하

---

43) 보건복지부, "2018년 장애인활동지원 사업안내" (2018), 74-75.
44) 보건복지부, "2018년 장애인활동지원 사업안내" (2018), 74-75.
45) 「노인장기요양보험법」 제40조, 같은 법 시행규칙 제 4조, 36조 참조.
46) 김세진, "장애노인 돌봄의 정책 도출: 노인장기요양보험 제도와 장애인활동지원제도의 관계를 중심으로", 보건복지포럼 - 2017년 8월호 (통권 제250호) (2017. 8.), 73-74.

여 활동지원급여 신청자격을 제한함으로써 지원 대상을 구분하고
있다.

장애인 활동지원 제도와 노인 장기요양보험 제도가 지원 대상을
구분한 취지는 다음과 같은 이유로 보인다. 65세 미만의 노인성 질
병을 가진 장애인은 '치매 등 노인성 질병의 특성'상 장애인활동지
원법상의 자립생활 지원 위주의 서비스보다는 「노인장기요양보험
법」에 따라 일상생활 보조 및 간병 등의 서비스가 제공되는 것이 적
합하다는 것이다. 즉, 「노인장기요양보험법」상의 급여는 재가급여
외에도 시설급여나 특별현금급여(가족요양비, 특례요양비, 요양병원
간병비)가 인정되는데 이처럼 "노인등"의 경우에는 요양과 보호 서
비스가 결합하여 제공되는 것이 적합하므로 장애인활동지원법과는
급여의 제공 형태 등이 다를 필요가 있다. 그래서 장애인활동지원법
은 급여의 중복 지급 문제 등 제도 간 운영의 혼란을 막기 위해 「노
인장기요양보험법」의 신청자격이 있는 65세 미만의 노인성 질병을
가진 장애인은 장애인 활동지원 제도를 신청할 수 없도록 한 것으
로 보인다. 두 제도가 설계한 지원 대상과 지원 내용은 아래 표 4와
같다.

〈표 4〉 장애인 활동지원 제도와
노인 장기요양보험 제도의 지원 대상 및 지원 내용

제도	지원 대상	지원 내용
장애인 활동지원 제도	6세 이상 65세 미만인 3급 이상 장애인	자립생활 지원
노인 장기요양보험 제도	65세 이상이거나, 노인성 질병이 있는 65세 미만인 사람	일상생활 보조, 간병

지금 장애인 활동지원 제도와 노인 장기요양보험 제도가 지원 대
상을 구분하는 기준은 우선 나이이다. 65세 미만일 때는 자립생활

지원, 65세 이상일 때는 일상생활 보조 또는 간병을 지원한다. 그래서 65세 이상인 사람이 자립생활 욕구가 있거나, 65세 미만인 사람이 간병에 대한 욕구가 있는 경우는 원칙적으로 두 제도에서 그 욕구를 충족할 수 없다. 두 제도 모두 개인이 가진 욕구와는 상관없이 그 개인의 특성에 맞추어 급여를 제공하기 때문이다. 지금부터 구체적 상황을 살펴본다.

2. 장애인 활동지원급여를 받은 적이 없는 65세 이상의 장애인

장애인활동지원법에 따르면 65세를 넘은 노인은 장애인 활동지원급여 신청자격이 없다. 「노인장기요양보험법」은 65세 이상 노인에게 모두 신청자격을 부여하지만, 장기요양인정 신청을 한 사람을 조사하여 등급 판정을 하는 과정에서 필연적으로 등급외 판정을 받는 사람이 발생한다. 방문조사 항목이 신체 기능, 인지 기능, 행동 변화, 간호 처치, 재활 등에 관한 것이기 때문에 신체 기능이나 인지 기능이 상실되지 않은 노인은 장기요양등급외 판정을 받기 쉽다. 시각장애인, 청각장애인 등과 같은 노인이 그러하다.

장애인활동지원법 제5조 제2호 단서는 "이 법에 따른 수급자였다가 65세 이후에 「노인장기요양보험법」에 따른 장기요양급여를 받지 못하게 된 사람으로서 보건복지부장관이 정하는 기준에 해당하는 사람은 신청자격을 갖는다."고 규정하여 장기요양등급외 판정자에 대한 예외를 인정하고 있다. 하지만 장애인활동지원법에 따른 수급자였던 사람만을 그 예외로 인정하여 65세 이전에 장애인 활동지원 제도를 이용하지 않은 사람이나 65세 이후 장애인으로 등록한 사람은 장애인 활동지원급여를 신청할 수 없도록 하고 있다. 결국, 이들 장애인은 장애인 활동지원 제도와 노인 장기요양보험 제도의 지원을 모두 받을 수 없는 셈이다.

　문제는 65세가 지나 장애인이 된 사람이 많은 점이다. 2017년 장애인 실태조사에 따르면, 재가 장애인의 연령별 출현율은 나이가 많을수록 높아짐을 알 수 있다. 70세 이상일 때 장애인 출현율은 20.07%로 70세 이상 노인 5명 가운데 1명은 장애인이었다. 전체 장애인 가운데 70세 이상인 장애인이 차지하는 비율은 35.2%로, 장애인 3명 가운데 1명은 70세 이상이라고 할 수 있었다.47) 2017년 당시 70세 이상인 장애인 가운데 상당수는 장애인 활동지원 제도가 시행된 2011년에 이미 65세 이상인 사람들이다. 즉, 이들 가운데 장기요양등급을 받지 못한 사람은 장애인 활동지원 제도와 노인 장기요양보험 제도의 지원을 모두 받지 못하고 있다고 할 수 있다.

〈표 5〉 재가 장애인의 연령별 출현율 (단위: 명, %)

구분	추정수	구성비	출현율
0~9세	29,570	1.1	0.66
10~19세	70,793	2.7	1.31
20~29세	103,407	4.0	1.67
30~39세	123,542	4.8	1.70
40~49세	268,657	10.4	3.18
50~59세	513,691	19.9	6.36
60~69세	563,660	21.8	11.13
70세 이상	907,020	35.2	20.07
계	2,580,340	100.0	5.21

---

47) 김성희·이연희·오욱찬·황주희·오미애·이민경·이난희·오다은, "2017년 장애인실태조사", 보건복지부 (2018), 509.

3. 장애인 활동지원급여를 받다가 65세가 된 장애인

장기요양급여 가운데 재가급여는 신체 활동 지원(세면, 목욕, 식사 도움, 체위 변경 등)이나 가사 및 일상생활 지원(취사, 청소, 세탁 등)을 포함한다는 점에서 장애인 활동지원급여와 유사한 면이 있다. 그러나 두 제도는 그 지원 대상, 지원 내용 등이 다르게 설계된 제도이다 보니 그 급여량에서 차이가 있다.

2019년 1월 기준 최중증장애인의 경우 장애인활동지원서비스를 이용하는 동안에는 추가급여가 지급되어 월 최대 391시간(하루 13시간)을 이용할 수 있으나, 65세가 되어 장기요양급여로 전환되어 기존 장애인 활동지원 제도와 유사한 방문요양을 이용하게 되면 개인의 생활 환경을 반영한 추가급여가 없어 월 최대 108시간(하루 4시간)까지만 이용할 수 있게 된다. 따라서 최중증장애인 및 취약 가구의 경우 서비스가 필요한 정도와 상태가 크게 변화하지 않았음에도 이용 가능한 서비스 급여량은 급격하게 감소하는 결과가 초래된다. 그리하여 65세 이상이거나 노인성 질병이 있는 65세 미만의 장애인은 그 장애 유형과 정도에 따라 장기요양급여를 받는 것보다 활동지원급여를 받는 것이 더 유리할 수 있다.

지금 장애인 활동지원 제도는 수급자가 65세가 될 때 그 해당하는 달의 다음 달 말까지 수급자격을 인정한다. 예컨대 장애인이 2019년 6월 2일에 65세가 되는 경우 2019년 7월 31일까지 장애인 활동지원급여를 받을 수 있다. 다만, 수급자격 유효기간 내 노인장기요양등급외 판정을 받은 사람은 수급자격 유효기간을 2년 또는 3년 범위 내의 잔여 기간으로 한다.[48]

장애인 활동지원급여를 받는 사람이 65세가 된 이후에도 장애인

---

48) 보건복지부, "2018년 장애인활동지원 사업안내" (2018), 42-43.

활동지원급여를 받으려면 노인 장기요양등급외 판정이 필요하다. 그런데 장기요양인정 점수가 높아 장기요양등급 판정을 받은 때는 이제는 장애인 활동지원급여를 받을 수 없다. 신체 기능을 많이 상실하여 활동지원등급이 높은 장애인일수록 장기요양인정 점수가 높아 장기요양등급 판정을 받을 가능성이 크다. 장애인 처지에서는 장기요양등급을 받음으로써 장애인 활동지원 시간이 큰 폭으로 감소하는 상황을 맞이하게 된다. 장애인활동지원법은, 활동지원급여가 절실한 중증장애인이라 하더라도 그가 「노인장기요양보험법」 상의 "노인등"에 해당하면 아예 장애인 활동지원급여의 신청자격을 제한하고 있다. 이는 장애인의 기본권을 침해하고 있다고 할 수 있다.

장기요양급여는 요양과 보호에 중점을 두고 있는데, 활동지원급여를 받던 장애인이 65세가 되면서 갑자기 생활 특성 등이 변화하는 것이 아닌데도 현행 제도는 65세가 된 장애인을 일률적으로 노인 복지의 대상으로 간주하고 장기요양급여 수급자로 전환되도록 하고 있다. 이는 장애인을 자립생활의 주체에서 요양과 보호의 대상으로 간주하게 되는 것이므로 장애인을 고려한 수요자 중심 정책이라고 보기 어렵다.[49]

4. 노인성 질병이 있는 65세 미만의 장애인

「노인장기요양보험법」은 "노인등"이란 65세 이상의 노인 또는 65세 미만의 자로서 치매·뇌혈관성질환 등 대통령령으로 정하는 노인성 질병을 가진 자를 말한다."라고 규정하고 있다.[50] 같은 법 시행령 제2조는 '대통령령으로 정하는 노인성 질병'을 별표 1에 따라 규정하는데, 위 별표 1은 노인성 질병을 「통계법」 제22조에 따라 고시된

---

49) 국가인권위원회, 장애차별 결정례집 (2018), 860.
50) 「노인장기요양보험법」 제2조 제1호 참조.

한국표준질병·사인분류에 따른 질병명 및 질병코드로 열거하고 있다. 「노인장기요양보험법」의 노인성 질병은 아래 <표 6>과 같다.

<표 6> 「노인장기요양보험법」의 노인성 질병

분류[51]	「노인장기요양보험법」 시행령 제2조 별표 1의 질병명
치매	알츠하이머병에서의 치매, 혈관성 치매, 달리 분류된 기타 질환에서의 치매, 상세 불명의 치매, 알츠하이머병
뇌혈관성 질환	지주막하출혈, 뇌내출혈, 기타 비외상성 두 개내출혈, 뇌경색증, 출혈 또는 경색증으로 명시되지 않은 뇌졸중, 뇌경색증을 유발하지 않은 뇌전동맥의 폐쇄 및 협착, 뇌경색증을 유발하지 않은 대뇌동맥의 폐쇄 및 협착, 기타 뇌혈관질환, 달리 분류된 질환에서의 뇌혈관장애, 뇌혈관질환의 후유증
파킨슨증	파킨슨병, 이차성 파킨슨증, 달리 분류된 질환에서의 파킨슨증)
그 밖의 질환	기저핵의 기타 퇴행성 질환, 중풍후유증, 진전 (震顫)[52]

한편, 「장애인복지법」은 장애인을 "신체적·정신적 장애로 오랫동안 일상생활이나 사회생활에서 상당한 제약을 받는 자"로, 이 법의 적용을 받는 장애인은 대통령령으로 정하는 장애의 종류 및 기준에 해당하는 자로 규정하고 있다.[53] 같은 법 시행령은 '장애의 종류 및

---

51) 필자가 임의로 분류하였다.
52) 진전은 보건복지부장관이 정하여 고시하는 범위로 한다 (「노인장기요양보험법」 시행령 제2조 별표1 참조).
53) 장애인복지법 제2조 (장애인의 정의 등) ①"장애인"이란 신체적·정신적 장애로 오랫동안 일상생활이나 사회생활에서 상당한 제약을 받는 자를 말한다.
② 이 법을 적용받는 장애인은 제1항에 따른 장애인 중 다음 각 호의 어느 하나에 해당하는 장애가 있는 자로서 대통령령으로 정하는 장애의 종류 및 기준에 해당하는 자를 말한다.
1. "신체적 장애"란 주요 외부 신체 기능의 장애, 내부기관의 장애 등을 말한다.
2. "정신적 장애"란 발달장애 또는 정신 질환으로 발생하는 장애를 말한다.

기준에 따른 장애인' 가운데 하나로, 뇌병변장애인(腦病變障碍人)을 "뇌성마비, 외상성 뇌손상, 뇌졸중(腦卒中) 등 뇌의 기질적 병변으로 인하여 발생한 신체적 장애로 보행이나 일상생활의 동작 등에 상당한 제약을 받는 사람"으로 규정하고 있다.54)

「노인장기요양보험법」의 '65세 미만의 노인성 질병을 가진 자'와 「장애인복지법」의 뇌병변장애인은 그 정의에 따라 필연적으로 같은 대상을 포함하게 된다. 예를 들어 뇌졸중으로 보행이나 일상생활의 동작 등에 상당한 제약을 받는 65세 미만인 사람은 65세 미만인 노인성 질병을 가진 사람이면서 뇌병변장애인이다. 또 알츠ㅏ이머병이 있는 시각장애인과 같이 노인성 질병과 그 질병에 기인하지 않은 장애를 함께 가진 사람도 있다.

장애인활동지원법은 노인성 질병이 있는 사람을 신청자격에서 제외하고 있으므로 노인성 질병이 있는 65세 미만의 장애인은 장애인활동지원법의 지원 대상이 아니다. 하지만 장애인 활동지원 제도의 인정조사 과정에서 신청인이 노인성 질병을 가졌는지를 신청인이 장기요양등급 판정을 받았는지로 심사하기 때문에, 장기요양 신청을 한 적이 없는 노인성 질병을 가진 장애인은 장애인 활동지원급여를 받을 수 있다. 그런데 같은 장애인이라도 그가 장기요양인정신청을 하여 장기요양등급판정을 받았다면, 그는 장애인 활동지원제도 인정조사 과정에서 노인성 질병이 있는 자로 인정되어 장애인 활동지원급여를 받을 수 없다. 결국, 똑같은 사람이 장애인 활동지원급여와 노인 장기요양급여 가운데 어떤 급여를 먼저 신청하였는지에 따라 그 사람이 받을 수 있는 급여가 달라진다.

문제는 장애인 활동지원 제도의 급여량과 노인 장기요양보험 제도의 급여량에 차이가 있다는 점이다. 앞서 본 것처럼 장애인 활동

---

54) 장애인복지법 시행령 제2조 별표 1 제2호 참조.

지원 제도의 급여량이 노인 장기요양보험 제도의 급여량보다 많으므로, 노인 장기요양보험 급여를 받는 장애인은 장애인 활동지원급여를 받고자 한다. 그런데 그는 이미 노인성 질병이 있는 사람으로 인정되었기 때문에 장애인활동지원법은 그에게 장애인 활동지원급여의 신청자격을 주지 않는다. 그래서 장기요양등급 판정을 받은 장애인들의 장애인 활동지원 제도로의 사회복지서비스 변경 요구가 꾸준히 제기되고 있다.

보건복지부는 이 문제에 대하여 각 지방자치단체와 국민연금공단이 65세 미만인 장애인이 노인 장기요양보험을 신청하여 수급자가 되면 장애인 활동지원급여 신청이 제한되며, 장기요양 수급권을 포기하더라도 장애인 활동지원급여를 신청할 수 없다는 점을 안내 및 홍보하라고 요청하고 있다.[55] 하지만 보건복지부의 이 같은 조치는 문제를 본질에서 해결할 수 없다. 노인 장기요양보험 제도는 국민연금공단이 아니라 국민건강보험공단에서 담당하기 때문에 인정조사 과정에서 장애인 활동지원 제도에 대한 안내가 이루어지기 어렵다. 그래서 장기요양등급 판정을 받으면 장애인 활동지원 제도를 이용할 수 없는 점을 모르고 장기요양인정 신청을 하는 장애인이 발생하고 있다. 그리고 65세 미만인 자로서 노인성 질병이 있으나 장애인은 아닌 사람이 장기요양급여를 통한 지원을 받다가 이후에 활동지원급여를 신청할 수 있는 장애 정도를 인정받은 경우와 같이, 장기요양급여를 받다가 장애인 활동지원급여를 신청할 수밖에 없는 경우도 존재한다.

---

55) 보건복지부, "2018년 장애인활동지원 사업안내" (2018), 3-5.

VI. 제도 개선 방안

위와 같은 문제는 장애인활동지원법이 「노인장기요양보험법」의 "노인등"에 대하여 신청자격을 제한한 데에서 비롯한다. 지금 제도는 장애인이 65세가 되거나 노인성 질병을 가지면 장애인 활동지원 제도 대상자에서 노인 장기요양보험 제도 대상자로 전환되는 구조이다. 이는 장애와 노화라는 다른 두 가지 측면에 대해 고려 없이 노인이라는 하나의 관점으로 대상자를 분류하는 것이며, 대상자의 선택권과 개별 욕구를 반영하지 못한 것이라 볼 수 있다.[56]

국가인권위원회는 2016. 10. 6. 보건복지부 장관에게 "수요자의 필요와 욕구에 부합하는 서비스의 제공 및 서비스의 연속성 확보를 통해 장애인의 자립생활 지원이라는 목적을 효과적으로 달성하기 위해, 장애인활동지원법 제5조를 개정하여 장애인 활동지원이 필요한 장애인의 경우 65세 이후에도 장애 특성과 환경 등에 따라 노인 장기요양급여와 장애인 활동지원급여 중 필요한 것을 선택할 수 있도록 하는 것이 바람직하다.[57]"고 권고하였다.

위 국가인권위원회 권고에 대하여 보건복지부 장관은 두 제도에서 제공하는 급여 시간에 차이가 있다는 것은 인식하고 있으며, 제도 간 선택권 부여는 양 제도의 관계와 상호 운영 방안에 대한 종합적·체계적 검토 선행이 필요하다고 밝혔다. 또한, 선택권을 부여할 경우 활동지원급여로 수급자가 편중될 가능성이 커 추가 재정 확보 문제도 검토돼야 하며, 유사 건강 상태를 가지고 있는 65세 이상의 장애 노인과 장기요양급여를 받는 노인 간 급여량 차이에 따른 형평성 문제도 고려할 필요가 있다고 밝혔다.[58]

---

56) 김세진, 앞의 글, 67.
57) 국가인권위원회, 앞의 책,
58) 국가인권위원회, "보도자료 - 만65세 이상 장애인 활동지원과 노인장기요양

한편, 국회에는 다양한 대상에 대하여 장애인 활동지원 제도와 노인 장기요양보험 제도를 선택할 수 있도록 하는 장애인활동지원법 개정안이 4건 발의되었다. 윤소하 의원안은 65세 이상인 등록 장애인이 두 제도를 선택할 수 있도록 하고 있고,59) 정춘숙 의원안은 등록 장애인이 「노인장기요양보험법」에 따른 "노인등"에 해당하면 두 제도를 선택할 수 있도록 규정하였다.60) 김명연 의원은 두 개 법안을 발의하였는데, 하나는 65세가 되기 전에 이 법에 따른 수급자였던 사람 중 수급자와 그 부양의무자의 소득·재산 및 수급자의 장애 정도 등을 고려하여 대통령령으로 정하는 사람은 65세 이후에 두 제도 중 하나를 선택할 수 있도록 하고 있고,61) 다른 하나는 65세 미만인 사람으로서 「노인장기요양보험법」에 따른 수급자 또는 수급자였던 사람이 장애인이 된 경우 65세가 되기 전까지는 두 제도 중 하나를 선택할 수 있도록 하고 있다.62)

장애인 활동지원 제도와 노인 장기요양보험 제도에서 제공하는 급여량에 차이가 있고, 지금 제도가 장애인의 욕구를 반영하는 데에 부족함은 입법부와 행정부 모두 인식하고 있는 것으로 보인다. 문제의 원인은 두 제도가 지원 대상의 욕구가 아니라 노인이라는 기준에서 지원 대상을 구분한 데에서 기인한다. 따라서 개선 방안은 국

선택권 보장 인권위 권고… 보건복지부 '불수용'", https://www.humanrights.go.kr/site/program/board/basicboard/view?menuid=001004002001&searchselect=boardtitle&searchword=%ED%99%9C%EB%8F%99&pagesize=10&boardtypeid=24&boardid=7601836 (2017. 11. 24.).

59) 윤소하 의원 발의, "장애인활동 지원에 관한 법률 일부개정법률안", 2004800, (2016. 12. 29.) [계류 중]

60) 정춘숙 의원 발의, "장애인활동 지원에 관한 법률 일부개정법률안", 2007444, (2017. 6. 16.) [계류 중]

61) 김명연 의원 발의, "장애인활동 지원에 관한 법률 일부개정법률안", 2018808, (2019. 2. 25.) [계류 중]

62) 김명연 의원 발의, "장애인활동 지원에 관한 법률 일부개정법률안", 2019801, (2019. 4. 15.) [계류 중]

가인권위원회가 권고하고 여러 개정안이 추구하는 것처럼 장애인이 두 제도를 선택할 수 있도록 보장하는 것이다. 등록 장애인이 「노인장기요양보험법」에 따른 "노인등"에 해당하면 두 제도를 선택할 수 있도록 한 정춘숙 의원안이 가장 바람직한 대안이라고 생각한다.

정부가 제도 개선을 주저하는 이유는 재원일 것이다. 국회 예산정책처는 65세 이상 노인에게 장애인 활동지원급여를 지원하는 데에는 앞으로 5년 동안 연평균 65억 2,700만 원이 필요한 것으로 추계하였다.[63] 대한민국 헌법 제10조는 국가의 국민에 대한 기본권 보장 의무를, 제34조 제5항은 장애인의 인간다운 생활을 할 권리를 보장함을 규정하고 있다. 그리고 「장애인권리협약」 제19조는 '자립생활과 지역사회 통합'을 기본원칙으로 하며, 장애인의 지역사회에서의 생활과 통합을 지원하고 지역사회로부터 소외되거나 분리되는 것을 방지하는 데 필요한 활동 보조를 포함하여 효과적이고 적절한 조처를 할 것을 당사국의 의무로 규정하고 있다. 유엔 장애인권리위원회는 2014년 10월, 대한민국 국가보고서에 대한 최종견해에서 활동보조 서비스 부족을 우려하며 이를 확대하라고 권고하였다. 국민의 기본권을 보장해야 하는 국가의 의무를 고려하여 장애인 활동지원 제도나 노인 장기요양보험제도를 개선할 필요가 있다. 재원이 부담된다면 「노인장기요양보험법」의 "노인등"에 해당하는 장애인에 대하여 노인 장기요양보험 제도에서 별도의 추가급여를 마련하거나, 기본급여는 노인 장기요양보험 제도에서, 추가급여는 장애인 활동지원 제도에서 부담하는 등의 방안 등을 고려해 볼 수 있을 것이다.[64]

---

63) 이은미, "장애인활동 지원에 관한 법률 일부개정법률안 (의안번호 제 2018808호) 비용추계서", 국회예산정책처 (2019), 4.
64) 김세진, 앞의 글, 77.

VII. 결론

장애인 활동지원 제도와 노인 장기요양보험 제도는 모두 장애인 활동지원사나 요양보호사가 장애인이나 노인의 일상생활을 지원하여 삶의 질을 높이고 그 가족의 부담을 덜어주는 제도이다. 두 제도는 모두 장애인과 노인을 위하여 필수적인 제도이다. 두 제도는 목적, 지원 대상 선정 방법과 기준, 급여 내용의 다양성과 급여량, 재원 조달 방식 등에서 차이가 있는 서로 다른 제도이다.

장애인 활동지원 제도와 노인 장기요양보험 제도는 장애인활동지원법이 65세 이상의 노인 또는 65세 미만의 자로서 노인성 질병을 가진 사람, 그리고 활동지원급여와 비슷한 다른 급여를 받는 사람에 대하여 활동지원급여 신청자격을 제한함으로써 지원 대상을 구분하고 있다. 그러나 이 신청자격 제한 때문에 활동지원이 필요한 장애인이 장애인 활동지원 제도의 지원을 받지 못하는 문제가 발생하고 있다. 65세가 지나 장애인으로 등록한 장애인, 장애인 활동지원급여를 받다가 65세가 되어 노인 장기요양보험 제도로 전환하게 된 장애인, 장애인 활동지원 제도에 대한 정보를 얻지 못하여 노인 장기요양급여를 받은 65세 미만인 장애인, 장기요양급여를 받다가 장애를 가지게 된 65세 미만인 장애인 등이 그 신청자격을 얻지 못한 사람들이다.

이미 입법부와 행정부는 문제의 심각성을 인식하고 있다. 장애인의 욕구를 반영하여 장애인 활동지원 제도와 노인 장기요양보험 제도를 선택할 수 있도록 제도를 개선할 필요가 있다. 국민의 기본권을 보장하여야 하는 국가의 의무를 고려한 정부의 결단이 요구된다.

참고문헌

국가인권위원회, 장애차별 결정례집 (2018. 5.)

김성희·이연희·오욱찬·황주희·오미애·이민경·이난희·오다은, "2017년 장애인실태조사", 보건복지부 (2018)

김세진, "장애노인 돌봄의 정책 도출: 노인장기요양보험 제도와 장애인활동지원제도의 관계를 중심으로", 보건복지포럼 - 2017년 8월호 (통권 제250호) (2017. 8.)

보건복지부, "2018년 노인보건복지 사업안내" (2018)

보건복지부, "2018년 장애인활동지원 사업안내" (2018)

서원선·김종인·정도선·유시영, "장애인활동지원제도 개선방안에 관한 연구", 국가인권위원회 (2014)

이은미, "장애인활동 지원에 관한 법률 일부개정법률안 (의안번호 제2018808호) 비용추계서", 국회예산정책처 (2019)

김명연 의원 발의, "장애인활동 지원에 관한 법률 일부개정법률안", 2018808, (2019. 2. 25.) [계류중]

김명연 의원 발의, "장애인활동 지원에 관한 법률 일부개정법률안", 2019801, (2019. 4. 15.) [계류중]

보건복지위원회 위원장 발의, "노인장기요양보험법안", 176322, (2007. 3. 30.) [원안 가결]

윤소하 의원 발의, "장애인활동 지원에 관한 법률 일부개정법률안", 2004800, (2016. 12. 29.) [계류중]

정춘숙 의원 발의, "장애인활동 지원에 관한 법률 일부개정법률안", 2007444, (2017. 6. 16.) [계류중]

국가인권위원회, "보도자료 - 만65세 이상 장애인 활동지원과 노인장기요양
　　　선택권 보장 인권위 권고… 보건복지부 '불수용' ", https://www.
　　　humanrights.go.kr/site/program/board/basicboard/view?menuid=0010040020
　　　01&searchselect=boardtitle&searchword=%ED%99%9C%EB%8F%99&pag
　　　esize=10&boardtypeid=24&boardid=7601836 (2017. 11. 24.)

국민건강보험공단, "국민건강보험공단 장기요양보험", http://www.longtermcare.
　　　or.kr/npbs (2019. 4. 23. 확인)

국민건강보험공단, "국민건강보험공단 장기요양보험 > 제도소개 > 급여기
　　　준 및 수가 > 월 한도액 및 급여비용", http://www.longtermcare.or.kr/
　　　npbs/e/b/502/npeb502m01.web?menuId=npe0000000380&zoomSize=
　　　(2019. 4. 23. 확인)

국민건강보험공단, "국민건강보험공단 장기요양보험 > 제도소개 > 노인장
　　　기요양보험이란? > 추진경과", http://www.longtermcare.or.kr/npbs/e/b/
　　　102/npeb102m01.web?menuId=npe0000000040&zoomSize= (2019. 4. 23.
　　　확인)

국민건강보험공단, "국민건강보험공단 장기요양보험 > 제도소개 > 장기요
　　　양인정 및 이용절차 > 인정절차", http://www.longtermcare.or.kr/npbs/
　　　e/b/201/npeb201m01.web?q=C1010765189E0115DABC04D845EFD9A8271
　　　18EC26B1BC0;G9DJ2vtslIucKFDCWcD%2Bzd7UXNqyKhO23Jur2HuM2c
　　　so%2B6Hdz7i4dQBz3SQp9awiA3nsdqgohup982FTshv%2B/w%3D%3D;K75b
　　　dP0FkW4JgFl5kgXCiDmZ%2B/Q%3D&charset=UTF-8 (2019. 4. 23. 확인)

국민연금공단, "장애인이 행복한 나라 따뜻한 대한민국", http://www.
　　　ableservice.or.kr (2019. 4. 23. 확인)

국민연금공단, "활동지원급여 > 활동지원급여 이용절차 안내 > 제도소개 >
　　　장애인활동지원", http://www.ableservice.or.kr/PageControl.action (2019.
　　　4. 23. 확인)

김용하, "국가기록원>기록정보 콘텐츠>국정분야별 주제콘텐츠>국정분야별

목록> 사회복지 > 장애인복지> 장애인경제적지원> 장애인활동지원",
국가기록원, http://www.archives.go.kr/next/search/listSubjectDescription.
do?id=009238&pageFlag= (2014. 11. 13.)

보건복지부, "알림 > 보도자료 내용보기 - '노인' 검색결과 "노인요양보장제
도 제1차 시범 사업지역 선정"", http://www.mohw.go.kr/react/al/sal0301vw.
jsp?PAR_MENU_ID=04&MENU_ID=0403&page=29&CONT_SEQ=33220
&SEARCHKEY=TITLE&SEARCHVALUE=%EB%85%B8%EC%9D%B8
(2005. 4. 21.)

보건복지부, "알림 > 보도자료 내용보기 - '노인' 검색결과 "06.4월부터 노인
수발보험제도 2차 시범 사업 실시", http://www.mohw.go.kr/react/al/
sal0301vw.jsp?PAR_MENU_ID=04&MENU_ID=0403&page=27&CONT_S
EQ=37309&SEARCHKEY=TITLE&SEARCHVALUE=%EB%85%B8%EC
%9D%B8 (2006. 3. 30.)

보건복지부, "알림 > 보도자료 내용보기 - '노인' 검색결과 "노인장기요양보
험 3차 시범 사업 지역 선정"", http://www.mohw.go.kr/react/al/sal0301
vw.jsp?PAR_MENU_ID=04&MENU_ID=0403&page=23&CONT_SEQ=40
637&SEARCHKEY=TITLE&SEARCHVALUE=%EB%85%B8%EC%9D%
B8 (2007. 3. 16.)

법제처, "「노인장기요양보험법」 전체 제정·개정이유", 국가법령정보센터, http://
www.law.go.kr/LSW/lsRvsRsnListP.do?lsId=010436&chrClsCd=010202&ls
RvsGubun=all (2019. 4. 23. 확인)

법제처, "장애인활동 지원에 관한 법률」 전체 제정·개정이유", 국가법령정보
센터, http://www.law.go.kr/LSW/lsRvsRsnListP.do?lsId=011330&chrClsCd
=010202&lsRvsGubun=all (2019. 4. 23. 확인)

성년후견과 사회복지

박은수*·배광열

I. 서 론

질병, 장애, 고령 등으로 의사결정에 어려움을 겪는 사람(이하 '의사결정능력 부족 성인'이라고 함)에 대한 사회의 시각은 시대의 변화에 발맞추어 함께 변화해왔다. 근대 유럽의 국가들은 의사결정 능력 부족 성인들을 시설에 수용하였고, 법적으로는 행위무능력이 라는 개념을 도입하여 "합리적 이성"을 가진 후견인의 지배 아래에 놓일 수 있게 하였는바,[1] 소위 배제를 통한 무능력자들을 보호한다 는 이념을 가지고 있었다.

현대에 이르러 세계는 두 차례에 걸친 세계대전을 거치며 경험한 전쟁의 잔혹함과 인간성의 말살에 대한 반성으로 세계인권선언을 비롯한 다양한 인권에 대한 선언과 협약을 마련하였다. 그에 발맞춰 의사결정능력 부족 성인에 대한 관점도 변화하였고, 그들도 인간으 로서 존엄성을 갖고 살아갈 권리가 있다는 당연한 명제 아래 각 국 은 본인의 자기결정권 존중, 잔존능력의 활용, 정상화라는 원칙을 실현할 수 있는 제도를 모색하기 시작했다.

---

* 이하 사단법인 온율 변호사
1) 신권철, 성년후견제도와 사회복지제도의 연계, 집문당 (2013), 44.

그에 따라 기존의 배제를 통한 보호라는 이념이 반영된 제도인 금치산·한정치산제도가 자기결정권 존중의 이념을 반영한 성년후견제도로 전환되기 시작하였다. 그럼에도 불구하고, 성년후견제도 역시 후견인이 광범위한 권한을 보유하고, 의사결정능력 부족 성인의 자기결정권 존중보다는 종전의 이념이 영향력을 발휘하며 본인의 의사가 무시되고 있다는 비판에서 자유롭지 못한 상황이 계속되고 있다. 이에 각 국은 지속적 대리권 제도(독일·영국 등), 임의후견(우리나라, 일본) 등 향후 본인이 의사결정능력이 부족해질 때를 대비하여 미리 신뢰할 수 있는 조력자(대리인)와 자신의 재산과 신상에 대한 희망과 사전 지시에 따른 사무 수행을 위탁하는 형태의 의사결정 지원 제도를 운용하고 있다.

우리나라 역시 위와 같은 세계적 흐름에 발맞추어 제도가 변화되어 왔다. 제정 민법 이래 2013년 7월 성년후견제도 도입까지 우리나라는 금치산·한정치산 제도를 운영하였다. 이 제도 아래에서 금치산·한정치산 선고가 있게 되면 근친자 순서로 선임되는 후견인2)은 법정대리인으로서 본인의 법률행위를 대리하고, 본인이 한 행위를 취소할 수 있으며, 후견인에 대한 감독은 친족회가 담당하였다. 동 제도는 본인의 자기결정권 존중보다는 무능력자의 재산보호, 거래의 안전 도모에 초점이 맞춰져 있었고, 전통적인 가족부양 사상 아래 본인의 신상보호는 별도로 규정하지 아니한 채 친족에게 맡겨두었는바, 친족들에 의한 자의적인 재산관리·신상결정이 이루어질 수 있다는 점에서 부정적인 인식이 강한 편이었다.

그러던 중 우리나라는 2008년 12월 UN 장애인의 권리에 관한 협약(Convention on the Rights of Persons with Disabilities, 이하 "UN장

---

2) 금치산·한정치산 선고가 있게 되면 그의 배우자, 직계혈족, 3촌이내의 방계혈족의 순위로 후견인이 되었다[구 민법 제933조, 제934조 (2011. 3. 7. 법률 제10429호로 개정되기 전의 것)].

애인권리협약'이라고만 한다)을 비준하였는바, 동 협약 제12조에 따라 장애인이 모든 생활 영역에서 다른 사람과 동등하게 법적 능력을 향유하고(제2항), 법적 능력을 행사하기 위해 필요한 지원에 접근할 수 있도록 적절한 조치를 취해야 할 의무(제3항)가 있었고, 그 중 핵심은 의사결정지원제도를 도입하는 것이었다. 이에 우리나라는 2013년 7월 1일부터 금치산·한정치산제도를 폐지하고, 후견제도를 도입하는 것을 내용으로 하는 개정 민법이 시행되기에 이르렀다.

　의사결정능력 부족 성인에 대한 법적 관점의 변화는 그들에 대한 사회복지제도의 변화와 맞물려 그들의 사회통합적인 삶에도 영향을 미치고 있다. 국가의 취약계층에 대한 시혜적 조치로 출발한 사회복지제도는 이제는 국민의 권리로 인식되고 있고, 사회복지 서비스 계약·바우처제도와 같은 방식으로 서비스가 제공되고 있다. 이는 종래 행정적이고 일방적인 서비스 전달 체계 아래에서 수동적인 객체에 불과했던 당사자가 서비스 신청권자로서 주체적으로 자신에게 필요한 사회복지 서비스를 이용하면서 사회통합적으로 생활할 수 있게 되었다는 것을 의미한다. 그러나 이런 사회복지서비스 전달체계가 운영되기 위해서는 필연적으로 서비스 신청권자가 온전한 의사결정능력을 지니고 있거나, 그렇지 않을 경우에는 그를 지원해줄 조력자(후견인)의 존재를 전제로 한다.

　즉, 의사결정능력 부족 성인에 대하여는 사회복지와 성년후견제도의 관계는 다양한 부품(사회복시서비스)들이 원활하게 움직이게 하는 톱니바퀴(성년후견제도)의 관계와 다름없다는 것이다.

　이에 본고에서는 새롭게 도입된 성년후견제도를 개관하고, 성년후견제도를 통한 사회복지서비스 전달체계의 원활한 작동을 목적으로 하는 공공후견제도의 현 상황을 소개할 것이며, 성년후견제도 도입 이후 주요 사회복지 관련 법률에서 개선이 필요한 점을 지적하려고 한다.

II. 후견제도 개관

1. 원칙

성년후견제도가 기존의 금치산·한정치산제도와 가장 크게 구분되는 것은 본인의 자기결정권 존중, 후견의 보충성 등 의사결정지원제도의 이념을 담고 있다는 점이다. 즉, 후견인은 피후견인의 재산관리와 신상보호를 할 때 그의 복리에 부합하는 방법으로 사무를 처리해야 하고, 복리에 반하지 아니하면 피후견인의 의사를 존중해야 하며(자기결정권 존중),3), 피후견인은 자신의 신상에 관하여 그의 상태가 허락하는 범위에서 단독으로 결정하고(후견의 보충성),4) 가정법원은 후견계약이 등기되어 있는 경우 본인의 이익을 위하여 특별히 필요한 경우가 아닌 이상 법정후견을 개시할 수 없으며,5) 본인에 대해 법정후견이 개시되어 있음에도,가정법원이 임의후견감독인을 선임할 때에는 그 법정후견 종료심판을 해야 한다는 규정(후견의 보충성, 자기결정권 존중)6)이 대표적인 예이다.

성년후견제도는 크게 당사자의 의사결정능력이 부족해질 때를 미리 대비하여 후견인이 될 자에게 자신의 재산관리 및 신상보호에 관한 사무의 전부 또는 일부를 위탁하고 그 위탁사무에 관하여 대리권을 수여하는 것을 내용으로 하는 임의후견(후견계약)7)과 법원의 후견개시심판이 확정됨에 따라 개시되는 법정후견으로 분류되고, 법정후견은 다시 성년후견, 한정후견, 특정후견으로 나뉜다.

---

3) 민법 제947조, 이하 본고에서 민법 조문을 인용할 때에는 조문만 기재한다.
4) 제947조의2 제1항
5) 제959조의20 제1항
6) 제959조의20 제2항
7) 제959조의14 제1항

가정법원은 후견개시심판을 할 때 후견인을 선임하는데, 후견인은 여러 명이 선임될 수 있고, 법인도 가능하다.[8]

2. 내용

가. 성년후견

(1) 주요내용

성년후견이 개시되면, 성년후견인은 원칙적으로 피후견인의 법정대리인이 되고,[9] 피후견인은 제한능력자가 되며, 그가 한 법률행위는 성년후견인이 취소할 수 있다.[10] 단, 가정법원은 성년후견개시심판을 하면서 성년후견인이 취소할 수 없는 법률행위의 범위를 정할 수 있고,[11] 일용품의 구입 등 일상생활에 필요하고 그 대가가 과도하지 아니한 법률행위는 성년후견인이 취소할 수 없으며,[12] 그 범위 내에서 피후견인은 온전한 행위능력을 보유한다. 피성년후견인의 행위능력이 제한됨에 따라 소송행위 역시 법정대리인에 의해서만 할 수 있으나,[13] 성년후견인이 취소할 수 없는 법률행위의 범위 안에서는 소송행위를 단독으로 할 수 있다.[14]

성년후견인은 피성년후견인의 재산관리와 신상보호를 할 때 여러 사정을 종합적으로 고려하여 그의 복리에 부합하는 방법으로 사

---

8) 제930조 제2항, 제3항, 제959조의3 제2항 (한정후견), 제959조의9 제2항 (특정후견)
9) 제938조 제1항
10) 제10조 제1항
11) 제10조 제2항
12) 제10조 제4항
13) 민사소송법 제55조 제1항
14) 민사소송법 제55조 제1항 단서 제2호

무를 처리하여야 하고, 이 때 피성년후견인의 복리에 반하지 아니하는 이상, 피성년후견인의 의사를 존중하여야 한다.15)

성년후견은 성년후견개시의 원인이 소멸하거나, 한정후견개시, 임의후견감독인 선임의 심판이 있는 경우, 피성년후견인이 사망한 경우 종료한다.16) 피성년후견인이 사망한 경우에는 가정법원의 후견종료심판이 불필요하다. 후견이 개시되는 원인인 정신적 제약(발달장애, 정신장애, 치매)의 대부분은 현대 과학으로는 소멸이 불가능하기 때문에 사실상 성년후견이 종료되기 위해서는 피성년후견인이 사망하는 수 밖에 없다.

(2) 신상보호

성년후견인은 가정법원이 정하는 바에 따라 피성년후견인의 신상에 대한 결정권한을 보유한다.17) 그러나 피성년후견인은 자신의 신상에 관하여는 그의 상태가 허락하는 범위에서 단독으로 결정하므로,18) 성년후견인이 지니는 신상결정권한은 피성년후견인이 단독으로 결정할 수 없을 때 보충적으로만 행사할 수 있다.

또한, 성년후견인이 피성년후견인의 신상과 관련한 다음과 같은 중요한 사항에 대해 결정할 때에는 법원의 허가를 받아야 한다.19)

(가) 격리행위

피성년후견인을 치료 등의 목적으로 정신병원이나 그 밖의 다른 장소에 격리할 때는 가정법원의 허가를 받아야 한다. 민법은 침습적

---

15) 제947조
16) 제11조 (개시 원인이 소멸한 경우), 제14조의3 제2항 (한정후견이 개시된 경우), 제959조의20 제2항 (임의후견감독인을 선임하는 경우)
17) 제938조 제3항
18) 제947조의2 제1항
19) 제947조의2 제2항 내지 제5항

의료행위와는 달리 격리행위에 대해 사후허가를 허용하는 규정을 두고 있지 않고, 사후허가를 인정할 경우 인신구속을 전제로 하는 격리행위가 남용될 우려가 있으므로, 이 때의 허가는 사전허가만을 의미한다.[20]

"정신병원이나 그 밖의 다른 장소"란 정신의료기관, 정신요양시설, 정신재활시설, 노인요양시설 등을 의미하고, "격리"는 피성년후견인이 해당 시설을 자유롭게 출입할 수 없게 관리되는 경우를 의미한다.[21]

격리행위는 피성년후견인 본인의 신상에 대한 중대한 제약이기 때문에 가정법원에서도 이를 허가함에 있어 각별히 신중한 태도를 견지하고 있다. 서울가정법원의 경우, 정신병원에 입원하는 경우에는 일정기간(ex. 2개월)마다 법원에 치료,입원 등의 상황, 후견인이 방문한 결과를 보고하게 하고, 격리행위도 6개월정도의 기간만 허가하고, 그 이후에도 격리가 계속될 필요가 있다면 허가를 다시 받도록 하고 있다.

(나)침습적 의료행위

성년후견인이 중대한 수술과 같이 직접적인 결과로 사망 또는 상당한 장애를 입을 위험이 있는 침습적 의료행위를 동의하기 위해서는 가정법원의 허가를 받아야 한다. 단, 침습적 의료행위가 허가절차로 인해 지체됨으로써 피성년후견인의 생명에 위험을 초래하거나 심신상의 중대한 장애를 초래할 때에는 사후 허가를 청구할 수 있다.[22]

---

20) 김성우, 성년후견실무, 박영사 (2018), 108.
21) 김형석, "피후견인의 신상결정과 그 대행", 가족법연구 제28권 2호 (2014.7.), 255.
22) 제947조의2 제4항 단서

（다) 거주부동산 처분

성년후견인이 피성년후견인을 대리하여 피성년후견인이 거주하고 있는 건물 또는 그 대지에 대하여 매도, 임대, 전세권 설정, 저당권 설정, 임대차의 해지, 전세권의 소멸, 그 밖에 이에 준하는 행위를 하는 경우에는 가정법원의 허가를 받아야 한다.23) 이는 피성년후견인의 재산관리에 해당하지만, 거주하고 있는 주거에 대한 처분은 신상과 밀접한 관련이 있기 때문에 본 조에서 규정하고 있는 것이다. 이 때의 피성년후견인이 거주하고 있는지 여부는 가정법원에 허가청구를 할 때 피성년후견인이 실제로 거주하고 있는 경우뿐만 아니라, 현재 피성년후견인이 거주하고 있지 않더라도 향후 거주할 가능성이 있는 경우도 포함하는 것으로 넓게 해석되고 있다.24)

（라)후견감독인의 동의가 필요한 행위

가정법원은 필요하다고 인정하면 성년후견감독인을 선임할 수 있는바,25) 필수기관이 아니고 임의기관이다. 성년후견감독인이 선임된 경우, 성년후견인이 피성년후견인을 대리하여 영업에 관한 행위, 금전을 빌리는 행위, 의무만을 부담하는 행위, 부동산 또는 중요한 재산에 관한 권리의 득실변경을 목적으로 하는 행위, 소송행위, 상속의 승인, 한정승인 또는 상속재산의 분할에 관한 협의를 할 경우에는 성년후견감독인의 동의를 받아야 한다.26)

그러나 현재 실무상 후견감독인이 선임되는 경우는 특정후견을 제외하고는 전체의 약 3.2%에 불과하여 많지 않기 때문에,27)28) 가

---

23) 제947조의2 제5항
24) 김성우 (주17), 101.
25) 제940조의4 제1항
26) 제950조 제1항
27) 김성우, "성년후견제도의 현황과 과제", 가족법연구 제30권 제3호 (2016.11.), 433., 단, 2013. 7. 1.부터 2016. 9. 30.까지의 통계이므로, 2019. 1. 31.기준으로

정법원은 위와 같이 성년후견감독인에게 동의를 받아야 하는 행위에 대하여 가정법원의 허가를 받도록 대리권을 제한하고 있다.

나아가 성년후견감독인이 선임되어 있는 경우, 성년후견인이 소의 취하, 화해, 청구의 포기, 인낙 또는 민사소송법 제80조에 따른 탈퇴를 하기 위해서는 성년후견감독인으로부터 특별한 권한을 받아야 하고, 성년후견감독인이 없는 경우에는 가정법원으로부터 특별한 권한을 받아야 한다.29) 실무상 성년후견인이 소송행위에 대해 성년후견감독인으로부터 동의를 얻거나 가정법원으로부터 허가를 받을 때 위 소송행위들에 대한 권한도 함께 수여받는 형태로 처리하고 있다.

또한, 성년후견감독인이 선임되어 있는 경우, 성년후견인과 피성년후견인 사이에 이해상반되는 행위를 함에 있어서 후견감독인이 피성년후견인을 대리하고,30) 성년후견감독인이 선임되지 않은 경우라면 성년후견인은 가정법원에 특별대리인선임 청구를 해야 하고, 특별대리인이 피성년후견인을 대리한다.31)

(4) 검토

성년후견 유형은 성년후견인이 포괄적이고 광범위한 권한을 보유하고, 피성년후견인이 사망하지 않는 이상 후견이 종료하지 않는다는 점에서 자기결정권 존중, 후견의 보충성이라는 성년후견제도의 정신을 충분히 반영하지 못하고 있다. 이에 UN장애인권리위원회

는 그 현황이 일부 차이가 있을 수 있다.

28) 특정후견을 제외한 이유는 현재 법원 실무상 특정후견은 공공후견에서 주로 이용되는데, 지방자치단체를 후견감독인으로 선임하고 있기 때문이다. 김성우, 위의 글 434.

29) 민사소송법 제56조 제2항

30) 제949조의3 단서, 제940조의6 제3항

31) 제949조의3 본문, 제921조

도 2014. 10. 3. "UN장애인권리협약 이행상황에 대한 한국의 1차 국가보고서에 대한 최종견해"에서 2013년 7월에 시행된 새로운 성년후견제가 본 협약 12조의 규정에 반해 "의사결정지원(supported decision making)"이 아닌 "의사결정 대리(substituted decision-making)"를 강화하고 있는바, 당사자의 자율성과 의지, 그리고 선호를 존중하는 "의사결정지원"으로 전환할 것을 권고"한 바 있다.

그러나 후술하는 것과 같이 우리나라 후견개시사건의 약 75%에서 성년후견이 개시되고 있는 실정이다.

나. 한정후견

이하에서는 성년후견과 차이가 있는 부분들만을 언급한다.

(1) 주요내용

가정법원은 한정후견개시심판을 하면서 피한정후견인이 한정후견인의 동의를 받아야 하는 행위의 범위를 정할 수 있고(이하 '동의권 유보행위'), 피한정후견인이 그 행위를 한정후견인의 동의 없이 하였을 때에는 한정후견인이 그 행위를 취소할 수 있다.[32] 피한정후견인은 한정후견인의 동의를 받아야 하는 행위의 범위 내에서 제한능력자가 되고, 그 외의 법률행위들은 모두 유효하게 단독으로 수행할 수 있다.

가정법원은 한정후견인에게 대리권을 수여하는 심판을 할 수 있고, 신상결정권한을 부여할 수 있다.[33] 다만, 한정후견인의 법정대리권의 범위는 가정법원이 한정후견인에게 부여한 동의권의 범위를

---

32) 제13조 제1항, 제4항, 단, 일상 일상생활에 필요하고 그 대가가 과도하지 아니한 법률행위는 취소할 수 없다.
33) 제959조의4 제1항, 제2항, 제938조 제3항

초과할 수 없다.34)35)

피한정후견인은 한정후견인의 동의가 필요한 행위에 관하여는 대리권 있는 한정후견인에 의해서만 소송행위를 할 수 있다.36)

한정후견인 역시 재산관리 및 신상보호를 함에 있어 피한정후견인의 복리와 의사를 존중해야 하고,37) 중요한 신상결정권한에 대하여는 가정법원의 허가를 받아야 하며,38) 한정후견감독인이 선임된 경우, 중요한 법률행위를 대리함에 있어서 한정후견감독인의 동의를 받아야 한다.39) 한정후견인과 피한정후견인 사이에 이해가 상반되는 행위를 함에 있어서도 성년후견의 경우와 같다.40)

한정후견 역시 피한정후견인이 사망하거나, 후견개시 원인이 소멸한 경우, 성년후견 개시 심판을 한 경우, 임의후견감독인이 선임

---

34) 서울가정법원 2018. 1. 17.자 2017브30016 결정 참조. (당사자들이 재항고하지 않아 확정) 본 결정에서 법원은 "후견이 개시된다고 하더라도 피한정후견인은 가정법원이 한정후견인의 동의를 받도록 따로 정한 행위에 대해서만 행위능력이 제한되고 (다만, 동의를 받도록 정한 행위 중에서도 일용품의 구입 등 일상생활에 필요하고 그 대가가 과도하지 아니한 법률행위에 관하여는 민법 제13조 제4항 단서에 의하여 완전한 행위능력을 보유한다), 그 외의 법률행위에 대하여는 완전한 행위능력을 갖게 되는바, 비록 동의권과 대리권이 기본적으로 구별되고 그 목적하는 취지가 다르다고 하더라도, 피한정후견인이 완전한 행위능력을 갖게 되는 부분에도 한정후견인에게 법정대리권을 부여하게 된다면, 피한정후견인의 행위능력을 다시 한 번 불필요하게 제한하게 되고, 후견제도의 이념인 '잔존능력의 존중'에도 위배되는 결과를 낳게 되므로, 법원이 한정후견인에게 부여한 동의권의 범위를 초과하는 사항에 관하여 대리권을 부여하는 것은 부적법하다."고 판시하였다.
35) 이에 반대되는 견해로는 김성우 (주17), 112. 이에 따르면, 법원 실무도 동의권과 대리권의 범위를 일치시키지는 않고 있다고 한다.
36) 민사소송법 제55조 제2항
37) 제959조의6, 제947조
38) 제959조의6, 제947조의2
39) 제959조의6, 제950조 제1항(후견감독인의 동의를 필요로 하는 행위), 민사소송법 제56조 제2항(소송행위에 대한 특별규정)
40) 제959조의6, 제949조의3, 제921조, 제959조의5, 제940조의6 제3항

된 경우에 종료하는바,[41) 성년후견과 마찬가지로 사실상 피한정후
견인이 사망할 때까지 계속된다.

(2) 검토

한정후견의 경우, 한정후견인에게 동의권이 유보된 법률행위 이
외는 피한정후견인이 완전한 행위능력을 보유한다는 점에서 성년후
견보다는 후견의 보충성, 자기결정권의 존중이라는 성년후견제도의
정신에 가깝게 설계되었다고 평가할 수 있다. 그러나 한정후견 역시
후견의 필요성이 없는 경우라도 사실상 피한정후견인이 사망할 때
까지 계속된다는 점에서 명확한 한계를 지니고 있다. 또한, 법원의
실무상 한정후견과 성년후견을 정신적 제약의 정도에 따라 구분하
고 있고, 후견인에게 부여되는 동의권 유보행위의 범위와 대리권의
범위를 성년후견과 마찬가지로 광범위하게 부여하는 경우가 많은
바, 실제로는 성년후견과 다를 바가 없다는 비판을 받고 있다.

다. 특정후견

(1) 주요내용

가정법원은 정신적 제약으로 인해 일시적 후원 또는 특정한 사무
에 관한 후원이필요한 사람에 대해 특정후견 개시 심판을 하고, 이
때 특정후견의 기간 또는 사무의 범위를 정하여야 하며,[42) 특정후견
인을 선임하고,[43) 그에게 대리권을 수여할 수 있다.[44)

---

41) 제14조 (후견개시사유소멸), 제14조의3 제1항 (성년후견개시심판), 제959조
    의20 제2항 (임의후견감독인 선임)
42) 제14조의2 제1항, 제3항
43) 제959조의9 제1항
44) 제959조의11

특정후견이 개시되더라도, 피특정후견인의 행위능력에는 아무런 영향이 없고, 특정후견인도 대리권을 보유할 뿐이지, 피특정후견인의 법률행위에 대한 동의권이나 취소권을 보유하지 않는다.

특정후견에 대하여는 신상결정권한에 관한 제938조 3항, 제947조의2를 준용하고 있지 않아45) 신상결정권한이 있는지에 대해 견해의 대립이 있다. 이를 부정하는 견해는 구체적으로 가정법원이 특정후견인에게 신상결정권한을 부여할 수 있는 근거가 없고, 설사 향후 신상결정권한이 필요해지면 피특정후견인의 후원을 위한 처분명령으로 해결할 수 있다고 한다.46)47) 특정후견인에게도 신상결정권을 부여할 수 있다는 견해는 일회적·특정한 신상보호에 대한 사안을 위해서도 특정후견이 이용될 수 있으므로 민법 제938조 제3항, 제947조의2를 유추적용할 수 있다고 한다.48)

특정후견은 기간의 만료, 후원이 필요한 사무의 완료,49) 성년후견 또는 한정후견 개시, 임의후견감독인 선임 심판50)이 있거나 피특정후견인이 사망한 경우 종료한다.

특정후견의 경우, 실무상 거의 이용되지 않고 있고, 다만 발달장애인 권리보장 및 지원에 관한 법률(이하 '발달장애인법') 및 치매관리법에 따른 공공후견제도에서만 제한적으로 이용되고 있다.51)

---

45) 단, 제959조의12에서 제947조를 준용하고 있을 뿐이다.
46) 제959조의8
47) 김성우 (주17), 114.
48) 김형석 (주19), 270.
49) 제14조의2 제3항
50) 제14조의3 (성년후견, 한정후견개시), 제959조의20 제2항 (임의후견감독인 선임)
51) 그 이유로 피특정후견인의 이해관계인들이 재산처분 등 후견개시 목적을 달성한뒤에는 법원의 감독을 회피하고자 하는 경우가 많다는 점도 지적된다. 김성우 (주25), 426.

(2) 검토

특정후견의 경우, 피특정후견인에게 필요한 사무에 한하여 이를 후원하기 위해 특정후견인이 선임되고, 대리권이 부여되며, 피특정후견인의 행위능력에 아무런 제한이 가해지지 않는 다는 점에서 성년후견제도의 이념에 가장 가까운 유형으로 평가받는다. 그러나 제도 시행 초기 이를 악용하는 사례가 발견되고 있고, 취약계층인 의사결정능력 부족 성인이 보호의 공백에 놓일 수 있다는 우려로 인해 이용이 확산되지는 못하고 있다는 한계가 있다. 다만, 제도를 악용하려는 시도는 어느 경우에나 마찬가지이고, 성년후견·한정후견이 개시된다고 하여 이해관계인에 의한 재산일탈 등을 모두 예방할 수는 없다는 점, 의사결정능력 부족 성인들 중 후견이 개시되지 않은 사람들이라고 반드시 보호의 공백에 놓였다고 볼 수 없고, 반대로 후견이 개시되었다고 하여 두터운 보호를 받는다고 볼 수도 없다는 점52)을 감안하면, 그런 우려만으로 특정후견의 이용을 주저할 필요는 없다고 생각된다.

라. 후견계약 (임의후견)

(1) 주요 내용

후견계약은 의사결정능력이 부족해 질 때를 미리 대비하여 자신의 재산관리 및 신상보호에 관한 사무를 위탁하는 계약을 의미한다. 후견계약은 공정증서로 체결해야 하고, 등기해야 하며, 가정법원의 임의후견감독인 선임심판이 확정될 때부터 효력이 발생한다.53) 후견계약은 임의후견감독인이 선임되기 전에는 공증인의 인증을 받은 서면으로 철회할 수 있고, 임의후견감독인이 선임된 이후에는 가정

---

52) 물론 후견이 개시되지 않았을 때보다는 두터운 보호를 받게 된다.
53) 제959조의14 제1항

법원의 허가를 받아야만 종료된다.54)

후견계약은 본인이 자유로운 의사로 장래를 대비하여 후견인과 계약을 체결한 것이라는 점에서 의사결정능력 부족 성인이 가장 먼저 이용해야 하는 후견유형이다. 이에 민법도 후견계약이 등기되어 있는 경우에는 본인의 이익을 위하여 특별히 필요할 때에만 임의후견인 또는 임의후견감독인의 청구에 의하여 성년후견, 한정후견, 특정후견의 심판을 할 수 있고,55) 기존에 법정후견이 개시되어 있는 경우더라도, 가정법원이 임의후견감독인을 선임할 경우에는 종전 법정후견의 종료심판을 해야 한다56)고 정하고 있다.

이와 관련하여 대법원은 "이와 같은 민법 규정(주. 민법 제959조의20)은 후견계약이 등기된 경우에는 사적자치의 원칙에 따라 본인의 의사를 존중하여 후견계약을 우선하도록 하고, 예외적으로 본인의 이익을 위하여 특별히 필요할 때에 한하여 법정후견에 의할 수 있도록 한 것,(이하생략)"이라고 판시하여 임의후견 우선 원칙을 확인한 바 있다.57)

다만, 임의후견 우선의 원칙에도 불구하고 본인의 이익을 위하여 특별히 필요한 경우에 한하여 예외적으로 법정후견이 우선할 수 있고,58) 이 때 "본인의 이익을 위하여 특별히 필요한 경우"에 대해 대법원은 "후견계약의 내용, 후견계약에서 정한 임의후견인이 임무에 적합하지 아니한 사유가 있는지, 본인의 정신적 제약의 정도, 기타 후견계약과 본인을 둘러싼 제반 사정 등을 종합하여, 후견계약에 따른 후견이 본인의 보호에 충분하지 아니하여 법정후견에 의한 보호

---

54) 제959조의18
55) 제959조의20 제1항 본문. 이 때 성년후견, 한정후견개시의 심판이 있을 때 후견계약은 종료한다 (같은 조문 제1항 단서).
56) 제959조의20 제2항 본문
57) 대법원 2017. 6. 1.자 2017스515 결정
58) 제949조의20 제1항 본문, 제2항 단서

가 필요하다고 인정되는 경우"를 뜻한다고 판시하였다.59)

후견계약에 따라 임의후견이 개시되더라도 피임의후견인의 행위능력에는 아무런 영향이 없고, 임의후견인은 후견계약에서 정하는 바에 따라 피임의후견인을 대리하거나 신상결정권한을 행사할 뿐이다. 다만, 임의후견인이 피임의후견인의 신상에 대한 중대한 결정(격리행위, 침습적 의료행위 등)을 할 때 민법 제947조의2 제2항 내지 제5항을 유추적용하여 가정법원의 허가를 받아야 하는지에 대하여는 견해의 대립이 있다.60)

만약, 임의후견인이 피임의후견인을 위하여 처리할 사무가 있는데, 후견계약에서 대리권을 부여하지 않은 경우에는 특정후견개시 심판청구를 하여 해당 사무의 후원을 위한 대리권을 수여 받으면 될 것이다. 민법은 임의후견과 특정후견의 병존을 허용하고 있기 때

---

59) 주55. 대법원 결정
60) 김성우 (주17) 182. 사견으로는 임의후견인에 대하여 제947조의2를 준용하지 않는 것은 사적자치의 원칙에 따른 당사자 간의 합의를 존중한 것이라는 점, 임의후견감독인을 둔 목적이 임의후견인이 그 권한을 남용하는 것을 예방하기 위함이라는 점을 감안하면, 당사자간의 자유로운 결정을 사후적으로 제한하면서까지 민법 규정을 유추적용하여 임의후견인이 가정법원의 허가를 받아야 한다고 해석할 수는 없다고 생각한다. 더욱이 임의후견감독인의 감독에도 불구하고, 임의후견인이 피임의후견인의 중요한 신상에 대한 결정권한을 남용하였다면, 그에 따른 민·형사책임을 질 뿐만 아니라, 제959조의17에 따라 해임될 것이고, 제959조의20 제1항에 따라 법정후견이 개시될 것이라는 점을 감안하면 동 규정을 유추적용할 필요성이 크다고 볼 수 없다. 유추적용을 긍정하는 견해에 따른다면, 임의후견인이 소송행위, 금전을 빌리는 행위 등 재산에 대한 중요한 행위를 대리할 때에도 민법 제950조를 유추적용하여 임의후견감독인의 동의를 받아야 한다고 해석해야 할 것인데, 그런 결론에 대하여는 전술한 것과 같은 이유로 의문이 없지 않다. 다만, 향후 문제의 소지를 예방하기 위해서는 후견계약을 체결할 때 제947조의2 소정의 신상결정권한, 제950조 소정의 중요한 대리권을 임의후견인에게 부여할 경우, 임의후견감독인의 사전동의를 받도록 정하는 것이 타당할 것이라고 보인다.

문이다.[61]

(2) 검토

임의후견은 당사자가 본인의 의사결정능력이 부족해질 때를 미리 대비하여 신뢰할 수 있는 자와 대리권과 신상결정권한을 위임하는 계약을 체결한다는 점에서 자기결정권 존중의 원칙을 가장 잘 반영한 유형이라 할 수 있고, 우리 법도 임의후견이 다른 후견유형보다 우선함을 선언하고 있다.

그러나 임의후견은 반드시 공정증서에 의해 체결해야 하고, 가정법원에 등기해야 하며, 임의후견감독인을 필수기관으로 하고 있으며, 임의후견감독인은 후견인의 친족이 될 수 없는바,[62] 법정후견보다도 절차가 복잡하고, 후견감독인 보수 등 비용발생을 예정하고 있는 등, 섣불리 이용하기 어렵게 설계되어 있다는 단점이 있다.[63] 나아가 임의후견에 대한 홍보부족, 미리 준비하는 문화의 부재, 공증인들의 이해부족 등으로 인해 이용이 확산되지 못하고 있다.[64] 이 때문에 3.항에서 보는 것과 같이 성년후견제도 도입 이후 임의후견감독인 선임심판청구건수는 29건에 불과하여 전체의 0.2%에 불과한 실정이다.

---

61) 제959조의20 제1항. 이 조문에 따르면 가정법원이 특정후견의 심판을 하더라도 후견계약은 종료하지 않는다.
62) 제959조의15 제5항, 제940조의5
63) 현재 임의후견제도의 문제점에 대하여는 제철웅, "개정 민법상의 후견계약의 특징, 문제점, 그리고 개선방향", 민사법학 제66호 (2014.3.), 119. 이하 참조
64) 배광열, "한국 성년후견제도에 있어서 후견대체제도 (임의후견 및 후견신탁)", 성년후견 제3집 (2015.7.), 222.

마. 후견제도 작동 과정

후견이 개시된 이후 기본적인 후견작동과정은 아래 도표와 같다.

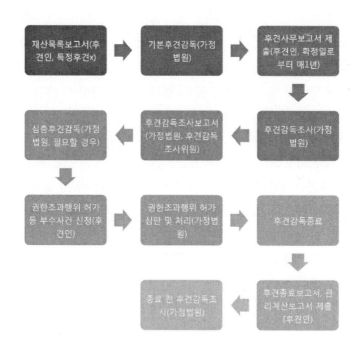

도표 1 후견제도 작동 과정

3. 제도 도입 후 변화

가. 이용 현황

제도 도입 후 후견심판청구건수와 후견감독건수는 아래 표와 같다.

표 1 후견개시심판청구건수[65)

연도＼종류	합계	성년후견	한정후견	특정후견	후견계약 (임의후견감독인 선임청구)
2013	723	(후견유형별 통계는 없음)			
2014	1,518	1,152	146	218	2
2015	2,087	1,653	172	256	6
2016	2,558	2,274	192	84	8
2017	4,124	3,245	571	295	13
합계	11,010	8,324	1,081	853	29

표 2 후견감독건수 (누적)[66)

연도＼종류	성년후견	한정후견	특정후견	임의후견
2014	832	139	131	0
2015	2,368	304	371	5
2016	4,213	484	457	2
2017	6,627	825	666	10
2018 (상반기)	7,941	1,278	878	11

나. 초기 제도 운영에 대한 평가

전술하였듯이 성년후견제도의 도입은 의사결정능력 부족 성인에 대한 보호를 친족·가족에게만 맡겨두고, 신상보다는 재산관리에 초점을 맞추고 있던 기존의 패러다임에서 벗어나 의사결정능력 부족 성인이 후견인의 지원아래 통합적인 삶 영위가 가능해지도록 하는 길이 열릴 것으로 기대되었다.

나아가 피후견인을 둘러싼 이해관계에서 자유로운 제3자(전문직,

---

65) 법원행정처, 사법연감 (2018).
66) 김성우, "한국 후견재판에서의 의사결정지원", 한국가족법학회 가족법연구 제31권 3호 (2018. 11.), 309.

법인 등)도 후견인으로 선임될 수 있게 되면서 오롯이 피후견인 본인을 위한 후견사무 수행이 가능해졌고, 복수 후견인이 가능해지면서 피후견인을 실제로 부양하는 친족은 신상보호를, 제3자 후견인은 중립적 지위에서 재산관리에 대한 후견사무를 수행할 수 있게 되었다. 또한, 후견인이 그 사무를 정당히 수행하는지에 대한 최종감독을 법원이 행사함으로써 국가의 후견적 역할이 강화되었다.

이런 성년후견제도 아래에서 더 이상 가족, 이웃들은 의사결정능력 부족 성인의 재산을 횡령하거나, 그의 신체를 부당하게 구속하고, 강제노동을 시키는 등의 심각한 인권침해를 시도조차 하기 어려워 졌고, 후견인으로 선임된 자들도 법원의 감독 아래 그들의 권한을 남용할 수 없게 되었으며, 후술하는 것과 같이 의사결정지원이 필요함에도 무연고, 저소득 등을 이유로 조력을 받을 수 없는 자들에 대하여 국가가 공공후견제도를 운영함에 따라 의사결정능력 부족 성인 본인의 인권이 증진되는 결과로 이어졌다.

다만, 현재까지 가장 의사결정능력 부족 성인의 권리를 제한하는 성년후견유형이 가장 많이 사용되고 있고, 한정후견의 경우에도 후견인에게 광범위한 권한이 부여되며, 가장 우선하여 이용되어야 하는 임의후견은 외면받고 있는 등 사실상 후견제도가 의사결정지원보다 의사결정대행제도로서 운영되고 있다는 점은 명백한 한계다. 그러나 제도의 변화가 사회 전반의 인식변화에 따라 이루어지는 것이 아니고, 후견제도의 도입은 후자를 이끌어내기 위해 제도부터 변혁한 것이기 때문에 제도 도입 초기의 모습을 놓고 후견제도가 잘못되었다고 할 수는 없다. 오히려 후견제도는 제도 초기의 시행착오들을 극복하면서 점차 의사결정지원제도로서 기능할 것이라고 생각된다.

III. 후견과 사회복지

1. 사회복지제도로서 후견

후견제도는 의사결정능력 부족 성인의 사회통합적인 삶을 지원하는 제도라는 점에서 기본적으로 사회복지제도에 해당한다. 나아가 사회복지서비스 공급체계는 일률적이고 하향식의 서비스 제공을 벗어나 개인의 욕구와 필요에 맞춰 서비스가 제공될 수 있는 계약 또는 바우처제도로 전환되고 있다[67]. 그런데 의사결정능력 부족 성인의 경우, 스스로 자신에게 필요한 사회복지서비스를 물색하고, 바우처제도에 따라 서비스를 신청하거나 적정한 사회복지서비스 계약을 체결하는 것에 한계가 있다. 그렇다고 국가가 직접 일일이 그들을 방문하여 그들이 필요한 내용의 서비스를 연결해 줄 수도 없고, 국가가 그들을 대리 또는 대행하여 사회복지서비스 신청, 계약체결을 할 수도 없다. 가족 역시 마찬가지이다. 가족의 경우, 법률에서 사회복지서비스 신청권한 등을 부여하고 있지 않는 이상, 원칙적으로 가족이라는 이유만으로 성인의 사회복지서비스 신청 및 계약체결을 대리·대행할 권한은 없다. 그러나 후견인의 경우, 성년후견인은 원칙적으로 피후견인을 위하여 위와 같은 신청, 계약체결을 대리할 수 있고, 한정후견인과 특정후견인 역시 그에 관한 대리권을 부여받았다면 같은 권한을 보유한다. 이 때 후견인의 대리행위는 본인이 한 것과 마찬가지이기 때문에 구태여 개별 사회복지 관련 법에서 후견인의 신청권한, 계약체결 권한을 부여할 필요도 없다.

즉, 의사결정능력부족 성인을 위해 마련된 각종 사회복지서비스 중 개개인에게 필요한 서비스가 적절히 제공될 수 있도록 이를 연

---

67) 신권철 (주1), 126.

계하는 역할, 즉 사회복지서비스 공급체계가 온전히 작동할 수 있는 컨트롤 타워 역할을 수행하는 것은 다름아닌 후견제도라고 할 것이고, 그런 관점에서 보면 후견제도는 가장 기본적인 사회복지제도라고 할 것이다.

이하에서는 스스로 후견인의 도움을 받기 어려운 취약한 의사결정능력 부족 성인을 위한 공공후견제도를 소개하고, 후견인이 선임된 의사결정능력 부족 성인들에게 각종 사회복지서비스가 작동하는 모습과 개선점을 살펴보려고 한다.

2. 공공후견제도

가. 개관

우리사회의 가장 취약계층은 저소득층·무연고 의사결정능력부족 성인이라고 해도 과언이 아니다. 발달장애인에 대한 노동력 착취, 학대, 여성 발달장애인에 대한 성착취, 성폭력, 정신장애인에 대한 감금, 치매고령자에 대한 경제적 착취, 학대, 방임 등 우리는 의사결정능력 부족 성인의 취약한 현 주소를 끊임없이 목격하고 있다. 이에 성년후견제도가 도입된 이후 무연고, 저소득층 의사결정능력 부족 성인에게 후견인을 선임해주어, 그 지원아래 우리 사회에서 안전하게 살아갈 수 있도록 기반을 마련해주기 위해 공공후견사업이 시작되었다. 공공후견인을 통해 의사결정능력 부족 성인들에 대한 사회안전망이 구축되어 후견인이 없더라도 그들이 안전하게 사회통합적으로 살아갈 수 있도록 하는 것이 본 사업의 종국적인 목표이다.

2014년 발달장애인에 대한 공공후견사업을 시작으로 2017년 정신장애인에 대한 공공후견사업[68], 2018년 치매고령자에 대한 공공후견사업이 운영되고 있다.

(1) 발달장애

발달장애인에 대한 공공후견사업은 발달장애인법에 따라 시행되고 있다. 지원대상은 성인 발달장애인(지적·자폐성 장애인)이고, 후견심판청구비용 최대 50만 원, 공공후견인 활동 비용 월 15만 원(최대 40만 원)을 지원하며, 특정후견을 원칙으로 하여 지원하고 있다.[69]

공공후견 지원 대상자가 선정되면, 지역발달장애인지원센터와 공공후견법인에서 지원이 필요한 사무를 감안하여 후견인 후보자를 추천하고, 심판청구를 준비하며, 거주지 관할 지방자치단체의 장이 후견개시심판청구를 하게 된다. 이 때 해당 지방자치단체를 후견감독인도 함께 선임해달라고 청구하고 있다.

2015. 2.부터 2018. 5.까지 발달장애인지원센터의 후견심판청구 현황은 총 592건이라고 한다.[70]

(2) 정신장애

정신장애인을 위한 공공후견사업은 정신장애인에 대한 비자의입원 규정에 대한헌법재판소 2016. 9. 29. 선고 2014헌가9 헌법불합치결정 이후 정신건강증진 및 정신질환자 복지서비스 지원에 관한 법률(이하 '정신건강복지법')이 2017. 5. 30.부터 시행되면서 시작되었다.

정신건강복지법은 모든 정신질환자는 인간으로서의 존엄과 가치를 보장받고, 최적의 치료를 받을 권리를 갖고, 정신질환이 있다는 이유로 부당한 차별대우를 받지 아니하며, 입원 또는 입소(이하 '입원 등')가 최소화되도록 지역 사회 중심의 치료를 우선적으로 고려

---

68) 한시적으로 운영되고 있다.
69) 보건복지부, "2019년 발달장애인지원 사업안내", 장애인서비스과 (2019), 26.
70) 노문영, "발달장애인 공공후견활동 관련 사례와 문제점", 제6회 온율 성년후견세미나 - 바람직한 후견실무 정착방안 -, 사단법인 온율 (2018. 7. 2. 발표), 82.

하고, 자신의 의지에 따른 입원 등을 권장해야 한다고 천명하고 있다.[71] 그리고 위 목적에 따라 정신장애인을 지원하기 위해 민법에 따른 후견인, 부양의무자를 보호의무자로 정하였고,[72] 보호의무자는 정신장애인이 동법에 따라 적절한 치료 및 요양과 사회적응 훈련을 받고, 그의 권리보호를 위해 노력해야 한다.[73] 즉, 정신건강복지법에서 정하는 보호의무자는 정신장애인이 적절한 치료를 받으면서 존엄성을 지키며 사회통합적인 삶을 지원하는 옹호자라는 중요한 역할을 담당하는 것이다.

특히, 보호의무자는 정신장애인이 정신병원과 같은 정신의료기관 등에 입원하는 것에 동의하거나,[74] 그의 의사에 반하여 정신의료기관에 입원시킬 수 있고,[75] 퇴원 등 또는 처우개선 심사청구를 할 수 있는 등 정신장애인의 옹호자로서 중요한 권한을 지닌다.[76][77]

나아가 정신건강복지법(2018. 6. 12. 법률 제15647호로 개정되기 전의 것) 부칙은 법 시행 전에 정신의료기관등에 입원 등을 한 후 3개월이 경과한 정신장애인에 대하여는 법 시행일로부터 1개월 이내에 퇴원 등을 시키거나 법 제43조 제6항에 따른 입원 등 기간 연장 심사를 하도록 했다.(제5조)

그런데 정신의료기관 등에 입원 등을 하고 있는 정신장애인 중 상당수가 무연고자거나 가족과 장기간 왕래가 없는 사실상 무연고

---

71) 정신건강복지법 제2조
72) 위 법 제39조. 보호의무자가 여러 명일 경우 그 순위는 후견인 → 부양의무자 (제9767조의 순서에 따름)가 된다 (제2항).
73) 위 법 제40조
74) 위 법 제42조
75) 입원기간은 최초 3개월 이내, 그 후 연장은 3개월, 6개월로 제한되고 (위 법 제43조 제5항), 입원적합성심사위원회로부터 입원적합성 심사를 받게 된다 (위 법 제45조 제2항, 제47조, 제48조).
76) 위 법 제43조
77) 위 법 제55조

자 상태였는바, 정신건강복지법 시행에 따른 퇴원·입원 등 기간 연장심사, 자의입원·동의입원·보호의무자에 의한 입원으로 전환 등 각종 조치를 지원할 보호의무자를 선임하는 것이 급선무가 되었다.

이에 보건복지부는 전국의 정신의료기관 등에 입원 등을 하고 있는 정신장애인 중 후견인의 조력이 필요한 자 500명에 대해 후견인을 선임하고, 지원하기로 하였으며, 4개 법인[78]을 공공후견법인으로 지정하고, 2017. 6.부터 공공후견사업을 실시하고 있다. 그 결과 총 486명에 대해 한정후견이 개시되었고, 후견인의 조력을 받고 있다. 4개 공공후견법인은 정신장애인 1인당 월 20만 원의 활동비를 지원받고 있고, 정신장애인을 담당하는 지방자치단체가 후견감독인으로 선임되어 이들의 활동을 감독·지원하고 있다.[79]

(3) 치매

2017년 전체 인구에서 만65세이상 고령자가 차지하는 비율이 14%이상인 고령사회 진입 이후 2026년 그 비율이 20%이상이 되는 초고령사회로 접어들 것으로 예상되고, 치매환자가 전체 고령자의 약 10%인 75만명[80]에 이르는 우리나라[81]에서 고령·치매로 인한 문제는 심각한 사회문제로 대두되고 있다. 어느 정도 자산이 있는 고령자라고 하더라도, 치매에 걸려 의사결정능력이 부족해져 스스로 그 재산을 관리하지 못한다면, 결국 그 재산을 모두 상실하고 기초생활수급자가 되기 일쑤이고, 기초생활수급자가 치매에 걸린다면, 수급비를 본인을 위해 잘 사용하지 못하여 그로 인한 복지누수가

---

78) 감리회태화복지재단, 한국정신재활시설협회, 한울정신건강복지재단, 한국정신건강전문요원협회
79) 보건복지부, "정신질환자 공공후견활동지원 사업안내(안)", 정신건강정책과 (2018.7.), 3.
80) 중앙치매센터, 치매현황 (2018)
81) 통계청, 고령자통계 (2017)

심각한 문제가 될 것이기 때문이다. 나아가 전통적인 가족개념의 변화에 수반한 돌봄문화의 변화, 가족·이웃에 의한 학대 또는 자기방임에 놓인 치매 고령자를 지원하는 사회 안전망 시스템이 부재한다면, 그에 따른 부담은 고스란히 우리사회의 몫이 될 것이다.

이와 같은 문제의식 아래 우리나라는 2008년 제1차 치매관리종합계획을 발표하였고, 2016년에는 제3차 치매관리 종합 계획을 수립,발표하였으며, 2017년 9월 "치매국가책임제"를 발표하였고, 그 속에 치매고령자에 대한 공공후견제도 도입도 담았다.82)

이에 치매관리법(2018. 6. 12. 법률 제15649호로 개정되기 전의 것)은 "성년후견제 이용지원"을 신설하고,83) 2018. 9. 20.부터 저소득·독거 치매고령자에 대한 공공후견사업(이하 '치매공공후견사업')을 시작하였다.

치매공공후견사업은 2018년 9월 20일부터 시범적으로 33개 시군구를 선정하여 시작하였고, 가족이 없는 저소득층 65세 이상 치매고령자를 대상으로 하되, 가족이 있더라도 학대 및 방임 등의 개연성이 있는 경우에도 대상자로 정하였으며, 공공후견인은 한국노인인력개발원과 한국보건복지인력개발원에서 양성한다. 대상자가 정해지면, 관할 지방자치단체의 장이 후견심판청구를 하되, 그 절차는 중앙치매센터의 치매공공후견지원단에서 지원하고, 후견감독인으로 관할 지방자치단체가 선임된다. 후견이 개시되면, 각 지방자치단체에 설치된 치매안심센터에서 후견인 지원, 감독업무를 수행한다84). 공공후견인은 노인일자리사업을 통해 양성되는 경우와 보건복지인력개발원에서 양성한 경우로 나뉘는데, 전자의 경우 근로계약을 체

---

82) 중앙치매센터, "치매공공후견사업 운영평가 및 개선방안 마련을 위한 연구 보고서", 보건복지부 (2018), 9.
83) 제12조의3
84) 중앙치매센터 (주81), 27.

결하고, 심판 확정 전에는 월 30만 원을, 심판 확정 후에는 월 40만 원을 지급한다.[85]

2018년 9월 1일부터 2018년 12월 31일까지 치매공공후견사업을 통해 법원에 접수된 심판청구 건수는 총15건이고,[86] 상담지원은 67건을 진행했다고 한다.[87]

나. 문제점

현재 진행 중인 발달장애, 치매, 정신장애 3개 영역의 공공후견은 그 정신적 제약의 원인에서 차이가 있을 뿐 본질적으로는 취약계층인 의사결정능력 부족 성인을 지원하는 제도라는 점에서는 동일하다. 그렇다면 실제 후견이 개시된 이후 후견인이 피후견인 본인을 지원함에 있어 각 정신적 제약의 특성·피후견인의 개인적 특성에 따라 의사결정지원의 방법이 달라질 수는 있을지는 몰라도 공공후견 사업의 내용은 통일성을 유지하는 것이 경험 축적·전문성 재고·사업 운영 효율성 등의 측면에서 적절할 것이다. 특히, 각 지역에서 자원봉사조로 취약계층을 위해 활동하려는 의지를 가지고 있는 공공후견인 후보자를 물색하고 균질한 수준으로 양성하는데 상당한 자원이 필요한데, 각 공공후견사업마다 별도로 공공 후견인을 양성하기 때문에 적정한 후견인 후보자 수급, 후견인 후보자의 균질한 역량 관리에도 문제가 있을 수밖에 없다.[88]

---

85) 공무원연금공단, "치매노인 공공후견인 후보자 접수 공고", https://www.geps. or.kr/g_ subsite/ senior/gsenior/community/post_view.do (2019. 2. 25. 확인)

86) 2019. 1. 21. 공공후견 관계기관 내부 간담회 비공식자료

87) 중앙치매센터 (주81), 28.

88) 발달장애 공공후견의 경우에도 공공후견인 후보자를 양성하더라도, 정작 후견인으로 선임하려고 하면 난색을 표하거나, 농어촌 지역에서는 활동할 후견인이 부족한 상황이라고 한다. 이와 관련하여 에이블뉴스, "공공후견인 제도 시행 3년, 해결과제 '산적'", http://www.ablenews.co.kr/News/NewsContent.

그러나 전술한 것과 같이 발달장애, 치매, 정신장애 공공후견은 각 영역에 따라 사업 내용의 상당부분에서 차이가 있고, 각각 별도로 후견인을 양성하고 있으며, 컨트롤 타워인 복지부 내에서도 담당 부서가 실·국 단위부터 다르고,[89] 지방자치단체 역시 담당 공무원이 다른바, 중복하여 인적·물적 자원이 투입되는 등 사업이 비효율적으로 운영될 뿐만 아니라, 각 영역에서 축적한 노하우가 효율적으로 공유되지 못하여 균질한 후견서비스의 질이 담보되지 못하는 문제가 있다.

3. 의사결정능력 부족 성인을 위한 사회복지제도

가. 사회보장기본법

사회보장기본법은 사회보장을 "모든 국민이 다양한 사회적 위험으로부터 벗어나 행복하고 인간다운 생활을 향유할 수 있도록 사회통합과 복지사회를 실현하는 것을 기본이념으로 한다고 천명하고,[90] 사회보장을 출산, 양육, 실업, 노령, 장애, 질병, 빈곤, 사망 등의 사회적 위험으로부터 모든 국민을 보호하고 국민 삶의 질을 향상시키는데 필요한 소득·서비스를 보장하는 사회보험, 공공부조, 사회서비스라고 정의한다.[91] 그리고 공공부조란 국가의 지방자치단체의 책임 아래 생활유지능력이 없거나 생활이 어려운 국민의 최저생활을

---

aspx? CategoryCode=0044&NewsCode=00442016090117580151810 9#z (2016. 9. 1. 18:27), 동 기사 이후 현재까지도 이와 같은 상황은 별로 변한 것이 없다.

89) 발달장애는 장애인정책국 장애인서비스과에서, 정신장애는 건강정책국 정신건강정책과에서, 치매는 인구정책실 노인정책관 치매정책과에서 담당하고 있다.

90) 사회보장기본법 제2조

91) 법 제3조 제1호

보장하고 자립을 지원하는 제도라고,[92] 사회서비스란 국가·지방자
치단체 및 민간부문의 도움이 필요한 모든 국민에게 복지, 보건의
료, 교육, 고용 등의 분야에서 인간다운 생활을 보장하고, 국민의 삶
의 질이 향상되도록 지원하는 제도를 말하며,[93] 평생사회안전망을
생애주기에 걸쳐 기본욕구와 특수욕구를 동시에 고려하여 소득·서
비스를 보장하는 맞춤형 사회보장제도라고 정의한다.[94]

동법은 국민의 사회보장급여를 받을 권리(이하 '사회보장수급
권')를 인정하고,[95] 사회보장급여는 본인이 관계 법령에 정하는 바
에 따라 신청하도록 하고 있다.[96]

그리고 국가와 지방자치단체는 평생사회안전망을 구축하여야 하
고, 이를 운영함에 있어 취약계층을 위한 공공부조를 마련하여 최저
생활을 보장하여야 하며,[97] 모든 국민이 인간다운 생활 등을 누릴
수 있도록 사회서비스에 관한 시책을 마련해야 한다.[98] 또한, 모든
국민이 쉽게 이용할 수 있고 사회보장급여가 적시에 제공될 수 있
는 사회보장 전달체계를 구축하여야 한다.[99]

의사결정능력 부족 성인도 사회보장수급권을 행사함으로써 적시
에 필요한 사회보장급여를 전달받음으로써 평생사회안전망 속에서
인간다운 삶을 유지할 수 있어야 한다. 그런데 의사결정능력 부족
성인이 정신적 제약으로 인해 직접 사회보장수급권을 행사하기 어
렵다면, 그를 위하여 그 신청을 지원하고, 필요할 경우 이를 대리할
법적 권한을 지닌 후견인이 필요하게 된다. 즉, 후견제도는 의사결

---

92) 법 제3조 제3호
93) 법 제3조 제4호 발췌
94) 법 제3조 제5호 발췌
95) 법 제9조
96) 법 제11조 제1항 본문
97) 법 제22조
98) 법 제23조 제1항
99) 법 제29조 제1항

정능력 부족 성인에게 사회보장급여가 적시에 제공될 수 있게 하는 사회보장 전달체계의 핵심이자, 인간다운 삶을 유지할 수 있게 하는 사회안전망의 핵심인 것이다. 그렇다면 국가와 지방자치단체는 사회보장기본법에 따라 후견제도가 의사결정능력 부족 성인을 위해 이용될 수 있도록 시책을 마련하고 전달체계를 구축할 의무가 있다고 할 수 있다.

나. 공공부조 친족 명의 계좌 수급 제도의 문제점

(1) 서론

각종 공공부조를 규정하고 있는 법령에서는 후견이 개시되거나 치매에 걸린 자에 대한 금전지원을 할 때 배우자 및 친족 명의의 계좌로 입금할 수 있도록 한 경우(이하' 친족 명의 계좌 수급 제도')가 많이 있다. 그런데 이와 같은 규정은 후술하는 것과 같이 성년후견제도의 이념인 자기결정권 존중의 원칙에도 반하고, 불필요하게 공공부조금을 제3자에게 지급하게 하여 의사결정능력 부족 성인이 자립하게 한다는 목적에도 반하며, 상위법에도 위배되는 문제가 있는바, 폐지될 필요가 있다. 이하에서는 친족 명의 계좌 수급제도를 규정하고 있는 법률들을 소개하고, 문제점을 지적하려고 한다.

(2) 장애인복지법

장애인, 그 법정대리인은 특별자치시장, 특별자치도지사, 시장, 군수, 구청장에게 장애인 등록을 해야 한다.[100] 이 때 법정대리인에는 당연히 사회복지 서비스 신청에 관한 대리권을 지닌 후견인도 포함된다.

---

100) 장애인복지법 제32조 제1항

또한, 장애인복지법에서는 장애인연금법상 장애인연금 수급대상
이 아닌 장애인에 대하여 국가와 지방자치단체는 장애수당을 지급
할 수 있고, 국민기초생활 보장법에 따른 생계급여·의료급여를 받는
장애인에게는 장애수당을 반드시 지급하게 하고 있다.[101]

그리고 장애수당을 받는 장애인에게 성년후견·한정후견·특정후
견이 개시된 경우, 치매로 인하여 본인 명의의 계좌를 개설하기 어
려운 경우에는 그의 배우자, 직계혈족, 3촌 이내의 방계혈족 명의의
계좌로 수당을 입금할 수 있다.[102][103]

금치산·한정치산 제도 아래에서 위 규정은 후견인이 될 친족
들[104]에게 공공부조를 수령할 수 있도록 한 것에서 출발한 것인
데,[105] 금치산, 한정치산 선고를 받았을 경우에는 배우자, 직계혈족,
3촌 이내의 방계혈족이 후견인이 되고, 본인이 치매에 걸리더라도
위 친족들이 후견인이 될 것이기 때문에 큰 문제가 없었다. 그런데
성년후견제도 아래에서는 반드시 위 친족들이 후견인으로 선임되는
것도 아니고, 설사 그들이 후견인으로 선임되더라도 후견인은 본인
을 지원하고, 대리하여 재산관리를 하면 된다는 점에서 후견인 명의
계좌로 수당을 받을 필요가 없어졌다. 본인에게 후견인이 있고, 그
후견인이 장애인 본인 명의의 계좌를 개설하고 관리할 대리권을 보
유하고 있다면, 본인 명의의 계좌로 수당을 수령하면 되고, 후견인
이 없다면 후견을 개시하여 후견인을 선임하면 되기 때문이다. 이와
같은 결론은 성년후견제도의 이념인 자기결정권 존중의 원칙, 장애

---

101) 법 제49조 제1항, 제2항
102) 법 제49조 제5항, 시행령 제32조 제2항
103) 이하에서 소개하는 장애인연금법, 기초연금법, 국민기초생활보장법에도
    비슷한 규정을 두고 있다.
104) 구 민법 제933조, 제934조 (2011. 3. 7. 법률 제10429호로 개정되기 전의 것)
105) 장애인연금법 시행령 제32조 제2항 제1호 (2015. 12. 15. 대통령령 제26718
    호로 개정되기 전의 것)

인복지법에서도 정하고 있는 것과 같이 인간으로서 존엄과 가치를 존중받으며 그에 걸맞은 대우를 받고, 장애를 이유로 모든 영역에서 차별을 받지 아니하고, 차별하여서는 안 된다는 규정106)에 비추어보더라도 당연하다. 그럼에도 불구하고, 위 규정들은 종래 금치산·한정치산 선고를 단순히 성년후견·한정후견·특정후견 개시로 용어만 변경함으로써 성년후견제도에 위배되는 형태를 띠게 된 것이다. 더욱이 현재 우리사회에서 친족이 그 수당을 본인을 위해 사용할 것이라고 전적으로 신뢰할 수도 없다. 그러므로 위와 같은 규정은 후견제도 도입에 따른 의사결정능력 부족 성인에 대한 패러다임 변화를 반영하지 못하고 있는 것으로서 폐지됨이 마땅하다107).

나아가 장애수당 친족 명의 계좌 수령 규정은 장애인이 공공부조를 통해 스스로 인간다운 삶을 영위할 수 있음에도 불구하고, 장애인을 차별하여 친족에게 수당을 지급하게 하고 있는바, 장애인복지법 제8조 제1항에서 금지하는 장애를 이유로 한 차별행위에 해당한다. 그러므로 동 규정은 법률에 위배되는 시행령 규정으로서 위법하다고 할 것이다.

(3) 장애인연금법

장애인연금은 중증장애인의 생활안정지원과 복지 증진 및 사회통합을 도모하는데 이바지하기 위해 지급되는 공공부조로서 기초급여와 부가급여로 구분된다.108) 장애인연금도 장애수당과 마찬가지로 수급희망자가 특별자치시장, 특별자치도지사, 시장, 군수, 구청장에게 신청해야 한다.109) 장애인연금은 수급자 명의의 계좌에 입금함

---

106) 법 제4조, 제8조 제1항
107) 구체적으로 시행령 제32조 제2항 제1호, 제3호가 삭제되어야 한다.
108) 장애인연금법 제1조, 제5조
109) 법 제8조 제1항

이 원칙이지만,[110] 장애인복지법과 마찬가지로 성년후견, 한정후견, 특정후견이 개시되었거나 치매 등으로 인하여 본인 명의 계좌를 개설하기 어려운 경우에는 수급자의 배우자, 직계혈족, 3촌 이내 방계혈족 명의의 계좌로 지급할 수 있다.[111] 장애인연금법의 동 규정 역시 장애인복지법과 같은 문제점을 지니고 있다.

(4) 기초연금법

기초연금은 65세 이상 사람 중 일정 소득인정액이 일정 금액 이하인 사람에게 지급하고, 2018년 기준으로 월 25만 원을 지급한다.[112]

기초연금 역시 수급자 명의의 계좌로 지급함을 원칙으로 하되, 성년후견, 한정후견, 특정후견이 개시되었거나 치매 등으로 인하여 본인 명의 계좌를 개설하기 어려운 경우에는 수급자의 배우자, 직계혈족, 3촌 이내 방계혈족 명의의 계좌로 지급할 수 있도록 규정하고 있다.[113]

(5) 국민기초생활보장법

국민기초생활보장법은 생활이 어려운 사람에게 필요한 급여를 실시하여 최저생활을 보장함을 목적으로 하고,[114] 동 법에 따른 급여는 생계급여, 주거급여, 교육급여, 의료급여, 해산급여, 장제급여, 자활급여로 분류한다.[115] 그 중 생계급여는 일상생활을 위해 필요한 금품을 지급하여 생계를 유지하게 하는데, 금전 지급을 원칙으로 한

---

110) 법 제13조 제1항, 시행령 제11조 제1항
111) 시행령 제11조 제3항
112) 법 제1조, 제5조, 기초연금 지급대상자 선정기준액, 기준연금액 및 소득인정액 산정 세부기준에 관한 고시 (보건복지부고시 제2018-274호)
113) 법 제14조 제1항, 시행규칙 제9조 제1항
114) 법 제1조
115) 법 제7조

다.116) 그리고 생계급여 지급은 수급자 명의의 계좌로 입금함을 원칙으로 하고, 성년후견, 한정후견, 특정후견이 개시되었거나 치매 등으로 인하여 본인 명의 계좌를 개설하기 어려운 경우에는 수급자의 배우자, 직계혈족, 3촌 이내 방계혈족 명의의 계좌로 지급할 수 있도록 규정하고 있다.117)

다. 정신건강복지법

정신건강복지법은 전술한 것과 같이 정신장애인이 지역사회에서 최적의 치료를 받으며 존엄하고 인간답게 생활할 수 있도록 지원함을 목적으로 하고, 선순위 보호의무자로 후견인을 규정하고 있다. 동 법에서 후견인은 보호의무자로서 다양한 의무가 있고, 정신장애인에 대한 중요한 결정을 할 수 있는 지위에 놓여 있는바, 법의 목적을 달성하는지 여부는 후견인이 정신장애인 본인을 어떻게 지원하는지에 따라 달려있다고 해도 과언이 아니다.

(1) 후견인의 의무

법 제40조는 보호의무자인 후견인으로 하여금 정신장애인이 적절한 치료 및 요양과 사회적응 훈련을 받을 수 있도록 노력해야 하고(제1항), 정신장애인이 정신의료기관 등에 입원 등을 할 필요가 있을 때 정신장애인 본인의 의사를 최대한 존중해야 하며, 그의 퇴원 등이 가능할 경우, 그에 적극 협조해야 하고(제2항), 정신장애인이 자해·타해하지 않도록 유의하며, 그의 권리보호를 위해 노력해야 하고(제3항), 그를 유기하여서는 안 되는 의무가 있다(제4항). 이 때 후견인이 정신장애인을 유기할 경우 5년 이하의 징역 또는 5천만

---

116) 법 제8조 제1항, 제9조 제1항
117) 법 제9조 제2항, 시행령 제6조 제1항

원 이하의 벌금에 처해질 수 있다.[118]

(2) 입원절차에서 후견인의 역할

동 법에 따라 후견인은 정신장애인이 정신의료기관 등에 입원하려고 할 때 동의를 해주거나(동의입원), 엄격한 요건 아래 정신장애인의 의사에 반해 정신의료기관 등에 입원시킬 수 있다(보호의무자에 의한 입원).[119]

(가) 보호의무자에 의한 입원 (법 제43조)

특히, 보호의무자에 의한 입원의 경우, 정신장애인의 의사에 반하여 강제로 신상을 구속하는 조치이기 때문에 정신건강복지법에서는 엄격한 절차를 규정하고 있다. 즉, 법 제43조는 정신장애인이 입원치료를 받을 정도의 정신질환을 앓고 있으면서, 자해·타해 위험이 있는 경우, 2인 이상의 보호의무자가 신청하고, 정신과 전문의가 입원 등이 필요하다고 진단을 해야만 하고(제2항), 이 때에의 입원은 그 증상의 정확한 진단을 위한 것으로서 2주까지만 할 수 있다(제3항).[120] 그리고 정신의료기관 등의 장은 서로 다른 정신의료기관 등에 소속된 2인 이상의 정신과 전문의들이 일치하여 계속 입원 등이 필요하다는 소견을 할 때에만 치료목적의 입원 등을 할 수 있고(제4항), 이 때의 기간은 최초 3개월이내, 그 이후 1차 연장 3개월, 1차 연장 이후 6개월 이내로 연장할 수 있다(제5항). 입원기간을 연장할 때에는 서로 다른 정신의료기관 등에 소속된 2인 이상의 정신과 전문의들이 일치되어 입원기간을 연장하여 치료할 필요가 있다고 진단하고, 보호의무자 2명 이상이 입원 등 기간 연장에 대한 동의서를

---

118) 법 제84조 제1호
119) 정신건강복지법 제42조, 제43조
120) 법 제43조 제3항

제출한 경우, 지자체장에게 입원기간 만료일 전 2개월부터 만료일 전 1개월까지 이내에 입원 등 기간 연장 심사청구를 해야 한다(제6항, 시행령 제18조).

보호의무자에 의한 입원을 한 정신장애인 또는 보호의무자가 퇴원 등을 신청한 경우, 정신의료기관 등의 장은 지체 없이 그를 퇴원시켜야 한다(제9항).

정신의료기관 등의 장은 보호의무자에 의한 입원, 입원기간 연장, 퇴원 등의 사실이 있는 경우 정신장애인 본인과 보호의무자에게 그 사실 및 사유를 서면으로 통지해야 한다(제8항, 제10항).

(나) 동의입원 (법 제42조)

법 제42조에 따른 동의입원의 경우, 정신의료기관 등의 장은 입원을 한 날로부터 2개월마다 정신장애인에게 퇴원 등을 할 의사가 있는지 확인해야 하고(제4항), 이 때 후견인은 정신장애인의 입장에서 그가 퇴원을 희망할 경우, 이를 적극적으로 대변해야 할 것이다. 또한, 정신장애인이 보호의무자로부터 동의를 받지 않고 퇴원 등을 신청한 경우, 치료와 보호 필요성이 있는 경우에 한하여 72시간까지 퇴원을 거부할 수 있고, 그 기간 동안 보호의무자에 의한 입원 또는 행정입원으로 전환해야 하고(제2항), 퇴원을 거부한 경우 지체 없이 정신장애인 및 보호의무자에게 거부사유 및 퇴원심사청구를 할 수 있음을 서면, 전자문서로 통지해야 한다(제3항).

(다) 행정입원 (법 제44조)

정신과 전문의, 정신건강전문요원은 정신질환으로 자해·타해 위험이 있다고 인정되는 자를 발견한 경우 지방자치단체의 장에게 그 사람에 대한 진단과 보호를 신청할 수 있고(제1항), 경찰관이 위와 같은 사람을 발견한 경우 정신과 전문의, 정신건강전문요원에게 진단과 보호를 요청할 수 있다(제2항). 그리고 정신과 전문의가 자해·타해 위험이 인정되어 정확한 진단이 필요하다고 인정한 경우 2주의 범위에서 입원하게 할 수 있고(제4항), 2인 이상의 정신과 전문의가 일치하여 입원의 필요가 있다고 인정하면 지정정신의료기관에 치료를 위한 입원을 의뢰할 수 있다(제7항). 이 때의 입원기간은 최초 3개월 이내, 연장할 경우 1차 입원 기간 연장은 3개월, 그 이후는 6개월 이내로 연장할 수 있다. 이 때 지자체장은 입원기간을 연장한 경우 본인과 보호의무자에게 연장 사유, 기간을 서면으로 통지해야 한다.[121)]

이 때 지방자치단체의 장은 보호의무자에게 지체 없이 입원 사유, 기간, 장소, 퇴원 등 또는 처우개선 심사청구가 가능한 사실 등을 서면으로 통지해야 한다(제5항, 제8항).

(라) 응급입원 (제50조)

정신장애인으로 추정되는 사람으로서 자해·타해 위험이 큰 사람을 발견한 사람은 그 상황이 급박하여 자의입원, 동의입원, 보호의무자에 의한 입원, 행정입원 절차를 거칠 시간적 여유가 없을 때에는 의사와 경찰관의 동의를 받아 정신의료기관에 응급입원을 의뢰할 수 있다. 이 때 정신의료기관의 장은 3일 이내의 기간 동안만 응급입원을 시킬 수 있고, 진단 결과 자해·타해 위험이 인정되어 계속 입원할 필요가 있는 경우, 법에서 정하는 정식 입원 절차를 밟아야 한다. 이 때 정신의료기관의 장은 응급입원을 시켰을 때 보호의무자에게 입원 사유, 기간, 장소를 지체 없이 서면으로 통지해야 한다.

---

121) 법 제62조

(마) 후견인의 역할

후견인은 그가 보호하는 정신장애인이 치료 등의 목적으로 정신
의료기관에 입원하게 되는 경우, 치료를 위한 최소한의 기간 동안만
입원하면서 정당한 처우 아래 적정한 치료를 받을 수 있도록 지원
할 의무가 있다. 만약 피후견인이 퇴원을 희망하고, 퇴원이 가능함
에도 불구하고 정신의료기관 등에서 법에서 정하는 사유 없이 퇴원
을 거부하거나, 부당한 대우, 학대 등이 일어난 경우, 아래에서 보는
퇴원 등 또는 처우개선 심사청구 및 형사고소 조치 등을 취해야 할
것이다.

(3) 입원 중 후견인의 역할

(가) 입원적합성 심사

정신의료기관 등의 장은 보호의무자에 의한 입원 또는 행정입원
과 같이 정신장애인이 그 의사에 반하여 입원한 경우, 입원한 날로
부터 3일 이내에 입원적합성심사위원회에 신고해야 하고,[122] 입원
적합성심사위원회는 그 입원이 적합한지 여부를 심사하고, 부적합
통지를 받은 경우에는 정신장애인을 지체 없이 퇴원시켜야 한다.[123]
이 때 입원을 한 정신장애인에 대해 후견이 개시된 경우라면 관할
가정법원에도 입원사실을 통지해야 한다.[124] 정신의료기관 등에 입
원한 정신장애인이 대면조사를 신청하거나, 입원 적합성이 의심되
는 경우 등에는 입원적합성 심사위원회가 직권으로 입원적합성 여
부를 조사할 수 있다.[125]

---

122) 법 제45조 제2항
123) 법 제47조
124) 법 제47조 제1항 단서
125) 법 제48조

후견인은 보호의무자로서 입원적합성 심사 과정에서 피후견인의 의사가 잘 반영될 수 있도록 노력해야 할 것이다. 법에서는 입원심사소위원회에서 심사를 함에 있어 필요하다고 인정될 때 관계기관, 정신장애인 등에게 의견이나 자료의 제출을 요청할 수 있다고만 소극적으로 규정하고 있으나,126) 후견인으로서는 입원적합성 심사가 이루어지는 사실을 알게 되면, 적극적으로 의견서를 제출하는 등으로 피후견인의 의사가 반영될 수 있도록 노력해야 한다. 나아가 위원회가 입원적합성 여부를 직권으로 조사하게 하면서 정신장애인 본인을 직접 면담하게 할 경우, 후견인은 그 조사에 동석하여 피후견인 본인의 의사를 효과적으로 전달하는 등 가능한 조치를 다 하여야 할 것이다.

(나) 퇴원 등 또는 처우개선 심사청구

정신의료기관 등에 입원해 있는 정신장애인 또는 보호의무자는 관할 지자체장에게 퇴원 또는 처우개선 심사청구를 할 수 있다.127) 지자체장은 위 청구가 있으면 지체 없이 이를 정신건강심의위원회 회의에 회부해야 하고, 위원회는 이를 심사하여 지자체장에게 그 결과를 보고해야 한다.128) 지자체장은 심사청구를 접수한 날로부터 15일 이내에 퇴원·임시퇴원명령, 처우개선을 위해 필요한 명령, 3개월 이내 재심사, 다른 정신의료기관 등으로 이송, 자의입원 또는 동의입원으로 전환 등을 명령 또는 결정할 수 있다.129) 이 때 이송, 자의입원 또는 동의입원으로 전환은 입원하고 있는 사람의 청구 또는 동의에 한정하여 할 수 있으나, 그 자의 의사능력이 미흡하다고 판

---

126) 법 제47조, 시행령 제23조 제2항, 제3항
127) 법 제55조
128) 법 제56조, 제57조
129) 법 제59조 제1항

단되는 경우에는 보호의무자의 청구 또는 동의로 갈음할 수 있다.130) 위 결정에 불복하거나, 기간 내 심사를 받지 못한 경우 등에는 재심사를 청구할 수 있다.131)

후견인은 피후견인이 정신의료기관에 입원해 있는 동안 상시적인 연락을 취하여 그가 정당한 처우를 받는지, 적절한 치료를 받는지, 퇴원이 가능한지 등을 상시적으로 모니터링해야 할 것이고, 부당한 대우를 받거나 퇴원이 가능함에도 퇴원을 하지 못하는 경우, 즉시 퇴원 등 심사청구를 해야 할 것이다. 그리고 그 절차에서 후견인은 적극적으로 피후견인의 입장을 대변하여야 할 것이다.

(다) 그 외 권익옹호 활동

그 외 후견인은 법 제7장에서 정하는 강제입원 금지(제68조), 차별, 강제노동, 인권침해 금지(제69조), 수용, 가혹행위 금지(제72조), 특수치료 제한(제73조), 통신, 면회의 자유, 격리 등 제한금지(제74조, 제75조)를 위반한 사례가 발생하는지 여부를 감시하고, 만약 그런 일이 일어날 경우 형사고발, 심사청구 등의 조치를 취해야 할 것이다.

IV. 결론

성년후견제도는 의사결정능력 부족 성인에 대한 인식 변화를 반영하여 그들이 본인의 의사를 존중받으며 사회통합적인 삶을 영위할 수 있도록 설계되었다. 사회복지제도 역시 대상자를 수동적으로 바라보고 시혜적 조치로 시작되었던 것에서 대상자가 능동적으로

---

130) 법 제59조 제1항 후단, 제2항
131) 법 제60조

자신에게 필요한 서비스를 신청하여 이용하는 것으로 변화되었다. 그 변화 아래에서 의사결정능력 부족 성인은 자신에게 필요한 사회복지서비스를 능동적으로 물색하여 신청해주고, 자신의 삶을 지원해줄 조력자(후견인 등)가 필요해 겼는바, 사회복지제도와 성년후견제도가 유기적으로 연계될 수 있도록 시스템을 구축하는 것이 필요해졌다.

성년후견제도가 도입되자마자 발달장애인에 대한 공공후견을 시작으로 정신장애인, 치매고령자를 대상으로 한 공공후견제도가 대표적인 사례인데, 저소득·독거·무연고·학대피해 의사결정능력 부족 성인들이 공공후견인의 지원 아래 존엄한 삶을 살아갈 수 있는 기반을 마련하고 있으나, 각 부처별로 통합적으로 사업을 운영하지 못함에 따라 제도가 활성화되지 못하고 있다는 어려움이 있다.

또한, 의사결정능력 부족 성인의 권리를 가장 제한하는 성년후견 유형이 가장 많이 이용되고 있고, 사회복지 법제들은 여전히 종래 금치산·한정치산 제도 당시의 모습을 유지하고 있다는 점은 성년후견제도와 사회복지제도의 유기적 연계가 추구하는 자기결정권 존중을 통한 사회통합을 달성하는데 걸림돌이 되고 있다.

그에 반해, 사회복지제도와 성년후견제도가 유기적으로 작동하는 모습을 잘 보여주고 있는 사례도 존재한다. 성년후견제도가 도입된 이후 정신장애인에 대한 인권보장, 사회통합을 위해 도입된 정신건강복지법이 대표적인 사례인데, 정신장애인의 지원자·조력자로 후견인을 가장 우선시하고 있고, 후견인에게 정신장애인 본인의 대변자로서 막중한 역할을 부여하고 있다.

이처럼 성년후견제도는 의사결정능력부족 성인을 위해 마련된 각종 사회복지서비스 중 개개인에게 필요한 서비스가 적절히 제공될 수 있도록 이를 연계하는 컨트롤 타워 역할을 수행하는 가장 기본적인 사회복지제도로서 자리매김할 것이다.

참고문헌

김성우, "성년후견제도의 현황과 과제", 가족법연구 제30권 제3호 (2016.11.)

김성우, 성년후견실무, 박영사 (2018)

김성우, "한국 후견재판에서의 의사결정지원", 한국가족법학회 가족법연구
　　　제31권 3호 (2018. 11.)

김형석, "피후견인의 신상결정과 그 대행", 가족법연구 제28권 2호 (2014.7.)

노문영, "발달장애인 공공후견활동 관련 사례와 문제점", 제6회 온율 성년후
　　　견세미나 - 바람직한 후견실무 정착방안 -, 사단법인 온율 (2018. 7.
　　　2. 발표)

배광열, "한국 성년후견제도에 있어서 후견대체제도 (임의후견 및 후견신
　　　탁)", 성년후견 제3집 (2015.7.)

신권철, 성년후견제도와 사회복지제도의 연계, 집문당 (2013)

보건복지부, "2019년 발달장애인지원 사업안내", 장애인서비스과 (2019)

보건복지부, "정신질환자 공공후견활동지원 사업안내(안)", 정신건강정책과
　　　(2018.7)

제철웅, "개정 민법상의 후견계약의 특징, 문제점, 그리고 개선방향", 민사법
　　　학 제66호 (2014.3.)

중앙치매센터, "치매공공후견사업 운영평가 및 개선방안 마련을 위한 연구
　　　보고서", 보건복지부 (2018)

〈통계자료〉

중앙치매센터, 치매현황 (2018)

통계청, 고령자통계 (2017)

주거복지정책과 법 : 주거권과 공공성

남기철*

Ⅰ. 들어가는 말

우리나라의 정치와 경제에서 끊이지 않는 쟁점 중 하나가 주택에 대한 것이다. 주거비 부담은 우리나라 국민의 생활고에 직접적인 원인이 되기도 하고, 생활의 모습 자체를 규정하기도 한다. 주택마련이 결혼을 미루는 주요 원인이 되기도 한다. 대학생들에게 학비보다 주거비 부담이 더 큰 것은 일반적 양상이다. 정부는 주거비 상승을 막겠다고 여러 정책을 경주하고 있지만, 올라가는 집값을 감당하지 못하여 살던 곳에서 밀려나는 경우는 국민들이 매우 많다. 한편으로는 대개의 국민들이 가진 재산이 대부분 주택에 잠식되어 있는 상황이라 주택가격의 급격한 하락 역시 큰 문제를 가져올 수도 있다. 매우 어려운 상황이다. 기본적으로는 전 국민을 투기꾼으로 몰아넣은 그간의 부동산 시장과 정책이 낳은 구조이다.

물론 우리나라의 주택 여건은 과거에 비해 물리적으로 그리고 절대적으로 향상되었다. 이제대개의 가구에는 화장실과 입식부엌, 온수의 공급 등이 이루어지고 있다. 여러 집이 함께 사용하는 화장실

---

* 동덕여자대학교 사회복지학과 교수

에 아침마다 긴 줄을 서서 기다리거나, 수도가 없어 물을 길어야 하는 것은 옛날 일이 되었다. 하지만 경제성장과 주택의 공급 및 현대화의 과실을 모든 시민이 주거생활에서 누리고 있을까? 그렇게 보기는 어렵다. 분명히 좋아진 것은 같은데 주택문제 때문에 생활이 힘들다는 사람이 많다. 상대적인 박탈감의 문제도 있을 것이다. 하지만 박탈감의 문제만이 아니라 과거보다 오히려 더 불안정하고, 더 비좁고, 더 햇빛도 안 들고, 거주지로 인해 차별받는 경험을 하는 사람들도 무척 많다. 주거빈곤이라 하기도 하고 주거의 배제라고 이야기하기도 한다.

주거는 인간생활의 필수조건이고 중요하다. 주거에서의 문제는 단지 거주생활이 불편하다는 것에 그치지 않는다. 주거와 빈곤은 양방향으로 밀접하게 상관관계를 가지고 있다. 동시에 주거취약성은 건강, 교육, 문화, 직업, 사회적 관계 등 인간생활의 모든 측면에서 어려움을 야기한다. 그래서 사회적 배제 중 주거배제의 문제를 특히 중요하게 여기고 있다. 특히 아동과 청소년의 경우에는 주거문제로 인한 피해가 현재만이 아니라 미래에 걸쳐서도 심각한 영향을 미치곤 한다. 열악한 주거환경의 아동들이 심리적·행동적·사회적 부적응의 위험이 높다는 점이나 학업성취에서도 어려움이 나타날 가능성이 높다는 점이 지적되기도 한다.

그간의 주택개발정책 추진에도 불구하고 주거와 관련된 사회적 고통이 사라지지 않자 주거복지라는 용어가 얼마 전부터 등장하였다. 성장과 개발 프레임으로는 주거에서의 삶의 질을 증진하는 것에 한계가 있다고 인식하게 되면서 과거와 다른 패러다임의 의미로 주거복지라는 용어를 사용하기 시작한 것이다. 주택시장과 건설시장 활성화를 통한 기존의 방식과는 다른 접근, 공공성의 접근을 강조하며 선택한 용어라 할 것이다. 주거복지 용어의 사용은 최근에는 드물지 않고 중요한 정책적 목표가 되고 있다. 물론 대개는 중앙정부의 부처나 지방정부가 슬로건처럼 정책의 지향을 '과도하게 선전하며' 사용하는 것이다.

주거복지라는 용어는 외국에서도 잘 사용되지 않는 것이다. 대개는 주택정책이라는 용어를 사용한다. 주택정책과 주거복지정책은 명확하게 구별되지 않는다. 대체적으로 주택정책이 더 포괄적이고 주택건설과 주택시장에 대한 정책 전반을 포괄하는 개념인 반면, 주거복지정책은 사적 시장방식의 접근으로 해결되지 않는 주거문제에 대응하기 위해 공적으로 개입하는 것을 일컫는다. 때문에 주거복지는 주거의 취약성, 부정적인 사회문제의 부분에 초점을 둔다. 주거복지라는 용어가 최근 많이 사용되고 있지만 이에 대한 학술적 논의는 의외로 적다. 여기서는 우리나라의(주택정책 전반이라기보다는) 주거복지정책에 대해 함의를 주고 있는 이론적 논의, 우리나라 주거복지의 실태, 주거복지 관련의 법과 정책의 쟁점사항에 대해 살펴본다.

II. 주거복지와 관련된 이론적 논의

1. 주택점유와 주거복지

주택은 대개의 사회와 국가에서 고가의 재화이고 생산과 소비에서 독특한 특성을 지니고 있다. 토지와 불가분의 관계이기 때문에 생산량을 늘리는데 한계가 있으며 수요공급의 탄력성이 민감하게 발휘되기도 어렵다. 그런데 인간의 생활을 위해 반드시 필요한 필수품이다. 사회권의 하나로 주거권이 중요하게 여겨지는 이유이기도 하다. 때문에 주택을 일반적인 소비재 혹은 사적재(private goods)로 보고 그 공급과 소비를 온전히 시장기능에 맡겨두는 것은 어렵다. 공공의 정책이 관여해야 할 필요성이 크다. 하지만 주택을 공공재(public goods)라 하기는 어렵다. 통상 비배제성(non-excludability)과 비경합성(non-rivalness)의 속성을 가질 때, 공공재라고 한다. 즉, 비용을 지불하지 않으면 사용할 수 없도록 하는 배제적 성격, 그리고 누군가가 소비나 이용을 할 때 다른 사람의 소비나 이용이 어려워지는 경합적 성격이 모두 없어야 공공재라 할 수 있는데, 주택은 그렇지 않다. 집합적 소비재라는 표현을 사용하기도 한다. 주택은 시장과 공공의 역할이 함께 경주되는 영역이고, 공공재가 아니라 해도 공공의 정책이 특히 크게 부각되어야 하는 영역이다.

시장 속에서 주택은 소유(자가)와 임대라는 두 가지 방식으로 소비의 기틀이 마련된다. 누구나 사용해야 하는 필수품이지만 워낙 고가이기 때문에 모두가 구입하여 사용하는 것은 불가능하다. 상당수의 사람들이 임대해서 사용하는 경우가 발생한다.

일반적으로 주택을 구입할 능력이 있는 경우에는 자가를 소유하기 때문에 상대적으로 주거와 관련된 취약계층은 임대가구인 경우가 많다. 일반 주택시장에서의 민간임대는 최소한의 주거욕구를 충족시키지 못하는 상황을 유발하기 쉽다. 따라서 대개의 국가에서는 이를 완전히 시장의 논리에 맡겨 두지는 않는다. 공공이 임대주택을 공급하는 공공임대주택이나 사회임대주택이 정책적으로 추진되기 마련이다. 공공이 주택을 공급하며, 이를 분양하는 것(매매를 통해 소유권을 이전하는 것)이 아니라 '적절한 수준의 저렴한' 임대료를 부담하며 주택을 점유해 생활하도록 하는 것이다. 주택의 소유는 공공이고, 시민들이 임대료를 내면서 주거생활을 보장받을 수 있도록 한다. 특히 2차 세계대전 이후 서구 유럽에서 매우 많은 공공임대주택이 공급된 바 있다. 이에 따라 통상 주택점유는 자가소유, 민간임대,(사회임대를 포함한) 공공임대가 대표적 형태가 된다. 주택점유형태는 주거복지에서는 큰 의미를 가진다.

이중 임대에서의 민간과 공공이라는 양대 축의 관계에서 Kemedy 의 고전적인 일원모델과 이원모델 논의가 나타난다. 이원모델이란, 자유시장 논리에 의한 민간임대와 공공 개입이 주도적인 공공임대 사이에 큰 간극과 단절이 있는 것을 의미한다. 공공임대는 공공이 엄격한 기준(자산조사를 비롯한 매우 선별적인 대상자 기준)을 적용 하여 특정한 집단에게만 매우 싼 임대료를 지불하고 거주할 수 있 도록 만든다. 민간임대시장과 비교할 수 없을 정도로 임대료 부담이 작다. 동시에 공공임대주택 거주자에게는 낙인이 발생하곤 한다. 민 간임대에서는 상당히 높은 임대료를 부담해야 한다. 때문에 이원모 델의 임대시장은 사회 전체적으로 자가보유가 선호되는 배경이 되 기도 한다. 자유주의적 국가에서 특히 두드러진다.

이와 대조적으로 일원모델이란 임대시장 내에서 민간임대와 공 공임대가 큰 차이를 나타내지 않고 연결되어 있는 즉, 임대시장이 하나의 큰 범주 내에서 연속선을 나타내고 있는 것을 의미한다. 이 경우 일원모델의 국가에 비해 공공임대주택의 비율이 높다. 이에 따 라 공공임대주택이 민간임대시장의 자연스러운 가격 통제기제로서 사회적 역할을 수행하기도 한다. 특별히 자가보유가 선호되지 않는 논리적 배경이 될 수도 있다. 일원모델은 사회민주주의 국가들에게 서 일반적으로 나타내는 형태라 할 수 있다.

<표 1> 이원모델과 일원모델

구분	이원모델	일원모델
자가부문의 비중	비교적 큼	비교적 적음
주택 질의 수준	자가부문과 공공 (사회)임대 사이에 비교적 큰 차이가 있음	자가부문과 공공 (사회)임대부문 사이에 차이가 비교적 적음
공공 (사회)임대부문의 잔여화 정도	공공 (사회)임대부분에서 비교적 잔여화가 크게 나타남	공공 (사회)임대부문에서 비교적 제한된 잔여화가 나타남
임대료 수준	공공 (사회)임대부문과 민간임대부문 사이에 큰 차이가 있음	공공 (사회)임대부문과 민간임대부분 사이에 차이가 적음
해당 국가	영국, 아일랜드 등	네덜란드, 덴마크 등

출처: 남원석, "주택점유형태별 주거복지의 논리", 주거복지의 새로운 패러다임, 사회평론 (2012) 65.

우리나라도 최근 들어서는 공공임대주택을 공급하는 것이 중요한 정책적 목표가 되어 왔다. 공공임대주택 재고량도 크게 증가하고 있다. 공공임대주택의 유형도 매우 다양하다. 최근에는 공공임대주택만이 아니라 사회주택에 대한 논의도 부각되고 있다. 하지만 서구 국가들에 비해 아직은 높은 비중은 아니다. 우리나라는 Kemedy의 유형에 따른다면, 이원모델의 속성이 강하다. 이원모델의 경우에 공공임대주택은 일반 국민들의 경우에는 별로 이용할 수가 없고 엄격한 자산조사나 자격기준조사를 통해 극소수에게만 선별적으로 제공된다. 때문에 대부분의 국민에게는 공공임대주택이 자신의 주거생활과 아무런 관련이 없는 것이 된다. 국민은 공공정책보다는 임대주택시장의 변동성에 따라 주거의 안정성에 큰 영향을 받는다. 취약성에도 쉽게 노출될 가능성이 크다. 공공임대주택이 주거복지를 위한 가장 대표적인 정책수단으로 이야기되는 이유이기도 하다.

또한, 자가보유와 임대에 대해서 적절한 균형을 갖추기 위한 정책이 경주되기도 한다. 그리고 실제에서는 자가보유를 촉진하기 위한 정책이 추진되는 경우도 많다. 국가는 자가를 보유한 국민들이 많아지는 것이 주거복지 실현을 위해 긍정적이라고 보고, 자가보유를 촉진하기 위한 정책수단을 활용하곤 한다. 여기에서는 주택공급 지원, 금융정책 등이 동원된다.

자가의 보유는 소위 '자산기반복지(asset-based welfare)'의 논의에서 특히 그 의미를 적극적으로 해석한다. 자산기반복지의 기본적 논리는 자산을 보유한 사람은 그렇지 않은 사람에 비해 보다 활발하고 적극적인 경제활동 참여와 삶을 개선하기 위한 노력을 경주한다는 것이다. 그리고 이는 사회전체적으로 복지의 증진을 가져오게 된다. 자산기반복지를 주창한 Sherraden은 저소득층이 자산조사(means test)에 기반한 복지의 대상자가 되는 경우에는 복지에 의존하는 문제가 커지기 때문에, 최대한 자산을 형성할 수 있도록 지원하는 프로그램과 제도를 보강해야 한다고 주장하였다. 이 논의에 기초한다면 자가보유를 촉진하는 정책은 공공임대주택을 확충하는 정책보다 더 중요한 의미를 가지는 것이 된다. 실질적으로 가능하기만 하다면 자가의 보유는 주거권의 보장에 가장 도움이 되는 것일 수 있다.

실제에서 자가보유 촉진에 우선순위를 둘 것인지, 공공임대주택의 공급에 우선순위를 둘 것인지에 따라 공공자원의 투입 방향이 달라질 수 있다. 서구국가들에서는 공공임대주택의 공급에 초점을 두어오다가 점차 이를 자가로 전환하고 임대료를 지원하는 식으로 자원투입의 방향을 시기별로 다르게 진행한 경우가 많았다. 우리나라에서는 국토부 등 정부부처가 명시적으로 소득분위별로 주택정책의 목표를 달리 설정했던 바 있다. 즉, 중산층 이상은 자가보유가 이루어지도록 촉진하고, 소득 하위계층에게는 적절한 수준의 임대주택에서 생활할 수 있도록 한다는 것이다. 다음 표와 같다.

〈표 2〉 정부의 소득계층별 자가구입과 임대지원 등 주거지원 차별화 체계

구분	가구 특성	주거지원수단		
		공공임대주택 공급 지원	국민주택 기금 융자 지원	주택금융 공사 보금자리 론 지원
소득 1분위	주거수준 미흡/임대료 지불능력 취약계층	영구임대주택 다가구매입 임대주택 기존주택 전세임대 주택	저소득 전세자금 지원	
소득 2분위	주거수준 미흡/주거비 부담능력 취약계층		국민임대 주택	
소득 3분위	자가주택 구입능력 취약계층		근로자 서민 전세 자금 지원	
소득 4분위				
소득 5분위	정부 지원 시 자가 가능 계층		중대형 임대주택	주택구입 자금 지원
소득 6분위				
소득 7분위	자가주택 구입가능 계층	시장 기능 일임		보금 자리론 지원
소득 8분위				
소득 9분위				
소득 10분위				

출처 : 진미윤, "저소득 임차가구에 대한 주거복지 지원실태", 국회예산정책처 사업평가국
전문가간담회 발표자료 (2013), 22

　　자가보유를 촉진한다는 것은 전 세계적으로 상당히 많은 국가에
서 추진되어 온 정책적 목표이기도 하다. 영국의 경우에도 2차 세계
대전 이후 엄청난 양의 공공임대주택을 건설하여 활용하다가 이를
차츰 분양하며 자가보유비율을 의식적으로 높였다. 여기에는 공공
임대주택을 지속적으로 확충하는 것에 대한 재정적 부담이 중요한
이유가 되는 것이었다.
　　하지만 반대로 자가보유를 늘리는 정책이 긍정적 측면만을 가지
는 것은 아니다. 자가를 소유하기 위해서는 막대한 비용이 소요되는

데, 이를 촉진하려면 금융지원 등이 뒤따라야 한다. 자칫하면 감당할 수 없는 수준의 부채로 인해 문제가 발생할 수 있다. 21세기 초미국에서 출발한 금융위기, 소위 서브프라임 모기지 사태도 그 본질은 자가소유를 촉진하기 위해 과도한 대출이 이루어진 것이 문제가되는 것이었다. 최근 우리나라의 경우도 마찬가지이다.

큰 틀에서 자가보유, 민간임대, 공공임대라는 세 가지 주택점유형태를 통해 살펴본다면, 자가를 보유하도록 지원하는 것, 민간임대에서 생활하게 되는 계층에게는 임대료 보조 등 주거생활의 안정성을 지원하는 것, 공공임대주택을 공급하는 것이 주거복지를 위한 중요한 정책적 수단이 된다. 물론 이외에도 전반적인 주택공급량과 수준을 끌어올리기 위한 공급자 지원정책이나 주택개량 지원, 주거의 안정성을 보장하기 위한 정책 등 다양한 공공정책이 주거복지를 위해 동원된다. 하지만 통상 주택공급의 지원 자체나 자가보유를 촉진하기 위한 금융정책 등을 모두 주거복지정책으로 부르지는 않는다.

2. 주거취약계층과 주거복지

주거복지는 주거권에 대한 보장을 지향한다. 국민 모두가 해당된다. 하지만 실제에서는 주거복지는 주거취약계층에게 우선적인 특별한 관심을 가진다. 주거취약계층이 빈곤층과 동의어는 아니다. 물론 실제에서는 많이 겹치겠지만, 빈곤이 소득의 문제라면 주거취약계층은 주거권과 주거욕구의 미충족 문제이다. 서로 다른 것이다.

주거취약계층의 가장 극단적 양상은 노숙인(the homeless)이라 할수 있다. 노숙의 개념범위를 통해 주거취약계층의 의미를 도출할 수있다. 우리나라의 '노숙인 등의 복지 및 자립지원에 관한 법률(약칭노숙인복지법)'에서는 노숙인에 대해 "상당한 기간 동안 일정한 주거 없이 생활하는 사람, 노숙인 시설을 이용하거나 상당한 기간 동안 노숙인 시설에서 생활하는 사람, 상당한 기간 동안 주거로서의 적절성이 현저히 낮은 곳에서 생활하는 사람"으로 규정하고 있다. 법률 규정에서만이 아니라 실제 정책 자료들에서도 '노숙인 등'은 거리생활 노숙인, 노숙인 시설 입소자, 쪽방거주자 만이 해당하는 것으로 집계하고 있다.

유럽에서는 2005년부터 다양한 토론회 등의 결과를 총화하여 ETHOS(European Typology on Homelessness and Housing Exclusion)라는 명칭으로 주거취약성, 즉, 노숙과 주거배제의 개념을 4가지로 제시하고 있다. 첫째는 '무거처(rooflessness)'로 어떠한 종류의 거처도 없는 상황 즉, 거리노숙을 말한다. 두 번째는 '무주택(houselessness)'으로 거처는 있으나 이를 주택이라고 할 수 없는 경우이다. 임시로 복지시설이나 쉼터에서 기거하고 있는 상황을 말한다. 세 번째는 '불안정 주거(living in insecure housing)'로 법적으로 주거가 보장되지 못한 경우로 불안정한 곳에서 기거하고 있고 퇴거의 위험성이 높은 경우이다. 가정폭력 등의 상황으로 위협받는 경우를 포함한다. 네 번째는, '부적절 주거(living in inadequate housing)'로 불법적 야영지 이동주택이나 부적절한 주거, 극단적 과밀주거에서 살고 있는 상황을 말한다.

이론적으로는 주거취약성의 논의에서 주거배제가 법적 영역, 사회적 영역, 물리적 영역 등 세 가지 영역에서 나타난다. 그리고 이 중첩상황이 <그림 1>에서와 같이 다양한 주거취약성으로 연결된다.

법적 영역의 주거 배제

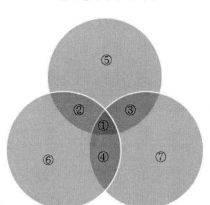

사회적 영역의 주거배제   물리적 영역의 주거 배제
〈그림 1〉 FEANTSA의 노숙과 주거배제 영역

출처 : Edgar, B., "2009 European Review of Statistics on Homelessness", FEANTSA (2009), 16.

이 그림에서 법적인 주거배제는 해당 주거에서의 생활이 법적으로 권리를 인정받지 못하고 있는 상황을 의미한다. 사회적 주거배제는 사회적으로 정상적인 거주지로 인정받지 못하여 통상적인 사회관계가 영위되지 못하고 사회적 고립의 상태를 야기하고 있는 주거상황을 말한다. 물리적 주거배제는 주거의 수준이 정상적인 생활에 필요한 물리적 조건을 충족하지 못하는 상황을 말한다. 이 세 가지 영역의 주거배제는 당연히 상호 중첩되기도 하면서 주거취약계층의 주거권을 침해하게 된다.

세 가지 영역의 주거배제에 대해 <그림 1>에서 나타난 각 하위영역은 다음 <표 3>과 같은 조작적 의미로 연결된다. 우리나라의 경우에 비추어 대표적 상황 몇 가지만 예를 들어본다면, 거리노숙인은 ①, 쉼터나 보호시설에서 생활하는 경우는 ②, 쪽방이나 고시원에서

생활하는 사람은 ④, 게토화된 임대단지 거주자는 ⑥, 최저주거기준
에 미달하는 옥탑이나 반지하주거에서 생활하는 경우는 ⑦ 등이라
할 수 있다. 노숙인과 주거취약자에 대한 유럽의 대표적 옹호조직인
FEANTSA에서는 이 중에서 세 가지 영역의 주거배제가 모두 중첩
된 상황, 그리고 법적 영역과 사회적 영역 주거배제가 중첩된 상황
의 두 가지를 가장 심각한 수준의 주거배제로 보아(협의의) 홈리스
문제로 지칭하고 있다.

<표 3> FEANTSA의 노숙과 주거배제 영역

개념적 범주	노숙 (Homelessness)	주거배제 (Housing Exclusion)

조
작
적
범
주
	① 무거처
	(rooflessness)
	② 무주택
	(houselessness)
		③ 불안정하고 부적절한 주거
		   (insecure and inadequate housing)
		④ 법적으로 거처를 마련하였으나 부적절한
		   주거상황과 사회적 고립
		   (inadequate housing and social isolation within a legally
		   occupied dwelling)
		⑤ 적절하지만 불안정한 주거
		   (insecure housing and adequate housing)
		⑥ 안정적이고 적절한 주거이지만 사회적으로
		   고립된 거처 상황
		   (social isolation within a secure and adequate housing)
		⑦ 안정적이지만 부적절한 주거
		   (inadequate housing and secure housing)

출처 : Edgar, B., "2009 European Review of Statistics on Homelessness," FEANTSA (2009). 21.

우리나라의 노숙인 개념은 이 협의의 노숙 개념에 해당하는 것이
라 할 수 있다. 이는 자체로 고립된 독특한 상황으로서만이 아니라
주거배제나 주거취약성의 다른 범주와 함께 파악되어야 할 필요가
있다.

이와 유사하게 노숙의 개념을 다음의 <표 4>와 같이 논의하기도
한다. 앞의 그림이나 도표에서 나타난 것과 표현방식의 차이가 있

다. 그러나 주거취약성의 연속선상에서 주거취약계층의 다양성을
포괄하고 있다는 점에서는 동일하다. 개인적으로 취약한 성향을 가
진 사람이 노숙과 같은 극단적이고 비정상적인 상황에 처하는 것으
로 보는 것이 아니라, 주거권이 확보되지 못한 여러 양상의 연속선
에서 파악하고 있다.

〈표 4〉 노숙과 주거취약계층의 조작적 범주와 상황

조작적 범주 operational category	생활상황 living situation	일반적 정의 generic definition
거리노숙인	공공장소나 옥외장소	생활공간이라 할 만한 보금자리 없이 공 공장소나 옥외에서 기거
응급숙소 거주인	임시 쉼터	정규적인 주거지 없이 여러 형태의 시설 을 전전하며 지냄
노숙인을 위한 시설에서 거주하는 사람	노숙인 쉼터 한시적 시설 임시적 지원주거 학대여성 쉼터	1년 미만 거주의 시설
시설거주인	보건의료시설 교정시설	주거지 부족으로 필요한 기간 이상 거주 하게 되거나, 퇴소나 퇴원 이전에 사용가 능한 주거가 없는 경우
주거지 결여로 인해 일 반적 주택이 아닌 곳에 서 거주	이동주택 비주택 거주 가건물	주거지 결여로 인해 일반적으로 거주장소 나 주택으로 인정될만한 곳이 아닌 곳에 서 거주
자신의 주거지가 없어 임시적으로 다른 사람의 주거지에서 거주	일반적 주택에 거주 하지만 자신의 거주 지는 아닌 경우	거주장소가 자신의 거주지가 아닌 곳에서 생활하는 경우

출처 : FEANTSA, "ETHOS", http://www.feantsa.org. (2018. 12.15. 확인)

　　주거복지는 일차적으로 주거취약계층을 우선적 관심의 대상으로
한다. 주거취약계층을 경제적 능력이 약해서 주거가 없거나 열악한
사람으로만 볼 것이 아니다. 이렇게 볼 경우 주거의 문제는 그대로
소득의 문제인 것으로 치환된다. 이보다는 법적인 안정성과 정당성
확보, 물리적인 주거생활의 적절성 확보, 사회적으로 통합될 수 있
는 거주여건의 확보라는 세 가지 측면에서 주거권의 배제가 나타난

경우가 주거취약계층이라 할 수 있다. 그리고 이에 대한 사회적 보장이 주거복지라 할 수 있다. 아쉽게도 우리나라 법과 정책에서 주거취약계층, 주거복지에 대한 관점은 위의 논의에서처럼 통합적이지 못하고 매우 파편적인 양상이다.

3. 사회복지 거주시설과 주거복지

주거복지는 주택이라는 물리적 요소만이 관건은 아니다. 주택복지가 아니고 주거복지라는 용어를 사용하는 것 자체가 물리적 주택에만 국한하지 않는 시민의 주거생활에 대한 관심인 것이다. 지역사회 내에서 다른 사람들과 어울려 살아갈 수 있기 위해서는 주택이라는 물리적 공간과 아울러 사회서비스 요소가 필요할 수 있다. 주택이 확보되더라도 그것만으로는 지역사회에서 생활하기 어려운 경우도 많기 때문이다.

이와 관련하여 전통적인 우리나라의 사회복지 상황에 대한 부분을 살펴 볼 필요가 있다. 상당수 주거취약계층이 '복지대상자'라는 행정적 용어로 대별되곤 한다. 그리고 이들에 대한 사회서비스는 주거급여나 주택개조사업과 같이 주거욕구에 기초한 것도 있지만 더 많은 경우에는 사회복지서비스에 기초하고 있다.

우리나라 사회복지서비스는 시설 중심성이라는 큰 특징을 가지고 있다. 시설의 형태나 방식은 변화를 가져오고 있으나 거주시설에서 출발한 역사와 그 역사가 현재까지도 큰 영향을 행사하고 있다는 점은 분명하다. 최근 들어 공급자 지원 방식이 부각되고 있으나 아직까지도 시설을 중심으로 사회복지 전달체계가 작동하고 있다.

〈표 5〉 우리나라 사회복지서비스 전달체계와 지원방식의 특징

구분	초점	설립과 운영	재정지원표적	재정부담 원리
1단계	전통적 거주시설	민간비영리설립 민간비영리운영	공급자 지원	국고보조
2단계	이용시설	공공설립 민간비영리운영	공급자 지원	지방이양
3단계	현금성 급여, 바우처	민간 영리와 비영리 운영	수요자 지원	국고보조

출처 : 김용득, "한국 장애인 서비스 표준체계, 어떻게 이해할 것인가?", 미간행논문 (2017), 11.

우리나라 사회복지 초창기에는 외원기관을 포함하여 민간비영리 조직에서 설립한 사회복지 거주시설이 지역사회에서 생활이 취약한 노인, 아동, 장애인 등을 대상으로 입소시켜 서비스를 제공해왔다. 이 비용은 초기에는 공공은 매우 미약한 수준에서 지원하고, 주로 민간이 자체적인 자원을 동원하여 왔으나, 점차 국고보조사업으로 자리 잡고 있다. 1980년대 후반부터는 국가나 지방자치단체가 설립 한 사회복지관 등의 이용시설을 통해 지역사회주민들에게 서비스를 제공하는 것으로 초점이 변화되었다. 공공이 설립한 기관이지만 대 개 민간 비영리조직에 위탁하여 운영하고 비용은 지방자치단체에서 제공하는 것이 일반적이다. 21세기에 접어들면서는 기존의 공급자 지원에서 벗어나 복지서비스 수요자에게 현금이나 바우처와 같은 방식으로 비용을 지원하는 방식이 많아지고 있다. 이 세 가지의 지 원방식은 현재도 동시에 존재하고 있다.

우리나라의 주거복지와 관련하여 주목하게 되는 것은 특히 거주 시설이라 할 수 있다. 이를 사회복지생활시설이라 부르기도 한다. 보건복지부 사회복지시설 정보시스템[1])에 따르면, 우리나라의 사회 복지시설 입소자는 2019년 2월을 기준으로 장애인거주시설 3만명,

---

1) http://www.w4c.go.kr/intro/introFcltInmtSttus.do (2019. 2. 26. 확인)

노인복지시설 16만명, 아동복지시설 1만 6천명, 정신보건시설 1만명, 노숙인 복지시설 1만명 등 20만명을 훨씬 넘는다. 최근 들어 탈시설화의 흐름이 나타나고 있으나 아직까지는 미약하다. 거주시설 중에는 천명이 넘는 입소자 규모를 나타내는 곳도 있다. 아직도 이처럼 많은 거주시설 입소자가 있는 것은 우리나라의 사회복지서비스 초창기의 발달역사와 맥락이 닿아 있다.

사회복지 거주시설(혹은 생활시설)도 그 속성에서 일정한 발달단계를 가지고 있다. 거주시설은 초창기에는 사회방위적 속성을 가지는데 이는 사회 대다수의 구성원들로부터 거주시설 입소자를 격리시키고자 하는 방식으로 운영되었다. 우리나라 형제복지원 사건과 같은 양상이다. 이후 사회복지에 대한 사회적 의식이 고양되면서 최소한의 생활을 위한 보호의 성격으로 거주시설이 역할하는 것이 사회보장적 단계라 할 수 있다. 최근에는 거주자들을 지역사회로 복귀시키거나 지역사회와 통합적으로 생활하도록 지원하는 것을 지향하는 사회복지적 단계의 거주시설 운영이념을 도모하고 있다.

〈표 6〉 사회복지 거주시설의 발전단계 이념형

구분	보호수준	보호목표	보호형태	지역사회관계
사회방위적 단계	열등처우	사회적 방위	격리	단절
사회보장적 단계	최저생활	발달가능성	수용	수동적·일방적
사회복지적 단계	최적생활	정상화	생활 및 발달	능동적·상호적

출처: 박태영, 사회복지시설론, 양서원(2000), 54.

현대적인 복지서비스에서는 정상화(normalization)와 통합화(integration)를 중요한 기본 원리로 삼고 있다. 정상화는 사회복지서비스를 받는 사람도 사회의 다수 사람들이 사는 방식과 같은 방식으로 생활해야 한다는 것이고 이를 'like others'로 표현하기도 한다. 통합화는 사회복지서비스를 받는 대상자가 사회의 다수 사람들과 함께 생활해야 한다는 것으로 'with others'로 표현한다. 이러한 원리들에 비추어 볼 때, 거주시설에서 생활하는 것보다는 지역사회 내에서 주거생활을 영위하는 것이 보다 바람직하다. 우리나라에서도 탈시설화의 움직임이 나타나는 맥락이다. 물론 거주시설의 소규모화와 지역사회 접근성을 높이는 것도 필요하다. 그리고 시설 입소가 불가피한 경우도 있다. 하지만 사회복지 거주시설에서의 복지서비스가 가장 발전된 양상은 시설입소보다도 지역사회 거주생활을 통해서 구현될 수 있다.

거주시설에서 생활하는 문제, 그리고 탈시설화와 관련된 부분에서 실천의 원리로 주거우선(housing first)에 대한 강조가 자주 등장하곤 한다. 주거우선은 주거준비(housing ready)와 대비되는 모형 혹은 전략이라 할 수 있다. 주거준비접근은 복지서비스 대상자의 지역사회에서의 독립주거생활에 필요한 사회적 기능수준을 사정하여 이 기능수준이 충분해지도록 휴먼서비스를 통해 지원한 후 적절한 주거를 제공하는 것을 말한다. 독립생활에 필요한 기능수준이 충분히 확보될 때까지 휴먼서비스의 제공이 이루어지는 동안에는 거주시설이나 이에 준하는 주거지를 활용해야 한다고 본다. 예를 들어 노숙인의 경우 주거준비의 전략은 알코올중독이나 주거생활을 어렵게 만드는 기능적 취약요소의 '해독(clean and sober)을 전제 준비로 하고 이것이 달성되면 독립주거를 제공'하는 것이다. 이와는 대조적으로 주거우선접근은 지역사회생활의 욕구와 시민의 주거권에 기반하여, 일단 복지서비스 대상자의 지역사회주거를 확보하는 것을 우선으로 한다. 이 전제조건 하에, 주거생활을 유지하고 독립생활을 영위하는데 장애가 되는 요소를 극복할 수 있도록 사회복지를 비롯한 휴먼서비스의 제공과 점검을 수행하는 것이다. 알코올중독 노숙인의 예에서 주거우선 전략은 주거를 제공하면서, 이들의 음주가 독립

주거생활을 위태롭지 않도록 지원하는 사례관리서비스를 제공한다. 소위 '위해감소모형(harm-reduction model)'에 기초하는 것이다.

주거준비 전략이 다른 서비스를 통해 준비된 대상자에 대해서 그에 맞는 주거를 연계하는 식으로 주거를 후순위의 내용으로 연계하는데 반해서, 주거우선 전략에서는 일단 지역사회 주거생활을 전제하여 그에 맞는 다른 서비스를 연결하는 방식이라 할 수 있다. 복지서비스 대상자에 대해 주거준비 전략이 더 전통적이고 오래된 방식이었다면 주거우선 전략은 상대적으로 최근의 방식이라 할 수 있다. 주거우선 전략에서 주거권은 시민의 기본권이라는 인식을 강조하고 있다. 주거준비의 입장에 근거한다면 거주시설의 비중은 계속 강조될 수밖에 없고, 탈시설화는 매우 제약되는 결과를 낳게 된다. 주거우선을 강조한다면, 지역사회 내에 취약계층을 포함한 다양한 사회구성원을 위한 주거공간과 이를 위한 사회서비스의 확충이 필수 전제조건이 된다. 주거복지에서는 주거우선이라는 원리와 전략이 중요한 이슈가 된다. 소위 지원주택(supportive housing)[2] 프로그램이 부각되는 맥락이기도 한다.

---

2) 지원주택은 주거우선의 원리에 입각하여 공공임대주택과 사회서비스를 통합적으로 제공하고 관리하는 프로그램을 의미한다. 노인, 장애인, 정신질환자, 만성노숙인 등 서비스가 필요한 취약계층에 대해 시설보호가 아닌 지역사회보호를 구현하면서 안정적인 주거를 확보하도록 도모한다. 그룹홈 등 소규모 시설과 비교하여 가장 큰 차이점은 입주자의 입장에서 서비스 공간으로서 서비스를 계약하는 것이 아니라 주거를 위한 임대차 계약에 기반하여 거주공간이 마련된다는 점이다. 현재 서울시 등 일부 지역에서 조례제정과 시범사업이 이루어지고 있으나 그 양은 수 백호 정도로 미미한 상황이다.

III. 우리나라 주거와 주거복지의 현황

1. 주거실태와 주거취약계층

경제성장 과정을 통해 우리나라의 주택은 양적으로 크게 늘어났다. 주거실태에서 가장 기본적인 것은 주택의 양이다. 주택보급률을 통해 이를 확인할 수 있다. 우리나라의 총 주택 수는 2,000만호를 넘어섰다.3) 편차는 있으나 해마다 수십 만호의 주택이 늘어나고 있다. 최근 주택의 증가율은 인구증가율은 물론 가구의 증가율보다도 높다. 이에 따라 주택보급률은 계속 상승하고 있는 추세이다. 현재 우리나라의 주택보급률은 103.3%이다. 이제 통계상 가구 수에 비해 주택 수가 더 많다. 1980년에 주택보급률이 71.2%이었던 것에 비교하면 주택의 양이 크게 증가한 것이다. 2010년대부터 우리나라의 주택보급률은 100%를 상회하고 있다. 서울과 경기지역에서는 주택보급률이 각 96.3%와 99.5%로 아직 100%에 이르지 못하고 있는데, 이두 지역을 제외한 전국 모든 지역이 100% 이상의 주택보급률을 나타내고 있다.

2018년에 발표된 2017년 주거실태조사결과에 따르면 자가에 거주하는 자가점유 가구는 전체 가구의 57.7%이다.4) 이 역시 조금씩 상승하고 있는 추세이다. 그간 꾸준히 주택시장이 성장하였고, 주택공급을 증진하기 위한 여러 정책들이 경주된 결과이기도 하다. 또한 자가보유를 촉진하기 위한 금융정책 등도 일조하였다. '내 집 마련

---

3) 통계청의 KOSIS 국가통계지표에 따르면, 2017년 기준의 우리나라 총 주택 수는 2,031만 3,400호로 같은 시점의 총 가구 수 1,967만 3,875가구보다 많다. 주택 수는 1980년 543만 4,000호와 비교하여 3-4배가량 늘어난 것이다.
4) 자가보유율은 61.1%로 자가점유율 57.7%보다 약간 높다. 이는 자가가 있어도 자가에서 생활하지 않는 가구와 관련되는 수치의 차이다.

의 꿈'이 대다수 서민들에게 경제적 희망이었던 것을 반영하듯, 주택의 양 증가와 자가보유 촉진은 지속적으로 이루어지고 있다.

하지만 전 국민의 주거실태가 좋아졌다고 말하기는 어렵다. 주거가격과 임대료의 폭등이 함께 나타났으며, 주거의 안정성도 충분하지 못하다. 현재 전체 가구의 40% 이상은 자가가 아닌 곳에서 생활하고 있다. 2017년 기준으로 전체 가구의 19.9%는 보증금이 있는 월세에서, 15.2%는 전세로 생활하고 있다.5) 임차가구의 주거안정성 문제는 이동성을 통해 확인되는 부분이 있다. 전체 가구가 현재의 주거에서 거주하고 있는 기간은 평균 8년이다. 그런데 자가가구의 경우가 11.1년인 반면, 임차가구는 3.4년에 불과하다.6) 당연히(?) 수도권 지역에서 평균 거주연한은 더 짧다. 수도권에서는 2년 이내의 거주기간을 나타내는 가구가 전체의 40.0%를 차지하고 있을 정도로 주거이동이 많다. 이를 세입자가 원해서 나타나는 주거상향이동이라고 보기는 어렵다. 많은 경우는 자가가 없는 탓에 주거의 안정성을 확보하지 못하는 것이라 하겠다.

아직도 내 집 마련은 상당수 국민들에게 쉽지 않은 과제이다. 촌락 지역을 포함한 전국적 수준에서도 연소득대비 주택구입가격 배수 PIR은 5.6배, 즉, 가구의 1년 소득을 전혀 쓰지 않고 5.6년을 모아야 주택가격이 된다. 생애최초 주택마련 소요연수는 6.8년을 나타내고 있다. 서울 등 대도시 지역에서 이 수치는 훨씬 더 높아진다. 때문에 자가점유율은 전체적으로는 57.7%이지만, 청년 가구(19.2%)나 신혼부부 가구(44.7%)는 자가점유율이 낮고 또한 주거비 부담이 높

---

5) 임차가구에는 보증금이 있는 월세와 전세 가구가 가장 많지만 이 밖에도 보증금 없는 월세, 사글세, 연세와 일세 등의 유형이 있다. 자가와 임차가구 이외에는 무상임대 등의 주택점유형태가 있다.

6) 이하에서의 주거실태에 대한 수치는 국토교통부의 2017년 주거실태조사의 결과를 토대로 정리한 것이다. 국토교통부, "2017 주거실태조사 결과 보도자료", 국토교통부 주택정책과 (2018.5.8.) 1-5.

은 것으로 나타난다. 최근의 높은 미충족 주거욕구를 반영하고 있
다. 내 집을 꼭 마련해야 한다는 주거의식은 국민의 82.8%에서 나타
나고 있는데, 이는 최근 들어 계속 상승하는 추세이다. 가구주 연령
이 높아질수록 내 집 마련 의식은 높아지는데, 최근 내 집 마련의식
이 전 연령대에서 최근 상승하고 있다는 점은 시사하는 바가 크다.
예전 어느 지방자치단체에서 "집은 사는(구매하는) 것이 아니라 사
는(거주하는) 것이다"라는 정책 슬로건을 내어 놓았던 바가 있지만,
자가 마련을 하지 않으면 계속 상승하는 주택비용을 감당할 수 없
다는 인식이 전 국민에게 퍼져 있다. 2019년 초 주택가격 하락의 움
직임이 있기는 하지만, 국민 상당수는 그간의(특히 일부지역에서 두
드러진) 주택가격 상승에 따른 박탈감을 크게 느끼고 있다.

임차 가구의 경우, 전국적 평균 수치로도 월소득에서 월임대료가
차지하는 비율, 즉, RIR이 17.0%이고, 저소득가구는 RIR이 22.2%로
더 높게 나타나고 있다.[7] 서울 등 수도권의 경우는 이보다 훨씬 더
높다. 전국주거실태조사에서 임차가구의 절반 이상(57%)은 공공임
대주택에 입주할 의향이 있다고 응답하고 있다. 민간임대 상황에서
의 과도한 주거비 부담에 따른 양상이라 할 수 있다.

주택은 양적으로만 늘어난 것이 아니라 질적으로도 그 수준이 상
당히 개선되어 왔다. 달동네나 벌집 등은 이제 잘 사용되지 않는 용
어이기도 하고 쪽방은 점점 줄어들고 있다. 최저주거기준에 미달하
는 가구는 꾸준히 감소해 왔다. 주택 형태에서 아파트가 차지하는
비중이 증가하여 이제는 전체의 60%를 넘어섰다. 주택의 물리적 상
황이 지난 기간 동안 꾸준히 상승해오면서 1인당 주거면적은 31.2m²

---

7) 2017년 주거실태조사결과에 따르면 저소득가구는 전체 가구의 절반 이상이
   임차가구인 것으로 나타나고 있다. 저소득가구는 월세 비중이 35.8%에 달
   한다. 특히 청년가구는 소득과 관계없이 전체 가구의 절반 이상인 53.8%가
   월세에 거주하고 있다.

로 계속 상승해왔다.

우리나라의 주택이 양과 질 측면에서 평균적인 수치가 큰 향상을 나타낸 것은 사실이지만, 주거취약계층의 실태는 여전히 큰 사회문제가 된다. 과도한 주거비 부담을 이기지 못해 서울지역의 주택에서 밀려나는 사람들도 많다. 소위 젠트리피케이션(gentrification)의 문제는 극소수 특정지역에만 국한된 것은 아니다. 주거취약계층의 실상은 사회적으로 알려진 것보다 훨씬 심각하다. 우리나라의 노숙인 수는 정부의 발표로는 2만 명 이내이다. 하지만 이는 노숙인 복지시설에 입소해 있거나 거리에서 생활하는 사람을 일정 시점에 파악(PIT: point in time count)한 수일 뿐이다. 찜질방이나 PC방 등 다중이용시설을 숙소로 사용하는 사람들도 많다. 쪽방이나 고시원 등 주거로 적절하지 못한 곳에서 생활하는 사람들도 매우 많다. 한국도시연구소 실태조사 결과에 따르면, 수십만 명에 달하는 고시원 거주자를 제외하고도 거리노숙인, 노숙인 복지시설 입소자, 비닐하우스촌, 움막, 비숙박용 다중이용시설에 거주하는 극단적 주거취약계층은 11만 가구 13만명을 훌쩍 넘는 것으로 나타났다. 2018년의 통계청의 '주택 이외의 거처 주거실태조사' 결과에서는 비주택 거주자가 전국적으로 37만 가구에 이르고 있다.[8] 이와 같은 두 조사를 단순히 직접 비교하는 것은 정확하지 않지만, 극단적 주거취약계층의 수가 줄어들지 않고 오히려 증가하고 있다. 전국적으로 수십만 가구가 '집'

---

8) 이 조사 결과는 비주택 중에서 상대적으로 거주여건이 양호한 오피스텔 거주자는 제외한 것으로 전체 비주택 거주자는 고시원이 41.0%, 임시공간 다중이용업소 (찜질방, PC방, 일터의 일부공간 등)가 14.4%, 숙박업소가 8.2%, 판자집과 비닐하우스가 1.8%, 기타가 10.0%인 것으로 나타나고 있다. 국토교통부 정책브리핑, "주택 이외의 거처 주거실태조사 결과보고", 국토교통부 주거복지정책과 (2018). 통계청, 주택 이외의 거처 http://www.korea.kr/common/download.do?fileId=186148900&tblKey=GMN (2019. 2. 15 확인).

이라고 부를 수 없는 곳에서 기거하고 있다. 앞서 살펴보았던 EU의 표현대로라면, 주거배제가 심각한 상황이다. 여기에 대규모 수용 심지어는 혼합수용되고 있는 수많은 사회복지시설 거주인들의 문제도 함께 고려되어야 한다.

우리나라의 주택과 주거생활의 실태에서 몇 가지 주목해야 할 점이 있다. 첫째, 지난 기간의 경제성장과 함께 평균적인 수치로 나타나는 주택의 양과 품질은 분명히 향상되었다. 그런데 주거비 등 주거에서의 부담과 고통은 해소되지 않고 있다. 주택개발 과정의 과실은 전 국민에게 고루 돌아간 것이라 보기는 어렵다. 대다수 국민에게 주거와 관련된 어려움은 여전히 생활고의 주범이다. 가계자산의 대부분이 주택에 잠식되어 있고, 심각한 가계부채의 주범 역시 주택과 직결된다. 특히 저소득 계층의 부담이 더 높다. 주택은 물리적으로 늘어났지만 주거부담 역시 해소되지 못하고 있다는 것이다.

둘째, 적절한 저렴주거(affordable housing)의 확보가 잘 이루어지지 못하고 있다. 재개발과 같은 주택공급 방식과 과정에서 저렴주거의 멸실이 동반되어 왔다. 어느 지역에서 주택재개발과 아파트 건축이 이루어지면 원주민, 특히 원래 거주하던 저소득 주민은 다른 곳으로 쫓겨나야 하는 양상이 우리나라에서는 일반적이었다. 결과적으로 주거양극화가 심해졌다.

셋째, 광범위한 주거취약계층이 양산되고 있다. 달동네나 벌집 등은 사라지고 있지만, 다른 형태의 극단적 주거취약계층이 늘어나고 있다. 집이 아닌 곳에서 살아가야 하는 사람들의 문제에 제대로 대처하고 있지 못하다.

이와 같은 우리나라의 양상은 주거문제에 대한 공공성의 개입이 적절한 수준이었는가에 대한 성찰을 요구한다. 주택시장에서의 성장과 투기가 양극화와 배제의 문제를 양산하였다. 이에 대해 예방하고 완화하기 위한 공공의 노력이 필수적인데 공공성은 극히 취약하다. 우리나라는 그간 주거권의 관점보다는 상품으로서만 주택을 취급하는 것이 기본적 흐름이었다. "가난해서 집이 없다"의 문제는 차치하고라도 적어도 "집이 없어 가난이 심해진다"는 양상을 방치해서는 곤란하다.

2. 주거복지정책의 현황

우리나라의 주거복지와 관련된 상황은 Kemedy의 모형에 따른다면, 이원모형이라 할 수 있다. 공공임대와 일반 주택시장에서의 주택이 분리된 형태이고, 공공임대주택 입주의 기회는 극히 부족하다. 주거취약계층에 대해 협의로 규정하고 있다. 사회서비스가 필요한 대상 인구층에 대해서는 주거우선보다는 주거준비의 관점에 입각한 지원체계를 가지고 있어 시설중심적 속성이 강하다. 전반적으로 적극적 주거복지 정책을 실행하여 왔다고 보기는 어렵다.

최근 정부는 예전보다는 적극적인 주거복지 정책을 강구하고 있다. "사회통합형 주거사다리 구축을 위한 주거복지 로드맵"이라는 명칭으로 종합적인 중기계획을 발표(2017년 11월)한 바 있다. 여기서는 생애단계별·소득수준별 수요자 맞춤형 지원, 무주택 서민·실수요자를 위한 주택 공급의 확대, 임대차시장의 투명성·안정성 강화를 기본방향으로 설정하고 있다. 이는 그간 무주택 서민과 실수요자들의 '내 집 마련'이 쉽지 않고, 공적 규제가 없는 사적 전월세 주택에 거주하면서 주거안정성이 취약하다는 진단에 따른 것이다. 국가가 서민 주거안정성 강화에 초점을 둔 적극적 역할을 해야 한다는 인식을 나타내고 있다.

〈표 7〉 주거복지로드맵에서의 수요자별 임대주택 공급계획

(단위 : 만호)

수요자		2018년	2019년	2020년	2021년	2011년	합계	평균
합계		17	17	17	17	17	85	17
청년	합계	3.2	3.7	3.9	4.1	4.1	19	3.8
	공공임대	2.0	2.5	2.7	2.9	2.9	13.0	2.6
	공공지원	1.2	1.2	1.2	1.2	1.2	6.0	1.2
대학생 기숙사 (별도)		2.6	0.6	0.6	0.6	0.6	5.0	1.0
신혼부부 공공임대주택		3.0	3.9	4.0	4.5	4.6	20.0	4.0
고령자 공공임대주택		0.9	0.9	1.0	1.1	1.1	5.0	1.0
저소득층 일반가구	합계	9.9	8.5	8.1	7.3	7.2	41.0	8.2
	공공임대	7.1	5.7	5.3	4.5	4.4	27.0	5.4
	공공지원	2.8	2.8	2.8	2.8	2.8	14.0	2.8

출처 : 국회정책위·관계부처 합동, "사회통합형 주거사다리 구축을 위한 주거복지 로드맵", 국토교통부 주택정책과·공공주택정책과·국토교통예산과·부동산정책팀 (2017. 11. 27.), 5.

로드맵에서는 특히 임대주택 공급에 대해 강조하고 있다. 2018년부터 2022년까지 5년 동안 총 85만호의 공급계획을 밝히고 있는데 공공임대주택이 65만호, 공공지원주택9)이 20만호이다. 과거보다 청년이나 신혼부부로 대상을 특정한 임대주택의 비중이 크다. 저출산 문제에 대한 대응의 성격이 강하다. 2018년에는 로드맵의 계획수치보다 많은 공공임대주택을 공급하여 나름 주거복지로드맵을 현실화하려는 적극성을 보이고 있다.

원론적인 측면에서 주거복지정책은 내용적으로 네 가지의 큰 범주로 나누어 볼 수 있다. 공공임대주택의 공급, 임대료 및 주거비 지

---

9) 공공지원주택은 민간임대주택이지만 공공성을 강화한 것으로, 공공지원을 받는 대신 임대료, 입주자격 등을 제한하는 공공지원 민간임대주택이다. 공공의 지원은 리츠와 펀드방식, 소규모 정비사업 방식, 집주인 임대사업 방식 등을 통해 이루어진다. 특히 청년 주택에 6만호 12만실을 5년 간 공급하는 것에 초점이 두어져 있다. 공공임대주택과 공공지원주택을 합쳐 공적임대주택으로 부르고 있다.

원, 주거취약계층 지원, 주택개량이 그것이다.

  첫 번째로 공공성에 기초하여 공급 혹은 관리하는 장기임대주택 공급이 주거복지정책의 주요한 내용 중 하나이다. 여기에는 여러 가지 유형의 공공임대주택이나 최근에 부각되는 사회주택 등이 해당한다. 공급 측면에서의 지원정책이라 할 수 있다. 가장 대표적인 현황을 나타내는 것은 공공임대주택의 공급인데 우리나라는 장기공공임대주택의 비율이 전체 주택재고량의 약 7% 수준이다. 이는 주요 선진국에 비해 작은 수치이다. 우리나라에서 2000년대 이후에는 정부의 성향과 무관하게 공공임대주택을 늘려가는 것을 중요한 정책과제로 표방하고 있다. 이는 이번 주거복지로드맵에서도 마찬가지로 나타나고 있다.

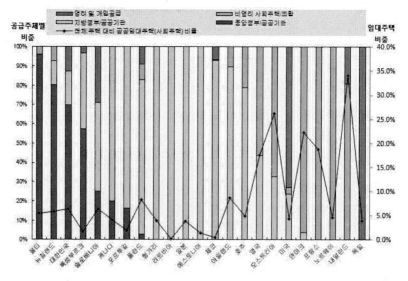

〈그림 2〉 공공임대주택 재고 비율과 공급주체별 비율

출처 : OECD, "Affordable Housing Database".
      http://www.oecd.org/social/affordable-housing-database.htm (2019. 2. 15 확인)

우리나라의 공공임대주택 확충을 위한 재정부담은 작은 것만은 아니다. 하지만 아직 국제적인 비교에서 OECD 평균에는 미치지 못한다. 또한, 그림에서 보는 바와 같이 정부에서만 주로 공급하고 있다는 점도 우리나라의 특징이다. 공공임대주택의 비율이 높은 다른 국가들은 비영리조직이나 주택조합에서 제공하는 사회주택의 비율도 높다는 점도 정책적으로 중요한 함의를 가진다.

서구국가들은 2차 대전 이후 주택정책의 가장 핵심적 과제가 공공임대주택을 공급하는 것이었다. 이후 공급된 공공임대주택을 분양하기도 하면서 최근에는 공공임대주택의 비율이 더 높아지지는 않는 추세이다. 그래도 공공임대주택 혹은 사회주택의 비율이 우리나라보다는 높은 비율을 나타내고 있다. 서구국가들은 최근에는 공공임대주택의 공급보다는 임대료 지원과 같은 수요자 지원에 더 초점을 두고 있는 것이 일반적이다. 하지만 이는 공공임대주택의 상당한 공급 이후에 나타난 정책의 초점 전환이다. 그 역사적 맥락을 감안하지 않고 우리나라도 다른 나라들처럼 공공임대주택 공급을 재고해야 한다는 식으로 정책내용을 단순 비교하는 것은 곤란하다.

두 번째의 주거복지정책은 주거비 지원이다. 이는 주택구입자금을 지원하거나 임대료 지원을 통해 일반 주택시장에서 구매력을 지원하는 방식이다. 공공임대주택이 공급 측면의 정책이라면 주거비 지원은 수요 측면에서의 지원정책에 해당한다. 전월세 자금의 지원, 주택구입자금에 대한 지원 등이 대표적이다. 최근에는 저출산 문제가 심각해지면서 청년과 특히 신혼부부에 대한 지원이 많아진 추세이다. 대개 금융지원의 방식이다. 그런데 주택구입을 위한 금융지원 등은 중요한 주택정책의 부분이고 주거생활의 증진을 위해 중요한 것이지만, 통상 직접적인 주거복지 정책이라 부르지는 않는 편이다. 이와 관련하여 임대차시장의 안정을 위한 정책들도 함께 이루어지곤 한다. 최근 많이 보도된 바 있는 임대등록 활성화 등이 이에 해당한다.

이 수요지원 방식의 주거복지 정책 중 우리나라에서 가장 핵심적인 것은 주거급여이다. 주거급여는 우리나라에서 대표적인 공공의 임대료 보조제도이다.[10] 주거급여는 저소득층을 대상으로 일정 한도 내의 임대료를 지원하는 공공부조 방식이다. 기준중위소득 44% 이하에 해당하는 저소득 가구를 대상으로 선정한 후, 가구원 수와 주택가격에 대한 급지 구분[11]이라는 두 가지 기준으로 기준임대료 금액을 상한선으로 그 이하의 범위에서 실제 임차료를 지원하는 것이다. 2018년부터 대상 기준의 완화로 100만 가구 이상이 주거급여를 받고 있다.

세 번째는 주거취약계층에 대한 지원사업이다. 이는 노숙인이나 비주택 거주민, 시설 거주자들과 같이 주거 측면에서의 취약성이 두드러지는 시민에 대해 초점을 두고, 일반적인 주택 수요와 공급에서의 지원에 더하여 독특한 프로그램을 운영하는 것이다. 당장 거처가 없는 경우에 긴급한 거처와 서비스를 제공하는 것, 임대주택 제공과 함께 사회서비스를 제공하거나 사례관리를 동반하는 것도 있고, 특정한 욕구를 가진 사람들에게 임대주택 배정에서 우선순위를 부여하거나 편의시설 등을 제공하는 것 등 다양한 형태의 프로그램이 해당한다. 이는 일반 국민 전체라기보다는 특정한 취약성을 가진 사람들을 대상으로 이루어지는 선별적 서비스라 하겠다.

우리나라에서는 2007년 '쪽방과 비닐하우스에 거주하는 가구'를 대상으로 임대주택을 공급하는 정책이 본격화되었다. 이후 2010년

---

10) 주거급여는 저소득 자가가구에 대해서는 주택의 노후도에 따라 주거수리비용을 지원한다. 때문에 주거급여가 임차가구에 대한 임대료 지원만은 아니고 자가가구에 대한 지원도 포함하고 있다. 하지만, 주거급여의 전체적인 초점은 임대료 지원에 있다고 볼 수 있다.

11) 서울을 1급지, 경기와 인천을 2급지, 광역시와 세종시를 3급지, 기타 지역을 4급지로 하여 지원 금액을 결정하고 있다.

정책 대상에 고시원 및 여인숙 거주자를 포함하며 주거취약계층 용어가 공식화되었다. 2011년부터는 노숙인(홈리스)을 포함한 '주거취약계층 주거지원사업'이 현재와 같은 방식으로 진행되고 있다. 이 중 대표적인 것이 임대주택사업이다. 쪽방, 고시원, 숙박업소 등 비주택 거처에서 3개월 이상 거주한 사람들을 대상으로 다른 공공임대주택에 비해 저렴한 보증금 50만원에 시세의 약 30% 수준의 월세로 입주가 가능하도록 하고 있다. 그러나 2007년부터 2018년까지 공급된 이 주거취약계층 임대주택은 총 6,700호 정도로 연간 약 600호 수준에 불과하여 양적으로 빈약하다. 고시원에 거주하는 가구 중 공공임대주택 입주 의사는 60.7%에 달하지만, 주거복지서비스를 이용해 본 가구는 5.7%에 불과하였다.[12] 주거취약계층을 표적으로 한 주거복지사업은 아직 당사자들이 체감할 수 있는 수준의 절대량에 미치지 못하고 있다.

주거취약계층에 대한 주거복지사업으로 또 하나 최근에 주목을 끄는 것은 '지역사회 통합돌봄 정책' 소위 커뮤니티케어(community care)에 대한 부분이다. 커뮤니티케어는 서구 선진국가에서 병원이나 거주시설에 장기 입원 혹은 입소로 인한 부정적 양상[13]을 해소하고, 자신이 살던 지역사회 내에서 건강이나 복지서비스 등 지원을 받으면서 거주할 수 있도록 하는 정책으로 20C 후반에 많이 진행되어 왔다. 우리나라에서는 이론적 측면에서는 이와 관련된 논의가 많았지만 본격적으로 커뮤니티케어를 국가정책으로 표방하여 추진한

---

12) 통계청, "주택 이외의 거처 주거실태조사 결과보고 - 정책브리핑" (2018). http://www.korea.kr/common/download.do?fileId=186148900&tblKey=GMN (2019. 2. 15 확인)

13) 커뮤니티케어에서는 통상 지역사회와 단절되거나 원래 살던 곳이 아닌 다른 시설이나 병원에서 장기 거주하는 것이 삶의 질 측면에서 바람직하지 않다는 규범적 측면과 병원과 거주시설에서의 장기거주가 가지는 재정적 부담이라는 현실적 측면의 두 가지 문제에 주목한다.

것은 2018년부터이다.

　보건복지부는 관계부처와 합동으로 커뮤니티케어에 대해 "돌봄이 필요한 주민(노인, 장애인 등)들이 살던 곳에서 개개인의 욕구에 맞는 서비스를 누리고 지역사회와 함께 어울려 살아갈 수 있도록 하는 지역주도형 사회서비스 정책"이라고 표방하고 있으며, 이 때 필요한 서비스로 주거, 보건의료, 요양, 돌봄, 독립생활 지원의 5가지를 명시하였다. 그리고 2026년까지의 정책로드맵을 통해 5가지 서비스를 지역사회에서 통합적으로 지원하는 체계를 만들겠다고 하였다. 2019년부터 노인, 장애인, 정신장애인, 노숙인 분야에 대해 공모를 통해 지자체별 선도사업을 진행하고 있다.

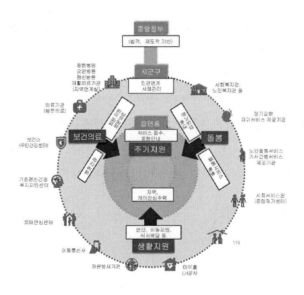

〈그림 3〉 우리나라의 커뮤니티케어 사업 개념도

출처 : 보건복지부, "지역사회 통합 돌봄 기본계획 (안)", 보건복지부 복지정책과 (2018. 11. 20), 8.

이 커뮤니티케어는 단지 주거의 공급이나 지원만이 아니라, 주거
제공만으로는 지역사회에서 생활하기 어려운 사람들에 대해서도 주
거복지를 구현하려 하고 있다는 점에서 함의가 있다. 특히 사회복지
거주시설이나(요양)병원의 장기간 입소를 예방한다는 측면에서 탈
시설화와 관련된 의미를 가진다.

네 번째 범주의 주거복지정책은 집수리나 주거환경을 개선하는
사업으로 주거의 품질을 확보하기 위한 것이다. 취약계층 주거환경
개선사업(주택개량 지원사업)이라는 명칭으로 저소득층의 노후화된
주택을 개보수하거나 필요한 자금을 융자하는 방식을 취하고 있다.
각종 주택개량 지원사업은 여러 부처에서 다양한 명칭과 방식으로
독립적으로 진행되고 있다.14)

주택개량이나 집수리 지원 등은 거주생활의 질과 관련되는데, 우
리나라는 2000년대 들어 최저주거기준을 규정하기 시작하였다. 최
저주거기준은 가구구성별 최소 주거면적, 용도별 방의 개수와 같은
양적인 측면에서의 기준과 전용부엌·화장실 등 필수적인 설비, 안전
성·쾌적성 등을 고려한 주택의 구조·성능 및 환경기준과 같은 질적
측면의 기준으로 구성되어 있다. 가장 핵심적인 주거면적과 용도별
방의 개수를 간략히 나타내면 다음 표와 같다.

---

14) 산업자원통상부의 저소득층 에너지 효율개선, 농림축산식품부의 농어촌주
    택 개량자금지원, 환경부의 슬레이트 처리 지원사업, 보건복지부의 주거급
    여에 따른 주택개량사업 등 다양한 주택개량사업이 있으며 이는 모두 별도
    의 주무부서가 있다. 각 사업 간의 연계성에 대한 통합적 기획 없이 사실상
    독자적으로 진행되고 있다.

〈표 8〉 최저주거기준의 가구구성별 최저주거면적과 용도별 방의 개수 기준[15]

가구원 수 (인)	표준 가구구성	실 (방) 구성	총주거면적 (㎡)
1	1인 가구	1 K	14
2	부부	1 DK	26
3	부부+자녀1	2 DK	36
4	부부+자녀2	3 DK	43
5	부부+자녀3	3 DK	46
6	노부모+부부+자녀2	4 DK	55

국토부의 조사결과[16]에 따르면, 최저주거기준 미달가구는 2006년 16.6% 이후 꾸준히 하락하여 2014년 5.4%까지 하락하였다. 최근인 2017년 조사결과는 5.9%로 약간 상승하였다. 전반적으로는 주거의 품질은 대체로 상승하고 있다. 물론 이는 주택개량사업만의 효과라 할 수는 없다. 최저주거기준은 주거의 품질에 대한 규정과 실태파악 등을 정책적 관심의 대상으로 삼고 있다는 점에서는 의미가 있다.

---

15) 최저주거기준에서는 필수적인 설비의 기준으로 "상수도 또는 수질이 양호한 지하수 이용시설 및 하수도시설이 완비된 전용입식부엌, 전용수세식화장실 및 목욕시설 (전용수세식화장실에 목욕시설을 갖춘 경우도 포함한다)을 갖추어야 한다."고 규정하고 있다.
    또한, 구조·성능 및 환경기준으로 "주택은 안전성·쾌적성 등을 확보하기 위하여 1.영구건물로서 구조강도가 확보되고, 주요 구조부의 재질은 내열·내화·방열 및 방습에 양호한 재질이어야 한다. 2.적절한 방음·환기·채광 및 난방설비를 갖추어야 한다. 3.소음·진동·악취 및 대기오염 등 환경요소가 법정기준에 적합하여야 한다. 4.해일·홍수·산사태 및 절벽의 붕괴 등 자연재해로 인한 위험이 현저한 지역에 위치하여서는 아니된다. 5.안전한 전기시설과 화재 발생 시 안전하게 피난할 수 있는 구조와 설비를 갖추어야 한다."고 규정하고 있다.
16) 국토교통부 보도자료, "2017 주거실태조사 결과 보도자료", 국토교통부 주택정책과 (2018. 5. 8.), 3.

IV. 주거복지 관련 법·제도의 쟁점

1. 주거복지 관련 법률의 현황

우리나라는 주거권의 보장에서 공공이 적극적 역할을 수행하고 있다고 보기는 어렵다. 헌법과 여러 가지 법률에서 사회권의 하나로 주거권이 인정되고는 있다. 주지하다시피 헌법 제34조에 모든 국민은 인간다운 생활을 할 권리를 가진다고 하며 사회복지에 대한 국민의 권리와 국가의 노력의무를 규정하고 있다. 제35조에서는 국가는 주택개발정책 등을 통하여 모든 국민이 쾌적한 주거생활을 할 수 있도록 노력하여야 한다고 규정하고 있다. 하지만 주거에 대한 국가의 노력과 국민의 권리는 매우 추상적일 뿐이고, 현실적·구체적 측면에서는 주택은 시장경쟁에서의 경제재로 취급되는 부분이 압도적이었다. 최근 들어 주택과 주거생활에서 대한 공공성의 개입이 늘어나고는 있다. 주거복지 관련 법률과 정책들도 최근에야 부각되는 것들이 대부분이다.[17] 우리나라에서 주거복지의 내용을 주제로 하는 본격적인 법률이 나타나고 있는 것은 2010년대, 길게 보아도 2000년대 이후라 할 것이다. 2012년의 '주거약자 지원에 관한 법률', 2015년의 '주거기본법', 2014년의 '주거급여법', 2003년 '국민임대주택 건설 등에 관한 특별조치법'으로 출발하여 몇 차례 명칭을 바꾸어 2015년에 현재의 명칭을 가지게 된 '공공임대주택 특별법' 등이 대표적이다. 물론 그 전에도 '주택(건설촉진)법' (1973)이나, '주택임

---

17) 주거복지를 법의 명칭에서 명시한 법률은 없다. 반면, 지방자치단체의 자치 법규에서는 고창, 군산, 서울 노원, 성남, 세종시 등 16개의 조례가 나타난다. 이는 대부분 2015년 이후 최근에 나타난 자치법규들로서 최근 주거복지에 대한 지자체의 관심이 고양되고 있음을 나타낸다. 국가법령정보센터, (2019. 2. 25. 확인).

대차보호법'(1981) 등 주택과 관련되는 내용의 법률들은 많이 있었지만, 이를 모두 직접적으로 주거복지의 법률이라 하기는 어렵다.

기본법이니만큼, 가장 포괄적이면서 주거복지 관련의 전체적 관점을 보여주고 있는 것은 '주거기본법'이다. 주거기본법은 2015년에 제정되었다. 2018년 12월 31일까지 몇 차례의 일부개정이 이루어져 왔다. 주거기본법은 목적에서부터 주거복지라는 용어를 사용하고 있다. 제1조 법의 목적에서 "이 법은 주거복지 등 주거정책의 수립·추진 등에 관한 사항을 정하고 주거권을 보장함으로써 국민의 주거안정과 주거수준의 향상에 이바지하는 것을 목적으로 한다."고 규정하고 있다. 제2조를 주거권의 내용으로 삼고 있으며, 제3조 주거정책의 기본원칙에서도 기본적인 내용을 주거복지와 관련하여 설정하고 있다.18) 주거복지라는 용어가 다소 불분명한 속성을 가지고 있으나 이를 법률의 목적에서 명시하고 기본원칙에서 내용적으로 규정하고 있다는 점은 적극적인 시도라 할 수 있다.

주거기본법에서는 국가 정책을 다루는 많은 법률에서처럼, 주거

---

18) 주거기본법 제3조에서는 주거정책의 기본 원칙을 1. 소득수준·생애주기 등에 따른 주택 공급 및 주거비 지원을 통하여 국민의 주거비가 부담 가능한 수준으로 유지되도록 할 것, 2. 주거복지 수요에 따른 임대주택의 우선공급 및 주거비의 우선지원을 통하여 장애인·고령자·저소득층·신혼부부·청년층 등 주거지원이 필요한 계층 (이하 "주거지원필요계층"이라 한다)의 주거수준이 향상되도록 할 것, 3. 양질의 주택 건설을 촉진하고, 임대주택 공급을 확대할 것, 4. 주택이 체계적이고 효율적으로 공급될 수 있도록 할 것, 5. 주택이 쾌적하고 안전하게 관리될 수 있도록 할 것, 6. 주거환경 정비, 노후주택 개량 등을 통하여 기존 주택에 거주하는 주민의 주거수준이 향상될 수 있도록 할 것, 7. 장애인·고령자 등 주거약자가 안전하고 편리한 주거생활을 영위할 수 있도록 지원할 것, 8. 저출산·고령화, 생활양식 다양화 등 장기적인 사회적·경제적 변화에 선제적으로 대응할 것, 9. 주택시장이 정상적으로 기능하고 관련 주택산업이 건전하게 발전할 수 있도록 유도할 것으로 설정하고 있다. 특히 1호, 2호, 5호, 6호, 7호, 8호에서는 직접적으로 주거복지에 대한 관점의 원칙을 제시하고 있다.

종합계획의 수립, 주거정책 심의위원회와 정책에 대한 협의조정, 실태조사 등을 규정하고 있다. 또한 기본법으로서 주거복지와 관련된 다른 법률에서 다루고 있는 주택의 공급, 주거환경의 정비, 주거비보조, 주거약자 지원에 대해서 총괄적으로 규정하고 있다. 또한 제17조와 제18조에서는 최저주거기준과 그 미달가구에 대한 지원에 대해 규정하고 있다. 또한 최저기준보다는 상위의 사회적 적정선으로서 유도주거기준에 대해서도 언급하고 있다. 주거기본법에서는 주거복지 전달체계와 인력에 대해서도 규정하고 있다. 대통령령이나 장관령에 구체사항을 위임하고 있기는 하지만 기본적인 전달체계로서 국가 및 지방자치단체와 함께 주거복지센터를 설치할 수 있도록 하고 있으며, 주거복지 업무를 수행할 전문 인력에 대해 규정하고 있다.

하지만, 주거기본법과 이에 따라 이루어지고 있는 정책들에 대해 긍정적으로만 평가하기는 어려운 점들이 있다. 가장 근원적으로는 주거기본법의 취지와 원칙들이 실제 정책에서 얼마나 적극적으로 반영되고 있는지에 대한 회의적 견해가 많다. 주거기본법 제정 이후에 주거복지의 정책이 획기적으로 달라진 바가 없다는 비판이다. 물론 기본법의 제정과 실제 정책의 구현에는 괴리가 존재하는 것이 주택분야가 아닌 다른 영역에서도 일반적이다. 그러나 몇 가지 구체적인 쟁점도 존재하고 있다.

대표적인 것이 최저주거기준과 관련된 부분이다. 다른 법률로 규정하지 않고 기본법에서 직접 다루고 있는 최저주거기준은 주거의 품질에 대한 기본선이라 할 수 있다. 그 내용을 대통령령으로 위임하고 있는데, 2011년 이후 기준이 개정되지 않고 있다. 2019년 현재 개정을 위한 작업을 준비하고 있다고는 하지만, 변화하는 삶의 질을 제 때 반영하지 못하고 있다. 최저주거기준 미달가구의 비율이 줄어들고 있다고는 하나, 기준 자체가 최신화되지 못하고 있다는 점이 감안되어야 하는 상황이다. 최저주거기준은 면적이나 방 수와 같은 양적 측면만이 아니라 구조와 성능 같은 질적 특면을 포함하는데, 이 내용도 실태조사에서 제대로 반영되지 않고 있으며 층간소음 등 최근의 주거생활 쟁점을 반영하지 못하고 있는 상황이다. 또한 최저 주거기준은 개별 가구가 최저주거기준 이상에서 거주할 수 있도록 하는 실효적인 정책수단을 강제하지 못하고 있다. 더구나 최저주거 기준과 함께 규정된 유도주거기준은 그 의미가 무색한 실정이다.

법에서 규정하고 있는 주거복지 전달체계와 인력 역시 실효성에서 문제가 제기되곤 한다. 법에 규정된 주거복지센터는 서울과 일부 지역 외에서는 실효적인 기능을 못하고 있으며, 설치되어 있는 수도 매우 제한적이다. 주거복지 업무를 수행할 전달체계나 인력이 지역사회에서 제 역할을 수행하지 못하고 있어, 일각에서는 수요자를 위한 규정이 아니라 국토부 혹은 LH의 입지 강화와 같은 공급자 이해관계에 기초하는 것이라는 비판도 비등하다.

또한 주거기본법은 주거복지에 대한 강조에도 불구하고, 실제 관련 정책에서는 지역사회와의 관계망이나 사회서비스와의 연계 등 '복지'에 대한 실질적 결합이 잘 이루어지지 못하여 주거복지보다는 주택이라는 물리적 요소에만 치우쳐 있다는 비판[19]도 주목할 필요가 있다.

주거약자법으로 불리고 있는 '장애인·고령자 등 주거약자 지원에 관한 법률'은 주거약자로 대상을 표적화한 대표적인 주거복지법이라 할 수 있다. 여기에서는 주거약자에 대해 강화된 주거기준의 설정, 편의시설의 설치, 주거약자용 주택의 의무건설, 주택개조비용의 지원, 주거약자 주거지원센터의 설치 등을 규정하고 있다. 이 법은 장애인과 65세 이상의 노인 등 주거약자에 대해 보다 강화된 주거

---

19) 박윤영, "주거기본법의 한계와 개정 방안: 사회복지적 관점에서" 사회복지법제연구 Vol.9, No.3 (2018), 65-82.

복지정책의 책임을 규정하고 있다는 점에서 주거취약계층에 대한 우선적인 주거복지 법·제도로서 의미를 가진다. 특히 공공이 건설하는 임대주택에서 3% 이상은 주거약자용 편의시설들을 설치한 주택으로 공급하여야 한다는 비교적 구체적인 의무를 설정하고 있다는 점도 눈에 띈다.

주거약자법은 몇 가지 점에서 쟁점을 가지고 있다. 우선, 법률의 대상인 주거약자의 범위가 장애인과 노인, 그리고 대통령령에서 규정한 국가유공자, 보훈대상자, 518 민주유공자, 고엽제후유의증 환자로 규정되고 있다는 것이다. 이에 따르면, 노숙인 등 주거취약성이 명백한 경우에도 이 법률의 적용대상인 주거약자가 아니다. 주거욕구보다는 인구학적 특성이나 국가유공자로 대상이 규정된 부분에 대해서는 더 많은 고려가 필요하다.

주거약자용 주택의 의무가 공공이 직접 건설하여 공급하는 경우에만 3%의 의무가 부과된다는 점에서 양적으로 취약하다. 재개발 임대주택 등 민간이 공급하게 되는 임대주택이나 매입임대 등 다른 형태의 임대주택에서는 주거약자용 주택이 법적 의무사항은 아니다. 때문에 주거약자이지만 주거약자용 주택에 입주하지 못하는 경우가 많다. 장애인이 공공임대주택에 입주하였는데도 법적으로 주거약자용 주택에 해당하는 것이 아니라서, 거주를 위한 편의시설을 (별도의 부담이나 지원으로) 설치해야 하는 상황이 빈번하다. 혹은 퇴거나 임대계약 만료시 원상복구를 위한 책임을 져야 하기도 하고, 혹은 이 때문에 입주를 포기하는 경우도 발생한다.

또 하나, 주거약자법에서는 주거복지 지원을 위한 주거지원센터를 규정하고 있는데 이는 현재 전혀 그 설치와 활동이 이루어지고 있지 못하다. 현재까지는 사문화된 조항과 마찬가지이다. 동시에 주거기본법에 따른 주거복지센터와 주거약자법에 따른 주거지원센터와의 역할 관계도 모호하다. 현재는 주거복지센터도 소수이고 주거지원센터도 전혀 활동하지 못하고 있기 때문에 전달체계의 확충과 현실화는 중요한 정책과제이다. 특히 주거지원센터의 설치에 대해서는 장애인 당사자와 가족 등 장애계의 요구가 비등하다. 하지만 단기적으로는 센터의 확충이 필요하더라도 동시에 중장기적으로 두 가지 전달체계 상의 역할에 대한 구체적 모색과 역할중복 및 혼란에 대한 정리가 필요할 것이다.

'주거급여법'은 공공의 주거비 보조제도를 규정한 법률이다. 국민기초보장제도와의 관련성 속에서 저소득층에게 임차료의 지급과 수선유지비의 지급에 대해 규정하고 있다. 이를 주거급여라고 부르면서, 이 주거급여의 신청조사, 확인조사, 조사의 의뢰 및 절차나 방법 등에 대해 규정하고 있다. 우리나라에서 주거급여는 수요자 지원 방식의 주거복지에 대한 대표적인 법률이고 제도이다. 하지만, 제도 혹은 법률의 역사적 측면이나 실제에서도 공공부조에 국한되어 있다는 점에서 비판받곤 한다. 주거급여법 제4조 다른 법률과의 관계에서 "이 법에서 정하지 아니한 사항은 국민기초생활보장법에 따른다"고 하고 있으며 법률 여러 조항에서 국민기초생활보장제도와의 연계성이 두드러진다. 이는 주거급여가 주거욕구에 기초한다기보다는 공공부조의 급여종류 중 하나로서의 의미가 강했다는 점과 관련된다.

우리나라의 공공부조제도의 근간인 국민기초생활제도는 제도 시행 이래 통합급여 방식을 취하여 왔다. 소득 인정액이 최저생계비 미만인 가구 중에서 부양의무자가 없는 경우(정확하게는 부양을 받지 못하는 경우)에 대해 최저생계비 수준 이상이 되도록 보충급여를 실시하는 방식이었다. 수급자로 선정되면 생계, 의료, 주거, 교육, 장제, 자활 등 모든 급여를 받고 그렇지 않은 경우에는 아무 급여도 받지 못하는 방식이었다. 소위 'all or nothing'의 방식이 문제점을 많이 가지고 있다는 지적이 많아지면서, 2014년 통합급여를 개별급여로 전환하였다. 개별급여화의 일환으로 주거급여도 독립적인 법률과 제도를 형성하게 되었다. 이러한 맥락에 따라 주거급여는 법률조항에서부터 국민기초생활보장의 한 부분으로 의미를 나타내고 있다. 대상자 선정에서, 생계급여보다는 완화된 선정 기준을 갖지만, 소득인정액과 부양의무자의 부양유무라는 우리나라 공공부조제도 대상자 선정기준을 동일하게 적용하는 방식이었다.[20]

주거급여에 대해서는 급여의 수준이나 종류, 대상자 선정방식 등에 대한 보완의 필요성이 다양하게 제기되곤 한다. 주거급여의 특성과 관련되는 지역적 기준임대료의 반영 등은 급여 수준에서만 반영될 뿐이지 대상자의 선정에서 '주거'의 특성이나 욕구는 도외시되고 있다. 법이나 제도의 측면에서 공공의 가장 핵심적인 주거비 보조제도로 존재하려면 현재와 같이 공공부조 급여의 한 종류로 머물러 있어서는 곤란하다. 소득 중심이 아닌 주거욕구와 필요성 중심으로 법과 제도의 재편이 필요할 것이다.

주거복지는 한 측면에서 주거의 주택 측면이 부각된다면, 다른 한 측면에서는 주거의 복지 측면이 중요하다. 주거복지 관련 법률 중에 노숙인복지법이라 불리는 '노숙인 등의 복지 및 자립지원에 관한 법률'이 대표적으로 사회복지사업법과 관련된 사회복지 분야의 법률 중에서 주거취약계층을 주 표적으로 삼고 있는 경우이다. 이 법에서는 '노숙인 등'으로 대상을 규정하며 이에 대해 법 제2조에서 "상당한 기간 동안 일정한 주거 없이 생활하는 사람, 노숙인 시설을 이용하거나 상당한 기간 동안 노숙인 시설에서 생활하는 사람, 상당한 기간 동안 주거로서의 적절성이 현저히 낮은 곳에서 생활하는 사람"으로 규정하고 있다. 또한 보건복지부령을 통해 이 중 18세 이

---

20) 얼마 전인 2018년 10월부터 부양의무자 기준이 주거급여에서는 적용되지 않는 것으로 발표되어 부분적으로 대상자 폭이 확대되었으나, 공공부조제도의 한 부분이라는 속성에는 변화가 없다.

상인 사람으로 성인만을 대상으로 규정하고 있다. 노숙인복지법에
서는 총칙에서 국가의 책임, 노숙인의 권리와 책임, 중복지원의 제
한 등을 규정하고 2장에서 종합계획의 수립, 실태조사, 국회보고 등
을 규정하였다. 3장에서는 복지서비스에 대해 규정하고 있는데 여기
에는 주거지원, 급식지원, 의료지원, 고용지원, 응급조치의 의무를
규정하고 있다. 4장은 노숙인시설에 대한 부분으로 여러 유형의 노
숙인시설들에 대해 유형과 역할, 그리고 시설운영과 관련된 사항을
규정하고 있다.

　　노숙인복지법은 기존의 사회복지사업 대상을 중심으로 하는 관
련 법률들에 비해서는 시설중심성을 벗어나고자 하는 시도가 나타
나기는 하였다. 또한 법의 제개정 과정을 통해 노숙인복지에서 시설
보다는 주거지원이나 복지서비스의 지원을 강화하고자 하였다. 그
러나 기본적으로 아직까지도 노숙인 등 주거취약계층에 대한 복지
사업에서(거주)시설이 차지하는 비중은 과도하다. 과거 형제복지원
사건의 피해와 충격은 아직도 완결되지 않은 사안이라는 점을 상기
할 필요가 있다.

　　한편으로 노숙인복지법의 제4조에서는 '노숙인 등의 권리와 책
임 부분'에서 노숙인이 적절한 주거와 보호를 제공받을 수 있으나
동시에 "스스로 생활수준을 향상시키기 위해 성실히 노력하여야 한
다"고 규정하고 있으며 제5조에서는 중복지원의 제한에 대해 명기
하고 있다. 이는 다른 인구층에 대한 복지법 등 유사한 성격의 법률
과는 상이한 표현방식이다. 굳이 노숙인이 노력하여야 한다는 의무
를 국가의 책임과 같은 비중으로 서술한 점은 노숙문제에 대한 인
식에서 비판받아야 할 부분이 있다. 앞의 노숙과 주거배제에 대한
이론적 논의에서 살펴보았듯이 기본적으로 노숙문제는 주거취약성
의 연속선상에서 파악하는 것이 일반적이다. 현재 노숙인복지법에
서의 관련 규정은 노숙문제에 대해 노숙인의 태도나 개인 특성에

책임을 돌리는 법적·정책적 인식을 나타내는 것으로 이는 부적절한 낙인일 뿐이다.

이 밖에도 주택임대차보호법, 민간임대주택 특별법, 공공주택특별법, 그리고 법률은 아니지만 국토교통부의 훈령인 '주거취약계층 주거지원 업무처리지침' 등이 주거복지와 관련성이 높은 법령들이라 하겠다.

2. 주거복지 정책의 과제

우리나라의 주거복지 현황을 통해 주거복지와 관련된 법적 정책적 과제로 대표적인 것들을 정리해 보면 다음과 같다.

첫째, 공공성의 발휘에서 적극성이 요구된다. 주거복지라는 단어가 정책에서 일상적으로 활용되며 과거보다 적극적인 주거복지정책이 경주되기 시작한 것은 고무적이다. 하지만 아직 국민들은 주택가격이나 전세 시세의 변화와 같은 주택시장의 부분은 체감하지만 공공성에 입각한 주거복지정책에 대해서는 체감하지 못하는 경우가 일반적이다. 공공임대주택의 확충, 임대료 지원, 주거취약계층에 대한 별도의 주거복지 프로그램 지원, 주택품질 개선을 위한 주택개량 등 주거복지정책의 네 가지 핵심적인 영역 모두에서 양적인 확충이 이루어져야 한다. 서구국가와 달리 아직 우리나라의 공공임대주택은 수요에 비해 공급이 매우 모자라다. 향후 서구국가와 같이 임대료 지원이라는 수요자 지원정책으로 비중을 옮겨가야 한다는 논의도 있으나 현재는 정책 간 비중의 변화가 중요한 시점은 아니다. 네 가지 영역 모두에서 정책의 절대량 증가가 필요하다. 특히 공공임대주택 공급정책에서 적극성은 아직 중요한 현안이다. 전체 공공임대주택 증가라는 전제 하에 주거약자용 주택의 의무공급비율을 현재 법 규정의 3% 이상으로 높여야 할 필요가 있다.

둘째, 주거복지정책의 확충을 통해 공공영역과 시장영역의 임대주택이 분리되어 있는 이원모델의 요소를 일원모델의 방향으로 전환시킬 수 있도록 정책방향을 모색하여야 한다. 과거보다는 공공임대에 대한 낙인이 줄어들었다고는 하나 아직은 민간임대의 영역과 공공임대의 영역이 임대료나 입주자 구성의 측면에서 격차가 크다. 장기적으로 공공임대의 확충과 대상의 다양성을 통해 공공주택의 고립성을 극복할 방안을 확보해야 한다.

다른 한편으로 이는 임대료 지원인 주거급여에 대해서도 함의를 가진다. 현재 주거급여가 공공부조제도에 국한되어 소득 인정액만을 기준으로 대상자가 결정되는 방식의 전환이 필요하다. 주거욕구를 반영하여야 한다. 주거급여 초기에 비해 부양의무자 기준을 삭제한 것은 진일보한 것이라 할 수 있으나 추가적인 법 개정이 필요하다.

셋째, 주거복지의 양대 축이라 할 수 있는 주택 영역과 사회서비스 혹은 사회복지 영역과의 연계성이 고도화되어야 한다. 현재는 법률도 입법과 집행에서의 소관 상임위 혹은 소관부처가 어디냐에 따라 분리되어 있고, 정책적으로도 부처별로 분리되어 기획과 집행이 이루어지고 있다. 사회복지와 주택의 통합이 중요하다. 많은 경우 주거공간의 확보만으로는 지역사회에서 생활하기 어려운 사람들이 주거복지의 대상이 될 수 있다. 이 경우 주거의 제공과 사회복지서비스가 함께 계획되고 집행되어야 한다. 공공임대주택에 안정적 입주가 이루어졌다고 해도 현재는 사회복지서비스를 지역에서 자동적으로 제공받을 수 있는 것이 아니다. 예를 들어, 임대주택단지에 종합사회복지관이 설치된 경우도 있지만 이 경우 임대단지 입주민만이 서비스 대상이 아니다. 복지서비스 공급체계는 자체적인 서비스 대상자 선정기준과 순위를 가지고 있다. 당연히 공공임대주택 입주자 선정에서도 지역사회복지시설이나 기관에서 파악된 욕구와 무관하게 자체적인 선정기준과 순위가 있다. 이 양자가 '협력'한다는 모호함으로는 자동적으로 통합이 만들어지지 않는다. 두 영역이 통합이 결여되면서, 임대주택의 슬럼화나 안정적 주거생활이 위협받는 경우가 드러나고 있는 현실이다.

복지서비스와 주택지원의 통합성은 특히 취약계층의 주거권을 위해 중요한 이슈일 수 있다. 사회복지거주시설이나 의료시설에서의 탈시설화나 커뮤니티케어를 위해서는 장애인, 노인, 정신질환자, 만성노숙인에 대한 사회서비스와 주거가 통합적인 프로그램으로 제공되어야 한다. 이와 관련하여 지원주택은 현재 우리나라에서 상당히 유력한 주거복지정책의 수단이 될 수 있다. 그러나 현재는 매입임대주택 공급과 같은 주택공급 규정에서의 제약 때문에 지원주택에 적합하게 주택을 제공하는 것이 어려운 구조이다. 주거복지를 증진하기 위해서는 국토부 등 주택 영역이 독자적으로 법 제도를 확충해가는 것보다, 사회복지나 보건 등의 영역과 역할의 통합성을 고양하기 위한 방안을 모색하여야 한다.

넷째, 주거복지 전달체계에서 지역사회의 특성과 욕구를 반영할 필요가 있다. 이를 위해서는 지방자치단체의 역할이 더 커져야 한다. 주거권을 국민의 권리로 인정한다면 이에 대해 부응하는 책임을 져야 하는 것은 정부이고, 현실 지역사회에서는 지방자치단체가 핵심이다. 현재 대부분의 정책수단에 대한 역할의 의무를 법적으로 국가와 아울러 지방자치단체장에게 규정하고 있으나 실제 정책 집행에서 지방자치단체의 역할범위는 소극적이다. 주거복지와 관련된 각종 서비스의 전달체계가 LH, 지역의 공단, 사회복지 관련 공단이나 민간 등으로 산재해 있다. 중앙정부 부처의 기획에 의해 별도의 전달체계를 확충하는 시도가 지금도 지속되고 있다. 이는 영역 간 혹은 프로그램 간의 분절을 낳곤 한다. 주택개량사업도 여러 사업이 산발적으로 이루어지고 있어, 지방자치단체가 지역 단위별로 특성에 맞게 통합해 활용하는 권한과 책임을 갖도록 하는 것이 필요하다. 주거복지 여러 사업들에서 가급적 지방자치단체에 보다 많은 책임이 부여되도록 하는 것은 통합성을 위해 중요하다. 또한 주거복지와 관련된 전달체계는 보건이나 복지와 같은 다른 영역의 전달체계 상황을 감안하여 전체적인 관점에서 조정하여야 한다.

　이밖에도 다소 미시적인 측면에서의 정책과제들도 제시될 수 있다. 공공임대주택 정책 내에서 수정이 필요한 부분들도 제기될 수 있다. 예를 들어, 현재 공공임대주택 프로그램의 종류가 많다. 영구임대, 공공임대, 국민임대, 장기전세, 행복주택, 장기안심주택, 매입임대, 케어안심주택 등 유형이 복잡하다. 유형마다 입주자격과 임대료 기준도 제각각이다. 같은 유형 내에서도 기간 등 세부 항목도 복잡하다. 이는 다양성이라기보다는 혼란 혹은 난맥상이라 할 수 있다. 정권의 교체 등으로 인해 새로운 프로그램이 계속 없어지면서 현장에서 혼란을 야기하곤 한다. 임대주택 유형을 지방자치단체 내에서 통합해 운영하는 것, 임대료 부과체계를 개편하는 것, 입주자 선정과 대기자 관리 방식을 변화시키는 것 등도 정책과제라 하겠다. 최근에는 공공임대주택만이 아닌 사회주택에 대한 정책적 관심도 높아지고 있다. 특히 사회주택의 경우에는 주택공급의 보조적 수단으로서만이 아니라 지역사회 네트워킹이라는 장점을 발휘할 수 있도록 해야 한다.

　마지막으로 국민의 주거권을 보장한다는 전제와 방향에 주거복지 관련의 법이나 정책이 어긋나지 않아야 한다는 점이 지적되어야 한다. 우리나라의 주거복지정책들은 그 종류나 수는 많으나 수요자 중심으로의 책임을 부여하고 있지 않다. 많은 제도와 프로그램이 포괄적인 임의규정에 기반하고 있어 '여건이 닿는 수준에서 노력'하도록 하는 방식이다. 최저주거기준이 그러한 내용이다. 최저주거기준은 반드시 지켜지도록 하는 적극적 방안이 강구되어야 한다. 임대료 등 주거비 부담에 대한 부분도 마찬가지이다. 특히, 노숙인복지법에서 노숙인의 책임을 규정한 것과 같은 부분은 조속한 재논의가 필요하다. 주거가 확보되지 않은 것이 핵심적 문제인 노숙인의 주거권을, 개인의 성실한 생활책임 여부로 치환시키는 것은 반인권적이다.

V. 맺는 말

지난 2018년 11월 9일 새벽, 청계천 인근의 국일고시원에서 화재가 발생하였고, 이로 인한 사상자는 18명, 그 가운데 7명이 숨지는 사건이 발생하였다. 당시 스프링클러가 작동하지 않은 문제 등 안전불감증에 대해 여론이 비등하였다. 그러나 기본적으로는 적절하지 않은 주거의 문제, 주거복지의 취약성에 대해 주목할 필요가 있다. 고시원은 이미 고시준비나 공부하는 공간이 아니라 주거용으로 일반화되어 있다. 수십만 명이 고시원이나 쪽방에서 생활하고 있다. 고시원에 거주하는 사람들은 비좁고 열악한 주거여건에도 불구하고, 자신의 전체 소득의 30%가 넘는 과중한 임대료 부담을 안고 있다.

21세기의 대한민국 국민이라면 어떤 수준의 비용부담으로 어떤 수준의 주택에서 살아야 하는가? 이에 대해서는 최저주거기준이나 혹은 유도주거기준, 주거급여와 같이 주거복지와 관련된 몇몇 법의 조항에서도 응답을 하고 있다. 물론 구체적 수준에서는 논란도 있다. 하지만 이 질문에 대해 화재가 발생한 고시원의 경우가 국민의 주거권 보장에 적절한 수준이었다고는 누구도 대답하지 않을 것이다. 그런데 고시원 거주자들에게 우리나라는 어떠한 대책과 책임을 가지고 있었는가? 구체적인 수준에서는 아마도 이들에게 특별한 주거권 확보 방안이 제시되지 못할 것이다. 찜질방에서 자다가 거리생활을 반복하곤 하는 노숙인에게도 시설입소가 우선 권유되고 있다.

투약관리가 되지 않은 정신질환자나 사례관리 사각지대의 알코올 중독자, 유니버설디자인이나 특별한 편의시설이 필요한 장애인이나 노인은 공공임대주택 입주의 기회도 살리기 어렵다. 이들도 주거권이 보장되지 못하고 있다.

주거복지는 아직도 명확하지 않은 개념이다. 하지만 국민 누구나 주거권이 보장될 수 있는 공공성이 필요하다. 모두가 비싼 주택을 소유해야 한다는 의미가 아니다. 지역사회에서 살아갈 수 있도록 거주의 기회와 권리를 만들어야 한다. 21세기의 대한민국은 이렇게 할 수 있는 능력이 있다. 주거권은 공급자의 분야별 칸막이와 여력에 따라 만들어지는 프로그램이 아니다. 주거의 수요자이고 권리의 주체인 국민의 욕구에 비추어 주거권의 비전이 만들어져야 한다. 아직은 빈약하고 모호한 우리나라의 주거복지이지만 주거복지의 법과 정책이 이 공공성 확보에 이바지해야 한다는 목적은 분명하다.

참고문헌

국토교통부 보도자료, "2017 주거실태조사 결과 보도자료", 국토교통부 주택
　　정책과 (2018. 5. 8.).

국회정책위·관계부처 합동, "사회통합형 주거사다리 구축을 위한 주거복지
　　로드맵", 국토교통부 주택정책과·공공주택정책과·국토교통예산과·
　　부동산정책팀 (2017. 11. 27.)

김수현·이현주·손병돈, 한국의 가난, 한울아카데미 (2015).

김용득, "한국 장애인 서비스 표준체계, 어떻게 이해할 것인가?", 미간행논
　　문 (2017).

남기철, 노숙인복지론-Homeless의 사회적 통합, 집문당 (2009).

남원석, "주택점유형태별 주거복지의 논리", 주거복지의 새로운 패러다임,
　　사회평론 (2012). 46-72.

박윤영, "주거기본법의 한계와 개정 방안: 사회복지적 관점에서" 사회복지
　　법제연구 Vol.9, No.3 (2018).

박태영, 사회복지시설론, 양서원 (2000).

보건복지부, 사회복지시설정보시스템, http://www.w4c.go.kr/intro/introFcltInmt
　　Sttus. do, (2019. 2. 26. 확인)

보건복지부, "지역사회 통합 돌봄 기본계획 (안)", 보건복지부 복지정책과
　　(2018. 11. 20).

이세진, "주거복지사업 평가", 국회예산정책처 (2013).

진남영 외, "사회주택 활성화를 위한 법제도 개선방안" (법무법인 태평양·재
　　단법인 동천 공동편집), 사회적경제법 연구, 경인문화사 (2018).

진미윤, "저소득 임차가구에 대한 주거복지 지원실태", 국회예산정책처 사
　　업평가국 전문가간담회 발표자료 (2013).

통계청, "2017 인구주택총조사 결과보고서", 조사관리국 인구총조사과 (2018. 08).

통계청, "주택 이외의 거처 주거실태조사 결과보고 - 정책브리핑" (2018).

홈리스행동, 홈리스뉴스, 제62호 (2018. 11.)

OECD, "Affordable Housing Database", http://www.oecd.org/social/affordable-housing-database.htm (2019. 2. 15 확인).

Edgar, B., "2009 European Review of Statistics on Homelessness", FEANTSA (2009).

FEANTSA, "ETHOS", http://www.feantsa.org. (2018. 12. 15. 확인).

장애인 거주시설의 설치와 운영에 관한 쟁점
– 탈시설정책 추진 방안과 연계하여

김정환*

Ⅰ. 서론

사회복지시설은 사회복지사업법상 개념 정의로 '사회복지사업을 할 목적으로 설치된 시설'을 의미하지만(사회복지사업법 제2조 제4호) 궁극적으로는 사회적 약자인 요보호대상자에게 최저생활을 보장하기 위한 사회서비스[1]의 한 분야라 할 수 있다. 사회복지의 발달

---

* 법무법인 도담 변호사, 법학박사

1) 2012. 1. 26. 사회보장기본법의 전부개정으로 과거 '사회복지서비스'로 규정되던 영역을 더욱 넓게 규정하여 '사회서비스'라 명명하였다. 사회복지서비스와 사회서비스는 개념적인 차이는 분명히 존재하고 특히 사회복지시설의 경우 사회서비스의 '관련 시설' 중 하나로서 '사회복지서비스'의 실천 영역으로 규정할 수 있지만 이 글의 논지에서 그 차이를 구별하는 것은 큰 실익이 없으므로 현행법인 '사회서비스'의 실천의 공간으로 서술한다. 참고로 사회서비스와 사회복지서비스의 개념 정의는 법상 아래와 같이 구별된다. 2012년 개정 사회보장기본법 제3조 제4호 "사회서비스"란 국가·지방자치단체 및 민간부문의 도움이 필요한 모든 국민에게 복지, 보건의료, 교육, 고용, 주거, 문화, 환경 등의 분야에서 인간다운 생활을 보장하고 상담, 재활, 돌봄, 정보의 제공, 관련 시설의 이용, 역량 개발, 사회참여 지원 등을 통하여 국민의 삶의 질이 향상되도록 지원하는 제도를 말한다. 2012년 개정 전 사회보장기본법 제3조 제4호 "사회복지서비스"란 국가·지

과정은 사회복지시설의 변화 과정에 일치한다 해도 무리가 아닐 정
도로 우리는 일상 속에서 복지의 관념을 시설과 연관지어 떠올리는
경우가 많다. 우리나라의 사회복지에서 시설이 차지하는 비중은 매
우 크다. 우리나라 사회복지의 역사는 1970년대 이후 각종 사회보장
제도의 발달 과정을 제외하면 사회복지시설의 변화과정과 일치한다
고 할 수 있을 정도이다.2) 우리나라에서의 사회복지시설은 최초에
는 종교적 박애의 실천의 의미로부터 시작되어 전쟁과 해방 이후의
혼란기 가족 해체 등으로 그 모습이 정착되었으며 외국인의 원조가
중요한 역할을 담당하였다.3) 사회복지시설에 관한 사회적 관념은
크게 변화해 왔다. 과거 사회복지시설은 우리나라 시설의 역사에서
도 알 수 있듯이 갈 곳 없는 요보호자를 보호해주는 공간으로서 그
자체로 사회복지 실천의 현장으로 여겨지며 시설 그 자체가 '善'으

방자치단체 및 민간부문의 도움이 필요한 모든 국민에게 상담, 재활, 직업
의 소개 및 지도, 사회복지시설의 이용 등을 제공하여 정상적인 사회생활이
가능하도록 지원하는 제도를 말한다.

2) 김종해, "사회복지시설의 현황과 발전 방향-법인과 시설의 사회화를 중심으
로-", 상황과 복지 제8호, (2000. 11.), 13면 이하.

3) 우리나라에서 사회복지시설을 최초로 설립한 것은 구한말의 선교단체인 것
으로 알려져 있다. 조사에 의하면 1831년에 파리외방전교회가 조선 교구를
설치하며 조선교구에서 마이스터 (Maister)신부가 1854년 영아회 (Saint-
Enfance)를 설립하며 영아회는 1885년 천주교 고아원을 설립한다. 이는 최초
의 한국의 사회복지시설로 평가된다. 사회복지시설이 본격적으로 확대되기
시작한 것은 해방과 한국전쟁 이후라고 할 수 있다. 특히 사회혼란과 전쟁
으로 인한 가족해체로 수용시설에 대한 수요가 급증하여 아동복지시설의
수가 급증하였다. 1945년에 전국적으로 42개 고아원에 1,819명의 아동이 수
용되어 보호되던 것이 1949년에는 101개 시설에 7,338명이, 1955년에는 484
개 시설에 50,471명의 아동이 수용되는 수준으로 급증한다. 조화영, "조선천
주교회의 아동복지에 관한 연구-박해시대 영아회 사업을 중심으로", 석사학
위논문, 성심여자대학교 (1990), 7면 이하 ; 최원규, "외국 민간 원조 단체의
활동과 한국 사회사업 발전에 미친 영향",박사학위 논문, 서울대학교 (1996),
137면 이하 등 참조.

로 인정받던 시기도 있었다. 그러나 공급 중심의 사회복지 실천이 수요자의 자기 선택과 권리를 중심으로 하는 수요자 중심주의 사회복지의 관념으로 전환되고, 시설이 가지는 각종 인권 침해적 문제들이 대두되며 '탈시설화'의 필요성이 제기되었고 이는 단순하게 현재의 시설이 가지는 문제점을 개선하는데 그치지 않고 결국 요보호자들의 거주 환경 지원이 시설 내 생활 중심이 아닌 자립생활 중심의 복지 모델로 가야한다는 사회적 합의에 이르게 된다. 탈시설화는 과거에는 시설의 인권 침해를 고발하는 운동적인 관념으로 받아들여진 적도 있지만 이제는 문재인정부에서 장애인정책 70개 추진과제에서 '탈시설' 용어를 직접 사용하며 이를 추진하는 것을 국정과제로 삼고 있고[4] 최근 보건복지부의 커뮤니티 케어 정책 추진과도 맞물려 이제는 당연히 우리나라 사회복지 실천에 있어 나아가야할 방향으로 받아들여지는 분위기이다. 그럼에도 불구하고 사회복지법인 등이 운영하는 사회복지시설은 여전히 사회복지 현장의 절대 다수의 지위에 있으며 '탈시설' 용어 사용에 반대하는 것을 비롯하여 우리나라의 탈시설에 시기상조라 주장하는 경우도 많다. 이 글은 사회복지법 총서의 내용 중 사회복지시설, 그 중에서도 장애인 거주시설에 대한 해설을 위한 글이다. 따라서 크게 ① 장애인 거주시설에 관한 현행 법령 등을 소개하여 그 설치와 운용에 대한 법적 쟁점을 밝히고 ② "시대정신이자 그 확산은 누구도 거스를 수 없는 큰 물줄기"[5]가 된 탈시설화에 대한 소개 및 나아가야할 방향을 제시하고자 한다.

---

4) 국무조정실 보도자료, "문재인정부 장애인정책 70개 추진과제 확정", 장애인정책조정위원회, (2019. 03.).
　　이에 따르면 정부는 '탈시설지원센터'를 설치하고 공공임대주택과 자립정착금을 지원하는 정책을 추진하기로 하였다.
5) "정책 없이 인정만 한 '탈시설', 초석 마련 시급", 웰페어뉴스 (2018. 3. 29.), 본문 중 국가인권위원회 장애차별조사 1과 이용근 과장의 토론 내용에서 인용.

II. 장애인 거주시설의 관념과 법적 구조

1. 사회복지시설과 장애인 거주시설

가. 사회복지시설의 관념

사회복지시설은 사회복지사업을 할 목적으로 설치된 시설로서 여기서 사회복지사업이란 사회복지사업법 제2조 제1호 각목에서 규정하고 있는 법률6)과 관련된 각종 사업을 의미한다. 그런데 사회복지시설은 그 개별 설치 근거 법령에 따라 적절한 자격을 가진 시설장이나 시설 종사자를 두어야 하는 인적 기준과 그 관련 서비스를 제공하는데 필요한 수준의 물적 기준도 준수해야 하며 나아가 '사회

---

6) 사회복지사업법 [법률 제15887호, 2018. 12. 11. 일부개정된 것] 제2조 제1호 "사회복지사업"이란 다음 각 목의 법률에 따른 보호·선도 (善導) 또는 복지에 관한 사업과 사회복지상담, 직업지원, 무료 숙박, 지역사회복지, 의료복지, 재가복지 (在家福祉), 사회복지관 운영, 정신질환자 및 한센병력자의 사회복귀에 관한 사업 등 각종 복지사업과 이와 관련된 자원봉사활동 및 복지시설의 운영 또는 지원을 목적으로 하는 사업을 말한다. 가. 「국민기초생활 보장법」 나. 「아동복지법」 다. 「노인복지법」 라. 「장애인복지법」 마. 「한부모가족지원법」 바. 「영유아보육법」 사. 「성매매방지 및 피해자보호 등에 관한 법률」 아. 「정신건강증진 및 정신질환자 복지서비스 지원에 관한 법률」 자. 「성폭력방지 및 피해자보호 등에 관한 법률」 차. 「입양특례법」 카. 「일제하 일본군위안부 피해자에 대한 생활안정지원 및 기념사업 등에 관한 법률」 타. 「사회복지공동모금회법」 파. 「장애인·노인·임산부 등의 편의증진 보장에 관한 법률」 하. 「가정폭력방지 및 피해자보호 등에 관한 법률」 거. 「농어촌주민의 보건복지증진을 위한 특별법」 너. 「식품등 기부 활성화에 관한 법률」 더. 「의료급여법」 러. 「기초연금법」 머. 「긴급복지지원법」 버. 「다문화가족지원법」 서. 「장애인연금법」 어. 「장애인활동 지원에 관한 법률」 저. 「노숙인 등의 복지 및 자립지원에 관한 법률」 처. 「보호관찰 등에 관한 법률」 커. 「장애아동 복지지원법」 터. 「발달장애인 권리보장 및 지원에 관한 법률」 퍼. 「청소년복지 지원법」 허. 그 밖에 대통령령으로 정하는 법률

복지법인 및 사회복지시설 재무 회계 규칙' 등 여러 가지 관련 법령에 따른 각종 규제 대상이 되기 때문에 일반적으로 사회복지시설을 규정할 때는 보건복지부에서 발간한 '사회복지시설 관리 안내' 지침에서 사회복지시설로 분류한 것을 기준으로 한다.[7] 다시 말하면 사회복지시설이라는 용어는 사회복지 관련 법 전반에 걸쳐 두루 쓰이는데 구체적으로 아동복지법, 노인복지법, 장애인복지법, 한부모가족지원법, 정신보건법 등 다양한 법률에서 그 종류와 역할이 구분되어 있으며 그 시설 설비 기준도 제시되어 있으며 이에 대하여 보건복지부는 매년 사회복지시설 관리 안내라는 지침을 통해 관련 규제를 소개하고 있는 것이다.

나. 사회복지법인과 사회복지시설

개념적으로 사회복지법인과 사회복지시설은 분리되어 개별적으로 이해되어야 하지만 일반인들에게는 이 두 개의 관념이 혼용되어 사용되는 경향이 있다. 사회복지법인은 사회복지사업법 제2조에서 정한 사회복지사업을 행할 목적으로 동법 제1조의 목적에 의거하여 설립되는 법인으로서 사법인이며 비영리 공익법인이며, 특수법인[8]이다. 사회복지법인은 사회복지시설을 설치 운영하는 법인과 사회복지사업을 지원하는 법인으로 분류된다.[9] 시설을 설치 운영하는 법인의 경우 시설 종류별 설치 기준에 적합한 시설(건물)과 부지를 갖추거나 갖출 수 있는 목적사업용 기본재산을 갖춰야 하고, 시설설치 부지는 시설설치가 가능한 지역이어야 한다. 시설별 설치기준은

---

7) 최호용, 사회복지사업법 해설 2판, BOOKK, (2018), 191-192면 참조.
8) 사회복지법인 제도는 민간 사회복지사업의 공공성과 안전성을 높이기 위한 것으로 민법에 의한 사단법인이나 재단법인보다 공익성이 강조되는 사회복지사업법에 따른 특수법인으로 볼 수 있다.
9) 사회복지사업법 시행규칙[보건복지부령 제611호, 2019.1.4, 일부개정] 제13조.

장애인복지법 등 각 개별법령에 규정되어 있다. 즉 사회복지법인은 사회복지사업법 제34조 제2항의 국가 또는 지방자치단체 외의 자로서 시설을 설치 운영하려는 경우 신고로서 사회복지시설을 설치하여 운영할 수 있는 법인이라고 이해할 수 있다.

사회복지법인만이 사회복지시설을 설치할 수 있다고 오해하는 경우도 있지만 우리 법은 사회복지법인이 아니더라도 사회복지시설을 설치하는 것을 금지하는 조항을 두고 있지 않다. 따라서 개인도 사회복지시설을 신고로 설치 운영할 수 있다. 1970년 제정 사회복지사업법은 사회복지법인으로 인정받은 법인에 한하여 사회복지시설을 설치할 수 있도록 하였었다. 그러나 1997년 개정 사회복지사업법에서 이러한 법인 제한 조항을 폐지하였고 사회복지시설의 설치 운영을 신고 요건을 갖추고 신고만 하면 되는 신고제로 전환하였다. 당시 김대중정부 시절 규제 완화의 흐름 속에서 함께 변경된 것인데 이러한 조치는 바람직한 것은 아니었다. 법 개정에 따라 개인운영 사회복지시설이 가능하게 되었고 정부 및 사회복지법인이 아닌 개인이 설치한 시설도 미신고시설 양성화 정책에 맞추어 증가하고 있다. 전국적으로 장애인 거주시설의 경우 2014년 1457개소에서 2015년 1484개소로 2016년에는 1505개소, 2017년에는 1517개소로 늘었다.[10] 미신고시설 양성화는 반드시 필요하지만 개인에게 시설의 설치를 신고제를 통해 허용하는 것은 사회복지시설의 공공성 강화에 역행하는 정책이라고 생각된다. 또한 비법인사단에게 사회복지시설을 설치할 수 없도록 하는 사회복지사업법의 원리와도 상충된다. 이에 대해서는 후술한다. 시설 생활인 측면에서는, 미신고시설은 입소 자격조건이 까다롭지 않을 뿐 아니라 본인의 동의나 연고자의 소개만으로도 입소가 용이하다는 점에서 신고 사회복지시설에

---

10) 보건복지부 "장애인복지시설 현황", (2018. 6.) 자료 참조

로의 입소 자격을 갖추지 못한 대상자들이 주로 이용하여왔다. 그러나 전문 인력 부족, 관리 감독의 부재로 인한 인권 침해 등이 심각한 상황이므로 사회복지법인이 아닌 개인에 의한 사회복지시설 설치 및 운영을 인정하는 현재의 법제도는 개선이 필요하다. 특히 미신고 시설은 현재 양성화 단계를 거쳐[11] 이제는 엄연히 우리 사회의 법망을 벗어난 불법 기관임을 유념해야 한다. 현행법상 신고를 하지 아니하고 시설을 설치·운영한 자에 대해서는 1년 이하의 징역 또는 1천만원 이하의 벌금에 처하도록 하고 있다(사회복지사업법 제54조 제3호).

사회복지법인에 대한 관리는 과거 보건복지부 관할이었으나 사회복지사업법의 개정을 통해 2012년 8월 5일부터 지방자치단체로 이양되었다. 2016년 사회복지사업법 개정으로 국가나 지방자치단체가 사회복지사업을 하는 자에게 운영비를 보조할 수 있도록 법적 근거 또한 마련되었다. 이에 따라 개별 민간위탁 조항 근거 조례 및 각 지방자치단체의 고유한 사회복지법인에 대한 관리 및 운영에 대한 지침이 만들어지고 실천되어야 하지만 아직까지는 각 지방별로 사회복지법인 운영이 큰 차이를 가지는 것으로 보이지는 않는다. 따라서 사회복지법인에 의한 사회복지시설의 설치와 운영에 있어서도 지역별 법인에 대한 특별한 차이는 보이지 않는다.

---

11) 보건복지부는 2002년부터 시작하여 2005년까지 유예기간을 두고 미신고시설 양성화 정책을 실시하였다. 2005년 미신고시설로 조사된 곳이 전국 1209개소에 당시 수용인원 21,896명으로 집계될 만큼 미신고시설 문제는 사회복지시설 문제를 발생시키는 중요 원인이었다. 너무 많은 미신고시설이 문제되자 오히려 보건복지부는 유예기간이 만료되는 2005년 7월 이후에도 미전환시설에 대해 지속적으로 양성화 추진하고자 하는 방향으로 향후 관리대책을 내놓기도 했다. 김정환, "사회복지시설에 관한 공법적 고찰", 박사학위논문, 연세대학교 (2010), 205면 이하 참조.

다. 사회복지시설의 유형화

사회복지시설은 다양한 기준에 의하여 유형화 될 수 있다. 시설의 설립 및 운영주체에 따라 공립공영시설, 공립민영시설,12) 민립민영시설, 민립공영시설로 나눌 수 있으며 비용의 수납여부에 따라 유료사회복지시설, 실비사회복지시설, 무료사회복지시설로 구분된다. 또한 각종 법령이 규정하는 사회복지서비스 전달 대상에 따라 아동복지시설, 모자복지시설, 노인복지시설, 장애인복지시설 등으로 구분할 수 있으며 이용방법에 따라 이용시설과 거주시설로 구분된다. 이용시설은 재가 또는 사회복지관, 장애인복지관, 영유아보육시설 등과 같이 사회서비스를 필요로 하는 사람이 통원하는 방법으로 상담이나, 교육, 각종 프로그램을 이용하는 시설을 말하며 거주시설13)은 사회복지서비스를 필요로 하는 요보호자가 입소하여 사회복귀를 위한 치료, 재활 등의 사회복지서비스를 제공받는 시설을 말한다. 이용시설을 사회복지기관이라 칭하고 생활시설만을 사회복지시설로 칭하기도 한다.14)

---

12) 우리나라의 많은 시설이 현재 공립민영의 구조를 취하고 있으며 특히 이용시설의 경우는 그 비중이 73.9%에 이른다 (신용규, "'위수탁제도와 사회복지서비스 환경의 왜곡' 토론문", 한국사회복지행정학회 학술대회 자료집, (2017. 4.), 33면 이하 참조). 이는 민간위탁의 문제와 연결된다. 민간위탁에 대한 법적인 분석이 사회복지시설의 문제에서 중요한 이유이다. 이 글은 민간위탁을 구체적으로 다루지는 않고 다만 민간위탁이 사회복지시설 운용과 관련된 중요한 쟁점이라는 점을 언급하는 정도로 그친다.

13) 거주시설을 과거에는 생활시설 또는 수용시설이라는 용어로 주로 사용하였으나 '수용'이라는 용어가 요보호대상자의 단순생계문제 이외의 다른 권리나 욕구는 무시하는 문제를 내포하고 있기 때문에 거주시설로 개정되었다. 생활시설이라는 용어도 보편적으로 사용되고 있다. 이 글에서는 개정법에 따라 거주시설이라는 용어를 사용한다. '거주시설' 용어의 용례에 관하여는 김미옥 외 2인 공저, "장애인 거주시설과 사례관리", EM커뮤니티, (2009) 참조

14) 박태영, 사회복지시설론, 양서원, (2000).

라. 사회복지시설로서의 장애인 거주시설의 기능

장애인 거주시설은 위의 기준에 따라 유형화 했을 때 대표적인 사회복지시설로서 거주시설이다. 거주시설은 이용시설과 달리 가족 대체기능, 전문적 원조 기능, 보호적 기능, 문화적 기능, 교육적 기능, 종합적 기능 등을 수행하기 위한 것이며 이는 오랫동안 장애인 거주시설을 옹호하는 기능논리로 설명되어져 왔다. 언급한 장애인 거주시설의 기능을 기초적 기능, 고유적 기능, 파생적 기능으로 구조화 하여 분설하면 아래와 같다.[15]

첫 번째 기초적 기능에는 생명 유지를 위한 일상적 보호, 이에 필요한 생활환경을 정비하는 보호적 기능과 시설생활인들이 각자의 발달과정에 도달할 수 있도록 지원하는 교육적 기능과 시설생활인들 각자가 도달해야 할 생활과제를 설정하여 이를 해결할 수 있도록 치료, 교육, 훈련, 자립지원 등의 서비스를 제공하는 전문 처우적 기능이 있다. 두 번째 고유기능으로는 문화적 기능, 변호적 기능이 있는데 시설생활인이 주체적이고 자립생활을 할 수 있도록 하기 위하여 정착되어야 하는 기능이다. 우선 장애인거주시설은 시설생활인의 문화 활동, 사회참가, 가치있는 삶을 추구하기 위한 문화적 생활 기반 확충뿐만 아니라 지역 주민에게도 시설을 개방하여 시설과 지역의 상호교류를 촉진하여 사회복지센터로서의 역할을 수행하는 문화적 기능을 하는 경우가 있다. 또한 시설생활인에 대하여 발생하는 주민과 관계 기관의 차별, 편견, 소외 등과 각종 법률문제 등에 대하여 시설생활인의 권익을 옹호하고, 시설생활인의 친권대행, 후견 등의 기능을 수행하는 변호적 기능을 한다. 과거에 가족 대체 역할을 강조하여 법의 사각지대에 놓였던 시설에서 이제는 오히려 변

---

15) 김정환, "사회복지시설에 관한 공법적 고찰", 박사학위논문, 연세대학교 (2010), 89.

호적 기능이 강조되는 것은 세계적 추세16)이자 바람직한 일로 보인
다. 법은 사회복지서비스를 받는 사람들에 직, 간접적인 영향을 준
다. 장애인 거주시설 내에서 시설생활인들이 자신의 권리를 주장하
는 것이 합법적인 일이 되어야 하며 이러한 기능을 위하여 제도적
으로 이를 뒷받침 하는 것이 중요할 것이다.17) 세 번째 기능으로는
파생적 기능으로서 조정 개발 기능, 긴급 단기지원 기능 등을 들 수
있다. 조정 개발 기능은 기초적 기능과 고유적 기능이 상호 관계를
가지면서 단위 거주시설이 대처하기 어려운 시설생활인의 복잡, 다
양한 생활 문제를 여러 사회자원의 개발과 연락, 조정, 네트워크 형
성들을 통하여 해결해 나가는 기능을 말한다. 긴급단기지원기능은
긴급한 상황에 처한 요보호자에게 일시적 보호나 단기 입소를 제공
하여 그 긴급 상황을 극복 할 수 있도록 도와주는 기능을 말한다.18)

---

16) Joseph J. Mehr· Ronald Kanwischer, "Human Services-Concepts and Intervention
    Strategies, tenth edition", Allyn and Bacon, (2008), 268-269.

17) Joseph J. Mehr· Ronald Kanwischer, Ibid, 268.

18) 우리나라의 경우 긴급 단기 지원과 관련하여서는 긴급복지지원법[법률 제
    7739호, 2005.12.23, 제정, 법률 제14319호, 2016.12.2., 일부개정]이 제정되어
    있다. 긴급복지지원법은 생계곤란 등의 위기상황에 처하여 도움이 필요한
    사람을 신속하게 지원함으로써 이들이 위기상황에서 벗어나 건강하고 인간
    다운 생활을 하게 함을 목적으로 한다 (동법 제1조). 이 법에 의한 지원은
    위기상황에 처한 자에 대하여 일시적으로 신속하게 지원하는 것을 기본원
    칙으로 하며 (동법 제3조 제1항) 「재해구호법」·「국민기초생활 보장법」·「의
    료급여법」·「사회복지사업법」·「가정폭력방지 및 피해자보호 등에 관한 법
    률」·「성폭력방지 및 피해자보호 등에 관한 법률」 등 다른 법률에 의하여 이
    법에 의한 지원 내용과 동일한 내용의 구호·보호나 지원을 받고 있는 경우
    에는 이 법에 의한 지원을 하지 아니한다고 하여 보충성의 원칙을 명문화
    하고 있다 (동법 제3조 제2항).

2. 장애인 거주시설의 관념과 법적 구조

가. 장애인 거주시설의 개념 변화

현행법상 장애인 거주시설은 장애인복지법에서 규정되며 '거주공간을 활용하여 일반가정에서 생활하기 어려운 장애인에게 일정기간 동안 거주·요양·지원 등의 서비스를 제공하는 동시에 지역사회생활을 지원하는 시설'로 규정되고 있다. 이는 과거의 법과 비교하면 매우 큰 개념적 변화를 가져온 것이다. 과거의 법과 현행법의 조문을 비교하면 아래와 같다.

(구) 장애인복지법 제58조 (장애인복지시설) ① 장애인복지시설의 종류는 다음 각 호와 같다.

1. 장애인 생활시설 : 장애인이 필요한 기간 생활하면서 재활에 필요한 상담·치료·훈련 등의 서비스를 받아 사회복귀를 준비하거나 장애로 인하여 장기간 요양하는 시설

2011. 3. 30. 개정 2012년 3월 31일 시행 장애인복지법상 개정 조항

(현) 장애인복지법 제58조 (장애인복지시설) ① 장애인복지시설의 종류는 다음 각 호와 같다.

1. 장애인 거주시설: 거주공간을 활용하여 일반가정에서 생활하기 어려운 장애인에게 일정 기간 동안 거주·요양·지원 등의 서비스를 제공하는 동시에 지역사회생활을 지원하는 시설

과거의 장애인 거주시설 조항은 장애인에 대한 치료가 필요하다는 표현, 장애인이 사회복귀를 위해 무엇인가를 준비해야한다는 장애인에 대한 편견을 담은 표현,[19] 장기간 요양하는 것도 용인되는

---

19) 사회생활은 모든 사람이 자연스럽게 누려야할 그 자체이지 준비를 통해 누리는 것이 아니다. 처음 버스를 타는 사람을 생각해보자. 버스카드를 기사에게 주는 것인지 긁는 것인지 어떻게 해야 버스카드로 결제를 할지 모르

듯 한 표현을 가지고 있어 장애계의 많은 비판을 받았다. 현재 조항은 거주시설 생활인도 궁극적으로는 지역사회생활로 나아가는 것이 바람직하다는 개념을 담고 있다. 이러한 장애인 거주시설 조항은 시행규칙에 의하여 아래와 같이 다시 세분된다.[20]

(1) 장애유형별 거주시설: 장애유형이 같거나 유사한 장애를 가진 사람들을 이용하게 하여 그들의 장애유형에 적합한 주거지원·일상생활지원·지역사회생활지원 등의 서비스를 제공하는 시설
(2) 중증장애인 거주시설: 장애의 정도가 심하여 항상 도움이 필요한 장애인에게 주거지원·일상생활지원·지역사회생활지원·요양서비스를 제공하는 시설
(3) 장애영유아 거주시설: 6세 미만의 장애영유아를 보호하고 재활에 필요한 주거지원·일상생활지원·지역사회생활지원·요양서비스를 제공하는 시설
(4) 장애인 단기거주시설: 보호자의 일시적 부재 등으로 도움이 필요한 장애인에게 단기간 주거서비스, 일상생활지원서비스, 지역사회생활서비스를 제공하는 시설
(5) 장애인 공동생활가정: 장애인들이 스스로 사회에 적응하기 위하여 전문인력의 지도를 받으며 공동으로 생활하는 지역사회 내의 소규모 주거시설

나. 장애인 거주시설에 대한 근거 법령

현행법상 장애인 거주시설의 설치 및 운영은 기본적으로는 사회복지사업법과 장애인복지법에 근거한다. 장애인 거주시설의 설치 및 운영에 관하여 특히 문제가 되는 것은 장애인 거주시설의 설치주체와 신고주의에 관한 문제이다.[21] 이는 항목을 바꾸어 살펴본다.

는 상태에서 버스에 올라타는 것이다. 앞사람이 하는 것을 보고 또는 주변에 묻고 일단 버스에 올라타는 경험을 한 후에 다음 버스 탈 때 부터는 실수 없이 버스카드를 대고 결제를 할 수 있는 것이다. 비장애인 누구도 버스카드로 결제하는 준비를 하고 처음 버스에 오르지는 않는다. 사회복귀를 준비해야한다는 표현은 그 자체로 비장애인의 편견이 담긴 장애인에 대한 차별적인 표현이었다.
20) 장애인복지법 시행규칙 (2018. 12. 28. 보건복지부령 제606호) 별표 4 참조.
21) 그 외에도 민간위탁에 관한 쟁점, 국가와 지방자치단체의 역할 분담 등에

3. 장애인 거주시설의 설치 주체와 문제점

가. 개인에게 시설 설치를 인정하는 제도의 문제점

앞서 사회복지법인과 사회복지시설의 관계를 살피면서 역사적인 변화도 언급하였지만 현행 우리 사회복지사업법은 사회복지시설의 설치 주체로서 법인만을 상정하지 않고 개인도 가능하도록 되어있다. 장애인 거주시설의 경우도 장애인복지법 시행규칙 제43조 시설의 설치 운영 신고 등 항목에서 정관을 요구하는 경우는 법인인 경우에만 해당한다고 명시하여 법인이 아닌 자연인의 경우에도 나머지 신고 요건을 갖춘 경우 이를 인정하는 구조를 취하고 있다. 그렇다면 비법인사단의 경우는 신고가 가능한지 문제된다. 현행법상 사회복지사업법에서 시설 설치와 관련된 제한사유를 열거하면서 특정한 개인과 그러한 개인이 임원인 법인만을 언급하고 있다는 점,[22]

관한 문제 등이 중요한 문제이다. 특히 사회서비스 전달체계상 우리나라 장애인 거주시설에 관하여 과거 국가가 관할하던 것을 지방자치단체에 많은 권한을 이양하였으나 지방자치단체는 보건복지부의 안내에 따라 관리 감독을 진행할 뿐이지 자체적인 규제는 하지 못하고 있는 실정이다. 이는 규제 행정은 기본적으로 법률유보 원칙에 따라 법적인 근거가 있어야하므로 조례로 제정하여 운영하는데 한계가 있다는 법적인 쟁점도 있지만 기본적으로는 수익적 행정의 근본이 되는 예산의 확보 및 편성에 있어 지방자치단체의 자기예산 확보 비율이 너무 낮으며 그에 따른 예산 운용 자율성이 없는 등 지방자치 본연의 문제와도 귀결된다. 우리 헌법상 복리사무의 주체로서 지방자치단체의 역할은 매우 중요하다. 따라서 지방자치단체의 복리사무 주체로서의 예산 운용에 관하여는 예산법상 새로운 연구를 요한다.

22) 사회복지사업법 제34조 제2항 국가 또는 지방자치단체 외의 자가 시설을 설치·운영하려는 경우에는 보건복지부령으로 정하는 바에 따라 시장·군수·구청장에게 신고하여야 한다. 다만, 다음 각 호의 어느 하나에 해당하는 자는 시설의 설치·운영 신고를 할 수 없다.
    1. 제40조에 따라 폐쇄명령을 받고 3년이 지나지 아니한 자
    2. 제19조제1항제1호 및 제1호의2부터 제1호의8까지의 어느 하나에 해당하

현행 영유아보육법의 경우 비법인사단에 대한 예외 규정을 두고 있
다는 점23) 등을 보면 예외 사유를 따로 두지 않은 사회복지사업법
과 장애인복지법에 근거를 둔 장애인 거주시설에 대해서는 설치 주
체로서 비법인사단은 허용하지 않는 것이 입법 취지라 할 것이다.24)
그러나 이는 어디까지나 법리적인 해석에 불과하고 실무에서는 아
무런 의미가 없어진다. 왜냐하면 비법인사단이 장애인 거주시설을
설치 운영하고자 한다면 개인의 이름으로 하면 되기 때문이다. 그래
서 비법인사단의 신고 수리와 관련한 실무상 문제점이 전혀 발생하
지 않는 것이다.

나. 소결

우리나라의 사회복지시설은 그 시작부터 종교단체에 의한 것이
었고 지금도 많은 종교단체가 사회복지시설을 운영하고 있다. 그러
나 종교단체 중에서는 그 실질을 알기 어렵고 또한 투명하지 않은
회계와 1인 중심 운영이 이루어지는 곳도 많다. 교회를 비법인사단
으로 보는 판례의 태도에 따르면 교회를 운영하는 교단은 시설을
설치할 수 없지만 그 교회 안의 개인은 시설을 설치할 수 있는 모순

는 개인 또는 그 개인이 임원인 법인
23) 영유아보육법 제10조 (어린이집의 종류)
   어린이집의 종류는 다음 각 호와 같다.
   1. 국공립어린이집 : 국가나 지방자치단체가 설치·운영하는 어린이집
   2. 사회복지법인어린이집 : 「사회복지사업법」에 따른 사회복지법인 (이하
      "사회복지법인"이라 한다)이 설치·운영하는 어린이집
   3. 법인·단체등어린이집: 각종 법인 (사회복지법인을 제외한 비영리법인)이
      나 단체 등이 설치·운영하는 어린이집으로서 대통령령으로 정하는 어린
      이집
   4. 이하 생략
24) 같은 논지로 최호용, 앞의 책, 201.

이 발생한다. 따라서 비법인사단에게 시설 설치를 인정하지 않는 우리 법제에서 개인에게 시설 설치를 인정하는 것은 모순이며 시설 문제를 발생시키는 원인도 된다. 보건복지부의 미신고시설 양성화 사업에서 문제되었던 많은 시설이 종교단체와 연관되어 있었다는 점에 주목해야 한다. 개인에게 사회복지시설의 설치를 인정하는 현행 법제는 개정되어야 한다.

4. 신고주의의 문제점

가. 신고의 관념과 법적 성질

강학상 신고는 허가와는 달리 사인이 공법적 효과의 발생을 목적으로 행정주체에 대하여 일정한 사실을 알리는 행위로서 행정청에 의한 실질적 심사가 요구되지 아니하는 행위이며, 특정한 사실관계 및 법률관계의 존부 및 그 내용을 행정청에 통보하면 그것으로 종료하는 것으로서 행정청의 별도의 의사표시를 요하지 아니하는 사인의 공법행위이다. 단순한 사실로서의 신고는 여기서 말하는 법적 행위로서 신고에 해당하지 아니한다.25) 법령이 정한 요건을 구비한 적법한 신고가 있으면 행정청은 의무적으로 수리하여야 한다. 법령에 없는 사유를 내세워 수리를 거부할 수는 없다. 이것은 판례의 입장이기도 하다.26) 따라서 사회복지시설과 관련한 신고는 우리 법이

---

25) 대법원 2000. 12. 22. 선고 99두455 판결. 공동주택 입주민의 옥외운동시설인 테니스장을 배드민턴장으로 변경하고 그 변동사실을 신고하여 관할 시장이 그 신고를 수리한 경우, 그 용도변경은 주택건설촉진법상 신고를 요하는 입주자 공유인 복리시설의 용도변경에 해당하지 아니하므로 그 변동사실은 신고할 사항이 아니고 관할 시장이 그 신고를 수리하였다 하더라도 그 수리는 공동주택 입주민의 구체적인 권리의무에 아무런 변동을 초래하지 않으므로 항고소송의 대상이 되는 행정처분이 아니다.

신고주의를 채택하고 있는 한 요건에 부합하는 신고의 경우 이를 거부할 수 없고 위법한 거부처분이 있을 경우에는 이를 항고소송으로 다툴 수 있다.

나. 허가제로의 전환의 필요성

허가는 일반적으로 법령에 의해 개인의 자연적 자유가 제한되고 있는 경우에 그 제한을 해제하여 자연의 자유를 적법하게 행사할 수 있도록 회복하여 주는 행정행위를 말한다.27) 이러한 허가는 강학상 용어이며 실정법에서는 허가, 면허, 승인, 특허, 신고 등으로 다양하게 표현되고 있다. 그러므로 당해 행정행위가 강학상 허가에 해당하는지 여부는 문언상으로 파악할 것이 아니라 당해 행정행위를 규율하는 법령을 종합적으로 판단하여야 한다. 허가는 원래 개인이 헌법상 향유하는 재산권과 직업의 자유를 보장한다는 차원에서 법규상 이를 금지할 근거가 없는 경우에는 반드시 이를 허용해야 한다는 점에서 기속행위로서의 성격을 갖는 것이 원칙이다. 그러나 허가의 대상이 매우 다양하고(소규모 건물과 타워팰리스 등), 주민들의 정서에도 미치는 영향이 크므로(러브호텔과 장례식장 등) 이를 일률적으로 동일한 기준에 의하여 규율한다는 것은 사실상 어려운 일이다. 따라서 대법원과 서울행정법원의 판례들은 1990년 후반부

---

26) 대법원 2016. 7. 22. 선고 2014두42179 판결. 불특정 다수인을 대상으로 학습비를 받고 정보통신매체를 이용하여 원격평생교육을 실시하고자 하는 경우에는 누구든지 구 평생교육법 (2007. 10. 17. 법률 제8640호로 개정되기 전의 것) 제22조 제2항에 따라 이를 신고하여야 하나, 신고서의 기재사항에 흠결이 없고 소정의 서류가 구비된 때에는 이를 수리하여야 하고, 이러한 형식적 요건을 모두 갖추었음에도 그 신고대상이 된 교육이나 학습이 공익적 기준에 적합하지 않다는 등의 실체적 사유를 들어 신고의 수리를 거부할 수는 없다고 할 것이다.

27) 홍정선, 행정법원론 (상) 27판, 박영사

터 "법령상 명문의 근거가 없더라도 중대한 공익상의 이유가 있는 경우에는 허가를 거부할 수 있다"는 판결을 내고 있으며 이러한 태도는 법률에 의한 행정이라는 법치행정의 근간을 훼손할 수 있다는 비판을 받기도 하지만28) 기속재량행위로서 구체적인 타당성을 기하기 위한 것이라는 옹호를 받기도 한다.29) 일반적으로 개별법령에서 규정하는 허가 요건의 구체적인 내용은 상이하지만 대체로 그 요건은 무위험성(예, 자동차 운행 허가는 자동차의 안전성 확보를 전제로 하고, 주유소 설치 허가는 화재로부터 안전성 확보를 전제로 한다), 신뢰성(예, 전과의 경력이 있는 자들에게는 각종 허가에 제한이 따른다), 전문성(예, 자동차 운전 면허에 시험이 따르고, 식품위생법상 각종 영업허가에 조리사 등 전문성을 구비한 자의 확보를 요구한다)을 요건으로 한다. 사회복지시설은 시설 생활인들의 안전과 복리를 전제로 한다는 무위험성, 그리고 인권 침해 등을 예방하기 위하여 신뢰할 수 있는 자에게만 그 설치와 운영을 맡기는 점이 타당하다는 점에서 신뢰성, 사회복지시설 종사자가 사회복지라는 전문 분야의 실천을 위한 전문성을 갖추어야 한다고 볼 수 있다. 또한 사회복지시설은 대표적으로 공익성과 연관될 수 있는 분야일 것이다. 사회복지시설을 설치, 운영하고자 하는 사람의 기본권 회복과도 관련이 있는 분야이지만 무엇보다 사회복지시설은 그 운영자가 아닌 그 생활인의 기본권의 보장에 초점이 맞추어져야 하기에 사회복지시설은 단순한 영업 시설이 아닌 공익 실현의 장이어야 한다. 사회복지시설은 복지의 실현이 국가의 헌법 제34조에 따른 사회보장 의무 실현을 위하여 국가와 지방자치단체가 주체가 되어 실시하여야하는 공적 사무임에도 현실적으로 민간에 의하여 그 설치와 운영이 이루어지고 있는 분야이다. 사회복지시설의 강한 공공성 때문에 우

---

28) 홍정선, 앞의 책, 384.
29) 박균성·김유향, 핵심강의 행정법, 박영사, (2018), 141.

리 법은 사회복지법인이라는 특수법인을 예정하고 있으며 1970년에 제정된 사회복지사업법은 사회복지법인으로 인정 받은 자에 한하여만 사회복지시설을 설치할 수 있도록 하였던 것이다.

다. 소결

현재의 판례가 허가인 경우에도 공익성이 인정되는 경우 재량권을 인정하고 있으므로 현행 판례상으로는 허가제로의 도입으로도 충분히 공익적 목표를 설정하고 시설에 대한 국가와 지방자치단체의 감독을 강화할 수 있을 것이다. 허가 요건에 대한 재량행위성을 부정하는 의견에 따르는 경우라하더라도 요건의 일부를 법문에서 재량행위로 설정하는 입법적 해결이 가능하므로 사회복지시설의 설치에 관한 신고주의는 허가로 전환될 필요가 있다.[30] 현재 사회복지사업법은 계속하여 법인과 시설의 감독을 강화하는 추세로 개정되고 있다.[31] 이러한 추세와 함께 설치 자체의 심사를 강화할 것도 고

---

30) 김명연, "사회복지시설 생활인 인권에 대한 성과와 과제", 공법연구 제35집 제2호 제2권, (2006. 10.). 129. 참조 : 김명연 교수는 같은 논거로 사회복지시설의 신고제를 특허제로 전환할 것을 주장한다. 특허는 형성적 행정행위 중 대표적인 것으로 특정인에게 특정한 내용의 권리를 부여하거나 포괄적인 권리 의무 관계를 설정하는 것을 말한다. 특허는 그 행위의 결과로 특정인에게 권리가 주어지는 것이다. 명령적 행위인 허가가 원래 개인이 보유하던 자연적 자유를 회복하는 것인데 반하여 형성적 행위인 특허는 공익을 고려한 고도의 정책적 성격을 가지는 것이며 타인에게 인정되지 않는 권리를 특정인에게 부여한다는 점에서 차이를 가진다. 이 글은 재량인 허가가 있을 수 있고 이는 법문상 행정청에게 재량을 주는 규정에 의해 뒷받침되어야 한다는 전제 하에 허가제를 주장하고 있으나 사회복지시설을 정책적인 판단으로 특정 공익을 고려하여 설치하도록 해야 한다는 점에서는 김명연 교수의 주장에 동의하며 특허를 주장하는 김명연 교수의 주장은 이 글의 주장과 논리 구성과 결과에 있어서는 큰 차이가 없다.

31) 2018. 12. 11. 사회복시사업법 개정으로 2019. 6. 12. 부터 시·도지사 또는 시장·군수·구청장이 사회복지법인과 사회복지시설에 대하여 지방의회의 추

려해야 하는 것이다.

Ⅲ. 장애인 거주시설과 탈시설화

1. 장애인 거주시설의 시설화 역사

해외의 역사를 살펴보면 사회복지시설이 과거에 수용과 격리를 위해 존재하였다는 것을 알 수 있다. 시설화(institutionalization)의 역사는 전염성의 질병환자 소수를 격리 치료하여 대다수의 생명을 지키는 역할을 해왔고, 그 역할을 다한 경우 대부분의 시설은 폐쇄되었음을 기록하고 있다. 그래서 사회복지시설이라는 개념은 병원과 같은 의미로 사용되기도 하였다.[32] 구체적으로는 중세초기(5세기 이후)부터 십자군 원정 시기(11세기말)까지 유럽전역에 한센병 환자들을 격리하는 공간이 증가하였으며,[33] 특징적인 것은 가난한 이들을 받아들이는 자선시설도 포함되어 있었다는 것이다. 프랑스 루이 8세가 한센병 격리시설의 규정을 정하고 시설을 조사한 결과로 1266년경에 이미 2천여 개의 시설로 한센병 환자들이 격리되고 있었다. 중

천을 받은 공인회계사 또는 감사인을 선임하여 회계감사를 실시할 수 있게 되었다. 이는 사회복지시설에서의 전담인력과 전문성 부족 등의 이유로 체계적인 관리·감독이 이루어지지 못하여 보조금 횡령, 후원금 부당사용, 법인재산 관리상의 전횡 등의 위법행위가 계속되고 있으므로 외부의 공인회계사 또는 감사인을 선임하여 회계감사를 실시할 수 있도록 하여 사회복지법인 및 시설 운영의 투명성을 제고하고, 사회적 책임성을 강화할 수 있도록 하려는 것이다.

32) Phil Brown, The Transfer of Care, Routledge & Kegan Paul, (1985), 26.
33) 영국 사료 편찬관인 Matthew Paris에 의하면 그 당시 기독교 세계 전체에 1만 9천개소나 있었을 것이라 한다.

세말기(15세기)부터 한센병이 유럽전역에서 사라지기 시작하여 시설이 급격히 줄어들었고 기존의 시설은 16세기부터 나이 어린 경범죄자들을 수용하기 위한 시설로 이용되었다. 이탈리아, 스페인, 벨기에, 영국 등에서 정신질환자를 위한 시설(asylum)은 14세기부터 시작되었다. 그중 영국의 St. Mary of Bethlehem이 가장 유명했는데, 1403년도에 처음으로 정신질환 환자가 입원하였고 1547년부터는 오직 정신질환자만을 위한 시설로 자리 잡았다. 이러한 시설의 기원을 볼 때 시설이라는 곳이 원래 수용과 격리를 위한 곳이었고 복지와는 거리가 먼 곳이었다는 것을 알 수 있다.

2. 탈시설화 관념의 발전

탈시설 관념은 사회복지에서 보편화(normalization)의 관념과 궤를 같이 한다.[34] 보편화란 비정상적인 사람을 정상적인 사람으로 만든다는 말이 아니고, 정상적인 행동을 유발시킬 수 있는 환경을 의미하는 것이다. 그러므로 보편화 이념은 기존의 지배적인 서비스 이데올로기에 반대하여, 보편적이고 일상적인 생활의 리듬을 강조하며 개인의 성장과 발달에서 보편적인 발달 경험, 인생주기에서 선택의 자유, 보편적인 이웃과 같이 하는 보편적인 가정에서의 삶, 지역사회에 통합되고 있는 삶을 강조하면서 시설 집중화에 반대한다. 이와 같은 보편화에 대한 이론[35]이 일반화 되면서 시설에 관하여도 탈시

---

34) 이를 정상화로 번역하는 것이 사회복지학에서의 일반적 경향이나 본 발표문에서는 보편화로 번역하였다. 이는 필자가 정상의 반대말인 비정상이라는 단어를 사용하는 것이 본 정상화의 개념과 부합하지 않는다고 생각하기 때문이다.

35) 보편화의 관점에서 Bank Mikkelson은 탈시설을 "인간의 존엄성 권리, 개인의 가치, 개인의 자유와 평등에 대한 보장과 같은, 이 사회에서 추구하는 가장 중요하고 높은 인간의 가치와 그 맥을 같이 하면서 가능한 한 정상에 가

설이 자연스러운 가치로 자리 잡게 된다. 물론 사회복지시설의 필요성을 완전히 부정할 수는 없을 것이다. 오히려 탈시설화를 경험했던 유럽과 미국의 경우 다시 시설화(re-institutionalization)의 문제가 발생하기도 한다.36) 하지만 단순히 방법적으로 시설에서 나오는 것을 탈시설화라 부르는 것이 아니고 사회복지시설은 어떻게 운영되어야 하며, 지역사회에서 사회복지시설이 어떠한 역할을 하여야 하며, 궁극적으로 국가의 사회복지의 방향성은 어때야 하는가라는 논의의 기초로 탈시설은 중요한 의미를 가진다고 하겠다.

미국의 경우 1950년대부터 미국은 만성의 입원환자 케어서비스를 지역사회 속의 환경을 기초로 제공하면서 환자들의 주립병원에서 지역으로의 집단적 이동이 시작되면서 탈시설화가 시작되었다. John F. Kennedy 대통령의 1963년 정신건강법(the Community Mental Health Act)은 미국의 탈시설화에 획기적인 전기를 가져오게 된다. 탈시설화를 가능하게 한 여러 가지 요소들은 다음과 같은 것이 있다. 우선 현대의 과학의 발전으로 전에는 병원에서 갇혀 살아야 하는 난치의 환자들이 소규모로 병원 밖에서 살 수 있게 되었고 주(州)정부의 재정적 도움이 줄어든 반면, 연방정부의 지역사회 프

까운 생활양식을 누릴 수 있도록 하는 것"이라고 개념 규정한다. 그리고 1969년 덴마크의 정신장애아협회 회장이었던 Nirje는 "사회에서 주로 이루어지는 규범이나 생활 형태와 가능하면 가까운 일상생활의 환경이나 생활 형태를 이용할 수 있도록 하는 것"으로 정의한다. Wolfensberger는 "가능한 한 모든 사람에게 가치 있는 사회적 역할을 습득, 정립, 유지시키기 위해 문화적으로 가치 있는 수단을 이용하는 것" 또는 "사람들이 문화적으로 가치 있는 삶을 영위할 수 있도록 하기 위한 문화적으로 가치 있는 수단들의 이용"이라고 보편화를 정의해 좀 더 분명하고 그 대상자의 범위도 확대하였다. 이성규, "Normalization 논의에 관한 비판적 고찰", 장애와 고용 제7호, (1997. 3.), 58.

36) Jim Mansell, Kent Ericsson ed., "Deinstitutionalization and Community Living", Mansell & Ericsson, (1996), 46.

로그램에 대한 지원이 커졌으며 1960년대에 연방정부에서 제공하는 저소득층을 위한 의료 제도인 Medicaid와 노령자를 위한 의료제도인 Medicare가 도입되어 정신건강케어를 위한 비용이 사회적 비용으로 추가되었다. 또한 1974년 주(州)정부가 Supplemental Security Income program을 도입하여 탈시설화가 촉진되었으며 이는 특히 고령자의 탈시설화에 큰 영향을 주었다. 관련 사회시민단체의 더욱 인도적이 며 조금 덜 제한적인 환경을 위한 주장 들은 탈시설에 대한 사회적 합의에 큰 영향을 미쳤다. 그 결과 1950년대 미국의 주립 시설은 322 개에서 512,501명의 환자가 수용되던 것이 1996년 인구조사에 따르 면 254개의 시설에 61,722명으로 줄어들었다. 1999년 OLMSTEAD판 결37)에서 연방대법원은 정신장애를 가진 사람의 경우에도 의료관련 전문인의 타당성과 장애인의 개인의 역량을 진단하여 지역사회 속 환경을 기초로 한 서비스제공을 지시하였다.

옴스테드 판결은 미국 대법원이 장애인을 불필요하게 시설에 격 리하는 것은 장애에 의한 차별이 될 수 있다고 판단한 것으로서 ADA법(American with Disabilities Act, 1990)에 의해 국가가 장애인을 시설 수용하는 것보다는 지역사회 중심의 서비스를 제공할 의무가 있다고 판결한 것이다. 구체적으로 이 사건은 정신장애가 있는 환자 들이 주(州)를 상대로 자신들이 격리된 환경에서 감금되어 있음은 부당하다며 소를 제기한 사건인데 조지아 북부 지방법원(The United States District Court for the Northern District of Georgia, Marvin H. Shoob 판사, 사건번호 1997 WL 148674)은 일부 약식판결을 내려 환 자들의 주장을 인용했다. 주는 항소하였고 미 연방 제11회 순회 항 소법원(The United States Court of Appeals for the Eleventh Circuit, 사 건번호 138 F. 3d893)은 원심판결을 확인하고 환송했다. 이에 대해

---

37) OLMSTEAD V. L.C. 527 U.S. 581 (1999).

원고는 미 연방대법원에 상고를 제기하였으며 미 연방대법원(The United States Court of Appeals, Ginsburg 판사)은 국가가 장애인을 시설 수용하는 것보다는 지역사회 중심의 서비스를 제공할 의무가 있다고 볼 수 있다고 판결하였다.[38]

38) 판결 요지는 다음과 같다. : 미국 장애인법 (ADA)에서 미 의회는 장애인의 고립과 격리를 심각하고 만연되어 있는 형태의 차별로 기술하고 있다 (42 U.S.C. §12101 (a) (2), (5)). 공적 서비스 영역에서의 차별을 금지하고 있는 ADA의 Title II 규정은 그 중에서도 특히, 자격을 갖춘 장애인은 장애를 이유로 사회 프로그램, 봉사, 활동 등의 참여나 혜택에서 제외될 수 없다 (§ 12132)고 규정하고 있다. 의회는 법무부 장관이 Title II 규정의 차별 금지 조항을 실시하기 위한 시행령을 발하도록 하였다 (§12134 (a) 참조). 그러한 시행령 중 하나는 "통합 규정"이라고 알려진 것으로, "공적 주체는 자격을 갖춘 장애인들의 필요에 적합한 가장 통합된 환경에서의 프로그램을 시행하여야" 할 것을 요구하고 있다 (28 CFR §35.130 (d)). 또 다른 시행령 중 하나는 (이하 "합리적 변경 규정"이라고 칭한다) 공적 주체가 "장애에 기한 차별"을 피하기 위해 "합리적인 변경"을 가하도록 요구하고 있으나, 그 주체의 프로그램을 "본질적으로 변화시킬" 수단을 동원할 것은 요구하지 않는다. 피고 L.C. 와 E.W.는 정신지체가 있는 여성들로, L.C는 정신분열증 진단을, E.W는 인격장애 진단을 받은 바 있다. 이들은 애틀랜타 Georgia Regional Hospital (GRH)에 자발적으로 입원하였고, 그곳 정신병동에서 치료를 위해 감금되었다. 각 주치의가 적절한 지역 사회 기반의 프로그램을 통한 치료가 적합하다고 진단했음에도, 이들은 계속 GRH에 수용되었다. L.C.는 42 U.S.C. §1983과 Titel II의 규정 하에서 원고인 주 공무원들 (집단적으로, 주)에게 지역사회 기반의 프로그램을 통한 치료를 청구하여 소를 제기하였다. 그는 자신의 주치의가 그녀를 지역사회 기반의 치료 프로그램에 배치하는 것이 적합하다고 결정했음에도 불구하고 주가 그녀를 그러한 프로그램으로 배치하지 않은 것은 Title II의 규정을 위배한 것이라고 주장하였다. E.W. 역시 같은 주장을 하며 소송에 참가하였다. 지방법원은 원고의 주장을 인용하는 일부 약식판결을 내려서, 그들을 적절한 지역사회 기반의 치료 프로그램으로 배치할 것을 명했다. 지방법원은 L.C.와 E.W.를 GRH에 계속 있게 한 것은 장애를 이유로 한 차별이 아닌 재정 때문이라는 주의 주장을 받아들이지 않았다. 지방법원은 Title II의 규정 하에서, 불필요한 시설에서의 수용은 그 자체로 본질적 차별이며, 재정 부족을 이유로 정당화 될 수 없다고 보았다. 또한 지방법원은 이러한 경우 즉각적인 이동을 명하는 것은 주 (州)의 프로그램을 "본질적으로 변화"시키는 것이라는 주의 주장도 받아들이지

옴스테드 판결이 특히 중요한 의미를 가지는 것은 본 판결이 탈시설에 관한 미국 연방대법원의 입장을 보여준다는 사실에도 있지만 무엇보다 불필요한 시설에의 격리수용은 그 자체로 본질적 차별이며, 재정 부족을 이유로 정당화 될 수 없다고 선언한데 있다. 즉 우리는 사회적 기본권 규정은 재정적 뒷받침이 있어야 실현 가능하다고 보는 것이 일반적이지만 무엇보다 중요한 자유권에 대한 침해가 된다면 그러한 재정적 이유는 정당화 될 수 없다고 선언한 것이다.

주의할 점은 우리 사회에서 탈시설화를 논의함에 있어 탈시설화란 탈시설을 지향하는 일련의 과정과, 대규모시설보호에 비하여 상대적으로 나은 방식의 보호를 위한 노력을 모두 탈시설로 이해하며 이러한 관점에서 '탈시설+화(化)'로 이해하는 경향이 있다는 것이다.39) 그러나 탈시설화란 시설에서 나와 '자립생활'을 하는 경우만을 의미하는 것으로 협의로 이해하여 '탈(脫)+시설화'로 이해하는 협의의 이해 방식이 타당하다. 이는 이렇게 협의의 탈시설 개념으로 이해하는 것이 결국 탈시설-자립생활(Deinstitution-independent Living)으로서의 방향 설정이 명확해지고 그렇게 이해해야 탈시설화 정책이 '시설화'에서 벗어나기 위해 ① 거주공간을 시설에서 지역사회로 이전하고, ② 가정과 같은 보편적인 환경에서 거주서비스를 제공하며, ③ 제약을 최소화하고 거주인의 자율성을 보장하고, ④ 사생활과 소유권을 보장하며, ⑤ 사회적 관계와 심리적 회복을 통해 지역사회에 포함(inclusion)되어 인간답게 살아갈 수 있도록 지원하는 정책40)을 의미하는 것으로 온전히 해석될 수 있기 때문이다.

않았다.

39) 박숙경 외, "장애인 탈시설 방안 마련을 위한 실태조사 보고서", 국가인권위원회, (2017), 연구요약 ⅰ.

40) 박숙경 외, 앞의 연구보고서, 연구요약 ⅱ.

3. 탈시설의 권리성

가. 권리로서 탈시설을 이해하는 것의 필요성

사회복지시설은 '불쌍하니 보호한다.라는 시혜와 은혜가 아닌 국민으로서 헌법상 권리로서의 인간다운 생활을 할 권리의 실현의 장으로서 해석해야 하며 그러한 권리의 실현을 위하여 적극적으로 탈시설이 고려되어야 한다. 아래에서는 탈시설과 관련하여 고려될 수 있는 기본권을 간략하게 살펴본다.

나. 인간의 존엄성과 탈시설

인간의 존엄과 가치(헌법 제10조)는 이성적 존재로서의 인간은 인격의 주체가 될 수 있는 존귀한 가치가 있다는 것이다. 이때의 인간은 고립된 인간이 아니라 사회적 관계를 맺으면서 자기 운명을 스스로 결정하는 자주적 인간이다. 인간의 존엄성 규정이 구체적 기본권을 보장하는가에 대하여 부정설도 있지만[41] 구체적인 주관적 공권을 보장한다고 보는 것이 다수설이다.[42] 우리 헌법재판소도 인간의 존엄성 조항을 구체적 권리로 인정하며[43] 여기서 파생되는 권

---

41) 권영성, 헌법학원론, 법문사, (2009), 376.
42) 정재황, 신헌법입문, 박영사, (2019), 318.
43) 헌법재판소 1997. 3. 27. 선고 95헌가14, 96헌가7(병합) 결정 (헌법 제10조는 모든 국민은 인간으로서의 존엄과 가치를 가지며 행복을 추구할 권리가 있다고 규정하고 있는바, 이로써 모든 국민은 그의 존엄한 인격권을 바탕으로 하여 자율적으로 자신의 생활영역을 형성해 나갈 수 있는 권리를 가지는 것이다. 그런데 이 사건의 경우 친생부인의 소의 제척기간을 일률적으로 자의 출생을 안 날로부터 1년으로 규정함으로써 부가 자의 친생자 여부에 대한 의심도 가지기 전에 그 제척기간이 경과하여 버려 결과적으로 부로 하여금 혈연관계가 없는 친자관계를 부인할 수 있는 기회를 극단적으로 제한

리로 인격권,44) 생명권, 정정보도청구권, 알권리, 수학권(修學權)등
을 인정한다. 인간의 존엄성에서 우리는 "어떠한 인간"이 존엄한가
를 떠올릴 필요가 있다. 존엄하지 않은 인간이 있다는 의미가 아니
라 존엄하기 위한 인간의 기본 모습을 생각해 볼 필요가 있다는 것
이다. 먹는 것과 입는 것, 자는 것을 스스로 선택하지 못하는 인간이
존엄을 느낄 수 있을까? 인간의 존엄성과 가치는 헌법질서의 최고
의 가치적 공감대이며 헌법국가의 최고의 구성원리이다. 사회복지
가 인간이 인간답기 위한 최소한의 인간서비스임을 생각한다면 사
회복지는 인간의 존엄성을 실현하기 위한 것이며 "자신의 삶을 자
신이 계획한대로 살아가는 방식"으로 규정할 수 있는 "자유와 선택"
의 관념은 당연히 인간의 존엄성을 지켜주는 가장 중요한 잣대가
될 것이다. 이러한 인간의 존엄성의 내용을 보았을 때 일차적으로
사회복지시설의 입소 여부의 판단 주체는 시설이용자 당사자여야
하며 만일 시설 입소를 스스로 선택한 경우라 하더라도 사회복지시
설 내에 생활하는 생활인들의 경우에도 그들이 스스로 존엄을 느낄
수 있는 정도의 물질적 급여와 선택권이 제공되어야 할 것이며 각
종 협조 의무의 부과 등에 있어서도 그들의 권리를 침해하지 않는

하고 또 자의 출생 후 1년이 지나서 비로소 그의 자가 아님을 알게 된 부로
하여금 당사자의 의사에 반하면서까지 친생부인권을 상실하게 하는 것이
다. 이는 인간이 가지는 보편적 감정에도 반할 뿐 아니라 자유로운 의사에
따라 친자관계를 부인하고자 하는 부의 가정생활과 신분관계에서 누려야
할 인격권 및 행복추구권을 침해하고 있는 것이다.)
44) 헌법재판소 2001. 7. 19. 선고 2000헌마546 결정 (이 사건 청구인들로 하여금
유치기간동안 위와 같은 구조의 화장실을 사용하도록 강제한 피청구인의
행위는 인간으로서의 기본적 품위를 유지할 수 없도록 하는 것으로서, 수인
하기 어려운 정도라고 보여지므로 전체적으로 볼 때 비인도적·굴욕적일 뿐
만 아니라 동시에 비록 건강을 침해할 정도는 아니라고 할지라도 헌법 제10
조의 인간의 존엄과 가치로부터 유래하는 인격권을 침해하는 정도에 이르
렀다고 판단된다.).

선에서 이루어져야 할 것이다.

다. 행복추구권과 탈시설

행복추구권은 1776년 미국 독립선언문에 처음 등장하였다. 우리 헌법에는 1980년 개정 헌법에 처음으로 도입되었다. 행복이라는 개념이 추상적이고 다의적인 것이며 특히 개인의 주관적 판단에 따라 달라질 수 있는 가변적인 것이기 때문에 행복추구권은 객관적 규범으로서의 기본권으로는 보장하기 어려운 점도 있다. 하지만 일반적으로 행복추구권이 객관적 원리로서의 성격을 가진다고 하는 점에는 이의가 없고, 여기서 포괄규범으로서의 성격을 이끌어 낸다. 우리 헌법재판소는 행복추구권의 독자적 기본권성을 긍정하는 입장에 따라 하나의 구체적이고 독자적인 기본권으로 인정한다.[45] 또한 헌법재판소는 행복추구권을 다른 기본권과의 관계에서 보충적 기본권으로 판단한다.[46] 헌법재판소 뿐만 아니라 대법원도 행복추구권을 위법 여부의 판단에 있어 적극적인 논거로 사용한다.[47] 행복추구권

---

45) 헌법재판소 1998. 5. 28.선고 96헌가5 결정 (우리 헌법 제10조 전문은 "모든 국민은 인간으로서의 존엄과 가치를 지니며, 행복을 추구할 권리를 가진다."고 규정하여 행복추구권을 보장하고 있고, 행복추구권은 그의 구체적인 표현으로서 일반적인 행동자유권과 개성의 자유로운 발현권을 포함하기 때문에 (헌법재판소 1991. 6. 3. 선고 89헌마204 결정) 기부금품의 모집행위는 행복추구권에 의하여 보호된다. 계약의 자유도 헌법상의 행복추구권에 포함된 일반적인 행동자유권으로부터 파생하므로, 계약의 자유 또한 행복추구권에 의하여 보호된다.)

46) 헌법재판소 2000. 12. 14. 선고 99헌마112·137 (병합) 결정. (행복추구권은 다른 기본권에 대한 보충적 기본권으로서의 성격을 지니므로, 공무담임권이라는 우선적으로 적용되는 기본권이 존재하여 (청구인들이 주장하는 불행이란 결국 교원직 상실에서 연유하는 것에 불과하다)그 침해여부를 판단하는 이상, 행복추구권 침해 여부를 독자적으로 판단할 필요가 없다.)

47) 대법원 2009. 5. 21. 선고 2009다17417 전원합의체 판결 (환자의 수술과 같이

은 안락하고 만족스러운 삶을 추구하는 것이다. 행복추구권에 관한
외국의 논의 중 행복추구권은 빈곤을 제거해야 할 정부의 적극적
의무를 의미한다는 논의가 있다.[48] 이러한 관점에서 행복추구권은
사회복지의 구체적 목표를 내포한 기본권이라고도 볼 수 있다. 하지
만 우리나라의 헌법재판소에서는 행복추구권은 일반적, 포괄적 기
본권으로 보면서 "행복추구권은 국민이 행복을 추구하기 위하여 필
요한 급부를 국가에게 적극적으로 요구할 수 있는 것을 내용으로
하는 것이 아니라, 국민이 행복을 추구하기 위한 활동을 국가권력의
간섭 없이 자유롭게 할 수 있다는 포괄적인 의미의 자유권으로서의
성격을 가진다. 고 판시한바 있다.[49] 이론적으로는 행복추구권을 사

신체를 침해하는 진료행위를 하는 경우에는 질병의 증상, 치료방법의 내용
및 필요성, 발생이 예상되는 위험 등에 관하여 당시의 의료수준에 비추어
상당하다고 생각되는 사항을 설명하여, 당해 환자가 그 필요성이나 위험성
을 충분히 비교해 보고 그 진료행위를 받을 것인지의 여부를 선택하도록
함으로써 그 진료행위에 대한 동의를 받아야 한다. 환자의 동의는 헌법 제
10조에서 규정한 개인의 인격권과 행복추구권에 의하여 보호되는 자기결정
권을 보장하기 위한 것으로서, 환자가 생명과 신체의 기능을 어떻게 유지할
것인지에 대하여 스스로 결정하고 진료행위를 선택하게 되므로, 의료계약
에 의하여 제공되는 진료의 내용은 의료인의 설명과 환자의 동의에 의하여
구체화된다... (중략)... 이미 의식의 회복가능성을 상실하여 더 이상 인격체
로서의 활동을 기대할 수 없고 자연적으로는 이미 죽음의 과정이 시작되었
다고 볼 수 있는 회복불가능한 사망의 단계에 이른 후에는, 의학적으로 무
의미한 신체 침해 행위에 해당하는 연명치료를 환자에게 강요하는 것이 오
히려 인간의 존엄과 가치를 해하게 되므로, 이와 같은 예외적인 상황에서
죽음을 맞이하려는 환자의 의사결정을 존중하여 환자의 인간으로서의 존엄
과 가치 및 행복추구권을 보호하는 것이 사회상규에 부합되고 헌법정신에
도 어긋나지 아니한다. 그러므로 회복불가능한 사망의 단계에 이른 후에 환
자가 인간으로서의 존엄과 가치 및 행복추구권에 기초하여 자기결정권을
행사하는 것으로 인정되는 경우에는 특별한 사정이 없는 한 연명치료의 중
단이 허용될 수 있다...후략).
48) Black Jr., "Further Reflection of the Constitutional justice of Livelihood",
    Columbia law review, Vol. 86, (1986), 1106.

회복지와 관련한 급부청구의 근거로 포섭할 수는 있지만50) 현행 헌
법재판소의 태도는 적극적 급부청구권의 근거로서는 행복추구권을
부정하는 것이라 볼 수 있다. 하지만 미국의 옴스테드 판결에서 보
듯이 행복추구권이 가지는 자유권적 성격이야말로 행복추구권이 탈
시설의 논거가 될 수 있을 것이다.

라. 개성의 자유로운 발현과 탈시설

우리 헌법은 개성의 자유로운 발현에 대하여 명시적인 규정을 두
고 있지 않지만 우리 학설과 판례는 개성의 자유로운 발현을 기본
권으로 인정한다. 독일의 경우에는 연방기본법 제2조 제1항에서 "누
구든지 타인의 권리를 침해하지 아니하고 헌법적 질서 또는 도덕률
에 위반하지 아니하는 한, 자신의 개성을 자유로이 발현할 권리를
가진다.고 개성의 자유로운 발현권을 명시하고 있다. 우리 헌법재판
소는 행복추구권을 독자적인 기본권으로 파악하면서 그 행복추구권
속에 일반적 행동자유권과 개성의 자유로운 발현권 등이 포함된다
고 한다. 그러면서 개성의 자유로운 발현을 하나의 독자적인 기본권
의 내용으로 보고 있다.51) 특히 필자가 개성의 자유로운 발현에 주

---

49) 헌법재판소 1995. 7. 21. 선고 93헌가14 결정.
50) 제퍼슨의 행복추구권에 대한 논리와 재분배적인 재산권과 관련된 논의는
    사회복지와 관련하여 행복추구권과 관련 중요한 논의의 단초를 제공한다.
    자세한 내용은 이재승, "행복추구권의 기원과 본질", 민주법학 제38호,
    (2008. 12.), 120.
51) 헌법재판소 2005. 4. 28. 선고 2004헌바65 결정 (헌법 제10조에 의거한 행복
    추구권은 헌법에 열거된 기본권으로서 행복추구의 수단이 될 수 있는 개별
    적 기본권들을 제외한 헌법에 열거되지 아니한 권리들에 대한 포괄적인 기
    본권의 성격을 가지며, '일반적 행동자유권', '개성의 자유로운 발현권', '자
    기결정권', '계약의 자유' 등이 그 보호영역 내에 포함된다. 일반적 행동의
    자유는 개인의 인격발현과 밀접히 관련되어 있으므로 최대한 존중되어야
    하는 것이지만 헌법 제37조 제2항에 따라 국가안전보장·질서유지 또는 공

목하는 이유는 사회복지시설이라는 곳이 생활인들을 탈개성화, 획일화 시키는 경향이 너무나 강하다는 문제의식 때문이다.52)

사회복지시설이 가지는 근본적인 문제점은 시설 운영이 폐쇄적이라는 것과 그 폐쇄성으로 인해 그 안의 생활인들이 탈개성화 되는 것이다. 대개의 시설장들은 시설 설립 초기부터 종사한 사람들로 장기간 시설장으로 재직한 경우가 많고 친인척들이 법인이나 시설의 종사자로 근무하는 경우가 많다. 이렇게 시설이 폐쇄적으로 운영된 결과 시설의 개방성이 미약하고 운영비리와 같은 것이 발생하고 공공성이나 투명성이 부족하게 된다. 이러한 비리는 지역사회가 사회복지시설을 부정적으로 인식하게 되는 계기가 되기도 한다. 사회복지시설과 관련된 논의에서 기본권으로서의 개성의 자유로운 발현은 매우 중요시 되어야 하며 시설 운영의 폐쇄성을 극복하고 탈시설을 촉진하는 주된 논거로 사용되어야 할 것이다.

마. 사회적 기본권과 탈시설

헌법재판소는 사회적 기본권의 행위규범적 측면과 통제규범적 측면을 구분하면서 헌법재판소는 다른 국가기관 즉 입법부나 행정

공복리를 위하여는 제한될 수 있다); 헌법재판소 2009. 4. 30. 선고 2005헌마 514 전원재판부 결정 (부모의 자녀교육권은 학교영역에서는 부모가 자녀의 개성과 능력을 고려하여 자녀의 학교교육에 관한 전반적 계획을 세운다는 것에 기초하고 있으며, 자녀 개성의 자유로운 발현을 위하여 그에 상응한 교육과정을 선택할 권리, 즉 자녀의 교육진로에 관한 결정권 내지는 자녀가 다닐 학교를 선택하는 권리로 구체화된다.)

52) 필자가 첫 활동보조를 경험할 당시의 일화를 잊지 못한다. 아침 6시에 화장실에 데려달라는 중증장애인에게 그 보다 더 먼저 가고 싶으면 깨우라고 이야기 했더니 '너도 30년을 같은 시간에 똥싸봐. 그럼 매일 6시에 싸게 되거든' 이라는 답변을 들었었다. 화장실에 가는 시간마저 통제되는 곳이 장애인 거주시설이었던 것이다.

부가 국민이 사실적 자유의 전제를 확보하기 위하여 객관적으로 필요한 최소한의 조치를 취할 의무를 다하였는지를 기준으로 국가기관의 행위의 합헌성을 심사하여야 한다고 판시한 바 있다.53) 이러한 것을 '최소한 보장의 원칙'이라 부를 수 있다. 단 이러한 최소한 보장의 원칙은 사법심사의 기준이라는 점을 주의해야 할 것이다. 이는 사법부의 입장에서 위헌, 위법성을 판단할 때의 기준이지 입법부와 행정부의 입장에서 최소한의 보장만으로 사회복지에 관한 국가의 의무를 다하였다고 판단한다면 이는 잘못된 결정일 것이다. 입법부와 행정부의 입장에서는 최소한이라는 개념을 더욱 완화하여 가급적 넓게 사회적 기본권에 관한 여러가지 급부를 인정할 필요가 있다. 따라서 탈시설과 관련된 입법부와 행정부의 의무의 경우 이는

---

53) 헌법재판소 1997. 5. 29. 선고 94헌마33 결정 (국가가 행하는 생계보호의 수준이 그 재량의 범위를 명백히 일탈하였는지의 여부, 즉 인간다운 생활을 보장하기 위한 객관적 내용의 최소한을 보장하고 있는지의 여부는 생활보호법에 의한 생계보호급여만을 가지고 판단하여서는 아니되고 그외의 법령에 의거하여 국가가 생계보호를 위하여 지급하는 각종 급여나 각종 부담의 감면등을 총괄한 수준을 가지고 판단하여야 하는바, 1994년도를 기준으로 생활보호대상자에 대한 생계보호급여와 그 밖의 각종 급여 및 각종 부담감면의 액수를 고려할 때, 이 사건 생계보호기준이 청구인들의 인간다운 생활을 보장하기 위하여 국가가 실현해야 할 객관적 내용의 최소한도의 보장에도 이르지 못하였다거나 헌법상 용인될 수 있는 재량의 범위를 명백히 일탈하였다고는 보기 어렵고, 따라서 비록 위와 같은 생계보호의 수준이 일반 최저생계비에 못미친다고 하더라도 그 사실만으로 곧 그것이 헌법에 위반된다거나 청구인들의 행복추구권이나 인간다운 생활을 할 권리를 침해한 것이라고는 볼 수 없다.) 본 판결은 전체적인 법리와 취지에는 동의할 수 있으나 구체적인 결정은 아쉬운 판결이었다. 당시 사건의 청구인들은 생활보호법상의 거택보호대상자로서 생계보호기준에 따라 1994년 현재 매월 금 65,000원 정도의 급여를 지급받고 있었다. 이는 1993년도의 월 최저생계비 (전국118,600원, 대도시 : 141,400원, 중소도시 : 126,400원, 농촌 : 106,100원)는 물론 육체적인 생존을 위하여 필요한 최저생계비 105,000원에도 훨씬 미치지 못하는 금액이었다. 이러한 금액에 관하여 최소한 보장의 원칙 위반이 아니라고 한 것은 이해하기 힘들다.

더욱 적극적으로 해석되어야 할 것이며 탈시설과 관련한 소송으로
인한 권리 구제 이전에 더욱 적극적인 입법과 행정을 해야 한다는
원리로 작용할 것이다.

4. 탈시설 자립생활을 위한 현 정부의 정책 및 제언

가. 커뮤니티 케어 사업의 도입

2019년 사회서비스 전달체계 관련하여 가장 큰 변화를 꼽자면 커
뮤니티 케어 관념이 도입되어 사업을 진행 중이라는 것이다. 보건복
지부는 지역사회돌봄을 위한 커뮤니티 케어 선도사업을 신규 사업
으로 추진하며 2019년에 약 80억원의 예산을 배정하였고 이 중 장애
인 케어모델 운영비는 28억원으로 현재 4개 시군구에 배정할 것을
예정하고 있다.54) 커뮤니티 케어 사업은 "기존 시설·병원 중심의 돌
봄에서 벗어나 자신이 살던 집이나 지역에서 요양, 돌봄, 보건의료
등 필요한 서비스를 통합 제공받도록 설계된 사업이며 노인·장애인
등이 지역 공동체에 동화된 삶을 누릴 수 있도록 하려는 것"55) 임을
명확히 하여 이 사업이 탈시설화를 지향한다는 점을 명확히 하였다.
이제 단순히 운동으로서의 탈시설이 아닌 정책으로서의 탈시설이
자리 잡는 초기의 단계에 접어들었다고 볼 수 있을 것이다. 여전히
너무 적은 예산과 4개 시군구라는 초라한 시행은 안타깝지만 큰 방
향 전환을 위한 한걸음이기에 반갑다. 다만 탈시설화가 탈시설+화
(化)로 오해되었을 때 오히려 탈시설에 부정적인 반응이 나올 수 있

---

54) 국회 보건복지위원회, "2019년도 예산안 및 기금운용계획안 검토보고",
   (2018. 11.), 334.
55) 국회 보건복지위원회, "2019년도 보건복지위원회 소관 예산안 예비심사보
   고서", (2018. 11.), 9.

는 것처럼 커뮤니티 케어는 단순히 장소적으로 지역사회에서 돌보
는 것으로 해석한다면 이는 지역에서 민간이 장악하고 있는 사회서
비스 전달체계를 강화하고 장소만 이전되는 효과로 귀결될 우려가
있다. 따라서 종합적인 욕구평가체계를 갖추고 서비스 이용의 주체
성을 확보하기 위하여 충분한 예산 지원 및 다양한 주거공간을 제
공하기 위한 체계도 시급히 만들어야 할 것이다.

나. 장애인탈시설법의 제정 필요성

비정상이 오래 지속되면 사람들은 이를 정상으로 여기고 아무도
비정상을 탓하지 않게 된다. 우리 사회에 비정상이 정상처럼 자리잡
은 예는 너무나 많다. 장애인 거주시설의 문제야 말로 가장 비정상
적인 격리와 수용이었음에도 지금까지 정상으로 받아들여져 왔다.
탈시설이라는 용어가 시설을 선량한 마음으로 운영하려는 사람에게
낙인을 찍는다는 주장이 제기될 정도이다. 이는 탈시설의 개념에 대
한 오해에서 비롯된다고 할 것이다. 원래 사회복지는 영리의 대상이
될 수 없고 국가 책임 하에 시행되는 것이다. 이러한 원칙 하에서
지금까지 민간이 시설을 만들어 요보호자를 책임지고 그에 대한 비
용을 국가나 지방자치단체로부터 지원받은 것은 매우 예외적인 상
황이었다고 인식해야 한다. 사회복지는 영리 사업이 될 수 없다. 탈
시설은 국가가 추구해야하는 장애인 복지의 방향임이 확실하고 그
렇다면 지금까지의 단순한 한 두 개의 정책을 시행하고 아주 약간
의 예산을 배정하여 생색내기 식의 탈시설화 추진을 할 것이 아니
라 관련 근거 법령을 제정하고 법률유보와 법률우위에 맞는 법치행
정의 장으로 탈시설을 가지고 와야 한다. 그러기 위해서는 장애인
탈시설법과 같은 패러다임의 변화를 가져오는 법의 제정이 필요하
다. 물론 그 과정에서 기존 민간 주체들을 일방적으로 배제하는 것

이 아니라 어떻게 연착륙 시킬 것인가 고민이 반영되어야 하며 그러기 위해서는 민간제공주체에 의해 설치된 사회복지시설 폐지 관련 경과조치가 필요할 것이다. 결국 장애인 인권침해 예방 강화, 지역사회 정착방안 확보 등의 내용을 담은 탈시설 관련 법률에 의한 국가적 의지 표명이 필요한 것이다.[56]

---

56) 최호용, "'장애인 거주시설의 설치와 운영에 관한 쟁점' 토론문", 재단법인 동천 공익법총서 5권 사회복지법연구 세미나 자료집, (2019. 2.), 99면.

참고문헌

국무조정실 보도자료, "문재인정부 장애인정책 70개 추진과제 확정", 장애인 정책조정위원회 (2019. 03.).

국회 보건복지위원회, "2019년도 예산안 및 기금운용계획안 검토보고", (2018. 11.), 334.

국회 보건복지위원회, "2019년도 보건복지위원회 소관 예산안 예비심사보고서", (2018. 11.), 9.

권영성, 헌법학원론, 법문사, (2009).

김도희, "탈시설화와 커뮤니티 케어", 월간 복지동향 236호, 참여연대 사회복지위원회 (2018. 6.).

김명연, "사회복지시설 생활인 인권에 대한 성과와 과제", 공법연구 제35집 제2호 제2권, (2006. 10.).

김미옥 외 2인 공저, "장애인 거주시설과 사례관리", EM커뮤니티, (2009).

김종해, "사회복지시설의 현황과 발전 방향-법인과 시설의 사회화를 중심으로-", 상황과 복지 제8호, (2000. 11.).

박균성·김유향, 핵심강의 행정법, 박영사, (2018).

박숙경 외, "장애인 탈시설 방안 마련을 위한 실태조사 보고서", 국가인권위원회, (2017).

박태영, 사회복지시설론, 양서원, (2000).

신용규, "'위수탁제도와 사회복지서비스 환경의 왜곡' 토론문", 한국사회복지행정학회 학술대회 자료집, (2017. 4.).

이성규, "Normalization 논의에 관한 비판적 고찰", 장애와 고용 제7호, (1997, 3.)

이재승, "행복추구권의 기원과 본질", 민주법학 제38호, (2008. 12.).

정재황, 신헌법입문, 박영사, (2019).

조화영, "조선천주교회의 아동복지에 관한 연구- 박해시대 영아회 사업을 중심으로", 석사학위논문, 성심여자대학교 (1990).

최원규, "외국 민간 원조 단체의 활동과 한국 사회사업 발전에 미친 영향", 박사학위 논문, 서울대학교 (1996).

최호용, "사회복지사업법 해설 2판", BOOKK, (2018).

최호용, "'장애인 거주시설의 설치와 운영에 관한 쟁점' 토론문", 재단법인 동천 공익법총서 5권 사회복지법연구 세미나 자료집, (2019. 2.).

홍정선, 행정법원론(상) 27판, 박영사, (2019).

김정환, "사회복지시설에 관한 공법적 고찰", 박사학위논문, 연세대학교 (2010).

Black Jr., "Further Reflection of the Constitutional justice of Livelihood", Columbia law review, Vol. 86, (1986).

Jim Mansell, Kent Ericsson ed., "Deinstitutionalization and Community Living", Mansell & Ericsson, (1996).

Joseph J. Mehr· Ronald Kanwischer, "Human Services-Concepts and Intervention Strategies, tenth edition", Allyn and Bacon, (2008).

Phil Brown, "The Transfer of Care", Routledge & Kegan Paul, (1985).

사회복지법인의 역할과 변화하는 복지 전달체계

이상훈*·김도희

I. 사회복지법인의 설립 및 기관구성

1. 정의

사회복지법인은 사회복지사업을 할 목적으로 설립된 법인이다. 사회복지사업은 아래 법률에 따른 보호·선도 또는 복지에 관한 사업을 말하고, 이에 따라 영유아보육법에 따른 어린이집을 운영하는 법인은 사회복지법인인 반면, 유아 교육법에 따른 유치원을 운영하는 법인은 사회복지법인이 아니다.

※ 사회복지사업법 제2조 (정의) "사회복지사업"이란 다음 각 목의 법률에 따른 보호·선도 또는 복지에 관한 사업과 사회복지상담, 직업지원, 무료 숙박, 지역사회복지, 의료복지, 재가복지, 사회복지관 운영, 정신질환자 및 한센병력자의 사회복귀에 관한 사업 등 각종 복지사업과 이와 관련된 자원봉사활동 및 복지시설의 운영 또는 지원을 목적으로 하는 사업을 말한다.
  가. 국민기초생활 보장법

---

* 이하 서울시복지재단 사회복지공익법센터 변호사

나. 아동복지법
다. 노인복지법
라. 장애인복지법
마. 한부모가족지원법
바. 영유아보육법
사. 성매매방지 및 피해자보호 등에 관한 법률
아. 정신건강증진 및 정신질환자 복지서비스 지원에 관한 법률
자. 성폭력방지 및 피해자보호 등에 관한 법률
차. 입양특례법
카. 일제하 일본군위안부 피해자에 대한 생활안정지원 및
　　 기념사업 등에 관한 법률
타. 사회복지공동모금회법
파. 장애인·노인·임산부 등의 편의증진 보장에 관한 법률
하. 가정폭력방지 및 피해자보호 등에 관한 법률
거. 농어촌주민의 보건복지증진을 위한 특별법
너. 식품 등 기부 활성화에 관한 법률
더. 의료급여법
러. 기초연금법
머. 긴급복지지원법
버. 다문화가족지원법
서. 장애인연금법
어. 장애인활동 지원에 관한 법률
저. 노숙인 등의 복지 및 자립지원에 관한 법률
처. 보호관찰 등에 관한 법률
커. 장애아동 복지지원법
터. 발달장애인 권리보장 및 지원에 관한 법률
퍼. 청소년복지 지원법
허.　북한이탈주민의 보호 및 정착지원에 관한 법률

2. 현황

사회복지법인은 사회복지시설을 설치·운영할 목적으로 설립된 '시설법인'과 사회복지사업을 지원할 목적으로 설립된 '지원법인'으로 대별된다. 사회복지법인은 1988년에는 601개였으나 2008년 1,542개로 대폭 늘었으며 2017년 3월 기준으로 2,938개 정도가 있다.

(단위: 개소)[1]

구분	합계	시설법인	지원법인
		계	계
전국	2,938	2,664	274
서울	310	207	103

3. 설립

가. 절차의 개요

사회복지법인의 허가권자는 시·도지사이다. 사회복지법인을 설립하고자 하는 자는 우선 법인 주사무소가 소재할 시·군·구에 관련 서류를 제출하고, 시·군·구는 검토 의견을 첨부하여 시·도에 제출하면, 시·도에서 최종 허가 여부를 결정한다.

신청인	⇒	시·군·구	⇒	시·도 최종 결정

활동범위가 2개 이상의 시·도에 걸치는 경우가 문제된다. 현재는 관련 시·도의 의견을 수렴하여 결정하도록 하고 있는데, 이 경우는 보건복지부장관이 허가권자가 될 필요가 있다.

사회복지법인의 설립행위는 설립자가 기본재산 등을 출연하는 행위와 설립자의 법인 설립의도를 정관에 작성하는 행위로 구분된다.

나. 재산의 출연

법인의 설립자는 목적사업에 필요한 재산을 출연하여야 한다. 재

---

1) 보건복지부, "2018 사회복지법인 관리안내", 6.

산의 종류는 동산, 부동산 등 다양한 형태가 가능하며 일정 신용평
가등급 이상의 채권도 가능하다.

출연 재산은 기본재산과 보통재산으로 구분한다. 기본재산은 목
적사업 및 수익사업의 수행을 위해 기본적으로 필요한 재산을 말하
고, ①부동산, ②정관에서 기본재산으로 정한 재산, ③ 이사회의 결의
에 의하여 기본재산으로 편입된 재산이 해당한다. 기본재산은 그 목
록과 가액을 정관에 기재해야 한다. 반면 보통재산은 기본재산 이외
의 재산을 말하고, 자동차, 컴퓨터 등 감가상각 하는 재산 등이 있다.

기본재산과 보통재산의 의미가 불명확하여 명확성의 원칙에 위
반되는지도 문제되었는데, 헌법재판소는 "사회복지법인의 기본재산
은 사회복지법인이 정관에 정한 목적사업을 수행하는데 꼭 필요한
재산으로서, 통상 사회복지시설 등을 설치하는데 직접 사용되는 재
산(목적사업용 기본재산)과 임대수입이 있는 건물이나 주식 등 그
수익으로 목적사업의 수행에 필요한 경비를 충당하기 위한 재산(수
익용 기본재산)이 속할 것이라고 충분히 해석이 가능하여 집행당국
에 의한 자의적 해석의 여지를 주거나 수범자의 예견가능성을 해할 정
도로 불명확하다고 볼 여지는 없다"고 결정하였다(헌법재판소 2005. 2.
3. 자 2004헌바10 결정).

다. 정관의 작성

정관에는 ①목적, ②명칭, ③주된 사무소의 소재지, ④ 사업의 종
류, ⑤자산 및 회계, ⑥ 임원의 임면(任免), ⑦회의에 관한 사항, ⑧ 수
익을 목적으로 하는 사업이 있는 경우 그에 관한 사항, ⑨ 정관의 변
경, ⑩ 존립시기와 해산 사유가 있는 경우에는 그 시기와 사유 및 남
은 재산의 처리방법, ⑪ 공고 및 공고방법 등에 관한 사항을 기재하
여야 한다. 그 중 목적 사항과 관련하여 문제가 되곤 한다. 예컨대

목적사업 달성을 위해 필요한 수익사업은 정관에 규정할 경우 허용되지만, 구체적인 인정범위에 대해서 다툼이 있다.[2]

이후 정관을 변경하려는 경우에는 시·도지사의 인가를 받아야 한다(사회복지사업법 제17조 제2항). 인가의 성질상 행정청은 인가신청에 대하여 인가를 할 것인지의 여부에 관하여서만 결정할 수 있고, 신청이 없는 인가나 수정인가는 특별한 규정이 없는 한 무효이다. 다만 정관 변경 요청시 실무상 주무관청에서 수정을 요구하곤 하는데, 이는 수정인가라기보다 행정지도의 성격이 강하다고 본다.

라. 주무관청의 허가

사회복지사업을 담당하고 있는 사회복지법인은 민간에서의 공적 책임 영역을 담당하고 있는 것이기 때문에 주무관청이 엄격한 심사를 거쳐 허가를 한다.

허가심사시 심사기준은 설립자의 재정능력 및 의도, 목적사업의 비영리성, 수익사업의 성격이고, 그 중 목적사업을 수행할 정도의 기본재산을 갖추었는지가 제일 중요하다. 다만 사회복지사업법 시행규칙 제13조에서는 명확한 기본재산액을 제시하지 않고 있어서, 허가권자별로 기준이 통일되지 않고 있다.[3]

판례는 설립허가 여부는 주무관청의 정책적 판단에 따른 재량행위로서 "법인설립 불허가처분에 사실의 기초를 결여하였다든지 또는 사회통념상 현저하게 타당성을 잃었다는 등의 사유가 있지 않는 한 불허가처분에 재량권을 일탈·남용한 위법이 있다고 할 수 없다"

---

2) 실무상 서울시의 경우 골재생산 및 판매업 사업 추가 요청에 대해 불허 결정을 한 사례가 있다.
3) 실무상 서울시의 경우 출연된 기본재산으로부터 발생하는 수익으로 인건비, 사업비 등 법인운영경비의 전액을 충당하는 정도를 요구하고 있다.

고 판시하였다.

[대법원 1996.9.10. 선고 95누18437 판결]
비영리법인의 설립허가를 할 것인지 여부는 주무관청의 정책적 판단에 따른 재량에 맡겨져 있다. 따라서 주무관청의 법인설립 불허가처분에 사실의 기초를 결여하였다든지 또는 사회관념상 현저하게 타당성을 잃었다는 등의 사유가 있지 아니하고, 주무관청이 그와 같은 결론에 이르게 된 판단과정에 일응의 합리성이 있음을 부정할 수 없는 경우에는, 다른 특별한 사정이 없는 한 그 불허가처분에 재량권을 일탈·남용한 위법이 있다고 할 수 없다.

4. 지배구조

가. 이사회

(1) 권한

사회복지법인은 민법상 재단법인에 대한 특별법인 성격을 지니기 때문에 주주총회나 사원총회와 같은 의사결정기관이 없고, 이사회가 의사결정기관의 역할을 수행한다.

사회복지법인에 있어 이사회는 전체적인 조직운영이나 사업과 관련해서 실질적인 의사결정을 할 수 있는 유일한 단위이다. 또한 조직의 임무와 목표를 설정하고, 시설장을 임명·평가·감독하고, 조직이 제반 법령을 준수하며 운영되도록 하는 등의 광범위한 책임을 진다.

이사회의 구성에 있어 사회복지사업법 시행령 제9조에 의한 "특별한 관계에 있는 자"는 이사 현원의 1/5를 초과할 수 없다.

〈이사회의 기능[4]〉
- 법인의 예산, 결산, 차입금 및 재산의 취득·처분과 관리에 관한 사항
- 정관의 변경에 관한 사항
- 법인의 합병·해산에 관한 사항
- 임원의 임면에 관한 사항
- 수익사업에 관한 사항
- 기타 법령이나 정관에 의하여 그 권한에 속하는 사항

(2) 결의 방법

이사회 결의는 재적이사의 과반수로써 결정한다. 실무상 많이 문제되는 것은 대리결의와 서면 결의이다. 이사들이 같은 날 모이기가 힘들기 때문에 과거에 대리결의와 서면 결의를 하는 경우가 많았기 때문이다.

현재 공익법인의 설립·운영에 관한 법률(이하 '공설법'이라 함) 제9조 제2항에서는 이사회의 의사는 서면결의에 의할 수 없다고 명시적으로 규정하고 있기 때문에 서면 결의는 허용되지 않는다. 그리고 위 취지에 비추어 보면 이사가 대리인의 선임을 통하여 의사를 표시하는 방법으로 결의하는 것도 허용되지 않는다고 본다.[5]

(3) 의사록 공개

이사회 의사록은 공개를 의무화했다. 공개 장소는 사회복지법인의 인터넷 홈페이지(전부 공개되는 카페나 블로그도 가능)와 관할 시·도지사가 지정하는 인터넷 홈페이지(예 : 시·도 홈페이지 또는 관련 협의회, 단체 홈페이지 등)이고, 회의일부터 10일 이내에 게시하여 게시일로부터 3개월간 각각 공개하여야 한다.

---

4) 공익법인의 설립 및 운영에 관한 법률 제7조
5) 보건복지부, 앞의 책, 28.

나. 이사

(1) 의의 및 자격

이사는 대외적으로 법인을 대표하고 대내적으로 법인의 업무를 집행하는 필수 기관이다(민법 제58조, 제59조). 이사의 정수는 대표이사를 포함한 7인 이상이어야 하며 그 임기는 3년으로 연임 할 수 있다(사회복지사업법 제18조).

이사는 법인의 사무에 관하여 각자 법인을 대표하지만, 통상 법인 등기부등본에 1명의 이사를 제외하고 나머지 이사들에 대해서 대표권을 제한하고 있다.

이사는 이사회에서 선임한다. 공설법 제5조에서는 이사 취임시 주무관청의 승인을 받도록 되어 있으나, 사회복지사업법에서는 이를 보고로 갈음하고 있다. 법인과 관련한 사회적 문제가 생길 때마다 사회복지사업법에서는 이사의 자격요건을 강화하였다(제19조).

한편 이사는 법인의 시설장을 제외한 직원을 겸할 수 없다(제24조 제1항).

(2) 외부추천이사

이사회의 중요성이 강조됨에 따라 법에서는 이사의 자격요건을 강화하는 방안과 함께 외부추천이사와 외부감사 제도를 도입하였다.

위 제도는 영화 도가니로 촉발된 사회복지법인의 인권침해 논란에 대한 대응방안으로서, 2012년 개정 사회보장사업법에서 사회복지법인 운영의 투명성과 개방성을 높이고 민주적 운영을 도모하기 위해 도입되었다.

이에 따라 사회복지법인의 이사회의 3분의 1(소수점 이하는 버림)을 의무적으로 외부추천이사를 선임하여야 한다.

이사 정수	필요 외부추천이사 수
7명/8명	2명
9명/10명/11명	3명

외부추천이사는 시·도 사회보장위원회나 지역사회보장협의체에서 추천한 자 중에서 이사회가 최종 선임하는데, 종전에는 선임될 이사의 2배수를 추천하도록 하였으나 2018년 4월부터 3배수 추천으로 개정되었다.

위 조항의 위헌성이 문제되었는데, 헌법재판소는 "사회복지법인의 투명성을 제고하고 기관 운영의 폐쇄성을 해소하기 위한 것이므로 그 목적의 정당성 및 수단의 적절성이 인정된다"라고 판결하였다(헌법재판소 2014. 1. 28. 자 2012헌마654 결정).

외부추천이사는 법인이 전달하는 서류에 주로 기초하여 이사회에 참여 할 수밖에 없기 때문에 단시간 내에 위 자료만으로 법인의 전반적인 상황을 파악하기는 현실적으로 힘들고, 대부분 명예직, 무보수직이어서 홀로 문제를 파악하는데 시간과 비용 투입의 한계가 있다. 그러나 외부 추천이사의 "의지"와 감독관청의 적시 적절한 감독권이 결합하면 바람직한 이사회 모델을 양산할 수 있다고 본다.

(3) 이사의 책임

사회복지법인의 이사는 선량한 관리자의 주의로 충실하게 그 직무를 행해야하며, 이사가 그 임무를 해태한 때에는 법인에 대하여 연대하여 손해배상의 책임이 있다(민법 제61조, 제65조).

그러나 이사들이 대부분 명예직, 비상근직이어서 이사회의 운영이 형식적으로 이루어지는 경우가 많고, 대신 현실에서는 사회복지법인의 경영을 이사장이나 상근이사, 사무총장이 주도하고 있다. 따라서 대부분 명예직, 비상근직인 법인의 이사들이 주식회사와 마찬

가지로 이사회에 상정된 의안 이외에도 적극적인 감시 의무를 부담
하는지가 논란이 되었다. 판례는 비영리재단법인 이사에 대해서도
적극적인 감시 의무가 있다고 판결하였지만, 아직까지 사회복지법
인 이사의 적극적인 감시 의무 위반을 이유로 책임을 인정한 판례
는 발견되지 않는다.

[대법원 2016. 8. 18. 선고 2016다200088 판결]
재단법인 정관에서 일상적 사무를 처리하기 위해 사무총장, 사무국장 등의 명
칭으로 상근 임원을 따로 두고 있는 경우, 비상근 또는 업무집행을 직접 담당하
지 아니하는 이사도 단지 이사회에 상정된 의안에 대하여 찬부의 의사표시를
하는 데에 그치지 않고 상근 임원의 전반적인 업무집행을 감시할 의무가 있으
므로, 상근 임원의 업무집행이 위법하다고 의심할 만한 사유가 있음에도 불구
하고 감시의무를 위반하여 방치한 때에는 이로 말미암아 재단법인이 입은 손해
에 대하여 배상책임을 면할 수 없다.

다. 감독기관

(1) 감사

감사는 법인의 재산이나 업무집행상태의 적정 여부를 조사·감독
하는 기관으로 필수기관이다. 감사의 정수는 2인 이상이어야 하며
그 임기는 2년으로 연임할 수 있다(법 제18조). 감사는 이사와 사회
복지사업법 시행령 제9조의 "특별한 관계에 있는 자"가 아니어야
하며, 감사 중 1명은 법률 또는 회계에 관한 지식이 있는 사람 중에
서 선임하여야 한다.

(2) 외부 감사

이와 별개로 선임 당시 직전 3회계연도의 세입결산서에 따른 세
입의 평균이 30억원 이상(법인이 설치·운영하는 사회복지시설을 포

함한다)인 사회복지법인은 시·도지사의 추천을 받아 주식회사 등의
외부감사에 관한 법률에 따른 감사인에 속한 사람을 외부 감사로
선임하여야 한다.

II. 다른 비영리법인, 공익법인과의 비교

1. 기본 성격

사회복지법인은 법인이 국가의 사회복지증진의무를 민간영역에
서 분담하는 점을 감안하여 도입된 것이다. 따라서 법인의 성격을
사단법인으로 할 유인이 없었기 때문에, 1970년 제정법에서는 "법인
은 사회복지사업운영에 필요한 자산을 소유하여야 한다(제12조 제1
항)"라고 하여 사회복지법인의 성격을 재단법인으로 규정하였다.

2. 사회복지법인 도입 입법 경위

사회복지법인이 민법상 재단법인과 별도의 법률로 도입된 것은,
사회복지 서비스 전달체계의 구축 과정과 관련이 있다. '복지서비스
전달체계'는, 사회복지분야에서 중요한 논의 주제이다. 이는 현대사
회의 사회문제가 개인적인 원인뿐만 아니라 국가·사회적 원인에 기
인하는 것이 많다는 인식에서 비롯한다.[6]

우리 헌법도 모든 국민에게 '인간다운 생활을 할 권리'를 보장하
면서(제34조 제1항), 이 권리의 실효성을 확보하기 위하여 같은 조

---

6) 헌법재판소 2005. 2. 3. 선고 2004헌바10 결정

제2항에서는 국가의 '사회보장·사회복지의 증진에 노력할 의무'를 규정하고 있다.

이에 따라 노인, 장애인, 아동 등 사회적 취약계층을 보호하기 위한 사회복지서비스의 제공 책무가 국가에게 주어졌고, 이를 위하여 위 복지서비스의 공급주체인 국가와 서비스 수요자인 국민들을 조직적으로 연결시키는 체계를 갖추어야 하는데, 이를 '복지서비스 전달체계'라고 한다.

가. 1970년 사회복지사업법 제정

우리나라는 초기에 자원이 부족하여 고아원, 양로원 등에서의 구호사업을 주로 개인적 차원 또는 민법상의 재단법인을 통해 수행하였다. 그런데 당시 보건사회부(현 보건복지부)가 민법상의 재단법인에 대해서는 직접적인 통제수단을 가질 수 없었고, 이에 1970년에 보건사회부 주관 하에 사회복지사업법을 제정하면서 사회복지법인 제도가 탄생하게 되었다.[7]

즉 1970년에 제정된 사회복지사업법에서는 사회복지시설 설치·운영주체를 ① 국가 또는 지방자치단체, ② 서울특별시장·부산시장 또는 도지사의 허가를 받은 법인, ③ 보건사회부장관의 허가를 받은 사회복지법인만 가능하도록 하였다(제22조). 그리고 정관기재사항으로 10개 항목을 제시하고, 설립에 있어서 보건사회부장관의 인가를 받도록 하며, 친족 일정 수 이상 임원 임용금지 및 감사 설치의무 및 수익사업 허용 등을 신설하여 민법상의 재단법인과의 차별성을 부각시켰다.

당시 국가는 사회복지시설 운영자들에게 사회복지법인으로 전환

---

7) 김진우, "환경변화에 따른 사회복지법인 제도의 비판적 고찰", 한국사회복지행정학 제17권 3호 (2015. 8.), 463.

하도록 요청하면서 대신 시설종사자의 인건비, 시설운영비 등을 지급하였다.[8] 즉 복지서비스 전달체계의 민간에서의 활동 단위를 원칙적으로 사회복지법인으로 한 것이다.

나. 1998년 개정 법률

이 후 1998년 개정법에서는 사회복지시설의 설치운영을 용이하게 하기 위하여 사회복지시설 설치 운영의 허가제를 신고제로 전환하고, 사회복지법인과 기타 비영리법인에 한하여 동 시설을 설치 운영할 수 있었던 것을 법인이 아닌 개인도 사회복지시설을 설치 운영할 수 있도록 하였다. 이에 따라 복지서비스 전달체계의 활동 단위가 보다 자유로워졌다.

3. 구별 개념

가. 설치 근거에 따른 분류

사회복지법인은 사회복지사업법에 근거하여 사회복지사업을 행할 목적으로 설립된 비영리재단법인이다. 이와 같이 민법 외에 개별법에 근거하여 설립되는 재단법인으로는 사립학교법을 근거로 한 학교법인, 의료법을 근거로 한 의료법인 등이 있다.

당초 구 민법에서는 공익성이 증명된 경우에만 법인격을 취득하였는데, 1960년 개정 민법에서 영리를 추구하지 않는 기관에 대해서도 법인격을 취득할 수 있도록 하였다(제32조). 이후 1963년 사립학교법이 제정되어 학교법인이, 1970년 사회복지사업법이 제정되어

---

8) 강영숙, "한국 사회복지법인의 조직성장과정에 관한 질적연구", 한국사회복지행정학, 제13권 제1호 (2011. 1), 51.

사회복지법인이, 1973년 의료법이 제정되어 의료법인이 민법과 별도의 근거법을 가지게 되었다.

사회복지법인과 유사한 용어들로서 공익법인이 있다. 공익법인은 두 가지 법률에서 상이하게 정의하고 있는데, 하나는 공설법이고 다른 하나는 상속세 및 증여세법(이하 '상증세법')이다. 공설법은 위 3개의 특별법에 해당하지 않는 비영리법인들에 대한 국가의 면세조치, 공과금 면제 등 여러 가지 혜택을 설립자가 사적 목적에 이용하는 문제점이 발생하자 이를 종합적으로 관리하기 위하여 1976년부터 시행된 법률이다. 그래서 비영리법인에 대해서는 공설법이 보완적으로 적용되고, 사회복지법인도 보충적으로 위 법의 적용을 받는다.

비영리민간단체지원법에 따른 비영리민간단체도 있다. 비영리민간단체는 영리가 아닌 공익활동을 수행하는 것을 목적으로 하는 조직이지만 법인격까지 부여받은 것은 아니라는 점에서 차이가 있다.

나. 세법상 분류

비영리/ 공익법인에 대해 세제 혜택을 주기 위한 세법상의 구분은 별도이다.

법인세법에서의 비영리법인은 가장 넓은 범주로 포괄하고 있다, 설치 근거법에 따른 비영리/ 공익법인 뿐만 아니라 공익적 사업을 하지만 법인 설립을 못한 단체들까지 포함하고 있다.

상증세법에서의 공익법인은 상속하거나 증여하려는 자산에 대해 세금을 면제해 줄 정도로 적극적으로 공익성이 인정되는 경우가 해당한다. 즉 법인세법상 비영리법인 중 상증세법 시행령 제12조에서 별도로 열거하는 공익사업을 영위하는 법인을 말하고, 사회복지법인은 그 범주에 해당하여 적용을 받는다.

4. 적용 법규

사회복지법인에 대해서는 1차적으로 사회복지사업법이 적용되고, 동법에서 규정하지 않은 사항에 대해서 공설법과 민법이 순차적으로 적용된다. 동시에 수행 사업의 목적에 따라 아동복지법 등 관련 법률의 적용도 받는다.

사회복지법인, 학교법인, 의료법인을 규율하는 전반적으로 규율하는 법적 구조는 유사하고, 개별법의 특성에 따라 일부 규제의 정도를 달리한다. 대표적으로 판례는 『사립학교법은 학교교육의 자주성과 학교운영의 자율성을 강조하고 있는 반면 사회복지사업법은 사회복지법인의 공공성을 강조하고 있는 점』 등을 감안하여 교육인적자원부가 파견한 임시이사들의 정이사 선임권한은 제한적9)인 반면 사회복지법인의 임시이사들에게 정식이사 선임에 관한 의결권한이 있다고 판결하였다(대법원 2013. 6. 13. 선고 2012다40332 판결 등).

반면 판례는 학교법인10)과 마찬가지로 "사회복지법인 역시 법인의 운영권을 양도하고 양수인으로부터 양수인 측을 사회복지법인의 임원으로 선임해 주는 대가로 양도대금을 받기로 하는 내용의 '청탁'이 별도의 처벌 규정이 없는 이상 배임수재죄의 성립 요건인 '부정한 청탁'에 해당하지 않는다"고 판결하였다(대법원 2013. 12. 26. 선고 2010도16681 판결).

---

9) 대법원은 2007년 상지대 사건에서 "교육부가 파견한 임시 이사들이 일방적으로 정식 이사를 선임한 것은 무효"라고 판시 (2006다19054 판결)하였으나, 2016년 한국외대 사건에서는 "전직 이사장과 교육부 장관, 이사장 등 당시 주요 이해관계인의 합의로 정식 이사진을 구성한 경우이어서 이사회 구성은 적법하다"고 판결하였다 (2013다204287 판결).

10) 대법원 2014. 1. 23. 선고 2013도11735 판결

III. 사회복지법인에 대한 규제와 감독

1. 사회복지법인 규제 강화 경향

1900년대 미국의 선교단체에 의해 최초의 사회복지기관이 설립된 이래 한국의 사회복지는 사회권으로서 국가책임이 요구되는 지금까지도 민간 사회복지 단체들에 상당부분 의존하여 시행되어 왔다. 구체화하면, 국가나 지자체가 민간 사회복지법인 등에 사회복지 업무를 위탁하고, 보조금 등으로 지원하는 한편 법인이 목적대로 사업을 수행하고 있는지 여부를 감독하고 관리하는 방식이다. 다만, 복지사업이 위·수탁으로 집행되면서 일부 사회복지법인 및 시설 대표자의 전횡 문제나 시설 내 이용자 각종 인권 침해 등이 사회문제로 대두되면서 사회복지법인 및 시설 운영의 투명성, 시설이용자의 인권보호가 사회복지계 전반적으로 요구되고 있고, 그에 따라 관리감독에 관한 법과 정책에 있어 그 역할이 점점 더 강화되고 있는 추세이다.

2. 관리감독기관에 따른 분류

관리감독기관은 크게 행정청과 법원으로 나뉜다. 행정청의 경우 ① 시·도지사는 법인의 설립허가, 정관 변경인가, 임원의 해임명령, 주사무소 이전, 기본재산 처분허가 등 위임할 수 없는 중요사항을 담당하고, ② 시장, 군수, 구청장은 시·도지사의 위임에 따른 법인 및 시설의 관리업무를 맡는다. 관리감독은 정기지도감독, 수시지도점검, 특별지도감독 등을 통해 이루어진다. 감사 및 지도감독을 통해 법인의 설립허가를 취소하거나 시설상의 교체를 명하거나 시설의 폐쇄를 명령한 경우 해당 관청의 인터넷 홈페이지에 게재하도록 하고 있다.

법원은 해산, 청산의 검사 및 감독 업무를 담당하는데,[11] 실무상으로는 청산 중 사회복지법인에 대한 관리감독이 가장 문제된다. 즉, 행정기관은 청산법인의 주된 업무인 채권채무 정리에 어려움을 겪고, 법원은 영리법인도 아닌 사회복지법인까지 충분한 관심을 기울이기 어렵기 때문에 관리감독이 부실하게 이루어질 가능성이 높다. 이 때 청산법인이 기본재산을 처분하는 경우에도 관할관청의 허가를 받아야 하는지가 문제되는데, 판례는 이 경우도 허가를 받아야 한다고 하여 결과적으로 관리감독업무가 이원화 되었다.

[대법원 2010. 4. 8. 선고 2009다93329 판결]
청산인은 특별한 사정이 없는 한 채무의 변제를 위하여 학교법인의 기본재산을 처분할 수도 있는데 법원이 청산절차를 검사, 감독하므로 기본재산을 처분하는 데 있어서 관할청의 허가를 받기가 수월할 수 있는 점, 법원의 검사, 감독 하에 청산절차가 정상적으로 진행된다면 청산절차에서 관할청의 허가를 받아 기본재산을 처분하는 것이 채권자들 사이에서 공평한 변제를 받는 방법이 될 수 있으므로 (중략) 학교법인이 사립학교법 제47조 제1항에 의한 해산명령을 받아 해산되고 고등교육법 제62조 제1항에 의한 학교폐쇄 처분을 받아 사실상 학교법인으로서 실체를 상실하고 기능을 수행할 수 없게 된 경우에도 사립학교법 제28조 제1항이 여전히 적용되어 그 기본재산을 처분하고자 할 때에는 관할청의 허가를 받아야 한다고 해석함이 상당하다.

---

3. 관리감독대상에 따른 분류

사회복지법인에 대한 규제는 크게 '재산'과 '사람', 즉 사회복지법인에 대한 근간인 기본재산에 대한 규제와 사회복지법인의 의사

---

11) 민법 제95조 (해산, 청산의 검사, 감독) 법인의 해산 및 청산은 법원이 검사, 감독한다.

결정기관인 이사에 대한 규제가 대표적이다.

가. 기본재산에 대한 규제

(1) 처분시 필수적 허가 대상

사회복지법인이 자신의 기본재산을 매도·증여·교환·임대·담보제
공 또는 용도변경 등을 하고자 할 때에는 시·도지사의 허가를 받아
야 한다(사회복지사업법 제23조).[12] 사회복지법인은 처분허가 신청
시 기본재산처분허가신청서를 시·도지사에게 제출하고, 처분이 완
료되면 즉시 정관을 변경하고 인가를 받아야 한다.

[대법원 2007.6.18. 자 2005마193 결정]
「사회복지사업법」 제23조 제3항 제1호의 규정에 의하면 사회복지법인이 기본재
산을 매도하기 위하여는 보건복지부장관의 허가를 받아야 하고, 이는 경매절차
에 의한 매각의 경우에도 마찬가지라 할 것인바... (이하생략)

[대법원 2006.11.23. 선고 2005도5511 판결]
사회복지법인의 기본재산을 용도변경 하는 경우 감독관청의 허가를 받도록 규
정한 입법취지 및 용도변경이 용이한 현금의 특성상 인정되는 그 사용 용처의
적정성 여부에 대한 사전심사의 필요성 등에 비추어 볼 때 사회복지법인의 운
영이나 기본재산의 처분과 관련된 용처에 기본재산을 사용하는 경우에도 감독
관청의 허가를 받아야 할 필요가 있다고 할 것이므로... (이하생략)

---

12) 사회복지사업법 제23조 (재산 등)
   ③ 법인은 기본재산에 관하여 다음 각 호의 어느 하나에 해당하는 경우에는
   시·도지사의 허가를 받아야 한다. 다만, 보건복지부령으로 정하는 사항에
   대하여는 그러하지 아니하다.
   1. 매도·증여·교환·임대·담보제공 또는 용도변경을 하려는 경우
   2. 보건복지부령으로 정하는 금액 이상을 1년 이상 장기차입 (長期借入)하
     려는 경우

위 규정의 취지는 사회복지법인의 재산의 원활한 관리 및 유지 보호와 재정의 적정을 기함으로써 사회복지법인의 건전한 발달을 도모하고 사회복지법인으로 하여금 그 본래의 사업목적사업에 충실하게 하려는데 그 목적이 있다. 위 조항이 사회복지법인의 운영자유, 재산권을 침해하는 것인지에 대해서 헌법재판소는 "입법형성의 한계를 일탈하거나 기본권제한의 입법한계를 벗어나지 않았다"고 결정하였다(헌법재판소 2005. 2. 3 자 2004헌바10200 결정).

기본재산처분을 위한 신청이 접수된 경우 주무관청은 해당 기본재산의 성격, 총 기본재산에서 차지하는 비중, 처분시 목적사업 수행가능성, 처분의 의도, 처분 후 사용용도 등에 대해 종합적이고 엄격한 심사를 수행한 후 허가여부를 결정한다. 이 때 이사회 결의는 이사회 소집절차에서의 적법성(통보여부 등)과 이사회 결의의 성립절차에서의 적법성 여부가 중요하다. 이를 위해서 이사회 회의록에 처분의 구체적 내용이 포함되고, 참석이사 전원의 기명 인감날인 등에 흠이 없는지 등을 확인해야 한다.

(2) 허가의 효력

만일 시·도지사의 허가 없이 기본재산을 처분한 경우 그 처분행위는 무효이다. 따라서 경매 후 낙찰대금이 완납되었더라도 소유권이 낙찰인에게 이전되지 않는다.

[대법원 1994. 1. 25. 선고 93다42993 판결]
학교법인이 그 의사에 의하여 기본재산을 양도하는 경우뿐만 아니라 강제경매 절차에 의하여 양도되는 경우에도 감독청의 허가가 없다면 그 양도행위가 금지된다고 할 것이고, 따라서 학교법인의 기본재산이 감독청의 허가 없이 강제경매 절차에 의하여 경락되어 이에 관하여 경락을 원인으로 하여 경락인 명의의 소유권이전등기가 경료되었다 하더라도 그 등기는 적법한 원인을 결여한 등기이다.

나. 이사에 대한 규제

사회복지사업법은 회계부정이나 인권침해 등 현저한 불법행위 또는 그 밖의 부당행위 등이 발견되었을 때 임원의 해임을 명할 수 있고(제22조),13) 이로 인하여 법인의 정상적인 운영이 어렵다고 판단되는 경우 시·도지사가 임시이사를 선임하도록 규정하고 있다(제22조의3). 반면, 민법상 비영리법인의 경우에는 법원이 선임하는 임시이사 제도는 있지만, 주무관청의 적극적인 임원해임명령 제도는 없어 일반적인 민법상 비영리법인보다 사회복지법인에 대해 더욱 공익성을 강하게 요구하고 있다.

임시이사제도의 취지는 중요하다. 즉 사회복지법인의 운영에 중대한 장애를 야기한 사유가 법인 운영자인 이사의 비리 등 개인적 귀책사유에 의한 경우에는, 사회복지법인 설립허가를 취소하는 대신에 공익이사인 임시이사를 통하여 사회복지법인을 정상화한 후 법인운영자를 교체하여 정상화함으로써 법인의 설립목적인 사회복지사업의 지속적 안정적 실현으로 실현할 수 있도록 하는 것에 제도적 의의가 있다.

문제는 임원 해임명령만 있고 이사회의 해임결의 등 법인의 후속

---

13) 사회복지사업법 제22조(임원의 해임명령)
　① 시·도지사는 임원이 다음 각 호의 어느 하나에 해당할 때에는 법인에 그 임원의 해임을 명할 수 있다.
　1. 시·도지사의 명령을 정당한 이유 없이 이행하지 아니하였을 때
　2. 회계부정이나 인권침해 등 현저한 불법행위 또는 그 밖의 부당행위 등이 발견되었을 때
　3. 법인의 업무에 관하여 시·도지사에게 보고할 사항에 대하여 고의로 보고를 지연하거나 거짓으로 보고를 하였을 때
　4. 제18조제2항·제3항 또는 제7항을 위반하여 선임된 사람
　5. 제21조를 위반한 사람
　6. 제22조의2에 따른 직무집행 정지명령을 이행하지 아니한 사람
　7. 그 밖에 이 법 또는 이 법에 따른 명령을 위반하였을 때

조치가 없는 경우이다. 해임명령은 어디까지나 법인을 상대로 해당 임원을 해임하도록 명하는 것에 불과한 것이지 그 자체로 해임의 효력이 발생되게 하는 것은 아니기 때문이다. 판례는 "법인의 후속조치가 없는 경우에는 임시이사 선임의 요건인 '임원 중에 결원이 생긴 때'에 해당한다고 볼 수 없지만, 해임명령만 내려진 상태에서 관할 시·도지사가 임시이사를 선임하였다고 하여 이를 무조건 당연 무효라고 볼 것은 아니다"고 판시하였다. 다소 애매하지만 이에 의하면 감독관청으로서는 임원 해임명령 후 법인의 후속조치가 없더라도 임시이사를 선임할 여지가 있다.

[대법원 2013. 6. 13. 선고 2012다40332 판결 이사회결의무효확인]

시·도지사의 해임명령은 어디까지나 법인을 상대로 해당 임원을 해임하도록 명하는 것에 불과한 것이지 그 자체로 해임의 효력이 발생되게 하는 것은 아니므로, 해임명령만 있고 이사회의 해임결의 등 위 명령을 이행하는 법인의 후속조치가 없는 경우에는 임시이사 선임의 요건인 '임원 중에 결원이 생긴 때'에 해당한다고 볼 수 없다. 다만 행정처분에 어떠한 하자가 있다고 하더라도 하자가 중대하고 또한 객관적으로 명백하지 않다면 처분을 당연 무효라고 할 수는 없는 것이므로, 위와 같이 해임명령만 내려진 상태에서 관할 시·도지사가 임시이사를 선임하였다고 하여 이를 무조건 당연 무효라고 볼 것은 아니다.

IV. 조세 등 지원제도 및 회계

사회복지법인이 복지 자원을 제공하면, 대신 국가는 이를 지원하고 보호하기 위하여 법인에게 필요한 비용의 전부 또는 일부를 보조금으로 지급하는 방법으로 직접적으로 지원하거나(사회복지사업법 제42조 제1항), 간접적으로 조세상 혜택을 지원한다. 즉 대부분

과세에서 제외시키고 수익사업과 재산 취득 및 보유와 관련한 지방
세 정도만 과세를 하고 있다.

1. 법인에 대한 보조금 지원

초기 이후 공공부문이 점차 사회복지서비스에 대한 재정지원을
확대했고, 1980년대 이후에는 아예 공공부문이 시설을 설립한 후 운
영만 민간에 위탁하는 방식이 늘어났다. 즉 초기에 민간이 시설을
설립하고 공공이 운영을 지원하는 방식에서 점차 공공이 시설을 설
립하고 민간이 이를 위탁 운영하는 방식이 증가하였다. 그리고 이들
법인들은 위탁 운영하는 시설들을 중심으로 대부분 중앙정부/지자
체로부터 인건비 및 운영비 보조금을 지원받아 운영되고 있다.

〈전국 장애인복지관 및 사회복지관 시설소유 및 운영형태 현황 (2014)[14]〉

(단위: 개소)

지역	복지관수	소유 형태		운영 형태		
		법인 소유	지자체 소유	위탁 운영	법인 자체운영	기타
장애	196 (100%)	57 (29%)	139 (70.9%)	141 (71.9%)	54 (27.5%)	1 (0.5%)
사회	444 (100%)	110 (24.8%)	334 (75.2%)	312 (70.3%)	54 (27.5%)	34 (7.7%)

2. 조세상 혜택

가. 상증세법 및 증여세

사회복지법인에 대해 출연한 재산에 대해서는 상속세 및 증여세
가 부과되지 않는다.

---

14) 김진우, 위 논문, 468.

나. 법인세

고유사업수행에 필요한 자금의 수입과 그 지출에 대한 법인세 등은 비과세하고 있다. 즉 사회복지법인의 경우 다음 어느 하나에 해당하는 사회복지시설에서 제공하는 사회복지사업과 관련하여 수익이 발생하면 법인세가 과세되지 않고, 그 밖의 사업으로 수익이 발생하면 법인세가 과세된다(예, 카페운영 등).

- 사회복지사업법에 따른 사회복지시설 중 사회복지관, 부랑인·노숙인 시설 및 결핵·한센인 시설
- 국민기초생활보장법에 따른 중앙자활센터 및 지역자활센터
- 아동복지법에 따른 아동복지시설
- 노인복지법에 따른 노인복지시설(노인전문병원은 제외한다)
- 노인장기요양보험법에 따른 장기요양기관
- 장애인복지법에 따른 장애인복지시설 및 장애인복지단체가 운영하는 중증장애인생산품 우선구매 특별법에 따른 중증장애인생산품 생산시설
- 한부모가족지원법에 따른 한부모가족복지시설
- 영유아보육법에 따른 어린이집
- 성매매방지 및 피해자보호 등에 관한 법률에 따른 지원시설 및 성매매피해상담소
- 정신건강증진 및 정신질환자 복지서비스 지원에 관한 법률에 따른 정신요양시설 및 정신재활시설
- 성폭력방지 및 피해자보호 등에 관한 법률에 따른 성폭력피해상담소 및 성폭력피해자보호시설
- 입양특례법에 따른 입양기관
- 가정폭력방지 및 피해자보호 등에 관한 법률에 따른 가정폭력

관련 상담소 및 보호시설
- 다문화가족지원법에 따른 다문화가족지원센터

다. 지방세

해당 사회복지 사업에 사용하기 위하여 취득하는 부동산에 대해서는 지방세가 감면되지만, 정당한 사유 없이 그 취득일부터 3년이 경과할 때까지 해당 용도에 직접 사용하지 아니하는 경우에는 감면에서 제외된다.

라. 부가가치세

사회복지법인이 사업상 독립으로 부가가치세 과세상 재화나 용역을 공하는 경우에도 부가가치세 납세의무를 부담한다. 다만, 사회복지법인이 공하는 다음의 용역에 해서는 부가가치세 면세를 적용한다(부가가치세법 제26조 제1항 제5호, 동법 시행령 제35조)

- 노인장기요양보험법에 따른 장기요양기관이 같은 법에 따라 장기요양인정을 받은 자에게 제공하는 신체활동·가사활동의 지원 또는 간병 등의 용역
- 사회복지사업법에 따라 보호대상자에게 지급되는 사회복지서비스 이용권을 대가로 국가 및 지방자치단체 외의 자가 공급하는 용역
- 모자보건법에 따른 산후조리원에서 분만 직후의 임산부나 영유아에게 제공하는 급식·요양 등의 용역
- 사회적기업 육성법에 따라 인증받은 사회적기업이 직접 제공하는 간병·산후조리·보육 용역

- 정신건강증진 및 정신질환자 복지서비스 지원에 관한 법률에 따라 국가 및 지방자치단체로부터 정신건강증진사업등을 위탁받은 자가 제공하는 정신건강증진사업등의 용역

3. 회계

사회복지분야 국고보조의 규모가 증가하고 민간 후원금에 대한 투명한 관리에 대한 사회적 요구가 높아짐에 따라 법인과 시설의 회계투명성을 확보하려는 노력이 계속 되지만, 아직 충분하지 않은 상태이다.

현재 사회복지법인과 사회복지시설의 회계는 보건복지부령인「사회복지법인 및 사회복지시설 재무·회계 규칙」에 따라 처리해야 한다(법 제23조 제4항).

위 규칙은 모든 사회복지법인과 사회복지시설에 적용되고, 법인 회계와 시설 회계, 수익사업회계를 각각 구분하도록 하고 있다. 규칙에서는 보조금을 받는 법인 및 시설은 사회복지시설 정보시스템을 사용하여 예산 편성, 결산보고, 후원금 관리 등의 재무·회계를 처리하도록 한다(제6조의2).

그러나 아직 복식부기회계에 따라 충분한 재무 보고를 할 사회복지법인과 시설에 특화된 구체적인 기준이 부재하고, 이를 수행할 법인과 시설 내 전문 인력도 부족하다.[15]

---

15) 김재호외 2, "사회복지법인 및 사회복지시설 재무회계 투명화·효율화 제고 방안", 한국회계기준원 용역보고서 (2015. 9), 5.

V. 새로운 환경변화에 따른 사회복지법인에 대한 도전

1. 주요한 환경변화

복지서비스 전달체계의 환경변화는 한마디로 "사회복지서비스 공급주체의 다원화"로 요약할 수 있고, 다원화된 주체로는 크게 ① 법인 이외의 다른 단체 형태, ② 국가나 지방자치단체, ③ 영리기업 등이 있다. 현재 많은 사회복지법인이 국가나 지방자치단체가 설치한 시설을 위탁운영하거나 설사 직영시설이더라도 종사자의 급여를 정부보조금에 의존하기 때문에, 사회적으로 굳이 민간 복지전달체계에서 반드시 사회복지법인 형태를 고집할 필요가 없어지게 된 것이다.

가. 시설 운영 주체의 형태의 다양화

지금까지는 민간복지전달체계가 주로 사회복지법인에 많이 의존하였지만, 1998년 사회복지사업법 개정 법률에서 개인도 사회복지시설을 설치할 수 있도록 하였고, 최근에는 개인 뿐만 아니라 사회적 기업 및 사회적 협동조합, 사회적 경제 주체들이나 사단법인 등에 의한 사회복지 공급이 점차 증가하고 있다. 대표적으로 2016년 서울시는 시립신목종합사회복지관의 위탁운영 법인을 '복지동행사회적협동조합'으로 선정하기도 하였다.

따라서 초기에 민간사회복지사업을 주도해왔던 사회복지법인들의 성격과 위상에 대한 검토와 새로운 주체들에게 참여기회를 제공하기 위한 법적 조치들이 필요한 시점이 되었다.

나. 국가의 직접 고용

문재인정부 100대 국정과제 중 하나가 보육과 요양 등 사회서비스를 국가가 직접 제공하는 '사회서비스원' 설립이고, 이에 따라 보건복지부는 내년부터 4개 시·도에서 예산 59여억원을 투입해 시범사업으로 시작한 후 2022년까지 17개 광역자치단체에 설립할 예정이다. 이와 별개로 서울시는 '서울시 사회서비스원 설립 및 운영 조례'를 제정하여 자체적으로도 서울시 사회서비스원을 설립할 예정이다.

이것이 본격화 되면 지금까지 지방자치단체가 공개경쟁을 통해 국공립 시설 운영을 민간 법인이나 개인에게 맡겨오던 것 중 상당수가 사회서비스원이 직접 맡아서 운영하는 형식으로 전환하게 된다.

다. 수요자 중심의 바우처제도 도입

바우처제도란, 사회서비스를 필요로 하는 사람에게 일종의 이용권(쿠폰)을 발급하여 서비스를 받을 수 있도록 하고, 서비스의 비용은 이용권(바우처)으로 지불하는 제도를 말한다. 대표적으로 장애인 활동보조, 노인장기요양보험 등이 있다.

사회복지분야에 바우처제도가 도입된 것은 2007년부터이다. 이에 따라 공급자에 대한 국고보조금 지원 형식이 아니라 서비스 이용자에 대한 이용권 부여방식으로 바뀌었고, 이용자는 이용권(바우처)으로 영리업체에서 사회서비스를 받을 수 있게 되었다.

이와 같이 서비스 공급 주체를 다원화시킴에 따라 사회복지법인 운영시스템에의 의존도가 상대적으로 낮아지게 되었다. 국가로서도 사회서비스의 품질을 충실히 통제할 수 있으면 굳이 사회서비스 공급 주체로서 사회복지법인 등 비영리법인을 고집할 필요가 없게 된다.

2. 향후 전망

가. 법인관리의 복잡성

사회복지사업법에서는 제16조 내지 제33조까지 법인의 설립허가, 정관, 임원, 임원의 결격사유, 임원의 보충, 임원의 겸직금지, 임원의 해임명령, 임원의 직무집행 정지, 임시이사의 선임, 임시이사의 해임, 재산 등, 재산취득보고, 회의록의 작성 및 공개 등, 설립허가취소 등, 남은 재산의 처리, 수익사업, 합병, 동일명칭 사용금지, 다른 법률의 준용 등 사회복지법인에 관한 행정사항만 나열하고 있고, 실질적인 관리는 대부분 주무관청의 재량으로 넘어가 있다.

그러나 법인 관리가 복잡한 법률문제를 수반하기 때문에 일선 행정공무원은 많은 어려움을 겪는 것이 현실이다. 실제로 법인 관리 업무는 기피업무로 알려져 있다. 반면 사회복지법인과 관련한 법적 분쟁이 실제 소송까지 가서 판례가 형성된 것이 드물어 수범자들에게 예견가능성을 주지 못하고 있다.

나. 법인의 자성 필요성

법인이라는 형식은 독립된 권리의 주체가 된다는 측면도 있지만 행위자와 책임의 주체가 분리되어 책임 추궁이 어려워진다는 측면이 있다. 여기에 사회복지법인에 의한 시설의 운영 및 통제가 법인격이 남용되는 현실로 인해 관리의 어려움이 가중되고 있다.

즉 대다수의 사회복지법인들은 당초의 설립목적에 맞게 운영되고 있으나, 일부 사회복지법인들은 일탈행위를 하고 있어서 사회적으로 물의를 일으키고 있다. 대표적으로 시설법인은 대부분 정부보조금과 후원금에 의존하고 있어서 보조금과 후원금의 불법수령과 횡령 건이 대표적인 일탈행위이고, 기타 시설생활자에 대한 노동력 착취, 성추행, 상습폭행 등의 인권유린이 있다. 또한 사회복지법인에서 시설을 사유화하여 경제적 이득을 취하는 경우도 많다.

비록 초기에는 사회복지법인 설립자가 재산을 출연하여 사회복지시설의 기초재산을 형성하고 이의 운영을 책임지는 등 사회복지법인을 통한 자발적인 노력과 역할을 하였지만, 일부 법인에서 불법행위가 지속적으로 발생하면서 민간복지전달체계에서 사회복지법인의 역할이 모호해지게 되었다. 따라서 사회복지법인의 자정노력이 절실히 필요한 시점이다.

참고문헌

강영숙, "한국 사회복지법인의 조직성장과정에 관한 질적연구", 한국사회복
　　지행정학, 제13권 제1호 (2011. 1)

김진우, "환경변화에 따른 사회복지법인 제도의 비판적 고찰", 한국사회복
　　지행정학 제17권 3호 (2015. 8.)

김재호외 2, "사회복지법인 및 사회복지시설 재무회계 투명화·효율화 제고
　　방안", [용역보고서], 한국회계기준원 (2015. 9)

보건복지부, "2018 사회복지법인 관리안내"

사회서비스 전달체계 개편의 전개과정과 함의 및 전망

남찬섭*

Ⅰ. 서론

오늘날 세계 각국은 지구화·탈산업화 및 저출산·고령화 흐름으로 노동시장의 양극화와 가족기능의 약화, 돌봄 공백의 증가 등으로 이른바 신사회위험이 증가하고 있으며 이는 한국 사회도 예외가 아니다1). 더욱 최근에는 4차 산업혁명과 플랫폼경제의 도래로 노동시

---

* 동아대 사회복지학과 교수

1) 신사회위험의 개념에 대해서는, 윤홍식 외, 사회복지정책론, 사회평론아카데미 (2018), 288-291; 신사회위험으로 인한 복지국가의 변화에 대해서는 김교성 외, "복지국가의 변화에 대한 이념형 분석: 신사회위험의 등장과 사회투자전략의 모색", 한국사회복지조사연구 제42권 제1호 (2014. 12.), 31-54; 반커스버겐 비스, 복지국가개혁의 도전과 응전: 복지국가정치의 비교연구, 나눔의 집 (2017), 1-2장 및 7-8장; 호이저만, 복지국가 개혁의 정치학: 대륙유럽복지국가의 현대화, 나눔의 집 (2015), 1-2장 및 7-8장; 호이저만, 호저이만·실리아(남찬섭 역), "복지국가 개혁의 정치학:대륙유럽 복지국가의 현대화", 나눔의 집 (2015). 1-2장; Bonoli and Natali (eds.), *The Politics of the New Welfare State*, Oxford University Press (2012); P. Taylor- Gooby, "New Risks and Social Change", *New Risks, New Welfare: Transformation of the European Welfare State*, Oxford University Press (2004), 1-28.

장의 변화뿐만 아니라 경제적 이윤의 창출기제 자체에도 큰 변화가 있을 것이라는 전망도 나오고 있다. 이러한 흐름들로 인해 변화할 경제와 사회의 모습이 어떠할 것인지를 예단키는 어렵지만, 적어도 사회복지와 관련하여 볼 때, 완전고용과 남성가장모델에 기초하여 설계되고 발전해온 기존의 사회보장제도가 그러한 변화와 그와 연관된 신사회위험에 대처하기에 부적절하다는 점만은 분명하다. 그리하여 이러한 문제를 개선하기 위한 노력이 서구 국가들 사이에서 대체로 1990년대 들어와서 본격적으로 진행되어 왔던 터이고 한국사회에서도 2000년대 이후 유사한 노력이 진행되어왔다. 이러한 노력의 일환으로 등장한 것이 사회서비스인데 이것은 주로 저출산·고령화 및 가족기능 약화로 인한 돌봄 공백에 대처하기 위한 것이다.

사회서비스는 기존의 사회복지서비스 혹은 대인사회서비스와 공통되는 속성을 갖는다. 바알레(Thomas Bahle)에 의하면 사회서비스는 ① 재화의 생산이 아니라 인간(개인)을 대상으로 하고, ② 신체적 혹은 지적 욕구보다는 사회적 욕구를 충족하고자 하며, ③ 제공자와 수혜자 간의 직접적인 사회적 상호작용 속에서 일 대 일 관계를 통해 제공되고, ④ 단순한 사적(私的)관계를 넘어선 사회적 의미를 갖는 서비스라는 네 가지의 속성을 가진다.2) 하지만 사회서비스와 사회복지서비스가 그 본질적 속성에서는 공통된다 하더라도 각각이 확대되어온 맥락은 상당히 차이가 있다. 사회복지서비스가 확대되던 시기에는 전문가에 의한 서비스 욕구 판단과 서비스 제공계획을 중시하는 전문가중심주의와 국가기구에 의한 서비스 제공을 우선시하는 국가중심주의가 지배적이었다. 반면 사회서비스는 수요자의 자기결정권과 선택권 확대 등 수요자 중심주의와 서비스 공급에서

---

2) Bahle, "The Changing Institutionalization of Social Services in England and Wales, France and Germany: Is the Welfare State on the Retreat?" *Journal of European Social Policy*, Vol. 13, No. 1 (2003.3), 5-20.

의 시장원리 적용을 강조하는 민영화 흐름 등의 맥락에서 확대되고 있다.[3]

한국에서 사회서비스는 참여정부 때부터 본격적으로 확대되기 시작하였는데[4] 그것은 크게 보아 수요자의 자기결정권과 선택권 확대라는 수요자중심주의가 강조되는 맥락 속에서 확대되어 서구국가들과 유사성을 갖고 있다. 물론 사회서비스 확대와 관련하여 공공부문 일자리 창출이라는 목표도 크게 중시되었는데 이 점은 다른 나라와 다른 독특한 면이라 하겠다. 어쨌든 수요자중심주의 혹은 수요자중심서비스가 크게 강조되는 가운데 이른바 4대 전자바우처 사업의 시행과 함께 바우처 제도가 2007년부터 본격적으로 도입되기 시작하였고[5] 2008년에는 노인장기요양제도가 시행되면서 사회서비스는 급속히 확대되었다. 그 후 2012년 1월에는 사회보장기본법이 개정되어 사회서비스가 사회보장기본법 역사상 최초로 법정용어로 명시되었을 뿐만 아니라 그 개념은 복지·보건·교육·고용·주거·문화·환경의 7개 분야를 아우를 만큼 대단히 넓게 규정되었다.[6] 이와 같

---

3) 포웰(김기태 역), 복지혼합, 나눔의 집 (2011); Birrell and Gray, *Delivering Social Welfare: Governance and Service Provision in UK*, Bristol: Policy Press (2017); Butcher, *Delivering Welfare* (2nd ed.), Open University Press (2002).
4) 사회복지서비스와 사회서비스는 맥락의 차이에도 불구하고 본질적으로는 유사하다고 볼 수 있으므로 이 글에서는 사회복지서비스라는 용어를 꼭 사용해야 하는 경우를 제외하고는 사회서비스라는 용어를 사용하기로 한다.
5) 당시의 4대 전자바우처 사업이란, 노인돌보미 지원사업, 중증장애인 활동보조사업, 산모·신생아 도우미 지원사업, 지역사회서비스 혁신사업을 말하는 것이었다. 현재 이들 사업은 각기 노인돌봄종합서비스, 장애인활동지원사업, 산모·신생아 건강관리지원사업, 지역사회서비스투자사업으로 변경되어 시행 중이다. 또한 지금은 이들 외에 가사간병방문지원, 장애아동가족지원, 발달장애인지원, 임신출산진료비지원, 청소년산모 임신출산의료비지원, 기저귀·조제분유지원, 아이돌봄지원, 에너지바우처, 여성청소년 보건위생물품 지원 등 다양한 바우처 사업이 시행 중이다.
6) 우리나라 최초의 사회보장기본법은 1963년 제정된 「사회보장에 관한 법률」이라 할 수 있는데 여기에는 사회복지서비스도 사회서비스도 규정되어 있

은 사회서비스의 확대는 지출의 증가에도 반영되고 있는데 2003년에 5조 9천억 원이던 사회서비스 지출은 2004년에 10조 6천억 원으로 증가하여 무려 81.0%나 증가하였으며 그 이후 2007년 15조 4천억 원, 2014년 32조 3천억 원으로 증가하였다7). 2003년에서 2014년에 이르는 기간 동안 사회서비스 지출의 연평균 증가율은 16.8%에 달하였고 이는 같은 기간 사회복지지출 전체의 연평균 증가율 11.7%를 훨씬 상회하는 것이다.

하지만 이처럼 사회서비스가 수요자중심서비스를 강조하면서 본격적으로 그리고 매우 급속하게 확대되어 왔지만 이것이 국민들의 삶의 질을 개선함에 있어서 그리 큰 효과를 낸 것으로 보이지는 않

지 않았다. 기본법에 사회복지서비스가 명시된 것은 1995년 제정된 「사회보장기본법」이 처음이었는데 이 법은 사회복지서비스를 사회보험과 공공부조, 관련복지제도와 함께 사회보장의 네 범주 중 한 범주로 규정하였다. 2012년 1월 개정된 현행 사회보장기본법은 단순하게 말하면 1995년 사회보장기본법에서 규정한 사회복지서비스와 관련복지제도를 합쳐서 사회서비스로 규정한 것이라 볼 수 있다. 현행 사회보장기본법의 사회서비스 개념에 관한 논의로는 남찬섭, "개정 사회보장기본법의 사회서비스의 의미와 개념적 긴장," 한국사회복지학 제64권 제3호 (2012.8.), 79-100.

1995년 사회보장기본법 (법률 제5134호)	2012년 사회보장기본법 (법률 제11238호)
제3조 (정의) 이 법에서 사용하는 용어의 정의는 다음과 같다. 1~3. 〈생략〉 4. "사회복지서비스" 라 함은 국가·지방자치단체 및 민간부문의 도움을 필요로 하는 모든 국민에게 상담·재활·직업소개 및 지도·사회복지시설이용등을 제공하여 정상적인 사회생활이 가능하도록 지원하는 제도를 말한다. 5. "관련복지제도" 라 함은 보건·주거·교육·고용등의 분야에서 인간다운 생활이 보장될 수 있도록 지원하는 각종 복지제도를 말한다.	제3조 (정의) 이 법에서 사용하는 용어의 뜻은 다음과 같다. 1~3. 〈생략〉 4. "사회서비스" 란 국가·지방자치단체 및 민간부문의 도움이 필요한 모든 국민에게 복지, 보건의료, 교육, 고용, 주거, 문화, 환경 등의 분야에서 인간다운 생활을 보장하고 상담, 재활, 돌봄, 정보의 제공, 관련 시설의 이용, 역량 개발, 사회참여 지원 등을 통하여 국민의 삶의 질이 향상되도록 지원하는 제도를 말한다. 5. 〈생략〉

7) 고경환 외, "2014년 기준 한국의 사회복지지출", 보건복지부 한국보건사회연구원 (2016).

는다. 이러한 현상은 흔히 국민들의 복지체감이 낮다는 언술로 표현되어왔는데, 국민들의 복지체감을 정교하게 측정한 예를 찾아보기는 쉽지 않지만 그럼에도 불구하고 복지체감을 파악하기 위한 다양한 시도들이 있어왔고 이들에 의하면 국민들의 복지체감이 그리 높지 않다는 것이 대체적인 평가이며 또 나아가 최근에는 사회서비스의 확대로 과거에 비해서는 복지체감도가 높아졌으나 그 상대적으로 높아진 복지체감이 국민들의 상식적인 정의감에 비추어 그리 공정한 것으로 체감되지 않는다는 평가도 많아지는 것 같다. 정부가 그동안 공평한 복지체감을 위해 다양한 노력을 기울여온 것은 사실이지만 그럼에도 불구하고 여전히 수급자격이 있음에도 복지혜택에서 배제되어 있는 복지사각지대는 여전히 존재하는 등 공평한 복지체감을 저해하는 요인들은 해소되지 않고 있다.

공평한 복지체감은 급여수준이나 서비스의 품질과도 관계가 깊겠지만 국민들이 필요로 하는 사회서비스를 어디서 어떻게 받을 수 있는지에 관련된 제도체계와도 매우 관계가 깊다. 이러한 제도체계가 바로 사회서비스 전달체계이다.8) 아래에서는 사회서비스 전달체계의 개념과 원칙에 대해 살펴본 후 그간 정부가 추진해온 전달체계 개편시도들의 흐름과 내용을 정리해보고 이어 향후 전망과 과제에 대해 간략하게나마 고찰해보기로 한다.

---

8) 전달체계라는 용어는 통일되어 있지만 그 앞에 붙는 수식어까지 포함한 용어는 사회복지전달체계, 사회서비스 전달체계, 사회보장전달체계 등 다양하다. 사회복지에서 전달체계는 관계를 전제한 것이고 따라서 그것은 사회서비스에 가장 잘 적용되는 것이라는 점을 감안하여 여기서는 사회서비스 전달체계로 칭하기로 하고, 줄임말로는 서비스전달체계 또는 단순히 전달체계라는 용어도 사용할 것이다.

II. 사회서비스 전달체계의 개념과 원칙[9)]

1. 사회서비스 전달체계의 개념

흔히 사회서비스 전달체계라 하면 무언가를 제공해주는 이미지
를 떠올리기 쉽지만 그보다는 전달체계를 관계의 측면에서 접근하
는 것이 더 바람직하다. 무언가를 제공하는 이미지를 떠올리더라도
거기에는 필연적으로 주는 자와 받는 자를 상정할 수밖에 없고 따
라서 주는 자와 받는 자의 관계를 생각할 수밖에 없다.

사회서비스 전달체계를 관계의 측면에서 포괄적으로 개념 규정
한 예로는 "사회복지 수요자가 필요로 하는 급여·서비스를 이용·제
공받기까지 설계·기획된 제도·기준·규율에 의해 작동되는 조직·인
력의 구조, 기능, 절차, 관계"라는 정의를 들 수 있다[10)]. 이 개념 규
정은 전달체계 구축의 최종 표적이 수요자라는 점을 분명히 하면서
그것을 위해 구축된 조직 및 인력의 구조와 기능, 절차, 관계를 전달
체계의 요소로 제시하고 있는데, 여기서 구조와 기능, 절차, 관계는
한마디로 말하면 관계의 구조 및 체계라고 할 수 있다. 조직과 인력
의 구조는 조직 내부의 구성요소들 간의 관계를 의미하는 것이며
기능과 절차 역시 관계를 전제로 성립하는 것이기 때문이다. 관계에
초점을 두어 전달체계를 보다 직접적으로 정의한다면 그것을 '일정
한 지역사회 내에서 사회적 급여의 제공을 둘러싸고 사회복지의 공
급자와 수요자 간에 그리고 사회복지 공급자들 간에 형성되는 관계

---

9) 이 절의 논의는 윤홍식 외, 앞의 책, 14장에 실린 내용을 본 글의 취지에 맞
   게 다소 수정한 것이다.
10) 강혜규 외, "지방자치단체 복지전달체계 개편방안 연구", 보건복지부 한국
    보건사회연구원 (2013), 75.

의 구조 내지 체계'라고 할 수 있을 것이다.[11]

2. 사회서비스 전달체계의 원칙

위에서 논의한 바와 같이 사회서비스 전달체계는 사회서비스에 연관된 여러 행위자들 간의 관계를 말하는 것이고 이 경우 여러 행위자들 간의 관계란 공급자와 수요자 간의 관계와 공급자들 간의 관계라 할 수 있으므로 전달체계의 원칙은 곧 사회서비스의 공급자와 수요자 간의 관계 및 공급자들 간의 관계를 바람직한 것으로 만드는 요건 내지 속성이라 할 수 있다. 그런데 문제는 이들 요건 내지 속성이 구체적으로 무엇이어야 하는지에 대해 일치된 견해가 없다는 것인데, 이는 관계의 바람직성을 판단하는 기준이 사람들마다 다를 수 있고 그 기준이 서비스의 종류나 수요자(노인, 장애인, 아동 등)에 따라 다를 수 있기 때문이다.

사회서비스 전달체계의 원칙을 제시한 대표적인 예로 길버트와 테렐(N. Gilbert and P. Terrell)이 제시한 원칙을 들 수 있다.[12] 이들은 사회서비스 전달체계의 원칙을 네 가지로 제시했는데, 그것은 접근성, 통합성, 연속성, 책임성이다. 접근성(accessibility)은 서비스 수요자가 필요로 하는 서비스를 이용함에 있어 물리적·사회적 장벽이 없는 상태를 의미하며 그 반대는 비접근성이다. 통합성(integrity)은 서비스가 중복이나 누락 없이 유기적으로 잘 조정되어 제공되는 상태를 의미하며 그 반대는 단편성 혹은 분절성(fragmentation)이다. 연속성(continuity)은 전달체계 내에서의 이동 및 욕구와 자원 간의 연결이 원활한 상태를 의미하며 그 반대는 비연속성이다. 책임성

---

11) 길버트·테렐(남찬섭, 유태균 역), 사회복지정책론: 분석틀의 선택의 차원, 나눔의 집 (2007), 268.
12) 위의 책, 282-285.

(accountability)은 수요자가 서비스와 관련해 고충을 제기하고 개선을 요구할 수 있는 상태이며 그 반대는 비책임성이다. 이 원칙들과 관련해 주의할 점은 이들 모두를 동시에 만족시킬 전달체계 구축방안을 찾기가 어렵다는 것이다.

예컨대, 사회서비스 전달체계와 관련해 가장 문제가 되는 것 중 하나로 단편성의 문제를 들 수 있는데 특히 부처 간 칸막이(inter-departmental fragmentation)는 전형적으로 거론되는 문제이다. 이 문제를 해결하려면 각 기관 또는 부처 간 서비스의 조정을 강화해야 하는데, 이를 위해서는 서비스 공급자 중 누군가에게 그런 조정권한을 더 크게 부여해야 한다. 이렇게 하면 서비스 조정이 강화되어 통합성을 높이고 단편성 문제는 해결될 수 있다. 또한 이는 서비스의 연속성도 제고할 것이다. 하지만 통합성과 연속성의 증가는 책임성과 접근성을 떨어뜨릴 수 있다. 책임성은 문제가 발생했을 때 이의를 제기할 수 있느냐와 관련된 것인데 서비스 조정을 강화하려면 공급자에게 더 큰 권한을 부여해야 하고 따라서 책임성이 보장되기 위해서는 이렇게 더 커진 권한에 문제를 제기할 수 있어야 함을 의미한다. 하지만 이런 문제제기를 가능하게 된다면 조정권한을 더 많이 부여받은 공급자가 자칫 권위를 잃을 가능성이 있다. 이 때문에 조정권한을 부여받은 공급자는 자신에 대한 이의제기에 방어적일 수 있고 이는 책임성을 저하시킬 수 있는 것이다. 또한 서비스의 조정이 강화되면, 이러한 서비스의 전달체계 내에 일단 진입한 수요자에게는 연속적·통합적인 서비스가 제공되겠지만 그렇지 못한 수요자에게는 진입에 어려움을 줄 수도 있다. 이는 접근성을 떨어뜨릴 수 있다. 그래서 접근성을 높이게끔 전달체계를 구축하는 방안을 생각할 수 있는데, 이를 위해서는 아마도 서비스 공급자들을 공간적으로 분산 배치하는 전략을 추진해야 할 것이다. 그런데 서비스 공급자들이 공간적으로 분산되면, 아무래도 공급자들 간 소통이 저하되어 단편성과 비연속성 문제가 발생할 수 있다. 그리고 전달체계와 관련해 사람들이 많이 겪는 고충이 공급자들이 책임을 회피하거나 최선을 다하지 않는다는 것인데, 이는 비책임성의 문제로 이를 해결하기 위해서는 서비스 제공에 수요자들의 의사를 반영하는 방안이 강구되어야 하는데 이런 방안들은 아무래도 서비스 제공과 관련된 권한을 분산시키기 때문에 단편성 문제를 초래할 수 있다.

이처럼 전달체계를 구성하는 공급자와 수요자 및 공급자들 간의 관계를 바람직하게 구성하는 데 필요한 원칙들을 모두 동시에 만족시키는 전달체계 구축방안을 찾는다는 것은 매우 어려운 일이다. 이것이 사회서비스 전달체계에 관한 논의가 중요하게 다루어지면서도 끊임없이 지속되는 이유 중의 하나이다.

III. 사회서비스 전달체계 개편노력과 그 함의

사회서비스 전달체계에 관한 논의를 보면 민간전달체계라는 용어와 공공전달체계라는 용어를 구분하여 쓰는 경우를 흔히 볼 수 있는데 전달체계에 속한 행위주체들 간의 관계가 이 두 전달체계로 항상 명확히 구분되는 것은 아니다. 예컨대, 수요자가 민간공급자로부터 서비스를 받더라도 그가 공공부문 공급자와 아무런 관계가 없는 상태에서 서비스를 받을 수는 없으며 또 공공부문의 공급자로부터 서비스를 받는 경우에도 그가 민간공급자와 아무런 관계가 없을 수는 없기 때문이다. 하지만 전달체계를 이루는 한 요소로서 서비스 공급자를 민간부문과 공공부문으로 구분할 수 있는 것은 사실이며 또 이 용법이 광범위하게 사용되어 왔다는 점에서 여기서도 전달체계 개편노력을 민간전달체계와 공공전달체계로 구분하여 논의하기로 한다.

1. 민간전달체계 개편노력의 경과

가. 보조금방식 하에서의 종속적 민간대행자 모델

위에서 말한 바 민간전달체계 및 공공전달체계와 같은 이분법적인 용법이 널리 사용되고 있는 것은 일정부분 한국 사회서비스 전달체계가 가진 독특성에서 유래한 것이라 할 수 있다. 그 독특성은 곧 한국의 서비스전달체계에서 공급자는 민간부문에 의해 지배되어 왔다는 사실과 정부는 서비스 전달에 직접적으로 관여해오지 않았다는 사실의 두 가지를 의미한다. 이 두 가지 사실은 해방과 전쟁 이후 주로 외원단체에 의해 사회서비스가 제공되어왔다는 것에서 비롯된 것인데 그로 인해 한국정부는 재정을 부담할 필요도 인력을 양성할 필요도 없었다. 이러한 민간중심성은 외원단체가 철수한 이후에도 변하지 않았다. 외원단체가 철수하면서 그에 대응하기 위해 1970년 1월에 제정된 사회복지사업법은 사회복지법인 제도를 창설하였는데13) 사회복지법인은 보건사회부장관의 설립인가를 받아 설립토록 하되14) 사회서비스 제공에 필요한 비용을 스스로 충당할 수 있을 정도의 자산을 소유토록 하는15) 한편 비용충당을 위한 수익사

---

13) 사회복지사업법 (법률 제2191호, 1970.1.1. 제정) 제2조 (정의) ② 이 법에서 "사회복지법인" (이하 "법인"이라 한다)이라 함은 사회복지사업을 행할 것을 목적으로 설립된 법인 또는 그 연합체를 말한다.

14) 사회복지사업법 제7조 (법인의 설립인가) ① 법인을 설립하고자 하는 자는 대통령령이 정하는 바에 의하여 보건사회부장관의 설립인가를 받아야 한다. ② 전항의 규정에 의하여 설립된 법인은 주된 사무소의 소재지에서 설립등기를 하여야 한다.

15) 사회복지사업법 제12조 (자산) ① 법인은 사회복지사업운영에 필요한 자산을 소유하여야 한다.

업을 할 수 있도록 하고16) 사회복지법인 및 그 외 비영리법인으로
하여금 시·도지사 또는 보건사회부장관의 허가를 받아 사회복지시
설을 설치·운영할 수 있도록 하였으며17) 국가나 지방자치단체는 사
회복지법인에게 보조금을 제공할 수 있도록 하고18) 법인에 대해 지
도감독을 행하도록 하였다19).

　이렇게 하여 1970년에 창설된 사회복지법인 제도는 사회서비스
에 대한 국가책임을 강화하기 위한 것이라기보다는 민간부문에 의
한 사회서비스 제공구조를 지속하기 위한 것이었다. 이는 당시 제정
된 사회복지사업법이 사회복지법인이 운영하는 사회서비스에 소요
되는 비용의 80% 이상을 법인의 기본재산과 수익사업으로 충당하

---

　② 전항의 규정에 의한 자산에 관하여 필요한 사항은 보건사회부령으로 정
　　한다.
16) 사회복지사업법제17조 (수익사업) ① 법인은 그가 행하는 사업에 지장이 없
　　는 범위 내에서 그 사업운영에 충당하기 위하여 수익사업을 행할 수 있다.
　　② 전항의 규정에 의한 수익사업에 관한 회계는 사회복지사업에 관한 회계
　　와 구분하여야 한다.
17) 사회복지사업법 제22조 (시설의 설치) ① 국가 또는 지방자치단체는 시설을
　　설치·운영할 수 있다. 다만, 시·군이 이를 설치하고자 할 때에는 관할도지
　　사의 승인을 얻어야 한다.
　　② 법인으로서 서울특별시장·부산시장 또는 도지사의 허가를 받은 자가 아
　　니면 시설을 설치·운영할 수 없다. 다만, 이 법에 의한 법인 이외의 법인이
　　보건사회부장관의 허가를 받은 때에는 그러하지 아니하다.
　　③ 시설의 설치기준과 허가에 관하여 필요한 사항은 보건사회부령으로 정
　　한다.
18) 사회복지사업법 제13조 (보조금 등) ① 국가 또는 지방자치단체는 법인에
　　대하여 보조를 할 수 있다.
　　② 전항의 규정에 의한 보조금등은 그 목적 이외에 사용할 수 없다.
19) 사회복지사업법 제16조 (검사감독 등) ① 보건사회부장관과 서울특별시장·
　　부산시장 또는 도지사는 법인의 업무 및 재산상황에 관하여 검사·감독할
　　수 있다.
　　② 보건사회부장관은 법인 또는 임원이 이 법 또는 이 법에 의한 명령에 위
　　반하거나 공익을 심히 해할 우려가 있는 행위를 한 때에는 그 법인의 설립
　　인가를 취소하거나 임원의 허가를 취소할 수 있다.

도록 한데서도 알 수 있다.[20] 그런데 법인 스스로 운영경비의 80% 이상을 충당토록 한 이 제도는 5년 후에 운영경비의 20% 이상을 충당토록 하는 것으로 변경되었는데[21] 이는 당시 외원단체에서 출발한 사회복지법인을 제외한 나머지 사회복지법인의 규모가 영세했던 것을 감안하면 법인으로 하여금 운영경비의 80% 이상을 충당토록 한 것이 얼마나 비현실적인 것이었는지를 잘 보여주는 것임과 동시에 영세한 사회복지법인이 정부보조금에 의존하여 사회복지시설을 운영하게 되는 단초가 되었다. 하지만 이는 다른 한편으로는 민간 사회복지시설 운영경비의 20% 이상을 법인 스스로 충당케 하였으므로 사회복지시설에 대한 정부보조를 최소화할 수 있는 것이기도 하였다.

그리고 여기서 더 나아가 국가가 노동능력이 없는 가난한 사람을 민간사회복지시설에 맡겨 서비스를 제공토록 하는 이른 바 조치위탁제도도 시행되었다(이 조치위탁제도는 1961년에 제정된 생활보호법에 근거한 것이었다[22]). 이렇게 하여 한국에서는 정부가 마땅히 보호해야 할 취약계층을 약간의 보조금을 지급하면서 민간부문에 맡겨 보호하는 민간보조방식의 제도체계가 만들어진 것인데 이는

---

20) 사회복지사업법 시행규칙 (보건사회부령 제356호, 1970.8.28. 제정) 제6조 (자산) ① 사회복지법인의 자산은 기본재산과 보통재산으로 구분하고, 기본재산은 그 정관에 기본재산으로 정한 재산으로 하며, 기타의 재산은 보통재산으로 한다.
② 사회복지법인의 연간운영 (사회복지시설의 운영을 포함한다)에 필요한 경비의 수입은 기본재산수입이 10분의 3, 기타 사업수입이 10분의 5 이상이어야 한다.
21) 사회복지사업법 시행규칙 (보건사회부령 제491호, 1975.9.17. 일부개정) 제6조 (자산) ② 사회복지법인의 연간운영 (사회복지시설의 운영을 포함한다)에 필요한 경비의 수입은 기본재산수입이 10분의 2 이상이어야 한다.
22) 생활보호법 (법률 제913호, 1961.12.30. 제정) 제27조 (위탁된 요보호자 수용의 의무) ① 보호시설은 보호기관으로부터 요보호자의 보호실시를 위하여 위탁을 받은 때에는 정당한 이유 없이 이를 거부하지 못한다.

다시 말하면 민간부문이 정부 보조금에 의존하여 정부가 마땅히 보호해야 할 취약계층을 대신하여 보호하고 정부는 보조금의 지급과 시설 지도감독 외에 사회서비스 전달에 관해 아무런 지침을 마련하지 않는 제도체계가 일찍부터 형성되어왔다고 할 수 있다. 이러한 제도체계에 의해 형성된 정부와 민간의 관계를 종속적 민간대행자 모델이라 한다.23)

나. 민간위탁제도의 도입

1980년대 후반에 들어오면서 정부는 사회복지관 200개소 건립사업 등을 추진하면서 이전에 비해 사회서비스 확충에 좀 더 적극적으로 나서기 시작하였다. 하지만 그로 인해 민간중심적인 공급구조가 변화한 것은 아니었다. 당시 정부는 주택공사 등으로 하여금 주택조성과 함께 사회복지관을 건립케 한 후 이를 지방자치단체에 기부채납(寄附採納)하게 하는 방식으로 사회복지관을 확충하였으며 이렇게 무상 증여받은 사회복지관의 운영은 민간부문에 맡겼다. 그리고 이처럼 민간부문에 운영을 맡기는 과정에서 여러 문제가 제기되자 1997년에 법을 개정하여 민간위탁제도를 만들고24) 위탁기간을 5년 이내로 규정하였다.25)

---

23) 이혜경, "민간 사회복지부문의 역사와 구조적 특성," 동서연구 제10권 제2호 (1998.4.), 41-75.
24) 사회복지사업법 (법률 제5358호, 1997.8.22. 전부개정) 제34조 (시설의 설치) ① 국가 또는 지방자치단체는 사회복지시설 (이하 "施設"이라 한다)을 설치·운영할 수 있다. ②~④ <생략>
⑤ 제1항의 규정에 의하여 국가 또는 지방자치단체가 설치한 시설은 필요한 경우 보건복지부령이 정하는 바에 따라 사회복지법인 또는 비영리법인에게 위탁하여 운영하게 할 수 있다.
25) 사회복지사업법 시행규칙 (보건복지부령 제71호, 1998.8.11. 전부개정) 제23조 (시설의 위탁) ① 법 제34조 제5항의 규정에 의하여 국가 또는 지방자치

이 시기에 와서 정부가 사회복지관 건립에 노력했다는 것은 과거 주로 거주시설26) 중심의 정책을 펴던 데서 재가복지를 중심으로 한 정책으로 전환하였음을 의미한다. 하지만 재가복지에 좀 더 주력하고 민간위탁제도를 도입했다고 해서 사회복지시설에 대한 보조금제도가 변화한 것은 아니어서 사회복지관에 대한 보조금 제도가 그대로 존속한 상태에서 민간위탁제도가 그 위에 추가되었다. 또한 정부는 여전히 사회서비스 수급자격에 대해서는 아무런 법적 근거를 마련하지 않은 채 사회복지관에 보조금을 제공하고 지도감독권한만 행사하였고 사회서비스 수급자격의 판단은 전국에 흩어져 있는 사회복지관이 개별적으로 하도록 하였으며 정부는 단지 사회서비스 이용 시의 본인부담금 수납요건만 정하였다.27) 일부에서는 사회서비스 수급자격을 사회복지관이 개별적으로 정할 수 있었던 것을 근거로 민간부문이 사회서비스에 대해 재량권을 가졌다고 평가하기도 하나 이는 민간부문이 여전히 보조금제도와 5년 기한의 위탁제도에 의해 정부에 종속적인 지위에 놓여 있었다는 사실을 간과한 평가이다.

단체가 시설을 위탁하여 운영하고자 하는 때에는 다음 각 호의 내용이 포함된 계약을 체결하여야 한다.

1. <생략>
2. 위탁계약기간
3~7. <생략>

② 제1항 제2호의 규정에 의한 위탁계약기간은 5년 이내로 한다. 다만, 위탁자가 필요하다고 인정하는 때에는 그 계약기간을 갱신할 수 있다.

26) 거주시설은 과거에는 수용시설로 불리던 것인데 그 후 생활시설로 개칭되었다가 지금은 거주시설로 불린다. 한편 일상용법에서 시설은 거주시설을 가리키고 기관은 사회복지관 같은 이용시설 내지 단체를 가리키지만, 법률적으로는 거주시설과 이용시설 모두 사회복지시설로 불린다 (사회복지사업법 제2조 제4호).

27) 국민기초생활보장수급자 (과거에는 생활보호대상자)에 대해서는 본인부담금을 면제토록 하고 차상위층에 대해서는 본인부담금을 50% 할인토록 한 것이 일반적이었다.

다. 민간부문 사례관리의 도입과 확대

1990년대에 들어오면서 민간전달체계에서 나타난 중요한 변화로는 민간사회복지관을 중심으로 사례관리가 도입되어 실행되기 시작하였다는 것을 들 수 있다. 사실 민간의 사회복지관은 1980년대 후반 저소득층 노인과 장애인을 대상으로 한 가정봉사원파견사업이 도입되고 1992년에 정부가 사회복지관 부설로 재가복지봉사센터를 설치하여 재가복지사업을 확대하면서 사례관리기법의 적용이 시도되기 시작하였다.[28] 그 후 사례관리는 2000년대 중반에 사회복지관 평가항목으로 포함되면서 본격적으로 정착되기 시작하였고 2012년에는 사회복지사업법 시행규칙(보건복지부령 제147호, 2012.8.3. 일부개정)이 개정되어 사회복지관의 3대 기능의 하나로 명시되어 법정화되었다.

하지만 민간에 의한 사례관리가 큰 효과를 거두기는 어려운 여건인 것도 사실이다. 사례관리를 정의하는 흐름은 크게 두 가지인데, 한 가지는 사례관리의 표적집단이 복합적이고 지속적인 욕구를 가지고 있어서 사례관리자의 고도의 임상적인 개입이 필요함을 강조하는 경향이며, 다른 한 가지는 표적집단의 복합적 욕구를 전제하지 않고 사회서비스 과정 자체의 연계·조정에 초점을 두어 맞춤형 서비스(tailored services), 연계(linkage), 조정(coordination), 서비스 네트워크, 서비스 효과성 등을 강조하는 경향이다.[29] 민간부문에서 강조되는 사례관리는 위의 두 가지 경향을 모두 반영하고 있는 것으로

28) 민소영, "한국의 사례관리 전개과정과 쟁점 고찰," 한국사회복지행정학, 제17권 제1호 (2015.3.), 213-239. 또한, 1990년대 초 사례관리의 적용을 모색한 초기의 연구로는 황성철, "사례관리 실천을 위한 모형개발과 한국적 적용에 관한 연구," 한국사회복지학, 제27호, (1995.11.), 275-304를 참조할 수 있다.
29) Gursansky et al., Case Management: Policy, Practice and Professional Busines s. New York: Columbia University Press (2003), 1장 참조.

보이기는 하지만, 첫째의 경향에 중점을 두는 경우에는 대상자가 복합적인 욕구를 가지고 있다는 판단을 할 권한이 필요하며 둘째의 경향에 중점을 두는 경우에는 서비스의 연계·조정을 주도할 권한이 필요하다. 그런데 앞에서도 본 것처럼 한국사회는 민간사회복지관에 그런 권한을 부여한 법규를 제정한 바가 없다. 법적 권한이 없다면 서구국가들에서 보듯이 자선조직협회나 인보관운동과 같은 민간복지의 전통에 근거한 권위라도 있어야 하는데 한국사회에는 그런 전통도 존재하지 않는다. 결과적으로 민간사회복지관은 법적 권한도 없고 전통에 근거한 권위도 없기 때문에 욕구를 판정하고 자원을 연계·조정하기에는 권한이 부족한 상태에 있다.

그렇다고 이것이 민간부문의 잘못 때문에 생겨난 것이라고 할 수는 없다. 서구의 경우에도 민간부문이 오롯이 민간 스스로의 노력만으로 발전해온 것은 아니다. 민간부문의 발전에는 국가의 건전한 역할이 매우 중요하다. 앞서 본 것처럼 한국의 국가는 민간부문을 보조금과 지도감독으로 종속적인 지위에 놓이게끔 하였으며 민간부문에 서비스 직접제공의 역할을 맡겼으면서도 민간부문이 그런 역할을 합리적으로 수행할 수 있게끔 하는 권한은 민간부문의 많은 요구에도 불구하고 거의 부여하지 않았다. 사회서비스를 필요로 하는지 여부는 그 사람이 가난한가 여부와는 다른 문제이지만 한국정부는 가난한 사람에게는 본인부담금을 면제하라는 정도의 지침 외에는 사회서비스를 필요로 하는지 여부를 어떤 기준에 의해 판단해야 하는지 그리고 그것을 누가 어떤 권한으로 판단해야 하는지에 대해서는 아무런 법규범을 마련하지 않았다.[30] 한국의 국가는 빈민과 노인, 장애인, 아동, 한부모 가족 등 취약계층에게만 서비스를 줄 정도의 많지 않은 보조금을 민간부문에 쥐어주고는 그들에 대한 사회서

---

30) 이봉주 외, 사회복지서비스와 공급체계: 쟁점과 대안, EM 커뮤니티 (2007), 2장 참조.

비스 제공책임을 민간기관에 모두 떠넘기고 그럼으로써 취약계층이 정부에 대해서는 복지민원을 제기하지 않게끔 하는 데에 최선을 다해왔다. 이런 상황에서 일부 민간기관들은 많지 않은 정부보조금에 대해서마저 지대추구 행위를 해온 것이 사실이지만 그들을 제외한 또 다른 많은 민간기관들은 나름대로 사회서비스 실천모델을 개발하고 서비스의 연계·조정을 향상시키기 위해 노력해온 것도 사실이다. 지대추구행위를 해온 일부 민간기관의 행태에 대해 준엄한 비판이 있어야 하고 이를 방지하기 위한 제도개선이 추구되어야 하는 것은 맞지만 그로 인해 민간기관이 그동안 해온 실천노력이 매도당하는 것은 경계해야 할 일이다. 하지만 최근에는 정부가 사례관리에 나서는 등 공공전달체계 구축에 본격적으로 나서면서 민간부문의 실천노력은 변화와 도전에 직면하게 되었다.

2. 공공전달체계 개편노력의 경과

가. 사회복지전담공무원 배치와 복지사무전담기구 설치

공공사회서비스 전달체계 구축을 위한 최초의 정책은 아마도 1980년대 후반에 추진된 사회복지전문요원의 배치일 것이다. 사회복지전문요원은 저소득층 및 취약계층에 대한 사회복지사업을 담당케 하기 위해 별정직으로 도입되었는데 1987년 시범배치를 거쳐 1988년부터 본격적으로 배치되기 시작하였다. 그 후 1993년부터는 일반직으로 전환되면서 명칭이 사회복지전담공무원으로 변경되어 오늘에 이르고 있다.31) 사회복지전담공무원의 배치에 이어 추진된

---

31) 사회복지사업법 (법률 제4531호, 1992.12.8. 전부개정) 제10조 (사회복지전담공무원) ① 제2조 제1항에서 정한 사업에 관한 업무를 담당하게 하기 위하여 시·군·구 및 읍·면·동에 사회복지전담공무원을 둘 수 있다.

중요한 조치로는 1992년 사회복지사업법을 개정하여 복지사무전담 기구를 설치할 수 있도록 한 조치이다.32) 이 조항에 근거하여 정부 는 보건복지사무소 시범사업(1995.7~1999.12)과 사회복지사무소 시 범사업(2004.5~2006.6)을 실시하여 복지사무전담기구 설치를 위해 노력하였다. 하지만 두 시범사업은 시범사업으로만 그쳤고 복지사 무전담기구 설치는 지금까지도 이루어지지 않고 있다.

나. 서비스 신청·조사·지원제도의 도입

이러한 노력이 진행되는 가운데 공공전달체계와 관련하여 획기 적인 법률개정이 이루어졌는데 그것은 바로 2003년 7월 사회복지사 업법 개정이었다. 이 법 개정은 많은 내용을 담고 있지만 크게 보면 서비스 신청·조사·지원제도의 도입과 바우처 제도의 근거 마련, 그 리고 지역사회복지협의체 도입의 세 가지가 핵심이라고 할 수 있다. 여기서 말하는 서비스 신청·조사·지원제도란 사회서비스를 필요로 하는 주민은 관할 시장·군수·구청장에게 서비스 제공을 신청할 수 있고 신청을 받은 시장·군수·구청장은 복지욕구를 조사하여 수급자 격을 판단하며 수급자격이 있다고 판단된 경우에는 개별지원계획을 세우고 그에 따라 서비스를 제공토록 한 것을 말한다.33) 이와 함께

---

② 제1항의 규정에 의한 사회복지전담공무원은 사회복지사의 자격을 가진 자로 하며, 그 임용 기타 필요한 사항은 대통령령으로 정한다.
32) 사회복지사업법 (법률 제4531호, 1992.12.8. 전부개정) 제11조 (복지사무전담 기구의 설치) ① 제2조 제1항에서 정한 사업에 관한 업무를 효율적으로 운 영하기 위하여 필요한 경우 시·군·구에 복지사무를 전담하는 기구를 따로 설치할 수 있다.
② 제1항의 규정에 의하여 설치되는 복지사무전담기구의 사무의 범위·조직 기타 필요한 사항은 당해 지방자치단체의 조례로 정한다.
33) 사회복지사업법 (법률 제6960호, 2003.7.30. 일부개정] 제33조의2 (사회복지 서비스의 신청) ① 사회복지서비스를 필요로 하는 자 (이하 "보호대상자"라

당시 개정된 사회복지사업법은 서비스 신청·조사·지원제도에 따른 지원은 원칙적으로 현물에 의할 것을 규정하면서도 이용권(바우처)에 의한 지원도 가능하게끔 하는 규정을 마련하였다.34) 또한 민관협

한다)와 그 친족 그 밖의 관계인은 관할 시장·군수·구청장에게 보호대상자에 대한 사회복지서비스의 제공 (이하 "보호"라 한다)을 신청할 수 있다. ②~③ <생략>

제33조의3 (복지요구의 조사) ① 시장·군수·구청장은 제33조의2의 규정에 의한 보호신청이 있는 경우 복지담당공무원에게 다음 각 호의 사항을 조사하게 한다.

1. 신청인의 복지요구와 관련된 사항
2. 보호대상자 및 그 부양의무자 (국민기초생활보장법에 의한 부양의무자를 말한다. 이하 같다)의 소득·재산·근로능력 및 취업상태에 관한 사항
3. 그 밖에 보호실시 여부를 결정하기 위하여 필요하다고 인정하는 사항 ② <생략>

제33조의4 (보호의 결정) ① 시장·군수·구청장은 제33조의3의 규정에 의한 조사를 한 때에는 보호의 실시여부와 그 유형을 결정하여야 한다. ②~③ <생략>

제33조의5 (보호대상자별 보호계획의 수립 등) ① 시장·군수·구청장은 보호대상자에 대하여 보호의 실시를 결정한 때에는 필요한 경우 지역사회복지협의체의 의견을 들어 다음 각 호의 사항이 포함된 보호대상자별 보호계획을 작성하여야 한다. 이 경우 보호대상자 또는 그 친족의 의견을 참작하여야 한다.

1. 사회복지서비스의 유형·방법·수량 및 제공기간
2. 사회복지서비스를 제공하는 기관 및 단체
3. 그 밖의 보호에 필요한 사항 ②~③ <생략>

제33조의6 (보호의 실시) ① 시장·군수·구청장은 제33조의5의 규정에 의하여 작성된 보호대상자별 보호계획에 따라 보호를 실시하여야 한다. ② <생략>

34) 제33조의7 (보호의 방법) ① 보호대상자에 대한 보호는 현물로 제공함을 원칙으로 한다.
② 시장·군수·구청장은 국가 또는 지방자치단체외의 자로 하여금 제1항의 보호를 실시하게 하는 경우에는 보호대상자에게 사회복지서비스이용권 (이하 "이용권"이라 한다)을 지급하여 국가 또는 지방자치단체 외의 자로부터 그 이용권으로 보호를 받게 할 수 있다.

력을 강화할 목적으로 지역사회복지협의체를 설치토록 한 것도 중
요한 조치였는데[35] 이와 관련해서는 사회복지협의체와 기능이 중복
된다 하여 당시 많은 논란이 있었지만 지역사회복지협의체 조항은
그대로 통과되었다.

이 중 특히 서비스 신청·조사·지원제도의 도입은 각별한 의미를
갖는다. 앞서 언급하였지만 한국의 국가는 민간부문에 보조금만 지
원하고 사회서비스 수급자격 판단과 관련해서는 스스로도 아무런
조치를 취하지 않았을 뿐더러 사회서비스의 직접제공을 맡은 민간
기관에 그와 관련된 권한을 부여한 것도 아니었다. 이런 상황에서
정부가 법률 개정을 통해 서비스 신청·조사·지원제도를 도입한 것
은 사회서비스 수급자격 판단에 정부가 직접적으로 관여하겠다는
것을 천명한 것이다. 물론 수급자격 판단을 위한 구체적인 근거 등
을 마련한 것은 아니었지만 소득보장이 아닌 사회서비스에 대해 정
부가 그러한 제도를 도입한 것은 최초의 일로 공공전달체계와 관련
하여 대단히 의미 있는 일이다. 하지만 결과적으로 서비스 신청·조
사·지원제도는 법률에 명시되기만 했지 시행에는 이르지 못하였다.
당시 사회복지전담공무원들은 업무과중을 이유로 들어 제도시행을
반대하였고 정부도 구체적인 조치를 적극적으로 취하지는 않았다.
서비스 신청·조사·지원제도는 시행되지 못하는 결과로 이어졌지만

---

35) 제7조의2 (지역사회복지협의체) ① 관할지역 안의 사회복지사업에 관한 중
   요사항과 제15조의3 제1항의 규정에 의한 지역사회복지계획을 심의 또는
   건의하고, 사회복지·보건의료 관련 기관·단체가 제공하는 사회복지서비스
   및 보건의료서비스의 연계·협력을 강화하기 위하여 시·군·구 (자치구를 말
   한다. 이하 같다)에 지역사회복지협의체를 둔다.
   ②지역사회복지협의체의 위원은 다음 각 호의 1에 해당하는 자중에서 시장·
   군수·구청장이 임명 또는 위촉한다. <각 호 생략>
   ③ 지역사회복지협의체의 업무를 효율적으로 수행하기 위하여 지역사회복
   지협의체에 실무협의체를 둘 수 있다.
   ④~⑤ <생략>

바우처 제도와 지역사회복지협의체는 그와는 약간 다른 길을 걷게 되는데 여기에는 사회서비스 지방이양이 중요한 배경이었다.

다. 사회복지서비스 지방이양과 공공전달체계의 분절화

사회서비스는 참여정부 때 본격적으로 확대되었지만 이 시기에 사회서비스 전달체계 전반에 큰 영향을 미친 정책이 함께 추진되었는데 그것은 바로 2005년에 전격적으로 단행된 사회서비스 지방이양이었다. 사회서비스 지방이양은 당시 국고보조에 의해 시행되던 67개 사회복지사업을 지방정부로 이관한 것을 말하는데 이로 인해 주로 사회복지시설의 운영경비 지원이 지방정부의 책임으로 넘어가게 되었다. 사회서비스 지방이양은 지방균형발전이나 주민자치의 실현과 같은 명분을 위해 추진되었는데 그 명분들이 서로 모순될 수 있다는 점도 지적될 수 있지만36) 전달체계에 한정하여 볼 때 그것이 전달체계를 바람직한 방향으로 구축하는 데 도움이 되었는가에 대해서는 부정적으로 평가할 수밖에 없다.

우선 참여정부는 사회서비스의 확대를 강력하게 추진했는데 이를 위해서는 사회서비스의 주무부처인 복지부에 힘을 실어줄 필요가 있었지만 그와 동시에 추진한 사회서비스 지방이양은 중앙부처인 복지부의 권한을 적어도 지방이양된 사업에서만큼은 축소시키는 것이었다. 이것을 긍정적으로 해석하면 사회서비스 확대를 지방정부를 중심으로 하여 추진하려는 것이라고 해석할 수도 있지만 당시 지방정부의 역량을 감안할 때 지방정부 중심의 사회서비스 확대는 무리한 시도였다고 할 수 있다. 따라서 사회서비스 확대정책과 지방

---

36) 주민자치를 실현하는 것과 지방과 중앙의 균형발전이 이루어지는 것은 약간 다른 차원의 문제이며 또 중앙정부가 지방정부에 권한을 이양하는 분권과 주민자치도 관련성은 높지만 같은 것은 아니다.

이양정책은 적어도 복지부 입장에서는 모순된 것이었다.

둘째로 참여정부는 사회서비스 지방이양을 추진하여 지방정부의 복지책임을 강화하고자 했는데 그러면서도 사회서비스에서 중요한 비중을 차지하는 노인장기요양보험의 관리운영기구를 건강보험공단(건보공단)으로 정했고 또한 국고보조방식에 의한 바우처 제도를 본격적으로 확대하였다. 건보공단은 복지부 산하의 중앙화된 기구로 지방정부와는 행정적으로나 재정적으로 관계가 없다. 또한 바우처 제도도 그 재정이 기본적으로 국고보조방식에 의한 것이어서 지방정부가 관여할 여지가 많지 않다. 게다가 바우처 제도와 관련해서는 중앙부처인 복지부가 수급자격기준을 세밀하게 정해서 시행했기 때문에 지방정부가 개입할 여지가 더욱 없었다. 결국 사회서비스 지방이양은 지방정부의 복지기획력 제고를 지향한 것이었지만 노인장기요양보험 관리운영기구를 건보공단으로 지정한 것과 바우처 제도를 도입한 것은 중앙부처인 복지부의 기획력 제고를 지향한 것으로 양자는 방향성에서 상충하는 것이었다.

앞에서 2003년에 개정된 사회복지사업법의 핵심적인 내용이 서비스 신청·조사·지원제도의 도입과 바우처 제도의 근거 마련, 지역사회복지협의체의 도입의 세 가지라고 했는데 이 가운데 사회서비스 지방이양과 가장 조화로운 것을 든다면 그것은 서비스 신청·조사·지원제도와 지역사회복지협의체라고 할 수 있을 것이다. 그런데 2003년 법 개정 후 지역사회복지협의체를 제외한 나머지 두 가지는 사실상 사문화하였는데 지방이양 이후 본격적으로 되살아난 것은 지방이양과 더 조화로울 것으로 보이는 서비스 신청·조사·지원제도가 아니라 오히려 지방이양과 상충하는 바우처 제도였다. 또한 사회서비스 지방이양이 결정되었다면 건보공단의 관리운영기구를 지방정부로 고려할 수도 있었을 것이지만 그런 고려는 별로 없었다. 이는 중앙화 경향과 지방화 경향이 서로 경합을 벌이는 가운데 이것이 적절히 조율되지 못했음을 보여준다.

셋째 이러한 상충하는 지향성을 가진 정책의 추진으로 사회서비스 전달체계의 분절화가 새롭게 나타났다. 과거에는 전달체계가 민간기관별로 개별적으로 구축되어 분절성이 있었다면 사회서비스 지방이양 이후에는 다른 형태의 분절화가 나타나게 되었다. 노인장기요양보험법이 통과될 당시만 해도 사회보험공단 중에서는 건보공단만이 노인요양서비스라는 사회서비스 부문에 개입하였지만 그 이후 바우처 방식인 장애인활동지원의 관리운영기구로 국민연금공단이 정해지고 이어 국민기초생활보장 수급자에 대한 근로능력판정과 장애인에 대한 장애등급판정업무도 국민연금공단으로 이관되면서 사회보험공단이 사회서비스에 관여하는 관행이 본격화하게 되었는데 이는 서구에서는 찾아보기 어려운 일이다. 사회보험공단의 사회서비스 관여는 바우처 제도의 확대 및 사회서비스 지방이양과 함께 사회서비스 전달체계의 분절화를 낳았다. 즉 사회서비스 지방이양 이후 한국의 사회서비스 전달체계는 ① 지방이양된 부문과 ② 과거처럼 국고보조방식으로 운영되는 부문, ③ 사회보험공단이 운영하는 부문, 그리고 ④ 바우처 부문으로 분절화하기에 이르렀다. 이러한 분절구조 가운데 가장 중요한 분절구조는 사회보험공단이 관여하는 부문(③)과 나머지 부문(①+②+④, 이들은 지방정부가 어떤 형태로든 관여하는 부문이다)으로 이원화한 것이라고 할 수 있다. 왜냐하면 국고보조방식에 의해 운영되는 사회서비스나 바우처 방식의 사회서비스는 비록 재원과 수급자격요건이 중앙정부에 의해 결정된다 해도 실제 운영은 지방정부가 담당하는 것이지만, 사회보험공단이 관여하는 노인요양보험이나 장애인활동지원제도에 대해서는 지방정부가 관여할 여지가 별로 없고 또 사회보험공단이 지방정부에 협조할 법적 의무도 없기 때문이다.

넷째, 이처럼 사회서비스 전달체계가 분절화(혹은 사회보험공단

부문과 나머지 부문으로 이원화)한 가운데 이른 바 주민생활지원체계 구축이 시도되었다. 이 시도는 복지·보건·고용·주거·교육·문화·체육·관광의 8대 서비스로 구성되는 주민생활지원서비스 행정체계를 도입하려는 것인데 기본적으로 지방정부의 주민생활지원기능 강화를 지향한 것으로 사회서비스 지방이양과 지향성에서는 조화롭다고 할 수 있으나 실현가능성은 높지 않은 것이었다고 할 수 있다. 우선 주민생활지원체계 구축은 그에 대응하는 민관협력체계로는 복지·보건·고용·주거·교육·문화·체육·관광분야의 민간조직을 아우르는 이른 바 민관협의체 조직과 함께 추진되었는데 이러한 시도 자체가 무리한 시도였다는 점을 지적하지 않을 수 없다. 민관협의체가 추진되면서 많은 지방정부는 이를 지역사회복지협의체를 대체하는 것으로 인식하여 현장에서는 지역사회복지협의체 구성을 위해 노력했던 사회복지공무원과 민간사회복지사들의 사기를 꺾어놓았다. 게다가 지역사회복지협의체는 2003년에 개정된 사회복지사업법에 의해 추진되던 것이었음에도 불구하고 법적 근거도 없는 민관협의체가 지역사회복지협의체를 대체하여 많은 반발을 초래하였다. 또 시범사업으로 추진되던 사회복지사무소가 갑자기 중단된 상태에서 민관협의체와 주민생활지원체계가 추진된 것도 사회복지계의 사기를 저하시키고 반발을 초래한 한 원인이 되었다. 더욱이 보건복지사무소 시범사업에서 보았듯이 보건과 복지 간의 연계도 매우 어려운 터에 연계범위를 고용과 주거에서 더 나아가 교육, 문화, 체육 등에까지 확대한 것은 실현가능성도 없는 것이었을 뿐더러 연계의 명분을 납득하기에도 쉽지 않은 것이었다. 그리고 주민생활지원체계 구축과 민관협의체 모두 참여정부 후반기인 2007년에 본격적으로 추진되어 시간도 매우 부족하였다.

사회서비스 지방이양 이후 상황전개는, 결국, 지방이양과 조화로운 서비스 신청·조사·지원제도는 무산되는 결과로 이어졌고 바우처

제도는 지방이양과 상충되는 방향을 가지면서 본격 확대되었으며 지역사회복지협의체는 지방이양을 비현실적으로 추진한 주민생활 지원체계 구축 및 민관협의체 추진에 의해 왜곡되는 결과로 이어졌다고 할 수 있다. 그리고 이와 함께 건보공단과 국민연금공단이라는 사회보험공단이 사회서비스에 관여하게 됨으로써 사회서비스 전달체계를 이원화하는 결과를 낳았다고 할 수 있다.

라. 공공부문의 통합사례관리 추진

공공전달체계 구축으로 가장 최근에 정부가 추진한 정책으로는 통합사례관리를 들 수 있다.[37] 이것은 위에서 본 주민생활지원체계 구축에서 본격화한 것이었는데 자산조사업무는 시·군·구에서 수행토록 하고 읍·면·동은 찾아가는 복지와 사례관리업무를 담당하는 것으로 설계되었다. 하지만 읍·면·동에 사례관리를 실행할 만큼의 인력을 충원하지 못하여 효과를 거두지는 못했다.

그 후 이명박 정부에 들어와서는 민생안정전문요원을 충원하고 위기가구 및 집중관리가 필요한 가구의 사례관리를 시·군·구로 이관하여 시·군·구 중심의 사례관리 체계 구축이 시도되었다(2008~2009년). 하지만 이 시도 역시 인력확충이 따르지 못하여 한계가 있었다. 2010년에는 사회복지통합관리망(이른 바 "사통망", 현재의 행복e음의 전신) 구축을 기반으로 위기가구 통합사례관리사업이 추진되었는데 이때부터 복지대상자에 대한 전자적 관리가 본격화하기 시작하였다.[38] 기존의 민생안정전문요원을 사회복지통합서비스전

---

37) 이 부분의 논의는 강혜규 외, 앞의 책; 민소영, 앞의 글; 박소연, "국민 중심 맞춤형 복지를 위한 읍·면·동 복지기능 강화: 사례관리를 중심으로", 한국사례관리학회 2015년 춘계학술대회; 배은석, "공공전달체계 현황 분석 및 개선방안 마련: 희망복지지원단을 중심으로", 부산복지개발원 (2013)을 바탕으로 정리한 것이다.

문요원으로 명칭을 변경하고 사례관리업무의 체계화에 노력했으나 여전히 인력의 확충이 미진하여 한계가 많았다. 2012년 4월에는 지역단위의 맞춤형 복지행정을 구축하기 위해 기존의 서비스 연계팀을 확대·개편하여 통합사례관리를 강화하고자 시·군·구에 희망복지지원단 설치·운영하는 사업을 추진하였다. 희망복지지원단은 지역단위 통합서비스 제공을 위해 통합사례관리, 지역 내 공공 및 민간자원 관리, 지역보호체계 운영, 서비스 연계체계 구축, 주민센터 복지업무 지도·감독 등의 역할을 수행하는 것으로 설정되었다(사회복지통합서비스전문요원은 통합사례관리사로 명칭이 변경되었다). 박근혜 정부 기간에는 읍·면·동의 복지기능을 강화하기 위한 정책이 많이 추진되었는데, 동 복지 허브화 사업(2013년)과 읍·면·동 복지기능강화 사업(2014년)이 그것들이다.

정부는 대체로 2010년경부터 통합사례관리라는 명칭을 사용해왔는데 이는 민간의 사례관리와 구분하기 위한 것이긴 하지만 정부가 통합사례관리의 실제 개념을 민간의 사례관리와 크게 다르게 설정하는 것 같지는 않다. 앞에서 언급한 것처럼, 사례관리는 복합적 욕구에 대한 고도의 임상적 개입을 의미하는 것으로서의 사례관리와 서비스 연계·조정에 중점을 두는 것으로서의 사례관리의 두 가지 의미가 있는데,[39] 정부는 통합사례관리를 지역사회 공공·민간자원에 대한 체계적인 관리·지원체계를 토대로 복합적이고 다양한 욕구를 가진 대상자에게 복지·보건·고용·주거·교육·신용·법률 등 필요한 서비스를 통합적으로 연계·제공하고 이를 지속적으로 상담·모니터링 해 나가는 사업으로 규정하는 한편 맞춤형 서비스의 연계·제

---

38) 복지대상자에 대한 전자적 관리는 부정수급 차단 등 복지행정의 효율화를 목적으로 추진되었지만 현재는 이런 정도를 넘어서서 온라인 전달체계라 할 수 있는 수준까지 나아간 것으로 보인다.
39) Gursansky et al, 앞의 책.

공으로 규정하고 있기도 하여[40] 사례관리의 두 가지 의미를 모두 포괄하는 경향을 보여주고 있다(이는 민간기관의 사례관리와 비슷한 경향이다). 그런데 이러한 통합사례관리가 법률에 규정된 것은 2017년의 일로 이 해 3월에 개정된 사회보장급여법(법률 제14696호, 2017.3.21. 일부개정)에 제42조의2를 신설하여 통합사례관리의 법적 근거를 마련하였다.[41]

마. 공공전달체계에 관한 법령의 정비

박근혜 정부에 들어와 추진된 공공전달체계 개편정책은 이전과 달리 관련 법령을 전반적으로 정비하는 것으로 나타났다. 이 시기에 정비된 법령 중 전달체계와 관련하여 가장 중요한 것은 사회보장기본법(법률 제11238호, 2012.1.26. 전부개정)과 사회보장급여의 이용·제공 및 수급권자 발굴에 관한 법률(법률 제12935호, 2014.12.30. 제정)(이하 "사회보장급여법")이다.

우선 사회보장기본법은 사회서비스의 개념을 매우 넓게 규정하

---

40) 보건복지부, "2015 희망복지지원단 사업안내", (2015. 10. 29.), 6-10, 21.
41) 사회보장기본법 제42조의2 (통합사례관리) ① 보건복지부장관, 시·도지사 및 시장·군수·구청장은 지원대상자의 사회보장 수준을 높이기 위하여 지원대상자의 다양하고 복합적인 특성에 따른 상담과 지도, 사회보장에 대한 욕구조사, 서비스 제공 계획의 수립을 실시하고, 그 계획에 따라 지원대상자에게 보건·복지·고용·교육 등에 대한 사회보장급여 및 민간 법인·단체·시설 등이 제공하는 서비스를 종합적으로 연계·제공하는 통합사례관리를 실시할 수 있다.
② 제1항에 따른 통합사례관리를 실시하기 위하여 필요한 경우에는 특별자치시 및 시·군·구에 통합사례관리사를 둘 수 있다.
③ 보건복지부장관은 통합사례관리 사업의 전문적인 지원을 위하여 해당 업무를 공공 또는 민간 기관·단체 등에 위탁하여 실시할 수 있다.
④ 제2항에 따른 통합사례관리사의 자격·업무 등 운영에 필요한 사항은 보건복지부령으로 정한다.

여 7대 영역(복지, 보건, 교육, 고용, 주거, 문화, 환경)에서의 사회투자적 서비스(상담, 재활, 돌봄, 정보제공, 관련시설 이용, 역량개발, 사회참여 지원)로 규정하였다(사회보장기본법 제3조 제4호).[42] 또한 보다 중요한 것으로 사회보장의 원칙으로 평생사회안전망 원칙을 천명하였는데(법 제3조 제5호,[43] 제22조 제1항[44]) 이에 관한 구체적인 규정이 미비한 한계는 있지만 사회보장기본법 역사상 최초로 사회보장제도의 바람직한 상을 제시한 것으로 현행 사회보장기본법의 모든 조항을 통틀어 가장 중요한 원칙일 뿐만 아니라 사회서비스 공공전달체계에 있어서도 가장 중요한 원칙이라 할 수 있다. 평생사회안전망은 생애주기에 걸쳐 소득과 서비스를 보장하는 맞춤형 사회보장을 의미하는 것이므로 사회보장제도의 바람직한 상을 맞춤형 사회보장으로 제시한 것이다. 사회보장은 사회서비스를 포함하므로 사회서비스 역시 맞춤형 사회서비스가 되어야 한다는 것을 천명한 것이다.

또한 사회보장기본법은 전달체계가 접근성과 지역균형성, 연계성을 갖춘 것으로 구축되어야 함을 규정하였으며(법 제29조)[45] 그

---

42) 사회보장기본법 제3조 제4호. "사회서비스"란 국가·지방자치단체 및 민간 부문의 도움이 필요한 모든 국민에게 복지, 보건의료, 교육, 고용, 주거, 문화, 환경 등의 분야에서 인간다운 생활을 보장하고 상담, 재활, 돌봄, 정보의 제공, 관련 시설의 이용, 역량 개발, 사회참여 지원 등을 통하여 국민의 삶의 질이 향상되도록 지원하는 제도를 말한다.

43) 사회보장기본법 제3조 제5호. "평생사회안전망"이란 생애주기에 걸쳐 보편적으로 충족되어야 하는 기본욕구와 특정한 사회위험에 의하여 발생하는 특수욕구를 동시에 고려하여 소득·서비스를 보장하는 맞춤형 사회보장을 말한다.

44) 사회보장기본법 제22조 제1항: 국가와 지방자치단체는 모든 국민이 생애 동안 삶의 질을 유지·증진할 수 있도록 평생사회안전망을 구축하여야 한다.

45) 사회보장기본법 제29조 (사회보장 전달체계) ① 국가와 지방자치단체는 모든 국민이 쉽게 이용할 수 있고 사회보장급여가 적시에 제공되도록 지역적·기능적으로 균형잡힌 사회보장 전달체계를 구축하여야 한다.

외에 복잡·다양해진 사회복지욕구에 대응하기 위한 관리운영체계를
비교적 상세하게 규정하였는데, 여기에는 사회보장급여의 관리체계
및 품질관리체계(법 제30조)⁴⁶⁾와 사회보장통계체계(법 제32조),⁴⁷⁾
사회보장정보시스템(법 제37조)⁴⁸⁾이 포함되었다. 이 중 특히 사회보

---

② 국가와 지방자치단체는 사회보장 전달체계의 효율적 운영에 필요한 조
직, 인력, 예산 등을 갖추어야 한다.
③ 국가와 지방자치단체는 공공부문과 민간부문의 사회보장 전달체계가 효
율적으로 연계되도록 노력하여야 한다.
46) 사회보장기본법 제30조 (사회보장급여의 관리) ① 국가와 지방자치단체는
국민의 사회보장수급권의 보장 및 재정의 효율적 운용을 위하여 다음 각
호에 관한 사회보장급여의 관리체계를 구축·운영하여야 한다.
1. 사회보장수급권자 권리구제
2. 사회보장급여의 사각지대 발굴
3. 사회보장급여의 부정·오류 관리
4. 사회보장급여의 과오지급액의 환수 등 관리
② 보건복지부장관은 사회서비스의 품질기준 마련, 평가 및 개선 등의 업무
를 수행하기 위하여 필요한 전담기구를 설치할 수 있다.
③ 제2항의 전담기구 설치·운영 등에 필요한 사항은 대통령령으로 정한다.
47) 사회보장기본법 제32조 (사회보장통계) ① 국가와 지방자치단체는 효과적
인 사회보장정책의 수립·시행을 위하여 사회보장에 관한 통계 (이하 "사회
보장통계"라 한다)를 작성·관리하여야 한다.
② 관계 중앙행정기관의 장과 지방자치단체의 장은 소관 사회보장통계를
대통령령으로 정하는 바에 따라 보건복지부장관에게 제출하여야 한다.
③ 보건복지부장관은 제2항에 따라 제출된 사회보장통계를 종합하여 위원
회에 제출하여야 한다.
④ 사회보장통계의 작성·관리에 필요한 사항은 대통령령으로 정한다.
48) 사회보장기본법 제37조 (사회보장정보시스템의 구축·운영 등) ① 국가와 지
방자치단체는 국민편익의 증진과 사회보장업무의 효율성 향상을 위하여 사
회보장업무를 전자적으로 관리하도록 노력하여야 한다.
② 국가는 관계 중앙행정기관과 지방자치단체에서 시행하는 사회보장수급권
자 선정 및 급여 관리 등에 관한 정보를 통합·연계하여 처리·기록 및 관리하
는 시스템 (이하 "사회보장정보시스템"이라 한다)을 구축·운영할 수 있다.
③ 보건복지부장관은 사회보장정보시스템의 구축·운영을 총괄한다.
④~⑥ <생략>
⑦ 보건복지부장관은 사회보장정보시스템의 운영·지원을 위하여 전담기구

장정보시스템은 2010년 사회복지통합관리망 구축으로 본격화한 공공복지대상자의 전자적 관리를 위한 법적 근거를 마련하려는 것이었다.

　사회보장기본법이 시행되는 중인 2014년 2월에 이른 바 송파 세모녀 사건이 발생하였고 그 원인으로 사각지대 문제가 제기되면서 그 해 12월에 사회보장급여법이 제정되었는데 이를 통해 서비스 신청·조사·지원제도가 다시금 규정되었다. 이 때 규정된 서비스 신청·조사·지원제도는 사회보장급여의 신청(사회보장급여법 제5조),49) 신청에 따른 조사(법 제6조부터 제8조),50) 수급자격 및 급여 제공 유형

를 설치할 수 있다.

49) 사회보장급여법 제5조 (사회보장급여의 신청) ① 지원대상자와 그 친족, 「민법」에 따른 후견인, 「청소년기본법」에 따른 청소년상담사·청소년지도사, 지원대상자를 사실상 보호하고 있는 자 (관련 기관 및 단체의 장을 포함한다) 등은 지원대상자의 주소지 관할 보장기관에 사회보장급여를 신청할 수 있다. ②～④ <생략>

50) 사회보장급여법 제6조 (사회보장 요구의 조사) 보장기관의 장은 제5조에 따른 사회보장급여의 신청을 받으면 다음 각 호의 사항을 조사하여야 한다.
1. 지원대상자의 사회보장 요구와 관련된 사항
2. 지원대상자의 건강상태, 가구 구성 등 생활 실태에 관한 사항
3. 그 밖에 지원대상자에게 필요하다고 인정되는 사회보장급여에 관한 사항
사회보장급여법 제7조 (수급자격의 조사) ① 보장기관의 장은 제5조에 따른 사회보장급여의 신청을 받으면 지원대상자와 그 부양의무자 (배우자와 1촌의 직계혈족 및 그 배우자를 말한다. 이하 같다)에 대하여 사회보장급여의 수급자격 확인을 위하여 다음 각 호의 어느 하나에 해당하는 자료 또는 정보를 제공받아 조사하고 처리 (「개인정보 보호법」 제2조 제2호의 처리를 말한다. 이하 같다)할 수 있다. 다만, 부양의무자에 대한 조사가 필요하지 아니하거나 그 밖에 대통령령으로 정하는 사유에 해당하는 경우는 제외한다. <각 호 생략>
사회보장급여법 제8조 (금융정보 등의 제공 등) ① 중앙행정기관의 장 또는 지방자치단체의 장은 지원대상자와 그 부양의무자에 대하여 제7조제1항에 따라 금융정보 등에 대한 조사가 필요한 경우 다음 각 호의 자료 또는 정보의 제공에 대하여 동의한다는 서면을 받아야 한다. <각 호 생략>
②～⑦ <생략>

결정(법 제9조),[51] 지원계획 수립·시행(법 제15조),[52] 수급권자에 대한 상담·안내·의뢰 등(법 제16조),[53] 이의신청 및 수급권자의 보호자에 대한 지원(법 제17조 및 제18조)[54]에 이르기까지 상당히 상세

---

51) 사회보장급여법 제9조 (사회보장급여 제공의 결정) ① 보장기관의 장이 제6조 및 제7조에 따른 조사를 실시한 경우에는 사회보장급여의 제공 여부 및 제공 유형을 결정하되, 제공하고자 하는 사회보장급여는 지원대상자가 현재 제공받고 있는 사회보장급여와 보장내용이 중복되도록 하여서는 아니 된다.
②~③ <생략>

52) 사회보장급여법 제15조 (지원계획의 수립 및 시행) ① 보장기관의 장은 제9조 제1항에 따라 사회보장급여의 제공을 결정한 때에는 필요한 경우 다음 각 호의 사항이 포함된 수급권자별 사회보장급여 제공계획 (이하 이 조에서 "지원계획"이라 한다)을 수립하여야 한다. 이 경우 수급권자 또는 그 친족이나 그 밖의 관계인의 의견을 고려하여야 한다.
1. 사회보장급여의 유형·방법·수량 및 제공기간
2. 사회보장급여를 제공할 기관 및 단체
3. 동일한 수급권자에 대하여 사회보장급여를 제공할 보장기관 또는 관계 기관·법인·단체·시설이 둘 이상인 경우 상호간 연계방법
4. 사회보장 관련 민간 법인·단체·시설이 제공하는 복지혜택과 연계가 필요한 경우 그 연계방법
② 보장기관의 장은 지원계획에 따라 사회보장급여가 제공될 수 있도록 노력하여야 하며, 필요한 경우 사회보장급여 제공결과를 정기적으로 평가하고 그 결과에 따라 지원계획을 변경할 수 있다.
③~⑥ <생략>

53) 사회보장급여법 제16조 (수급권자 등에 대한 상담·안내, 의뢰 등) ① 보장기관의 업무담당자는 수급권자 또는 지원대상자 (이하 "수급권자등"이라 한다)가 필요한 사회보장급여를 편리하게 이용할 수 있도록 사회보장급여의 명칭, 수급권자의 선정기준, 보장내용 및 신청방법 등에 관한 사항을 상담하고 안내하여야 하며, 이를 위하여 사회보장정보시스템에서 지원하는 정보를 최대한 활용하여야 한다.
②~④ <생략>

54) 사회보장급여법 제17조 (이의신청) ① 이 법에 따른 처분에 이의가 있는 수급권자등은 그 처분을 받은 날로부터 90일 이내에 처분을 결정한 보장기관의 장에게 이의신청을 할 수 있다. 다만, 정당한 사유로 인하여 그 기간 내에 이의신청을 할 수 없음을 증명한 때에는 그 사유가 소멸한 때부터 60일

하게 규정되었다. 또한, 사각지대 해소를 위해 지원대상자를 발굴하는데 관련된 조항이 신설되었는데, 즉 보장기관의 장은 지원대상자 발굴을 위해 사회보장급여의 내용과 수급절차 등에 관한 정보제공과 홍보에 노력하도록 규정되었고(법 제10조),[55] 이 때 보장기관의 장은 사회보장기본법 제37조에 따른 사회보장정보시스템을 활용할 수 있도록 하였는데 특히 단전·단수·단가스 가구 및 건보료 체납가구 정보 등을 지원대상자 발굴에 활용토록 규정하였다(법 제12조).[56]

이내에 이의신청을 할 수 있다.

② 보장기관의 장은 이의신청을 받은 날부터 10일 이내에 그 이의신청에 대하여 결정하고 그 결과를 신청인에게 지체 없이 통지하여야 한다. 다만, 부득이한 사유로 정하여진 기간 이내에 결정할 수 없을 때에는 그 기간의 만료일 다음 날부터 기산하여 10일 이내의 범위에서 연장할 수 있으며, 연장 사유를 신청인에게 통지하여야 한다.

③ 제1항 또는 제2항에 따른 이의신청의 방법 및 절차 등에 관하여 필요한 사항은 대통령령으로 정한다.

사회보장급여법 제18조 (수급권자의 보호자에 대한 지원) 보장기관의 장은 제9조에 따라 급여 제공이 결정된 수급권자를 자신의 가정에서 돌보는 사람의 부담을 줄이기 위하여 상담을 실시하거나 금전적 지원 등을 할 수 있다.

55) 사회보장급여법 제10조 (자료 또는 정보의 제공과 홍보) 보장기관의 장은 지원대상자를 발굴하기 위하여 다음 각 호의 사항에 대한 자료 또는 정보의 제공과 홍보에 노력하여야 한다.
   1. 사회보장급여의 내용 및 제공규모
   2. 수급자가 되기 위한 요건과 절차
   3. 그 밖에 사회보장급여 수급을 위하여 필요한 정보
56) 사회보장급여법 제12조 (자료 또는 정보의 처리 등) ① 보건복지부장관은 보장기관이 제10조에 따른 업무를 효율적으로 수행할 수 있도록 지원하기 위하여 「사회보장기본법」 제37조에 따른 사회보장정보시스템 (이하 "사회보장정보시스템"이라 한다)을 통하여 다음 각 호의 자료 또는 정보를 처리할 수 있다.
   1. 「전기사업법」 제14조에 따른 단전 (전류제한을 포함한다), 「수도법」 제39조에 따른 단수, 「도시가스사업법」 제19조에 따른 단가스 가구정보 (가구정보는 주민등록전산정보·가족관계등록전산정보를 포함한다. 이하 같다)
   2. 「초·중등교육법」 제25조에 따른 학교생활기록 정보 중 담당교원이 위기

그리고 사각지대 발굴을 위해 지원대상자 발견 시 누구든지 보장기
관에 알리도록 규정하는 한편, 사회복지시설이나 의료기관, 교육기
관 등의 종사자는 사회적 위험으로 인하여 사망 또는 중대한 정신
적·신체적 장애를 입을 위기에 처한 지원대상자를 발견할 시 보장
기관에 알리고 그가 신속히 지원받을 수 있게끔 노력하도록 규정하
였다(법 제13조).[57] 또한 사회보장사무전담기구에 관한 내용도 규정
하였으며(법 제42조),[58] 사회복지전담공무원의 자격 및 역할 등에

상황에 처하여 있다고 판단한 학생의 가구정보
3. 「국민건강보험법」 제69조에 따른 보험료를 6개월 이상 체납한 사람의 가
구정보
4. 「국민기초생활 보장법」 또는 「긴급복지지원법」에 따른 신청 또는 지원
중 탈락가구의 가구정보
5. 「사회복지사업법」 제35조에 따른 시설의 장이 입소 탈락자나 퇴소자 중
위기상황에 처하여 있다고 판단한 사람의 가구정보
6. 그 밖에 지원대상자의 발굴을 위하여 필요한 정보로서 대통령령으로 정
하는 정보
② 보건복지부장관은 관계 중앙행정기관, 지방자치단체 및 관계 기관·법인·
단체·시설의 장에게 제1항 각 호의 자료 또는 정보의 제공을 요청할 수 있
다. 이 경우 관계 중앙행정기관의 장 등은 정당한 사유가 없으면 이에 따라
야 한다.
③ 보건복지부장관은 제1항에 따른 자료 또는 정보를 사회보장의 사각지대
해소를 위하여 보장기관의 장에게 제공할 수 있으며, 보장기관의 장은 필요
한 경우 지원대상자의 동의를 받아 대통령령으로 정하는 법인·단체·시설의
장이 이를 활용할 수 있도록 지원할 수 있다.
57) 사회보장급여법 제13조 (지원대상자 발견 시 신고의무) ① 누구든지 출산,
양육, 실업, 노령, 장애, 질병, 빈곤 및 사망 등의 사회적 위험으로 인하여
사회보장급여를 필요로 하는 지원대상자를 발견하였을 때에는 보장기관에
알려야 한다.
② 다음 각 호의 어느 하나에 해당하는 사람은 그 직무상 제1항과 같은 사
회적 위험으로 인하여 사망 또는 중대한 정신적·신체적 장애를 입을 위기
에 처한 지원대상자를 발견한 경우 지체 없이 보장기관에 알리고, 지원대상
자가 신속하게 지원을 받을 수 있도록 노력하여야 한다. <각 호 생략>
58) 사회보장급여법 제42조 (사회보장사무 전담기구) ① 시장·군수·구청장은 사
회보장에 관한 업무를 효율적으로 수행하기 위하여 관련 조직, 인력, 관계

대해 규정하였다(법 제43조).[59] 그 외에 기존에 사회복지사업법에
있던 지역사회복지협의체를 지역사회보장협의체로 명칭을 변경하
여 규정하였으며(법 제41조),[60] 지역사회보장의 균형발전(법 제45

기관 간 협력체계 등을 마련하여야 하며, 필요한 경우에는 사회보장에 관한
사무를 전담하는 기구 (이하 "사회보장사무 전담기구"라 한다)를 별도로 설
치할 수 있다.
② 사회보장사무 전담기구는 사회보장정보시스템을 활용하여 수급권자에게
필요한 정보를 종합 안내하고, 사회보장급여에 대한 신청 등이 편리하게 이
루어질 수 있도록 운영되어야 한다.
③ 사회보장사무 전담기구의 사무 범위, 조직 및 운영 등에 필요한 사항은
해당 시·군·구의 조례로 정한다.

59) 사회보장급여법 제43조 (사회복지전담공무원) ① 사회복지사업에 관한 업
무를 담당하게 하기 위하여 시·도, 시·군·구, 읍·면·동 또는 사회보장사무
전담기구에 사회복지전담공무원을 둘 수 있다.
② 사회복지전담공무원은 「사회복지사업법」 제11조에 따른 사회복지사의
자격을 가진 사람으로 하며, 그 임용 등에 필요한 사항은 대통령령으로 정
한다.
③ 사회복지전담공무원은 사회보장급여에 관한 업무 중 취약계층에 대한
상담과 지도, 생활실태의 조사 등 보건복지부령으로 정하는 사회복지에 관
한 전문적 업무를 담당한다.
④ 국가는 사회복지전담공무원의 보수 등에 드는 비용의 전부 또는 일부를
보조할 수 있다.
⑤ 시·도지사 및 시장·군수·구청장은 「지방공무원 교육훈련법」 제3조에 따라
사회복지전담공무원의 교육훈련에 필요한 시책을 수립·시행하여야 한다.
사회보장급여법 시행규칙 제8조 (사회복지전담공무원의 업무) 법 제43조제3
항에 따라 사회복지전담공무원이 담당하는 사회복지에 관한 전문적 업무는
다음 각 호와 같다.
1. 취약계층 발굴 및 상담과 지도, 사회복지에 대한 욕구조사, 서비스 제공
계획의 수립, 서비스 제공 및 점검, 사후관리 등 통합사례관리에 관한 업무
2. 사회복지사업 수행을 위한 취약계층의 소득·재산 등 생활실태의 조사 및
가정환경 등 파악 업무
3. 사회복지에 대한 종합적인 정보제공, 안내, 상담 업무

60) 사회보장급여법 제41조 (지역사회보장협의체) ① 시장·군수·구청장은 지역
의 사회보장을 증진하고, 사회보장과 관련된 서비스를 제공하는 관계 기관·
법인·단체·시설과 연계·협력을 강화하기 위하여 해당 시·군·구에 지역사회

조)61), 지역사회보장균형발전지원센터(법 제46조),62) 사회보장 특별
지원구역 운영(법 제48조)63) 등에 대해서도 규정하였다.

전체적으로 보아 사회보장급여법은 사회보장기본법의 여러 조항
들 중 주로 사회보장제도의 관리운영에 관련된 조항을 대폭 강화하
고 구체화하여 지원대상자 발굴을 통한 사각지대 해소와 함께 적정
급여의 제공 및 관리, 부정수급의 방지를 통한 복지행정의 투명성
제고 등 보다 실제적인 사안을 규율하는 데 초점을 둔 것이라 할 수
있다. 사회보장제도가 복잡해진 관계로 제도의 관리운영에 관한 규

보장협의체를 둔다.
②~③ <생략>
④ 지역사회보장협의체의 업무를 효율적으로 수행하기 위하여 지역사회보
장협의체에 실무협의체를 둔다.
⑤~⑥ <생략>
61) 사회보장급여법 제45조 (지역사회보장의 균형발전) 중앙행정기관의 장 및
시·도지사는 시·도 및 시·군·구 간 사회보장 수준의 차이를 최소화하기 위
하여 예산 배분, 사회보장급여의 제공 기관 등의 배치 등에 필요한 조치를
하여야 한다.
62) 사회보장급여법 제46조 (지역사회보장균형발전지원센터) ① 보건복지부장
관은 시·도 및 시·군·구의 사회보장 추진 현황 분석, 지역사회보장계획의
평가, 지역 간 사회보장의 균형발전 지원 등의 업무를 효과적으로 수행하기
위하여 지역사회보장균형발전지원센터를 설치·운영 할 수 있다.
② 보건복지부장관은 지역사회보장균형발전지원센터의 운영을 관련 전문기
관에 위탁할 수 있다.
③ 지역사회보장균형발전지원센터의 설치·운영과 운영의 위탁 등에 필요한
사항은 보건복지부령으로 정한다.
63) 사회보장급여법 제48조 (사회보장 특별지원구역 운영) ① 중앙행정기관의
장 또는 시·도지사는 「임대주택법」에 따른 영구임대주택단지, 저소득층 밀
집 거주지, 그 밖에 보건, 복지, 고용, 주거, 문화 등 특정 분야의 서비스가
취약한 지역을 사회보장 특별지원구역으로 선정하여 지원할 수 있다. 이 경
우 중앙행정기관의 장 또는 시·도지사는 사회보장 특별지원구역을 선정할
때 관계 행정기관의 장과 협의하여야 한다.
② 제1항에 따른 사회보장 특별지원구역의 선정 및 지원 등에 필요한 사항
은 대통령령으로 정한다.

범을 정비할 필요성이 있으므로 관리운영조항을 강화한 것은 나름의 근거를 가진 것이라 볼 수 있다. 하지만 사회보장제도가 복잡해진 만큼 사회보장권리의 보장도 중요해졌다는 점을 생각할 때 사회보장기본법의 사회장권리에 관한 조항은 1995년 법 제정 당시와 비교하여 자구 한 자도 변경하지 않으면서 이 법의 관리운영조항을 별도 법까지 제정하여 대폭 강화한 것은 현재의 한국 사회보장입법이 권리보다는 관리운영에 상당한 비중을 둔 다소 불균형적인 입법임을 보여주는 것이라 하겠다. 또한, 새로 제정된 사회보장급여법이 사회보장제도의 관리운영에 관한 조항을 대폭 강화한 관계로 사회복지사업법의 유사한 조항들이 개정되어야 할 필요성도 발생하였다(이는 특히 사회복지사업법에 규정된 신청·조사·지원제도가 그러하다).

3. 사회서비스 전달체계 개편노력의 함의

가. 임기응변적 중첩식 개편

지금까지 사회서비스 전달체계 개편노력을 민간전달체계와 공공전달체계로 나누어 살펴보았다. 이를 통해 몇 가지 사실을 알 수 있는데 그 중 가장 중요한 것은 전달체계 개편노력이 그 이전에 구축된 전달체계를 일소하고 새로운 체계를 구축하는 방식으로 진행되어온 것이 아니라 기존의 전달체계에 새로운 것을 추가하는 방식으로 진행되어왔다는 사실이다. 즉, 1970년대에 도입된 보조금방식이 그대로 유지되는 상태에서 사회복지관 등의 이용시설에 대한 민간위탁방식이 추가되었으며 이러한 보조금과 민간위탁방식 위에 사례관리가 도입되었고 이와 같은 민간중심의 공급구조가 지속되는 가운데 사회복지전담공무원의 배치와 서비스 신청·조사·지원제도의 도입이 추진되었다. 또한 이 모든 것들이 중첩되어 있는 상태에서 사회서비스 지방이양과 노인장기요양보험 및 바우처 제도의 도입이 추진되었고 이는 공공전달체계의 분절화, 좀 더 축약해서 말하면 사회보험공단(특히 건보공단) 중심의 전달체계와 그 외 부문의 전달체계로의 공공전달체계의 이원화를 초래하였다. 그리고 이 모든 것들 - 보조금방식과 민간위탁방식, 민간사례관리, 공공전달체계의 분절화 내지 이원화 - 이 존재하는 상태에서 정부에 의한 통합사례관리가 또 다시 추가되고 있다. 이것은 그간의 전달체계 개편이 각각의 개편노력을 정당화하는 많은 언술에도 불구하고 본질적으로는 그때 그때의 필요에 대응하여 임기응변적으로 그리고 기존에 구축된 전달체계를 새로운 필요에 맞게 혁파하여 전달체계의 알고리즘 자체를 새롭게 짜는 방식이 아니라 기존 전달체계에 새로운 것을 단순히 추가하는 중첩식으로 추진되어왔음을 보여준다.

물론 임기응변적 중첩식 전달체계 개편이 불가피한 경우도 있을 수 있고 또 모든 경우에 그것이 잘못된 것은 아닐 수 있다. 예컨대 민간부문에 의한 사회서비스 직접제공이 지배적인 상황에서 보조금방식을 완전히 철회한다는 것은 쉬운 결정이 아니라는 점에서 보조금방식을 유지한 상태에서 다른 시도가 추진되어온 것은 불가피한 점도 있다. 하지만 그렇다고 해도 새로운 요소를 추가할 때에는 기존의 방식에도 새로운 상황에 맞는 변화가 전체적인 틀 속에서 추진되어야 했지만 그간의 전달체계 개편은 새로운 요소는 새로운 요소대로 단순히 추가하고 기존의 것은 그것대로 변화 없이 남겨두는 방식으로 추진되어왔던 것이다.

이로 인해 현재 한국 사회서비스 전달체계는 분절성을 가장 큰 특징으로 하기에 이르렀는데 이 분절성은 앞에서 계속 말한 바와 같이 사회보험공단이 관여하는 부문과 지방정부가 관여하는 부문의 두 부문으로 크게 이원화한 형태로 나타나고 있다. 전자는 중앙화를 대표하며 후자는 분권화를 대표한다. 그리하여 현재 사회서비스 전달체계는 두 가지 상반된 방향을 지향하는 객관적 압력에 놓여있는 데 그것은 사회보험공단으로 대표되는 중앙화 압력과 지방정부(시·군·구)로 대표되는 분권화 압력이다. 대인관계를 매개로 하여 사회적 관계에 개입하는 특성을 가진 사회서비스의 본질과 서구국가들의 사회서비스 발전과정을 감안할 때 사회서비스 전달체계는 주민들의 삶의 현장에 가깝게 위치한 지방정부를 중심으로 편성되는 것이 타당하므로 전달체계 개편의 방향이 분권화가 되어야 한다는 것은 분명하지만 그 방향으로의 개편을 위한 전략에 대해서는 진지한 고민이 필요하다. 그동안의 임기응변적 중첩식 개편과정을 생각할 때 또 다시 임기응변식으로 개편을 추진하는 것은 지양해야 할 것이며 전달체계 전반의 알고리즘을 전반적으로 새로 짜는 전면혁파식 개혁전략의 추진이 바람직할 것이다. 물론 이 전략을 추진하더라도 이미 사회서비스에 관여하고 있는 사회보험공단의 역할과 오래 전부터 강고하게 구축되어온 민간중심적 공급구조를 변화시키는 전략은 신중하게 마련될 필요가 있다.

나. 민간부문과의 소통강화 및 직접서비스 제공자로서의 민간부문의 위상정립 필요

앞에서 본 것처럼 정부는 특히 2000년대 중반 이후 통합사례관리를 추진하면서 공공전달체계 구축을 본격적으로 추진해오고 있다. 과거 정부는 사회서비스의 제공을 민간기관에 맡겨왔고 사회서비스 제공에 필요한 욕구판단이나 수급자격결정과 관련하여 아무런 법적 권한도 만들지 않았고 민간기관에 그런 권한을 부여해주지도 않았다. 이런 점을 생각하면 정부가 뒤늦게나마 공공전달체계 구축을 위해 노력하기 시작한 것은 바람직하다고 볼 수 있다. 하지만 이 과정에서 정부는 민간기관과 소통하는 노력을 별로 기울이지 않았다. 정부가 공공전달체계를 구축하지 않은 상태에서 민간기관들은 법적 권한도 부여받지 못한 채 개별적으로 사회서비스 수급자격을 판단하고 기관 간 연계체계를 구축하는 등의 노력을 해왔다. 또한 사례관리도 민간기관들은 이미 1990년대 초부터 사회복지관을 중심으로 도입하기 시작하여 정부보다 적어도 10년 이상 먼저 시작하였다.

하지만 정부는 통합사례관리를 추진하면서 민간기관들이 그동안 쌓아온 사례관리에 관한 노하우를 별로 활용하지 않았을 뿐더러 민간기관과 역할이 중복되는 데도 민간기관에 대해 어떤 역할을 부여할 것인지에 관한 논의나 소통이 거의 없는 채로 통합사례관리 도입을 강행하였다. 민간기관들이 개별적으로 전달체계를 구축해온 것 역시 정부가 선택한 정책의 결과이다. 보다 구체적으로 말하면 사회서비스 수급자격 결정과 서비스 제공과 관련하여 정부는 아무런 조치도 취하지 않고 민간에게도 그에 관련된 권한을 부여하지 않고 그러면서 민간기관으로 하여금 개별적으로 수급자격 판단과 서비스 제공을 담당토록 한 정책의 결과이다. 따라서 정부가 이제 수급자격 판단과 서비스 제공에 나서기로 하였다면 이는 정책을 변경한 것이므로 이전 정책의 한 당사자였던 민간기관과 소통하고 민간기관이 어떤 역할을 해야 할 것인지에 대해 같이 고민해야 한다. 민간기관에게 사회서비스 수급자격 판단과 서비스 제공을 맡기는 정책을 통해서 달성하고자 한 목적과 정부가 수급자격 판단과 서비스 제공에 나서기로 하는 정책을 통해서 달성하고자 하는 목적은 궁극적으로 유사할 것이다. 유사한 목적을 수단을 달리 하여 달성하고자 하는 것이므로 수단을 달리 했을 때 과거의 수단을 쥐어주었던 민간기관에게 어떤 수단을 쥐어줄 지를 정부는 민간기관과 함께 논의해야 하는 것이다.

아마도 정부가 수급자격 판단과 서비스 제공에 나서는 방향으로 정책을 변화시키고 있으므로 민간기관, 그 중에서도 특히 사회복지관은 과거처럼 종합복지행정기관으로서의 정체성보다는 전문복지서비스 제공기관으로서의 정체성으로 변화해나가는 것이 장기적으로 추구해야 할 방향이 아닌가 생각한다. 현재 정부는 통합사례관리를 추진하면서 서비스 연계·조정은 정부가 담당하고 복합적 욕구에 대한 임상적 개입은 민간 사회복지관이 담당토록 하고 있는데 이런 역할분담은 기본적으로 바람직한 것으로 판단되며 다만 민간기관에게 이러한 역할을 수행하는데 필요한 인프라(인력과 자격제도, 공동모금과 민간기관 간 연계체계 등)를 적절히 확충해줄 필요가 있을 것이다.

다. 지방정부의 복지기능 강화를 지향할 필요

앞에서 논의한 것처럼 현재 사회서비스 전달체계의 가장 큰 문제는 분절성이며 그 중에서도 사회보험공단이 개입하는 부문과 지방정부가 개입하는 부문으로의 이원화이다.[64] 하지만 사회서비스의 본질을 고려할 때 전달체계는 지방정부 그 중에서도 시·군·구 혹은 그보다 더 낮은 차원의 단위(읍·면·동 혹은 대동제(大洞制) 단위)를 중심으로 편성되는 것이 바람직하다. 실제로 그간 전달체계 개편의 전개과정을 보면 특히 통합사례관리와 관련하여 통합사례관리의 소재지가 시·군·구에서 읍·면·동으로 이전되어왔는데 이 역시 전달체계가 주민들의 생활권과 가까운 지방정부 중심으로 편성되는 것이 바람직함을 보여주는 것이라 할 수 있다.[65] 그리고 그간 이루어진

---

64) 지방정부가 개입하는 부문도 실제로는 국고보조방식에 의한 부문과 지방이양된 부문, 바우처 방식에 의한 부문으로 분절되어 있지만 이들 부문은 그래도 지방정부가 실제로 제도를 운영한다는 점에서 크게 보아 하나의 부문으로 간주하였다는 점을 염두에 두어야 한다. 이와 관련된 내용은 본문의 앞부분에서 언급한 바 있다.

65) 통합사례관리가 추진되면서 그 소재지는 시기에 따라 변화해왔다. 주민생

사회보장급여법의 개정 중 정보공유 협조요청에 관한 조항(사회보장급여법 제11조)66) 같은 내용은 사회보험공단과 바우처 제도 등으로 분절화한 전달체계를 지방정부를 중심으로 편성하는 방향을 지향하는 것으로 볼 수 있다.

지방정부를 중심으로 전달체계를 편성해야 하는 것은 사회서비스가 갖는 대인서비스로서의 본질 때문이기도 하지만 주민들의 생활권과 가장 가까운 것이 지방정부이고 따라서 주민생활권과 심리적 근접성, 다시 말해서 접근성이 가장 중요하기 때문이기도 하다. 이처럼 접근성이 가장 중요한 요소임에도 불구하고 공공전달체계 개편에서 매우 중요하게 추진되어온 통합사례관리의 소재지가 시·

활지원체계 구축이 시도된 2007년에 통합사례관리의 소재지는 읍·면·동이었다. 하지만 2008년 이후 통합사례관리의 소재지는 시·군·구로 전환되었다가 다시 2013년 이후 읍·면·동으로 이관되었다. 2017년 3월에 개정된 사회보장급여법에 명시된 통합사례관리는 시·군·구에 설치토록 되어 있고 실제로도 통합사례관리팀은 시·군·구에 설치되어 있지만 이는 통합사례관리의 책임을 법적으로 기초자치단체에 두기 위한 것이지 읍·면·동 중심의 복지기능 강화를 부정하는 것은 아니다.

66) 사회보장급여법 제11조 (정보공유 등의 협조 요청) 보장기관의 장은 관할 지역에 거주하는 지원대상자를 발굴하기 위하여 다음 각 호에 해당하는 관계 기관·법인·단체·시설의 장에게 소관 업무의 수행과 관련하여 취득한 정보의 공유, 지원대상자의 거주지 등 현장조사 시 소속 직원의 동행 등 필요한 사항에 대한 협조를 요청할 수 있다. 이 경우 관계 기관·법인·단체·시설의 장은 정당한 사유가 없으면 이에 따라야 한다.
   1. 「사회복지사업법」 제2조 제3호와 제4호에 따른 사회복지법인 및 사회복지시설
   2. 「국민연금법」 제24조에 따른 국민연금공단
   3. 「국민건강보험법」 제13조에 따른 국민건강보험공단
   4. 「지역보건법」 제10조에 따른 보건소
   5. 「초·중등교육법」 제2조 각 호의 학교
   6. 「경찰법」 제2조에 따른 경찰서
   7. 「소방기본법」 제2조 제5호의 소방대
   8. 그 밖에 대통령령으로 정하는 기관·법인·단체·시설

군·구와 읍·면·동 사이를 이동해온 가장 중요한 원인은 인력확충의 미비에 있었다. 물론 정부가 인력확충에 노력하지 않은 것은 아니다. 하지만 정부가 확충계획을 세워 충원한 인력의 규모가 충분치 않은 것도 문제이지만 단기간에 대규모 인원충원을 비정기적으로 추진하는 것도 경력이 짧은 인원의 갑작스러운 확충을 가져와 실효성이 떨어질 가능성이 있어 정기적인 인력충원의 규모를 늘려 꾸준히 추진할 필요가 있다. 또 인력확충의 필요성과 규제완화를 내세워 사회복지전담공무원 시험에서 사회복지개론을 필수과목에서 선택과목으로 변경한다든지 사회복지실습의 중요성을 과소평가하여 실습의 제도화를 소홀히 다루는 것은 양질의 공공인력 확충에 도움이 되지 않을 가능성이 높다.

인력확충의 미비와 연관된 문제로 공공전달체계 개편과정에서 서비스욕구 조사나 사각지대 해소와 관련하여 정보시스템에 과도하게 의존하는 경향이 나타나는 점에[67] 대해서도 주의를 기울일 필요가 있다. 정보시스템을 활용하여 서비스욕구를 조사하고 사각지대 해소에 필요한 정보를 처리하는 것을 온라인 전달체계라 할 수 있을 것인데 이런 온라인 전달체계가 효율성을 높여줄 가능성이 있다는 점에서 긍정적이라고도 볼 수 있으나 다른 한편 이것이 인력부족을 근거로 해서 확대되고 또 온라인 전달체계의 확대가 다시 인력확충의 규모를 축소하는 근거가 될 수도 있다는 점에서 주의할 필요도 있다. 나아가 온라인 전달체계는 오프라인 전달체계, 즉 이 글에서 다룬 것과 같은 전달체계의 작동방식을 토대로 하여 그것과 조화를 이루면서 구축되어야 할 필요가 있다. 왜냐하면 사회서비스는 대인관계를 매개로 한 것이고 전달체계 역시 행위자들 간 관계를 구조화한 것이기 때문이다. 최근에는 사회보장정보시스템을 사

---

67) 이는 2010년에 구축된 사회복지통합관리망에서 비롯되었다. 앞의 각주 37 참조.

회복지 플랫폼으로 활용해야 한다는 제안도 제기되고 있는데 이 복
지플랫폼 역시 오프라인 전달체계의 알고리즘을 토대로 그것과 조
화를 이루면서 구축되어야 할 것이다.

IV. 최근의 시도와 함의: 결론에 대신하여

최근에 와서 정부는 전달체계에 큰 변화를 초래할 가능성이 매우
높은 정책을 발표하고 추진하고 있는데 사회서비스원과 커뮤니티케
어가 대표적이다. 사회서비스원은 당초 사회서비스공단으로 추진되
었는데 법안마련과정에서 사회서비스진흥원으로 변경되었다가 최
종적으로 사회서비스원으로 결정되었다. 사회서비스원 방안을 특징
짓는 가장 중요한 담론은 사회서비스 공공성 확보이며 이를 위해
정부에 의한 사회서비스 직접제공을 증가시키려는 것이 핵심적인
전략이다.68) 한편 커뮤니티케어는 주민들이 살던 곳(자기 집이나 그
룹 홈 등)에서 개개인의 욕구에 맞는 서비스를 누리고 지역사회와
함께 어울려 살아갈 수 있도록 주거, 보건의료, 요양, 돌봄, 독립생
활의 지원이 통합적으로 확보되는 지역주도형 사회서비스정책으로
주로 급속한 인구고령화에 대비하기 위해 제시된 정책이다.69)

이 두 시도는 상호 조율된 상태에서 추진되는 것은 아닌데 그보
다 더 중요한 것은 이들이 과거 전달체계 개편노력과 유사하게 기
존에 구축되어온 전달체계에 추가하여 시도되고 있다는 것이다. 이
런 점에서 사회서비스원과 커뮤니티케어가 과거의 전달체계 개편노

---

68) 김연명, "사회서비스 질 향상을 위한 사회서비스공단 설립 및 운영 방안",
　　남인순 의원실 더불어민주당 정책위원회 공동주최 공청회, (2017. 4. 1 발표).
69) 관계부처합동, 지역사회 통합 돌봄 기본계획 (안): 1단계 노인 커뮤니티케어
　　중심 (2018).

력들처럼 임기응변적 중첩식 개편에 머물지 않고 전면혁파식 개혁으로 나아가기 위해서는 다양한 노력이 필요하다. 이런 노력을 위해서는 사회서비스원과 커뮤니티케어가 전면혁파식 개혁의 측면에서 어떤 함의를 갖는지 생각해볼 필요가 있다.

사회서비스원과 커뮤니티케어는 다소간의 개혁적 요소를 가지고 있는 것으로 보인다. 첫째, 사회서비스원은 기존 전달체계의 특징 중 민간중심적 공급구조를 개혁하고자 한다는 점에서 그리고 커뮤니티케어는 탈시설화를 지향한다는 점에서 개혁적 요소를 가지고 있다. 둘째, 사회서비스원은 광역자치단체에 설립되는 것으로 되어 있다는 점에서 비록 시·군·구 단위는 아니지만 지방정부 수준에서 설치·운영되는 것이라는 점에서 지방정부 중심으로 전달체계가 편성되어야 한다는 방향과 조화로우며, 커뮤니티케어는 지역사회에서의 삶을 목표로 한다는 점에서 말할 것도 없이 지방정부 중심의 전달체계와 조화롭다.

하지만 다른 한편 두 방안 모두 논란의 소지도 안고 있다. 사회서비스원은 민간중심적 공급구조를 개혁하려 한다는 점에서 민간기관으로부터 반발을 받을 가능성이 있고 실제로 민간기관들은 우려를 표방하고 있기도 하다. 또한 사회서비스 공공성이라는 것이 반드시 정부가 직접 서비스를 제공해야만 확보될 수 있는 것이 아니라 누가 서비스를 제공하든 그 제공과정과 서비스내용이 어떠한가에 따라 공공성이 확보되는 것이라는 비판을 받을 수 있다. 이런 비판들은 사회서비스원이 보다 정교한 방안으로 발전하는데 도움이 될 수 있다. 어떤 서비스이든 어느 한 부문이 그 공급을 과도하게 지배할 때 그것은 불균형적인 것이 될 수 있으며 그러한 불균형은 그 자체로 공공성과는 거리가 있는 것이다. 또한 서비스 제공과정과 내용에 의해 공공성이 확보될 수 있다는 것은 전적으로 타당한 지적이지만 정부가 서비스를 직접 제공하는 경험이 없는 상태에서 정책을 수립하는 것이 과연 공공성 확보에 도움이 되는 제공과정과 내용을 보장할 정책수립을 결과할 수 있을 것인가? 정부 스스로가 사회서비스를 직접 제공하는 기관을 운영하여 직접제공경험을 축적하고 있는 것이 서비스 제공과정과 내용을 토대로 한 공공성 확보에도 유리할 것이다.

커뮤니티케어와 관련해서는 그것이 지역사회에서의 돌봄(care in the community)인지 지역사회에 의한 돌봄(care by the community)인지가 분명치 않으면 지역사회에 의한 돌봄으로 귀결될 가능성이 높으며 그렇게 되면 그렇지 않아도 민간이 지배하고 있는 서비스 공급구조를 더욱 강고하게 만들고 나아가 지역사회에 의한 돌봄을 가족에 의한 돌봄(care by the family)으로 그리고 결국은 여성에 의한 돌봄(care by the women)으로 귀결시킬 수 있다는 우려가 있다. 그리고 커뮤니티케어가 주거, 보건의료, 요양·돌봄을 지역사회의 자원을 통합적으로 활용하여 제공하는 것을 목표로 하고 있지만, 본문에서 누차 언급한 것처럼 사회보험공단이 개입하는 부문과 지방정부가 개입하는 부문으로 분절화·이원화하여 있는 전달체계를 감안할 때 과연 그러한 통합돌봄이 가능할 것인가에 대해 우려가 있는 것도 사실이다.

결국 사회서비스원과 커뮤니티케어는 전달체계 개편과 관련하여 장단점을 동시에 가진 셈인데 두 가지 방안 중 전면혁파식 개혁에 좀 더 가까운 혹은 적절한 방안은 커뮤니티케어인 것으로 생각한다. 왜냐하면 커뮤니티케어에 대해 제기되는 우려를 언급하는 과정에서 이미 시사되었지만 커뮤니티케어는 주거와 보건의료, 요양·돌봄의 통합적 제공을 추구하는 것이고 이를 위해서는 전달체계를 구성하는 기존의 여러 요소들을 전반적으로 재편할 필요가 있기 때문이다. 사회서비스원도 민간중심적 공급구조를 개혁하고자 한다는 점에서 기존 전달체계의 근본구조에 큰 균열을 낼 수 있지만 그것은 주로 공급구조 개혁에 한정되는 경향이 있을 것으로 보인다. 따라서 커뮤니티케어가 목표로 하는 통합적 서비스의 제공을 실현할 전면혁파식 전달체계 개혁을 추진하면서 그 과정에서 그 전면혁파식 개혁을 구성하는 한 요소로 사회서비스원이 자리 잡는 것이 바람직할 것으로 생각된다.

현재 커뮤니티케어를 추진하기 위해 진행되는 정부 내 논의에서도 통합적 서비스 제공을 위한 전면혁파식 전달체계 개혁전략이 논의되고 있는데 그 논의에서 가장 중요하게 거론되는 것은 사회보험공단(특히 건보공단)이 개입하는 부문과 지방정부가 개입하는 부문으로 이원화한 전달체계를 재편하여 분절성을 극복하기 위한 방안이다. 몇 가지 대안이 제시되고 있는데 이들 대안이 공통적으로 내놓고 있는 내용은 지방정부가 노인장기요양보험에서부터 바우처 제도, 국고보조방식의 서비스 및 지방이양된 서비스에 이르기까지 사회서비스 전반에 대해 재량권을 발휘할 수 있게끔 지방정부에 권한을 부여함과 동시에 지방정부가 재량권을 가지고 사용할 수 있는 통합기금을 설치하자는 것이다. 통합기금의 범위나 위상에 대해서는 약간씩 다른 의견이 있지만 통합기금이 설치된다면 지방정부는 해당 지방정부에 할당된 재정규모 한도 내에서 사회서비스 수급자격 판단과 서비스 내용 결정 등을 할 수 있을 것이고 이렇게 되면 지방정부 중심의 전달체계 편성은 한층 더 가까이 다가오게 될 것이며 사회보험공단은 통합기금의 관리 등으로 재정관리자의 역할을 맡을 수 있게 되어 지방정부와 역할분담을 명확히 할 수 있을 것이다.

지방정부 통합기금 설치방안은 아직 그 내용이 합의된 것은 아니고 많은 논의가 있어야 할 것이지만 사회보험공단과 지방정부 간 역할분담의 구조를 상당히 합리적인 것으로 제시함으로써 사회서비스 전달체계의 고질적인 문제인 분절성을 극복할 현실적인 가능성을 보여주고 있다는 점에서 기존의 전달체계 개편전략에 비해 진일보한 방안이라고 할 수 있다. 사회보험공단과 지방정부 간 역할분담의 얼개가 구축된다면 그 얼개를 전제로 사회서비스원의 위상과 역할도 보다 합리적으로 정할 수 있을 것이다.

 현재 사회서비스 전달체계는 더 이상 임기응변적 중첩식의 개편전략으로는 문제를 해결할 수 없는 상황에 와 있다. 이제라도 커뮤니티케어를 통해 전면혁파식 개혁전략을 합리적으로 구상해내고 이를 토대로 사회서비스원의 위상과 역할을 적절히 정하여 한국의 사회서비스 전달체계가 신사회위험과 4차 산업혁명 등으로 인한 미래의 변화에 대처하는데 효과적인 전달체계로 재편될 수 있기를 희망해본다.

참고문헌

강혜규 외, "지방자치단체 복지전달체계 개편방안 연구", 보건복지가족부·
한국보건사회연구원 (2013).

고경환·장영식·신정우·최요한·정영애, "2014년 기준 한국의 사회복지지출",
보건복지부·한국보건사회연구원 (2016).

관계부처협동, "지역사회 통합 돌봄 기본계획(안): 1단계 노인 커뮤니티케어
중심" (2018).

길버트·테렐(남찬섭, 유태균 역), 사회복지정책론: 분석틀의 선택의 차원, 나
눔의 집 (2007).

김교성 ·김연명·최영·김성욱·김송이·황미경, "복지국가의 변화에 대한 이념
형 분석: 신사회위험의 등장과 사회투자전략의 모색," 한국사회복지
조사연구 제42권 제1호 (2014).

김연명, "사회서비스 질 향상을 위한 사회서비스공단 설립 및 운영 방안",
남인순 의원실 더불어민주당 정책위원회 공동주최 공청회 (2017. 4.
1 발표).

남찬섭, "개정 사회보장기본법의 사회서비스의 의미와 개념적 긴장," 한국
사회복지학 제64권 제3호 (2012).

민소영, "한국의 사례관리 전개과정과 쟁점 고찰," 한국사회복지행정학 제17
권 제1호 (2015).

박소연, "국민 중심 맞춤형 복지를 위한 읍·면·동 복지기능 강화: 사례관리
를 중심으로," 한국사례관리학회 2015년 춘계학술대회.

반 커스버겐·빈스(남찬섭 역), 복지국가개혁의 도전과 응전: 복지국가정치의
비교연구, 나눔의 집 (2017).

배은석, "공공전달체계 현황 분석 및 개선방안 마련: 희망복지지원단을 중심
으로", 부산복지개발원 (2013).

보건복지부, "2015 희망복지지원단 사업안내" (2015. 10. 25).

윤홍식·남찬섭·김교성·주은선, 사회복지정책론, 사회평론아카데미 (2018).

이봉주·김용득·김문근, 사회복지서비스와 공급체계: 쟁점과 대안, EM 커뮤니티 (2007).

이혜경, "민간 사회복지부문의 역사와 구조적 특성," 동서연구 제10권 제2호 (1998)

포웰·마틴(김기태 역), 복지혼합, 나눔의 집 (2011).

호이저만·실리야(남찬섭 역), 복지국가 개혁의 정치학: 대륙유럽 복지국가의 현대화, 나눔의 집 (2015).

황성철, "사례관리 실천을 위한 모형개발과 한국적 적용에 관한 연구," 한국사회복지학 제27호 (1995).

Bahle, T., "The changing institutionalization of social services in England and Wales, France and Germany: Is the welfare state on the retreat?" *Journal of European Social Policy*, Vo. 13, No. 1 (2003).

Birrell, D. and Gray, A. M. , *Delivering Social Welfare: Governance & Service Provision in UK*, Bristol: Policy Press (2017).

Bonoli and Natali (eds.), *The Politics of the New Welfare State*, Oxford University Press (2012).

Butcher, T., *Delivering Welfare*, 2nd ed., Open University Press (2002).

Gursansky, D., Harvey, J. and Kennedy, R., *Case Management: Policy, Practice and Professional Business*. New York: Columbia University Press (2003).

Taylor-Gooby, P., "New Risks and Social Change", P. Taylor-Gooby (ed.) *New Risks, New Welfare: Transformation of the European Welfare State*, Oxford University Press (2004)

법률구조와 소송구조*

구본권**

Ⅰ. 법률구조 및 소송구조의 필요성

1. 문제 상황

사례1: 22세 김을동은 대학교 학비를 마련하기 위하여 1학기 휴학을 하고 6개월 동안 취업을 하여 일을 하였는데 3개월치 월급을 받지 못하였다. 김을동이 변호사를 찾아가 소송을 의뢰하려고 하였으나 요구하는 변호사 비용이 2달치 월급에 해당하여 3개월 급여를 받기 위하여 2개월 급여를 지출해야 하는 어려운 상황이다.

사례2: 27세의 이선녀는 아버지와 2명이 살던 중 아버지가 돌아가신 후 6개월이 지나자 아버지의 채권자인 카드회사가 이선녀를 상대로 아버지의 밀린 카드비용을 갚으라는 소를 제기하여 소의 피고가 되었다. 이선녀는 법률에 대하

* 이 글은 본인의 "사회보장으로서의 법률구조법 시론", 석사학위 논문, 서울대학교 (2019.) 및 "법률구조법 제정사", 사회보장법학, 제7권 제1호(2018. 6.).의 글을 기초로 원고의 목적에 맞추어 요약 및 수정한 것이다.
** 법률사무소 도윤 대표변호사

여 아는 것이 없고, 변호사를 선임할 돈도 없는 상황이다.

사례2: 33세의 박철수는 지인들로부터 투자를 받아 사업을 시작하였으나 경기 악화로 인해 사업을 실패하였다. 그런데 투자자들 몇 명이 박철수를 사기죄로 고소하였고, 박철수는 투자라고 항변하였으나 검사는 박철수를 사기죄로 기소하여 재판을 받게 되었다. 박철수는 재판 과정에서 투자금이었다는 사실을 설득력 있게 주장하고 싶으나 변호사비용을 부담할 여력이 없는 상황이다.

이와 같은 3가지 사례의 경우 이들은 어떻게 문제를 해결할 수 있을까?

2. 법률구조 및 소송구조의 근거

위 3가지 사례와 같이 생활을 하다 보면 법률적인 분쟁에 휩싸이게 되는 경우가 발생하여 변호사 등 법률 전문가의 도움이 필요할 수 있지만, 변호사 비용이 부담이 되는 경우 적극적으로 대응하지 못하거나 또는 권리행사를 포기하는 경우가 발생할 수 있다. 이처럼 법률 지식이 부족하거나 경제적인 어려움으로 인해 법률의 보호를 충분히 받지 못하는 사람들을 방치하게 되면, 결국 법률은 경제적인 능력이 있는 자들의 권리보호만을 도와주게 되는 결과를 초래하고, 법치주의와 평등의 원리는 공허한 이론에 불과하게 된다.

우리 헌법은 제10조, 제11조, 제12조 제4항, 제27조 등에서 모든 국민은 인간으로서의 존엄과 가치를 가지며, 행복을 추구할 권리, 인간다운 생활을 할 권리 등을 가지고 있다고 규정하면서 그 구체적인 내용으로 여러 가지 기본권을 명시하고 있다. 헌법은 이러한 여러 가지 기본권을 보장하기 위한 절차적 권리로서 헌법과 법률이 정한 법관에 의하여 법률에 의한 재판을 받을 권리를 보장하고 있기 때문에, 국민은 권리가 침해되는 경우 법률이 정한 재판을 통해 그 권리를 보장받을 수 있다.

　그러나 재판을 통한 권리 구제를 위해서는 법원에 소를 제기해야 하는데, 어떠한 소를 제기해야 하는지, 어떠한 내용을 주장해야 하는지, 주장 내용을 어떻게 입증해야 하는지 등은 법률 전문 지식으로서 대부분의 국민들이 그 정확한 내용을 알기 어렵다. 물론 법원의 판사가 민사사건의 당사자, 형사사건의 피고인 등에게 위와 같은 법률적인 지식을 설명하여 주면서 문제들을 적극적으로 해결해 주면 좋겠지만, 중립적인 위치에서 양쪽 당사자의 주장을 듣고 공정한 판결을 선고해야 하는 법원으로서는 어느 일방을 도와줄 수 없다. 결국 재판은 중립적인 소송 규칙에 따라 진행되게 되고, 당사자는 법률 지식을 동원하여 자신의 주장을 해야 하지만, 대부분의 국민들은 법률 전문가가 아니므로 결국 법률전문가의 서비스를 구매하고, 그들에게 서비스 비용을 지불한다.

　그런데 앞서 본 사례와 같이 경제적인 부담 등으로 법률 서비스 비용을 지불할 수 없는 자들은 권리 행사를 주저하거나 포기하게 되고, 이를 방치하는 것은 경제적으로 법률서비스 지불 능력이 있는 자들만을 보호하는 결과를 초래하게 되기에, 법치주의 유지와 국민들의 실질적인 권리 보장을 위해 많은 국가들은 법률구조제도를 두고 있고, 우리도 크게 나누어 보았을 때 법률구조 및 소송구조 제도를 두고 있다.

　법률구조는 「법률구조법」에 따른 법률구조법인의 법률상담, 소송대리 및 그 밖의 법률사무에 관한 지원을 말하고, 소송구조는 「민사소송법」 등에 따라 소가 제기된 법원이 소송구조 결정을 하여 도움을 주는 제도를 말한다. 이 두 가지 이외에도 민간 단체의 법률구조 활동과 행정기관의 법률구조 활동이 있으며, 각종 특별법에 따른 소송구조 등이 존재하고 있다.

이하에서는 법률구조 및 소송구조의 역사를 「법률구조법」의 제
정을 기준으로 나누어 보되, 세부적으로는 민간, 행정부, 사법부로
나누어 살펴보고, 현재의 구체적인 보장 내용을 확인한 후, 끝으로
앞의 3가지 사례의 경우에 대한 해결책을 살펴보고자 한다.

II. 「법률구조법」 제정 이전의 법률구조와 소송 구조

1. 민간의 법률구조

민간의 법률구조 활동은 변호사협회의 활동이 대표적이다. 대한
변호사협회는 1952. 8. 29. 설립되었으나, 소속 변호사들이 주로 서
울지방변호사회를 통해 법률구조활동을 하였기에 1980년대에 이르
기까지는 대한변호사협회 차원에서는 법률구조활동을 활발히 진행
하지 못하였고, 서울지방변호사회가 주축이 되어 법률구조 사업을
벌였다. 서울지방변호사회는 서울통합변호사회가 명칭을 변경한 것
인데, 통합이 이루어진 1980. 7. 이전에는 서울변호사회와 서울제일
변호사회로 나뉘어 있었다.

서울변호사회는 1962. 3. 1.에 "인권상담소"를 설치하고 무자력과
무지로 인하여 법의 보호를 받지 못하는 대중을 위하여 무료 법률
상담 및 소송상의 원조와 무료변론을 실시하여 왔다. 또한 1977년에
는 강화군, 안성군, 1978년에는 평택군, 이천군, 파주군, 성남시, 부
천시, 포천군을 순회하며 상담을 하였다. 서울변호사회의 1980년까
지의 법률상담실적과 법률구조실적은 다음 표와 같다.[1]

연도	법률상담 실적(건)	법률구조 실적(건)	연도	법률상담 실적(건)	법률구조 실적(건)
			1971	1,635	69
1962	1,326	166	1972	943	36
1963	1,191	159	1973	1,304	39
1964	1,252	128	1974	1,043	24
1965	493	38	1975	358	8
1966	1,468	52	1976	544	19
1967	1,358	15	1977	1,378	8
1968	1,127	27	1978	2,314	12
1969	1,073	21	1979	1,778	7
1970	1,774	47	1980	361	1

서울제일변호사회는 1960. 9.에 4·19 학생의거로 혁신의 바람이 불면서 서울지방변호사회의 약 60명의 회원들이 탈퇴하여 창립한 변호사회이다. 서울제일변호사회는 법률상담만을 진행하다가 1972년부터 법률상담을 넘어선 법률구조사업을 벌였다. 서울제일변호사회는 1972. 7. 1. 서울시내 신세계 백화점에 방을 빌려 매주 토요일과 월요일에 오후 4시간씩 모든 회원이 윤번제로 상담을 맡았으나, 1974. 10. 말경 백화점 사정으로 중지되었다. 또한 1977. 9. 초부터는 서울시내 구로동 소재 한국수출산업공단 내에 "종업원무료법률상담소"를 설치하여 매 일요일에 회원을 파견하여 법률상담을 하였다.[2] 서울제일변호사회의 무료법률상담 및 법률구조실적은 다음 표와 같은데, 1972~1974년 상담건은 신세계 백화점 상담건이고, 한국수출공단 상담건은 1977년 49건, 1978년 86건, 1979년 46건이었다.[3]

---

1) 김준수, "변호사단체의 법률구조현황", 제6회 변호사연수회<특집>, 대한변호사협회지 제59호, 대한변호사협회 (1980), 11-12.
2) 대한법률구조공단, 한국법률구조사, 대한법률구조공단 (1994), 97.
3) 김준수, 앞의 논문, 14.

연도	법률상담 실적(건)	법률구조 실적(건)	연도	법률상담 실적(건)	법률구조 실적(건)
1961	64		1971	45	
1962	85		1972	54	2
1963	105		1973	2,245	7
1964	120		1974	549	5
1965	93		1975	342	4
1966	152		1976	273	3
1967	128		1977	165	4
1968	127		1978	542	2
1969	78		1979	785	
1970	35		1980	25	

　서울지방변호사회와 서울제일변호사회는 1980. 7. 21. 하나의 회로 통합되었고, 법률상담실적은 1980. 9. 1.부터 1981. 3. 3.1까지 3,252건, 1982. 3. 31.까지 4,634건, 1983. 3. 31.까지 2,841건이었고, 법률구조실적은 위와 같은 기간 동안 9건, 5건, 10건이었다.4)

　서울지방변호사회의 활동과는 별도로, 대한변호사협회는 1976년에 특별분과위원회로서 "기획조사위원회"를 설치하여 변호사업무가 날로 침체되고 영세화하여 국민일반의 신뢰도를 상실하고 있고 아울러 국민생활과 유리되어 가고 있는 이유를 분석하였는데, 그 결과 첫째로 변호사들이 급변하는 사회현상에 적응할 수 있는 자질을 갖추지 못하고 구태의연하게 법정에만 집착하고 있으니 변호사 스스로 자질을 향상시켜 직역회복과 더불어 변호사업무의 활성화를 도모해야 하고, 둘째로 변호사들이 국민으로부터 신뢰를 되찾고 친근감을 갖게 하려면 변호사단체가 국민을 위하여 무엇인가 봉사하고 기여하여 주는 단체라는 것을 인식시켜 주어야 한다는 결론에 이르

―――――――――
4) 황석연, "법률구조제도의 개선전망과 실적", 대한변호사협회지 제101호, 대한변호사협회 (1984), 44-46.

게 되었다.

이에 법률구조사업을 위하여 1980. 7. 9.에 법률구조기금을 목표의 절반 수준인 49,000,000원을 마련하였고, 이를 기초로 12건의 소송구조 사건을 진행하였고, 기금을 재단법인을 설립하여 인도하려고 하였으나 1980. 7. 26. 법무부로부터 법인설립허가신청이 불허[5]되어 대한변호사협회의 법률구조사업은 잠시 중단되었다.[6] 1982. 12. 31. 변호사법이 개정되면서 대한변호사협회는 "법률구조사업회"를 신설하였고, 1985. 10. 1. 법률구조기금을 변협 법률구조사업회 기금특별회계로 이관하였고, 이를 재원으로 법률구조사업을 실시하였다.[7] 사업의 첫해인 1986년도 예산액은 1억8천만원이었고, 법률상담실적 민사 6,468건, 상사 178건, 형사 532건, 가사 1,157건, 행정 47건 등 합계 8,472건이었다.[8]

변호사협회 이외에 법률구조 활동을 활발하게 한 단체로는 한국가정법률상담소도 있었다. 한국가정법률상담소는 최초의 여성법조인인 이태영 변호사가 1956년 여성법률상담소를 열면서 시작되었다. 1963. 7. 31.에 가사심판법이 제정·공포되어 가정법원이 문을 열게 되었는데, 여성법률상담소는 1964. 11. 초순에 가정법원 구내로 사무실을 이전하였고, 1966. 8.에는 남녀를 가리지 않는 가정문제에 대한 법률상담활동을 포괄적으로 나타낼 수 있도록 "가정법률상담소"로 개칭하였다. 상담소 개소 제8차년도인 1963. 8.부터 1964. 7.까지의 상담자수가 510명 이었던 것이 제9차 년도인 1964. 8.부터

---

5) 법무부가 대한변호사협회의 설립인가 신청을 거부하고 법무부 주도로 법률구조공단을 설립한 것이라는 의견(정주교, "법률구조의 현황 및 사례 발표", 법률구조대회 자료집, 재단법인 대한변협법률구조재단 (2011), 51)도 있으나, 이를 뒷받침하는 구체적인 근거자료는 찾지 못하였다.

6) 김준수, 앞의 논문, 11-12.

7) 대한법률구조공단, 앞의 책, 104-110.

8) 정범재, "법률구조제도에 관한 연구", 석사학위 논문, 한양대학교 (1987), 104-105.

1965. 7.까지는 전년도의 6배인 3,017명이었고, 그 다음해에는 5,291
명으로 늘어났다.9) 이후 1977년에 여성백인회관이 건설되었고, 매월
첫째 목요일마다 실시하는 "월례목요법률강좌"를 시작하였고, 이 가
족법 강좌는 1992년까지 총 61회, 3,745명이 수료하였다. 이 밖에도
1978. 3. 에 시작한 "어머니 학교" 등 수많은 교육 강좌를 개설하여
교육활동을 지속하였다.

　이 밖에도 국제인권옹호 한국연맹, 사단법인 한국인권옹호협회,
법무사협회, 한국인원협회, 각종 종교단체, 소비자단체, 일부 법과대
학교 부설 상담소 등이 법률구조활동을 해 왔다. 그러나 이러한 민
간단체의 법률구조활동은 기구조직, 재정, 인력의 확보 등에서 상당
한 어려움이 있었고 거의 전적으로 법률상담활동에만 의존한다는
한계점을 가졌다.10) 다만 법률 전문가인 변호사의 수의 절대적인 부
족 속에서도 서울지방변호사회를 포함한 여러 단체가 어려운 여건
속에서도 법률구조 활동을 하고자 많은 노력을 기울였던 점, 행정부
와 사법부가 아닌 민간단체가 주도하여 법률구조를 했던 점, 시간이
지남에 따라 법률구조의 규모와 실적이 꾸준히 확대되었던 점은 주
목할 필요가 있다.

2. 사법부의 소송구조

　1960. 4. 4.에 제정되어 동년 7. 1.에 시행된 제정 「민사소송법」은
제118조 내지 제123조에서 소송상의 구조11)를 규정하였다. 구조 요

---

9) 대한법률구조공단, 앞의 책, 113-151.
10) 김대환, "법률구조제도에 관한 연구", 박사학위 논문, 전남대학교 (2008), 7.
11) 현행 민사소송법의 표제는 "소송구조"이나, 제정 당시의 표제는 "소송상의
　　구조"였다.(구 민사소송법(1961. 9. 1. 법률 제706호로 개정되기 전의 것) 제
　　118조.)

건과 관련하여 제118조제1항은 "법원은 소송비용을 지출할 자력 없는 자의 신청에 의하여 각심에서 소송상의 구조를 할 수 있다. 단, 승소의 가망이 없으면 예외로 한다"고 규정하여 그 요건이 까다로웠다. 사법연감을 통해 1975년부터 1986년까지의 소송구조 통계를 확인해 보면 소송구조가 미미했음을 알 수 있는데, 소송구조 신청건수는 1975년 1건, 1976년 3건, 1977년 1건, 1978년 4건, 1979년 2건, 1980년 2건, 1981년 6건, 1982년 5건, 1983년 4건, 1984년 1건, 1985년 15건, 1986년 9건이었다. 이렇게 12년간 53건이 신청되었고, 이중 24건이 인용되었다. 참고로 민사본안사건 접수건수는 1975년에 460,629건(1심은 91,723건)이었고, 1986년에 1,580,932건(1심은 320,922건)이었다.[12] 민간의 법률구조 실적과 비교하여 보았을 때에도 사법부가 운영했던 「민사소송법」상의 소송구조제도는 사실상 유명무실한 제도였음을 알 수 있다.

1954. 9. 23.에 제정되어 동년 5. 30.로 소급하여 시행된 제정 「형사소송법」은 제33조에서 국선변호인을 규정하였고, 국선변호인의 선정사유로 "1. 피고인이 미성년자인 때, 2. 피고인이 70세 이상의 자인 때, 3. 피고인이 농아자인 때, 4. 피고인이 심신장애의 의심있는 자인 때, 5. 피고인이 빈곤 기타 사유로 변호인을 선임할 수 없는 때 단, 피고인의 청구가 있는 때에 한한다"고 규정하여 이러한 사유가 있을 경우 변호인이 없으면 법원이 직권으로 변호인을 선정하도록 하였다. 또한 동법 제282조에서 "사형, 무기 또는 단기 3년 이상의 징역이나 금고에 해당하는 사건에 관하여는 변호인 없이 개정하지 못한다. 단, 판결만을 선고할 경우에는 예외로 한다"고 규정하여, 제33조에 열거된 경우와 중형이 선고될 수 있는 사건의 경우에 변호인이 없을 때에는 법원이 직권으로 국선변호인을 선정하도록 하고

---

12) 법원행정처, 사법연감(1975-1986).

있다.

국선변호인 선정건수를 살펴보면, 1971년 17,745건, 1972년 24,179건, 1973년 25,404건, 1974년 26,258건, 1975년 27,915건, 1976년 27,385건, 1977년 24,132건, 1978년 21,525건, 1979년 23,039건, 1980년 23,075건, 1981년 26,871건, 1982년 29,198건, 1983년 27,256건, 1984년 27,493건, 1985년 27,459건, 1986년 28,399건이다. 참고로 형사공판사건은 1971년 118,999건이었고, 1981년 145,667건, 1986년 155,938건이었으므로, 국선변호인 비율은 1971년 약 14.91%, 1981년 약 18.45%, 1986년 약 18.21%이다.[13]

통계자료만을 살펴보면, 「민사소송법」상의 소송구조는 유명무실했던 것으로 보이나, 「형사소송법」상의 국선변호인 제도는 많이 활용된 것으로 보일 수 있다. 그러나 국선변호인의 활동에 대한 평가를 1986년까지의 기사를 통해 확인해 보면 다음과 같다.

"(전략) 작년까지만 해도 3백원씩 지불하는 형편이었다. 일반사건의 경우 최소한 한 건당 5천원에서 1만원 상당의 착수금을 받고 사건을 맡는 변호사들이고 보니 5백원이라는 보수가 너무나 적을지도 모른다. 그런 때문인지 법원관계자들의 말을 들으면 소위 거물급 변호사들은 선정을 받고서도 공판에 입회하지 않거나 설사 공판에 입회는 한다고 해도 겨우 결심공판에 나와 준비 없는 변론을 하는 등 소홀한 사례가 허다하다는 것이다. 이런 관계로 국선사건은 거의 손이 빈 한가한 변호사들의 푼돈팔이가 되고 있는 실정이다. (후략)"[14]

"얼마 전 서울형사지법 법정을 방청할 기회가 있었다. 피고인은 세명의 나이 어린 소년들이었다. 이들에게는 사전에 변호인이 선임되지

---

13) 법원행정처, 사법연감(1971-1986).
14) 경향신문, "인권전선에 이상 있다" (1962. 12. 12.), 5.

않았는지 재판장이 다른 사건을 변론하고 퇴정하는 변호인을 즉석에서 국선 변호인으로 선임하는 것이었다. 이 변호인의 변호는 변호인 반대 심문 차례에서 「잘못되었다고 생각들하지」하는 말과 변론에서 재판장에게 「선처를 바랍니다」하는 단 두 마디가 전부였다. 자세한 기록을 검토할 시간적 여유도 없이 즉석에서 국선변호인으로 선임된 사정이 있겠지만 요식행위에 불과한 이러한 변론이 피고인들에게 어떠한 도움을 주는 것인지 모르겠다. 아무리 국선변호라고 해도 피고인들 접견하고 기록을 검토하고 법정에 몇 번씩 출두해야 할 것이며 이를 위해서는 최소한의 실비는 국가가 부담하는 것이 좋을 것 같다"[15)

이러한 신문기사의 내용을 살펴 보았을 때, 형사사건에서의 국선변호인 제도도 형식만 존재하였을 뿐, 실질적인 법률구조의 효과는 미약했다고 할 것이다.

3. 행정부의 법률구조

민간의 법률구조 및 사법부의 소송구조와는 별도로 행정부도 법률구조 활동을 하였다. 법무부는 1953. 12. 인권주간에 서울지방검찰청에 인권상담소를 처음 설치하고, 법무부령 제48조(1963. 5. 21.)에 의거 각 지방검찰청 및 각 지청 내에 인권상담소를 두고 검사 1명과 서기 1명을 배치하여 인권침해사건의 접수처리 등을 하도록 하였으나, 만족할 만한 성과를 거두지 못하였다.[16) 법무부에서 진행되었던 인권상담소 등의 활동은 주로 수사기관에서의 고문, 감금 등과 같은

---

15) 한현, "법정서 즉석변론 맡은 국선변호인 피고인에 도움 될지 의문", 동아일보 (1982. 5. 6.) 9.
16) 정범석, "법률구조의 방향", 사법행정 제124호, 한국사법행정학회 (1971), 3-4.

인권침해의 발생을 방지하기 위한 것으로 민사적인 권리구제까지는
나아가지 못했던 것으로 판단된다.

1970년대 초반은 세계의 법률구조사에 있어서 획기적인 법들이
제정되던 때였다. 예를 들면 프랑스의 1972년 "Establishing Legal
Aid", 스웨덴의 1972년 "Public Legal Aid Law", 영국의 1974년 "Legal
Aid Act", 퀘백주(캐나다)의 1972년 "Legal Aid Act", 미국의 1974년
"The Legal Services Corporation Act" 등의 입법조치가 있었다.[17] 이
러한 세계적인 추세 때문인지, 박정희 대통령의 특별지시에 따라 법
무부는 1972. 6. 12. 민법에 기초한 재단법인 대한법률구조협회를 설
립하고, 동년 7. 1.부터 법률구조사업을 개시하였다.[18] 재단법인 대
한법률구조협회는 설립목적을 "권리침해를 당하고도 자력의 부족,
법률지식의 결여 등 사유로 법률상의 구조를 받지 못하는 불우한
국민을 위하여 소송비용을 대납하고 변호사를 선임하여 주어서 법
률구조를 하는 일방 법률상담에 의한 권리침해의 사전예방 등으로
국민 누구나가 균등하게 법의 보호를 받게 함으로서 국민총화형성
(國民總和形成)에 기여코자 함에 있다"고 밝히고, 이를 위한 협회의
사업은 ① 자력이 부족한 자 등에 대한 법률구조, ② 법률상담, ③ 기
타 협회의 목적달성에 필요한 사항 등이 있었다.[19]

재단법인 대한법률구조협회의 설립 시에 회장은 법무부차관, 부
회장은 법무실장이 각각 선출되었고, 협회는 서울, 춘천, 청주, 대전,
대구, 부산, 광주, 전주, 제주 등 9개 지방검찰청에 각 지부를 설치하
고 동 지청에 지부출장소를 설치했으며, 각지부의 지부장은 회장이
법무부장관의 승인을 얻어 위촉하게 되어 있는데, 각 검사장이 지부

---

17) 김인철, "우리나라 법률구조의 현황과 개선방향", 입법조사월보 제154호, 국
　　회사무처 (1986), 43.
18) 최병찬, "법률구조제도의 운용실태와 당면과제", 법조 제30권 제12호, 법조
　　협회 (1981), 108.
19) 이용식, "법률구조의 효율화방안", 법무연구 제5호, 법무연수원 (1978), 4.

장으로 위촉되었고[20], 검사를 비롯한 법무공무원들이 협회의 임·직원을 겸하였다.[21]

당시 법률구조 대상자는 ① 주민세 이외의 과세소득이 없는 자, ② 농지세 500원 미만을 납부하는 농민, ③ 상이군경 및 전몰군경의 유족으로서 군사원호보상법의 원호를 받는 자, ④ 노쇠(老衰), 질병, 연소(年少) 기타 정신상 또는 신체상의 장애로 인하여 자력으로 법률적 구제를 청구할 수 없는 자, ⑤ 풍수해, 한해(旱害), 화재 등 재해 또는 사변으로 인하여 법률적 구제능력을 상실한 자, ⑥ 5급이하의 공무원과 하사관 및 병, ⑦ 월수 5만원 이하의 회사원과 공원(工員)[22], ⑧ 일용노동자, ⑨ 주택을 소유하지 않은 자, ⑩ 전9호 이외의 생활 정도, 법률적 구제의 필요성 등 제반 사정을 고려하여 자력으로 구제수단을 강구하는 것이 불능 또는 현저히 곤란하다고 인정되는 자였다.

재단법인 대한법률구조협회의 1구체적인 법률상담 및 법률구조 실적은 아래 표와 같다.[23]

---

20) 이용식, 앞의 논문, 4-5.
21) 강원일, "우리나라 법률구조제도 연구", 석사학위 논문, 서울대학교 (1986), 24. ; 정범재, 앞의 논문, 85.
22) 1972년 4월 말 기준 당시 여성근로자들의 월 평균임금이 11,784원으로 남성 근로자의 절반 정도였다는 기사를 보면, 당시 남자 근로자의 월 평균임금은 23,500원 정도였다고 추측할 수 있다. 동아일보, "하루 11시간에 월 11,000원 전국근로여성의 현황", (1972. 9. 22.), 4.
23) 대한법률구조공단, 앞의 책, 215-217.

연도	법률상담 실적(건)	법률구조 실적(건)	연도	법률상담 실적(건)	법률구조 실적(건)
			1981	77,838	631
1972 (7.1.-12.31)	3,579	25	1982	99,672	986
1973	6,310	203	1983	130,647	1,111
1974	2,569	365	1984	138,378	1,293
1975	5,583	320	1985	138,684	1,390
1976	5,846	320	1986	158,203	1,538
1977	3,390	130	1987 (1.1.-8.31.)	117,869	1,014
1978	2,986	89			
1979	22,249	744			
1980	51,344	652			

4. 평가

대한민국의 건국 이후 법률구조법 시행(1987. 7. 1.)까지의 법률구조 및 소송구조 상황을 살펴보면, 건국 이후 초기에는 변호사단체 및 한국가정법률상담소 등 민간단체의 노력으로 미약하나마 실질적인 법률상담 및 소송구조 등이 이루어졌고, 사법부와 행정부는 별다른 역할을 하지 못한 것으로 보인다. 특히 사법부의 「민사소송법」상 소송구조 제도는 법률 규정은 존재하였으나 사문화되어 있었고, 행정부는 주로 형사사건에서의 인권침해 문제에 관심을 가졌기에, 결국 민사사건의 경우는 민간주도의 법률구조가 뚜렷한 추세였다.

그러나 1972년에 재단법인 대한법률구조협회가 설립되었고, 동 협회는 정부의 조직력을 바탕으로 서울변호사협회 상담건수의 4배 가까운 법률상담을 진행하여 결국 민사사건 법률구조에서 행정부의 역할 증대가 눈에 띈다. 또한 이러한 행정부 주도의 바탕에는 뒤에서 보는 바와 같이 재단법인 대한법률구조협회의 상담직원을 검찰 공무원이 겸직하면서, 검찰의 막강한 공권력과 수사권을 바탕으로 한 압박이 빠르고 확실한 성과를 가져왔기에, 국민들이 이를 선호했을 것이라는 요인도 작용하였던 것으로 보인다.

형사사건의 경우 건국 초기부터 「형사소송법」상의 국선변호인 제도가 사법부를 통해 운영되기는 하였으나, 위에서 본 바와 같이 국선변호인의 성실성이 담보되지 못하였고, 이로 인해 실질적인 성실한 변론은 기대하기 어려웠던 것으로 보인다.

III. 「법률구조법」 제정 이후 및 현재의 법률구조와 소송구조

1. 「법률구조법」 제정의 배경

재단법인 대한법률구조협회의 설립 당시에는 검찰 이외에는 전국적으로 법률구조업무를 수행할 수 있는 조직이 없었고, 검찰이 업무를 담당하여 예산의 절감 및 구조업무의 활성화에는 기여한 바가 있었다. 그러나 1973년의 상담이 6,310건, 소송구조가 203건이었던 법률구조실적이 1986년에는 상담이 158,203건, 소송구조가 1,538건으로 상담건수는 25배, 소송건수는 7.5배 증가하였다. 더구나 1987. 1. 1. 당시 전국에는 지부 12개, 출장소 36개소가 설치되었고, 협회의 총 임직원은 501명이었는데 그 대부분이 겸직직원이고 순수한 협회 전담직원은 46명에 불과하였기에 늘어난 법률구조 수요를 충족시킬 정도의 충실한 법률구조사업을 진행하기 어려웠다.

한편 수사기관인 검찰이 민사문제에까지 관여하는 것은 사적 자치의 원칙을 해하고, 국민들도 법원보다는 검사의 권위에 의존하는 신속한 민사문제의 해결을 선호하는 경향이 있었고, 이러한 민·형사 사건의 개념 혼동은 국민의 법의식형성에 좋지 않은 영향을 준다는 비판이 있었다. 또한 앞에서 본 바와 같이 법률구조 업무량의 증가는 검찰업무에 장애를 초래하며, 협회의 서비스가 형식적이고 사선 변호사에 비에 질이 떨어지는 한편, 정부나 권력의 영향력행사로 인하여 공정성을 해칠 우려가 있었다.24) 이에 더하여 법률구조나 조언을 받고자 하는 자의 상당수는 직접 또는 간접적으로 국가나 지방 공공단체 또는 그 소속공무원으로부터 피해를 입은 사람이거나 그에 관계되는 사람인데 이러한 피해를 국가기관인 검찰에서 구조하는 것이 타당하지 아니하며, 변호사의 참여도가 적다는 비판도 있었다.25)

관련하여 주목할 만한 점은 1972년부터 1977년말까지 6년간 구조완결사건 7,340건 중 약 81%인 6,009건이 제소 전 화해로 해결되었다는 점이다.26) 1980. 8. 15.에 경주 신라호텔에서 "법률구조제도의 현황과 장래"라는 주제로 개최된 제6회 변호사 연수에서 대구회 김영길 변호사는 재단법인 대한법률구조협회가 하는 것은 가정부의 월급을 주지 않는다거나, 사회에서 다소의 부상을 입었는데 그에 대한 보상을 해주지 않는다거나 하는 대개 소액의 소소한 문제들인데, 법무부가 검찰기관을 통하여 돈 있는 사람과 돈 없는 사람을 불러 조정을 하는 과정에서 검찰권을 배경으로 만일 돈을 지급하지 아니하면 이러이러한 법에 저촉이 되어 입건하겠다고 협박에까지 가지 않더라도 한두 번 불러서 지급하라고 하면 순순히 응하게 되는데, 이를 변호사가 하게 되면 기업주 등이 조정을 받아들이지 않을 것

---

24) 정범재, 앞의 논문, 88.
25) 이용식, 앞의 논문, 28-30.
26) 이용식, 앞의 논문, 28.

이고 오히려 사건이 장기화되는바, 변호사협회가 이 일을 가져오는 것은 적절치 아니하다는 의견을 피력[27]했는데, 이를 보면 제소 전 화해가 많았던 이유를 추단해 볼 수 있다.

1980년대 초반에 법률구조제도의 개선방안에 대한 여러 의견이 있었다. 첫째는 법률구조는 사인간의 사적분쟁해결이므로, 국가권력을 배경으로 하는 것보다는 변호사협회로 이관하여 추진하는 것이 바람직하다는 견해인데, 이에 대해서는 변호사협회의 인적·물적 여건이 오히려 법률구조제도의 축소를 가져올 것이라는 비판이 있었다. 둘째는 공익의 대표자인 검사의 직무에 법률구조를 포함하도록 법을 개정하자는 견해인데, 이에 대해서는 재단법인 대한법률구조협회에 대한 비판과 동일한 비판이 있었다. 셋째는 법무부 주도의 법률구조제도는 존속시키되, 변호사협회는 협회대로 법률구조를 하도록 하자는 의견이다. 넷째는 국고로 법률구조, 국선변호, 행정소송 등을 통합 대행할 사법복지공단을 설치하자는 견해인데, 특별법을 제정해야 하고 많은 비용이 든다는 비판이 있었다.[28]

결국 민간에서 법률구조사업의 주도권을 가져오기 위한 노력과 비판이 있었고, 행정부로서도 급속히 성장하는 법률구조업무를 검찰 조직을 이용하여 운영하는 것이 한계에 도달했으며, 신규 군사정권으로서는 정권의 정당성을 확보하기 위한 가시적인 성과가 필요했다는 점이 맞물려 법률구조법의 제정에 이르게 된 것으로 보인다.

2. 「법률구조법」의 제정과 주요 내용

「법률구조법」은 1986. 12. 23. 동법이 제정·공포되었고, 1987. 7. 1.

---

27) 김영길 외, "법률구조제도의 현황과 장래", 대한변호사협회지 제6회 변호사 연수회 <특집> 제59호, 대한변호사협회 (1980), 38-40.
28) 강원일, 앞의 논문, 88-91.

시행되었다. 입법목적은 경제적으로 어렵거나 법을 모르기 때문에 법의 보호를 충분히 받지 못하는 자에게 법률구조를 하여줌으로써 기본적 인권을 옹호하고 나아가 법률복지의 증진에 이바지하는 것이었다. 동법은 법무부가 운영하던 재단법인 대한법률구조협회를 대신할 법무부 산하에 있되 검찰조직에서 독립된 별도의 대한법률구조공단을 설립하고 법률구조기금을 설치하여 대한법률구조공단이 이를 운용 및 관리하도록 하여 법률구조업무 추진 재원을 마련해 주었고, 현실적인 조직 신설 및 인력 배치의 어려움으로 인해 재단법인 대한법률구조협회의 모든 권리의무 및 조직을 일단 승계하도록 하였고, 부수적으로 법률구조업무를 하고자 하는 법인이 있을 경우 법무부에 등록하도록 하여 관리 및 감독을 하는 대신, 국고 보조금과 세제 지원을 할 수 있도록 하였다. 「법률구조법」의 제정은 법률구조의 목적을 가진 법률을 제정했다는 점, 대한법률구조공단의 설립으로 검찰조직이 아닌 독립되고 전문화된 기관이 법률구조사업을 주도하게 되었다는 점에 그 의의가 있다.

동법에 따라 설립된 대한법률구조공단은 1987. 9. 1. 설립 당시 대한법률구조협회의 조직체계를 그대로 승계하여, 서울에 본부를 두고 지방검찰청에 대응하여 11개의 지부를, 서울지방검찰청 관할 4개 지청에 대응하여 4개 직할출장소를, 지방검찰청 관할 32개 지청에 대응하여 32개 출장소를 두고 출발하였으며, 공단의 이사장은 법무부장관이 임명하고, 이사 및 감사는 이사장의 제청에 의하여 법무부장관이 임명한다. 공단 설립 당시에는 검찰청과의 겸직 인원이 절대적으로 많아 검찰과 분리되지는 못한 상황이었으나 지속적인 겸직 인원의 감소 및 인원 충당을 통해 2018. 4. 11. 기준 공단의 임직원 현황은 상임임원 2명(비상임 이사 8명), 변호사 127명, 일반직 507명, 서무직 149명, 무기계약직 24명으로 총 809명이고, 겸직 직원은 없어 검찰로부터 조직의 독립성을 확보하였다.29) 또한 조직체계도 법원 조직에 대응하여, 본부, 18개 지부, 41개 출장소, 67개 지소, 7개 개인회생·파산 종합지원센터, 6개 주택임대차분쟁조정위원회,[30) 문화교육센터(김천)를 두고 있다.[31)

   법률상담은 상담자에 대한 제한이 없고, 소송을 지원해 주는 소송구조 대상자에는 제한이 있다. 2018. 10. 31.이후 시행된 법률구조 사건처리규칙에 따르면, 대한법률구조공단의 법률구조대상자는 원칙적으로는 「국민기초생활보장법」에 따라 보건복지부장관이 고시하는 기준 중위소득의 125% 이하인 국민 또는 국내 거주 외국인 중에서 공단이 지원할 필요가 있다고 인정하는 자를 말하는데, 법률구조 대상자를 신분, 소득, 사건유형 등에 따라 재분류하여 대한법률구조공단 홈페이지에 정리된 기준은 아래와 같다. 형사사건 법률구조 대상자도 위와 유사하다.

신분(자격)에 따른 대상자	국가유공자 보훈보상대상자 독립유공자 5·18민주유공자 국민기초생활보장수급자 보호대상아동 장애인	소상공인 의사상자 가족관계등록부미등록자 6.25전쟁 전시납북자 가족 중·장기복무 제대군인 결혼이민자·귀화자 예술인

---

29) 공공기관 경영정보 공개시스템, "임직원수 현황", 대한법률구조공단 http://www.alio.go.kr/popReportTerm.do?apbaId=C0055&reportFormRootNo=2020 (2019. 5. 22. 확인).

30) 「법률구조법」이 아닌 「주택임대차보호법」에 따른 것으로, 동법은 대한법률구조공단의 지부에 주택임대차분쟁조정위원회를 두도록 하였고, 특별시·광역시·특별자치시·도 및 특별자치도는 그 지방자치단체의 실정을 고려하여 조정위원회를 둘 수 있도록 하였으며, 조정위원회의 조정조서 정본을 집행권원으로 인정한 제도로서 2016. 5. 29.에 제정되어 2016. 11. 30.부터 시행되었다.

31) "일선기관", 대한법률구조공단 https://www.klac.or.kr/introduce/administrativeAgency.do (2019. 5. 22. 확인)

	한부모가족 농·어업인 참전유공자 고엽제후유의증환자 특수임무유공자 북한이탈주민 영세담배소매인 소년·소녀가장	재도전 기업인 청년미취업자·대학생 미혼부 저소득 재해근로자 및 유족 (경상남도 소재 사업장 소속 에 한함) 국내 거주 외국인 기준 중위소득 125% 이하인 선원법상의 선원
소득에 따른 대상자	기준 중위소득 125% 이하인 국민 또는 국내 거주 외국인	
사건(피해유형)에 따른 대상자	범죄피해자 개인회생 및 파산·면책신 청대상자 가정폭력·성폭력 피해자 임금등 체불 피해근로자 임금등 체불 및 재해보상 사고 관련 피해선원	물품 사용 등으로 인한 피해 소비자 불법사금융피해자 학교폭력피해학생 기준중위소득 125%이하인 주택임대차보호법상 소액임차인 저소득교통사고피해자
제도에 따른 대상자	헌법재판소의 국선대리인 선정 사건 청구인 법원의 소송(절차)구조 결정 사건 피구조자 법원의 소송구조 지정변호사 사건 신청인	
기타 대상자	그 밖에 생활이 어렵고 법을 몰라 스스로 법적 수단을 강 구하지 못하는 국민 또는 국내 거주 외국인	

　　소송구조대상자의 확대 이외에도 소송구조를 할 수 있는 대상사
건의 범위도 확대되었는데, 현재 법률구조 대상사건은 법원, 군사법
원, 헌법재판소가 「법원조직법」제2조, 「군사법원법」제2조 및 제3조,
「헌법재판소법」제2조에 의하여 권한을 가지는 모든 법률상의 쟁송
에 대한 심판(재판, 절차 등을 포함한다) 및 행정심판의 대리·변호·보
조 등 지원사건으로, 대상사건에 대한 제한은 사라진 상태이다.[32]
　　대한법률구조공단의 설립 직후 5년과 최근 5년간의 법률상담 및

---

32) 법률구조사건 처리규칙 제3조 제1호, 제2호

소송구조 실적33)을 살펴보면, 법률상담의 경우 1987년(9.1.~12.31) 65,450건, 1988년 228,646건, 1989년 238,000건, 1990년 350,588건, 1991년 262,832건이었는데, 2014년(2013.9.~2014.8.) 1,322,686건, 2015년 1,491,631건, 2016년 1,506,034건, 2017년 1,401,246건, 2018년 1,322,686건으로 1988년과 2018년을 비교하면 약 5.78배 증가했다. 민사 등 소송구조의 경우 1987년(9.1.~12.31) 519건, 1988년 2,247건, 1989년 2,467건, 1990년 3,062건, 1991년 4,965건이었는데, 2014년 (2013.9.~2014.8.) 141,720건, 2015년 143,778건, 2016년 150,779건, 2017년 152,076건, 2018년 149,906건으로 1988년과 2018년을 비교하면 약 66.71배 증가했다. 형사사건의 경우 공단 설립 당시에는 소송구조 대상이 아니었으나, 1996년부터 형사사건에 대한 법률구조를 시작하여 1996년 654건, 1997년 1,954건, 1998년 2,716건, 1999년 3,752건으로 점차 증가추세에 있다가 2008년 25,952건(20,381건)34)을 정점으로 2009년 24,619건(18,549건), 2010년 19,579건(15,039건), 2011년 13,888건(10,113건), 2012년 13,612건(9,926건), 2013년 14,000 건(11,926건)으로 감소하다가, 2014년(2013.9.~2014.8.) 20,405건으로 증가하였으나 2015년 22,188건, 2016년 21,068건, 2017년 19,316건, 2018년 17,405건으로 증감을 반복하고 있다.

3. 「법률구조법」에 따라 법률구조법인으로 등록된 법인의 법률구조

「법률구조법」에 따라 설립된 대한법률구조공단 이외에도 동법은 법률구조법인으로 등록하여 활동을 할 수 있도록 하고 있는데, 이에

---

33) "국정감사 업무보고자료", 대한법률구조공단 https://www.klac.or.kr/disclosure /government/ selectBusinessResourceList.do?boardCode=39 (2019. 5. 22. 확인)
34) 괄호 안 숫자는 법원에서 공단의 변호사 등이 국선변호인으로 지정된 숫자임

따라 등록하여 활동하는 법률구조법인은 법률구조법인 한국가정법률상담소, 재단법인 대한변협법률구조재단, 법률구조법인 대한가정법률복지상담원이 있다.

법률구조법인 한국가정법률상담소는 법률상담, 화해조정, 소장 등 서류 작성, 소송구조 4가지로 구분하여 법률구조 업무를 진행하고 있으며, 법률상담은 가사사건에 한정하지 아니하고 가사, 민사, 형사, 파산사건 등 법률문제 전반에 걸쳐 실시하고 있으며, 면접, 서신, 전화, 순회, 인터넷, 출장상담 등 다양한 방식으로 진행중이고, 직장인과 다문화 가정을 위한 야간상담도 매주 월요일에 진행중이다. 소송구조는 무료로 진행하고 있으며, 소송의 진행은 소속 변호사나 공익법무관 또는 자원봉사 변호사들로 구성된 백인변호사단 소속 변호사들이 수행하고 있다. 법률상담은 1956년 창립 이래 2017년 말일까지 본부가 1,629,508건을, 지부가 2,253,878건을 진행하였다. 2017년에 한정하여 살펴보면 1년 동안 147,584건을 상담하였는데, 본부 81,982건, 전국 27개 지부 65,602건이었다. 본부의 처리건수를 보면 법률상담 75,431건, 화해조정 4,643건, 소장 등 서류작성 1,388건, 소송구조 520건이었다.[35)36)]

대한변호사협회가 설립한 재단법인 대한변협법률구조재단은 민사, 형사, 가사, 행정, 헌법소원 등 법률구조가 필요한 모든 사건을 대상으로 하여 법률구조사업을 진행하고 있으며, 법률구조 대상자는 "국민기초생활보장법이 정한 보호대상자, 소송을 위하여 비용을 지출함으로써 생계가 곤란하게 될 자, 다문화가정 및 이주외국인, 국제법상 난민, 북한이탈주민, 성폭력피해자, 한부모가정, 기타 재단

---

35) "2017년도 상담 통계", 법률구조법인한국가정법률상담소, http://lawhome.or.kr/ webbook/ 2017_counselstatic/2017_counselstatic/EBook.htm (2019. 5. 22. 확인)

36) "2018년도 상담 통계", 법률구조법인한국가정법률상담소, http://lawhome.or. kr/ webbook/2018_counselstatic/index.html#page=1 (2019. 5. 22. 확인).

이 구조함이 상당하다고 인정하는 자, 국가인권위원회가 특별히 구조를 필요로 한다고 인정한 자, 대한변호사협회인권위원회가 특별히 구조를 필요로 한다고 인정한 자"이다. 법률구조가 결정되면, 신청인을 대신하여 변호사 보수 등 일체의 소송비용을 재단이 지급하고, 대체 지급된 소송비용은 구조사건 종료 후 신청인의 경제적 상황 등에 따라 상환 여부를 결정하게 되는데, ① 승소가액이 500만 원 이하인 사건, ② 패소한 사건, ③ 형사사건, ④ 비용의 상환 또는 회수가 부적당, 불가능한 사건은 소송비용이 일부 또는 전부 상환 면제될 수 있다.[37] 재단법인 대한변협법률구조재단의 구조실적은, 2004년 61건, 2005년 31건, 2006년 37건, 2007년 20건, 2008년 98건, 2009년 164건, 2010년 355건[38]으로 증가하고 있는 추세이다.

법률구조법인 대한가정법률복지상담원 면접, 전화, 편지, 온라인, 이동순회상담 등을 무료로 진행하고 있으며, 계몽사업을 위하여 무료 수요법률강좌를 개최하고 있으며, 부모의 별거 및 이혼으로 갈 곳이 없는 자녀를 보호해주는 임시보호소와 학대받는 노인을 위한 임시보호소를 설립하는 사업을 진행하고 있으며, 이주민 여성을 위한 조기정착 및 보호 프로그램을 진행하고 있다. 상담실적은 1999. 8. 26.부터 2018. 11. 30.가지 총 310,921건(본원 151,431건, 6개 지부 2,342건)의 상담을 하였고, 2018. 9.부터 2018. 11.말까지의 기간 동안 총 4,063건(본원 1,721건, 6개 지부 2,342건)의 상담을 하였고, 본원의 경우 절차교시 1,399건, 조정화해 318건, 무료대서 3건, 소송구조 1건이, 6개 지부에서는 절차교시 1,596건, 조정화해 721건, 무료대서 25건이 이루어졌다.[39]

---

37) "법률구조사업소개", 재단법인 대한변협법률구조재단,
   http://www.legalaid.or.kr/biz/biz01.php (2019. 5. 22. 확인).
38) 호문혁, "대한변협법률구조재단이 나아갈 길", 대한변협법률구조재단 법률구조대회 자료집, 대한변협법률구조재단 (2011), 별지 6-7.
39) "법률복지 제75호", 법률구조법인 대한가정법률복지상담원,

이와 같은 민간의 법률구조는 오랜 역사와 전통을 가진 곳이 많고, 정부의 정책에 흔들리지 않는 독립된 구조라는 점이 장점이나, 대부분 무상지원 구조인바 규모의 영세성에 비추어 법률구조 확대의 한계가 있다는 단점이 있다.40) 또한 공공 영역의 법률구조는 대한법률구조공단의 성장과 함께 비약적으로 성장했지만, 민간 영역의 법률구조는 「법률구조법」이 제정되어 대한법률구조공단이 설립된 1987년의 상황에서 근본적으로 변화하거나 성장하지 못했다는 것이 아쉬움이다.41)

4. 사법부의 「민사소송법」상 소송구조

1990. 1. 13.에 개정되어 동년 9. 1.부터 시행된 「민사소송법」은 소송상의 구조의 활성화를 위해 구조의 요건(제118조)을 완화하고, 구조의 객관적 범위(제119조)를 확대하였다. 먼저 제118조제1항을 "자력이 없는 자"를 "자력이 부족한 자"로, "승소의 가망이 없으면 예외로 한다"를 "패소할 것이 명백한 경우에는 그러하지 아니하다"로 개정하여 구조의 요건을 완화하였다. 그러나 대법원은 1994년에 "(전략) 특히 제1심에서 패소한 항소인이 제2심에서 구조신청을 하는 경우에는, 비록 제1심에서는 패소하였지만, 제1심판결에 사실상

---

http://lawqa.jinbo.net/xe/?mid=board504&document_srl=1211372 (2019. 5. 22. 확인)
40) 전광석 외 4인, "법률구조제도 개선을 위한 연구", 연세대학교 산학협력단 (2012), 101. 동 연구에서도 대한변협 법률구조에 대하여 재단 규모가 영세하고 실제적으로 대부분 무상지원 구조인바 재정상 법률구조 확대의 한계가 존재한다는 점, 지원 형태가 단순하다는 점, 변호사들만의 단체라 사회의 다른 단체들과의 연계가 부족하다는 점, 소송구조에 치우쳐 있다는 점을 단점으로 들고 있다.
41) 황승흠, "법률복지사회를 위한 법률구조의 발전방향", 한국가정법률상담소 창립 반세기 기념 심포지엄1 자료집 (2008), 17.

법률상의 하자가 있어서 그 판결이 취소될 개연성이 없지 않다거나, 자신이 제출할 새로운 공격방어방법이 새로운 증거에 의하여 뒷받침됨으로써 제2심에서는 승소할 가망이 없다고 할 수 없다는 점 등을 구체적으로 명시하여 그 사유를 소명하지 않으면 안된다"42)고 판시하여 여전히 소송구조의 요건을 좁게 해석하였다.

1986년 이후 2002년 민사소송법 개정시까지 소송구조 실적은 다음과 같다. 1986년 10건(1건)43), 1987년 5건(3건), 1988년 16건(9건), 1989년 7건(0건), 1990년 3건(1건), 1991년 10건(5건), 1992년 16건(5건), 1993년 21건(3건), 1994년 70건(19건), 1995년 70건(21건), 1996년 200건(50건), 1991년 103건(21건), 1998년 119건(29건), 1999년 138건(61건), 2000년 132건(28건), 2001년 269건(98건), 2002년 362건(202건)이다.44)

1990년 「민사소송법」의 개정에도 불구하고 소송구조 실적은 미약하였으나, 2002년부터 비약적으로 증가하였는데, 이는 2001년에 선고된 대법원 판결의 영향으로 보인다. 2001년에 대법원은 "(전략) 제1심에서 패소한 당사자가 항소심에서 소송상 구조를 신청하는 경우에도 신청인이 적극적으로 항소심에서 승소할 가능성을 진술하고 소명하여야 하는 것은 아니고 법원은 신청인의 신청이유와 소명자료는 물론 본안소송에서의 소송자료 및 증거자료도 함께 종합하여 항소심에서 신청인이 패소할 것이 확실한지를 판단하여야 할 것이다"45)라고 판시하여 '패소할 것이 명백하지 않다'는 점에 대한 점에 있어서 전원합의체 결정이 아님에도 기존의 94마2159 결정을 번복한 것으로 보인다.

---

42) 대법원 1994.12.10. 자 94마2159 결정.
43) 괄호 안 숫자는 인용된 건수이다.
44) 법원행정처, 사법연감(1986-2002).
45) 대법원 2001.06.09. 2001마1044 결정.

2002. 1. 26.에 전부 개정되어 2002. 7. 1.부터 시행된 「민사소송법」은 구조요건과 관련하여 당사자의 신청이 없는 경우라 하더라도 법원이 직권으로 소송구조를 할 수 있도록 하였고(제128조 제1항), 소송구조절차에 관한 상세한 사항을 대법원규칙으로 정하도록 위임하였다(동조 제4항 신설).

소송구조 신청 건수 등을 살펴보면, 2002년 362건(202건)[46], 2003년 738건(294건), 2004년 1,134건(456건), 2005년 1,101건(357건), 2006년 5,762건(4,715건), 2007년 4,528건(3,110건), 2008년 5,155건(3,743건), 2009년 5,810건(3,944건), 2010년 5,310건(3,507건), 2011년 5,803건(3,715건), 2012년 7,045건(4,516건), 2013년 8,930건(6,045건), 2014년 9,708건(6,143건), 2015년 9,666건(6,244건), 2016년 7,952건(4,315건), 2017년 6,330건(2,890건)이다.[47] 민사본안사건 접수는 2002년에 1,405,956건이었는데, 2017년은 1,753,088건인바, 민사본안 사건은 약 1.24배 증가하였다는 점을 고려하면 일응 소송구조 실적의 비약적인 증가로 보인다. 그러나 소송구조의 급격한 증가의 계기는 2005년 무렵부터 법원이 시행해 온 개인파산·면책·회생사건(이하 '개인도산사건'이라고 한다) 소송구조 지정변호사제도와 개인도산사건에 대한 별도의 소송구조 예산의 증액에 따른 것이라고 한다. 즉, 위 소송구조 실적에서 개인도산사건수를 제외하면 2006년은 383건, 2007년은 1,029건, 2008년은 1,027건으로 약 1,000건 내외라고 하는바[48], 2002년에 비교하면 약 5배 정도 증가한 것이나, 결국 소송구조 실적이 크게 증가한 것은 아니라고 판단된다.[49]

---

46) 괄호 안 숫자는 인용된 건수이다.
47) 법원행정처, 사법연감(2002-2017).
48) 전광석 외 4인, 앞의 논문, 39-43.
49) 소송구조제도의 운영에 관한 예규의 개정에 따른 소송구조 요건의 상세한 변화는, 김도훈, "민사소송법상 소송구조에 관한 소고", 서울법학 제19권 제2호 (2011), 333-338.

5. 사법부의 「형사소송법」상 국선변호인

2006. 7. 19. 개정되어 2006. 8. 20. 시행된 「형사소송법」 제33조제 1항은 기존 규정에 1. 피고인이 구속된 때를 추가하였다. 또한 동조 제2항은 피고인이 빈곤 등을 이유로 국선변호인 선정을 요청할 수 있도록 규정을 완화하였고, 동조 제3항은 직권으로 국선변호인을 선임할 수 있도록 하였다.

국선변호인 선정건수를 살펴보면, 1986년 28,399건, 1987년 29,164건, 1988년 27,309건, 1989년 26,448건, 1990년 26,320건, 1991년 26,146건, 1992년 25,361건, 1993년 28,034건, 1994년 28,101건, 1995년 28,372건, 1996년 32,330건, 1997년 34,585건, 1998년 51,080건, 1999년 58,307건, 2000년 56,968건, 2001년 56,643건, 2002년 61,370건, 2003년 84,401건, 2004년 89,587건, 2005년 62,169건, 2006년 63,973건, 2007년 80,360건, 2008년 91,883건, 2009년 101,559건, 2010년 103,980건, 2011년 101,672건, 2012년 109,571건, 2013년 111,373건, 2014년 124,834건, 2015년 125,356건, 2016년 121,527건, 2017년 122,531건이었다.[50] 형사 공판사건 총수는 1986년 155,938건, 1992년 192,100건, 2002년 279,747건, 2012년 378,617건, 2017년 371,887건임을 비교할 때, 국선변호 비중은 1986년 18.21%, 1992년 13.20%, 2002년 21.93%, 2012년 28.941%, 2017년 32.948%인바, 형사사건의 소송구조는 완만히 비율이 증가되어 왔다.

참고로 2004. 9.에 시범실시하기 시작한 국선전담변호사제도는 2006년부터 형사소송규칙 제15조의2에 근거하여 정식으로 시행되었고, 2004년 11명에서 2006년 41명, 2009년 120명, 2013년 197명으로 인원이 계속 증가하고 있다.

---

50) 법원행정처, 사법연감(1986-2017).

6. 기타 행정부의 법률구조

행정부의 법률구조는 「법률구조법」에 따른 대한법률구조공단 이외에도 마을변호사 제도와 법률홈닥터 제도가 있다. 마을변호사 제도는 법무부가 안전행정부 및 대한변호사협회와 공동으로 공익활동에 관심이 있는 변호사를 고향이나 연고지 등의 주민들과 연결시켜주고, 마을에 상주하지 않더라도 전화·인터넷 등으로 언제 어디서나 간편하게 법률상담을 할 수 있도록 하는 제도로서 2013. 5. 1.에 마을변호사 위촉으로 시작되었다. 마을변호사는 마을에 상주하지는 않지만, 전화·인터넷·팩시밀리 등을 통해 일상생활에서 발생하는 마을 주민들의 법률문제를 상담해주고 필요한 법적 절차를 안내하는 역할을 하며, 상담 후 법률구조가 필요하다고 판단되는 경우에는 대한법률구조공단 또는 대한변협의 법률구조재단에 연락하여 신속한 법률구조가 이루어질 수 있도록 지원하는 등 1차적 법률서비스를 제공함이 목적이다.

법률홈닥터는 법무부가 변호사를 '법률홈닥터'로 직접 채용, 지방자치단체·사회복지협의회에 배치하여 법률보호가 필요한 서민들에게 '찾아가는 법률서비스'를 제공하는 사업이다. 2012년에 20개 지역에서 시작되어 현재 전국 60개 지역의 시청, 구청, 사회복지협의회에 법률홈닥터 60명이 배치되어 있으며, 법률상담, 법 교육, 법률문서 작성, 조력기관 연계 등 무료법률서비스 제공하고 있다. 지원 대상자는 기초생활수급자, 장애인, 독거노인, 결혼이주여성, 범죄피해자, 농어촌 지역 주민, 저소득 주민 등 법률적인 도움이 필요하지만 도움을 받기 어려운 서민이고, 지원 분야는 채권·채무, 임대차, 이혼·친권·양육권, 상속·유언, 손해배상, 근로관계·임금, 개인회생·파산 등 생활법률 전반에 관한 것이다. 그러나 소송수행은 법률홈닥터의 업무에서 제외된다

7. 개별 법률에 따른 법률구조

법률구조를 통한 기본적 인권 옹호 및 법률 복지의 실현을 위하여 많은 개별법에서 구체적인 내용을 권리로서 명시하여 보장하고 있다. ①「헌법재판소법」상 국선대리인 제도, ②「성폭력범죄의 처벌 등에 관한 특례법」상 피해자 국선변호사 제도, ③「아동·청소년의 성보호에 관한 법률」상 피해자 국선변호사 제도, ④「범죄피해자보호법」상 법률구조, ⑤「가정폭력방지 및 피해자보호 등에 관한 법률」상 법률구조, ⑥「성매매방지 및 피해자보호 등에 관한 법률」상 법률구조, ⑦「한부모가족지원법」상 법률구조, ⑧「국가인권위원회법」상 법률구조, ⑨「임금채권보장법」상 공인노무사 조력지원제도, ⑩「노동위원회법」상 권리구제 대리 제도, ⑪「인신보호법」상 국선변호인 제도, ⑫「채무자 회생 및 파산에 관한 법률」상 소송구조 지정변호사 제도, ⑬「소년법」상 국선보조인 제도 등이 그러하다.

8. 평가

제정 법률구조법에 따라 설립된 대한법률구조공단은 초기에는 재단법인 대한법률구조재단의 인력과 시설을 그대로 승계하였기에 여전히 검찰과 동일한 조직으로 인식되었으나, 이후 계속된 인적·물적 분리과정을 통해 현재는 검찰과는 분리된 독립 기구가 되었다. 또한 민사사건 및 형사사건 등에서의 법률구조의 범위를 꾸준히 확대하여 업무 범위를 확장하고, 조직을 확대하여 어느덧 대한민국 법률구조사업의 중추적인 역할을 하게 되었다. 이러한 과정에서 법률구조법의 제정 및 대한법률구조공단의 역할은 법률복지 향상에 기여한 바가 크다.

사법부도 법률구조 사업의 당위성과 필요성에 부응하여 민사사
건의 소송구조 범위를 해석을 통해 확대하여 법률구조의 확대를 위
해 노력하였고, 형사사건은 국선변호의 실질화를 위해 노력을 기울
여 그 국선변호인의 선정비율이나 변론의 성실도에서 많은 발전이
있었고, 특히 국선전담변호인 제도의 도입이라는 많은 변화와 발전
이 있었다. 이로 인해 소송구조 및 형사국선 사건 수도 비약적으로
증가했다.

이러한 행정부와 법원의 법률구조 및 소송구조는 법률구조법 제
정 이후 비약적으로 성장한 반면 민간의 법률구조는 이러한 증대
속도를 따라가지 못하였다. 그러나 변호사 수의 증대 및 인식 변화
로 인하여, 어느 정도 규모가 필요한 기존의 경직된 법률구조 사업
에 일부 참여하여 법률구조 사업을 돕는 것이 아니라, 오로지 공익
을 위하여 일하겠다는 생각을 가진 변호사들이 모여 소규모의 집단
을 형성하기 시작했는데, 2003년 만들어진 공익 변호사그룹 "공감"
의 출범, 2009년 법무법인 태평양이 설립한 공익활동을 위한 "재단
법인 동천"의 출범, 2012년 비영리 공익인권변호사 모임인 "희망을
만드는 법"의 출범 등이 그것이다.

IV. 문제 상황의 해결

1. 현행 법률구조 및 소송구조

앞서 본 바와 같이 현행 법률구조 및 소송구조는 ①「법률구조법」
에 따라 설립된 행정부 산하기관인 대한법률구조공단의 법률구조,
② 동법에 따라 등록된 한국가정법률상담소와 등의 민간 법률구조

법인의 법률구조, ③ 「민사소송법」에 따른 사법부의 소송구조, ④ 「형사소송법」에 따른 사법부의 국선변호인, ⑤ 법무부의 마을변호사 및 법률홈닥터, ⑥ 개별법률에 따른 소송구조, ⑦ 기타 민간 단체들의 소송구조 등으로 나누어 볼 수 있다.

이러한 법률구조 및 소송구조는 앞서 본 바와 같이 개별적인 제도마다 요건을 달리하고 있으므로, 어떠한 법률구조 또는 소송구조를 이용할 것인지는 그 이용 요건을 충족한다면 이용자가 자유로이 선택하여 이용할 수 있다.

위 ①과 ②의 법률구조를 이용하기 위해서는 당해 기관에 전화나 이메일 등으로 연락하여 상담을 받는 것이 가능하고, 경제적인 어려움이 있음을 증명하여 법률구조를 신청하는 경우 당해 기관의 내부 기준에 따라 법률구조 결정을 받을 수 있다. 통상 법률구조 결정을 받는 경우 당해 기관에 소속된 변호사(또는 공익법무관) 또는 당해 기관과 계약을 한 변호사가 사건을 맡아 진행하게 되며, 당해 변호사에게 지불해야 하는 변호사비용은 법률구조기관이 부담하게 되므로 이용자는 경제적 부담이 없다. 또한 기관에 따라서는 법원에 납부하는 인지대와 송달료 등도 우선 부담을 해 주기도 한다.

③과 ④의 사법부의 소송구조 또는 국선변호인을 이용하려면 법원에 소송구조신청 또는 국선변호인선정신청을 하면 되고, 법원은 경제적 여건 등을 확인하여 소송구조결정 또는 국선변호인 지정 결정을 한다. 소송구조결정이나 국선변호인 지정결정은 담당할 변호사를 지정하여 결정을 하는 경우가 대부분이나, 소송구조결정의 경우에는 당해 지정 변호사가 아닌 다른 변호사를 그 결정문을 이용해 선임할 수 있고, 소송구조결정 또는 국선변호인 지정결정이 이루어지면 변호사의 보수는 법원에서 지급하게 되어 이용자에게 경제적인 부담이 없다.

⑤, ⑥, ⑦을 이용하고자 하는 경우에도 각각의 제도 또는 단체가

요구하는 조건 등을 잘 살펴보아 법률구조신청을 하면 된다.

2. 문제 상황의 해결

앞서 살펴 본 법률구조 및 소송구조를 이용하여 서두에서 제기한 문제 상황을 해결해 보도록 하자. 3가지 사례 모두 앞서 본 바와 같이 법률상담을 신청하여 상담을 받을 수 있음은 물론이고, 법률구조나 소송구조를 신청할 수 있을 것이다.

가. 사례1의 해결

사례1: 22세 김을동은 대학교 학비를 마련하기 위하여 1학기 휴학을 하고 6개월 동안 취업을 하여 일을 하였는데 3개월 치 월급을 받지 못하였다. 김을동이 변호사를 찾아가 소송을 의뢰하려고 하였으나 요구하는 변호사 비용이 2달치 월급에 해당하여 3개월 급여를 받기 위하여 2개월 급여를 지출해야 하는 어려운 상황이다.

김을동은 앞서 본 바와 같이 법률구조기관에 전화, 이메일, 방문 상담 등을 통해 어떻게 밀린 급여를 받을 수 있는지에 대한 도움을 받을 수 있다. 또한 경제적인 어려움을 증명하여 ① 대한법률구조공단이나 ② 민간 법률구조법인에게 법률구조 신청을 하여 변호사비용 및 법원에 납부하는 인지대와 송달료 등을 지원받아 무상으로 변호사에게 사건을 위임하여 소송을 진행할 수도 있을 것이다. ③ 사법부의 소송구조를 받기 위해서는 일단 법률 전문가의 도움을 받아 소를 제기하면서 법원에 경제적인 어려움을 소명하여 소송구조 신청을 하면, 법원은 변호사보수 및 인지대와 송달료 등 적절한 범위에서 구조결정을 할 수 있으며, 변호사보수에 대한 구조결정을 받은 경우 그 결정문을 이용하여 변호사를 선임하거나 대한법률구조공단에 사건을 위임할 수 있고, 인지대와 송달료를 구조받은 경우는 법원에 납부해야 할 인지대와 송달료를 면제받을 수 있다.

특히 사안의 경우는 근로기준법상의 임금 체불 사건으로 보이는 바, 김을동은 근로기준법 위반(임금체불)을 이유로 사법경찰관리의 권한을 가지고 있는 노동청의 근로감독관에게 사용자를 고소 또는 고발하거나 진정할 수 있다. 이러한 경우 근로감독관은 임금체불 사실을 조사하여 처벌이 필요한 경우 검찰에 송치하여야 하며, 사용자는 김을동이 처벌을 원하는 경우 근로기준법 위반을 이유로 처벌을 받게 된다. 이때 근로감독관이 발급하는 체불금품확인원을 가지고 대한법률구조공단을 방문하여 법률구조신청을 하면, 노동부의 지원금으로 김을동은 무료의 법률구조를 받게 되는바, 대한법률구조공단 소속 변호사나 공익법무관에게 사건을 위임하여 무상으로 소를 진행할 수 있고, 법원에 납부하는 인지대와 송달료도 공단이 노동부의 지원금으로 납부하여 역시 경제적인 부담 없이 소송을 제기하여 진행할 수 있다. 만약 도산 사업장인 경우에는 「임금채권보장법」에 따른 체당금의 지급신청을 공인노무사의 지원을 받아 할 수 있으며, 체당금을 지급받는 경우 당해 금액만큼의 임금채권은 체당금 지급자에게 이전하게 된다.

나. 사례2의 해결

사례2: 27세의 이선녀는 아버지와 2명이 살던 중 아버지가 돌아가신 후 6개월이 지나자 아버지의 채권자인 카드회사가 이선녀를 상대로 아버지의 밀린 카드비용을 갚으라는 소를 제기하여 소의 피고가 되었다. 이선녀는 법률에 대하여 아는 것이 없고, 변호사를 선임할 돈도 없는 상황이다.

사례2의 경우는 이선녀는 아버지가 돌아가신 날로부터 3개월 이내에 아버지가 남긴 재산의 한도 내에서 아버지의 부채를 변제하겠다는 한정승인 신청을 할 수 있었으나, 그 기간이 도과하여 일반상속을 받아 아버지의 재산과 부채 전부를 상속받은 경우이다. 그러나부채가 재산을 초과하는 사실을 알게 된 날로부터 3개월 이내에는특별한정승인신청을 할 수 있고, 이러한 특별한정승인이 받아들여지면 상속받은 재산으로만 부채를 변제하면 되며, 상속받은 재산이없다면 부채를 변제할 의무가 없다.

앞선 사례1과 같이 이선녀는 여러 기관에 법률상담을 통해 위와같은 법률지식을 습득할 수 있고, 앞서 본 사례1과 같이 법률구조신청을 통해 피고로서 응소를 하는 것과 동시에 특별한정승인 신청을할 수 있을 것으로 보인다. 민사소송의 피고인 이선녀는 소송구조신청도 할 수 있는데, 이러한 경우 소송구조결정을 받아서 그 결정문에 따라 변호사를 선임하는 등의 조치를 취하면 된다. 이러한 과정을 통해 피고로서 응소 및 특별한정승인 신청을 하여 상속받은재산의 범위 내에서 부채를 변제할 수 있도록 하면 될 것이다.

다. 사례3의 해결

사례3: 33세의 박철수는 지인들로부터 투자를 받아 사업을 시작하였으나 경기 악화로 인해 사업을 실패하였다. 그런데 투자자들 몇 명이 박철수를 사기죄로 고소하였고, 박철수는 투자라고 항변하였으나 검사는 박철수를 사기죄로 기소하여 재판을 받게 되었다. 박철수는 재판 과정에서 투자금이 었다는 사실을 설득력 있게 주장하고 싶으나 변호사비용을 부담할 여력이 없는 상황이다.

박철수는 형사사건의 피고인이 된 경우로서 앞선 사례1과 같이 법률상담을 받을 수 있고, ① 대한법률구조공단 또는 ② 민간의 법률구조법인 등에게 법률구조 신청을 하여 경제적인 부담 없이 변호인을 선임할 수 있다. 또한 ④ 형사 법원에 국선변호인 선정신청을 하여 선정된 국선변호인의 도움을 받아 형사재판을 진행할 수도 있다.

즉 박철수는 「법률구조법」에 따른 법률구조신청을 통해 변호사를 선임하여 변론을 하거나, 「형사소송법」에 따라 국선변호인 선임결정을 받아 변론에 도움을 받을 수 있다.

V. 법률구조 및 소송구조의 발전 방향

「법률구조법」이 제정되어 시행된 1987. 7. 1.부터 약 30년이 지난 지금, 앞서 본 바와 같이 동법에 따라 설립된 대한법률구조공단은 명실공히 대한민국 법률구조 사업의 중추역할을 하고 있고, 대한법률구조공단의 법률구조대상(소송지원대상)은 앞서 본 바와 같이 중위 소득의 125% 이하인 국민이나 국내 거주 외국인이 모두 대상이 되고, 이외에도 각종 단체와의 협약을 통해 그 범위가 더욱 확대되어 있어 법률구조 범위가 너무 넓다는 비판까지 제기되고 있는 상황이다.[51] 그러나 위와 같은 비판에도 불구하고 국민들은 「법률구조법」에 따른 법률구조나 「민사소송법」에 따른 소송구조, 「형사소송

---

[51] 서범석, "법률구조의 본질로 돌아가야 한다", 대한법률구조공단 정상화 및 개선을 위한 정책토론회 주제발표 및 토론자료, 대한법률구조공단 소속변호사 노동조합 (2018. 12.), 52.

법」에 따른 국선변호인 등에 대해서 잘 모르는 경우가 많이 있고, 많은 민간 단체들이 법률상담 및 법률구조 사업을 하고 있다는 사실도 잘 모르는 경우가 많이 있는 것으로 보인다. 법무부가 최근 마을변호사나 법률홈닥터를 새롭게 도입한 것은 이러한 법률구조 관련 정보가 잘 전달되지 못하고 있다는 것을 반증해 주는 것이라고 볼 수도 있다. 즉, 법률구조 서비스 제공자와 법률구조 서비스 수요자 사이에 상당한 거리가 존재하고 있다. 그렇다면 지금은 제공자와 수요자 사이의 거리를 줄여서 수요자가 손쉽게 법률구조 관련 정보를 습득하고 이용할 수 있도록 해야 할 필요성이 큰 시점이다.

또한 노령, 출산, 사망, 장애, 실업 등의 인간이 현대 사회를 살아가면서 노출되는 사회적 위험에 관하여 개인의 인격과 인간의 존엄성을 보장하는 것이 사회보장이고, 이러한 사회보장의 영역을 규율하는 법이 사회보장법이다.[52) 개인이 세상을 살아가는 동안 타인으로부터 혹은 국가나 지방자치단체 등으로부터 권리를 침해 받는 일이 어느 누군가에게는 필연적으로 발생하게 되고, 이러한 권리침해를 구제받기 위해서는 국가가 만든 사법제도를 이용해야만 하는데, 경쟁적인 자본주의의 체제 내에서는 경제적인 능력이나 법률 지식의 부족으로 사법제도를 이용하지 못하는 자는 역시 필연적으로 존재하게 된다. 이때 이러한 사회적 위험을 보호하기 위한 것이 법률구조 및 소송구조인바, 법률구조 및 소송구조는 헌법상 재판청구권을 보장하기 위한 것임과 동시에 경제적 혹은 법률 지식의 부족으로 재판청구권을 충분히 보장받지 못할 수 있다는 사회적 위험으로부터 개인을 보호하기 위한 것으로서 헌법상 인간다운 생활을 할 권리를 보장하기 위한 것이다.

이미 빈곤계층 내지 법률무지계층이 이른바 '법원 접근권'이 사실

---

52) 전광석 박지순 김복기 공저, 사회보장법 제4판, 신조사 (2017), 6-7.

상 봉쇄되어 그들의 절차법적 권리가 실제로는 형해화됨으로써 법
앞의 평등원칙을 유명무실하게 된다면, 사회의 경제적 불평등구조
가 법률지식의 상품화로 인하여 권리구제제도에 그대로 반영되어 '
법원 앞의 불평등'구조를 만들어 내게 되는데, 이러한 불평등구조를
국가개입에 의하여 어느 정도 수정하여 실질적 평등을 지향하려는
것이 사회보장의 기능이라고 한다면 법률구조제도는 종래의 '법률
구조서비스'(legal aid service)에서 '법률복지수급권'(legal welfare right)
보장으로 구조적 대전환을 하는 것이 이상적인 발전방향이라는 견
해[53]가 있었다. 그렇다면 현재까지의 법률구조 및 소송구조의 논의
를 서비스를 제공받는 자를 중심으로 재편하여 개인들의 법률복지
수급권을 보장하기 위한 효율적인 방안을 모색하는 쪽으로 논의를
조금씩 옮겨 갈 필요가 있을 것이다.

이러한 법률복지수급권을 보장하기 위하여 우선 필요한 것은 수
급권자들이 무엇을 필요로 하는지에 대한 정확한 조사를 기반으로,
앞서 본 이미 양적으로 많이 성장한 민간, 사법부, 행정부가 제공하
고 있는 법률구조 및 소송구조를 어떻게 효율적으로 전달할 것인지
를 모색해 보아야 할 때라고 생각된다.

참고로 국선변호사 제도를 형사 공공변호사로 확대하여 피고인
신분이 아닌 전단계의 피의자 신분일 때부터 법률전문가의 도움을
받을 수 있도록 함과 동시에, 피해자를 위한 법률전문가의 도움도
일반화하기 위한 움직임이 있다.[54] 이에 더하여 민사상의 법률구조
와 형사상의 국선변호인제도 등의 효율성을 강화하기 위하여 전반
적인 법률구조를 제공하는 통합기구를 만들어야 한다는 주장도 있

---

53) 이흥재, "법률구조와 사회보장". 법률가의 윤리와 책임, 박영사 (2003. 9.), 491.

54) 박혜림, "국선변호인제도의 현황과 개선과제", 이슈와 논점 제1535호, 국회 입법조사처 (2019. 1. 8.).

다. 통합기구에 대한 의견으로는 ① 국선변호인 제도는 현행대로 유지하고, 민사상의 법률구조만을 통합하는 방안, ② 국선변호인 제도를 변호사회나 대한법률구조공단에서 통합 관리하고, 민사상의 법률구조를 별도로 통합하여 국선변호를 담당하지 아니한 기구에서 이를 관리하는 방안, ③ 민,형사상의 모든 법률구조제도를 통합하는 방안 등이 제시되고 있다. 통합 기구의 관리 주체에 대하여도, ① 대한법률구조공단이 중심이 되어 통합하고 이를 관리하는 방안, ② 법원에서 이를 관리하는 방안, ③ 변호사 단체, 특히 재단법인 법률구조재단이 이를 관리하는 방안, ④ 변호사협회, 법원, 법무부, 시민단체가 참여하는 별도의 새로운 독립기구를 신설하는 방안 등이 제시되고 있다.[55]

그러나 법률구조 프로그램을 통합하는 것보다는 법률서비스의 다양하고 폭넓은 제공이 필요하고, 국민들이 경쟁하는 서비스 주체들을 평가하고 취사선택할 수 있도록 하는 것이 법률서비스의 향상 및 법률복지수급권의 실질적인 보장을 위해 필요하다고 생각한다. 물론 현행과 같이 국선변호인을 관리하고 평가하는 주체가 법원으로 유지되는 것은 변호인을 피고인이 아닌 법원이 평가하고 관리하는 것으로서 적절하지 아니하므로, 국선변호인의 관리 업무를 변호사협회 등으로 이관하는 것이 바람직하다. 앞서 본 바와 같이 위와 같은 과정을 통해, 즉 법률구조법의 활성화를 통해 여러 민간의 법률서비스 제공 주체를 양성함과 동시에, 법률복지수급권을 행사할 다양한 권리자들과 이들 서비스 제공 주체를 손쉽게 연결해 주는 전달체계를 효율적으로 만들기 위한 노력도 경주해야 한다.

---

55) 정한중, "대한법률구조공단의 정상화 및 개선을 위한 정책토론회 토론문", 대한법률구조공단 정상화 및 개선을 위한 정책토론회 주제발표 및 토론자료, 대한법률구조공단 소속변호사 노동조합 (2018. 12.), 44-45.

참고문헌

강원일, "우리나라 법률구조제도 연구", 석사학위 논문, 서울대학교 (1986)

경향신문, "인권전선에 이상 있다" (1962. 12. 12.)

구본권, "법률구조법 제정사", 사회보장법학 제7권 제1호 (2018. 6.)

구본권, "사회보장으로서의 법률구조법 시론", 석사학위 논문, 서울대학교 (2019)

김대환, "법률구조제도에 관한 연구", 박사학위 논문, 전남대학교 (2008)

김도훈, "민사소송법상 소송구조에 관한 소고", 서울법학 제19권 제2호 (2011)

김영길 외, "법률구조제도의 현황과 장래", 대한변호사협회지 제6회 변호사
    연수회 <특집> 제59호, 대한변호사협회 (1980)

김유성, 한국사회보장법론(제5판), 법문사 (2002)

김인철, "우리나라 법률구조의 현황과 개선방향", 입법조사월보 제154호, 국
    회사무처 (1986)

김준수, "변호사단체의 법률구조현황", 대한변호사협회지 제6회 변호사연수
    회 <특집> 제59호, 대한변호사협회 (1980)

대한법률구조공단, 한국법률구조사 (1994)

대한변호사협회, 한국변호사사 (1979)

동아일보, "하루 11시간에 월 11,000원 전국근로여성의 현황", (1972. 9. 22.)

민경식, "법률구조의 이론적 전망과 실제", 법학논문집 제23집 제2호, 중앙
    대 법학연구소 (1999)

민경식, "법률복지 실현을 위한 법률구조제도의 개선방안", 법학논문집 제26
    집 제1호, 중앙대 법학연구소 (2002)

박혜림, "국선변호인제도의 현황과 개선과제", 이슈와 논점 제1535호, 국회
    입법조사처 (2019. 1.)

법원행정처, 사법연감.

서범석, "법률구조의 본질로 돌아가야 한다", 대한법률구조공단 정상화 및

개선을 위한 정책토론회 주제발표 및 토론자료, 대한법률구조공단 소속변호사 노동조합 (2018)

송상현, "사회변동과 법률구조의 새로운 방향", 21세기를 향한 법률구조 제도의 발전 방향, 대한법률구조공단 (1997)

안동일, "법률구조입법의 기본방향", 저스티스 제19권, 한국법학원 (1986)

양홍석, "대한법률구조공단의 개혁 방안에 대한 소견", 대한법률구조공단 정상화 및 개선을 위한 정책토론회 주제발표 및 토론자료, 대한법률구조공단 소속변호사 노동조합 (2018)

오진영, "법률구조제도 개선방안에 관한 연구", 석사학위 논문, 인하대학, (2012)

이용식, "법률구조의 효율화방안", 법무연구 제5호, 법무연수원 (1978)

이흥재, "법률구조와 사회보장", 법률가의 윤리와 책임, 박영사 (2003)

전광석 박지순 김복기 공저, 사회보장법(제4판), 신조사 (2017)

전광석 외 4인, "법률구조제도 개선을 위한 연구", 연세대학교 산학협력단 (2012)

정범석, "법률구조의 방향", 사법행정 제124호, 한국사법행정학회 (1971)

정범재, "법률구조제도에 관한 연구", 석사학위 논문, 한양대학교 (1987)

정주교, "법률구조의 현황 및 사례 발표", 법률구조대회 자료집, 재단법인 대한변협법률구조재단 (2011)

정한중, "대한법률구조공단 정상화 및 개선을 위한 정책토론회 토론문", 대한법률구조공단 정상화 및 개선을 위한 정책토론회 주제발표 및 토론자료, 대한법률구조공단 소속변호사 노동조합 (2018)

최병찬, "법률구조제도의 운용실태와 당면과제", 법조 제30권 제12호, 법조협회 (1981)

한현, "법정서 즉석변론맡은 국선변호인 피고인에 도움될지 의문", 동아일보 (1982. 5. 6.)

호문혁, "대한변협법률구조재단이 나아갈 길", 대한변협법률구조재단 법률구조대회 자료집, 대한변협법률구조재단 (2011)

홍기갑, "법무비용과 사회보장", 노동법학 제9호, 한국노동법학회 (1999)

황석연, "법률구조제도의 개선전망과 실적", 대한변호사협회지 제101호, 대
　　한변호사협회 (1984)

황승흠, "법률복지사회를 위한 법률구조의 발전방향", 한국가정법률상담소
　　창립 반세기 기념 심포지엄1 자료집 (2008)

테라이 카즈히로(寺井一弘), "법률구조 네트워크 구축 및 협력 방안", 2009
　　법률구조 국제심포지엄 2009: 법률구조의 세계적 동향과 발전방향,
　　법무부 (2009)

공공기관 경영정보 공개시스템, "임직원수 현황", 대한법률구조공단

http://www.alio.go.kr/popReportTerm.do?apbaId=C0055&reportFormRootNo=2020
　　(2019. 5. 22. 확인).

"국정감사 업무보고자료", 대한법률구조공단

https://www.klac.or.kr/disclosure/government/selectBusinessResourceList.do?boardCo
　　de=39 (2019. 5. 22. 확인)

"법률구조사업소개", 재단법인 대한변협법률구조재단,

http://www.legalaid.or.kr/biz/biz01.php (2019. 5. 22. 확인).

"법률복지 제75호", 법률구조법인 대한가정법률복지상담원,

http://lawqa.jinbo.net/xe/?mid=board504&document_srl=1211372 (2019. 5. 22. 확인)

"일선기관", 대한법률구조공단

https://www.klac.or.kr/introduce/administrativeAgency.do (2019. 5. 22. 확인)

"2017년도 상담 통계", 법률구조법인한국가정법률상담소,

http://lawhome.or.kr/webbook/2017_counselstatic/2017_counselstatic/EBook.htm
　　(2019. 5. 22. 확인)

"2018년도 상담 통계", 법률구조법인한국가정법률상담소,

http://lawhome.or.kr/webbook/2018_counselstatic/index.html#page=1 (2019. 5. 22.
　　확인)

사회보장수급권과 권리구제

조병규*, 오명은, 장혜선, 서장원, 오군성

Ⅰ. 서론

최근 우리나라에서는 경제성장의 둔화 및 고령화의 급속한 진행에 기인하여 사회적 안전망에 대한 국민들의 요구가 증가하고 있다. 또한 사회국가의 실현구조 및 권리구제절차에 대한 관심이 과거 어느 때보다 높아지고, 국가를 비롯한 행정주체는 위와 같은 사회적 요청에 따라 여러 가지 부작용을 시정하고 개인에게 공공재를 공급하는 역할을 적극적으로 부여 받게 되었다. 이에 발맞추어 공법의 역할도 국가 등 행정주체가 공공재를 적절한 범위에서 설정하여 준비하고 합리적으로 배분하는지를 조정하고 감시하는 것으로 그 중점이 옮겨가고 있다. 이러한 변화에 따라 사회보장수급권의 의미와 기능에 대한 사회적 관심이 높아질 뿐만 아니라 사회보장수급권을 둘러싼 법적 쟁점들 또한 더욱 복잡하게 전개되고 있다. 과거에 비해 사회보장수급권에 의존하는 국민들의 숫자가 늘고 있을 뿐만 아니라 그 비용 또한 기하급수적으로 증가함으로 인하여 이를 합리적으로 보장하고 규제하는 것은 국가의 미래를 좌우할 정도로 중요한

---

* 이하 법무법인 (유한) 태평양 변호사

의미를 갖게 된 것이다. 우리나라 헌법은 사회국가의 원리를 헌법 원리로 직접 명시하고 있지는 않지만, 헌법 전문의 "안으로는 국민 생활의 균등한 향상을 기하고"라는 문구, 헌법 제2장에 규정된 사회적 기본권 조항, 제9장에 규정된 경제헌법 조항 등으로부터 사회국가의 원리가 도출된다. 특히 헌법 제34조 제1항에서는 모든 국민에게 인간다운 생활을 할 권리를 보장한다고 천명하고 있다.

한편, 사회보장기본법은 "사회보장에 관한 국민의 권리와 국가 및 지방자치단체의 책임을 정하고 사회보장정책의 수립·추진과 관련 제도에 관한 기본적인 사항을 규정함으로써 국민의 복지증진에 이바지하는 것"을 목적으로 제정되었고(제1조), 사회보장은 "모든 국민이 다양한 사회적 위험으로부터 벗어나 행복하고 인간다운 생활을 향유할 수 있도록 자립을 지원하며, 사회참여·자아실현에 필요한 제도와 여건을 조성하여 사회통합과 행복한 복지사회를 실현하는 것"을 기본 이념으로 한다(제2조). 또한 사회보장기본법 제9조는 "모든 국민은 사회보장에 관한 관계 법령에서 정하는 바에 따라 사회보장급여를 받을 권리를 가진다"고 하여 법률적 차원에서 사회보장수급권을 보장하고 있다. 이러한 사회보장수급권의 보장 여부는 그 권리에 관한 실체법적 규율에 못지 않게 그 법률관계에 관한 분쟁이 발생할 경우 그 권리를 사법적으로 관철하는 절차법적 규율에 의해서도 좌우된다. 사회보장수급권에 관한 법적 분쟁 시 당사자의 절차법적 구제수단은 각 개별 법령이 정한 이의신청이나 심판청구 등의 절차, 행정심판법상 일반 행정심판 절차와 법원에 의한 행정소송 절차 등이 있다. 특히 사회보장수급권 분쟁에 관한 행정소송은 법령이 직접 사회보장수급권의 자격이나 급여 수준 등을 형성·확정한 경우는 당사자소송에 의하고, 행정청의 처분으로 그 권리 유무나 범위가 형성·확정되는 경우는 항고소송에 의한다.

현행 행정소송법에 따르면, 항고소송은 사회보장급여 신청에 대

한 행정청의 거부처분에 대한 취소소송, 행정청의 부작위에 대한 부
작위위법 확인소송이 마련되어 있을 뿐(행정소송법 제4조), 법원이
피고 행정청에 처분의 발급을 명하는 의무이행소송 등은 인정되지
않는다. 입법정책상 사회보장수급권은 보통 사회적 위험에 처한 사
람에게 보장되는 권리이므로 그 구제수단은 특히 절차가 간소하여
이용에 용이하고, 분쟁의 조속한 해결로 가급적 빨리 경제적 안정을
찾도록 하며, 절차에 소요되는 비용이 최소화 되도록 설계되어야 바
람직하다.[1] 이하에서는 사회보장수급권의 개념과 법적 성격, 사회
보장행정에서의 권리체계와 그에 따른 권리구제방법에 관하여 살펴
보고, 현행 권리구제방법의 문제점과 개선방향에 대해서 다루고자
한다.

II. 사회보장수급권의 개념과 헌법적 근거

1. 사회보장수급권의 개념, 특징 및 법적 성격

'사회보장수급권'이라는 용어는 사회보장기본법에서 "사회보장
관계 법령에서 정하는 바에 따라 사회보장급여를 받을 권리"로 정
의되고 있으나(제9조), 현행 헌법상 이에 대한 명시적인 규정은 없
다. 다만 학설과 판례는 이미 사회보장수급권을 헌법상의 사회보장
에 관한 기본권 및 이 기본권을 구체화하는 다양한 법률상의 권리
를 지칭하는 것으로 사용하고 있다. 현행 헌법은 제31조 이하에서
다양한 사회적 기본권 조항을 두고 있으며, 그 중에서 '인간다운 생

---

1) 구형근, "사회보장행정상 권리실현을 위한 법적 제검토", 토지공법연구 제
37집 제2호 (2007. 8.), 184.

활을 할 권리'에 관한 규정인 헌법 제34조가 사회보장에 관한 내용을 포함하는 것으로 해석되고 있다. 하지만 사회보장에 관한 헌법조항들은 매우 추상적이고 개방적일 뿐만 아니라 이를 사회보장의 구체적 내용에 관하여 특정한 요청을 담고 있는 것으로 보는 데에는 한계가 있다. 이에 사회보장수급권의 경우에는 현실적 재정 여건 및 국민적 합의 등 다양한 요소들이 반영되어 입법이 이루어지고, 비로소 실현이 되는 특징을 갖는다.

학계에서는 사회적 기본권의 법적 성격 내지 효력과 관련하여 과거의 프로그램규정설 또는 추상적 권리설을 벗어나 최근 불완전한 구체적 권리설 내지 구체적 권리설이 주장되고 있지만, 국가의 재정적 뒷받침을 실질적인 실현조건으로 하는 사회적 기본권의 실현구조상 입법에 의한 구체화 이전의 성격 내지 효력은 자유권과는 근본적인 차이를 보일 수밖에 없다.[2]

또한 사회보장수급권의 성격과 효력의 문제는 사회적 기본권의 일반적 성격과 효력의 문제로 환원하기 어려운 특성이 있다. 사회보장수급권의 인정 범위 내지 법률에 의한 구체화 등에 있어서는 원칙적으로 사회적 기본권의 특성을 공유하고 있다고 볼 수 있지만, ① 가장 직접적인 생존조건과 연결되는 일부 사회부조수급권의 경우 그 효력이 다른 사회적 기본권에 비하여 더욱 강력한 점, ② 본인

---

2) 헌법재판소 2007. 4. 26. 선고 2004헌가29 결정. "국민연금제도는 국민의 노령·폐질 또는 사망에 대하여 연금급여를 실시함으로써 국민의 생활안정과 복지증진에 기여할 목적으로 (법 제1조) 그 부담을 국가적인 보험기술을 통하여 대량적으로 분산시킴으로써 구제를 도모하는 사회보험제도의 일종이며, 가입 여부·보험관계의 내용 등을 계약자유의 원칙에 의하여 정할 수 있는 사보험 (私保險)과는 달리 보험가입이 강제되고, 보험료를 강제징수할 수 있으며, 보험관계의 내용이 법률에 의하여 정하여지고, 사용자 또는 국가가 보험비용의 일부를 부담하는 등 보험원리에 부양원리가 결합된 공적 보험제도로 사회보장에 관한 헌법규정인 제34조 제1항, 제2항, 제5항을 구체화하는 제도이다."

의 일정한 경제적 기여가 전제되는 사회보험수급권의 경우 일부 재산권적 성격도 갖는 점, ③ 국가의 재정적 부담이 전제되는 사회보험수급권의 경우 자격요건이 요구되며, 일정한 사유에 의한 수급권 제한도 인정되는 점 등 다른 사회적 기본권과 구별되는 특징적 요소들이 나타나는 것이다.[3]

2. 현행 헌법상 사회국가의 실현구조와 사회보장수급권의 위치

사회보장은 사회국가를 실현하는 가장 중요한 요소의 하나이며, 그 중에서도 사회보장수급권은 가장 핵심적인 사회적 기본권의 하나라고 볼 수 있다. 그러나 사회보장수급권은 단순히 사회보장을 받을 수 있는 권리라는 문구상의 의미를 넘어서 사회보장이 갖는 헌법적 의미, 사회보장에 관한 권리를 실현시켜야 하는 국가의 과제, 사회보장급여를 받기 위한 국민들의 자격에 관한 다양한 고려가 응축되어 있다. 그렇기 때문에 일반적인 사회보장수급권 자체가 개별적인 사회보장수급권에 관한 실정법상의 조건이나 기준을 따지기 이전에 일정한 헌법적 요청으로 인정되며, 이에 대한 헌법적 성격 이해 내지 구체화의 기준은 법률에 의한 개별적 사회보장수급권 조항들의 합헌성 여부를 판단하는 기준이 될 수 있을 것이다.

특히 사회보장수급권은 최근 사회적 안전망의 확충에 따라 그 의미와 비중이 확대되면서 더욱 중요해지고 있다. 과거 사회국가원리가 상징적인 의미로만 이해되던 시기, 혹은 국가의 재정적·경제적 능력의 부족으로 인하여 매우 제한적인 사회적 급부만이 가능하던

---

3) 차진아, "사회보장수급권의 헌법적 근거와 제한사유의 합헌성에 대한 검토", 사회보장법학 제2권 제2호 (2013. 10.), 11-12.

시기와는 달리 국민들의 사회국가실현에 대한 의존도가 크게 높아지고 있는 오늘날에는 사회보장수급권의 의미와 비중이 높아졌을 뿐만 아니라 그 구체적 급부의 기준과 방식의 합리화 또한 더욱 중요해지고 있는 것이다.

Ⅲ. 사회보장행정에서 급여청구와 이행체계

1. 사회보장수급권과 급여청구권

사회보장기본법은 사회보장에 관한 국민의 권리와 국가 및 지방자치단체의 책임과 정책 및 관련 제도에 관한 기본적인 사항을 정하고 있다(제1조). 사회보장기본법에 따르면 모든 국민은 사회보장에 관한 관계 법령에서 정하는 바에 따라 사회보장급여를 받을 권리를 가지므로(제9조), 사회보장행정에서 나오는 구체적인 급여청구권의 존재 여부와 내용은 사회보장수급권의 내용과 실현 절차(신청, 위원회의 심의 등)를 정하는 실체법적 규율에 의하여 구체적으로 형성된다. 따라서 사회보장행정에서 급여를 실행하는 구조와 방법은 개별 영역과 개별 법률에 따라 다르다.

사회보장행정을 사회보장기본법상의 분류구조인 사회보험, 공공부조, 사회서비스와 그 외에 전통적으로 인정되는 영역인 사회보상으로 나누고, 그 유형에 따른 현행법을 정리하면 다음과 같다.

구분	정의	종류
사회 보험	국민에게 발생하는 사회적 위험을 보험의 방식으로 대처함으로써 국민의 건강과 소득을 보장하는 제도 (사회보장기본법 제3조 제2호)	국민건강보험법, 국민연금법, 공무원연금법, 사립학교교직원연금법, 군인연금법, 산업재해보상보험법, 고용보험법, 노인장기요양보험법 등
공공 부조	국가와 지방자치단체의 책임 하에 생활 유지 능력이 없거나 생활이 어려운 국민의 최저생활을 보장하고 자립을 지원하는 제도 (사회보장기본법 제3조 제3호)	국민기초생활보장법, 의료급여법 등
사회 서비 스	국가·지방자치단체 및 민간부문의 도움이 필요한 모든 국민에게 복지, 보건의료, 교육, 고용, 주거, 문화, 환경 등의 분야에서 인간다운 생활을 보장하고 상담, 재활, 돌봄, 정보의 제공, 관련 시설의 이용, 역량 개발, 사회참여 지원 등을 통하여 국민의 삶의 질이 향상되도록 지원하는 제도 (사회보장기본법 제3조 제4호)	아동복지법, 노인복지법, 장애인복지법, 영유아보육법 등
사회 보상	국가유공행위 중에 발생한, 혹은 특별히 공동체 전체에 책임이 귀속되는 개인의 인적·물적 피해에 대한 국가적 차원에서의 보상 (사회보장기본법상 명문의 규정은 없음)	국가유공자 예우 및 지원에 관한 법률, 범죄피해자구조법, 보훈보상대상자 지원에 관한 법률, 의사상자 등 예우 및 지원에 관한 법률 등

2. 급여의 이행체계

사회보장기본법 제11조 제1항은 "사회보장급여를 받으려는 자는 관계 법령에서 정한 바에 따라 국가나 지방자치단체에 신청하여야 한다."고 규정하고 있으므로, 사회보장급여는 수급권자의 신청에 대하여 행정청이 응답하는 구조로 이행된다. 한편 사회보장급여 관계 법령에서 정한 수급권자의 범위와 급여의 수준에 따라 사회보장급여의 구체적 이행이 이루어지는데, 이때 위와 같은 사항들, 즉 수급권자의 범위와 급여의 수준에 관한 기준은 행정청의 개입이 필요 없을 정도로 입법자가 법령에 직접 정해 놓을 수도 있고, 행정청의 결정에 맡길 수도 있다. 따라서 사회보장행정에서 급부신청에 대한 행정청의 결정은 수급자격의 확인(또는 형성) 과정과 구체적 급여의 선택과정의 두 부분으로 나눌 수 있다. 행정결정이 수급자격을 가졌는지를 확인하는 방식으로 이루어지는 경우라면 이때의 결정은 기속행위가 될 것이고, 수급자격을 행정결정에 의하여 형성하여야 한다면 그 때의 결정은 재량행위가 될 가능성이 높다. 또한 급여의 정도와 이행방법도 법률이 행정청의 조사를 통한 확인을 요구하면서 기속적으로 정할 수도 있고, 아예 행정청이 개개의 수급권자의 사정과 이행할 수 있는 급여를 고려하여 형성하게 할 수도 있을 것이다.4)

IV. 사회보장 분야 권리구제 개관 및 실효성 제고 방안

1. 사회보장행정에서 권리구제의 기본원칙

전통적인 행정법에서의 권리구제는 행정심판을 비롯한 행정상 불복방법과 행정소송으로 대별할 수 있다. 그런데 현재의 사회보장행정상 발생하는 국민의 권리침해에 대한 구제는 과거 자유주의적 법치주의 시대와는 다른 면모를 보일 수밖에 없고, 사회보장수급권자는 사회적 위험에 처한 자라는 점에서, 행정상 불복방법 및 행정소송을 불문하고 사회보장행정에서의 권리구제는 다음과 같은 기본원칙이 요구된다.5)

---

4) 하명호, "사회보장행정에서 권리의 체계와 그 구제", 고려법학 제64호 (2012. 3.), 182.

5) 이하 구형근, "사회보장행정상 권리실현을 위한 법적 제검토", 토지공법연구 제37집 제2호 (2007. 8.), 184- 185.

첫째, 사회적 위험에 처해 있는 사회보장수급권자는 현실적으로 사회보장법률에 관하여 충분한 상식을 갖지 못하는 자가 일반적일 것이므로 전문가만이 알 수 있는 복잡한 절차로 인하여 권리구제의 기회를 놓쳐서는 안된다. 즉 권리구제를 위한 절차가 간소하고 용이해야 한다.

둘째, 사회보장수급권자는 경제적 극빈상태에 있거나 사회적 위험에 처한 상황에 놓인 경우가 많고, 법률관계도 보통 장기적인 법률관계를 내용으로 한다. 그러므로 권리구제에 관한 분쟁이 있다면 이를 조속히 해결하여 가급적 빨리 경제적 안정을 찾아야 한다는 것은 자명하다 하겠다. 이를 위해 신속한 분쟁종결의 원칙이 요구된다.

셋째, 사회보장행정법은 그 내용이 복잡하고 복합적인 법 영역을 포괄하고 있다. 게다가 사회보장에 관한 법률들은 잦은 개정으로 법률관계의 파악에 어려움이 따를 수도 있다. 그러므로 법률 분쟁에 있어서 장기적인 법률관계를 내용으로 하는 사회보장행정법의 특성상 그릇된 판단을 하게 된다면 개인생활의 장기적인 경제적 손실이 막중할 수밖에 없다. 따라서 분쟁 해결을 위해 분쟁담당자의 전문화의 원칙에 따라 복지 수요자에 대한 타당한 권리구제가 이루어지도록 하여야 한다.[6]

마지막으로 사회보장수급권자는 생존의 위험에 처한 상황에서 그 구제를 구하는 것이므로 수급자가 부담해야 할 권리의 구제를 위한 비용이 구제받고자 하는 급부보다 크게 되는 경우라면 누구라도 권리의 구제를 포기할 수밖에 없다. 그러므로 사회보장을 위한 권리구제는 비용이 최소화 되도록 법제화될 것이 요청된다.

---

[6] 한승훈, "우리나라 사회보험행정상 심급적 행정심판을 위한 법제적 고찰", 사회보험연구, 제20권 제3호 (2004. 12.), 202면 이하 참조.

2. 행정상 권리구제방법 및 개선

가. 현행법상 권리구제방법 개관

위와 같은 기본원칙을 고려할 때, 사회보장행정에서 효율적인 분쟁해결절차를 마련하는 것은 변화된 현실에서 행정법학의 시급한 과제가 되고 있다. 아래에서는 현행 사회보장 관련 법률에 마련되어 있는 행정상 불복제도들을 개관하도록 하겠다.7)

(1) 사회보험 관련 법률

(가) 국민건강보험법

건강보험과 관련된 불복절차는 대략 「국민건강보험공단 또는 건강보험심사평가원에 이의신청 → 건강보험분쟁조정위원회에 심판청구 → 행정소송」의 과정을 거친다.

건강보험 가입자 및 피부양자의 자격·보험료 등·보험급여 및 보험급여 비용에 관한 공단의 처분에 이의가 있는 자는 그 처분청인 국민건강보험공단에, 요양급여비용 및 요양급여의 적정성에 대한 평가 등에 관한 건강보험심사평가원의 처분에 이의가 있는 자는 건강보험심사평가원에 이의신청을 할 수 있다(제87조 제1항, 제2항). 이의신청에 대한 결정에 불복이 있는 자는 보건복지부 건강보험분쟁조정위원회에 심판청구를 할 수 있다(제88조 제1항). 또한 위와 같은 행정상 권리구제와는 별도로, 공단 또는 심사평가원의 처분에 이의가 있는 자와 이의신청 또는 심판청구에 대한 결정에 불복이 있는 자는 행정소송법이 정하는 바에 따라 행정소송을 제기할 수

---

7) 이하 하명호, 앞의 글, 181.

있다(제90조).

(나) 국민연금법

국민연금에 관한 처분에 이의가 있는 자는 1차적으로 국민연금 공단 또는 건강보험공단에 '심사청구'를 할 수 있고(제108조 제1항), 2차적으로 보건복지부에 설치된 국민연금재심사위원회에 '재심사청구'를 할 수 있다(제110조). 재심사위원회의 재심사는 행정심판에 해당한다(제112조).

(다) 산업재해보상보험법

이 법상의 불복절차는 기본적으로 「근로복지공단에 심사청구→고용노동부 산하 산업재해보상보험재심사위원회에 재심사청구→행정소송의 제기」의 순서로 이루어진다.

보험급여 등에 대한 근로복지공단의 결정에 불복하는 자는 행정심판법에 따른 행정심판을 제기할 수 없고, 공단에 심사청구를 할 수 있다(제103조 제1항, 제5항). 심사청구를 심의하기 위하여 공단에 관계 전문가 등으로 구성되는 산업재해보상보험심사위원회를 둔다(제104조 제1항). 심사청구에 대한 결정에 불복하는 자는 고용노동부 산업재해보상보험재심사위원회에 재심사청구를 할 수 있다. 다만 판정위원회의 심의를 거친 보험급여에 관한 결정에 불복하는 자는 제103조에 따른 심사청구를 하지 않고 바로 재심사청구를 할 수 있다(제106조 제1항). 이때의 재심사는 행정심판에 해당한다(제111조 제2항).

(2) 국민기초생활보장법

공공부조 분야의 대표적인 법률인 국민기초생활보장법상 규정된 불복절차는 「시·도지사에 대한 이의신청→시·도지사의 처분 등→보건복지부장관에 대한 이의신청→보건복지부장관의 재결」의 과정을 거친다.

수급자나 급여 또는 급여변경의 신청을 한 자가 시장·군수·구청장의 처분에 대하여 이의가 있는 경우 시·도지사는 필요한 심사를 한 후 이의신청을 각하하거나 당해 처분을 변경 또는 취소하거나 기타 필요한 급여를 명한다(제39조 제1항). 시·도지사의 처분 등에 다시 이의가 있는 경우 보건복지부장관은 필요한 심사를 한 후 이의신청을 각하하거나 당해 처분의 변경 또는 취소의 재결을 한다(제41조 제1항).

(3) 국가유공자 등 예우 및 지원에 관한 법률

사회보상 분야의 대표적인 법률인 국가유공자 등 예우 및 지원에 관한 법률상의 불복절차로는 국가보훈처장에 대한 이의신청절차이고, 이의신청을 거치거나 거치지 않고 행정심판법에 따른 행정심판을 청구할 수도 있다(제74조의18 제1항, 제4항).

이의신청의 대상은 국가보훈대상자 중 보훈심사위원회의 심의·의결을 거치도록 규정된 사람의 등록 요건의 인정 여부에 관한 사항을 비롯하여, 상이의 추가인정·보상금수급권의 소멸확인·보훈급여금 등의 반환의무 면제·보상정지 기간 및 보상의 정도·그 밖에 다른 법령에서 보훈심사위원회의 소관으로 규정한 사항에 관련된 국가보훈처장의 처분이다. 이의신청의 사유는 해당 처분에 대한 법령 적용의 착오, 중요한 증거자료의 검토 누락, 새로운 증거자료의 발견으로 제한된다(제74조의18 제1항 각 호).

(4) 장애인복지법

사회복지서비스 분야의 법률 중에서 장애인복지법을 예로 들면 다음과 같다. 장애인, 장애인의 법정대리인 또는 대통령령으로 정하는 보호자는 복지조치에 이의가 있으면 해당 장애인복지실시기관에 이의신청을 할 수 있다(제84조 제1항). 이에 따른 심사·결정에 이의가 있는 자는 행정심판법에 따라 행정심판을 제기할 수 있다(같은 조 제4항).

나. 문제점과 입법방향

(1) 전문적이고 일원화된 심판기관의 부존재

위와 같이 현행 사회보장 행정영역의 행정불복절차는 개별법에 따라 각기 다른 불복절차와 심사기관에 의하여 행해지고 있다. 그러나 사회보장 행정은 전문적이고 기술적인 부분이 많아서 행정을 담당하는 공무원뿐만 아니라 그에 대한 불복절차의 심사기관도 전문적인 지식을 가지고 있어야 효율적이고 신속한 구제절차가 진행될 수 있다. 그러한 점에서 일반적인 행정심판을 담당하던 행정심판위원회가 아닌 사회보장 행정영역에 전문화된 특별한 심판기관을 설립하고 거기에 특유한 심판을 담당시키고, 수급권자가 불복을 쉽게 할 수 있도록 심판기관을 일원화할 필요가 있다.

(2) 통일된 행정불복절차규정의 필요성

사회보장 행정영역에서 행정상의 불복절차는 통일된 원리나 절차를 가지고 있지 않다. 따라서 개별법에서 불복절차에 대한 해석상의 논란이 일어날 수 있고, 행정상 불복절차의 복잡성으로 인하여 법률에 무지한 수급권자의 구제에 혼란을 가중시켜 권리구제의 용이성을 저해할 우려가 있다. 따라서 영역별 특성에 부합하도록 내용이 유사한 영역별로 불복절차를 통합할 필요가 있다.[8]

(3) 행정심판·행정소송과의 관계규정의 모호

현행법상으로는 개별 행정불복절차와 행정심판·행정소송과의 관계에 대하여 명시적으로 규정한 조항이 없어 양자의 관계가 모호하다. 양자의 관계에 대한 명시규정을 둔다면 행정불복절차를 명쾌하게 하여 수급권자의 권리구제에 혼선을 일으키지 않을 뿐만 아니라 사회보장행정의 실시기관이 다른 경우에도 통일적 불복절차로 운영될 수 있으므로 이에 대한 입법이 필요하다.[9]

3. 행정소송에서의 권리구제방법 및 개선

가. 현행 행정소송법상 권리구제 방법

개인이 관할 행정청에 '사회보장급여에 관한 특정 처분의 발급'을 신청하였으나 행정청이 이에 대해 거부처분을 한 경우, 현행 행정소송법은 법원에 호소할 권리 구제수단으로 거부처분 취소소송을 마련해 두고 있다(행정소송법 제19조, 제30조 제2항).

또 개인이 관할 행정청에 '사회보장급여에 관한 특정 처분의 발급'을 신청하였으나 행정청이 상당한 기간이 지나도록 아무런 응답을 하지 아니하는 경우, 현행 행정소송법은 이에 관한 권리구제 수단으로 부작위위법 확인소송을 마련해 두고 있다(행정소송법 제36조). 부작위위법 확인소송은 당사자의 신청에 대하여 상당한 기간 내에 그 신청을 인용하는 적극적 처분을 하거나 각하 또는 기각하는 등의 소극적 처분을 하여야 할 법률상의 응답의무가 있음에도 불구하고 이를 하지 아니하는 경우, 그 부작위의 위법을 확인함으로

---

8) 하명호, 앞의 글, 190.
9) 조만형, "우리나라 사회보장법상 행정불복절차에 관한 연구", 공법연구 제35집 제2호 (2006. 12.), 475

써 행정청의 응답을 신속하게 하여 부작위 내지 무응답이라고 하는 소극적인 위법상태를 제거하는 것을 목적으로 한다.

나. 개별 사건에서의 심사 구조 및 심사 기준

(1) 심사 구조

사회권은 다양한 법령에 근거하므로 개별 사건에 있어서 사회권의 침해 여부를 심사함에 있어서는 이 법령들의 망 속에 해당 사안을 통과시켜야 하는데, 이 과정에서 법령의 위헌 또는 위법의 가능성은 어느 단계에서든 나타날 수 있고 이에 따른 차별적 심사를 요한다.

(가) 법령의 위헌성 심사

헌법 제107조 제2항, 헌법재판소법 제41조 제1항은 법률이 헌법에 위반되는 여부가 재판의 전제가 된 때에는 당해 사건을 담당하는 법원은 직권 또는 당사자의 신청에 의한 결정으로 헌법재판소에 위헌 여부의 심판을 제청한다고 규정하고 있다. 따라서 법원으로서는 해당 공권력의 행사 또는 불행사가 사회권을 침해하는 위헌인 법률 또는 법률의 조항에 기인한 것이라고 인정될 때에는 위헌법률심판제청을 하여야 한다.

현행 헌법상 위헌법률심판은 법률이 헌법에 위반되는 여부가 재판의 전제가 된 경우에 당해 사건을 심리하는 법원의 제청에 따라 헌법재판소가 그 법률의 위험여부를 심판하는 구체적 규범통제이며, 법률이 시행에 들어간 이후에 위험심사 이루어지는 사후적 규범통제이다. 그리고 위헌으로 결정된 법률 또는 법률조항은 일반적으로 효력을 상실하여 그 법률이 폐지된 것과 동일한 효과를 가져온다. 한편, 헌법 제107조 제2항은 "명령·규칙 또는 처분이 헌법이나 법률에 위반되는 여부가 재판의 전제가 되는 경우에는 대법원은 이를 최종적으로 심사할 권한을 가진다"고 규정하고 있다. 따라서 명령·규칙에 대하여는 위 규정에 따라 법원에 의한 구체적 규범통제가 이루어지게 된다고 할 수 있다.

(나) 처분의 위헌·위법 여부

근거법령에 위헌·위법성이 없음에도 불구하고 이에 터잡아 이루어진 처분이 기본권을 침해하는 등으로 위헌이거나 헌법원칙에 위반된 경우 당해 처분은 위헌이고, 처분이 근거법령에 위반되거나 또는 행정법의 일반원칙에 위반된 경우 당해 처분은 위법하다. 사회보장적 급부를 제공하는 내용의 처분의 경우 이는 수익적 처분이므로, 그것이 재량행위인지 여부, 재량행위인 경우 그 통제가 쟁점으로 제기된다.

기속행위와 재량행위를 구별하는 실익은 그 재판통제의 범위가 다른 점에 있는데, 재량행위 경우 그 일탈·남용의 경우에만 재판통제의 대상이 된다. 대법원은 양자의 구분은 행정 분야의 주된 목적과 특성, 당해 행위 자체의 개별적 성질과 유형 등을 모두 고려하여 판단하여야 하고, 기속행위의 경우 그 법규에 대한 원칙적인 기속성으로 인하여 법원이 사실인정과 관련 법규의 해석·적용을 통하여 일정한 결론을 도출한 후 그 결론에 비추어 행정청이 한 판단의 적법 여부를 독자의 입장에서 판정하는 방식에 의하게 되나, 재량행위의 경우 행정청의 재량에 기한 공익판단의 여지를 감안하여 법원은 독자의 결론을 도출함이 없이 당해 행위의 재량권의 일탈·남용이 있는지 여부만을 심사하게 된다고 한다.10)

결국 수익적 행정처분이라고 하여 곧바로 재량행위라고 볼 수 있

---

10) 대법원 2001. 2. 9. 선고 98두17593 판결

는 것은 아니고, 그 문언, 성질 등을 살펴 기속행위인지 재량행위인지를 구분하여야 할 것인바, 사회보장적 급부처분의 경우에도 그것이 수익적 행정처분이라는 것만으로 재량행위라고 보아서는 안될 것이다. 그러나 이는 개인에게 새로운 권리를 설정하거나 기타 이익을 부여하는 행위로서, 전문적·기술적 성격을 고려하면 재량행위로 볼 여지가 상대적으로 더 크다고 보인다.[11]

재량행위의 경우 행정청에 독자적 판단권이 부여되므로, 그에 대한 재판통제는 기속행위에 비하여 제한되며, 또한 구체적 공익판단을 대상으로 하므로 이에 대한 사법통제는 사실상 한계에 부딪히거나 사법소극주의로 흐를 수 있는바, 재량처분의 형성과정에서의 적정성을 담보해 줄 수 있는 행정절차적 규제가 매우 실질적인 통제수단이 될 수 있다.[12] 나아가 재량행위인 당해 행정처분이 근거법령에 정해진 재량권의 한계를 넘은 경우, 그 목적이 일반적인 공익목적 또는 근거법령상의 구체적인 공익목적에 부합하지 않는 경우, 처분의 근거가 된 사실 자체가 존재하지 않거나 또는 요건에 해당하지 않은 경우, 비례의 원칙·평등의 원칙 등 헌법 원칙이나 부당결부금지의 원칙, 정당한 형량의 원리 등 행정법의 일반원칙에 위반한 경우 재량권 일탈·남용이 인정될 수 있다.

(1) 심사 기준

통상적인 자유권 심사는 해당 기본권의 보호영역을 확정하고, 청구인이 침해를 주장하는 권리가 보호영역 내에 있는 경우 기본권의 제한을 인정하며, 과잉금지원칙에 따라 그 기본권 제한의 정당성을

---

11) 김예영, "개별사건에 있어서의 사회권 심사구조와 심사기준", 재판을 통한 사회권 구현, 서울대 노동법연구회·서울대 사회보장법연구회·국제인권법연구회 공동학술대회 (2018. 10.), 102.

12) 김동희, 행정법Ⅰ, 박영사 (2018), 279.

심사하는 방식으로 이루어진다. 그런데 사회권의 경우 그 권리 내용이 불명확하고, 직접적으로 국가의 재정 지출이 수반된다는 특성 때문에 그 보호영역을 확정하기 어려워 헌법재판소가 사회권의 구체적인 내용을 설시하는 경우가 드물다.

헌법재판소는 사회권의 심사기준에 대하여 "인간다운 생활을 할 권리는 인간의 존엄에 상응하는 최소한의 물질적인 생활의 유지에 필요한 급부를 요구할 수 있는 권리를 의미하는 것이고(중략) 사회보장수급권에 관한 입법을 할 경우에는 국가의 재정부담능력, 전체적인 사회보장수준과 국민감정 등 사회정책적인 고려, 상충하는 국민 각 계층의 갖가지 이해관계 등 복잡 다양한 요소를 함께 고려해야 하는 것이어서, 이 부분은 입법부 또는 입법에 의하여 다시 위임을 받은 행정부 등 해당기관의 광범위한 입법재량에 맡겨져 있다고 보아야 할 것이다.(중략) 국가가 최저생활보장에 관한 입법을 전혀 하지 아니하였다든가 그 내용이 현저히 불합리하여 헌법상 용인될 수 있는 재량의 범위를 명백히 일탈한 경우에 한하여 헌법에 위반된다고 할 수 있다"고 판단13)하여 원칙적으로 소위 '최소보장의 원칙'을 채택하고 있다.

이에 대하여 헌법재판소가 사회권 심사에 있어서 최소보장의 원칙을 채택하고, 그 최소보장의 내용을 구체화하거나 해당 사안이 이를 충족하였는지 논증하지 않음으로써, 실질적으로 사회권에 대한 사법심사가 형해화되고 있다는 비판이 제기된다. 실제 헌법재판소가 최소보장의 원칙에 의하여 사회권 침해를 인정한 사례는 구 국민의료보험법이 고의와 중과실에 의한 범죄행위 외에 경과실에 의한 범죄행위에 기인하는 보험사고에 대해서도 보험급여를 제한한 것에 관한 결정14)이 유일하며, 법원의 경우에도 최소보장의 원칙 위

---

13) 헌법재판소 2010. 5. 27. 선고 2009헌마338 결정 등
14) 헌법재판소 2003. 12. 18. 선고 2002헌바1 결정

반으로 사회권침해를 인정한 사례는 찾기 어렵다. 결국 사회권 심사에서는 포괄위임금지의 원칙, 평등의 원칙 등 다른 헌법원칙에 따른 심사나, 재산권 등의 병행 심사, 절차에 의한 심사 등이 상대적으로 더 의미를 갖게 되나, 그와 같은 경우도 입법부 등의 광범위한 입법형성권으로 인하여 심사강도가 완화되는 경우가 많다.[15]

다. 문제점

(1) 거부처분 취소소송: 구체적인 사례 및 그 한계

행정소송법상 거부처분 취소소송의 권리구제 효과는 ① 당해 행정청과 그 밖의 관계 행정청이 그 판결의 취지에 따라 행동하여야 하는 기속력[16]이 발생하고(행정소송법 제30조 제1항), ② 행정청이 그 판결의 취지에 따라 다시 이전의 신청에 대해 처분을 하여야 하는 재처분의무가 발생하며(행정소송법 제30조 제2항), ③ 행정청이 재처분의무를 이행하지 아니하는 때에는 당사자가 법원에 신청하여 '행정청으로 하여금 당사자에게 지연기간에 따라 일정한 배상을 하거나 즉시 손해배상을 하도록 명하는 결정'을 받는 방법으로 그 이행을 강제하는 수단(간접강제)을 이용할 수 있다(행정소송법 제34조)는 것이다.

위와 같은 현행 제도는 행정청이 거부처분의 사유로 삼은 부분의 적법여부만이 처분의 발급 여부에 쟁점이 된 사건에서는 유효한 구제수단이 될 수 있다. 예컨대, 근로자가 산업재해보상보험법(이하 '산재보험법')상 요양급여를 신청하였다가 업무상 재해여부만이 문제된 상황에서 업무상 재해를 인정받아 그 거부처분의 취소판결을 받으면 행정청이 그 판결 취지에 다라 재처분의무를 이행함으로써

---

15) 김예영, 앞의 글, 114.
16) 대법원 2016. 3. 24. 선고 2015두48235 판결

법정 요양급여 수급권을 보장받을 수 있는데, 거부처분 취소소송이
이러한 유형의 분쟁에서 권리구제에 실효적으로 기여할 수 있을 것
으로 보인다.

그러나 거부처분 취소판결은 단지 이전의 신청에 대한 거부처분
이 없는 상태로 돌려놓은 것으로서, 별도의 규정(행정소송법 제30조
제2항, 제32조)에 의하여 '거부처분 사유의 적법 여부를 판단한 판
결의 취지에 따라 이전 신청에 대해 재처분의무를 부과하고 이를
강제할 수단'이 뒤따를 뿐, 신청한 처분의 이행을 명한 것이 아니므
로 다음과 같이 권리구제에 한계를 드러낸다.

첫째, 분쟁의 일회적 해결이 어렵다는 점이다. 거부처분 취소판
결의 기속력은 위법하다고 판단된 종전 처분사유 또는 이와 기본적
사실관계의 동일성이 인정되는 범위의 처분사유에 미치고, 행정청
이 거부처분 취소판결 이후 그 처분사유와 다른 새로운 처분사유를
내세워 다시 거부처분을 할 수 있으며, 그러한 처분도 재처분의무의
이행에 해당한다.[17] 이렇게 되면 경우에 따라서는 몇 차례의 소송이

---

17) 대법원 2016. 3. 24. 선고 2015두48235 판결. 취소 확정판결의 기속력은 판결
의 주문 및 전제가 되는 처분 등의 구체적 위법사유에 관한 판단에도 미치
나, 종전 처분이 판결에 의하여 취소되었더라도 종전 처분과 다른 사유를
들어서 새로이 처분을 하는 것은 기속력에 저촉되지 않는다. 여기에서 동일
사유인지 다른 사유인지는 확정판결에서 위법한 것으로 판단된 종전 처분
사유와 기본적 사실관계에서 동일성이 인정되는지 여부에 따라 판단되어야
하고, 기본적 사실관계의 동일성 유무는 처분사유를 법률적으로 평가하기
이전의 구체적인 사실에 착안하여 그 기초인 사회적 사실관계가 기본적인
점에서 동일한지에 따라 결정된다. 또한 행정처분의 위법 여부는 행정처분
이 행하여진 때의 법령과 사실을 기준으로 판단하므로, 확정판결의 당사자
인 처분 행정청은 종전 처분 후에 발생한 새로운 사유를 내세워 다시 처분
을 할 수 있고, 새로운 처분의 처분사유가 종전 처분의 처분사유와 기본적
사실관계에서 동일하지 않은 다른 사유에 해당하는 이상, 처분사유가 종전
처분 당시 이미 존재하고 있었고 당사자가 이를 알고 있었더라도 이를 내
세워 새로이 처분을 하는 것은 확정판결의 기속력에 저촉되지 않는다.

필요할 수도 있게 되며 소송이 반복될 염려가 있다.

예컨대, 국가유공자법에 따르면 공상군경의 국가유공자등록 처분은 적극적 요건으로 ① 군인이나 경찰·소방공무원으로서 ② 국가의 수호·안전보장 또는 국민의 생명·재산 보호와 직접적인 관련이 있는 ③ 직무수행이나 교육훈련 중 상이를 입고 ④ 전역하거나 퇴직한 사람으로서 ⑤ 그 상이 정도가 국가보훈처장이 실시하는 신체검사에서 상이등급으로 판정된 자에 해당하여야 하고(국가유공자법 제4조 제1항 제6호), 소극적 요건으로 ⑥ 불가피한 사유 없이 본인의 고의 또는 중대한 과실로 인한 것이거나 관련 법령 또는 소속 상관의 명령을 현저히 위반하여 발생한 상이 등에 해당하지 않아야 한다(국가유공자법 제4조 제6항). 실무상 ②, ③, ④항의 요건 충족 여부나 ⑥항의 소극적 요건의 존부가 주로 문제된다. 여기서 행정청이 당사자의 공상군경 국가유공자등록 신청에 대하여 신청인의 상이가 직무수행이나 교육훈련과 무관하다(상당인과관계 흠결)는 사유만으로 거부처분을 한 경우, 당사자가 그 처분의 취소판결을 받아도 다시 행정청으로부터 그 상이가 법령이 정한 상이등급기준에 해당하지 않는다거나 위 ⑥항의 소극적 사유가 있다는 등의 새로운 사유로 거부처분을 받을 수 있다. 당사자 공상군경 국가유공자등록 신청의 당초 목적을 이루기 위해서는 다시 위 거부처분이나 일부 거부처분에 대한 취소소송 절차를 거쳐 승소판결을 받아야 한다.[18]

실제로도 국가유공자등록 신청에 대한 1차 거부처분의 취소소송에서 승소하였으나, 재처분인 2차 거부처분의 취소소송에서 패소하여 결국 패소로 종결된 사안에서, 1차 소 제기 시부터 원고 승소판결 확정 시까지 약 2년이 소요되었고, 2차 소 제기 시부터 원고 패소판결 확정 시까지 약 1년 11개월이 소요되어 무려 4년에 이르는

---

18) 김정중, "사회보장 분야 권리구제 실효성 제고", 서울행정법원 개원 20주년 기념 학술자료집 (2018), 118.

기간 동안 무익한 소송을 진행한 바 있다(사안의 개요: 신청인이 육군에 입대하여 복무 중 소총 분해·결합과정에서 왼손 새끼손가락을 다쳤으나 제대로 치료받지 못하여 손가락과 손바닥의 기능 상실을 주장하면서 국가유공자등록 신청 → 행정청이 그 상이가 직무수행 중 발생한 것으로 인정되지 않는다는 사유로 거부처분 → 신청인의 소 제기, 법원은 그 상이가 군복무와 상당인과관계가 있다는 이유로 위 거부처분을 취소하였고, 상고심 재판까지 거쳐 확정19) → 행정청이 재처분의무의 이행으로 신청인에 대한 신체검사 절차를 진행하였으나 위 상이의 정도가 상이등급기준에 미달한다는 사유로 다시 거부처분 → 신청인의 2차 소 제기, 법원은 2차 거부처분이 새로운 처분사유에 의한 것으로 종전 판결의 기속력에 어긋나지 않고 그 처분사유도 적법하다는 이유로 원고의 청구를 기각하였고 상고심 재판까지 거쳐 확정20)).

둘째, 원고가 승소를 하더라도 권리구제가 되지 않고 오히려 기존에 인정받았던 부분까지 취소되는 불합리한 결과가 발생한다. 예를 들면 신청인이 1,000만 원의 보상금을 신청하였으나 행정청이 수급권자임을 인정하면서도 보상금을 300만 원만 인정한 경우, 행정법원은 500만 원이 보상금으로 적정하다고 판단하였다고 하더라도 300만 원의 보상금 지급처분의 전부를 취소하여야 한다. 이렇게 되면 원고는 승소를 하고도 구제를 받지 못할 뿐만 아니라 오히려 기존에 인정되었던 부분까지 취소되는 논리적인 모순이 생긴다. 또한 원고는 실질적으로는 일부승소가 되었음에도 형식적으로는 전부 승

---

19) 춘천지방법원 2010. 1. 14. 선고 2009구합1523 판결 (원고 패), 서울고등법원 2011. 5. 19. 선고 2010누5006 판결 (원고 승), 대법원 2011. 8. 18.자 2011두13217 판결 (심리불속행 상고기각).
20) 춘천지방법원 2014. 9. 26. 선고 2013구합2028 판결 (원고 승), 서울고등법원 (춘천재판부) 2015. 7. 1. 선고 2014누1173 판결 (원고 패), 대법원 2015. 7. 1.자 2015두47546 판결 (심리불속행 상고기각).

소하여 상소를 제기할 수도 없다.[21]

셋째, 거부처분에 대한 가구제 수단이 없어 적절한 구제시기를 놓칠 수 있다. 당사자는 중대한 손해나 급박한 위험을 피하기 위하여 급부의 임시 실행이 필요한 경우도 있을 것이다. 그러나 현행 행정소송법 및 그 해석에 따르면, 이에 대한 가구제 수단이 없다. 현행 행정소송법은 처분에 대한 가구제로서 집행정지를 규정하고 있을 뿐이고(제23조), 대법원은 항고소송에서 민사집행법의 가처분에 관한 규정은 준용할 수 없다고 판단하고 있어[22] 민사집행법상 가처분 절차를 이용할 수 없다. 또한 대법원은 거부처분에 대한 집행정지결정은 신청의 이익이 흠결되어 부적법하다고 판단[23]하고 있으므로 행정소송법상 집행정지제도를 이용하여 가구제를 할 수도 없다.

(2) 부작위 위법확인 소송의 한계

부작위위법 확인판결의 기속력은 행정청으로 하여금 적극적 또는 소극적 처분을 불문하고 어떤 처분을 하도록 강제하는 것에 그친다.[24] 따라서 당사자가 부작위위법 확인소송에서 승소하더라도 행정청은 당사자의 급부처분을 구하는 신청에 대해 거부처분을 하기만 하여도 그 판결에 따른 처분의무를 다하는 것이 된다. 따라서 당사자가 처분의 발급을 구하는 목적을 이루기 위해서 당사자는 그 거부처분에 대해 재차 취소소송을 거쳐야 하므로, 거부처분 취소소송 제도의 문제점을 동일하게 가지고 있다.

---

21) 하명호, "사회보장행정에서 권리의 체계와 그 구제", 고려법학 제64호 (2012. 3.), 194.

22) 대법원 1967. 5. 29.자 67마311 결정, 대법원 2011. 4. 18.자 2010마1576 결정 등

23) 대법원 1995. 6. 21.자 95두26 결정, 대법원 2005. 4. 22.자 2005무13 결정 등

24) 대법원 2002. 6. 28. 선고 2000두4750 판결 등

라. 입법방향: 의무이행소송의 도입과 향후 전망

(1) 서설

현행 행정소송법은 1984년 전면 개정된 이래, 변화하는 시대에 조응하지 못함으로써 법치국가원리의 구현에 지장을 초래하고 있다. 이러한 상황에서 법무부는 '행정소송법 개정위원회'를 운영하여 개정시안을 마련하였고, 대국민 공청회와 정부 부처간 협의 등을 통해 각계각층의 의견을 수렴한 '2013. 3. 20. 법무부 입법예고 행정소송법 전부 개정안'(이하 '개정안')을 입법예고하였다. 이하에서는 개정안에 따른 의무이행소송과 관련된 쟁점을 살펴보고, 향후 우리나라에서 의무이행소송의 도입을 위한 법정책적 과제를 제시하고자 한다.

(2) 의무이행소송의 의의 및 필요성

의무이행소송이란, 당사자의 특정한 행정처분의 신청에 대하여 행정청이 그 처분을 거부하거나 부작위로 대응하는 경우에 적극적으로 법원의 판결에 의해 행정청으로 하여금 신청에 따른 행정처분을 하도록 명하는 것을 청구하는 소송을 말한다. 의무이행소송은 취소소송이나 부작위위법 확인소송과 함께 소송의 대상이 '처분'이라는 점에서 항고소송에 속한다(개정안 제4조). 그러나 성질상으로는 이행소송의 한 형태이며, 단순히 행정청에게 행정처분 발급의무의 확인을 구하는 확인소송이나 취소소송처럼 판결이 확정되면 행정처분이 직접적으로 취소되는 형성소송도 아니다. 이는 법원의 판결에 의해 행정기관에 대하여 적극적인 행위를 하도록 강제하는 성질을 가지며, 특히 행정청의 부작위에 대한 가장 강력한 권리구제수단으로서 기능하게 된다.

오늘날의 복지국가 하에서는 국민생활이 국가의 적극적·수익적 행위에 의존하는 바가 크기 때문에 의무이행소송이야말로 국가가 수익적 처분을 해주지 않는 것에 대한 효과적인 구제수단이라고 할 수 있다. 의무이행소송은 선진법제에서 대부분 도입한 제도로서 분쟁의 신속하고 근본적인 해결을 통해 앞서 살펴본 현행 거부처분 취소소송이나 부작위위법 확인소송을 통한 권리구제의 불완전성을 해소할 수 있다.

또한 의무이행소송에서는 거부처분 취소소송과 달리 원칙적으로 사실심 최종 변론종결 당시(판결시)의 사실관계와 법령을 기준으로 하여 청구의 당부를 판단함으로써 기판력의 시간적 범위와 객관적 범위가 축소되는 것을 지양함으로써 판결의 적정성 및 실효성을 담보할 수 있다.[25]

(3) 2013년 법무부 행정소송법 개정안에 따른 의무이행소송 관련 주요 쟁점

개정안은 행정의 유형이 다양해지고 국민의 권리의식이 날로 높아지고 있는 상황 하에서 선진국에서 채택하고 있는 의무이행소송과 예방적 금지소송제도를 도입함으로써 우회적·간접적인 제도들을 과감히 정비하여 관련 분쟁에서 종국적인 만족을 얻을 수 있도록 개선하였다. 또한 집행정지요건 완화, 가처분제도 도입 등을 통하여 행정소송에 있어 사전 권리구제절차를 완비하고, 원고적격 규정을 개정함으로써 행정소송을 제기할 수 있는 자격을 완화하여 국민의 실질적 권익구제 기회의 확대를 도모하였다.

(가) 심판대상과 판단기준시

의무이행소송에서는 법원이 '계쟁 처분의 발급의무의 존부'를 심

---

25) 김창석, "의무이행소송 도입의 행정소송에 대한 영향", 저스티스, 한국법학원 (2003. 10.), 92.

리하여 그 의무가 인정될 때 처분의 이행을 명하는 판결을 한다. 그 심판대상은 '계쟁 처분 발급의무의 존부'이다.26) '부작위에 대한 의무이행소송'에서는 아무런 처분이 존재하지 않으므로 현행 부작위 위법 확인소송에서 판단의 기준시27)와 마찬가지로 판결시를 기준으로 계쟁 처분 발급의무 존부를 심판하여야 할 것이다. 반면 '거부처분에 대한 의무이행소송'에서는 위법판단의 기준시점을 언제로 볼 것인가에 대하여 논란이 있다.

이에 대해서는 행정청의 1차적 판단권을 보장하고 항고소송 자체가 사후적 심사제도이며, 행정부의 판단이 없는 영역에 대한 법원의 사전적 개입은 권력분립원칙에 반한다는 점, 그리고 위법판단기준시를 판결시로 보게 되면 원고가 요구하지 않은 소송물에 대해 판단하게 된다는 이유로 처분당시의 사실상태와 법령을 기준으로 판단하여야 한다는 처분시설28)과 국민의 권익구제확대라는 행정소송의 궁극적 기능과 항고소송 자체를 처분의 현행법규에 대한 적합성 심사제도로 이해하는 판결시설29)이 대립한다. 개정안은 판단 기준시를 명시하지 아니하였고, 관련 규정의 해석에 따라 두 견해의 입론이 가능하다.30)

(나) 의무이행소송의 심리 범위 및 판결의 형태

개정안 제47조는 취소소송의 직권심리에 대한 제28조의 규정을 준용하고 있다.31) 이 규정의 취지에 대하여 종래 당사자의 주장이나

26) 김연태, "의무이행소송의 쟁점에 대한 고찰", 고려법학 72호 (2014. 3.), 486.
27) 대법원 1999. 4. 9. 선고 98두12437 판결 등
28) 박정훈, "원고적격·의무이행소송·화해권고결정", 법무부 행정소송법 개정 관련 공청회 주제발표 (2012. 5. 24.), 23.
29) 김연태, "의무이행소송의 쟁점에 대한 고찰", 고려법학 72호 (2014. 3.), 486.
30) 박정훈, "원고적격·의무이행소송·화해권고결정", 법무부 행정소송법 개정 관련 공청회 주제발표 (2012. 5. 24.), 23.
31) 제28조 (직권심리) 법원은 필요하다고 인정할 때에는 직권으로 증거조사를

주장하는 사실에 대한 입증활동이 충분하지 않은 경우에 법관이 직권으로 증거조사를 할 수 있다는 정도로 보는 변론주의 보충설과 입법자가 행정소송의 공익소송으로서의 성격을 감안하여 법원에 대하여 소송자료의 수집·제출 책임을 적극적으로 부여한 것이라는 직권탐지주의 가미설이 대립하고 있다.32) 이에 대하여 대법원은 "행정소송법 제26조가 법원은 필요하다고 인정할 때에는 직권으로 증거조사를 할 수 있고, 당사자가 주장하지 아니한 사실에 대하여도 판단할 수 있다고 규정하고 있지만, 이는 행정소송의 특수성에 연유하는 당사자주의, 변론주의에 대한 일부 예외규정일 뿐 법원이 아무런 제한 없이 당사자가 주장하지 아니한 사실을 판단할 수 있는 것은 아니고, 일건 기록에 현출되어 있는 사항에 관하여서만 직권으로 증거조사를 하고 이를 기초로 하여 판단할 수 있을 따름이고, 그것도 법원이 필요하다고 인정할 때에 한하여 청구의 범위 내에서 증거조사를 하고 판단할 수 있을 뿐이다"라고 하여 제한적인 해석을 하고 있다.33) 법원의 이러한 해석이 그대로 유지된다면, 의무이행소송의 본안심리의 범위 역시 원칙적으로 당사자가 주장한 사실에 대하여 판단하고, 일건 기록에 현출되어 있는 사항에 관하여서만 법원이 직권으로 증거조사를 하는 형태가 될 것이다.34)

(다) 거부처분 취소소송의 제기 및 거부처분 취소판결의 동시 선고

거부처분이 있는 경우에 의무이행소송을 제기하지 않고 거부처분 취소소송(또는 무효등확인소송)만을 제기할 수 있는지, 의무이행소송과 함께 거부처분 취소소송(또는 무효등확인소송)을 병합하여

할 수 있고, 당사자가 주장하지 아니한 사실에 대해서도 판단할 수 있다.
32) 김남진·김영태, 행정법 I , 법문사 (2014), 843.
33) 대법원 1994. 10. 11. 선고 94누4820 판결
34) 김연태, "의무이행소송과 예방적 금지소송의 쟁점 검토", 고려법학 제49호 (2007), 309.

제기하여야 하는지 문제된다. 이에 대하여 2013년 법무부 개정안에서는 2007년 법무부 개정안과 마찬가지로 거부처분 취소판결에 따른 재처분의무 규정을 존치시켰다. 거부처분 취소 자체로 당사자들 사이에 제기된 쟁점들을 명백히 할 수 있거나, 신속한 권리구제가 가능한 경우에 거부처분 취소소송을 제기할 수 있도록 하는 것이 타당하다고 보아, 거부처분 취소소송을 존속시켜 의무이행소송 대신에 거부처분에 대한 취소소송만의 제기도 가능하도록 하였다.35)

(라) 가처분

개정안에 의무이행소송이 도입됨에 따라 현행 행정소송법의 중요한 흠결이었던 가처분제도가 개정안 제26조에 신설되었다. 즉, 처분 등이나 부작위가 위법하다는 현저한 의심이 있는 경우로서 다툼의 대상에 관하여 현상이 바뀌면 당사자가 권리를 실행하지 못하거나 그 권리를 실행하는 것이 매우 곤란할 염려가 있어 다툼의 대상에 관한 현상을 유지할 긴급할 필요가 있거나, 다툼이 있는 법률관계에 관하여 당사자의 중대한 손해를 피하거나 급박한 위험을 피하기 위하여 임시의 지위를 정하여야 할 '긴급할 필요'가 있는 경우에 인정된다. 또한 가처분은 집행정지로 목적을 달성할 수 없는 경우에 한하여 인정되며, 민사집행법상 가처분의 요건에 비해 처분 등이나 부작위가 위법하다는 '현저한 의심'이 있는 경우로 한정하여 가처분의 무분별한 확대를 방지하고 있다. 그러나 이러한 '긴급한 필요'나 '현저한 의심'이란 불확정개념의 사용으로 인하여 법원에게 과도한 재량을 부여하게 되어 가처분제도의 본래의 목적을 몰각시킬 수도 있다는 문제점이 발생한다.36)

---

35) 김연태, "의무이행소송의 쟁점에 대한 고찰", 고려법학 72호 (2014. 3.), 471-472.
36) 박효근, "의무이행소송 도입을 위한 법정책적 과제", 법과정책연구 (2016), 42.

이러한 가처분에 대해서는 그 요건 면에서는 법원에 의한 행정결정의 대체위험을 방지하기 위해 신청에 대한 행정청의 거부처분이나 부작위에 대하여 가처분을 인정하는 것이 바람직한데, 개정시안은 '처분 등'으로 규정함으로써 자칫 그 범위가 광범위하게 확대되어 법원이 행정청의 결정을 대체하게 될 위험이 있다는 비판이 있다.37)

(4) 권리구제수단으로서 유용성

의무이행소송에서는 거부처분 취소소송이나 부작위위법 확인소송과는 달리 거부처분의 처분사유나 부작위 상태의 위법뿐만 아니라, 그밖에 계쟁 처분의 발급요건에 관한 심리가 가능하다. 그리하여 거부처분 취소소송이나 부작위위법 확인소송과 달리 하나의 소송절차에서 분쟁의 종국적 해결이 가능하게 된다. 의무이행소송이 도입되었을 경우를 가정해보면, 신청인이 군 복무 중 상이를 이유로 국가유공자등록 신청을 하였다가 행정청으로부터 '상이가 군 복무와 무관하다'는 이유로 거부처분을 받은 경우, 신청인은 행정청을 상대로 '행정청은 신청인에게 공상군경 국가유공자등록 처분을 하라'는 이행청구의 소를 제기할 수 있다.

법원은 거부처분의 사유인 군 복무 중 상이 인정 여부를 심리하여 이를 인정하는 경우, 나아가 소송당사자가 다투는 쟁점에 따라 국가유공자등록에 관한 그 밖의 요건(상이등급 기준 충족 여부, 국가의 수호·안전보장 등과 직접 관련이 있는 직무수행 등으로 상이를 입은 것인지, 불가피한 사유 없이 본인의 고의나 중대한 과실로 인한 것인지 등)을 심리하여 그 요건을 모두 갖추었다고 판단되면 행정청이 신청인에 대하여 한 국가유공자등록 거부처분을 취소하고, 행정청은 신청인에게 상이등급 ○급의 공상군경 국가유공자등록

---

37) 김용섭, "행정소송법 개정 관련 공청회 토론문", 법무부 (2012. 5. 24.), 77.

처분을 하라는 취지의 판결을 선고할 수 있고, 그 요건을 일부라도 갖추지 못하였다고 판단되면 신청인의 청구를 기각하는 판결을 선고한다. 이렇게 법원은 의무이행소송 절차에서 계쟁 처분의 발급 여부에 관한 최종 결론을 제공하여 분쟁을 종국적으로 끝낼 수 있다. 이에 따라 신청인 뿐만 아니라 행정청도 분쟁의 일회적 해결로 소송 대응에 들이는 인력 등을 줄일 수 있고, 시간, 비용 등을 절감할 수 있게 된다.[38]

4. 결어

경제성장의 한계에 직면하고 고령화로 인한 여러 가지 사회적 어려움이 급속하게 진행되는 현대의 우리 사회에서 사회적 안전망의 문제는 과거 어느 때보다 절실하게 되었고, 그에 따라 사회보장수급권의 의미가 증대되고 관련된 법적 분쟁 또한 끊임없이 발생하고 있다. 사회보장수급권을 무제한적으로 인정할 수는 없지만, 사회보장수급권의 인정 기준과 분쟁 발생시의 권리 구제 절차가 합리적일 때 국민들이 납득을 할 수 있을 뿐만 아니라, 사회보장제도 자체의 목적을 달성할 수 있게 된다.

앞서 살펴본 바와 같이, 현행 사회보장 행정영역의 행정불복절차는 개별법에 따라 각기 다른 불복절차와 심사기관에 의하여 행해지고 있는데, 사회보장 행정영역에 전문화된 특별한 심판기관을 설립하고 수급권자가 불복을 쉽게 할 수 있도록 심판기관을 일원화할 필요가 있다. 또한 통일된 행정불복절차규정을 마련하고, 개별 행정불복절차와 행정심판·행정소송과의 관계에 대하여 수급권자가 혼선

---

38) 김정중, "사회보장 분야 권리구제 실효성 제고", 서울행정법원 개원 20주년 기념 학술자료집, 서울행정법원 (2018. 9. 7. 발표), 133.

을 일으키지 않도록 명확한 규정을 마련할 필요가 있다.

또한 각 선진국에서는 이미 의무이행소송을 채택하고 있는바, 의무이행소송이 시행되면 법원은 행정청의 거부처분 취소와 동시에 인허가를 명령할 수 있으며, 판결 주문에 재처분의 내용 및 방향을 제시함으로써 행정청의 재검토절차가 생략 또는 간소화되어 그 결과 국민의 신속하고 실질적인 권익구제에 기여할 수 있다. 의무이행소송의 실효적 운영을 위해 행정처분에 대한 의무이행소송에 한정하지 않고 사실행위와 행정입법 등도 대상으로 하는 일반의무이행소송을 독립하여 별도의 소송유형으로 규정할 필요성이 있으며, 불이익 처분의 상대방이 불이익 처분의 효과를 제한하는 부관을 부가하는 의무이행소송을 제기할 수 있도록 심리대상 및 범위를 확대할 필요성이 있다.

국민의 권리의식이 날로 높아지고 있는 상황에서 개정안의 핵심으로 평가되는 의무이행소송이 2013년 법무부 행정소송법 개정안에 도입되어 입법예고된 후 2014년 6월 법제처 심사까지 마쳤지만, 권한 행사를 일정 부분 통제받게 되는 일부 행정부처들의 반대 때문에 정작 법안이 통과되지 못하고 있다. 2016년 대법원 행정재판 발전위원회는 "30년 이상 답보 상태를 면치 못하고 있는 행정소송법 개정이 필요하다"며 의무이행소송과 가처분 제도 도입이 가장 시급하다고 한 바 있으며, 학계 및 법조 실무계는 현행 거부처분 취소소송 또는 부작위위법 확인소송이 관련 분쟁의 실효적 권리구제 수단으로 미흡함을 지적하고, 그 분쟁의 일회적·근본적 해결 수단으로서 의무이행소송이 조속히 도입되어야 한다는 점을 꾸준히 밝히고 있다.

이러한 학계 및 법조 실무계의 목소리와 사회적 요구를 고려할 때, 국회는 급부행정의 수요자인 국민의 권리를 실질적으로 보장하기 위하여 의무이행소송 도입 등에 관한 행정소송법 개정절차를 조속히 진행하여야 할 것이다. 선진국 수준에 걸맞은 의무이행소송

제도를 정착시켜 사회보장수급권과 관련된 분쟁에서 신속하고 합리적인 국민의 권익 구제를 도모하고, 나아가 사회적 안전망도 견고하게 구축해가야 할 것이다.

참고문헌

김남진·김연태, 행정법 Ⅰ, 법문사 (2014)

김남진·김연태, 행정법Ⅱ, 법문사 (2011)

김동희, 행정법Ⅰ, 박영사 (2018)

김연태, "의무이행소송의 쟁점에 대한 고찰", 고려법학 72호 (2014. 3.)

김예영, "개별사건에 있어서의 사회권 심사구조와 심사기준", 재판을 통한 사회권 구현, 서울대 노동법연구회·서울대 사회보장법연구회·국제 인권법연구회 공동학술대회 (2018. 10.)

김용섭, "행정소송법 개정 관련 공청회 토론문", 법무부 (2012. 5. 24.)

김정중, "사회보장 분야 권리구제 실효성 제고", 서울행정법원 개원 20주년 기념 학술자료집 (2018)

김창석, "의무이행소송 도입의 행정소송에 대한 영향", 「저스티스」, 한국법학원 (2003. 10.)

구형근, "사회보장행정상 권리실현을 위한 법적 제검토", 토지공법연구 제37집 제2호 (2007. 8.)

박정훈, "원고적격·의무이행소송·화해권고결정", 법무부 행정소송법 개정 관련 공청회 주제발표, (2012. 5. 24.)

박효근, "의무이행소송 도입을 위한 법정책적 과제", 법과정책연구 (2016)

조만형, "우리나라 사회보장법상 행정불복절차에 관한 연구", 공법연구 제35집 제2호, (2006. 12.)

차진아, "사회보장수급권의 헌법적 근거와 제한사유의 합헌성에 대한 검토", 사회보장법학 제2권 제2호 (2013. 10.)

하명호, "사회보장행정에서 권리의 체계와 그 구제", 고려법학 제64호 (2012. 3.)

한승훈, "우리나라 사회보험행정상 심급적 행정심판을 위한 법제적 고찰", 사회보험연구, 제20권 제3호, 한국사회보장학회 (2004)

사회복지와 헌법
- 헌법 개정을 통한 사회권의 실현 방안 -

김남희*

I. 서론

사회복지 정책과 제도는 사회복지 관련 법과 법의 위임을 받은 행정법규에 근거하여 실현되므로, 복지가 이를 필요로 하는 현장에서 제대로 실현되기 위해서는 법의 역할이 필연적이다. 특히 국가의 근간을 이루는 법인 헌법은 사회복지의 실현에 중요한 영향을 미칠 수 있다. 이 글에서는 한국 헌법이 사회복지의 실현에 어떤 역할을 하고 있는지, 사회복지를 실현시키기 위하여 헌법에 어떤 내용이 반영되어야 하는지를 논의해보고자 한다.

사회복지를 권리이자 인권의 개념으로 접근하면 사회권과 접목시킬 수 있다. 사회권은 사회복지의 권리적 개념인 사회보장권을 포함하고 있으나, 노동권, 건강권, 주거권, 교육권, 문화권 등을 포괄하고 있다는 점에서 사회복지보다 더 넓은 개념이다.[1] 사회권은 인간으로서의 존엄에 합당한 삶을 누리는 데 있어 기본적인 인권의 목

---

* 참여연대 변호사
1) 이숙진, "국제사회의 사회권 규약과 개헌", 개헌과 사회권 토론회 - 실질적 평등과 생존권을 보장하는 헌법 개정방안, 국회토론회 (2017. 5. 24. 발표), 47.

록을 구성하며, 인간의 경제적 궁핍상황의 극복은 국가정책적인 배려를 통하여 해결하여야 한다는 명제에서 출발하고 있으며, 경제적, 사회적 약자를 위한 권리로서의 속성을 갖고 있다. 빈곤이라는 자본주의 사회의 필연적이고 구조적인 문제를 해결하기 위한 국가의 역할은 점점 강조되고 있으며, 현대 다수의 국가들은 헌법상 사회적 기본권 내지는 사회국가 원리에 대한 규정을 두고 있다.

한국은 대통령 직선제를 도입한 1987년 개헌 이후 민주주의가 제도화되고 경제 규모는 팽창하였으나 부의 집중, 노동의 유연화, 부족한 사회지출 등으로 인하여 양극화와 경제적 불평등은 심화되었다. 형식적 민주주의의 성장과 대조적으로 불평등이 심화되어 가는 현실에서 모두가 자유와 평등을 실질적으로 향유할 수 있도록 하는 사회권의 중요성은 더욱 강조되고 있다.

이하에서는 현행 헌법의 사회권 규정이 실제 사회보장의 실현에 어떠한 역할을 하고 있는지 살펴본 뒤, 사회복지를 실현하고 사회권을 강화하기 위한 헌법의 개정 방안에 대하여 구체적으로 논의해 본다.

II. 대한민국 헌법과 사회권

1. 현행 헌법의 사회권

한국의 현행 헌법은 1987년 전면 개정된 것으로, 국가가 개인의 자유와 권리를 보장하기 위하여 적극적으로 역할을 하는 사회국가의 이념과 여러 사회적 기본권을 반영하고 있다. 즉 헌법 전문에서는 "국민 생활의 균등한 향상을 기하고"라는 것을 기본 가치로 명시하고 있으며, 헌법 제10조는 "국가는 개인이 가지는 불가침의 기본적 인권을 확인하고 이를 보장할 의무를 진다."라고 선언하고 있다. 헌법 제34조 제1항은 "모든 국민은 인간다운 생활을 할 권리를 가진다."고 선언하여 생존권적 기본권이 국민의 기본적인 인권임을 분명히 하고, 이를 위하여 "국가는 사회보장, 사회복지의 증진에 노력할 의무를 진다."고 규정하고 있다. 그 밖에도 여성의 복지("국가는 여자의 복지와 권익의 향상을 위하여 노력하여야 한다.", 헌법 제34조 제3항), 노인과 청소년의 복지("국가는 노인과 청소년의 복지향상을 위한 정책을 실시할 의무를 진다.", 헌법 제34조 제4항), 장애인 및 빈곤층의 보호("신체장애자 및 질병, 노령 기타의 사유로 생활능력이 없는 국민은 법률이 정하는 바에 의하여 국가의 보호를 받는다.", 헌법 제34조 제5항), 주거권(헌법 제35조 제3항), 건강권(헌법 제36조 제3항), 교육권(헌법 제31조), 환경권(헌법 제35조), 노동권(헌법 제32조) 등 주요한 사회적 기본권이 헌법에 보장되고 있다.

대한민국 헌법은 이처럼 사회국가의 이념을 반영하고 주요한 사회권을 헌법에 명시하고 있으나, 사회권을 보장하기 위한 규범으로는 여전히 한계가 있다. 사회권에 관한 핵심 인권규약인 경제적, 사회적, 문화적 권리에 관한 국제규약(이하 "유엔 사회권 규약")2)과 비교할 때 주요 사회권의 주체가 국민으로 제한되어 있어 외국인에 대한 사회권 보장이 배제된다는 점, 차별금지의 사유가 매우 제한적이라는 점, 주거권, 건강권, 사회보장권 등 주요한 사회권의 권리로서의 성격이 모호하게 규정되어 있는 점, 사회적 약자인 아동, 노인, 장애인에 대한 권리가 구체적으로 규정되어있지 않다는 점 등이 두드러진다. 더 큰 문제는 아래에서 살펴볼 바와 같이 헌법재판소가 헌법 조문에 대한 해석을 통하여 규범적 효력을 제한적으로 인정하

---

2) 경제적·사회적 및 문화적 권리에 관한 국제규약 (International Covenant on Economic, Social and Cultural Rights), 1990. 7. 10. 채택.

고 있다는 점이다.

사회보장권의 근거규정이라고 할 수 있는 '인간다운 생활을 할 권리'를 규정한 헌법 제34조 제1항은 1962년 12월 26일 개정된 제6호 헌법(1963. 12. 17. 시행)에 최초로 신설된 규정으로 현행 헌법에 이르기까지 그 내용이 유지되고 있다. 헌법에 인간다운 생활을 할 권리를 규정한 것은 매우 큰 의미가 있으나, 이 규정은 그 문언에도 불구하고 국민에게 '권리'를 부여한 규정이 아니라 국가의 사회정책적 목표 내지 정치적 강령을 선언한 것에 불과하다고 보는 것이 오랫동안 학계의 주류적 견해였으며,[3] 헌법소원제도가 현행 헌법에 의거하여 시행된 이후에야 권리성에 대한 논의가 일단락될 수 있었다.[4] 그러나 여전히 헌법재판소는 '인간다운 생활을 할 권리'에 대하여 소극적인 태도를 보이고 있다.

헌법재판소는 사회권을 법률에 의하여 구체화될 때 비로소 인정되는 법률상의 권리로 축소시켜 해석하고 있으며, 이로 인하여 사회권 중 대표적인 기본권인 인간다운 생활을 할 권리(헌법 제34조 제1항)는 여전히 규범력을 제대로 발휘하지 못하고 있는 것이 현실이다.

2. 인간다운 생활을 할 권리 (헌법 제34조 제1항)에 대한 헌법재판소의 소극적 입장

헌법재판소는 헌법 제34조와 관련하여 '최소한의 물질적인 생활의 유지'를 그 기준으로 보고 소극적으로 해석하고 있으며, 사회권 침해가 문제된 사안에서 입법부와 그 위임을 받은 행정부에 대하여

---

3) 한병호, "사회적 기본권 50년", 헌법학연구 제4집 제1호 (1998), 114.
4) 김복기, "위기의 상시화와 사회안전망으로서 사회보장법의 과제 – 공공부조와 실업보험을 중심으로 본 사회보장법 형성과정과 기본원칙", 서울대학교 법학 제58권 제1호 (2017), 202.

광범위한 형성적 재량을 인정하고 과소보호금지원칙 등을 근거로
하여 사법심사의 범위를 최소한으로 축소하는 태도를 취해 왔다.

헌법재판소는 헌법 제34조의 '인간다운 생활을 할 권리'에 대하
여 구체적인 판시를 한 1995. 7. 21. 국가유공자예우등에관한법률 제
9조 본문 사건5)에서 "'인간다운 생활을 할 권리'는 여타 사회적 기
본권에 관한 헌법규범들의 이념적인 목표를 제시하고 있는 동시에
국민이 인간적 생존의 최소한을 확보하는 데 있어서 필요한 최소한
의 재화를 국가에게 요구할 수 있는 권리를 내용으로 하고 있다."고
전제하면서, 그러나 "인간다운 생활을 할 권리로부터는… 인간의 존
엄에 상응하는 생활에 필요한 '최소한의 물질적인 생활'의 유지에
필요한 급부를 요구할 수 있는 구체적인 권리가 상황에 따라서는
직접 도출될 수 있다고 할 수는 있어도, 동 기본권이 직접 그 이상
의 급부를 내용으로 하는 구체적인 권리를 발생케 한다고는 볼 수
없다고 할 것이다. 이러한 구체적 권리는 국가가 재정형편 등 여러
가지 상황들을 종합적으로 감안하여 법률을 통하여 구체화할 때에
비로소 인정되는 법률적 권리라고 할 것"이라고 판시한 바 있다. 즉
헌법재판소는 헌법이 보장하는 인간다운 생활을 할 권리의 구체적
내용을 '최소한의 물질적인 생활'을 국가에 요구할 수 있는 권리로
제한적으로 해석하고 있다. 그 이후 헌법재판소는 2004. 10. 28. 선고
된 2002년도 국민기초생활보장최저생계비 위헌확인 사건에서도 "헌
법 제34조 제1항이 보장하는 인간다운 생활을 할 권리를 사회적인
기본권의 일종으로서 인간의 존엄에 상응하는 최소한의 물질적인
생활의 유지에 필요한 급부를 요구할 수 있는 권리를 의미"한다고
판시하고 있으며,6) 이러한 최소 보장에 대한 판시는 현재까지 이어
지고 있다.

---

5) 헌법재판소 1995. 7. 21. 선고 93헌가14 결정.
6) 헌법재판소 2004. 10. 28. 선고 2002헌마328 결정.

또한 헌법재판소는 "모든 국민이 인간다운 생활을 할 권리를 가지며 국가는 생활능력 없는 국민을 보호할 의무가 있다는 헌법의 규정은(중략) 헌법 재판에 있어서는 다른 국가기관 즉 입법부나 행정부가 국민으로 하여금 인간다운 생활을 영위하도록 하기 위하여 객관적으로 필요한 최소한의 조치를 취할 의무를 다하였는지 여부를 기준으로 국가기관의 행위의 합헌성을 심사하여야 한다는 통제규범으로 작용하는 것"이라고 판시하며, "국가가 생계보호에 관한 입법을 전혀 하지 아니하였다든가 그 내용이 현저히 불합리하여 헌법상 용인될 수 있는 재량의 범위를 명백히 일탈한 경우에 한하여 헌법에 위반된다고 할 수 있다." 라고 판시하고 있다.[7] 인간다운 생활을 할 권리에 대하여 헌법재판소는 '과소보호금지원칙'을 택하여, 국가가 국민의 기본권 보호를 위하여 적어도 적절하고 효율적인 최소한의 보호조치를 취했는가를 기준으로 심사하고 있다. 따라서 입법부작위나 불완전한 입법에 의한 기본권의 침해는 입법자의 보호의무에 대한 명백한 위반이 있는 경우에만 인정될 수 있다. 국가가 국민의 법익을 보호하기 위하여 아무런 보호조치를 취하지 않았든지 아니면 취한 조치가 법인을 보호하기에 명백하게 부적합하거나 불충분한 경우에 한하여 국가의 보호의무 위반을 확인할 수 있을 것이라는 입장이다.[8] "결국 헌법재판소로서는 국가가 특정조치를 취해야만 당해 법익을 효율적으로 보호할 수 있는 유일한 수단인 특정조치를 취하지 않을 때에 보호의무의 위반을 확인하게 된다."[9] 이러한 판시에서 볼 수 있듯이, 헌법재판소는 그 동안 사회권과 관련된 입법부나 행정부의 조치에 대한 사법적 판단을 매우 자제해 왔다.

---

7) 헌법재판소 1997. 5. 29. 선고 94헌마33 결정.
8) 헌법재판소 2008. 7. 31. 선고 2004헌바81 결정.
9) 헌법재판소 1997. 1. 16. 선고 90헌마110·136 (병합) 결정.

특히 입법적 조치가 "명백히" 불합리하거나, 재량의 범위를 "명백히" 일탈한 것이어야 하거나, "명백하게" 부적합하거나 불충분한 경우에 해당하여야 한다는 헌법재판소의 판시는 "명백성"의 기준에 관하여 특별한 설명이 없어 행정행위의 하자가 중대하고 "명백"한 경우에만 무효사유로 볼 수 있다는 "중대·명백설"에서의 "명백성"과 같은 의미로 쓰이고 있는 것으로 보인다. 그러나 이에 대해 누구의 판단을 기준으로 그 "명백" 여부를 판단하는가에 대하여 분명하지 않은 문제를 안고 있다.

생활보호법에 따른 생계보호가 최저생계비에 미치지 못한다는 이유로 위헌성이 문제된 사안인 헌법재판소 1997. 5. 29. 선고 94헌마33결정에서 헌법재판소는 "매월 1인당 금 65,000원 정도(주식비, 부식비, 연료비등을 합한 것)의 생계보호 이외에도 월동대책비로 1인당 1년에 61,000원, 생활보호대상자 중 70세 이상의 노인에게는 노인복지법에 의한 노령수당으로 1인당 월 15,000원이 각 지급되었고, 65세 이상 노인 전체에 대하여는 매월 1인당 3,600원 상당의 버스승차권이 지급되었으며, 생활보호법은 보호의 수준에 관하여 건강하고 문화 생활보호대상자에 대하여는 각 지방자치단체의 급수조례 및 하수도조례에 의하여 상하수도 사용료가 감면되며(서울특별시의 경우 매월 기본사용료 각 2,500원 면제), 한국방송공사법시행령에 의거 월 2,500원의 텔레비전 수신료가 면제되고, 한국통신공사 이용약관에 의거하여 전화 사용료 월 6,000원(기본요금＋통화 150회)까지는 면제되는 등 각종 급여와 부담감면이 행하여지고 있음을 알 수 있고, 한편 청구인들과 같이 2인이 1가구를 구성하는 경우의 1994년도 최저생계비는 1인당 매월 대도시에서는 190,000원 정도, 중소도시에서는 178,000원 정도, 농어촌에서는 154,000원 정도"라는 이유로, "생계보호기준이 청구인들의 인간다운 생활을 보장하기 위하여 국가가 실현해야 할 객관적 내용의 최소한도의 보장에도 이르지 못하였다거나 헌법상 용인될 수 있는 재량의 범위를 명백히 일탈하였다고는 보기 어렵고", "생계보호의 수준이 일반 최저생계비에 못 미친다고 하더라도 그 사실만으로 곧 그것이 헌법에 위반된다거나 청구인들의 행복추구권이나 인간다운 생활을 할 권리를 침해한 것이라고는 볼 수 없다"고 판시하였다.

위의 판시 중 주목할 필요가 있는 대목은 "국가가 행하는 생계보호의 수준이 그 재량의 범위를 명백히 일탈하였는지의 여부, 즉 인간다운 생활을 보장하기 위한 객관적 내용의 최소한을 보장하고 있는지의 여부는 생활보호법에 의한 생계보호급여만을 가지고 판단하여서는 아니되고 그 외의 법령에 의거하여 국가가 생계보호를 위하여 지급하는 각종 급여나 각종 부담의 감면 등을 총괄한 수준을 가지고 판단하여야 한다."고 하면서도, 생계보호 외의 급여를 합산할 경우 최저생계비에 이르지 않는다 하더라도 합헌적인 조치라고 판시한 점이다. 이는 결국 "재량의 범위를 명백히 일탈하였는지 여부"에 대해 아무런 기준도 제시하지 않은 것과 같다. 결과적으로 재량 일탈이 '명백'해야 한다는 헌법재판소의 판시는 입법부나 행정부가 취한 특정 조치의 근거, 결정과정 등의 합리성에 대한 면밀한 심사를 기피하겠다는 뜻으로 읽힌다.

그러나 최적의 입법방법을 준수했는지를 헌법재판소가 심사하는 것은 입법자의 주관적 동기뿐만 아니라 입법자료를 최적으로 조사·고려·활용했는지를 통제하는 것이다. 즉 입법자에게 입법의 구체적인 기초 사실 확인 및 예측판단(prognose)에 우선권을 배정하고 헌법재판소가 특히 예측판단에 대해 스스로 확실한 판단을 내리지 못할 수도 있다는 사정을 고려하여 입법결과 대신에 입법행위 내지 입법과정(절차)을 심사하는 것이다. 입법자가 나름대로 입법 기초 사실을 정확히 확인하고 예측판단을 합리적이고 타당하게 하려고 노력했는지를 심사하고, 그 결과에 따라 법률 내용 자체의 정당성도 추정하겠다는 것이다. 입법할 때 입법기관이 사실파악을 정확히 했는지, 확인된 사실을 타당하게 평가했는지, 예측판단이 수긍할 수 있는 것인지, 기본권 및 법익 간 형량을 합리적으로 했는지 등을 헌법재판소가 통제하는 것이다. 한편 입법자가 매우 복잡한 사실관계를 규율하는 경우 입법자의 결정이 헌법재판소의 판단 시를 기준으로 볼 때는 위헌성을 띄더라도 위헌선언을 하지 않고 장래 입법개선을 위한 일반적 지침만을 제시하거나 입법개선에 필요한 시간적 여유를 부여할 수도 있다. 이런 관점에서 볼 때 헌법재판소가 사회권 위반 사안에서 취하는 태도는 지나치게 소극적이고 안일하다고 할 수 있다.[10) 사법자제(judicial self-restraint)는 헌법재판소의 헌법에 대한 구속을 포기하는 것이고, 규범적으로 통제가능한 기준에 대한 고찰을 포기하는 것이기 때문이다.

이처럼 헌법재판소가 사회권 심사에 있어서 최소보장의 원칙을 채택하고 그 최소보장의 내용을 구체화하거나 이를 충족하였는지 논증하지 않음으로써 실질적으로 사회권에 대한 사법심사가 형해화되고 있다는 비판이 지속적으로 제기되고 있다. 실제 헌법재판소가 최소보장의 원칙에 의하여 사회권의 침해를 인정한 사례는 구 국민의료보험법이 고의와 중과실에 의한 범죄행위 외에 경과실에 이한 범죄행위에 기인하는 보험사고에 대해서도 보험급여를 제한한 것에 대한 결정이 유일하며,[11) 법원의 경우에도 최소보장의 원칙 위반으

---

10) 최규환, "사회적 기본권의 사법심사가능성", 박사학위 논문, 고려대학교 (2014. 6.) 232-233.

11) 헌법재판소 2013. 12. 18. 선고 2002헌마1 결정. 이 결정에서 헌법재판소는 의료보험수급권이 헌법상 사회적 기본권의 성격과 재산권의 성격을 아울러 지니고 있다고 본 후, 보험급여 제한 사유에 고의와 중과실에 의한 범죄행위 이외에 경과실에 의한 범죄행위까지 포함되는 것으로 해석하는 것은 재산권에 대한 과도한 제한으로서 재산권을 침해하고 뿐만 아니라 사회적 기본권으로서의 의료보험수급권의 본질을 침해한다고 판시하였다.

로 사회권 침해를 인정한 사례는 찾기 어렵다.

3. 유엔 사회권 위원회의 한국 개헌과 관련한 권고

지난해 10월 9일, 유엔 경제적 사회적 문화적 권리규약 위원회
(UN Committee on Economic, Social and Cultural Rights, 이하 '사회권
위원회')는 한국의 경제적, 사회적, 문화적 권리 전반에 대하여 네번
째 심사를 진행한 후 최종 권고문(Concluding Observations)을 발표하
였다. 사회권 위원회는 유엔 인권보호 메커니즘 중 조약에 기초한
인권 보장 시스템에 따라 구성된 위원회이며, 유엔 사회권 규약의
이행을 심사하는 위원회이다. 유엔 사회권 규약은 1966년 자유권 규
약(시민적 정치적 권리에 관한 국제규약)과 함께 유엔에서 제정되었
고 1976년부터 발효되었으며, 경제 사회 문화의 전 분야를 망라하여
차별금지(제2조의2), 남녀평등(제3조), 노동권(제6,7조), 노동조합권
(제8조), 사회보장권(제9조), 가족의 보호(제10조), 식량, 주거 등 적
정한 생활수준을 누릴 권리(제11조), 건강권(제12조), 교육권(제13,
14조), 문화권(제15조)을 보장하고 있는 핵심 국제협약이다. 사회권
규약은 자유권 규약과 함께 최초로 제정된 핵심 인권조약이며, 이후
아동, 이주노동자, 장애인, 인종차별, 여성차별 등 사회권의 특정 분
야에 대한 개별조약들이 제정되었으나, 여전히 주요 경제, 사회, 문
화적 권리를 망라하고 기준을 정하는 점에서 그 의미가 크다. 특히
전세계적으로 사회양극화와 불평등이 심화되어 가는 현실에서 사회
권의 중요성은 더욱 강조되고 있으며, 국제적으로도 사회권 규약의
국내적 규범력을 강화하고 사법적 심사가능성을 높이는 것이 일반
적인 추세이기도 하다.

사회권 위원회는 이번 최종 권고문에서 유엔 사회권 규약의 적용
과 관련하여 "한국의 사법부가 국내법과 사회권 규약상 권리의 정

합성(conformity)을 검토하는 것을 꺼려하는 등의 결과로, 사회권 규약상 권리가 당사국(대한민국)의 법리에 완전히 영향을 미치지 않는점을 우려"하며, "(a) 사회권 규약상 권리와 경제적, 사회적, 문화적권리의 사법심사 가능성에 대한 제도화된 훈련,(b) 대중의 사회권규약상 권리에 대한 인식 제고,(c) 개헌 과정에서 경제적, 사회적, 문화적 권리를 헌법에 완전히 편입시킬 것"을 권고하였다. 12) 사회권위원회는 최종권고를 통하여 유엔 사회권 규약의 내용을 헌법에 반영시킬 것을 구체적으로 권고한 것이다.

유엔 사회권 위원회가 한국의 개헌에 대하여 특별히 언급한 것은대한민국 헌법에서 유엔 사회권 규약의 내용이 제한적으로만 규정되어 있어, 유엔 사회권 규약상의 권리가 충분히 발휘되지 못하는상황을 개헌을 통하여 개선할 수 있을 것이라고 기대하였기 때문이다. 한국 정부는 사회권 규약과 관련하여 대한민국 국가 심의 과정에서 제출한 국가 보고서13)에서 "헌법은 '국민'이라는 용어를 사용하고 있으나 권리의 속성상 인간에게 보편적으로 적용되는 권리는국민과 외국인을 구분하지 않고 모두에게 보장되는 권리로 해석하는 것이 헌법재판소와 학계의 태도이다.(중략) 헌법재판소는 '인간다운 생활을 할 권리'는 법률에 의하여 구체화될 때 비로소 인정되는 법률상의 권리라고 보며 헌법상의 사회보장권도 그에 관한 수급요건, 수급자의 범위 등 구체적인 사항이 법률에 규정됨으로써 비로소 구체적인 법적 권리로 형성되는 권리라고 보고 있다."라는 내용을 포함시키고 있다. 이는 한국 헌법상 '인간다운 생활을 할 권리'란인간에 보편적으로 적용되는 권리가 아니라 법률에 의하여 구체적

---

12) UN Committee on Economic, Social and Cultural Rights, Concluding Observations on the fourth periodic report of the Republic of Korea, E/C.12/KOR/CO/4, para. 8 (2017).

13) E;/C.12/KOR/4 para.4.

으로 규정될 때만 법적인 권리가 될 수 있다는 것으로 읽힌다. 대한민국 정부는 한국에서 사회권이 충분히 보장되지 않는 이유로 헌법상 사회권의 보장이 제한적이라는 점이나 헌법재판소의 태도가 소극적이라는 점을 들고 있는 것이다. 유엔 사회권 위원회가 한국의 개헌을 권고에서 언급한 이유는 이와 같은 사회권의 한계를 개선하고 더 이상 헌법을 이유로 사회권 보장을 지연시키지 말라는 국제사회의 요구로 볼 수 있다.

헌법에 의하여 체결, 공포된 조약과 일반적으로 승인된 국제법규는 국내법과 같은 효력을 가지므로,14) 한국이 1990. 7. 10. 가입한 유엔 사회권 규약도 국내에서 법적 효력을 가진다고 볼 수 있다. 유엔 사회권 규약과 관련한 권고의 경우 그 권고의 주체인 조약기구의 구성과 임무가 조약상 명문으로 규정되어 있을 뿐만 아니라, 그 권고가 이루어지는 절차에 대하여도 명문의 규정을 두고 있다.15) 따라서 사회권 위원회의 권고가 이루어지는 절차는 법률에 근거한 법적 절차라고 볼 수 있고, 사회권 위원회의 권고는 국내법과 명백히 배치되지 않는 한 충분히 존중되고 그 취지가 충분히 반영될 수 있도록 국내적으로 해석, 적용되어야 하는 효력을 가진다.16) 즉 유엔 사회권 위원회의 헌법 개정에 대한 권고는 향후 헌법 개정 과정에서 취지를 반영하기 위하여 노력하여야 할 규범적 성격을 가진다고 볼 수 있겠다.

---

14) 헌법 제6조 제1항.
15) 유엔 사회권 규약 제16조, 제17조 등.
16) 황필규, "외국인의 인권과 차별금지", 인권과 정의 제365호 (2007. 1.), 49.

Ⅲ. 헌법 개정 논의와 헌법 개정을 통한 사회권의 강화 방안

1. 헌법 개정의 필요성

1987년 만들어진 현재의 헌법이 30년이 지난 현재 한국 사회의 과제를 반영하지 못하고 있다는 문제제기가 지속적으로 있었으며, 2016년 말부터 시작된 촛불시민운동으로 박근혜 전 대통령이 탄핵된 이후 새로운 정부가 출범하면서, 개헌 논의는 활발하게 진행되었다. 개헌 논의 과정에서 현행 헌법을 개선하기 위한 다양한 제안과 사회적 논의가 진행되었으며, 그 중 중요한 쟁점은 '인간다운 생활을 보장하기 위한 사회적 기본권의 확대'이다. 헌법은 한국 사회가 당면한 사회문제를 해결할 수 있는 미래상을 제시하는 기조 하에서 개정되어야 하며, 사회권의 강화도 매우 중요한 과제로 논의되어야 할 것이다.

2. 헌법 개정 논의의 경과

문재인 대통령은 2017년 대통령 선거 중 2018년 6월 지방선거에서 개헌안에 대한 국민투표를 진행할 것을 대선 공약으로 제시하며 개헌과 관련한 정치적 논의는 진행되었다. 국회는 2017년 초부터 국회 내에 헌법개정특별위원회를 구성하였으며, 시민단체, 학계 등으로부터 추천 받은 각 분야의 전문가 53명으로 구성한 자문위원회를 통하여 구체적인 헌법안을 준비하기 시작하였다. 국회 헌법개정특별위원회 자문위원회는 2018. 1. 4. 헌법 개정안을 포함한 최종보고

서를 공개하였으며, 이 보고서는 헌법개정 조문시안을 포함하고 있다.[17]

시민사회에서는 119개 단체와 연대기구가 참여하여 2017. 10. 12. 국민주도 헌법개정 전국 네트워크(약칭 '국민개헌넷')을 발족하였으며, 2018. 1. 24. '인간다운 생활을 보장하기 위한 사회적 기본권의 확대'를 포함한 개헌 15개 과제를 발표하고 청원하였다. 그 밖에도 참여연대[18], 민주사회를 위한 변호사모임 개헌특별위원회,[19] 헌법개정여성연대, 한국여성단체연합[20] 등이 헌법 개정안 또는 헌법개정의견을 청원의 형태로 국회에 제출하였다.

한편 문재인 대통령은 지난 3월 26일 대한민국 헌법 개정안(이하 "대통령 발의 개정안")[21]을 발의하였는바, 국회는 지난 5월 24일 국회 본회의를 열고 이 개정안을 상정하였으나, 야당의 불참으로 의결정족수를 채우지 못하여 투표가 불성립되고 통과가 무산되고 말았다. 그러나 1987년 이후 최초의 대통령 발의 헌법 개정안으로 개헌 논의를 본격적으로 추진하였다는 점에서 개정안은 그 의미가 있다고 할 것이다. 이하에서는 헌법 개정 논의 과정에서 논의되었던 몇 가지 개정안 안의 사회권의 내용과 그 의미를 분석하며, 향후 헌법 개정을 통하여 사회권을 강화하기 위하여 개선되어야 할 부분을 제안한다.

---

17) 국회 헌법개정특별위원회 자문위원회, "국회헌법개정특별위원회 자문위원회 보고서", 대한민국국회 (2018. 1. 3.).
18) 정강자 (참여연대), "대한민국헌법 개정 (안) 참여연대 청원", 청원번호 2000135 (2018. 2. 27).
19) 김호철 (민주사회를 위한 변호사모임 개헌특별위원회), "헌법개정에 관한 청원", 청원번호 2000132 (2018. 2. 22).
20) 백미순 외 10인 (한국여성단체연합), "실질적 성평등 실현과 여성대표성 확대를 위한 헌법 개정에 관한 청원", 청원번호 2000139 (2018. 3. 9).
21) 대통령, "대한민국헌법 개정안", 2012670 (2018. 3. 26.) [계류 중].

3. 인간다운 생활을 할 권리 및 사회보장권

(현행헌법) 제34조 ①모든 국민은 인간다운 생활을 할 권리를 가진다.
②국가는 사회보장·사회복지의 증진에 노력할 의무를 진다. (중략)
⑤신체장애자 및 질병·노령 기타의 사유로 생활능력이 없는 국민은 법률이 정하는 바에 의하여 국가의 보호를 받는다.

(대통령 발의 개정안) 제35조 ① 모든 국민은 인간다운 생활을 할 권리를 가진다.
② 모든 국민은 장애·질병·노령·실업·빈곤 등으로 초래되는 사회적 위험으로부터 벗어나 적정한 삶의 질을 유지할 수 있도록 사회보장을 받을 권리를 가진다.
③ 모든 국민은 임신·출산·양육과 관련하여 국가의 지원을 받을 권리를 가진다.

(참여연대 헌법개정안)[22]제30조 ① 모든 사람은 인간다운 생활을 할 권리를 가진다.
② 모든 사람은 사회연대의 정신에 따라 빈곤·질병·장애·노령·실업·사망·출산 등의 사회적 위험으로부터 인간으로서 건강하고 문화적인 생활을 유지할 수 있도록 사회보장을 받을 권리를 가진다. 국내에 거주하는 외국인에 대하여는 그 수급의 범위와 절차를 법률로 따로 정한다.
③ 국가와 국민 및 국내에 거주하는 외국인은 능력에 따라 사회보장에 소요되는 재정에 대한 연대책임을 진다.
④ 국가는 사회보장에 소요되는 예산을 다른 분야의 예산에 우선하여 편성하여야 한다.
⑤ 모든 사람은 사회보장의 내용과 절차, 그 수급을 받을 권리의 발생여부 및 신청절차 등에 관하여 국가 또는 공공기관으로부터 고지를 받을 권리를 가진다.

(민주사회를위한변호사모임 헌법개정안)[23]제35조 ① 모든 사람은 인간다운 생활을 할 권리를 가진다.
② 모든 국민은 빈곤, 질병, 장애, 노령, 실업, 사망, 출산 등의 사회적 위험으로부터 기초생활을 유지할 수 있도록 소득 및 사회서비스 등 사회보장을 받을 권리를 가진다. (후략)

(유엔 사회권 규약)
제9조 이 규약의 당사국은 모든 사람이 사회보험을 포함한 사회보장에 대한 권리를 가지는 것을 인정한다.
제11조 1. 이 규약의 당사국은 모든 사람이 적당한 식량, 의복 및 주택을 포함하여 자기 자신과 가정을 위한 적절한 생활수준을 누릴 권리와 생활조건을 지속적으로 개선할 권리를 가지는 것을 인정한다. (후략)

(유럽연합기본권헌장)[24]제34조 1. 연합은 유럽연합 법과 국내법 및 관행에 따라 모성, 질병, 산업재해, 피부양, 노령, 실업의 상황에 대비해 보호를 제공하는 사회보장 및 사회서비스에 대한 권리를 인정하고 보호한다.
2. 유럽연합 내에서 합법적으로 거주하고 이동하는 모든 사람은 유럽연합 법과 국내법 및 관행에 따른 사회보장급여 및 사회적 혜택에 대한 권리가 있다.
3. 사회적 배제와 빈곤에 대응하기 위해, 연합은 충분한 자원이 없는 모든 사람의 품위 있는 생존을 보장하기 위해 유럽연합 법과 국내법 및 관행에 정한 규정에 따라 사회부조 및 주택부조에 대한 권리를 인정하고 존중한다.[25]

가. 사회보장권의 구체화 및 사회보장권의 기준

대통령 발의 헌법 개정안은 현행 헌법에서 국가의 '노력할 의무'로 소극적으로 규정되었던 사회보장권의 내용을 '사회보장을 받을 권리'라고 명시하여 국민의 권리로 강화하여 규정하고, 사회보장권의 수준과 관련하여 '적정한 삶의 질을 유지할 수 있도록'이라고 보다 구체화했다는 점에서 현행 헌법에 비하여 진일보한 측면이 있다.

헌법재판소는 현행 헌법상의 '인간다운 생활을 할 권리'에 대하여 "인간다운 생활을 할 권리로부터는 인간의 존엄에 상응하는 생활에 필요한 '최소한의 물질적인 생활'의 유지에 필요한 급부를 요구할 수 있는 구체적인 권리가 상황에 따라서는 직접 도출될 수 있다고 할 수는 있어도, 동 기본권이 직접 그 이상의 급부를 내용으로 하는 구체적인 권리를 발생케 한다고는 볼 수 없다고 할 것이다. 이

---

22) 정강자 (참여연대), 위 청원.
23) 김호철 (민주사회를 위한 변호사모임 개헌특별위원회), 위 청원.
24) Charter of Fundamental Rights of the European Union (2012) OJ C 326, 391.
25) 원문은 다음과 같다. "In order to combat social exclusion and poverty, the Union recognises and respects the right to social and housing assistance so as to ensure a decent existence for all those who lack sufficient resources, in accordance with the rules laid down by Union law and national laws and practices."

러한 구체적인 권리는 국가가 재정형편 등 여러 가지 상황들을 감안하여 법률을 통하여 구체화할 때 비로소 인정되는 법률적 권리라고 할 것이다."라고 판시하여,26) '최소한의 물질적인 생활'을 헌법위반의 기준으로 삼아왔다. 현행 헌법에서 인간다운 생활을 할 권리의 구체적인 수준에 대하여 침묵하고 있고, 헌법재판소는 생활보호법에 따른 생계보호가 최저생계비에 미치지 못한다는 이유로 위헌성이 문제된 사안에서 인간다운 생활을 할 권리를 침해한 것이라고 볼 수 없다고 판시하는 등 사회권 보장에 있어 소극적인 태도를 유지해 왔다.

헌법 제10조에서부터 제37조 제1항에 이르는 모든 기본권을 최대한 실현하고 보장하여야 할 국가의무를 부과하고 있음에도27) 우리 헌법재판소는 인간다운 생활을 할 권리와 사회적 기본권의 구체적 실현으로서 사회복지법제에 관한 심사에 있어서 최저생활의 유지, 최소한의 보장 등으로 판시하여 최소보장 원칙을 주된 판단기준으로 삼고 있다. 자유권과 달리 사회적 기본권은 '최소한'으로만 보장되면 되는 것이라는 헌법재판소의 견해는 한국의 사회복지 제도가 확대되거나 권리로서 보장되는데 걸림돌이 되어 왔다. 즉 국가의 급부능력이 향상되고 이에 따라 인간다운 생활을 할 권리의 구체화에 대한 국민적 요구가 보다 더 강한 요청을 받고 있는 현실에서 헌법재판소는 이제는 이러한 이분법과 소극성의 탈피가 요구된다고 할 것이다.28)

그런데 대통령 발의 헌법 개정안은 헌법이 보장하고 국민이 요구할 수 있는 사회보장권의 수준이 '적정한 삶의 질을 유지할 수 있어

---

26) 헌법재판소 1995. 7. 21. 선고 93헌가14 결정.

27) 한상희, "사회권과 사법심사", 공법연구 제39집 제1호 (2010. 10), 101.

28) 정극권, "사회복지법제에 대한 헌법재판소의 사법적 심사", 헌법학연구 제18권 제3호 (2012. 9.), 118.

야 한다'고 규정함으로써, '최소한의 물질적인 수준'을 넘어선 실질적 사회권의 보장을 국가에 요구할 수 있는 사회권의 근거를 보다 강화했다고 평가할 수 있다. 이는 유엔 사회권 규약 제11조가 '이 규약의 당사국은 모든 사람이 적당한 식량, 의복 및 주택을 포함하여 자기 자신과 가정을 위한 적절한(adequate) 생활수준을 누릴 권리와 생활조건을 지속적으로 개선할 권리를 가지는 것을 인정한다.'라고 규정하여[29] 사회보장의 수준을 충분성, 적절성[30]을 기준으로 평가하고 있다는 것과도 맥락을 같이 한다고 볼 수 있겠다. 또한 유럽연합기본권헌장 제34조 3항도 "모든 사람의 품위 있는 생존보장(to ensure a decent existence for all)"을 사회부조권의 기준으로 삼고 있으며,[31] 남아프리카 공화국 헌법[32] 제27조 1항이 사회보장의 수준과 관련하여 "적정한 사회부조를 포함한 사회보장(social security, including, appropriate social assistance)"[33]이라고 규정하고 있는 것도

---

29) 원문은 다음과 같다. "The States Parties to the present Covenant recognize the right of everyone to an adequate standard of living for himself and his family, including adequate food, clothing and housing, and to the continuous improvement of living conditions."

30) Adequate는 "enough in quantity, or good enough in quality, for a particular purpose or need" (특정 목적에 충분한)라고 정의됨 (출처 : 옥스포드 영어사전, http://oxfordlearnersdictionaries.com/)

31) 원문은 다음과 같다. "In order to combat social exclusion and poverty, the Union recognises and respects the right to social and housing assistance so as to ensure a decent existence for all those who lack sufficient resources, in accordance with the rules laid down by Union law and national laws and practices."

32) Constitution of the Republic of South Africa of 1996.

33) 원문은 다음과 같다.
"27. Health care, food, water and social security
(1) Everyone has the right to have access to
(a) health care services, including reproductive health care;
(b) sufficient food and water; and
(c) social security, including, if they are unable to support themselves and their

참고할 수 있다.

나. 사회보장권의 주체에 외국인을 포함시킬 것인지 문제

현행 헌법에서 사회적 기본권의 주체를 국민으로 한정하는 것이 헌법재판소의 입장이다. 헌법재판소는 "기본권의 보장에 관한 각 헌법 규정의 해석상 국민과 유사한 지위에 있는 외국인은 기본권 주체가 될 수 있다"고 명시하면서도 사회적 기본권의 경우 국민에 대해서만 인정된다는 입장을 취하고 있다.34)

대통령발의 헌법 개정안도 인간다운 생활을 할 권리 및 사회보장수급권의 주체를 국민으로 한정하여 외국인의 경우 사회보장수급권을 헌법상 보장하지 않는다는 한계가 있다. 이에 대하여는 국회 개헌특위 자문위원회에서도 국민으로 한정할 것인지 '모든 사람'으로 하고 외국에 대해서는 필요한 경우 법률로 제한하도록 할 것인지에 대한 논의가 있었으나, 사회권적 기본권이라는 점을 중시하여 '국민'으로 하여야 한다는 견해가 다수여서 결국 자문위원회안도 '국민'으로 정리되었으며,35) 이는 사회적 기본권을 국민의 권리로 인식하고 있는 헌법 학계의 주류적 견해와 헌법재판소의 태도와 일치하는 것으로 보인다.

그러나 사회권적 기본권은 자유와 평등을 실질적으로 향유할 수 있기 위한 조건을 마련해주는 역할을 하는 것으로 이러한 실질적인 조건이 형성되지 않을 경우 결국 인간의 권리인 자유권적 기본권도 침해받게 된다는 점에서 이러한 이분법적 태도는 문제가 있다. 세계화로 인하여 전통적인 국민국가의 형태가 유지되지 않는 현대에 국

---

dependants, appropriate social assistance."
34) 헌법재판소 2007. 8. 30. 선고 2004헌마670 결정.
35) 국회 헌법개정특별위원회 자문위원회, 위 보고서, 82.

적을 중심으로 한 시민권의 인정은 현실과의 괴리를 발생시키며 사회 내의 계층화된 불평등을 심화시키고 정당화시킬 위험이 있으므로, 영토 내에서 공동의 생활을 영위하고 있는 '모든 사람'에게 사회권을 인정하여야 한다고 봄이 타당하다.[36]

다. 돌봄과 관련한 국가의 지원을 받을 권리

대통령 발의 개정안 제35조 제3항은 '임신, 출산, 양육' 등 아동돌봄과 관련하여 국가의 지원을 받을 권리를 새롭게 규정한 점도 주목할 만하다. 한국여성단체연합이 청원한 헌법개정안에는 "모든 사람은 돌봄을 받을 권리를 가지며 국가는 이를 보장할 의무가 있다." 라고 규정하며 돌봄에 관한 권리를 돌봄권으로 신설하는 내용을 포함하고 있으며, 돌봄권을 헌법에 신설함으로써 삶의 패러다임 전환을 꾀할 수 있으며, 돌봄 민주주의, 돌봄 정의 차원에서 모든 인간의 돌봄과 사회와 국가의 책임, 돌봄의 재평가, 돌봄 노동자에 대한 지원을 포괄할 수 있다고 설명하고 있다.[37]

돌봄의 영역은 전통적으로 여성이 가정 내에서 무보수로 감당해 왔으나, 성평등, 여성의 노동시장 진출, 핵가족화, 출산율의 하락과 고령화라는 사회적, 인구학적 변화로 인하여 돌봄을 사회적으로 해결하여야 할 필요성은 점차 증가하고 있는 현실에서, 돌봄과 관련한 권리를 헌법에 규정하는 것은 의미가 있다고 보인다. 임신, 출산, 양육에 있어 국가의 책임을 분명히 하여, 아동수당, 보육서비스 등 아동돌봄 관련한 급부와 서비스를 요구할 권리가 헌법상 권리로 인정될 수 있을 것이다.

---

36) 김지혜, "사회권 강화를 위한 개헌 토론문", '사회권 강화를 위한 개헌' 국회토론회 (2017. 11. 13. 발표), 53.
37) 백미순 외 10인 (한국여성단체연합), 위 청원.

그러나 고령화 추세로 인하여 가족 내 노인돌봄의 문제도 심각한 사회적 부담이 되고 있는 상황에서 대통령 발의 헌법 개정안에서 아동돌봄에 대한 내용만을 언급하고 노인돌봄, 장애인돌봄 등 기타 돌봄에 대한 국가의 책무에 대해서는 규정하지 않은 점은 아쉽다. 다만 노인돌봄, 장애인돌봄 분야의 국가 지원에 대해서는 개정안 제35조 제2항에서 "모든 국민은 장애, 질병, 노령... 등으로 초래되는 사회적 위험으로부터 벗어나 적정한 삶의 질을 유지할 수 있도록 사회보장을 받을 권리를 가진다."라는 규정에서 근거를 찾을 수는 있을 것이다.

라. 헌법의 사회보장권 개정방안에 대한 제안

복지제도의 헌법적 근거규정이라고 할 수 있는 사회보장권 규정이 구체적인 헌법적 권리로 규정된다면 사회보장에 대한 권리를 강화하는 근거가 될 수 있을 것이다. 특히 사회보장의 수준을 '최소보장'에 머물지 않게 하기 위해서 사회보장의 수준에 관하여 '적절성' 또는 '품위 있고 존엄한 삶'과 같은 기준으로 명시하는 것이 필요한 과제이다. 또한 사회보장권의 주체를 '국민'으로 규정하여 국적을 기준으로 제한하지 않고, 모든 '사람'으로 명시하여야 할 것이다. 마지막으로 돌봄에 대한 국가의 책임을 명시하는 것도 사회보장권의 개정에 필요한 과제라고 본다.

4. 주거권과 토지공개념

(현행헌법) 제35조 ③ 국가는 주택개발정책등을 통하여 모든 국민이 쾌적한 주거생활을 할 수 있도록 노력하여야 한다.

제122조 국가는 국민 모두의 생산 및 생활의 기반이 되는 국토의 효율적이고 균형있는 이용·개발과 보전을 위하여 법률이 정하는 바에 의하여 그에 관한 필요한 제한과 의무를 과할 수 있다.

(대통령 발의 헌법 개정안) 제35조 ④ 모든 국민은 쾌적하고 안정적인 주거생활을 할 권리를 가진다.

제128조 ① 국가는 국민 모두의 생산과 생활의 바탕이 되는 국토의 효율적이고 균형 있는 이용·개발과 보전을 위하여 법률로 정하는 바에 따라 필요한 제한을 하거나 의무를 부과할 수 있다.

② 국가는 토지의 공공성과 합리적 사용을 위하여 필요한 경우에만 법률로써 특별한 제한을 하거나 의무를 부과할 수 있다.

(참여연대 헌법개정안)

제33조 ①모든 국민은 쾌적하고 안정적인 주거생활을 할 권리를 가진다.

②국가는 국민들의 가구원수에 맞는 최저주거기준을 법률로 정하고 이 기준 이상의 주거생활을 보장하여야 한다.

③주택은 실거주 수요자가 소유하는 것을 원칙으로 한다. 국가는 실거주를 목적으로 하지 아니하는 다주택 소유자에 대하여 보유 및 양도 등의 처분에 중과세를 하여 불로소득을 환수하여야 한다.

④제1항의 권리를 보장하기 위하여 국가 및 공공단체는 법률이 정하는 바에 따라 일정한 규모 이하의 주택에 대하여 필요최소한의 주거비를 기준으로 그 임대료와 임대조건을 제한한다. 민간주택소유자가 법률이 정하는 바에 따라 이 항에 따른 임대를 할 경우에는 제3항에서 정한 중과세를 적용하지 아니할 수 있다.

⑤국가 및 공공단체는 청년주거빈곤층을 비롯한 주거취약계층에 대하여 법률이 정하는 바에 따라 실비 이하의 적정한 공공임대주택을 공급하여 그 주거비부담을 해소하거나 최소화하여야 한다.

(민주사회를위한변호사모임 헌법개정안)

제35조 ④ 모든 국민은 쾌적하고 안정적인 주거생활을 할 권리를 가지며, 국가는 국민에게 부담 가능한 주거를 공급할 의무를 진다.

(유엔 사회권 규약)

제11조 1. 이 규약의 당사국은 모든 사람이 적당한 식량, 의복 및 주택을 포함하

여 자기 자신과 가정을 위한 적절한 생활수준을 누릴 권리와 생활조건을 지속적으로 개선할 권리를 가지는 것을 인정한다. (후략)

(유럽연합기본권헌장)
제34조 3. 사회적 배제와 빈곤에 대응하기 위해, 연합은 충분한 자원이 없는 모든 사람의 품위 있는 생존을 보장하기 위해 유럽연합 법과 국내법 및 관행에 정한 규정에 따라 사회부조 및 주택부조에 대한 권리를 인정하고 존중한다.

기존에 국가의 노력할 의무로 규정되어 헌법상 구체적으로 보장되지 않았던 주거권을 개정안에서 구체화하고 사회보장권의 하나로 명시한 것은 분명히 진전이다. 그러나 개정 과정에서 논란이 된 토지 공개념에 대한 조항은 논란에 비해서는 너무 소극적인 조항이라 큰 의미를 부여할 수 있을지 의문이다.

한국에서 급속한 경제 발전 과정 속에서 주거 문제는 공공적으로 해결되지 못했다. 주택은 끊임없이 사고 팔아서 부를 축적하는 상품이 되었고 대부분의 개발 사업은 전면 철거 방식으로 이루어져 사회적 약자의 주거권은 심각하게 침해되었다. 정부는 주거 정책보다 부동산 부양 정책을 더 우선시해왔다. 주택 보급률은 100%가 넘었으나, 2017년 기준 무주택 가구는 전체의 44%인 867만 4천 가구에 달한다.[38] 장기공공임대주택이 전체 주택 재고의 5%에 불과하여 거의 대부분의 사람들이 민간주택에 거주하고 있으나, 소득에 비해 비정상적으로 높은 주택 가격과 임대료에 대한 규제는 거의 이루어지지 않고 있고, 임대차 기간은 2년밖에 보장되지 않는다. 따라서 심각한 주거불평등을 해결하고 모두의 주거권을 보장하기 위하여 헌법에 주거권과 토지공개념을 명시하고 강화하여야 한다는 사회적

---

38) 통계청 보도자료, "행정자료를 활용한 '2017년 주택소유통계' 결과", 통계데이터허브국 행정통계과 (2018. 11. 16.), 2.

논의는 지속적으로 이루어졌다.

토지는 생산이나 대체가 불가능하여 공급이 제한되고 있고 우리나라의 가용 토지 면적은 인구에 비하여 절대적으로 부족하여 모든 국민이 생산 및 생활의 기반으로서 합리적으로 이용하게 할 필요가 있다. 그래서 토지는 그 사회적 기능이나 국민 경제의 측면에서 다른 재화와 달리 공동체의 이익이 보다 더 강하게 관철될 것이 요구된다.39) 우리나라는 제헌헌법에서부터 재산권의 사회적 구속성을 규정했고, 현행 헌법 제122조는 토지 재산권에 대해서 일반 재산권에 비해 더 강한 사회적 구속성을 인정한 이른바 '토지공개념' 조문으로 인정되고 있다. 헌법재판소도 "모든 사람들에게 인간으로서의 생존권을 보장해주기 위하여서는 토지 소유권은 이제 더 이상 절대적인 것일 수가 없었고 공공의 이익 내지 공공복리의 증진을 위하여 의무를 부담하거나 제약을 수반하는 것으로 변화되었으며, 토지 소유권은 신성불가침의 것이 아니고 실정법상의 여러 의무와 제약을 감내하지 않으면 안 되는 것으로 되었으니 이것이 이른바, '토지공개념 이론'인 것이다. 그리하여 대부분의 현대국가에서는 재산권의 내용과 한계를 법률로 정할 수 있도록 하고 있고, 의무를 수반하는 상대적 권리로 규정하고 있는 것이다.(…) 토지의 수요가 늘어난다고 해서 공급을 늘릴 수 없기 때문에 시장경제의 원리를 그대로 적용할 수 없고, 고정성, 인접성, 본원적 생산성, 환경성, 상린성, 사회성, 공공성, 영토성 등 여러 가지 특징을 지닌 것으로서 자손만대로 향유하고 함께 살아가야 할 생활 터전이기 때문에 그 이용을 자유로운 힘에 맡겨서도 아니되며, 개인의 자의에 맡기는 것도 적당하지 않은 것이다.(…) 올바른 법과 조화 있는 공동체 질서를 추구하는 사회는 토지에 대하여 다른 재산권의 경우보다 더욱 강하게 사회

---

39) 헌법재판소 1998. 12. 24. 선고 89헌마214 결정 등.

공동체 전체의 이익을 관철할 것을 요구하는 것이다.(…) 토지재산권
에 대하여서는 입법부가 다른 재산권보다 더 엄격하게 규제를 할
필요가 있다고 하겠는데, 이에 관한 입법부의 입법 재량의 여지는
다른 정신적 기본권에 비하여 넓다고 봐야 하는 것이다."40)라고 판
시하며, 토지공개념이 현행 헌법의 기본정신임을 인정한바 있다.

그러나 헌법재판소는 토지공개념을 헌법의 기본정신으로 인정하
고 있음에도 부동산 투기를 억제하기 위한 정부의 주요 정책에 대
하여 재산권 보장을 이유로 위헌으로 판단하는 결정을 거듭하여 내
렸으며, 이는 한국의 부동산 투기 억제 정책을 사실상 무력화시키는
역할을 해왔다. 헌법재판소는 토지초과이득세법과 관련하여, 기준시
가를 대통령령에 맡겨두고 있는 것은 조세법률주의 위반이라는 점,
여러 과세 기간에 걸쳐 지가의 상승과 하락이 반복되는 경우 최초
의 과세기간과 비교할 때 초과이득이 없는 경우에도 세금을 부담해
야 하는 불합리한 결과가 발생할 수 있다는 점, 고율의 단일 세율로
하여 원본잠식으로 인한 재산권 침해의 우려가 있고 납세자 간의
실질적 평등을 저해한다는 점, 토지소유자가 스스로 이용하지 않는
다는 이유 만으로 유휴토지로 인하여 납세의무를 부담하는 것은 헌
법상 근거없이 토지임대인을 차별하는 것이라는 점 등을 들어 헌법
불합치 결정을 내린 바 있다.41) 뿐만 아니라, 헌법재판소는 택지소
유상한에관한법률에 대한 결정에서도, 택지 소유상한(200평)을 지나
치게 낮게 책정하는 것은 헌법상의 재산권을 과도하게 침해하는 위
헌적인 것이라고 보고, 법 시행 전부터 택지를 소유하고 있는 사람
에게도 일률적으로 택지소유상한제를 적용한 것이 신뢰이익을 해치
며, 경과규정에서 법 시행 이전부터 택지를 소유하고 있는 사람을
법 시행 이후 택지를 취득한 사람과 동일하게 취급하는 것이 평등

---

40) 헌법재판소 1989. 12. 22. 선고 88헌가13 결정.
41) 헌법재판소 1994. 7. 29. 선고 92헌바49, 52 (병합) 결정.

원칙에 위반된다고 보아 법 전체를 위헌으로 결정한 바 있으며,[42] 개발이익환수에관한법률 제10조 제3항 단서에 대하여 개발이익 환수를 위한 지가 산정의 기준이 되는 시점을 대통령령으로 정하도록 한 것은 매입가격 결정에 대한 예측가능성이 없고, 위임입법의 한계를 벗어났을 뿐만 아니라 비례성 판단에 요구되는 최소성의 요청 등을 충족시키지 못하는 것이라고 보아 위헌이라고 결정을 내렸다.[43] 더 나아가 종합부동산세의 과세방법을 인별합산이 아니라 세대별 합산으로 규정한 것이 가족이 있는 자를 혼인하지 아니한 자 등에 비하여 차별 취급하는 것은 헌법에 위반된다고 결정하여 종합부동산세를 사실상 무력화시킨 결정도 내렸다.[44] 그러나 토지공개념 정신에 따라 토지의 소유에 대하여 일반적인 소유권과 다른 사회적 책임이나 공동체의 이익을 근거로 한 제한이 필요하다면, 합리적인 필요 이상의 토지의 초과소유를 억제하도록 하는 정책이 요구되는데, 토지임대인에 대한 추가적 과세나 가구 단위의 토지보유 과세에 대하여 위헌적으로 판단하는 것은 납득하기 어렵다. 이처럼 헌법재판소가 토지의 초과소유나 투기를 억제하기 위한 정책을 재산권, 평등권 등을 근거로 헌법 위반으로 판단하여 무력화시킨 것은 헌법상 인정되는 토지의 공공성이나 토지공개념 정신은 고려하지 않은 결정이라고 보이며, 그동안 한국의 심각한 자산불평등과 주거불평등을 악화시키는 역할을 했다고 볼 수 있다. 그런 면에서 주거권을 강화하고 토지공개념을 실현하기 위한 헌법 개정은 필요한 과제라 할 것이다.

그런데 대통령 발의 헌법 개정안은 "국가는 토지의 공공성과 합리적 사용을 위하여 필요한 경우에만 법률로써 특별한 제한을 하거

---

42) 헌법재판소 1999. 4. 29. 선고 94헌바37 외 66건 (병합) 결정.
43) 헌법재판소 1998. 6. 25. 선고 95헌바35, 97헌바81, 98헌바5,10 (병합) 결정.
44) 헌법재판소 2008. 11. 13. 선고 2006헌바112 등 (병합) 결정.

나 의무를 부과할 수 있다."라고 규정하여, 현행 헌법 제122조에서 "국토의 효율적이고 균형있는 이용·개발 보전"을 목적으로 한 규제를 정하고 있는 것과 비교하여 특별히 내용이 강화되었다고 보기 어렵다. 단지 '공공성'이라는 항목을 추가하였을 뿐인데, 토지 재산권의 공공성 또한 이미 현행 헌법으로도 해석상 인정되고 있으므로 크게 강화되었다고 보기 어려우며, 더구나 "공공성과 합리적 사용을 위하여 필요한 경우에만", "법률로써" 제한을 가할 수 있다고 규정함으로써 협소하게 해석되거나 이 규정을 들어 토지 소유권 제한을 받는 자가 합리적인 사용에 필요한 경우에 해당하지 않아 위헌이라고 반론을 제기할 가능성이 높은 조문이라고 하겠다. 또한 사회적 약자의 주거권을 보장하거나 토지 소유의 불평등 문제를 해결하기에 '합리성'이라는 기준은 적절하지 않다고 보이며, 오히려 개헌특위 자문위원회 조문시안에서 '모두의 주거권 보장 및 토지 투기로 인한 경제왜곡과 불평등을 방지하기 위하여' 규정한 것처럼 토지 공개념을 헌법상 규정하는 목적을 구체적으로 서술하는 것이 바람직할 것으로 보인다.

한국에서 주거불평등의 문제가 심각하고 해결되지 않고 있는 상황을 고려하면, 개정안의 주거권 내용은 소극적이라고 보인다. 이는 개헌특위 자문위원회 조문시안에서 "국가는 국민 모두의 생산 및 생활의 기반이 되는 국토의 효율적이고 균형있는 이용·개발·보전을 도모하고, 토지 투기로 인한 경제왜곡과 불평등을 방지하기 위하여 법률이 정하는 바에 의하여 필요한 제한과 의무를 과한다."라고 규정한 것[45]과 스위스 헌법에서 임대인에 대한 구체적인 보호 조항을 규정하고 있는 것[46] 등을 참고하여 더 적극적인 헌법 개정 논의가

---

45) 국회 헌법개정특별위원회 자문위원회, 위 보고서, 198.

46) 국회 헌법개정특별위원회 자문위원회 경제재정분과, "내 삶을 바꾸는 개헌 - 경제민주화와 토지공개념 토론회" (2017. 10. 18.). 51에서 재인용

필요하다.

한편 참여연대가 청원한 헌법개정안에서는 국가의 최저주거기준 보장 의무, 주거취약계층에 대한 공공임대주택 공급 의무와 같은 주거권과 관련한 국가의 의무를 보다 구체화한 규정을 신설하였다. 한국의 심각한 주거권 문제를 해결하기 위하여 좀 더 강화된 주거권 보호 조항과 토지공개념의 명시화가 필요한 과제라고 본다.

5. 건강권

(현행헌법) 제36조 ③모든 국민은 보건에 관하여 국가의 보호를 받는다.

(대통령 발의 헌법 개정안) 제35조 ⑤ 모든 국민은 건강하게 살 권리를 가진다. 국가는 질병을 예방하고 보건의료 제도를 개선하기 위하여 노력해야 하며, 이에 필요한 사항은 법률로 정한다.

(참여연대 헌법개정안)
제32조 ①모든 국민은 정신적 및 육체적 건강에 대한 권리를 가지며, 국가는 적절한 보건의료서비스 및 관련 제도를 실시하며 충분한 공공의료를 확충하여야 한다.
②국가는 질병 또는 사고를 당하여 생명 또는 신체의 중대한 위험에 직면한 사람에 대하여 법률이 정하는 바에 따라 적절한 의료보장을 실시하여야 한다.

(민주사회를위한변호사모임 헌법개정안)
제35조 ③ 모든 국민은 적절한 보건, 의료 서비스를 보장받을 권리를 가지며, 국

"스위스 헌법 제109조 (임대차)
① 연방은 토지임대차의 남용, 특히 악덕 임대를 방지하기 위하여, 임대기간 해지의 남용의 방지 및 임차권의 한계에 관한 법률을 제정한다.
② 연방은 임대인과 임차인 간의 일반적 계약에 대하여 일반적인 구속력이 있는 법률을 제정한다. 임대차계약은 소수자의 이익과 지역적 다양성을 배려하고 법 앞의 평등 원칙을 존중하는 경우에 한하여 일반적 구속력을 가진다."

> 가는 국민의 건강 증진을 위하여 노력하여야 한다.
> (유엔 사회권 규약)
> 제12조 1. 이 규약의 당사국은 모든 사람이 도달 가능한 최고 수준의 신체적, 정
> 신적 건강을 향유할 권리를 가지는 것을 인정한다.
> 2. 이 규약 당사국이 동 권리의 완전한 실현을 달성하기 위하여 취할 조치에는
> 다음 사항을 위하여 필요한 조치가 포함된다.
> (a) 사산율과 유아사망율의 감소 및 어린이의 건강한 발육
> (b) 환경 및 산업위생의 모든 부문의 개선
> (c) 전염병, 풍토병, 직업병 및 기타 질병의 예방, 치료 및 통제
> (d) 질병 발생시 모든 사람에게 의료와 간호를 확보할 여건의 조성
>
> (유럽연합기본권헌장)
> 제35조 모든 사람은 국내법 및 관행이 정한 조건 하에서 예방의료를 이용할 권
> 리, 치료의 혜택을 받을 권리를 가진다. 높은 수준의 인간의 건강 보장이 연합의
> 모든 정책과 활동의 정의와 이행에서 보장되어야 한다.

현행 헌법에서 보건에 대한 권리를 '헌법상 권리를 가진다'고 하지 않고 '보호를 받는다'고 규정하여 건강권을 헌법상 개별적 기본권으로 인정할 수 있을 것인가에 대하여 논의가 있다. 헌법재판소는 "헌법 제36조 제3항이 규정하고 있는 국민의 보건에 관한 권리는 국민이 자신의 건강을 유지하는 데 필요한 국가적 급부와 배려를 요구할 수 있는 권리를 말하는 것으로서, 국가는 국민의 건강을 소극적으로 침해하여서는 아니 될 의무를 부담하는 것에서 한걸음 더 나아가 적극적으로 국가의 보건을 위한 정책을 수립하고 시행하여야 할 의무를 부담하는 것을 의미한다"고 판시하며[47) 건강권의 권리적 성격을 인정하고 있다.

대통령 발의 개정안은 국민의 건강권과 국가의 보건의료 제도 개선 의무를 구체적으로 규정하여 건강권을 구체적 기본권으로 인정받을 수 있는 근거를 명시적으로 마련하였다. 그러나 건강권의 내용

---

47) 헌법재판소 2009. 11. 26. 선고 2007헌마734 전원재판부 결정 등.

이 '건강하게 살 권리'라고 지나치게 추상적으로 규정되어 실제 이 조항에 근거하여 구체적인 건강권을 얼마나 보장받을 수 있을지에 대하여 해석의 여지가 크다. 이와 관련하여 사회권 위원회에서 유권 해석하여 발표하는 자료인 일반논평 중 건강권에 대한 일반논평48) 에서 "건강권은 건강할 권리로 이해해서는 안되며,(중략) 사람들에 게 도달 가능한 최고 수준의 건강을 누를 기회의 평등을 제공하는 건강 보호 제도에 대한 권리를 포함한다"49)고 건강권의 의미를 해 석하고 있다. 이러한 점에서 건강권에는 건강보호 제도에 대한 권리 를 포함하는 것으로 규정하는 것이 바람직하다.

그러나 대통령 발의 헌법 개정안에서는 건강권과 관련한 국가의 의무를 '개선하기 위하여 노력'하여야 하는 것으로 규정하고 필요한 사항은 법률에 유보하도록 하여, 국가에 대하여 공공의료 확충, 국 민건강보험 등 의료서비스를 위한 재원 확충 등 구체적인 의료보장, 보건서비스, 공공의료 등을 적극적으로 요구할 근거조항이 되기에 는 소극적이다. 건강권은 국가에게 건강한 생활의 유지에 필요한 급 부와 배려를 요구할 수 있는 권리를 포함하며, 누구나 건강을 평등 하게 향유할 수 있도록 하기 위해서는 재원과 전달체계 등 의료서 비스를 제공하는 기제를 시장원리에 맡겨서는 권리로서의 보장은 어렵고,50) 국가의 적극적인 조치를 필요로 한다. 따라서 건강권의 내용에 보다 적극적인 국가의 역할, 공공의료 확충 의무 등을 규정

---

48) UN Committee on Economic, Social and Cultural Rights, General Comment No.14 E/C.12/2000/4.

49) 원문은 다음과 같다. "The right to health is not to be understood as a right to be healthy... the entitlement includes the right to a system of health protection which provides equality of opportunity for people to enjoy the highest attainable level of health."

50) 배화숙, "의료보장정책 분석기준으로 건강권 확보의 개념과 적용에 관한 연 구", 사회복지연구 제13집 (2004).

하지 않은 점은 아쉽다.

　유엔 사회권 규약 제12조가 "이 규약의 당사국은 모든 사람이 도달 가능한 최고 수준의 신체적, 정신적 건강을 향유할 권리를 가지는 것을 인정한다."[51]라고 규정하는 한편, "아플 경우 모든 사람에게 의료와 간호를 확보할 여건의 조성"의무를 국가에게 부과하고 있는 것과 비교하면 소극적인 기술이다. 또한 생명유지에 필수적이며 보편적으로 인정받아야 할 권리인 건강권의 주체를 국민으로 한정한 점도 아쉽다. 남아공 헌법 제27조 제3항이 "누구도 응급치료를 거부당해서는 안 된다."라고 규정하여 적어도 응급의료에 관해서는 국민과 외국인을 가리지 않고 기본권을 보장하는 한편, 예산의 제약도 받지 않도록 한 것과 비교하면 아쉬운 부분이다.

　건강권의 주체에 대하여 적어도 응급의료에 관하여는 국적에 따른 차별을 없애고, 건강권의 보장의무를 명시하는 헌법개정이 필요하다.

6. 아동, 노인, 장애인의 권리

　(현행헌법) 제34조 ④ 국가는 노인과 청소년의 복지향상을 위한 정책을 실시할 의무를 진다.
　⑤ 신체장애자 및 질병·노령 기타의 사유로 생활능력이 없는 국민은 법률이 정하는 바에 의하여 국가의 보호를 받는다.

　(대통령 발의 헌법 개정안) 제36조 ① 어린이와 청소년은 독립된 인격주체로서 존중과 보호를 받을 권리를 가진다.

---

51) 원문은 다음과 같다. "The States Parties to the present Covenant recognize the right of everyone to the enjoyment of the highest standard of physical and mental health."

② 노인은 존엄한 삶을 누리고 정치적·경제적·사회적·문화적 생활에 참여할 권리를 가진다.
③ 장애인은 존엄하고 자립적인 삶을 누리며, 모든 영역에서 동등한 기회를 가지고 참여할 권리를 가진다.

(참여연대 헌법개정안)
제39조 ①아동은 자신의 행복을 위하여 보호와 배려를 받을 권리가 있으며, 아동과 관련한 모든 공적·사적 조치는 아동의 이익을 우선적으로 고려하여야 한다.
②아동은 독립된 인격체로 존중받고, 자유롭게 의사를 표현하며, 자신에게 영향을 주는 결정에 참여할 권리를 가진다.
③아동은 차별받지 아니하며, 가족 또는 그 대체자, 사회공동체 및 국가의 보살핌을 받을 권리를 가진다. 다만, 국내에 거주하는 외국인의 경우 이 항의 권리의 범위는 따로 법률로 정한다.

④아동은 모든 형태의 학대와 방임, 폭력과 착취로부터 보호받으며 적절한 휴식과 여가를 누릴 권리를 가진다.
제40조 노인은 존엄하고 자립적인 삶을 영위하며 사회적·문화적 생활에 참여할 권리를 가지며, 모든 영역에서 부당한 차별을 받지 아니한다.
제41조 ①장애를 겪는 사람은 사회적·경제적으로 독립하여 품위 있는 생활을 영위할 권리를 가지며, 사회적 통합과 공동체 생활에의 참여를 보장받을 권리를 가진다.
②장애를 겪는 사람은 착취나 억압, 차별적이거나 모욕적인 성격을 띠는 모든 처우로부터 보호받을 권리를 가진다.
③국가는 장애를 겪는 사람에게 법률에 따라 자신이 가진 능력을 최대한으로 개발하고 사회·경제활동이 가능하도록 적극적으로 지원하며, 필요한 보건의료 그 밖의 서비스를 제공하여야 한다.

개정안은 취약한 집단인 아동(어린이와 청소년), 노인, 장애인의 권리를 별도로 보장하는 조문을 신설하였다.

아동의 경우, 성장과 발달 과정에서 특별한 보호와 원조를 받아야 하며 독립된 인격체로 존중을 받아야 하는 주체이나, 선거권, 피선거권이 없어 정치적으로 대변되지 못하는 취약한 상황에 놓여 있다. 특히 한국은 아동에 대하여 부모 등 양육자에 종속된 존재로 취급되어 아동의 권리에 대하여 별도의 조문으로 규정하는 것은 의미

가 있다. 그러나 유엔아동권리협약 등에서 아동과 관련된 모든 조치
에서 아동의 최선의 이익을 고려하여야 한다는 원칙과 아동이 부당
하게 차별받지 않을 권리, 국가와 사회공동체의 보살핌을 받을 권리,
폭력과 착취로부터 보호받을 권리 등 구체적인 권리들을 열거하고
있는 것과 비교할 때 개정안의 아동의 권리는 지나치게 간략하다.

개헌특위 자문위원회 조문시안의 아동의 권리 부분도 매우 상세
히 기술되어 있다.[52] 헌법 개정 과정에서 아동, 노인, 장애인의 권리
에 관하여 보다 구체적인 기술이 필요하다고 본다.

IV. 결어

한국은 그동안 사회적 경제적 성장에 걸맞지 않게 사회복지의 권
리적 보장에 소홀하다는 비판을 받아 왔으며, 유엔 사회권 위원회에
서 사회권 보장에 대한 개헌에 반영하라는 구체적인 권고를 하기에
이르렀다.

개헌에 관한 구체적인 논의가 진행되는 과정에서 발의된 대통령
발의 헌법 개정안에서는 그동안 헌법에 명시적으로 규정되지 않았

---

52) 국회 헌법개정특별위원회 자문위원회, 위 보고서, 66면 이하.
   제16조 ① 아동은 자신의 행복을 위하여 보호를 받을 권리가 있으며, 아동
   과 관련한 모든 공적·사적 조치는 아동의 이익을 우선적으로 고려하여야
   한다.
   ② 아동은 독립된 인격체로 존중받고, 자유롭게 의사를 표현하며, 자신에게
   영향을 주는 결정에 참여할 권리를 가진다.
   ③ 아동은 차별받지 아니하며, 부모와 가족 그리고 사회공동체 및 국가의
   보살핌을 받을 권리를 가진다.
   ④ 아동은 모든 형태의 학대와 방임, 폭력과 착취로부터 보호받으며 적절한
   휴식과 여가를 누릴 권리를 가진다.

던 사회보장권, 아동, 노인, 장애인의 권리 등을 신설하였으며, 권리로서의 성격이 명확하게 규정되지 않았던 권리인 건강권, 주거권이 권리로서 구체적으로 반영되었다. 또한 사회보장권의 수준을 적정한 삶의 질을 유지할 수 있는 수준으로 규정하여 보장 수준을 높일수 있는 근거규정이 포함된 점 등은 긍정적으로 평가할 수 있다. 그러나 여전히 사회적 기본권들이 대체로 추상적인 수준에서 규정되었고, 여러 주요 사회권의 주체를 '국민'으로 한정한 점, 토지 공개념을 소극적으로 규정하는 등 논쟁적인 지점에 대해서는 국가의 의무를 소극적으로 표현한 점 등은 여전히 사회권 실현에 있어 국가의 역할을 소극적으로 접근하고 있다는 아쉬움이 남는다.

다만 헌법 개정 논의가 끝난 것은 아니며, 향후 개헌과 관련하여 더 많은 논의와 국민들의 의견수렴 과정이 진행될 수 있으며 이를 통하여 새로운 헌법이 탄생할 수 있다. 헌법 개정 과정에서 사회적 논의를 통하여 보다 적극적이고 실질적인 사회권의 향상이 이루어지기를 희망한다.

참고문헌

국회 헌법개정특별위원회 자문위원회, "국회헌법개정특별위원회 자문위원회 보고서", 대한민국국회 (2018. 1. 3.).

국회 헌법개정특별위원회 자문위원회 경제재정분과, "내 삶을 바꾸는 개헌 - 경제민주화와 토지공개념 토론회" (2017. 10. 18.).

김복기, "위기의 상시화와 사회안전망으로서 사회보장법의 과제 - 공공부조와 실업보험을 중심으로 본 사회보장법 형성과정과 기본원칙", 서울대학교 법학 제58권 제1호 (2017).

김지혜, "사회권 강화를 위한 개헌 토론문", '사회권 강화를 위한 개헌' 국회토론회 (2017. 11. 13. 발표).

김호철 (민주사회를 위한 변호사모임 개헌특별위원회), "헌법개정에 관한 청원", 청원번호 2000132 (2018. 2. 22.).

배화숙, "의료보장정책 분석기준으로 건강권 확보의 개념과 적용에 관한 연구", 사회복지연구 제13집.

백미순 외 10인 (한국여성단체연합), "실질적 성평등 실현과 여성대표성 확대를 위한 헌법 개정에 관한 청원", 청원번호 2000139 (2018. 3. 9.)

이숙진, "국제사회의 사회권 규약과 개헌", 개헌과 사회권 토론회 - 실질적 평등과 생존권을 보장하는 헌법 개정방안, 국회토론회 (2017. 5. 24.)

정강자 (참여연대), "대한민국헌법 개정 (안) 참여연대 청원", 청원번호 2000135 (2018. 2. 27.).

정극권, "사회복지법제에 대한 헌법재판소의 사법적 심사", 헌법학연구 제18권 제3호 (2012. 9.).

최규환, "사회적 기본권의 사법심사가능성", 박사학위 논문, 고려대학교 (2014. 6.).

통계청 보도자료, "행정자료를 활용한 '2017년 주택소유통계' 결과", 통계데

이터허브국 행정통계과 (2018. 11. 16.).

한병호, "사회적 기본권 50년", 헌법학연구 제4집 제1호 (1998).

한상희, "사회권과 사법심사", 공법연구 제39집 제1호 (2010. 10).

황필규, "외국인의 인권과 차별금지", 인권과 정의 제365호 (2007. 1.).

헌법재판소 1989. 12. 22. 선고 88헌가13 결정.

헌법재판소 1994. 7. 29. 선고 92헌바49, 52 (병합) 결정.

헌법재판소 1995. 7. 21. 선고 93헌가14 결정.

헌법재판소 1997. 1. 16. 선고 90헌마110·136 (병합).

헌법재판소 1997. 5. 29. 선고 94헌마33 결정.

헌법재판소 1998. 6. 25. 선고 95헌바35, 97헌바81, 98헌바5,10 (병합) 결정.

헌법재판소 1998. 12. 24. 선고 89헌마214 결정.

헌법재판소 1999. 4. 29. 선고 94헌바37 외 66건 (병합) 결정.

헌법재판소 2004. 10. 28. 선고 2002헌마328 결정.

헌법재판소 2008. 7. 31. 선고 2004헌바81 결정.

헌법재판소 2008. 11. 13. 선고 2006헌바112 등 (병합) 결정.

헌법재판소 2013. 12. 18. 선고 2002헌마1 결정.

Charter of Fundamental Rights of the European Union (2012) OJ C 326.

Constitution of the Republic of South Africa of 1996.

UN Committee on Economic, Social and Cultural Rights, General Comment No.14
     E/C.12/2000/4.

UN Committee on Economic, Social and Cultural Rights, Concluding Observations
     on the fourth periodic report of the Republic of Korea, E/C.12/KOR/CO/4
     (2017).

공익과 인권을 향한 동천 10년의 걸음

　　재단법인 동천은 법무법인(유한) 태평양이 설립한 국내 로펌 최초의 공익재단법인입니다. 동천(東泉)은 '동쪽의 샘'이라는 뜻으로 태평양 김인섭 명예대표변호사의 아호입니다. 동천은 '모든 사람의 기본적 인권을 옹호하고 우리 사회의 법률복지 증진과 법률문화 발전을 이룸으로써 모두가 더불어 함께 사는 세상을 만들어 나가는 것'을 목표로 전문적인 공익활동을 전개하여 왔습니다.

　　재단법인 동천이 설립 10주년을 맞이했습니다. 10년 전 로펌이 공익활동을 위한 별도의 법인을 설립했을 때 많은 사람들이 의문을 제기했습니다. 그러나 10년이 지난 지금 로펌의 공익활동은 당연한 이야기가 되었고 많은 로펌들이 사단이나 재단을 설립하여 여러 분야의 비영리단체, 공공기관 등과 협력해 다양한 공익활동을 수행하고 있습니다. 동천은 이런 우리 사회 공익과 인권 향상을 위한 한 줌의 마중물이었다고 생각합니다. 그 마중물에 많은 분들의 힘이 더해져 우리 사회를 바꾸는 변화의 물결이 되었습니다. 동천은 이 물결이 더 힘차게 흘러갈 수 있도록 계속 노력하겠습니다.

▪ 공익법총서 발간 경과

2009년 설립된 재단법인 동천은 우리 사회 소수자와 사회적 약자에 대한 체계적이고 지속적인 공익법률지원 방법을 계속 고민하였습니다. 그런 가운데 우리 사회에 법치주의가 확산되어 가면서 법률가들의 역할 증대와 함께 사회적 책임과 공익활동에 대한 기대도 점차 커졌습니다. 이에 발맞추어 공익변호사가 활동하는 단체들이 꾸준히 늘어났고, 로펌에서도 공익활동을 위한 조직을 만들어 공익전담변호사를 고용하며 소속 변호사들의 프로보노 활동을 장려하기 위해 다양한 지원을 확대해왔습니다. 이처럼 법률가들의 공익활동이 확대되어 가는 시점에 다양한 공익 분야와 관련한 법률과 제도들을 법이론적으로 심도 있게 조망하고 검토하는 총서의 필요성이 대두되었습니다.

법무법인(유한) 태평양과 재단법인 동천은 이런 공익적 요구에 부응하기 위해 공익활동을 제도적으로 뒷받침하고 다양한 공익활동 주체들에게 실질적인 도움을 줄 수 있는 '공익법총서' 편찬을 기획했고, 내·외부 전문가들로 편집위원회를 구성해 관련 공익법 분야의 최고 전문가들을 모시고 공익법인제도의 의의, 우리나라 공익법인제도의 현황과 문제점, 공익법인제도의 개선 방향을 대주제로 한 9편의 논문이 수록된 공익법총서 1권 <공익법인연구>를 2015년 6월에 발간할 수 있었습니다.

　이후 태평양과 동천은 매년 6월 다양한 공익법 분야의 최고 전문가들이 집필에 참여한 공익법총서를 차례로 발간해왔습니다. 2016년 공익법총서 2권 <장애인법연구>, 2017년 3권 <이주민법연구>, 2018년에는 4권 <사회적경제법연구>를 발간했고, 재단법인 동천 설립 10주년을 맞이한 올해에는 10주년 기념호로 5권 <사회복지법연구>를 발간하였습니다.

　공익법총서는 분야별로 연구자, 법률가, 실무자 등 최고의 전문가들이 참여해 여러 공익활동 주체들에게 실질적인 도움이 되어 왔습니다. 그 결과 1권 <공익법인연구>는 2016년에 대한민국학술원 사회과학분야 우수도서로 선정되었고, 3권 <이주민법연구>는 2018년에 세종도서 학술부문 도서로 선정되어 전국에 있는 대학 및 도서관 등에 보급되었습니다.

　동천 설립 10주년 기념호로 발간한 공익법총서 5권 <사회복지법연구>는 2018년 8월 1차 편집위원회 회의를 열어 14개 사회복지 분야의 연구 주제를 정하고 각 분야 전문가들을 집필자로 섭외하였습니다. 이후 2019년 2월 22일(금) 더 심도 있는 연구를 위해 "사회복지법인·시설·전달체계 발전방향"을 주제로 세미나를 개최해 법무법인(유한) 태평양 강용현 변호사를 좌장으로 서울사회복지공익법센터 이상훈 변호사, 동아대 사회복지학과 남찬섭 교수, 법무법인 도담 김정환 변호사, 법무법인(유한) 태평양 오정민 변호사, 태화샘솟는집 문용훈 관장, 보건복지부 최호용 서기관 등 여러 관련 전문가들의 의견을 들었습니다.

　<사회복지법연구>의 각 집필자들은 위 세미나에서 논의된 사항 등을 반영해 두 달 이상의 추가 집필 과정을 거쳐 <사회복지법연구> 최종 원고를 작성하였습니다. 제한된 분량 등으로 인해 세부 쟁점을 깊게 다루지 못한 부분도 있지만 사회복지 분야의 다양한 전문가들이 모여 함께 논의하며 그 동안 사회복지 분야에서 상대적으로 연구가 부족했던 법률 쟁점에 대해 폭 넓은 연구를 진행하였다는 점에서 큰 의의가 있다고 생각합니다. 이 연구 성과를 바탕으로 각 주제 별로 더욱 깊이 있는 연구가 진행되기를 바랍니다.

　태평양과 동천은 앞으로도 여러 공익 분야를 주제로 공익법총서를 발간하여 공익법 분야의 발전에 기여하고 사회적 약자를 위한 제도 개선의 초석을 마련할 수 있도록 꾸준히 노력하겠습니다.

■ 동천이 걸어온 길 (2009 - 2019)

2009년 6월	재단법인 동천 설립/ 이정훈 초대 이사장 취임(2012. 6. 연임)
	(이정훈 이사장, 강용현 이사, 이근병 이사, 유욱 이사, 유철형 이사)
2009년 8월	공익활동 전담 양동수 상임변호사 취임
2009년~현재	매주 월요일 한국외국인력지원센터에서 이주외국인 대상 무료 법률상담
2010년~현재	국내 최초로 난민법률지원 교육(ReLATE) 시작(총 11회)
2010년~현재	태평양공익인권상 제정(9개 공익단체 및 활동가에게 시상)
2010년~현재	로펌 최초로 공익활동보고서 발간(매년 1월)
2010년~현재	청년들의 공익활동 참여 기회 제공을 위한 프로보노 어시스턴 트(인턴) 제도 실시
2010년~현재	난민, 장애인, 이주외국인, 탈북민 등 소외계층 가정 장학생에게 장학금 지원
2011년~현재	예비법조인 대상 공익인활동 프로그램 공모전 실시(총 39팀)
2011년~현재	연 2회 공모를 통해 공익·인권 단체의 사업/연구비 지원 (총 48개 단체)
2011년~현재	법학전문대학원생을 대상으로 공익 분야 리걸클리닉 운영
2012년~현재	국내 로펌 최초 펠로우십 변호사 프로그램 실시(총 9명 채용)
2012년 2월	난민 지원을 위한 통역인 교육 프로그램 최초 실시
2012년 3월	난민불인정처분취소소송 첫 승소 (현재까지 약 150건 난민 관련 공익소송 진행)
2012년~현재	매년 법인 구성원들의 화합과 소외계층 지원을 위한 자선음악회

2013년 2월   제1회 대한변협 변호사공익대상 단체부문 대상 수상
            [법무법인(유한) 태평양]
2014년 7월   장애인 의족에 대한 요양불승인처분취소 대법원 파기환송(승소)
2014년 12월   2014 국가인권위원회 대한민국인권상 표창 수상[재단법인 동천]
2015년 6월   제3대 차한성 이사장 취임(2018. 6. 연임)
2015년~현재   공익법총서 발간(매년 발간하여 2019년 5권 출판)

2015년 11월   양동수 상임변호사 퇴임 및 이희숙 상임변호사 취임
2015년 11월   한국인터넷기자협회 사회공헌상 수상[재단법인 동천]
2016년 1월   법무법인(유한) 태평양, ALB CSR List 2년 연속 선정
2016년~현재   국내 최초 북한이탈주민 법률지원 교육(NKReLATE)(총 4회)
2016년~현재   매년 독거노인을 위한 무료법률상담 및 배식봉사
2016년 10월   전국사회복지나눔대회에서 보건복지부 장관 표창 수상
            [재단법인 동천]

2016년 12월   동천NPO법센터 설립(센터장: 유욱 변호사)

2017년~현재   프로보노 변호사 양성을 위한 NPO법률지원단 연수 시작
(총 4기에 걸쳐 93명 법률지원단 임명 및 활동)

2017년~현재   발달장애인을 위한 점심시간 정기 배식봉사(월 1회)

2017년 11월   유엔글로벌콤팩트(UNGC) 한국협회 가입

2017년 11월   근무 중 뇌질환 발생한 소방공무원 공무상요양불승인처분취소
소송 2건 승소

2017년 12월   2층 광역버스 휠체어 전용공간 확보를 위한 공익소송 승소(항소심)

2018년 1월   중국동포에 대한 부당한 기소유예처분취소 헌법소원 승소

2018년 3월   난민 아동 장애인등록거부취소소송 최종 승소(대법원 승소)

2018년 5월   미등록 이주외국인 강제퇴거명령 및 보호명령취소 소송 승소

2018년 10월   북한이탈주민 보호 및 정착지원에 관한 법률위반 소송 승소(1심)

2019년 1월   농장주의 지적 장애인 학대 및 착취 사건 승소(1심)

2019년 6월 17일 재단법인 동천 설립 10주년
(이사회: 차한성 이사장, 강용현 이사, 노영보 이사, 유욱 이사,
이형석 상임이사, 이경환 이사/ 동천 변호사 6명 활동)

집필자 약력

전광석 교수

연세대학교 법과대학(법학사), 대학원 법학과(법학석사) (1981, 1983)
독일 뮨헨대학교 법과대학(법학박사) (1988)
한림대학교 법학과 교수 (1988~2000)
연세대학교 법과대학 및 법학전문대학원 교수 (2001년~현재)
한국사회정책학회, 한국헌법학회, 한국사회보장법학회,
한국헌법판례연구학회 회장, 헌법재판소 헌법재판연구원장

박영아 변호사

서울대학교 법과대학 졸업 (1998)
UCLA School of Law LL.M. (2013)
제33기 사법연수원 수료 (2004)
공익인권법재단 공감 변호사 (2010~현재)

전가영 변호사

서울시립대학교 경제학과 졸업 (2011)
건국대학교 법학전문대학원 법학전문석사 (2014)
제3회 변호사시험 합격 (2014)
서울사회복지공익법센터 (2015)
보건복지부 (2017)
사단법인 선 변호사 (2018~현재)

서채완 변호사

고려대학교 영어영문학과/정치외교학과졸업 (2012)
고려대학교 법학전문대학원 법학전문석사 (2016)
제5회 변호사시험 합격 (2016)
헌법재판소 사무처 행정주사 (2016)
민주사회를 위한 변호사모임 공익인권변론센터 상근변호사 (2017~현재)

권영실 변호사

연세대학교 사회복지학과 졸업 (2010)

Washington University in St. Louis 사회복지석사 (2012)

전북대학교 법학전문대학원 법학전문석사 (2017)

제6회 변호사시험 합격 (2017)

재단법인 동천 변호사 (2017~현재)

박성민 변호사

서울대학교 약학대학 약학과 졸업 (2006)

서울대학교 법학전문대학원 졸업 (2012)

제1회 변호사 시험 합격 (2012)

서울대학교 법학박사 (2018)

법무법인(유한) 태평양 변호사 (2012~2018)

HnL 법률사무소 변호사 (2018~현재)

장혜영 검사

서울대학교 법학과 졸업 (2000)

서울대학교 법과대학 석사 (2018)

서울대학교 법과대학 박사과정 재학 (2018~)

제35기 사법연수원 수료 (2006)

검사 (2006~현재), 현재 의정부지방검찰청 고양지청 검사

김재왕 변호사

서울대학교 생물과학과 졸업 (2003)

서울대학교 법학전문대학원 법학전문석사 (2012)

가톨릭대학교 사회복지대학원 장애인복지학 석사 (2017)

제1회 변호사시험 합격 (2012)

공익인권변호사모임 희망을만드는법 변호사 (2012~현재)

박은수 변호사

서울대학교 법학과 졸업 (1975)

제22회 사법시험 합격 (1980)

제18대 국회의원 (2008~2012)

한국장애인고용촉진공단 이사장 (2004~2008)

법무법인(유) 율촌 고문 (2012~현재)

사단법인 온율 이사 (2013~현재)

배광열 변호사

한양대학교 졸업 (2011)

한양대학교 법학전문대학원 (2014)

변호사시험 3회 (2014)

사단법인 온율 (2016~현재)

남기철 교수

서울대학교 사회과학대학 사회복지학과 졸업 (1991)

서울대학교 사회복지학 박사 (2000)

서울시복지재단 대표이사 (2016~2018)

동덕여자대학교 사회복자학과 교수 (2002~현재)

김정환 변호사

연세대학교 정치외교학과 졸업 (1999)

연세대학교 법학박사 (2010)

연세대학교 법학전문대학원 연구교수 (2010~2013)

전북대학교 법학전문대학원 법학전문석사 (2017)

법무법인 도담 변호사 (2018~현재)

연세대학교 사회과학대학 객원교수 (2019~현재)

이상훈 변호사

서울대학교 경제학과 졸업 (1993)
서울대학교 법과대학원 법학과 수료 (1997)
제27기 사법연수원 수료 (1998)
서울시복지재단 사회복지공익법센터 (2014~현재)
사회복지법인 소아마비협회 외부추천이사 (2016~현재)
사회복지법인 성람 외부추천이사 (2017~현재)

김도희 변호사

아주대학교 법과대학 졸업 (2006)
충북대학교 법학전문대학원 졸업 (2012)
서울시복지재단 서울사회복지공익법센터 과장 (2013~현재)
사회복지법인 그리스도수도회 이사 (2017~현재)
사회복지법인 기쁜우리월드 이사 (2018~현재)
비판과대안을위한사회복지학회 대외협력위원장 (2019~현재)

남찬섭 교수

연세대학교 사회복지학과 졸업 (1991)
연세대학교 사회복지학 박사 (1998)
한국보건사회연구원 책임연구원 (1998~1999)
서울신학대학교 사회복지학과 교수 (1999~2005)
대통령자문 빈부격차차별시정위원회 전문계약직 공무원 (2005~2007)
동아대학교 사회복지학과 교수 (2007~현재)

구본권 변호사

서울대학교 법과대학 졸업 (2001)
제45회 사법시험 합격 (2003)
제35기 사법연수원 수료 (2006)
법무법인 젠 변호사 (2011~2017)
서울대학교 대학원 법학대학 석사 (2019)
법률사무소 도윤 대표변호사 (2017~현재)

서울시립대학교 법학전문대학원 겸임교수 (2016~현재)

조병규 변호사

서울대학교 법과대학 졸업 (1997)

제29기 사법연수원 수료 (2000)

서울대학교 법과대학 법학전문분야 연구과정 (도산법) 수료 (2005)

미국 Fordham University School of Law, Visiting Re search Fellow (2009)

경남대학교 극동문제연구소 「IFES 통일경제아카데미」 제1기 수료 (2014)

법무법인 지평 (2003~2011)

법무법인(유한) 태평양 (2011~현재)

대한변호사협회 전문분야등록심사위원회 위원장 (2017~2019)

변호사 등록심사위원회 위원 (2018~현재)

오명은 변호사

고려대학교 법과대학 졸업 (2003)

영국 King' s College London, University of London 졸업 (MA in Philosophy, 2005)

제38기 사법연수원 수료 (2009)

미국 New York University School of Law (LL.M., 2016)

미국 New York 주 변호사 시험합격 (2016)

Cleary Gottlieb Steen & Hamilton LLP Hong Kong office (2009~2010)

법무법인(유한) 태평양 (2010. 6.~현재)

장혜선 변호사

고려대학교 법학과 졸업 (2013)

제54회 사법시험 합격 (2012)

제45기 사법연수원 수료 (2016)

대전고등법원 재판연구원 (2016. 2.~2018. 2.)

법무법인(유한) 태평양 (2018. 3.~현재)

서장원 변호사

고려대학교 법학과 졸업 (2011)

제54회 사법시험 합격 (2012)

제47기 사법연수원 수료 (2018)

법무법인(유한) 태평양 (2018~현재)

오군성 변호사

연세대학교 법학과 졸업 (2015)

제주대학교 법학전문대학원 법학전문석사 (2018)

제7회 변호사시험 합격 (2018)

법무법인(유한) 태평양 (2018~현재)

김남희 변호사

서울대학교 법과대학 법학과 졸업 (2001)

미국 템플대학교 법학석사 (2010)

법무법인(유한) 태평양 변호사 (2003~2010)

고려대학교 법학전문대학원 겸임교수 (2012~2014)

참여연대 변호사 (2011~현재)

법무법인(유한) 태평양은 1980년에 인재경영, 가치경영 및 선진경영이라는 3대 경영철학을 바탕으로 설립되었으며, 설립 이후 현재까지 지속적으로 로펌의 사회적 책임을 다하기 위해 다양한 공익활동을 수행하였습니다. 태평양은 체계적이고 지속적인 공익활동을 수행하기 위해 2001년 공익활동위원회를 구성하였고, 변호사들의 공익활동 수행시간을 업무시간으로 인정하였으며, 2009년에 로펌 최초로 공익활동을 전담하는 재단법인 동천을 설립하여 꾸준한 활동을 지속하였습니다. 이런 태평양의 선도적인 공익활동은 2013년 대한변호사협회가 시상하는 제1회 변호사공익대상 단체부문에서 대상 수상, 아시아 법률전문매체 ALB (Asian Legal Business)가 발표하는 CSR List에 2015, 2016년 국내 로펌으로는 유일하게 2년 연속 등재 되었고 2018년에는 The American Lawyer가 법무법인(유한) 태평양을 아시아 리걸 어워즈 '올해의 프로보노분야 선도 로펌'으로 선정하였습니다. 2018년 한 해 동안 태평양 소속 국내 변호사 431명(대한변호사협회 등록 기준) 중 74.94%인 323명이 공익활동에 참여하였고, 공익활동에 참여한 1인당 평균 공익활동 시간은 56.58시간으로 서울지방변호사회 1인당 공익활동 의무시간(20시간)의 2배가 넘는 공익활동을 수행하였습니다. 특히 뇌질환이 걸린 소방공무원의 공무상요양불승인처분취소, 난민아동 장애인등록거부처분취소, 장기간 국내에서 체류하며 성장한 외국 국적 청소년에 대한 강제퇴거처분 취소, 위장 탈북자로 오명을 쓴 북한 탈북자의 누명을 벗어 준 북한이탈주민정착지원법 위반 사건 등에서 승소하였습니다. 태평양 공익활동위원회는 분야별로 난민, 이주외국인, 장애인, 북한/탈북민, 사회적경제, 여성/청소년, 복지 등 7개 분과위원회로 구성되어 2019년 6월 현재 209명의 전문가들이 자원하여 활동하고 있습니다.

편집위원회

- **편집위원장**
  강용현 변호사 법무법인(유한) 태평양

- **편집위원** (가나다 순)
  김남희 변호사 참여연대
  김복기 교 수 서울대학교 법학전문대학원
  유 욱 변호사 법무법인(유한) 태평양
  유철형 변호사 법무법인(유한) 태평양

- **기획팀**
  이희숙 변호사 재단법인 동천
  송시현 변호사 재단법인 동천
  권영실 변호사 재단법인 동천

사회복지법연구

초판 1쇄 발행 2019년 6월 14일
초판 2쇄 발행 2019년 12월 14일

편   자 법무법인(유한) 태평양·재단법인 동천
발 행 인 한정희
발 행 처 경인문화사
편   집 김지선 박지현 유지혜 한명진 한주연
마 케 팅 전병관 하재일 유인순
출 판 번 호 406-1973-000003호
주   소 경기도 파주시 회동길 445-1 경인빌딩 B동 4층
전   화 031-955-9300 팩스 031-955-9310
홈 페 이 지 www.kyunginp.co.kr
이 메 일 kyungin@kyunginp.co.kr

ISBN 978-89-499-4810-2 93360
값 35,000원